V&R Academic

Kritische Studien
zur Geschichtswissenschaft

Herausgegeben von
Gunilla Budde, Dieter Gosewinkel, Paul Nolte,
Alexander Nützenadel, Hans-Peter Ullmann

Frühere Herausgeber
Helmut Berding, Hans-Ulrich Wehler (1972–2011)
und Jürgen Kocka (1972–2013)

Band 223

Vandenhoeck & Ruprecht

Michael Homberg

Reporter-Streifzüge

Metropolitane Nachrichtenkultur und
die Wahrnehmung der Welt 1870–1918

Vandenhoeck & Ruprecht

Mit 45 Abbildungen

Umschlagabbildung:
Zyg Brunner: Le Reporter, in: L'assiette au beurre, 15.01.1910, S. 1540.
Quelle: Bibliothèque nationale de France

Bibliografische Information der Deutschen Nationalbibliothek

Die Deutsche Nationalbibliothek verzeichnet diese Publikation in der Deutschen Nationalbibliografie; detaillierte bibliografische Daten sind im Internet über http://dnb.d-nb.de abrufbar.

ISSN 2198-297X
ISBN 978-3-525-35205-2

Weitere Ausgaben und Online-Angebote
sind erhältlich unter: www.v-r.de

Gedruckt mit freundlicher Unterstützung der Geschwister Boehringer Ingelheim Stiftung für Geisteswissenschaften in Ingelheim am Rhein und der a.r.t.e.s. Graduate School for the Humanities Cologne.

© 2017, Vandenhoeck & Ruprecht GmbH & Co. KG, Göttingen,
Theaterstraße 13, D-37073 Göttingen /
Vandenhoeck & Ruprecht LLC, Bristol, CT, U.S.A.
www.v-r.de

Alle Rechte vorbehalten. Das Werk und seine Teile sind urheberrechtlich geschützt. Jede Verwertung in anderen als den gesetzlich zugelassenen Fällen bedarf der vorherigen schriftlichen Einwilligung des Verlages. – Printed in Germany.

Satz: textformart, Göttingen | www.text-form-art.de
Druck und Bindung: ♁ Hubert & Co, Göttingen,
Robert-Bosch-Breite 6, D-37079 Göttingen

Gedruckt auf alterungsbeständigem Papier.

There is one species of literature which everybody reads – the daily paper.

»A Scribbler's Apology« (1883)

Man sollte meinen, wenn sich Ereignisse abspielen, zum Beispiel revolutionäre Unruhen, dass sie dann ein für alle Mal geschehen sind. In Wahrheit werden sie aber erst dadurch Ereignis, dass sie von jemandem berichtet und als Bericht festgelegt werden. […] Ohne das Aufnehmen, Auswählen, Verknüpfen und Deuten eines schöpferischen Zeugen, bleiben die Vorgänge ein Haufen sinnloser Einzelheiten, die weder erzählt noch überliefert werden können.

Moritz Goldstein (1919)

J'irais chercher mes reporters à la sortie de l'École normale. Et il ne viendrait à l'idée d'aucun de ces littérateurs en herbe qu'il va dechoir, parce que je le prierais d'aller étudier un fait sur place avant d'en parler. Ce sera la nouvelle forme du journalisme, le journalisme *vécu*. […] Le journaliste d'avenir sera comme ces mécaniciens des métiers nouveaux qui font à eux seuls la besogne de plusieurs tisserands du vieux système. Il devra beaucoup savoir pour tout écrire.

Pierre Giffard (1887)

Inhalt

Vorwort 11

1. Einleitung 13

2. Zeit(ungs)zeugen – zur Evidenz des Augenscheins in der Ära
   der Massenmedien 39
   Der Reporter als Augenzeuge 39
   Fakten-Wissen: der epistemologische Status der Reportage 42
   Die Ästhetik der Reportage 44
   Die Wurzeln der Reportage 56
   Die Reportage als Genre der factual fictions 59

3. *Newsmaker* – zur Professionalisierung des Nachrichtenwesens . . . 63
   3.1 Spuren der Begriffsgeschichte 63
   3.2 Zeitungsarbeiter – zur Sozialgeschichte des Reporter- und
       Korrespondentenwesens 68
       Die Kontroversen der Professionalisierung 68
       Wege zum Journalismus 74
       Der Reporter und die Redaktion: das Personal der Zeitungen . . 78
       Presseclubs, Berufsverbände und gewerkschaftliche
       Vereinigungen 79
       Internationalisierung: die internationalen Pressekongresse
       1893–1915 85
       Journalismus als Karriere? – Arbeitswirklichkeiten 1870–1918 . . 88
       Proletarier des Journalismus: das Salär des Reporters 97
       Newsmaker: das Sammeln und Schreiben von Informationen . . 102

4. Nachrichtenlogik I: Metropolitane Nachrichtenkultur 107
   4.1 Lokalreportagen zwischen *fact* und *fiction* 107
   4.2 Zwischen *Provinz* und *Weltstadt*: Der Reporter und
       die Konstruktion der Metropole 113
       4.2.1 Oberwelten: der Reporter als Flâneur und Künstler 113
             Hugo von Kupffers *Reporter-Streifzüge* 113
             Urban color: Flânerien zwischen Provinz und Weltstadt . . 119

		Der Flâneur als ›Aufzeichnungsmedium‹	123
		Künstler- vs. Reporter-Parodien	126
		City beats: der Polizeireporter, lokale Sensationen und die Form der human interest stories	127
		Stunts: die Metropole als Bühne, der Reporter als Schauspieler	131
	4.2.2	Unterwelten: der Reporter als *urban explorer*	140
		Die Metropole bei Tag und bei Nacht: Reportagen zwischen Dokumentation und Sensationalismus	140
		Der Reporter als Wissenschaftler und Sozialreformer: die Mission und das Phänomen des Slumming	146
		Ikonographien des Elends: der Reporter und der Beginn sozialdokumentarischer Fotografie	151
		Maskeraden und stunts: der Reporter und der Blick hinter die Kulissen der Metropole	157
		Girl stunt reporter und muckraker	161
4.3	Inkognito: der Reporter *undercover*	169

5. Nachrichtenlogik II: Globalnachrichten 171
   5.1 Reporter-Streifzüge im Zeitalter der Nachrichtenagenturen . . . 171
   5.2 Globale Wettläufe: der Reporter als Hasardeur 176

	5.2.1	Die Metropolen und das *Rennen um die Welt in achtzig Tagen* (1890)	176
		Der Kontext früher Weltreisen	176
		Fact follows fiction: Logiken des Weltrennens	180
		Empire at home	187
		Reportage oder Reisebericht?	196
		Maßstab und Motor: Vernes Reisen	201
	5.2.2	Abenteurer und Rekordler – die Helden der Reisereportagen	205
		Welterfahren: Augenzeugenberichte, Logbücher und Fotografien der ersten Fahrradweltreisenden	205
		Theater, Technik und Nationalstolz: *Im Auto um die Welt* (1908)	223
		Der Rausch der Aviatik: Flugschauen und Reisereportagen	233
5.3	Globale Explorationen: Die Metropole und die Eroberung des Weltreichs – Expeditionen *in Darkest Africa* (1870–1890) . .		237
		Grenzerfahrungen: Meldungen von der Peripherie	237
		Die Identität des Star-Reporters	243
		Hoax? Der Pressekrieg um die Livingstone-Expedition 1872	244
		»Finis coronat opus.« Der Mythos des dunklen Kontinents und das Narrativ des Entdeckers	250
		Produktive Spiegelungen: metropolitane Welten, globale Metropolen	258

5.4 Globale Krisen: »Korrespondenzen vom Schlachtfeld« –
Reporter als Spezialberichterstatter in Krieg und Krisengebieten   263
    Der Krim-Krieg und die Anfänge der specials   263
    Zwischen Neutralitätsgebot und patriotischer Parteinahme:
    Russells Kritik und die Zensur   266
    Krieg der Bilder: die Anfänge der Bildreportage   268
    Kontexte und Rahmenbedingungen der Kriegsberichterstattung
    um 1870   275
    »Der ganze Schauplatz ... ein zauberhaftes Schauspiel« –
    Theodor Fontanes (Kriegs-)Korrespondenzen   280
    Der Siegeszug des Spezialkorrespondenten am Ende
    des 19. Jahrhunderts   293
    Der Reporter als Aufklärer? Kriegsberichterstatter im
    Ersten Weltkrieg   297
    »Der Kampf der Kriegsberichterstatter um den Platz
    an der Sonne«: die Grenzen des Neuen Journalismus   305
5.5 Der Reporter als Star des *New Journalism*   311

6. *Glokal reporting*: Schlussbetrachtungen   313
    »Das Selbstgespräch der Zeit«: zur Zeitungs-Kommunikation um 1900   313
    Die Figur des Reporters – das Image des *Newsmakers*   320
    Die Fiktion(en) der Massenmedien: zur Stellung des literarischen
    Journalismus   325
    Ausblick   328

Abkürzungs- und Siglenverzeichnis   331

Bildnachweis   333

Quellen- und Literaturverzeichnis   337

Register   389
    Personenregister   389
    Sachregister   394

Vorwort

Das vorliegende Buch ist die überarbeitete Fassung meiner Dissertation, die im April 2015 von der Philosophischen Fakultät der Universität zu Köln angenommen wurde. Die Disputatio fand am 1. Juli 2015 statt.

Diese Arbeit verdankt ihre Entstehung der Unterstützung zahlreicher Personen und Institutionen. In erster Linie danke ich meinen Betreuern Prof. Dr. Torsten Hahn und Prof. Dr. Hans-Peter Ullmann für ihr Vertrauen in meine Person und die Förderung meines Vorhabens. Von ihrem fundierten Rat, ihrer konstruktiven Kritik und den vielen anregenden Diskussionen, in denen ich sie als zuverlässige Berater und neugierige Gesprächspartner kennenlernen durfte, hat diese Arbeit in entschiedenem Maße profitiert. In gleicher Weise danke ich Prof. Dr. Manuela Günter für ihren kritischen Geist, zahllose wertvolle Hinweise und die unbeirrte Unterstützung meines Vorhabens, sowie allen Kolleginnen und Kollegen, die mir die Möglichkeit gaben, Teile meiner Studie in ihren Forschungskolloquien vorzustellen. Stellvertretend sei hier Prof. Dr. Friedrich Lenger und PD Dr. Carola Dietze gedankt. Schließlich danke ich den Herausgebern für die Aufnahme in die Schriftenreihe der »Kritischen Studien zur Geschichtswissenschaft«.

Darüber hinaus danke ich den zahlreichen Archiven und Bibliotheken im In- und Ausland, ohne deren unbürokratische Unterstützung meiner Recherchen dieses Buch nie hätte entstehen können. Den Rechteinhabern danke ich für die Gewährung der Bildlizenzen.

Allen Kommilitonen und Freunden, die meine Dissertation in den vergangenen Jahren geduldig begleitet und mir auf vielfältige Weise geholfen haben, dieses Buch zu schreiben, danke ich sehr. Für die vielen produktiven Gespräche und Ratschläge schulde ich den Kolleginnen und Kollegen des Historischen Instituts sowie des Instituts für deutsche Sprache und Literatur der Universität zu Köln Dank. Prof. Dr. Andreas Speer und der a.r.t.e.s. Graduate School for the Humanities bin ich für ihre großzügige Unterstützung und die Gewährung zahlreicher Reisestipendien zu Dank verpflichtet. Ein besonderer Dank gilt sodann allen, die mein Manuskript gelesen und durch ihre Korrekturen und Kommentare verbessert haben: Judith Arnau, Volker Barth, Pola Groß, Thomas Handschuhmacher, Franziska Harter, Laura Morris, Benjamin Schulte und Moritz von Stetten. Vor allem aber danke ich Manuela und meiner Familie, die mein Forschen in den vergangenen Jahren stets geduldig ertragen und getragen haben – und ohne die dieses und vieles Andere nie möglich gewesen wäre.

1. Einleitung

»Jeder gute Journalist ist Reporter: der Politiker wie der Volkswirt, der auswärtige Korrespondent wie der Sportredakteur, der Militärkritiker wie der Theaterreferent, der Parlamentsjournalist wie der Kriegsberichterstatter, der Leitartikler wie der Feuilletonist. Ohne zu reportieren, das heißt, ohne das meritorische und (für die Behandlung des Stoffes) wichtige Material herbeizuschaffen, gibt es keine geistige Behandlung eines Themas. Auch für den Gelehrten, für den Dichter nicht. [...] Jeder Schriftsteller, auch der Nichtrealist, bedarf der Milieustudie, und jede Milieustudie ist Reportage.«[1]

Als Egon Erwin Kisch im Jahr 1918 das *Wesen des Reporters* ergründete, blickte der Prager Journalist, den es in den Wirren des Krieges aus Berlin nach Böhmen und bald nach Wien verschlagen hatte, bereits auf eine lange europäische Reportagetradition zurück. Darin war der Einfluss des US-amerikanischen Sensationalismus ebenso bedacht, wie die Wirkung der britischen Parlamentsreportage oder der literarischen *enquête* nach französischem Vorbild. Kisch, der um all dies wusste, war darum bemüht, den Reporter als Schlüsselakteur und kritische Instanz des Journalismus gegen das Image des Lügners und der verkrachten Existenz zu profilieren und so die in Deutschland lange missachtete Gattung der Reportage zu würdigen. Dieses im Kern politische Ansinnen begründete Kisch mit den Vorzügen der Form und Methodik des Reportierens. Die Arbeit des Reporters sei immer ein »Patrouillengang«: sie gehe von der »Tatsache«, der »Sachlichkeit« aus. Dabei stamme das Ergebnis der Recherchen im Gegensatz zum Leitartikler, der auch ganz »ohne von seinem Schreibtisch aufzustehen, über irgendein Thema zu schreiben« in der Lage sei, stets »aus erster Hand, [...] aus dem Leben«.[2] Für Kisch avancierte die Reportage daher gerade in der Ära der modernen Massenmedien zum Paradigma authentischer Berichterstattung.

Kischs Darstellung war sicherlich pointiert, doch spiegelte sie *in nuce* die ab Mitte des 19. Jahrhunderts zusehends hitzigen Auseinandersetzungen um Anspruch und Geltung ästhetischer und moralischer Qualitätsstandards im Journalismus wider. Dabei kam dem Reporter- und Korrespondentenwesen, das sich in Europa ab den 1870er Jahren zum Emblem des modernen Journalismus aufschwang, eine herausgehobene Stellung zu. Vor dieser Folie will die vorliegende Untersuchung die Hintergründe, Triebkräfte und Folgen des von Kisch so emphatisch proklamierten Siegeszuges des Reporter- und Korrespondentenwesens

---

1 *Kisch*, Wesen, S. 205. Im Folgenden werden Egon E. Kischs Gesammelte Werke zitiert unter der Sigle KGW.
2 Ebd., S. 205 f.

in den USA und Deutschland, Frankreich und Großbritannien nachzeichnen und darüber die Genese eines literarischen Journalismus in den Fokus rücken, der sich – ausgehend von den Vereinigten Staaten – im Europa der Jahrhundertwende als ein kreativer Modus der Weltwahrnehmung im Spannungsfeld von Sensationalismus und Beglaubigung zu etablieren verstand. Dabei waren die Streifzüge des Reporters das Signum einer Epoche, in der die Massenmedien erstmals in systematischer Weise begannen, Anlass *und* Gegenstand ihrer Berichterstattung in Eigenregie zu kreieren. Am Beispiel des Genres der Reportage sollen so die Interferenzen zwischen wissenschaftlichen, künstlerischen und politischen Weltwahrnehmungen in einer Phase der Globalisierung in den Blick geraten, in der der Reporter zur zentralen Figur der Fabrikation von Nachrichten wird. So ist diese Studie von einer dezidiert interdisziplinären Einsicht geleitet: Die Geschichte des Genres der Reportage zu erforschen, verlangt in gleichem Maß, die Geschichte des Reporters zu schreiben.

Die Arbeit wird daher zunächst die sozialgeschichtlich markanten Rahmenbedingungen des Aufstieges des Reporter- und Korrespondentenwesens in New York und Berlin, Paris und London aus komparatistischer Perspektive rekonstruieren. Im Anschluss daran sollen exemplarische Fallstudien zu ausgewählten Medienereignissen einen Einblick in die metropolitane Nachrichtenkultur und die Verhandlungen um Anspruch wie Ethos der Medienmacher um die Jahrhundertwende vermitteln. Dabei ist die Annahme erkenntnisleitend, dass sich der Augenzeugen-Journalismus des Reporters als Form der Nachrichtenliteratur gerade in der Konkurrenz zu Nachrichtenagenturen und Korrespondenzbureaus etablierte und so zugleich als Ideal *und* Irritation des ›Informations-Journalismus‹ verstand.

Die Interdependenzen zwischen den vorrangig politischen und ökonomischen Rahmenbedingungen des Reporterwesens und der Form und Praxis der Reportage sollen dazu in einer Periode in den Fokus rücken, in der das sich ausdifferenzierende Mediensystem bereits wesentliche Momente seiner Formation vollzogen hatte – sowohl im Hinblick auf die Etablierung von Institutionen wie Nachrichtenagenturen und Zeitungsverlagen bzw. -redaktionen als auch von Akteursrollen und Haltungen.[3] Mit dem ›Take-Off‹ des Journalismus zwischen 1850 und 1870 war nicht nur eine Professionalisierung des Berufsstandes von Redakteuren, Reportern und Korrespondenten, sondern auch eine Vernachrichtlichung der Berichterstattung einhergegangen.[4] Der Abbau staatlicher Restriktionen, etwa der britischen Pressesteuer (1853–1860), oder auch die Lockerung (politischer) Zensurmaßnahmen im Zuge der Liberalisierung der Pressegesetzgebung (in Frankreich 1868, im Deutschen Reich durch das Reichspressegesetz 1874/75) markieren hier zentrale mediengeschichtliche Zäsuren. Doch vor allem die in quantitativer wie qualitativer Hinsicht gewaltige Transformation des Pressemarktes ab den 1870ern, welche maßgeblich den Durchbruch

---

3 Vgl. *Schildt*, S. 190 f. *Blöbaum*, Journalismus, S. 179 f.
4 So *Requate*, Journalismus, S. 118 ff. Vgl. dazu auch *Birkner*, S. 132–185.

des modernen Journalismus beförderte, legte die Beschränkung des Untersuchungszeitraumes auf die Dekaden der Jahrhundertwende nahe.[5]

Ab 1870 verschärfte sich die Nachrichtenkonkurrenz radikal. War der Zeitungsreporter in der Formierungsphase der Massenpresse als Nachrichtenkolporteur noch weithin konkurrenzlos, sah er sich 1870 der wachsenden Konkurrenz der Agenturen gegenüber, die um die Durchsetzung einer Weltnachrichtenordnung rangen und das Portfolio ihrer Berichterstattung rasch zulasten der *Freelancer* zu vergrößern begannen.[6] Hier bedeutete der Ausbau der Telegraphenverbindungen und vor allem die Einrichtung einer dauerhaften, transatlantischen Kabelverbindung zwischen New York und London Mitte der 1860er Jahre eine medientechnisch bedeutsame Wegmarke. Zu Beginn des Amerikanischen Bürgerkrieges 1860 schien es für den Unternehmer William Hepburn Russell noch ebenso gewinn- wie erfolgsversprechend, nach dem Vorbild des Verlegers George W. Kendall eine Kurierstaffel von circa achtzig Reitern zur Übermittlung von Eilmeldungen zu gründen, die binnen weniger Tage das Land durchqueren konnte.[7] Reporter, die unter derlei Bedingungen aus dem US-amerikanischen Civil War schrieben, waren ausnahmslos Abenteurer. Die Londoner *Times* entsandte ihren berühmten Kriegsberichterstatter und Spezialkorrespondenten William Howard Russell mangels offizieller Akkreditierungspraxis gar als »travelling gentleman« in den Krimkrieg.[8] War die Zahl der Berichterstatter 1855 überschaubar, lieferte sich Russell im Deutsch-Französischen Krieg 1870/71 bereits ein publizistisches Rennen gegen die Konkurrenz des Telegraphenzeitalters. Der Wandel vollzog sich rasch, und am Ende des Ersten Weltkrieges gewannen die Agenturen in dieser Konkurrenz die Oberhand. Zudem brach sich zu Beginn der 1920er Jahre die Konkurrenz von Kino und Hörfunk Bahn, die das Genre der Reportage rasch auf einen Modus der *live*-Berichterstattung verpflichtete. In der Zwischen- und Nachkriegszeit, die ein Spannungsverhältnis von Zeitungs-, Film- und Radioreportagen kennzeichnete,

---

5 Vgl. *Bösch*, Mediengeschichte, S. 110; *Requate*, Journalismus, S. 57f. Im Ersten Weltkrieg kam die rasche Evolution des Journalismus – unter dem Eindruck massiver Zensurmaßnahmen – zum Stillstand. In der Geschichte des Reporterwesens bedeutete dies eine zentrale Zäsur.
6 In ihrer Urphase waren die Agenturen noch keineswegs Universalagenturen, die das gesamte Geschehen aus Politik und Wirtschaft, Sport oder Kultur abdeckten. So veröffentlichte *Reuters* bspw. nahezu keine politischen Nachrichten, sondern vermeldete vorrangig Handelsnotierungen. Die Londoner Kunden der Agentur erfuhren so weder etwas vom Krimkrieg noch vom Indischen Aufstand. Die völlige Missachtung dieser Großereignisse und die einhergehende Kritik der Kunden bewogen die Agentur ab 1858 indes dazu, regelmäßig politische Nachrichten zu produzieren. Der Austauschvertrag zwischen *Reuters* und der *Associated Press* vom 1. Juli 1870 sowie *WTB*, *Reuters* und *Havas* vom 17. Januar 1871 zementierte die Aufteilung der ›Nachrichtenwelt‹ durch die Agenturen und steckte die Einfluss- und Interessensphären für die nächsten Dekaden ab. Fortan waren die Sonderkorrespondenten der Agenturen auf allen Schauplätzen des Globus im Einsatz.
7 Vgl. *Dooley*, S. 83f.
8 Vgl. *Palmer*, Russell, S. 35f.

kam der Alleinvertretungsanspruch des literarischen Reportage-Journalismus an sein Ende.[9] Im Folgenden soll daher dessen Hochphase zwischen 1870 und 1918 in den Blick genommen werden.

Die Untersuchung der spezifischen Modi und Exempla der massenmedialen Konstruktion einer »Verwandlung der Welt«, wie sie Jürgen Osterhammel für die Epoche des 19. Jahrhunderts diagnostizierte, situiert sich damit zugleich in einer Zeit, deren selbstreflexives Potential hier im Anschluss an Habbo Knoch und Daniel Morat als das einer »massenmedialen Sattelzeit«[10] verstanden wird. In den Massenmedien zeigen sich dabei Ansätze einer Verschränkung von lokalen und translokalen Einflüssen, die eine »Zunahme interkultureller Wahrnehmungen und Transfers« i. S. einer globalen »Referenzverdichtung«[11] nach sich zogen. Diese vollzog sich auch und vor allem innerhalb der westlichen Hemisphäre vorgängig in der medialen wie literarischen Produktion. Privilegierter Beobachter der »Verwandlung« im *lokalen* Bezugsrahmen wurde der Reporter als Augenzeuge und Kolporteur metropolitaner Nachrichten. Seine Streifzüge nahmen, in epistemologischer Hinsicht, den Charakter urbaner Explorationen an. Die Metropolen erwiesen sich als Miniaturen des globalen Spiel- und Aktionsradius des Reporters. Im Zeitalter globaler Erkundungsreisen wurden insbesondere spektakuläre Reportagen, die den klassischen Modus des Reiseberichts zugunsten neuer Formen überwanden, zum Sinnbild der Epoche. Die *globalen* Reporter-Streifzüge traten indes ex post in Konkurrenz zu Korrespondenzberichten und Agenturmeldungen. Im Augenblick ihrer Erkundungen aber waren sie ebenso häufig Gegenstand nachrichtlicher Berichterstattung.

In Reports und Reportagen erwiesen sich die reziproken Wahrnehmungen und Deutungen von ›Metropole‹ und ›Welt‹ – aus der Innenperspektive urbaner wie auch aus der Außenperspektive globaler Erkundungen – als außerordentlich variabel. Die Wiederentdeckung des Lokalen wurde, nicht erst im Zuge der Heimatbewegung der europäischen Mächte ab den 1880er Jahren,[12] zum Antipoden eines zusehends kosmopolitanen Bewusstseins, das sich vor allem die Epoche der ›Moderne‹ auf ihre Fahnen schrieb. Der Alltag der europäischen Metropolen produzierte unzählige Geschichten, die sich für narrative Transfers eigneten: sei es, weil sich in ihnen nationalspezifische politische, ethnische oder gar religiöse Ideale und Stigmata widerspiegelten oder weil sich durch sie

---

9 Vgl. *Haas*, Mediensysteme; *Uecker*; *Behmer u. Hasselbring*.
10 *Knoch u. Morat*, Medienwandel, S. 20. Ähnlich: *Osterhammel*, S. 45; 75 f.
11 *Osterhammel*, S. 1292.
12 Von der Moderne der europäischen Metropolen soll hier nur mehr im Rekurs auf die Selbstbeschreibungen der Jahrhundertwende gesprochen werden. Die Rhetorik der Vernetzung moderner Lebens- und Wissensbereiche soll indes keinesfalls über die vielfältigen partikularen wie heterogenen Praktiken hinwegtäuschen. Vgl. *Latour*, S. 155 f. Zur interdisziplinären Moderneforschung vgl. *Jaeger u. a*. Zur Provinzialisierung der Moderne im Zeichen der Heimatbewegung vgl. *Werner*; *Pielhoff*. Zur Bedeutung der Massenkultur in diesem Prozess vgl. schließlich *Ullmann*, S. 199 f.

grenzüberschreitend wirkmächtige Werte- und Moralvorstellungen exportieren ließen.

Unterhalb der ›Haupt- und Staatsaktionen‹ war es die lokale Berichterstattung, die die Bilder des metropolitanen Lebens in globale Verweissysteme überführte. In diesem Sinne ließe sich im Rekurs auf Roland Robertson von einer *Glokalisierung* der Medienkommunikation sprechen, die zu einer gleichzeitigen kulturellen Homogenisierung und Heterogenisierung führte.[13] Während sich die Welt des 19. Jahrhunderts einerseits auf eine bestimmte Form der Einheitlichkeit, der Standardisierung von Raum und Zeit verpflichtete, ergaben sich andererseits neue partikulare Spiel- und lokale Handlungsräume.[14]

In den Stadträumen der ›global cities‹ New York und Berlin, Paris und London reflektierte sich ganz konkret die »Verdichtung der Welt als ganzer«[15]. Dabei inszenierten die Metropolen – abseits allen Kosmopolitismus – ein Gefühl exklusiver Zugehörigkeit, das sich in den Kiezen der Großstädte als neuartiges urbanes Identitätsbewusstsein herauskristallisierte.[16] Die *glokale* Medienkommunikation setzte dieses in Szene. Im Anschluss an Nathaniel Wood können die polaren Modi dieser Kommunikation als »interurban matrix«[17] aus lokalen und (inter-)nationalen Nachrichten verstanden werden. Impressionen, Stimmungsbilder und Skizzen der Metropole transportierten das Narrativ einer *heterogenisierend* wirkenden, lokale Bezugsmuster verfestigenden Berichterstattung.[18] In ihnen erschien die ›Weltstadt‹ als der eng umrissene, alltägliche Mikrokosmos des Großstädters. Dabei vollzog gerade die Reportage einen bemerkenswerten Spagat zwischen der Annäherung an weithin unbekannte, exotisch anmutende urbane Lebenswelten und dem Verhaften in lokalen Erfahrungsräumen. Als Emblem eines literarischen Journalismus, der aus den Vereinigten

---

13 *Robertson*, Glokalisierung. Zur Bedeutung der Massenmedien im Prozess der Glokalisierung vgl. überdies kontrovers *Rantanen*, Media, S. 74–118.
14 *Kern*. In den Metropolen etablierten sich neue urbane Mentalitäten und kommunikative Praktiken, die eine – der städtischen Wachstumsphase nachgängige – Phase der identitätsstiftenden ›inneren Urbanisierung‹ nach sich zogen. Vgl. *Korff*, Mentalität, S. 345 f.
15 *Robertson*, Glokalisierung, S. 208.
16 Vgl. dazu *Jansson*. Die Globalisierung – verstanden als »Intensivierung weltweiter sozialer Beziehungen, durch die entfernte Orte miteinander in solcher Weise miteinander verbunden werden, dass Ereignisse an einem Ort geprägt werden, die sich an einem viele Kilometer entfernten Ort abspielen« – war per se ein mediales Phänomen. Der dialektische Prozess der »Einbettung« und »Rück-Bettung« lokaler Praktiken in globale Kontexte, wie er von Giddens angenommen wird, geht mit dem Druck einer größeren Autonomie lokaler und regionaler Identitäten einher. Vgl. *Giddens*, Konsequenzen, S. 85. Ohne in die Dichotomisierung von lokaler Statik und globaler Dynamik zurückzufallen, müssen doch gerade im Hinblick auf die Nachrichtennetzwerke und deren lokale wie globale Rahmenbedingungen »translokale« Verflechtungen in den Blick rücken. Der *glokale* Kommunikationsraum wird hier insofern relational verstanden. Vgl. *Epple*, Lokalität; *Kemper u. Vogelpohl* sowie *Werber*, Globalisierung.
17 *Wood*, S. 76–84.
18 Vgl. *Lindner*, Entdeckung, S. 17 ff.

Staaten nach Europa zu expandieren begann, oszillierte sie so wie alle Nachrichtenformate auf der Grenze zwischen Konsonanz und Überraschung.[19] Das Narrativ des Kosmopolitanen in seiner Beschreibung des schier endlosen Raums des Groß- und Weltstädtischen stand der Schilderung lokalprovinzieller Szenerien und marginalisierter Stadträume – Straßenecken, Mietsbaracken und Wirtshäuser – gegenüber. *Hinter* der Beobachtung dieser Lebenswirklichkeiten standen die Protagonisten und Diskurse eines in Vergessenheit[20] geratenen Kapitels der Mediengeschichte. Auch die Lokalreporter schrieben anfangs von wenigen, besonders exponierten Ausnahmen abgesehen im Mantel der Anonymität; ihre Autorschaft, die noch dazu eine redigierte war, wurde zum Sinnbild des modernen Journalismus.[21] Ihr Wirken besaß entscheidenden Anteil daran, dass die Medien in wachsendem Ausmaß unerlässlich für die intra- und interlokale Kommunikation wurden.[22] Diese generierten in ihrer Verpflichtung auf Neues und Überraschendes Muster und Praktiken eines Stadterlebens, die den Rhythmen der Metropole genuin entsprangen.[23]

Gleichzeitig setzten die Massenblätter *per definitionem* auf die Inklusion weiter Bevölkerungsschichten. Der Slogan der *New York Sun* setzte diesen Anspruch bereits 1833 ins Werk: »It shines for ALL!«. Die Zeitungen übernahmen so *expressis verbis* eine Informations- und Orientierungsfunktion. Zu den Modi urbaner Kommunikation zählen, Jörg Requate zufolge, neben Formen zivilgesellschaftlicher Auseinandersetzung auch Gebrauchs- und Ereigniskommunikation. Für diese Studie zentral wird die Identitätskommunikation der Massenpresse: die Chroniken, Anekdoten und Erzählungen mit ›Lokalkolorit‹, deren »Rolle für die Herausbildung einer neuen städtischen Identität«[24] von außerordentlicher Bedeutung war. Der Diskurs populärer (Bild-)Medien etablierte sich in diesem Sinne als ein Katalysator metropolitaner ›imagined communities‹.[25] »The city is, rather, a state of mind,«[26] schrieb 1925 der Soziologe Robert Ezra Park über das stetig wachsende urbane Archiv aus Texten und Bildern.

---

19 Vgl. *Galtung u. Ruge*. Vgl. *Jonscher*, S. 285 f.
20 Die Massenmedien, die konstitutiv Vergessen produzieren, verbergen gerade in ihrem Fokus auf einer Vielzahl rasch wechselnder Stars ihr eigenes Erbe. Vgl. *Esposito*, Vergessen, S. 35 ff.
21 Ab den 1870er Jahren wird die Anonymität, aus der insbesondere die lokalen Reporter und Spezialberichterstatter schrieben, allmählich durchbrochen. Bis dato ersetzte – auch bei großen Reporterpersönlichkeiten – der Verweis auf »unseren Berichterstatter« die Angabe des Namens.
22 Vgl. *Zimmermann*, Einleitung, S. 3.
23 Vgl. *Fritzsche*, Reading Berlin.
24 *Requate*, Presse, S. 81.
25 Vgl. *Anderson*, S. 32 ff.
26 *Park*, City, S. 1. Die Studie will hier an neuere Überlegungen innerhalb der soziologischen Stadtforschung anschließen, die Besonderheiten der Metropolen und ihre identitätsstiftenden Kräfte analytisch schärfer zu fassen. ›Identitäten‹ werden demnach keineswegs als essentielle Kategorie, sondern als Ergebnis von Selbst- und Fremdzuschreibungen, grosso modo als »Medienidentitäten« verstanden, welche die prekäre Grenze zwischen dem Eigenen

In den Metropolen, die Gegenstand *und* Schauplatz der Nachrichtenerzählungen waren, bildete sich zwischen 1870 und 1930 ein neuartiges Medienbewusstsein aus, das der wechselseitigen »Transformation des Medialen und Sozialen«[27] den Weg ebnete. Die diskursive Konstruktion städtischer Identitäten erwies sich dabei als das Ergebnis eines Journalismus, der gerade der *Herstellung* von Fakten und der Performanz der Inszenierung von Nachrichtenereignissen besondere Bedeutung beimaß. Der Reporter avancierte hier als Stifter und Kolporteur visueller wie textueller Repräsentationen der Stadt zum Schlüsselakteur. Die Zeitungsredaktion, von der aus er seine Streifzüge durch den urbanen Raum unternahm, bildete die Scharnierstelle von Diskurs und sozialer Praxis. Sie war als »Kind der nun entstehenden Großstädte«[28] mehr als nur materieller Raum, in dem Nachrichten selegiert, bearbeitet und koordiniert wurden. In Deutschland verwies der Begriff bis 1900 gleichermaßen auf die Praxis des Redigierens wie auf die Personengruppe der »R.[edacteure] eines Druckwerks«[29]. Im Zeitalter der aufkommenden Massenpresse und kommerzialisierten Medienöffentlichkeiten[30] waren Redaktionen die privilegierten Orte der glokal vernetzten Kommunikation.[31]

Den anderen Pol einer Berichterstattung, welche stärker *homogenisierend* wirkte, markieren die gegen Ende des 19. Jahrhunderts immer wichtiger werdenden Agenturmeldungen und Korrespondenzberichte. Diese zirkulierten vorrangig zwischen den publizistischen Großstädten der Jahrhundertwende, in denen die von David Harvey konstatierte radikale »space-time-compression« am deutlichsten spürbar war. Leonhard Frank schrieb ganz in diesem Sinne Mitte der 1920er euphorisch in der *Literarischen Welt*: »In jedem Quadratzentimeter Materie in Berlin ist die ganze Welt enthalten.«[32] Die Metropolen erschienen so bereits den Zeitgenossen als die viel zitierten »Laboratorien der Moderne«, in denen sich soziale, wirtschaftliche und kulturelle Entwicklungen wie

---

und dem Anderen etablieren (vgl. Löw, Soziologie, S. 90 f.) und sich durch medial vermittelte Diskurse und Repräsentationen als kulturelle Ressourcen der Identitätsstiftung auszeichnen. Vgl. *Hepp*, S. 95.

27 *Knoch u. Morat*, Medienwandel, S. 19.
28 *Bösch*, Zeitungsredaktion, S. 73.
29 Real-Enzyklopädie, [Rev. 14]1898, Bd. 13, S. 681.
30 Vgl. *Habermas*, S. 302.
31 Der Prozess *glokaler* Identitätskonstruktion setzt die Annahme einer »collective individuality« der Städte voraus, die sich in der Vielzahl der beteiligten Akteure und den unzähligen Beobachterperspektiven auf die Metropole widerspiegelt. Die Begegnungen von Bewohnern und Besuchern in und mit der Metropole, ihre (un)bewussten Aneignungen und Umschreibungen des urbanen Profils verliehen den Metropolen ihre dynamische, fragmentarische und historisch kontingente Identität, die aus dem Wechselspiel von einheitsstiftenden und partikularistischen Identitätsmomenten hervorging. Vgl. *Klopfer*, S. 15, sowie allg. *Bradbury u. Myers*, S. 3 f.
32 Reportage und Dichtung, in: Die literarische Welt, 25.06.1926, S. 2 f. Das Vermögen, diese Verwandlung zu beobachten, wird gerade dem Reporter zugeschrieben. Vgl. *Bark*, S. 35.

unter einem ›Brennglas‹ verdichteten.³³ Dem Ortsbezug global zirkulierender Meldungen soll hier daher besondere Geltung beigemessen werden.³⁴

Im Zuge der Berichterstattung erhielten Medienereignisse – Sensationsprozesse, *causes célèbres*, Katastrophen und spektakuläre Mordserien oder Nachrichten über metropolitane wie koloniale Skandale und Verfehlungen – internationalen Nachrichtenwert. Indem sie mediale Transfers und Adaptionen über Sprach- und Nationsgrenzen hinweg ermöglichten, behaupteten sie einen überregionalen informationellen Status in den Grenzen des sich herausbildenden ›globalen‹ Kommunikationsraumes.³⁵ Dabei inszenierten die Medien auf der Jagd nach Neuigkeiten und vor dem Hintergrund gezielter politischer wie ökonomischer Interessen die Events ihrer Berichterstattung ebenso kreativ wie eigenmächtig. Die Generierung von Neuigkeiten in Form eigens erschaffener Events (*stunts*) entsprang diesem Selbstverständnis der Presse als ›Nachrichtenfabrik‹. Doch sanken die medialen Halbwertszeiten unter der Konkurrenz solcher andauernder Exklusivmeldungen (*scoops*). Um 1900 bedurfte ein Ereignis schon der kontinuierlichen Aktualisierung, um in der Erinnerung des Lesers zu bleiben. Sensationen gingen nahezu synchron in Serie.³⁶ Voraussetzung dafür waren eklatante Medienumbrüche ab der Mitte des 19. Jahrhunderts: Elektrische Übertragungs- (Telegrafie, Telefonie) und technische Reproduktions- (Fotografie, Film) sowie massenhafte Verbreitungsmedien (Massenpresse) revolutionierten die Medienkommunikation der Jahrhundertwende. Gleichzeitig entstanden internationale Nachrichtenagenturen und zusehends komplexe Korrespondentennetzwerke. Agenturen wie *Reuters, Wolff's Telegraphisches Bureau* oder *Agence Havas* nutzten die neu geschaffenen Spielräume medientechnischer Entwicklungen und versorgten – als privatwirtschaftlich organisierte Zwischenhändler – die Presse, aber auch Banken, Versicherungen und Händler mit den wichtigsten politischen und wirtschaftlichen Neuigkeiten. Auf diese Weise bereiteten sie einer »Internationalisierung der medialen Infrastruktur«³⁷ den Boden. Kriege, Staatsempfänge sowie Kongresse, aber auch genuin lokale Meldungen zum Wachstum der Metropole, zur Lage urbaner Unterschichten oder zur Emanzipation politischer Bewegungen wurden alsbald über die Grenzen nationaler Einflusssphären hinweg zum Gegenstand des Tagesgesprächs.³⁸

---

33 *Matejovski*.
34 Vgl. *Rantanen*, Cosmopolitanization. Dabei wird gerade der lokalen mündlichen (!) Aushandlung von Wissen ein besonderer Status zugewiesen. Vgl. *Hessler*.
35 Zu den Grenzen des Kommunikationsraumes vgl. *Geppert u. a.*, Verräumlichung. Gerade die *geplanten* globalen Medienereignisse waren in hohem Maß artifizielle Konstruktionen, so *Stichweh*, Soziologie, S. 22.
36 Zur immensen Bedeutung dieser neuen Logik massenmedialer Berichterstattung im 19. und 20. Jh. vgl. exempl. *Lenger u. Nünning*, Einleitung, S. 8 f. Zu den Voraussetzungen vgl. allg. Faulstich, Medienwandel.
37 Vgl. *Geppert*, Nationalisierung.
38 Zum Feld globaler Kommunikations- und Nachrichtentechniken sowie insbesondere des Telegraphennetzwerkes vgl. *Winseck u. Pike* und *Wenzlhuemer*.

Die Meldungen der global agierenden Reporter und Spezialberichterstatter, ihre Reise- und Stationsberichte ›aus aller Welt‹ standen dieser Konkurrenz der Agenturen im letzten Drittel des 19. Jahrhunderts diametral gegenüber. Der knappe, offizielle Stil der Agenturnachrichten war die Antithese des persönlichen, sensationellen und literarischen Stils des Spezialkorrespondenten. Diese *specials* leisteten in künstlerischer Form die Verbindung von Zeitung und Publikum, Metropole und Kolonie. George Alfred Henty, Reporter und Romancier, zählte daher die Gabe der anschaulichen, lebendigen Beschreibung zu den Schlüsselkompetenzen des Sonderberichterstatters:

»Generally the qualifications may be stated as a familiarity with as many foreign languages as possible, the possession of a considerable amount of military knowledge, the gift of vivid description, a good constitution, a power of supporting hardships and fatigues, a good seat on a horse, and, lastly, the manners of a gentleman, and the knack of getting on well with people of all ranks and classes.«[39]

Die Nachrichtenkonkurrenz der metropolitanen Gazetten avancierte zum zentralen Motiv des Wettstreits um die Interessen eines *neu*gierigen Publikums, das neue, kreative Modi der Inszenierung nachrichtlicher Ereignisse forderte. Diese Dramatisierung der Ereignisse als *Medienereignisse* unterlag, wie schon Niklas Luhmann bemerkte, eigenen Gesetzen: »Einige Ereignisse ereignen sich von selbst, und die Gesellschaft ist turbulent genug, daß immer etwas geschieht. Andere werden für die Massenmedien produziert.«[40] Bei vielen Events handle es sich so um »Ereignisse, die gar nicht stattfinden würden, wenn es die Massenmedien nicht gäbe.«[41] Diese selbstreferentielle Eigendynamik von Medienereignissen, die sämtliche Fallstudien dieser Untersuchung belegen, wird auch von Jonathan Culler betont, der die performative Qualität medialer Ereignisse über ihren propositionalen Gehalt, d.h. über den Grad ihrer Wirklichkeitsreferenz stellt: »[J]edes Medienereignis ist ein Ereignis, das in Betracht gezogen werden muss.«[42]

Unter Medienereignissen sollen daher Geschehnisse – oftmals ›Schlüsselereignisse‹[43] – verstanden werden, die Anschlusskommunikation erzeugen, eine Verdichtung zentraler Zeitthemen gewähren und so die Entstehung transnationaler Kommunikationsräume ermöglichen,[44] letztlich aber durch die publizis-

---

39 *Henty*, Life, S. 570. Vgl. *Griffith*, S. 165. Zu Beginn des 20. Jahrhunderts näherten sich die Agenturen dann sukzessive auch der Sprache der Zeitungs-*Freelancer* an.
40 *Luhmann*, Gesellschaft der Gesellschaft, Bd. 2, S. 1097.
41 *Luhmann*, Realität, S. 50. Zur Form der Selbstreferenz vgl. überdies *Scherer u. Schlütz*, S. 18.
42 *Culler*, S. 156. Vgl. *Epping-Jäger*, S. 25–33.
43 Hans Mathias Kepplinger und Uwe Hartung prägen den Terminus des »Schlüsselereignisses« für eben solche Ereignisse, die als Auslöser von längerfristigen Berichtswellen erscheinen. Vgl. *Kepplinger u. Hartung*, Störfall-Fieber. Die Berichterstattung der in ›Serie‹ gehenden Sensationen wird dabei – in Permanenz – in ein paradoxes Verhältnis von *Aktualität* und *Rekursivität* verwiesen. Vgl. *Luhmann*, Realität, S. 48f.
44 Vgl. *Lenger u. Nünning*, Einleitung, S. 8.

tische Dauerthematisierung und Sinnzuschreibung als ›singulär‹, ›besonders‹ und ›von der Norm abweichend‹ überhaupt erst als Ereignisse hervorgebracht werden.[45] So bewegen sich Medienereignisse stets in einem eigentümlichen Spannungsfeld von Erwartung und Überraschung.[46] Die Integration des Geschehens in einen erzählerischen Rahmen wird, wie gerade das Beispiel des literarischen Journalismus der Jahrhundertwende zeigen mag, konstitutiv.[47]

Die Nachrichtenkultur der Jahrhundertwende war eine Kultur des Spektakels. Der *New Journalism*, der sich in den Vereinigten Staaten bereits ab den 1830er Jahren herausbildete, nahm stilistisch wie inhaltlich-konzeptionell entscheidenden Einfluss auf die Etablierung eines literarischen Journalismus in Deutschland, Frankreich und Großbritannien des ausgehenden 19. Jahrhunderts.[48] Der Wandel innerhalb der europäischen Presselandschaft vollzog sich indes, auch vor dem Hintergrund unterschiedlicher Presse- und Zensurgesetze, keineswegs gleichermaßen rasch. Während Moîse Millaud mit dem *Petit Journal* schon 1863 in Frankreich eines der ersten Massenblätter neuer Prägung gründete, dauerte es in Deutschland bis in die 1880er Jahre, bis sich nicht zuletzt infolge der steigenden Zahl US-amerikanischer Immigranten in Berlin Stil und Techniken des Neuen Journalismus durchzusetzen begannen. 1883 erschien der *Berliner Lokal-Anzeiger*, 1898 die *Berliner Morgenpost*; die *B. Z. am Mittag* etablierte sich nur wenig später. Auch in Großbritannien dauerte es beinahe ein halbes Jahrhundert, bis sich mit der *Pall Mall Gazette* (ab 1885) unter der Direktion von William Thomas Stead, der *Daily Mail* oder dem *Star* in den 1890ern Pendants herausbildeten. Stead entwarf dabei das Paradigma der modernen Presse: »Everything that is of human interest, is of interest of the press.«[49]

Tatsächlich geben die populären Medien der Jahrhundertwende (Presse, Literatur und Film) gerade den »kleine[n], geschwätzige[n] Berichte[n] über belustigende Vorfälle der [kleinen] Leute«[50] Raum, über die Davis schrieb, sie seien in ihrem Oszillieren zwischen Fakten und Fiktionen, zwischen Information und Unterhaltung spätestens mit den *Newen Zeytungen* des 17. Jahrhunderts

---

45 Vgl. *Bartz*, Medienereignis, S. 177. Ganz ähnlich auch Nick Couldry und Andreas Hepp: »media events are certain situated, thickened, centering performances of mediated communication that are focused on a specific thematic core, cross different media products and reach a wide and diverse multiplicity of audiences and participants.« *Couldry u. Hepp*, S. 12.
46 *Thiele*, S. 121 ff., sowie allg. *Conradi*, S. 23 f.
47 Denn, so *Koselleck*, S. 308: »Erst ein Minimum von Vorher und Nachher konstituiert die Sinneinheit, die aus Begebenheiten ein Ereignis macht.«. Die Soziologen Daniel Dayan und Elihu Katz bezeichnen Medienereignisse daher auch als »new narrative genre«. Vgl. *Dayan u. Katz*, S. 9; 25 f. In puncto Narrativierung und Ikonisierung wird gerade den Formen des *storytellings* – d. h. der Erzeugung von Spannung und Attraktion, Emotionalisierung und (Melo-)Dramatisierung der Berichterstattung – zentrale Bedeutung zugeschrieben. Vgl. *Renger*, S. 425.
48 Vgl. *Marzolf*, American ›New Journalism‹, S. 530.
49 Zit. n. *Requate*, Journalismus, S. 48 f. Vgl. *Robinson*, Muckraker; *Soderlund*, S. 15 f.
50 *MacGill Hughes*, S. 147. Übers. durch den Verfasser.

zu einem *der* konstitutiven Momente des *news*-Diskurses geworden.[51] Ihr ›Infotainment‹ *avant la lettre* ebnete der Verschmelzung von Journalismus und Literatur den Weg:

»Human Interest is the universal element in the news. It is what gives the news story its symbolic character. It is the ability to discover and interpret the human interest in the news that gives the reporter the character of a literary artist and the news story the character of literature. It is in the human interest story that the distinction between the news story and the fiction story tends to disappear.«[52]

Thematisch zeigen sich die *human interest stories* abseits eines kaum überraschenden, überaus starken Interesses an Katastrophen und Normverstößen, erstaunlich wandlungsfähig. In den sensationalistisch-eskalatorischen Narrativen etablieren sie eine eigentümliche Poetik des Marginalen, Unscheinbaren und kollektiven Verdachts. Dabei schildern sie stets die alltäglichen ›Erschütterungen der Ordnung‹. Die Protagonisten der Geschichten tauchen nur selten auf der Bühne der großen Geschichte auf: meistens gehören ihnen nur wenige Zeilen, wie im Fall der *fait divers* (*fait dix vers*). Die Mikronarrationen erzeugen in der Wahl ihres scheinbar nichtigen Gegenstands den Eindruck vollkommener Kontingenz. Der Anschein, hinter der Fassade des Alltäglichen ein höheres, sinnstiftendes Ordnungsprinzip abzubilden, wird indes letztlich zum Strukturprinzip der Erzählungen. Sie verweisen, so Roland Barthes, in der paradoxalen Struktur einer »causalité aléatoire« bzw. »coincidence ordonnée« und ihrer dramatischen Inszenierung des Geschehens auf die verborgenen ›wundersamen‹ Gesetze des Schicksals.[53] Stark personalisiert und emotionalisiert, unterlaufen sie die gesellschaftlich etablierten Erklärungsmodelle von Normalität, Devianz und öffentlicher Sicherheit und setzen stattdessen – in oftmals anekdotischer Pointierung – die Leerstellen des Geschehens narrativ in Szene. Dabei stellen die Memorabilen der Zeitungserzählungen eine *Anekdotizität* und *Exemplarizität* des Erzählens aus, die für die Ausbildung des modernen Augenblicks- und Plötzlichkeitsdispositivs der Massenmedien maßgeblich geworden ist.[54] Letztere erzeugen in ihrer permanenten Kolportage von Neuigkeiten

---

51 *Davis*, Factual Fictions. Vgl. *Pompe*, Medium; *Werber*, Form. Schon Kaspar Stieler, einer der ersten Medientheoretiker, bemerkte im Jahr 1695: »Zu föderst muß dasjenige / was in die Zeitungen kommt / Neue seyn«. *Stieler*, S. 65 f. Ganz ähnlich mag Püschel konstatieren, dass in der Zeitung »Information und Unterhaltung [...] eben nicht konfliktär sind, sondern [...] wie naturgegeben miteinander verbunden.« *Püschel*, S. 36. So wird jede Differenzierung von *natürlichem* und *künstlichem* Erzählen radikal unterlaufen. Vgl. *Eco*, Wald, S. 160 ff. Die Fakten des *news*-Diskurses sind medial konstruiert; allein die Modi ihrer Beglaubigung wechseln.
52 *Park*, Human-Interest Story, S. 113.
53 *Barthes*, Structure, S. 195, sowie *ders*., Mythen, S. 92 ff.
54 Vgl. dazu *Rosa*. Für die Wahrnehmung der Moderne als Ära der Beschleunigung wie auch deren radikale Suspension in der Inszenierung imaginärer oder virtueller Zeitdehnung zeichnen die Massenmedien verantwortlich. Vgl. *Raulff*; *Bohrer*.

geradezu selbstverständlich Anschlusskommunikation.⁵⁵ Sie favorisieren Neues und Unbekanntes/Überraschendes.⁵⁶ Die Kleine Form der Reportage vermag dieser Tendenz in besonderer Weise Ausdruck zu verleihen:

»Kleine Formen, die auf Kürze, Komprimierung und Konkretion abgestellt sind, reagieren auf solche Dynamisierungsprozesse, wobei sich auch hier Paradoxien erkennen lassen: Das, was formal der Flüchtigkeit des Augenblicks geschuldet ist und beschleunigtes Zeiterleben in ein entsprechendes Format bringt, erweist sich zugleich als kleines Archiv polychroner Zeiterfahrung. [...] Solche Mikroformate, soweit ihnen die temporale Qualität der Kürze eignet, reagieren auf die Erfahrung von Zeitknappheit, auf den Wunsch nach umstandsloser Erfassung des Gegenstands und die Distribution von Wissen in komplex gewordenen Lebenswelten; nicht selten werden sie aber zu Indikatoren eines Bedürfnisses nach Entschleunigung. Sie sistieren den Augenblick im Vollzug seines Vergehens, sie schärfen den Blick für die Erscheinungsweise des Flüchtigen, Ephemeren und lenken die Aufmerksamkeit auf das Detail, auf das scheinbar Nebensächliche, Triviale, Unauffällige.«⁵⁷

Die Reportagen erscheinen als Miniaturen eines Prozesses massenmedialer Selbstbeobachtung, den der Schriftsteller und Pressehistoriker Robert E. Prutz bereits 1845 vorausschauend als *den* Wesenszug des Journalismus identifizierte: »Der Journalismus überhaupt, in seinen vielfachen Verzweigungen und der ergänzenden Mannigfaltigkeit seiner Organe, stellt sich als das Selbstgespräch dar, welches die Zeit über sich selbst führt.«⁵⁸ Der Journalismus sei das »Tagebuch«, in das sich die »Geschichte in unmittelbaren, augenblicklichen Notizen« eintrage. So bilden die Massenmedien eo ipso »Stimmungen« und »Widersprüche«, »Wahres und Falsches« ab.⁵⁹

Dabei gründen die Mediengesellschaften der Jahrhundertwende auf der Inszenierung metropolitaner Öffentlichkeiten.⁶⁰ Hier fungieren die Massen-

---

55 Vgl. *Thye*, S. 149.
56 Die Massenmedien, die sich der Orientierung des Lesers in der Welt verschreiben, bilden oftmals nur mehr die zunehmend komplexen Strukturen in Form chaotischer »Collagen« ab, so John Urry: »Stories from many different places and environments occur alongside each other in an often chaotic and arbitrary fashion, serving to abstract events from context and narrative. The experience of news is thus a temporally and spatially confused collage organized around instantaneously available stories simultaneously juxtaposed.« *Urry*, S. 189f. Vgl. *Gamper u. Hühn*, S. 23ff.
57 *Autsch u. Öhlschläger*, S. 10f. Zur kleinen Form vgl. allg. auch *Köhn*.
58 *Prutz*, Journalismus, Bd. 1, S. 7.
59 Ebd., S. 7. Zugespitzter ließe sich insbesondere im Feld des literarischen Journalismus eine radikale Indifferenz der Massenmedien gegenüber Wahrheitswerten konstatieren: Letztere interessieren »nur unter stark limitierenden Bedingungen«. Denn: Nachrichten müssen »ob nun wahr oder nicht« vor allem »unterhaltsam präsentiert« – und d.h. eben »als Ereignisse dramatisiert« – werden. Vgl. *Luhmann*, Realität, S. 40f.
60 Vgl. *Bösch u. Schmidt*. Thérenty zufolge sei nun speziell für das »Medienzeitalter« der Umstand charakteristisch, »[que] l'ensemble d'une société vit dans un imaginaire régi par les média«. *Thérenty*, Débuts, S. 23. Vgl. zudem bereits *dies. u. Vaillant*, Presse.

medien als *agenda setter* der Wissenszirkulation. Sie regulieren die Salienz der Themen. Die Frage nach Bedeutung und Reichweite des metropolitanen *news*-Diskurses muss angesichts der engen Kopplung des Diskursbegriffes an die Relationen der »Macht«[61] immer auch die elementare Frage nach den *gatekeepern* dieses Diskurses aufwerfen. Im Anschluss an Michel Foucaults Definition des »Diskurses« als Ensemble sprachlich-schriftlicher »Praktiken [...], die systematisch die Gegenstände bilden, von denen sie sprechen«, erscheinen Diskurse, wie Achim Landwehr feststellt, schließlich nicht bloß als »Hüllen, welche die ›eigentlichen‹ Dinge umgeben, sondern sie bringen hervor, wovon sie handeln.«[62] Sie verfügen über die potentiell grenzenlose Möglichkeit, ›Wissen‹ und ›Wahrheit‹ zu produzieren. Dabei unterliegen sie – als »Menge von Aussagen, [die] zur selben diskursiven Formation gehören«[63] – allerdings historischen Transformationsprozessen. Neben sprachlichen Aspekten umfasst die »diskursive Praxis« die Gesamtheit aller geregelten Verfahren einer speziellen diskursiven Wissensproduktion: Institutionen, Akte der Wissenssammlung und -verarbeitung sowie Regeln der Versprachlichung, Verschriftlichung und Medialisierung.[64]

Die einzelne Aussage, die als ›Grundeinheit‹ des Diskurses nichts als ein historisch kontingentes kommunikatives *Ereignis* darstellt, muss vor dem Hintergrund dieser Praxis gesehen werden. Das dialektische Verhältnis von ›Diskurs‹ und ›diskursivem Ereignis‹ – ohne Aussageereignis kein Diskurs, ohne Diskurs kein (verstehbares, typisierbares und interpretierbares) Aussageereignis – wird daher auch von der neueren wissenssoziologischen Forschung vor dem Hintergrund der drängenden Frage nach den Ursachen epistemischer Brüche und der Genese diskursiven Wandels produktiv an Akteurskonzepte angeschlossen und auf das Verhältnis von *Strukturen* und *Handlungen* übertragen. Gegen die überzeichnende Rede von einer Autonomie des Diskurses wird hier die Bedeutung von *Praktiken* der Wissenserzeugung, -reproduktion und -zirkulation hervorgehoben.[65] Akteure sind so weder »freie Gestalter der Diskurse« noch ihnen

---

61 »Ich setze voraus, daß in jeder Gesellschaft die Produktion des Diskurses zugleich kontrolliert, selektiert, organisiert und kanalisiert wird – und zwar durch gewisse Prozeduren, deren Aufgabe es ist, die Kräfte und die Gefahren des Diskurses zu bändigen, sein unberechenbar Ereignishaftes zu bannen, seine schwere und bedrohliche Materialität zu umgehen.« *Foucault*, Ordnung des Diskurses, S. 10 f.
62 *Landwehr*, S. 78.
63 *Foucault*, Archäologie, S. 170. Zur Charakteristik diskursiver Formationen vgl. ebd., S. 58 f.
64 Die »diskursive Praxis« wird als »Gesamtheit von anonymen, historischen [...] Regeln«, die der Produktion von Wissen zugrunde liegen, ausgewiesen. Vgl. ebd., S. 170 f. Der Diskurs als ein *Ensemble differentieller Positionen und Aussagen* ohne vereinheitlichendes Prinzip wird gerade durch den »relationalen Charakter all seiner Elemente« gesichert, so *Moebius*, S. 130 f.
65 Vgl. *Keller*, Diskursanalyse, S. 205.

»bedingungslos unterworfen oder ausgeliefert.«⁶⁶ Analog zur gleichsam strukturierenden wie strukturierten Erscheinung des diskursiven Feldes soll daher an dieser Stelle im Anschluss an Anthony Giddens Strukturationstheorie⁶⁷ ein Modell der *Diskursstrukturierung* angenommen werden, demzufolge Diskurse sowohl normative Regeln für die Form der Aussagenproduktion bereitstellen und Signifikationsregeln für die diskursive Konstitution einer Bedeutung anbieten als auch Handlungsressourcen (*Akteurspotentiale*) und materiale Ressourcen (*Dispositive*) zur Erzeugung und Verbreitung dieser Bedeutungen mobilisieren.⁶⁸ Übertragen auf den Diskurs der Massenmedien bedeutete dies, dass gerade den *Akteuren* des *news*-Diskurses, den Journalisten, aber auch Druckern und Verlegern – als »Diskurskonstrukteuren«⁶⁹ – Innovationspotential zugestanden werden muss.

Ein so verstandenes *Medien-Apriori* allen kulturellen Wissens vermag die Transformationslogik diskursiver Wirklichkeitsproduktion präziser zu erklären. Das konstitutive ›Außen‹ des Diskurses wird in diesem Modell als Dislokation zur notwendigen Voraussetzung desselben.⁷⁰ Staatliche Steuerungs- und Zensurmechanismen legen beredtes Zeugnis vom Versuch ab, den Diskurs der Presse zu propagandistischen Zwecken zu instrumentalisieren. Gleichzeitig besitzen die Medien der Jahrhundertwende ein kaum zu überschätzendes subversives Potential gegenüber der staatlichen Presse- und Kulturpolitik. Im Zuge der Untersuchung soll daher immer auch die originär *politische* Dimension der Populärkultur – der »Effekte des massenhaften Umgangs mit populären Künsten und Vergnügungen«⁷¹ – in den Blick geraten. Neben der Untersuchung der Narrative rückt so gerade die Aneignung der Diskurse durch das Publikum der medialen Inszenierung, also die Leser und Zuschauer, in den Fokus der Betrachtung.⁷² Immerhin eröffnen Medientexte, die bekanntlich multiple Bedeutungen transportieren, ihren Lesern einen weiten Interpretationsspielraum;

---

66 Ebd., S. 134. Vgl. auch *ders.*, Faktor, S. 93 f. Gegen den antihermeneutischen Zug einer Rekonstruktion der ›Intentionalität‹ und des ›Einzelbewusstseins‹ der Akteure wird hier das kreative Potential, das im *Ereignis der In(ter)vention* des Akteurs aufscheint, als Ergebnis kollektiver Wissensvorräte und diskursiver Konfigurationen verstanden.
67 Giddens' Überlegungen zur rekursiven Aktualisierung sozialer Strukturen durch »Regeln und Ressourcen, die in die Produktion und Reproduktion sozialen Handelns einbezogen sind« spiegeln das abstrakte Prinzip des Foucaultschen Diskursmodells wider. Vgl. *Giddens*, Konstitution, S. 70 f. Diskurs und diskursives Ereignis erscheinen so in ihrer dualistischen Struktur: dem wechselseitigen Hervorbringen von »Praktiken der konkreten Aussageproduktion« und zugleich allgemeinen »Regeln der Diskurserzeugung«. Vgl. *Keller*, Diskursanalyse, S. 205 f.
68 *Giddens*, Konstitution, S. 67–80. Vgl. dazu auch *Keller*, Wandel, S. 72–77. Die *cultural studies* schließen eben hier produktiv an. Vgl. *Barker u. Galasinski*, S. 62–70.
69 *Waldherr*, S. 177 f.
70 Vgl. *Stäheli*, Soziologien, S. 33 f.
71 *Maase*, Populärkultur, S. 13.
72 Zum Verständnis des ›aktiven‹ Lesers vgl. *Fiske*, S. 155 ff.

sie sind, wie Barthes konstatiert, (implizit) polysemisch.[73] So eignen sich diese Texte in besonderem Maß als Gegenstand des Tagesgesprächs. Im Modus großstädtischer *face-to-face*-Kommunikation nehmen sie nicht selten den flüchtigen Charakter des Gerüchts an,[74] um alsdann, zu populären Spruchreimen und Liedern ›recycelt‹, sogleich Ausgangspunkt neuer Verhandlungen zu werden.

Ein Interesse an den Mechanismen der Aneignung von Diskursen verpflichtet, dessen strukturelle Begrenzungen im Blick zu behalten. Denn die bloße Ansammlung sich abgrenzender, ausschließender und überlagernder Diskursformationen vermag soziale Wirklichkeit, wie oben angedeutet, nur unzureichend zu erfassen: Es bedarf darüber hinaus stets der Berücksichtigung bestehender sozialer, ökonomischer oder institutioneller Strukturen, wie etwa des Presse- und Justizwesens, sowie der durch sie gestalteten öffentlichen Räume.[75] Das *Dispositiv* der Nachrichtenproduktion und -distribution als das ›Netz‹ zwischen den Elementen eines

entschieden heterogene[n] Ensemble[s], das Diskurse, Institutionen, architektonische Einrichtungen, reglementierende Entscheidungen, Gesetze, administrative Maßnahmen, wissenschaftliche Aussagen [usw.] umfasst,[76]

regelt die Sagbarkeitsbedingungen der Wissensproduktion. Die Nachrichtenmacher – Verleger, Redakteure, (Foto-)Reporter – können als Teil dieses Dispositivs und d.h. als Diskursträger bzw. *Akteure* der Wissensproduktion und -aneignung begriffen werden.[77]

Während der ›langen Jahrhundertwende‹ (1870–1930) kam – angesichts der rasant steigenden publizistischen Produktion – der *Regulierung* des expandierenden Presse- und Bildmarktes große Bedeutung zu. Die illustrierten Zeitungen und Zeitschriften, die sich bis 1880 große Marktanteile sowie Auflagenzahlen von bis zu einer Million Exemplaren sichern konnten,[78] profitierten maßgeblich von drucktechnischen Innovationen. Mit der Erfindung der Rotationspresse 1845 und des Autotypie-Verfahrens 1880/82 erreichten sie massenhafte Verbreitung.

Viele Zeitungen erschienen in diesen Jahren als Abonnementsblätter; ihre Nachrichten waren schon allein aus ökonomischen Gründen auf Fortsetzung programmiert.[79] Sie kolportierten innerhalb wie außerhalb des Feuilletons auf Cliffhanger ausgerichtete *news*. Der Bildberichterstattung kam dabei wachsende Bedeutung zu. Gesetzesnovellen und Gewerbeordnungen reglementierten in Europa und in den Vereinigten Staaten denn auch gerade die öffent-

---

73 Vgl. *Barthes*, Abenteuer, S. 181ff.
74 Vgl. *Darnton*; *Altenhöner*.
75 Vgl. *Siemens*, S. 27.
76 *Foucault*, Dispositive, S. 119f.
77 Vgl. *Sarasin*, S. 170. Vgl. auch *Zierenberg*, S. 175.
78 Vgl. *Stöber*, Pressegeschichte; *Gebhardt*, Zeitschriften, S. 50.
79 Vgl. *Bachleitner*, Nachrichten.

liche Verbreitung und den Vertrieb von illustrierten Druckerzeugnissen.[80] Die Analyse metropolitaner *news*-Kultur muss daher stets die Bedeutung visueller Künste reflektieren, deren Relevanz eng an den Siegeszug neuer Medien gekoppelt war.[81] Im Rahmen dieser Untersuchung wird indes vornehmlich das hybride Feld der Repräsentation fokussiert.[82] Als Bilder verstehen sich so in erster Linie die diskursiv erzeugten Konstruktionen metropolitanen Lebens. Der Diskurs populärer (Bild-)Medien schließt, einem polykontexturalen Verständnis von Literatur[83] zufolge, jedoch auch und gerade künstlerische Erzeugnisse in den Modus massenmedialer Wirklichkeitskonstruktion ein. Die von Friedrich Kittler postulierte Existenzweise von Literatur in Medien[84] erweist sich in diesem Zusammenhang für die Mediengeschichte des Journalismus des 19. Jahrhunderts als konstitutiv.

Nicht nur in der gängigen Praxis des Erstdrucks kanonischer literarischer Werke in Zeitschriften und Feuilletons,[85] sondern auch in der charakteristischen Anleihe moderner Romanciers bei Stil und Techniken des *news*-Diskurses offenbaren sich Tendenzen einer spezifischen Amalgamierung der Künste um 1900.[86] In diesen Dekaden war eine Literarisierung des Nachrichtenwesens zu beobachten, die bis in die 1930er Jahre Spuren in der Dichtung hinterlassen sollte. Literaten wie Hauptmann, Zola oder Morrison, Flaubert, Joyce, Döblin oder Dos Passos orientierten sich in ihren Bildern und Skizzen der Metropole am Vorbild der Zeitung und den Narrationsmustern und Motivkomplexen der metropolitanen Reporter-Streifzüge.[87] Zugleich aber behauptete ge-

---

80 So rückte der Straßen- und Kolportagebuchhandel von Moritaten, Postkarten und illustrierten Groschenromanen in den Fokus der Zensurbehörden. Vgl. *Siemann*, Zensur, S. 378 ff.

81 Unter *Bild-Medien* werden die massenhaften Verbreitungsmedien – Presse, Literatur, Film – verstanden. Zum Paradigma einer *interkulturellen* medienkulturwissenschaftlichen Untersuchung visueller Kultur vgl. *Großklaus*, Medien-Bilder, S. 221 f. Hier lassen sich ganz allg. künstlerische, technische, sprachliche und mentale Bilder zur Vermittlung von Wissen, Unterhaltung, Nachrichten und Geschichte(n) unterscheiden. Vgl. *W. J. T. Mitchell*, Bild, sowie *ders.*, Bildtheorie, S. 101 ff. Zur Bedeutung der Visualisierung von Nachrichten vgl. *Dooley*, S. 145 ff.

82 Vgl. dazu bspw. *Leonhardt*, S. 23 f.

83 *Werber*, Literatur als System, S. 65.

84 Vgl. *Kittler*, Aufschreibesysteme.

85 Vgl. bspw. *Helmstetter*.

86 Der Siegeszug des Neuen Journalismus ab den 1870er Jahren gründete auf der Nähe zum Abenteuerroman. Vgl. *Griffith*, S. 17 und S. 22. Zur Bedeutung der Verschränkung von *news* und *novels* für die Entstehung des modernen Romans vgl. *Zischler u. Danius*. Die klassische Dichotomisierung von E- und U-Kultur wird – angesichts dieser Amalgamierung der Künste – hinfällig.

87 Die Metropolen waren bereits um 1800 zu Kristallisationspunkten modernen Erzählens geworden. Louis-Sébastien Mercier hatte der Fragmentierung großstädtischen Lebens in seinen *Tableaux de Paris* 1781 ein Denkmal gesetzt, und der Großstadtroman in der Tradition von Eugène Sues *Mystères de Paris* (1842) prägte das Bild der Metropolen ab der Mitte des 19. Jahrhunderts sogar noch nachhaltiger, wie zahllose Adaptionen belegen – eine Ver-

rade der Reportage-Journalismus in seiner Orientierung an der Empirie eine dezidierte Nähe zu den Beobachtungswissenschaften, insbesondere der Kultursoziologie. Die Zeitung lieferte, ganz dem Zeitgeist verpflichtet, pures ›Fakten-Wissen‹. Sie verbürgte die ebenso ›echte‹ wie ›einmalige‹ Darstellung des Geschehens. Dafür standen sowohl der persönliche Augenschein der Reporter als auch die Institution der Zeitung und die neuen Techniken der (Bild-)Berichterstattung ein.[88] Schließlich übernahmen vor allem Pressebilder, die erheblich zur Dramatisierung der präsentierten *stories* beitrugen, die Funktion einer authentischen Beglaubigung von Meldungen.[89]

Der Reporter wurde so zur modernen Figuration der Vernetzung verschiedener Wissensbereiche.[90] Gegen Ende des 19. Jahrhunderts ließen sich hier einzelne Reportertypen und -genres unterscheiden. Zum einen war dies der *city beat reporter*, dessen konventionelle Form die Polizeireportage mit ihren *sex-and-crime-stories* wurde, sodann der *stunt reporter*, der etwa die Maskerade des Rollenreporters nutzte, um Zugang zu geschlossenen Institutionen und weithin hermetischen Sphären des gesellschaftlichen Lebens zu erlangen, der *muckraker*, dessen Enthüllungsjournalismus den geheimen Aspekten *öffentlicher* Institutionen galt, sowie der *urban-color-reporter*, der in seinen Milieureportagen der Figur des Flâneurs am nächsten kam.[91]

Zu den *Quellen* einer Untersuchung des Reporter- und Korrespondentenwesens als einem Phänomen metropolitaner Nachrichtenkultur zählen vor allem Erzeugnisse der Massenpresse. Daher wurden sowohl die lokale Tagespublizistik und Generalanzeiger-Presse als auch das Gros der illustrierten Journale und ›Sensationsblätter‹ systematisch einbezogen. Für Berlin waren dies – ne-

---

schränkung von Journalismus und Belletristik in Motivik *und* narrativer Struktur war indes erst in den Dekaden des ausgehenden 19. Jahrhunderts allgegenwärtig. Die Forschung ignorierte bislang gleichwohl die in diesem Zusammenhang elementare Bedeutung der Reportageliteratur und widmete sich vorrangig der Wahrnehmung der Metropole im Roman. Vgl. *Bachleitner*, Sozialroman; *Robinson*, London; *Forderer*; *Stierle*.

88 Zum Paradigma des Fakten-Wissens und der Beglaubigung in den Wissenschaften vgl. *Daston u. Galison*, S. 45–55 sowie S. 325. Auf dem Feld des Journalismus zeitigte die Professionalisierung neue *Qualitätsmerkmale* der Prägnanzbildung und Strukturierung von Nachrichten – z. B. in Form von Flash-Nachrichten oder der Berichterstattung nach Maßgabe der ›inverted pyramid‹ – sodann nachrichtliche *Standards* empirisch-faktischer Beglaubigung – z. B. durch Quellenangaben und Autorensiglen – und schließlich ethische *Richtlinien* der Produktion ›wahrer‹ Nachrichten – niedergeschrieben z. B. in Codes of ethics, Handbüchern und Regelsystemen.

89 Vgl. *Tribukait*, S. 180, sowie allg. *Wortmann*, Bild, S. 130–157.

90 Die Massenmedien generieren die interferierenden, koppelnden und integrierenden Querbeziehungen zwischen einzelnen historisch gewachsenen epistemischen Segmenten. Dieses Potential »interdiskursiver Konfigurationen« (vgl. *Foucault*, Archäologie, S. 255 ff.), »zwischen den Spezialitäten [zu] vermitteln und Brücken zu schlagen« betonen vor allem *Link u. Link-Heer*, S. 92. Links ›Totalisierung‹ des Konzepts der Diskursautonomie und die radikale Ausblendung (nicht-)diskursiver Praktiken muss hier allerdings eine stärkere Anlehnung an seine Überlegungen verhindern.

91 Vgl. *Lindner*, Entdeckung, S. 28–43.

ben den Zeitungen der großen Verlagshäuser Scherl, Mosse und Ullstein (*Berliner Lokal-Anzeiger*, *Berliner Tageblatt*, *Berliner Morgenpost*, *B. Z. am Mittag*) – der boulevardeske Berliner *Reporter* sowie die *Berliner Gerichts-Zeitung*. Zudem wurden exemplarisch auch diskursive Verflechtungen zu den auflagenstarken Revuen und Illustrierten des Kaiserreichs wie der *Berliner Illustrirten Zeitung* oder den Familienblättern wie der *Gartenlaube* nachvollzogen. Aus Frankreich wurden die Massenblätter *Le Journal*, *Le Matin*, *Le Petit Parisien* und *Le Petit Journal* und deren *suppléments illustrés* ausgewertet. Hinzu kamen vereinzelte Exemplare der Gerichts- und Polizei-Zeitung *L'Oeil de la Police*, des Witz- und Unterhaltungsblattes *Le Rire* sowie des Journals *Les Faits-Divers Illustrés*. Große Quellenbestände lagerten in der *Bibliothèque nationale de France* und der *Bibliothèque des Littératures Policières*. Im britischen Fall standen die Londoner *Pall Mall Gazette*, *The Graphic*, *Lloyd's Illustrated Newspaper* sowie *Illustrated London News* im Fokus. Hinzu kam hier neben dem Satiremagazin *Punch* auch die *Illustrated Police News*. In New York waren es vor allem die New Yorker Tageszeitungen *Times*, *World*, *Journal*, *Herald* und *Sun*.

Zudem wurden literarische, fotografische und filmische Zeugnisse einbezogen. Dazu zählen Kolportageromane und Moritaten, aber auch paraliterarische Quellen wie Tagebücher und Briefe oder Fallgeschichtensammlungen in der Tradition der *causes célèbres*. Einen Einblick in den Diskurs berühmter wie berüchtigter Viertel der Metropole versprachen über wissenschaftliche Fachzeitschriften, Sachbücher und Belletristik hinaus die Reiseführer dieser Jahre. Über Quellen zum Frühen Film verfügten das *Deutsche Bundesarchiv, Abteilung Filmarchiv* in Berlin, die *Gaumont-Pathé-Archives* in Paris und das *British Film Institute* in London.

Den Quellenkorpus komplettieren ausgewählte Aktenbestände zur Geschichte des Presse- und Reporterwesens insbesondere aus dem *Geheimen Staatsarchiv Preußischer Kulturbesitz*, dem *Bundesarchiv* sowie dem *Landesarchiv Berlin*, dem *Politischen Archiv des Auswärtigen Amtes*, den *Archives Nationales*, den *Archives de la Préfecture de Police*, den *National Archives* in Kew und dem Archiv der *Foreign Press Association*, den *Henry M. Stanley-Archives* in Tervuren sowie der *Manuscripts and Archives Division* der *New York Public Library* und dem Archiv der *Columbia University*.

Mit Blick auf den *Forschungsstand* bliebe zu konstatieren, dass gerade komparatistische Studien zu Aufstieg und Krise der Sensationspresse und ihrer Nachrichtenmacher, zur Figur des Reporters und zum Genre der Reportage für die Epoche der Jahrhundertwende ein großes Desiderat darstellen. Zwar existieren bereits erste Ansätze zu einer Komparatistik der Medienlandschaften für die Jahre 1870–1918; diese aber erweisen sich entweder lediglich als Episoden eines eher allgemein gehaltenen diachronen Abrisses[92] bzw. konzentrieren sich vorrangig auf die Implikationen nachrichtentechnischer Entwicklungen[93] oder

---

92 Vgl. *Pettegree*, News. Ähnlich: *Broersma*.
93 Vgl. z. B. *Rantanen*, News; *Rosenberg*; *Dooley*.

dienen als Folie zur Untersuchung der gegenwärtigen Medienlandschaften.⁹⁴ Hingegen erschienen in den vergangenen Jahren instruktive Studien zur Amerikanisierung der europäischen Presse vor allem im Hinblick auf die zahlreichen Transfers im anglophonen Raum⁹⁵ sowie zum Feld des Boulevard-Journalismus.⁹⁶ In enger Anbindung an diese Studien erlebt gerade die Forschung zum Feld des literarischen Journalismus einen Boom.⁹⁷ Hier verortet sich die vorliegende Untersuchung, die das der massenmedialen ›Sattelzeit‹ emblematische Genre der Reportage in den Fokus stellen wird.

Zum Genre der Reportage erschienen in den vergangenen Dekaden zahlreiche Anthologien.⁹⁸ Rolf Lindners Pionierstudie zur Entstehung der Soziologie aus dem Geiste der Reportage,⁹⁹ auf die hier verschiedentlich Bezug genommen werden soll, folgten in den vergangenen Jahren mehrere Arbeiten zur Genese des sog. *Exposure Journalism* in den Vereinigten Staaten.¹⁰⁰ Hinzu kamen Arbeiten zum Phänomen des *slumming* in den Metropolen der Jahrhundertwende, die Verbindungen zur *stunt*-Reportage herausstellten.¹⁰¹ In diese Reihe fallen auch biographische Studien zu einzelnen Reportern und zu ausgewählten Medienereignissen. Hier kann auf erste Vorarbeiten zurückgegriffen werden, obschon gerade die medialen Transfers und narrativen Besonderheiten der Reportagen bislang außen vor blieben.¹⁰² Hingegen sind von der sozialhistorischen Forschung die politischen Kontexte des Reporterwesens in den Blick genommen worden. So war der Reporter als Gerichtsberichterstatter und Parlamentsreporter¹⁰³ im lokalen Bezugsrahmen bzw. als Auslandsberichterstatter¹⁰⁴ in (quasi-)diplomatischer Mission oder auch als Kriegsreporter¹⁰⁵ vorrangiges Thema. Schließlich

---

94 Vgl. bspw. *Prestons* Untersuchung der europäischen Presselandschaften.
95 Vgl. z. B. *Marzolf*, ›New Journalism‹ and the Europeans; *Wiener*, Papers; Americanization.
96 Vgl. *Campbell*, Yellow Journalism; *Cohen*; *Spencer*; *Conboy*; *Bingham u. Conboy*; *Sparks u. Tulloch*; *Hennig*.
97 Aus der Vielzahl aktueller internationaler Tagungen sei lediglich auf die »10th International Conference for Literary Journalism Studies: Literary Journalism: Media, Meaning, Memory« im Mai 2015 (Minneapolis/USA) verwiesen. Kürzlich erschienen: *Boucharenc*, Croisées; *Bak u. Reynolds*; *Keeble u. Wheeler*; *Keeble u. Tulloch*. Vgl. überdies allg. *Applegate* sowie zur theoretischen Reflexion des Feldes: *Blöbaum u. Neuhaus*; *Eberwein*, Literarischer Journalismus.
98 Vgl. *Carey*; *Brunold*; *Bergmann*. Zur Genese des Foto-Journalismus vgl. *Holzer*, Reporter.
99 Vgl. *Lindner*, Entdeckung.
100 *Robinson*, Muckraker. Zum Phänomen des *undercover reporting* vgl. den diachronen Abriss von *Kroeger*, Reporting sowie die Quellensammlung von *Serrin*.
101 Vgl. *Kalifa*, Bas-Fonds; *Koven*; *Scotland*; *Toweill*; *Dowling*; *Heap*.
102 Vgl. allg. *Randall*. Zu den *stunts* der 1890er Jahre vgl. bspw. *Roggenkamp*, News; *Goodman*, Eighty Days; *Kroeger*, Bly. Zu den Spiegelungen von Metropolen und Peripherien in den Medien der Jahrhundertwende und zur Figur des (Kolonial-)Reporters als Entdecker und Aufklärer vgl. *Riffenburgh* – sowie zu Henry M. Stanley: *Jeal*; *McLynn*; *Newman*.
103 Vgl. z. B. *Kalifa*, Encre; *Ritchie*; *Holiczki*.
104 *Geppert*, Nationalisierung, sowie *ders.*, Ambassadors; *Gebhardt*, Beruf; *Hillerich*.
105 Vgl. z. B. *Knightley*, Casualty; *Maurin*, Combattre; *Korte u. Tonn*, Kriegskorrespondenten; *Daniel*, Augenzeugen; *Holzer* (Hg.), Kamera; *Hudson*, Russell.

existieren einzelne diachron angelegte Studien zur Entstehung der Presse und der Reportage. Diese konzentrieren sich in aller Regel aber gerade auf die Jahre nach dem Ersten Weltkrieg.[106]

Für die Zwischenkriegsjahre liegen einige Studien zur Entstehung der literarischen Reportage[107] sowie zum Wirken des ›rasenden Reporters‹ Egon Erwin Kisch[108] vor. Eine instruktive international vergleichende Studie zur Gattung der Gerichtsreportage erschien ebenfalls kürzlich.[109] Die Abwertung der boulevardesken Skandalzeitungen und Sensationsreportagen *vor* 1918 verkennt allerdings die Relevanz der populären Presse und insbesondere der literarischen Reportage für die Erfahrung großstädtischer Wirklichkeiten ab dem Ende des 19. Jahrhunderts.

Die Metropolen waren in diesen Jahren, wie klassische stadtgeschichtliche Forschungen zeigen, Gegenstand ambivalenter Deutungen.[110] Einem schier grenzenlosen, von Technizismus getragenen Fortschrittsoptimismus stand die Wahrnehmung einer kulturellen wie moralischen Zerrüttung moderner Gesellschaften gegenüber. Für die ›Kulturkritiker‹ bildeten die Metropolen als »Horte des Lasters« Sinnbilder der Krise.[111] Dabei waren diese Wahrnehmungen im Kern als »medial produzierter Effekt« zu dekonstruieren.[112] Zur Metropolenwahrnehmung in Populärkultur und Wissenschaften, vor allem im Zusammenhang städteplanerischer und sozialreformerischer Engagements, existieren zahlreiche Veröffentlichungen.[113] Der Zusammenhang von Stadtkultur und Globalisierung, der in den medialen Repräsentationen des urbanen Lebens aufscheint, ist bislang jedoch vorrangig von der zeitgeschichtlichen Forschung in den Blick genommen worden.[114] Auf der Basis sozial- und alltagsgeschichtlicher Untersuchungen entstanden kürzlich immerhin erste mikrogeschichtliche Studien, welche die Bedeutung des städtischen Raums für die Ausbildung lokaler

---

106 Vgl. *Kostenzer*; *Geisler*; *Martin*, Reporters; *Boucharenc*, L'écrivain. Nur selten wird auf die Vorgeschichte(n) des Reporterwesens und der Reportage im 19. Jh. verwiesen: *Keeble u. Wheeler*.
107 Vgl. exempl. *Eilers*.
108 Vgl. *Patka*; *Ruf*; *Schütz*, Faktograph; *Harder*, Reporter.
109 Vgl. *Siemens*. Reporter wie *Sling* (Paul Schlesinger) oder Henri Béraud etablierten in den 1920er und 1930er Jahren das Genre der Gerichtsreportage als kritische Instanz der Berichterstattung. Speziell in Europa steckte das Genre vor dem Ersten Weltkrieg noch in den Kinderschuhen.
110 Vgl. *Zimmermann*, Metropolen und *Lenger*, Urban Nation; Stadtgeschichten; Metropolen.
111 Zur Kulturkritik vgl. *Engeli*, S. 21. Die stereotypen Zuschreibungen, insbesondere »Lärm, Anonymität, Elend und Laster« des großstädtischen Lebens, waren die Ingredienzien des wissenschaftlichen, wie künstlerischen Metropolen-Diskurses. In Georg Simmels *Die Großstädte und das Geistesleben* (1903) wird das Denkmodell der Nivellierung und Individualisierung metropolitanen Lebens zur exemplarischen Bezugsgröße. Gleichzeitig werden hier die neuartigen Möglichkeiten des urbanen Lebens zum Thema.
112 Vgl. dazu *Jewkes*, S. 10, und *Hayward*, S. 17 ff. sowie S. 147–195.
113 Vgl. *Lees*; *Hauser*; *Brunn*; *Driver u. Gilbert*, Cities.
114 *Sassen*; *Berking u. Faber*, Städte; *Berking*, Frames; *Saunier u. Ewen*.

Identitäten im ausgehenden 19. Jahrhundert untersuchen.[115] Theoretische Impulse liefern hier vor allem die Beiträge des Berliner *Center for Metropolitan Studies*.[116] Die elementare Bedeutung des Nachrichtenwesens für den urbanen Identitätsbildungsprozess stand indes bislang kaum im Fokus.

Vielmehr ließ sich in den vergangenen Jahren ein Trend zur Erforschung der spektakulären Skandale und Sensationen im Alltag der europäischen Metropolen erkennen.[117] Nahezu alle Studien leiden allerdings unter dem strikten Verzicht auf eine komparatistische und/oder transfergeschichtliche Perspektivierung des Themas. Hier wird die Arbeit aus einer medienkulturwissenschaftlichen Blickrichtung ansetzen. Die Studie steht damit einerseits in einem breiten medien- und kulturgeschichtlichen Kontext, der Fragen nach Medien, Genres und Räumen des *news*-Diskurses aufwirft.[118] Das Genre der Reportage, das zwischen *Flânerie* auf der einen und (wie im Fall der extrem populären *stunts*) *undercover reporting* auf der anderen Seite changierte, soll hier als ästhetisch wie epistemologisch wirkmächtiges Modell des Erzählens interessieren.[119] Andererseits vermag die Arbeit vor der Folie medienarchäologischer Debatten einen Einblick in Genese und Wandel grenzübergreifender Nachrichtenströme im Zeitalter von Agenturen und Korrespondentennetzwerken zu geben.[120] In der zeitgenössischen Wahrnehmung waren gerade die Jahre ab 1870, wie neuere Forschungen postulieren, von einer Art »Tempo-Virus«[121] befallen, dessen Konsequenzen sich als »Rekonfiguration von Raum und Zeit« besonders deutlich in der Perzeption global vernetzter Stadtkulturen konturierten. Diese Form der Wahrnehmung soll im Zentrum dieser Untersuchung zur urbanen Nachrichtenkultur stehen.

Die Studie wird dazu insbesondere an die Forschungen Peter Fritzsches und Frank Böschs anschließen. Fritzsches Studie *Reading Berlin* erweist sich, insofern sie sich der Polyphonie alltäglicher Kommunikationen in der Metropole und dem »voyeurism of the ordinary«[122] verschreibt, als überaus anregend, obschon sie in ihrer Konzentration auf die medialen Repräsentationen des Urbanen, die das großstädtische Leben begleiten und die ›word city‹ der Metropole ebenso abzubilden wie vorzuprägen scheinen, die vielfältigen Aushandlungs- und Aneignungsprozesse der häufig sensationellen Medieninhalte durch das

---

115 *Bradbury u. Myers; Jenkins*, Modernity; *Gerson*.
116 *Brantz u. a.; Kemper u. Vogelpohl; Stemmler u. Arnold*.
117 Vgl. *Bösch*, Geheimnisse; *Diamond*; *Schwartz*. Einen Schwerpunkt bilden Analysen ausgewählter Kriminalfälle – von Dynamitards, Hochstaplern und Lustmördern – im Spiegel ihrer medialen Berichterstattung. Am prominentesten gilt dies für den Fall *Jack the Rippers*. Vgl. dazu exempl. *Warwick u. Willis; Curtis Jr.* sowie allg. *Walkowitz*, City.
118 Vgl. *Schudson*, Power of News; *Blondheim; Rosenberg*.
119 Vgl. *Haas*, Journalismus.
120 Vgl. *Bösch*, Mediengeschichte, S. 142.
121 *Borscheid*, S. 150.
122 *Fritzsche*, Talk of the Town, S. 383. Vgl. dazu *ders.*, Reading Berlin.

urbane Publikum vollständig ausblendet.[123] Zudem kann weder der gewählte zeitliche Untersuchungsrahmen ab 1900 noch der marginale Einbezug wichtiger lokaler Zeitungen und Journale überzeugen. Als problematisch muss auch der mangelnde Bezug zu den wichtigsten Referenzpunkten des wilhelminischen Hauptstadtbildes – London und Paris, aber auch New York oder gar Tokio – gesehen werden. Böschs Studie *Öffentliche Geheimnisse* hingegen, die im Umfeld der neueren Skandalforschung anzusiedeln ist,[124] vermittelt aus komparatistischer Perspektive am Beispiel der Skandalisierung von Homosexualität, Ehebruch oder kolonialen Gewaltexzessen wertvolle Einsichten in die Funktionslogik der europäischen Massenpresse sowie die Genese und Wirkung von Skandalen in Deutschland und Großbritannien.[125] Ausführungen zur internationalen Dynamik dieser Skandalisierung, deren Medialisierung hier nach wie vor in nationalen Referenzrahmen analysiert wird, bleiben indes weitgehend aus. Die Berücksichtigung internationaler Nachrichten*transfers* und ihrer Rückkopplungen erscheinen für die Untersuchung der Mediengesellschaften der Jahre um 1900 gleichwohl zentral. An Böschs Überlegungen soll daher vor allem aus transfergeschichtlicher Perspektive angeschlossen werden.

Schließlich erschienen in den vergangenen Jahren erste grundlegende Studien, welche die Entstehung der Populärkultur als eines massenmedialen Phänomens der langen Jahrhundertwende in den Blick nehmen.[126] Die meisten Theorien zur Populärkultur aus dem Bereich der *cultural studies* arbeiten indes nach dem Muster einer schlaglichtartigen diachronen Synopsis des Gegenstands.[127] Produktiv erscheinen deshalb vor allem Ansätze der Forschung, die den Aufstieg der modernen Massenkultur als eines »Systems kommerzieller Populärkünste«[128] aus alltags- und kulturgeschichtlicher Perspektive beleuchten. Untersuchungen über Zäsuren und Wegscheiden dieses Prozesses einer Etablierung moderner Massenkultur sind dagegen noch immer relativ rar. Mit Blick auf die deutsche Forschung muss insbesondere für die erste Dekade des 20. Jahrhunderts ein geradezu eklatanter Mangel an entsprechenden Studien konstatiert werden. Traditionell bringen gerade die Film- und Medienwissenschaften den populären Medien starkes Interesse entgegen. Hier schließen sich

---

123 Diese medialen Rückkopplungsschleifen sind in der neueren Forschung exemplarisch in den Blick genommen worden, so z. B. in einer Studie über die öffentliche Dramatisierung des Verbrechens im Berlin des Kaiserreichs und die spezifischen Formen der Teilnahme des Publikums an kriminalpolizeilichen Ermittlungen und Fahndungen sowie den Sensationsgerichtsverfahren der Jahrhundertwende. Vgl. *Müller*, Suche; *ders.*, Ermittlungen. Die Studien Dominique Kalifas – zur Diskursivierung metropolitaner Gegen- und Unterwelten – zeichnen sich zudem durch ihr Interesse an einer Topographie der Delinquenz in der *Belle Époque* aus. Vgl. *Kalifa*, Bas-Fonds.
124 *Kepplinger*, Realitätskonstruktionen; *Bulkow u. Petersen*; *Burkhardt*.
125 *Bösch*, Geheimnisse. Vgl. überdies *ders. u. Borutta*, Massen.
126 Vgl. exempl. *Maase u. Kaschuba*, Schund.
127 Vgl. *Hecken*; *Hügel*; *Agard u. a.*
128 *Maase*, Vergnügen, S. 20.

Untersuchungen über den Frühen Film an Studien zu Jahrmarktskultur, Varieté oder Theater an.¹²⁹ Arbeiten zur Geschichte der Journalisten, Herausgeber und Leser der Massenpresse stellen aber nach wie vor ein großes Desiderat der Forschung dar.¹³⁰

Mithin gestattet diese Untersuchung auch zahlreiche Anschlussmöglichkeiten an stadtgeschichtliche sowie alltags- und sozialgeschichtliche Studien zum Metropolitanismus der Jahrhundertwende. Dabei besitzen gerade Überlegungen zum Zusammenhang von Architektur, Stadtplanung und Wissenstransfers zwischen Medien, Polizei- und Justizbehörden in den Metropolregionen ein produktives Potential für weitere Forschungen. Insofern diese Regionen als Zentren einer verdichteten Globalisierungserfahrung verstanden werden, profitieren zudem kulturwissenschaftliche Studien über die Auswirkungen der Globalisierungsprozesse, bspw. zur Entwicklung neuer Formen des Konsums, von den hier angestellten Untersuchungen zu interkulturellen Transfers medialer Themen und Genres. Medien- und literaturwissenschaftliche Ansätze knüpfen schließlich an die Überlegungen zu den spezifischen medialen Narrationsmodi des Urbanen an.

Das Einstiegskapitel wird sich in aller Kürze dem Aufstieg des Reporterwesens ab den 1850er Jahren und der Figur des Reporters widmen. Der Reporter übernahm als urbaner Geschichtenerzähler – als *homo narrans* – und Kolporteur urbanen Wissens eine konstitutive Rolle im Mediensystem der Metropolen.¹³¹ In seinen Reportagen, die für das Publikum der Metropolen geschrieben waren, kam dem Wahrnehmungsmodus des Reporters im Zeitalter der Massenmedien mehr als nur eine ästhetische Komponente zu; ihm war überdies eine legitimatorische Funktion eingeschrieben. So wird diese Untersuchung von der grundlegenden These ausgehen, dass sich gerade in den Dekaden des ausgehenden 19. Jahrhunderts die Konkurrenz des Reporters als Augenzeuge gegen das neuartige Paradigma nachrichtlicher Beglaubigung durch Agenturen und Korrespondenzbureaus als eine Form narrativer Evidenzbildung und alternative Wahrheitsstrategien im Bereich des Journalismus etablierte. Während das autoreflexive Genre der Reportage den Konstruktionscharakter der Nachrichtenübermittlung herausstellte, ließen die (anonymen) Reports der Agenturen in aller Regel Ursprung und Bedingungen ihrer Fabrikation im Dunkeln. Die Form der Reportage war demnach sowohl Ergebnis der kreativen Ambitionen einzelner Reporter als auch in zunehmendem Maß der Herstellungs- und Fabrikationsbedingungen solcher Nachrichten des metropolitanen Zeitungsmarktes gegen Ende des 19. Jahrhunderts.

---

129 Vgl. *Szabo*; *Kift*; *Jansen*; *Leonhardt*; *Marx*. Zur Geschichte des Frühen Films vgl. *Elsaesser*, Cinema; *ders.*, Filmgeschichte; *ders. u. Michael Wedel*, Kino; *Kessler u. a.*
130 Vgl. *Bösch*, Populärkultur, S. 550 ff. Gleiches konstatieren de la Motte und Przyblyski im Hinblick auf die Massenpresse im Frankreich des späten 19. Jh. Vgl. *dies.* (Hrsg.): News.
131 Vgl. *Koschorke*, S. 10 f.

Das dritte Kapitel, das sich der Professionalisierung des Nachrichtenwesens widmen wird, rekonstruiert sodann zunächst in groben Zügen die Entstehung des lokalen Verlags- und Pressewesens in New York, Berlin, Paris und London. Die Zeitungsviertel der publizistischen Hauptstädte waren Umschlagspunkte der urbanen Wissenszirkulation. Verleger, Redakteure und Reporter nahmen von hier aus ihren Weg durch die Metropolen. Die strukturellen, ökonomischen wie auch politischen Rahmenbedingungen der Nachrichtenproduktion, die Konkurrenz der großen Verlagshäuser und personellen Netzwerke der darin Beschäftigten stehen daher hier im Fokus. Vor diesem Hintergrund wird der Aufstieg der Lokalberichterstattung – anfangs im Rahmen eines eigenständigen Ressorts, später dann im Rahmen der Lokalanzeiger-Presse – nachgezeichnet. Die Lokalpresse fungierte dabei zum einen als sensationell-unterhaltende Instanz des urbanen Klatsch und Tratsch, zum anderen aber auch als investigatives Organ einer funktionierenden, kritischen Öffentlichkeit, als Anwalt städtischer Interessen. Insbesondere das zwischen *facts* und *fiction* changierende Genre der Lokalreportage erreichte so eine pointierte Stellung.

Das vierte Kapitel untersucht am Beispiel der *metropolitanen* Reporter-Streifzüge die Diskursivierung spezifisch (groß-)städtischer Räume. In der Repräsentation imperialer Herrschaftssphären, proletarischer Arbeits- und bürgerlicher Vergnügungsviertel offenbarte sich hier das vielgestaltige Panorama der Metropolen, in denen auch und gerade der Entdeckung urbaner Gegenwelten, lokaler Delinquenz und devianter Milieus besondere Bedeutung zukam. Die zahllosen Erkundungsgänge und Reportagen aus dem Milieu von Spielern und Trinkern, Hehlern und Prostituierten, Vagabunden und Anarchisten, Arbeitslosen, Berufsverbrechern und Jugendbanden – als dem alltäglichen *Fremden* – zeigten eine Seite der Stadt, an der ungelöste kulturelle, politische wie auch soziale Fragen an die Oberfläche traten. Im Diskurs der populären Medien zerfielen die Metropolen um 1900 in Zonen der Normalisierung und Denormalisierung. Aus einer dezidiert komparatistischen Perspektive wird erstmals die Bedeutung lokaler *news* für die Ausbildung urbaner Identitäten, einer mitunter kosmopolitanen, mitunter geradezu dörflich anmutenden Heimatverbundenheit, in den Blick genommen. Hier situiert sich die Studie in ihrer komparatistischen Ausrichtung in aktuellen Debatten über die Chancen und Grenzen vergleichender, transfer- und verflechtungsgeschichtlicher Ansätze.[132] Während der *Vergleich* urbaner Nachrichtenkulturen nach Wechselbeziehungen zwischen Pressesystemen, strukturellen Rahmenbedingungen, personellen Beziehungen und vor allem genrespezifischen Einflussnahmen in puncto Reportagestil und -gegenstand fragen wird, um Ähnlichkeiten und Differenzen zu identifizieren und zu erklären, soll die Analyse interkultureller *Transfers* am Beispiel internationaler Medienereignisse die Komparatistik lokaler Nachrichtenkulturen exemplarisch um die Untersuchung der Wirkung und Reichweite global zirkulierender Nachrichten ergänzen. Die »Anverwandlungen von Konzepten, Werten,

---

132 Vgl. dazu allg. *Conrad u. a.* bzw. *Bauerkämpfer*, S. 33 ff.

Normen, Einstellungen, Identitäten bei der Wanderung von Personen und Ideen zwischen Kulturen«[133] erweisen sich als Ergebnis der physischen Durchquerung des geographischen Raums, verweisen aber zugleich – gegen alle Tendenzen der Homogenisierung – auf die charakteristischen Anreicherungen, Kürzungen und Umschreibungen des lokalen *news*-Diskurses zurück.[134]

Das fünfte Kapitel wird alsdann den Strömen *globaler* Medienberichterstattung und deren Dynamik von Skandalisierung und Katastrophismus nachspüren. Obschon das Gros der Meldungen in lokalen Problem- und Bedingungslagen wurzelte, entwickelten sich einzelne Meldungen rasch zu internationalen ›Exportschlagern‹ eines sich professionalisierenden Nachrichtenmarktes. Im Zeitalter global operierender Nachrichtenagenturen und Korrespondentennetzwerke kultivierten gerade die Reporter als Teil des Nachrichtenbetriebs Augenzeugenschaft, Entdecker- und Enthüllungsgestus und wurden so zu Schlüsselfiguren dieser nachrichtlichen Events. Der Wettbewerb um ebenso exklusive wie sensationelle Neuigkeiten besaß, wie die spektakulären Reisen und Rennen um den Globus am Ende des 19. Jahrhunderts zeigen, eine neuartige Dynamik, die der Logik der Massenmedien entsprang. Die Metropole war dabei Start- und Zielpunkt von Rennen, die sich als globale Inszenierungen verstanden. Hier rücken die dominanten Figurationen des Reporters dieser Dekaden in den Vordergrund: Als Hasardeure und Rekordler eroberten die Reporter – vor den Augen des metropolitanen Publikums – die Welt; als *global explorer* vermaßen und relationierten sie diese. Die Reportagen aus den Metropolen erschienen als Referenzgrößen des globalen *news*-Diskurses. So waren die urbanen Zentren, wie auch die Reisereportagen kolonialer Exploratoren belegen, stetige Referenz des Empires. Die Neurasthenie des Großstädters im urbanen Dschungel der Metropole spiegelte die Repräsentation des kolonialen Erlebens an der Peripherie des Weltreiches ebenso wider wie der Eindruck der Reportagen von den Schlachtfeldern der zahllosen Kriege rund um den Erdball. Exemplarisch soll hier der reziproke Modus metropolitaner Weltwahrnehmung nachvollzogen werden.

Dabei schildern die hier ausgewählten Fallstudien zugleich in aller Regel außergewöhnliche Reporterkarrieren. Repräsentativ sind diese freilich nur in geringem Maß für die alltägliche Praxis des Pressewesens um die Jahrhundertwende. Das Gros der lokalen Blätter, vor allem der ländlichen Provinz, nahm daran nur wenig Anteil. Die vorgestellten Reporter-Streifzüge sind ohne Frage exzeptionell. Sie markieren Höhepunkte einer Praxis, die in späteren Dekaden Nachahmer zeitigen sollte. Als Reporter sind die Protagonisten dieser Studie Teil einer Avantgarde. Ihre Arbeitsbedingungen sind mit denen der Gelegenheits- und Aushilfsschreiber kaum vergleichbar. Vielfach privilegiert, konnten sie oft-

---

133 *Kaelble*, S. 472. Vgl. überdies *Lüsebrink*.
134 Zum Appell einer stärkeren Berücksichtigung *transfer*geschichtlicher Perspektiven vgl. *Barth*, Medien, S. 720. Hier werden zukünftig gerade Big Data-Analysen im Bereich der Digital Humanities die ›Abschreibesysteme‹ der Druck- und Zitatennetzwerke im Bereich des Zeitungswesens offenlegen können. Vgl. *Cordell*, S. 417f.

mals über Jahre hinweg auf die Unterstützung ihrer Redaktionen und die Netzwerke und Ressourcen ihrer Verleger zurückgreifen, um Karriere zu machen. So stechen sie schon zeitgenössisch aus der Vielzahl an Abenteurern, Weltenbummlern und Eroberern heraus, die das Reporterwesen dieser Jahre zu ihrem Metier erkoren, alsdann aber der Konkurrenz, den Gefahren oder den prekären Arbeitsbedingungen zum Opfer fielen. Für die zeitgenössische Publizistik bemaß sich aber gerade an ihrem Vorbild die Rolle des Reporters. Die getroffene Fallauswahl will diesem Umstand, der letztlich nur nochmals auf die Eigenlogik medialer Aufmerksamkeitsökonomien verweist, Rechnung tragen und vor allem die Medienereignisse, denen eine gleichsam außergewöhnliche publizistische Wirkung und Reichweite beschieden war, exemplarisch berücksichtigen. Dabei bilden die einzelnen Kapitel – zur Geschichte der Lokal- und Reise- bzw. Sportreportage wie auch der Kolonial- und der Kriegsreportage – zugleich das Panorama neuartiger, den Journalismus des ausgehenden 19. Jahrhunderts prägender Modi des Erzählens. So war das Wirken der Reporter durchaus repräsentativ: Ihre Geschichten verliehen der Form und Praxis des literarischen Journalismus als einer vorrangig urbanen Erscheinung der großen auflagenstarken Blätter konkreten Ausdruck.

2. Zeit(ungs)zeugen – zur Evidenz des Augenscheins in der Ära der Massenmedien

> Die Erzählung schert sich nicht um gute oder schlechte Literatur; sie ist international, transhistorisch, transkulturell, und damit einfach da, so wie das Leben.[1]
>
> R. Barthes

Der Reporter als Augenzeuge

Erzählen ist mehr als eine spezifische Kompetenz des Reporters: Es ist eine kulturelle Universalie.[2] Dabei verfügt die sprachliche Verfasstheit des menschlichen Weltbezugs, wie das Denken und Sprechen überhaupt, über kein hinreichendes intrinsisches Wahrheitszeichen: Die »Differenz zwischen real und irreal, wahr und falsch auszusetzen, aufzuheben, mit ihr zu spielen«[3] erscheint als anthropologische Konstante. Hayden White zufolge wird das Erzählen auf diese Weise zum »metacode«: »a human universal on the basis of which transcultural messages about the shared reality can be transmitted«[4]. Es wird – ganz gleich ob pro- oder retrospektiv – zur sprachlichen Artikulation von Veränderlichkeit; es perspektiviert Zusammenhänge ebenso wie Brüche. Mitunter interagieren hier Zeichen- und Kulturtheorie, und es lassen sich Erzählmuster erkennen, die im wirklichen Leben *ausagiert* werden. Diese *enacted narratives*[5] können mit Albrecht Koschorke als performative Rückkopplungen sprachlicher Imagination gelesen werden. »Die entsprechende Devise heißt: *Fact follows fiction*«:[6] Narration als *Skript* realer Verhaltensweisen und als Basis der Selbst- und Fremdwahrnehmungen der Akteure. So wirkt die Narration i.S. einer allgemeinen Erzähltheorie in die gesellschaftliche Praxis hinein, präformiert die Handlungen der Akteure und wird Teil einer »unablässigen kulturellen Selbsttransformation«[7].

---

1 *Barthes*, Abenteuer, S. 102.
2 Walter R. Fisher prägt hier den Terminus des *homo narrans*. Vgl. *Fisher*, Communication.
3 *Koschorke*, S. 10.
4 *White*, Content, S. 1.
5 Die Organisationstheorie erkannte in diesen Narrativen »the most typical form of social life«. Vgl. *Czarniawska*, S. 3.
6 *Koschorke*, S. 23. Speziell die Modi der Schema- und Sequenzbildung stützen das Skripting.
7 Ebd., S. 25. Hier lassen sich einzelne Narrative als Diskurselemente isolieren. Viel elementarer aber kann das Narrativ als Formseite des Diskurses verstanden werden. Vgl. *Eco*, Wald, S. 172f.

Die Massenmedien bieten die privilegierte kommunikative Schnittstelle zwischen Erzählung und sozialer Praxis. In der Figur des Reporters bündeln sich die Potentiale eines Nachrichten aufspürenden, verarbeitenden und hervorbringenden *news-makers*. Dessen aus Erlebnis und Beobachtung gespeiste, durch mündliche wie schriftliche Quellen angereicherte Erzählung transformiert die etablierten gesellschaftlichen Wahrnehmungs- und Erklärungsmuster im Modus der Massenmedien. Diese standardisieren nicht nur die Wahrnehmungen der Welt, sie sind auch Prismen partikularer Perspektiven. In diesem Zusammenhang kann die Rolle des Reporters, der nicht mehr nur, Korrespondentenberichte und Agenturmeldungen redigierend, in der Redaktion arbeitet, sondern am Ort des Geschehens weilt, kaum überschätzt werden. Die Reportage wird zum Beglaubigungsmittel und Spannungsmotor der *stories*. Ihre vorgebliche Nähe zum Gegenstand der Berichterstattung, ihre persönliche Färbung und Anteilnahme sowie ihr Gestus der Übermittlung von Neuigkeiten ›aus erster Hand‹ lassen Informations- und Unterhaltungsanspruch paradigmatisch korrelieren. Die Augenzeugenschaft, zu deren Emblem der Reporter im Medienzeitalter wird, war dabei stets eine prekäre. John Durham Peters zufolge ist der Zeuge selbst »the paradigm case of a medium: the means by which experience is supplied to others who lack the original«.[8] Der Übermittlungscharakter einer Zeugenschaft, deren Paradox im Versuch einer diskursiv geformten ›objektiven‹ Beglaubigung ›subjektiven‹ Erlebens liegt, verweist bereits auf die Grenzen der gerade für den Reporter elementaren rhetorischen Strategien der Evidenzerzeugung. Die medientheoretische Ambivalenz der Zeugenschaft liegt, wie Torsten Hahn ausführt, im Spannungsverhältnis von Neutralität und Betroffenheit, das die Figur des Zeugen in ihrer Dialektik bestimmt: als Wahrnehmungs- und Kommunikationsmedium, d.h. als Seismograph und neutrales ›Datenerhebungsinstrument‹ einerseits und als ebenso zuverlässige, kohärente *authentische* ›Person‹ andererseits.[9] Ihr Zeugnis hat immer zwei Seiten: eine *passive* des Sehens und eine *aktive* des Sprechens: »Herein lies the fragility of witnessing: the difficult juncture between experience and discourse.«[10] Zugleich liegt in diesem Umstand die latente Unzuverlässigkeit des Reporters als Erzähler begründet. Denn in der ›Fragilität‹ seines Zeugnisses offenbart sich ein gestalterisches Vermögen, das ihn zur ersten Instanz des massenmedialen *gatekeepings* erhebt.[11] Der retro-aktive

---

8 *Peters*, Witnessing, S. 25 f.
9 Vgl. *Hahn*, Bote / Botschaft, S. 73 f. Vgl. auch *Krämer*, Paradoxon, S. 23. – Zum Begriff der ›Authentizität‹ vgl. zudem *Knaller u. Müller*, S. 7 ff. ›Authentizität‹ soll hier als ein epistemologischer Begriff verstanden werden, dessen Nährboden gerade die Unsicherheiten im Wissen darstellen; hierin liegt die Aporie der Evidenz.
10 *Peters*, Witnessing, S. 26.
11 Vgl. dazu bereits *White*, Gatekeeper. Im Modell des Reporters als *Zeugen* und (kreativ!) korrespondierendem *Boten* wird ›Wahrheit‹ – ganz i. S. Foucaults – zu einer ›Sagbarkeitsbedingung‹ des Diskurses. Kommunikative Störungen werden dabei – gerade um 1900 – als Diskurseffekte zur Bezugsgröße politischer Verhandlungen. Vgl. *Hahn*, Fluchtlinien, S. 18.

Charakter[12] seiner Zeugenschaft, die dem Vergangenen neuerlich zur Präsenz verhilft, schreibt sich der Reportage als einer Gattung des momentanen Welterlebens ein. Der Augen-Blick des Einzelnen wird so zum chronotopischen Gegenmodell überindividuell und kontinuierlich (re)agierender Agentur- und Korrespondenzmitteilungen.[13] Im Gegensatz zur Suggestion simultaner Welterfassung, wie sie Agenturmeldungen eignet, fallen die Reportagen, insofern sie nur selten ereignisinitial erscheinen, konstitutiv ›aus der Zeit‹; sie sind stärker im Raum verankert, dessen Milieu sie skizzieren.[14] In Zeiten zunehmender nachrichtentechnischer Vernetzung wird gerade die Person des Reporters zum Bürgen eines automatisierten, elektrisch verschalteteten Informationsflusses. Dabei etabliert der Reporter ein geradezu prototypisches Modell der Nachrichtenselektion, dessen Psychologie in der *News-Bias*-Forschung bis heute umstritten ist.[15] Der wichtigste Faktor seines Reportierens liegt in der Zuschreibung nur scheinbar ereignisinhärenter Nachrichtenwerte – wie Relevanz, Nutzen oder Prominenz. Auf die Perspektivik dieses Berichtens hat Walter Lippmann als einer der ersten hingewiesen:

»ALL the reporters in the world working all the hours of the day could not witness all the happenings in the world. There are not a great many reporters. And none of them has the power to be in more than one place at a time. Reporters are not clairvoyant, they do not gaze into a crystal ball and see the world at will, they are not assisted by thought-transference. Yet the range of subjects these comparatively few men manage to cover would be a miracle indeed, if it were not a standardized routine. Newspapers do not try to keep an eye on all mankind. […] Usually it is the stereotyped shape assumed by an event at an obvious place that uncovers the run of the news. The most obvious place is where people's affairs touch public authority. De minimis non curat

---

12 Vgl. *Lipton*, S. 1f. Vgl. *Fohrmann*, S. 103–105. Die mythisch-magische Dimension einer vollkommenen ›Gegenwärtigkeit‹ des dokumentierten Geschehens resultiert, so Jean Baudrillard, gerade aus der Illusion der unmittelbaren Erfassung des Geschehens. Zur Generierung dieses – das Publikum ideologisch-affektisch adressierenden – ›Vor Ort‹-Effektes vgl. *Baudrillard*, S. 30ff.
13 Der Terminus des *Chronotopos* wird hier im Anschluss an die Überlegungen des Literaturwissenschaftlers Michail Bachtin verwendet. Die von Bachtin – am Beispiel des Romans – entwickelten narrativen »Gesetze des Raumzeitlichen« (i. e. Auswahl der Schauplätze, Verhältnis von Figuren und Bewegung, Chronologie von Ereignissen und Beobachtungen) lassen sich auf den Modus der »Raumerschließung« durch den Reporter bzw. das Genre der Reportage übertragen. Als »Form-Inhalt-Kategorie« lässt sich der Chronotopos als ästhetische Bestimmungsgröße einer Repräsentation von ›Wirklichkeit‹ verstehen, die kulturhistorisch kontingente stabile Formen der Weltwahrnehmung zeitigt. Vgl. *Bachtin*, S. 7ff. Die Reports und Reportagen des ausgehenden 19. Jahrhunderts erweisen sich so idealiter als exponierte Formen moderner »Eigenzeitlichkeiten«. Zu einer solchen Perspektivierung vgl. allg. *Gamper u. Hühn*.
14 Im Fall der Spezialkorrespondenzen überschreiten die Reportagen indes bisweilen die Grenzen zu Reports. Alsdann gehorchen sie wieder der strengen Taktung der Nachrichtenübermittlung.
15 Vgl. exempl. *Donsbach*, Psychology.

lex. It is at these places that marriages, births, deaths, contracts, failures, arrivals, departures, lawsuits, disorders, epidemics and calamities are made known. In the first instance, therefore, the news is not a mirror of social conditions, but the report of an aspect that has obtruded itself. [...] He [the publicity man, d. Vf.] is censor and propagandist, responsible only to his employers, and to the whole truth responsible only as it accords with the employers' conception of his own interests.«[16]

Zwei Dinge sind an Lippmanns Einschätzungen bemerkenswert. Zum einen wird hier explizit die Bedeutung ›nachrichtenproduzierender‹ Orte – Rathäuser, Polizeireviere, Krankenhäuser – hervorgehoben. Zum anderen wird der Augenschein des Reporters zur essentiellen Kategorie für die Erkundung der Realität erhoben, gleichwohl es zu konzedieren gelte: »journalism is not a first hand report of the raw material. It is a report of that material after it has been stylized.«[17] Die Auswahl des ›Rohmaterials‹ ist in aller Regel von bestimmten Anlässen abhängig, ihre serielle Formung muss sich eines Überschusses an Daten erwehren. Letzterer wiederum potenziert sich noch durch die weltweite Zirkulation von Korrespondenzberichten und Bulletins, deren Auswahl und Überarbeitung den Editoren obliege. Die Zeitungen werden so, schon in Lippmanns Terminologie, zu Umschlagplätzen der Wissenszirkulation.

Fakten-Wissen: der epistemologische Status der Reportage

In diesem Prozess der Nachrichtenproduktion wird die Bedeutung des Augenzeugen offenbar. Die Durchdringung des Raumes macht den Reporter – als Vorposten der Zeitungskonzerne – zum Feldforscher. Seine Praktiken erinnern an die der *enquête* als Matrix der experimentellen, empirischen Wissenschaften.[18] Stephen Greenblatt zufolge wird der »Augenzeuge [zum] Schnittpunkt der Begegnung, zum Vermittler zwischen ›uns‹ und all dem, was jenseits unseres Horizonts liegt«[19]. In seinem repräsentativen Blick wird das Fremde wieder Teil einer gemeinsamen Realität, er figuriert als Vermittler zwischen Ereignis und Publikum. Eine solche Form der Zeugenschaft ließe sich bis in die Antike zurückverfolgen. Schon Herodots *Historien* verknüpfen die Emergenz historischen Wissens mit der Sphäre der Wahrnehmung. Die empirische Evidenz des Augenzeugen und die rhetorische Evidenz des von ihm verfassten Berichts werden so aufeinander abgestimmt: Der Adressat soll ›sehen‹, was der Augenzeuge selbst gesehen hat (gr. ιστωρ; ιστορία). Die *enargeia* ist dabei das adäquate Mittel, um die *autopsia* als direkte Beobachtung stilistisch zu trans-

---

16 *Lippmann*, S. 340–347.
17 Ebd., S. 347. Vielmehr wird der Reporter als Instanz der (Neu-)Verwertung nachrichtlichen Rohmaterials zum Nutznießer der Nachrichtenproduktion. Vgl. *Serres*, Parasit, S. 13; 15–18; 25 f.
18 Vgl. *Haas*, Journalismus, S. 162 f. Vgl. überdies *Foucault*, Überwachen, S. 290.
19 *Greenblatt*, S. 187.

ponieren.[20] Die Beglaubigung ist daher vor allem für die verschiedenen Formen der Reiseerzählung elementar. Charakteristisch für die Literaturwissenschaften ist folglich der Versuch, die Wurzeln der Reportage im Genre des Reiseberichts zu suchen.[21]

Freilich sind Genres stets, also auch das der Reportage, Ergebnis medial strukturierter, kommunikativer Prozesse. Sie stellen gerade vor dem Hintergrund einer Professionalisierung des Nachrichtenwesens Orientierung schaffende Konstanten dar.[22] Die Regeln und Muster des Erzählens sind dabei, so Schmidt/Weischenberg, prinzipiell konstant, und zwar sowohl im Hinblick auf die »Gesamtstrategie der Wirklichkeitskonstruktion«[23] als auch auf deren spezifische Darstellungsformen. Der Wandel eines Formenrepertoires aber koppelt sich an epistemische Brüche: Die konkrete diskursive Verhandlung des Genres unterliegt der stetigen Modifikation. Als kognitive, oftmals konventionalisierte Sinnstiftungsmuster stellen Gattungen einen Rahmen für die Interpretation von ›Wirklichkeit‹ dar. Die sinnstiftende Aneignung und Repräsentation lebensweltlicher Erfahrungen in kulturell präformierte Bahnen weist Gattungen und insbesondere das autoreflexive Genre der Reportage als spezifische Formen der Weltwahrnehmung, als Teil unserer »ways of worldmaking«[24] aus.[25] Das genuin epistemologische Potential der Reportage liegt im Versuch, ›auf ihrem Feld‹ experimentell tätig zu sein,[26] mithin im Versuch, die Techniken des Journalismus, dessen induktive Methodik und dessen Ideal eines dokumentarischen Berichtens in eine Form literarischer *Faktographie* zu transformieren, die ihrerseits im *news*-Diskurs der Zeitungen wissenspoetologisch bedeutsam wird. Das Genre der Reportage konstituiert sich so als eine »literarisch-soziale Institution«[27], die dieses Wissen wesentlich über seine Form sowie die Ausstellung und Thematisierung der Form generiert.[28] Im Unterschied zu anderen literarischen Gattungen wird in der Reportage der prekäre epistemologische Status des Genres nicht nur implizit mitverhandelt, sondern – noch in seinen Grenzen –

---

20 So schon *Ginzburg*. Die Verlebendigung (gr. *energeia*; lat. *actualitas*) bzw. Detaillierung (gr. *enargeia*) des Geschehens leisten die Präsenzsuggestion des Vor-Augen-Stellens. Vgl. *Müller*, Evidentia, S. 62 f.
21 In den Kontroversen der 1930er Jahre erscheinen sogar die antiken Schriftsteller (Herodot, Plutarch, Polybios) als »Väter der modernen Reportage«. Vgl. *Schütz*, Facetten, S. 48 f.
22 Vgl. *Haas*, Journalismus, S. 227.
23 *Schmidt u. Weischenberg*, Mediengattungen, S. 235 f.
24 *Goodman*, Ways of Worldmaking.
25 Vgl. *Neumann u. Nünning*, S. 5 f.
26 In der Reportage wird der Versuch einer Relegitimierung des Augenzeugen als einer Beglaubigungsinstanz unternommen, die zeitgleich in den modernen Wissenschaften, wie bspw. der experimentellen Psychologie, zusehends kritisch gesehen wird. Vgl. *Thérenty*, Vagabonds, S. 110 f.
27 *Voßkamp*, S. 32.
28 Vgl. *Bies u. a.*, Einleitung, S. 8 f.

geradezu ausgestellt, etwa in der Offenlegung der doppelten Rolle des Reporters als Augenzeuge und Berichterstatter oder in der andauernden Thematisierung seines *modus operandi*. Die Dramatik der Berichterstattung wird in der Problematisierung von Informationsakquise und -übermittlung durch den Reporter des Telegraphenzeitalters metapoietisch gewendet: Die Konkurrenz der *newshunter* und ihre Suche nach *stories*, der Gang der Materialrecherchen und die Ausstellung der Interviewsituation innerhalb des Reportagetextes verleihen dem Genre einen medienreflexiven Charakter.

Die Ästhetik der Reportage

Um das Genre der Reportage anhand eines geschlossenen Sets von Regeln sowie (textinterner) Kriterien zu definieren und sich so dem komplexen Verhältnis von Journalismus und Literatur anzunähern, bedarf es zunächst der Berücksichtigung der verschiedenen kulturell variablen Traditionslinien einer Zuschreibung von Gattungskriterien. In aller Regel wird die Reportage dazu einer vorrangig kontinentaleuropäischen respektive US-amerikanischen Tradition zugeordnet.[29] Allerdings lassen sich, wie neuere komparatistische Arbeiten zeigen, auch abseits der europäischen und anglo-amerikanischen Tradition Kontinuitätslinien dokumentarischen Schreibens etwa in Lateinamerika[30] sowie vergleichbare, wenn auch verzögerte Entwicklungen im asiatischen Raum beobachten. Die literarische Reportage des zaristischen Russlands, die der gesamteuropäischen Tradition des realistisch-naturalistischen Schreibens und ihrer Form der Skizzen (*ocherks*) eines Tolstoi, Tschechow oder Gorki ab der Mitte des 19. Jahrhunderts entsprang, etablierte sich dabei als eigenständige Gattung erst in den späten 1920er Jahren. Hier war die Rezeption der Arbeiten Egon Erwin Kischs bedeutsam.[31] In Indien war die Reportage, obschon es bereits gegen Ende des 19. Jahrhunderts Reporter britischen Vorbildes gab,[32] ebenfalls eine Erscheinung des 20. Jahrhunderts. Auch in China kam die Gattung (um 1930 unter dem Namen »baogao wenxue«[33]) wesentlich später auf;[34] ins

---

29 Vgl. *Hartsock*, S. 23.
30 Zu Brasilien vgl. z. B. *Lima*. Der Schriftsteller Euclides da Cunha, der 1897 als Kriegsberichterstatter der republikanischen Tageszeitung *Estado de São Paulo* am Canudos-Krieg teilnahm (vgl. *Cunha*), aber auch z.B. der Journalist, Reporter und Übersetzer João do Rio (vgl. dazu allg. *Sousa*; *Siqueira* sowie *Torres u. Procópio*), dessen urbane Skizzen zwischen Chroniken und Lokalreportagen changierten, oder der Berichterstatter und investigative Reporter Joel Silveira waren hier wichtige Wegbereiter einer – weithin autarken – Tradition dokumentarischen Schreibens.
31 Vgl. *Hartsock*, S. 28 ff. Vgl. zudem *Kuprel*, S. 375 f.
32 Vgl. *Kamath*, S. 58.
33 Vgl. *Laughlin*, Chinese Reportage, S. 13.
34 Vgl. *Klaschka*, S. 98 ff. Vorläufer lassen sich indes auch hier in den Memoiren und Reiseerzählungen der Jahrhundertwende identifizieren. Vgl. *Chou*, S. 201 ff. Dabei verwischen die Grenzen zwischen Journalismus und Literatur. Noch zu Beginn des 20. Jahrhunderts zeigen sich die Nachrichten der chinesischen Tageszeitungen von einer Tradition des phan-

Reich der Mitte gelangte sie vermutlich über Japan.[35] Im Japan der Meiji-Ära erfolgte schon ab 1868 eine Hinwendung zum westlichen, speziell angloamerikanischen Modell des Journalismus.[36] 1890 begannen Reporter sich zunächst in Tokio, dann rasch im gesamten Land in Interessenvertretungen zu organisieren. Dabei waren die Schreiber (*kisha*) zwar *news-gatherers* nach US-amerikanischem Vorbild, doch blieben sie stilistisch eher der europäischen Essay- denn der Reportage-Tradition verpflichtet.[37] Insofern prädisponierten also gerade die europäischen bzw. die US-amerikanischen Wurzeln einen Transferprozess, der schließlich auch die Rezeptionshaltung der Forschung nachhaltig prägen sollte.

In der *deutschsprachigen* literatur- wie kommunikationswissenschaftlichen Forschung wird die Reportage in aller Regel definiert als »ein dokumentarisches Genre im Spannungsfeld von Literatur, Journalismus und Sozialforschung, das sich auf Fakten u. nachprüfbare Vorgänge bezieht. Sie beruht auf Recherchen, Interviews, Erlebnissen und Beobachtungen aus verdeckter (RollenR.) oder offener Teilnahme, aus deren Perspektive sie dargestellt ist.«[38] Im Zentrum steht dabei »das erzählte Faktum«[39]. Klassischen Lehrbüchern zufolge liefert die Reportage »authentische & einmalige Erlebnisse/Beobachtungen«[40]. Hier werden Kischs Arbeiten als Beleggrund ausgewiesen.

In der neueren *französischsprachigen* kulturwissenschaftlichen Forschung hat die Reportage ebenfalls ihren Platz gefunden wie in Dominique Kalifas Anthologie zur Medien- und Pressegeschichte des 19. Jahrhunderts. Hier wird die Gattung zum einen über den Modus ihrer Wirklichkeitsreferenz und ihre Strategien der Informationsermittlung (»chasse à l'information de première main«[41]), zum anderen aber auch nach Stil und Umfang der Reportagen bestimmt; so unterscheidet Pascal Durand eine Form alltagsnaher kurzer Reportagen, oftmals mit lokalem Bezug (»petits reportages«), die eine große Nähe zum Feuilleton und den Meldungen der *faits divers* aufweisen, von großen, oftmals investigativen Reportagen aus aller Welt, die zur Mystifzierung des Reporterbildes als Held und Abenteurer beigetragen haben (»grands reportages«).

---

tastischen Erzählens (*zhiguai*) geprägt, die letztlich vor allem auf die – kulturell variablen (vgl. *Koch*, News, S. 18 f.) – Grenzziehungen zwischen Fakten und Fiktionen zurückverweisen muss. *Lu*; *Mittler*, S. 100 f. Der Ausdifferenzierung des literarischen Sektors ging – ab den 1870ern – die allmähliche Profilierung des Reporters als investigativer Faktenregistrateur (*fangyuan* 訪員) voraus. *Vittinghoff*, S. 222 ff.

35 Vgl. *Laughlin*, Subjectivity, S. 27. Hier war der Einfluss Kischs aber auch des US-Amerikaners Jack London oder des Franzosen Albert Londres kaum zu überschätzen. Vgl. *Dutrait*, S. 78.
36 Vgl. *Huffman*, Public, S. 3; 145.
37 Vgl. ebd., S. 63.
38 *Schütz*, Reportage, S. 340. Die Reportage war in dieser Tradition die »literarische Form der Aneignung der Wirklichkeit, die künstlerische Teile […] mit wissenschaftlicher Dokumentation sachlichen Zusammenhangs und begrifflich aufsatzartigen Darstellungen verbindet.« – so schon: *Schlenstedt*, S. 72 f. Vgl. *Langenbucher*, S. 9–12; *Oels u.a.*
39 *Jakobi*, S. 601.
40 *Haller*, Reportage, S. 107.
41 *Durand*, Reportage, S. 1011. Zur Kategorisierung des Genres vgl. *Martin*, Reporters, S. 9 ff.

Im *anglophonen* Sprachraum ist der Terminus *reportage* indes weitaus weniger verbreitet. Das *Oxford Companion to English Literature* weist unter dem Eintrag *travel writing* zwar eine Vielzahl unterschiedlicher Genres auf (»letters, journals, diaries, memoir, essays, reportage, verse«[42]), die sich als »first-person accounts by authors who have experienced the events they describe« durch »its mixture of fact and fiction« auszeichnen, doch gehen all diese ebenso im gleichermaßen unscharf umrissenen Genre der *nonfiction-writings* auf.[43] Hingegen sind Begriffe wie *narrative journalism* bzw. *journalistic novel* durchaus gebräuchlich.[44] Bis heute charakterisieren einschlägige Fachpublikationen und Handbücher die Reportage allenfalls im Kurzschluss auf die Tätigkeiten des Reporters.[45] Noch 1913 wies *Webster's Revised Unabridged Dictionary* die Lemmata *reportage* und *report* (Bericht) gar als identisch aus.[46] In den USA wird die Reportage bis heute schlicht als Variation der *news story* verstanden – »meaning a piece of direct, informative reporting, as opposed to comment (editorials and comments)«[47] – die sich vor allem durch den in aller Regel komplexeren Einstieg, Aufbau und die stilistische Gestaltung unterscheide. Während die traditionelle *news story*, der Berichtsform verwandt, dem Prinzip der invertierten Pyramide als dem Einstieg über die sieben »W-Fragen« gehorche, könne die Reportage auf eine größere stilistische Bandbreite zurückgreifen.[48] Der Literaturwissenschaftler John Carey hebt, noch differenzierter, in seiner Anthologie die »eye-witness evidence«[49] als das bestimmende Merkmal des Genres hervor; diese könne bisweilen dem Augenblick des Geschehens unmittelbar entspringen, die Reportage aber müsse nicht unbedingt »in the heat of the moment«[50] verfasst sein, um die Rasanz und Wirrnis des Moments in sich aufzunehmen. Allein es bleibe das Zeichen guter Reportagen, so Carey, sich dem ebenso planbaren wie unvermeidlichen Zurückweichen der Sprache vor der ›Wirklichkeit‹ zu entziehen. Die Literarisierung der Darstellung wird hier insofern weniger als eine Strategie der Distanzierung des realen Geschehens gesehen als vielmehr als Konstruktion und Synopsis disparater Fakten und Erlebnisse, die einen Zugang zur Realität, wenngleich um den Preis ihrer Fiktionalisierung, zu eröffnen vermag. Dieses paradoxale Verhältnis von inszenierter *Objektivität* (Authenti-

---

42 *Birch*, S. 1005. Generell wird der realistischen Literatur ein Reportagestil *avant la lettre* zugewiesen: Realism, in: *Childs u. Fowler* (Hg.), Dictionary, S. 198–200.
43 So z. B. *Turco*, S. 111–117. Vgl. Creative Non-fiction, in: *Cuddon* (Hg.), Dictionary, S. 167.
44 *Hartsock*, S. 23 f.
45 Vgl. *Lee-Wright*, S. 12 f.
46 Vgl. Reportage, in: Webster's Revised Unabridged Dictionary, S. 1221.
47 *Roy*, Reportage, S. 696. Vgl. *Weischenberg u. Birkner*, News Story, S. 3277.
48 Als Sonderform der Reportage wird zudem in kontinentaleuropäischer Tradition die »*in-depth« reportage* genannt, die dem US-amerikanischen »*in-depth reporting*« (auch *interpretative* bzw. *investigative reporting*) entspreche. Diese unterscheide sich durch den gesteigerten Grad an Hintergrundinformationen und -erklärungen sowie eine stärker personalisierte, alltagsnahe Schreibweise im Stil der *human-interest-stories*. Vgl. ebd., S. 696.
49 *Carey*, S. XXIX.
50 Ebd., S. XXX.

zität) und berichtender *Subjektivität* (mitunter auch als Parteilichkeit gewendet) wurde schon zeitgenössisch kritisch reflektiert. Die Reportage als aktive, öffentlichkeitswirksame Form des Journalismus war in den USA rasch zum Idealbild des *New Journalism* geworden. Während aber gerade die sozialkritisch-investigativen Reporter der *muckraker*-Bewegung das Leitbild eines nüchternen Faktenregistrateurs kolportierten,[51] wussten die sensationalistischen Reporter der *New York World* und des *New York Journal* um das voyeuristische Potential der Enthüllungsreportagen. Ausdruck der strategisch-doppelbödigen Indienstnahme des Neuen Journalismus war die Initiative des Verlegers des *Journals*, William Randolph Hearst, seine Zeitung – gegen das Paradigma reiner Faktenberichterstattung der *New York Times* unter Adolph S. Ochs (»All the news that fits to print.«) – 1897 als anwaltschaftliches Organ seiner metropolitanen Leser zu inszenieren.[52] Moderner Journalismus hatte nach Hearsts Verständnis als aktiver Faktor des öffentlichen Lebens die Probleme des Alltags nicht nur zu registrieren und/oder zu kommentieren, sondern auch gleich eigenmächtig zu lösen:

»›While others talk, the *Journal* acts.‹ […] There was a time that a newspaper was merely the medium through which the people learned of the news, the progress of municipal affairs and received suggestions of the things that ought to be done and things that ought not to be done. That was the newspaper of a short time ago. But there are new things in journalism. If it is the province of the newspaper […] to give notice of evil to the people, why is it not as much its province to go ahead of the people and avert the evil that threatens?

If it might tell the people what to do, why should it not in the name of and in behalf of the people do that thing itself? The *Journal* seeking to be all that […] first suggested this idea, first acted upon it.«[53]

Die Reportage war zu diesem Zweck das geeignete Mittel. Die Kehrseite dieses anwaltschaftlichen Engagements lag freilich in der offenkundigen Tendenz der Zeitung, den Anlass ihrer Berichterstattung über die Inszenierung von ›Tatsachen‹ in Eigenregie zu kreieren.

---

51 Jacob A. Riis dokumentarische (Foto-)Reportage *How the Other Half lives* (1890) überführte den Gestus der »every man's experience« in das Credo: »I have aimed to tell the truth as I saw it.« *Riis*, S. 296. Der Topos der Beglaubigung des Erlebten über den bloßen Augenschein – vgl. *Monteath*, S. 73 f. – wird speziell in den Kontroversen des ersten Drittels des 20. Jahrhunderts immer wieder aufgegriffen. So schrieb der US-amerikanische Reporter James Reed in der Vorrede seiner viel zitierten Reportage über die Russische Revolution 1917 lapidar: »I have tried to see events with the eye of a conscientious reporter, interested in setting down the truth.« *Reed*, S. 13.

52 Vgl. dazu ausführlich *Campbell*, Year, S. 5 ff. Zur Bedeutung von Verlegerpersönlichkeiten wie Hearst, Northcliffe oder Hugenberg für die Evolution des Pressewesens vgl. allg. *Requate*, Medienmacht, S. 80 ff.

53 The Development of a New Idea in Journalism, in: The Journal, 03.10. 1897, S. 38–40, hier S. 38 f. In Anlehnung an Hearsts Ideen konstatierte der Reporter Harry J. Greenwall 1935 rückblickend: »News must be something vital, important, dramatic […] The *newspaper* wants, and I presume the *public* wants, *a little more than the bare fact*.« Vgl. *Greenwall*, News, S. 277.

W. T. Stead sah hingegen in den spezifischen, zugleich alltagsnahen wie hintergründigen Formen des Neuen Journalismus ein geeignetes politisches Mittel, um den Geschmack der Massen zu bedienen und zugleich die drängenden Fragen des öffentlichen Interesses zu erörtern.[54] Steads Funktionalisierung der Reportage war dabei der sensationalistische Zug einer Darstellung ubiquitärer Bedrohung und der medienwirksamen Inszenierung seiner Bekämpfung ungleich weniger zu eigen. Gleichwohl provozierte auch Steads Interpretation des Neuen Journalismus harsche Kritik. 1887 kritisierte Matthew Arnold in der *Contemporary Review* die Erscheinung des Neuen Journalismus, der unter dem Mantel neuartiger Authentizität, Fakten- und Wahrheitstreue gerade durch Interviews und den Einsatz wörtlicher Zitate einer politischen Manipulation der Massen Vorschub leiste. Der Vorwurf eines Kampagnen-Journalismus, der den Leser in seiner nur scheinbar authentischen, weil hochgradig selektiven Berichterstattung stärker irritiere und reize, denn aufrichtig informiere, markierte den Kern späterer Kritik:[55]

»[W]e have to consider the new voters, the *democracy,* as people are fond of calling them. They have many merits, but among them is not that of being, in general, reasonable persons who think fairly and seriously. We have had opportunities of observing a new journalism which a clever and energetic man has lately invited. It has much to recommend it; it is full of ability, novelty, variety, sensation, sympathy, generous instincts; its one great fault is that it is *feather-brained.* It throws out assertions at a venture because it wishes them true; does not correct either them or itself, if they are false; and to get at the state of things as they truly are seems to feel no concern whatever.«[56]

Die Kritik dieses Journalismus, die sich in letzter Konsequenz auch und gerade gegen Stil und Techniken des sich wandelnden Nachrichtenwesens richtete, nahm dabei häufig den US-amerikanischen Einfluss auf den europäischen Journalismus im Allgemeinen und das Genre der Reportage im Besonderen wahr. Dies wird, nachdem ältere Forschungen, vor allem im deutschsprachigen Raum, diesen Bezug lange zugunsten einer stärker literaturgeschichtlichen Perspektivierung der Gattung zu nivellieren versuchten,[57] in jüngster Zeit insbesondere in der britischen und französischen Forschung deutlich gesehen.[58] Die Vertreter des Journalismus, der gegen Ende des 19. Jahrhunderts nach Europa

---

54 Vgl. *Stead,* Future, S. 677 f. Zur Idee des demokratischen Charakters des *New Journalism* vgl. überdies *Stead,* Government, S. 655 f. Zu den Debatten um Status und Verantwortung der Presse im 19. Jh. vgl. allg. *Örnebring.*
55 Vgl. *Campbell,* Gladstone, S. 20–40, sowie allg. *Høyer,* Old and New Journalism, S. 65 ff.
56 *Arnold,* S. 638.
57 Vgl. *Schütz,* Kritik; *Siegel.* Geisler zufolge habe es bspw. in den USA als dem »klassische[n] Land der Reportage« keinerlei »vorzeigbare Nur-Reporter« gegeben. Steffens, Reed und London seien – anders als die *muckraker* – der literarischen Sphäre zuzuordnen. Vgl. *Geisler,* S. 133 f.
58 Vgl. *de Burgh,* S. 38 f. *Martin,* Reporters, S. 15–48; *Delporte,* L'Américanisation; *Philibert; Chalaby,* S. 127. Zu den nachstehenden Absätzen vgl. *Valentin,* Kap. 7.

übergriff,⁵⁹ verstanden sich in radikaler Opposition zum eher restriktiven Methodenkanon des Informations-Journalismus sowie zu dessen strikter Trennung von Nachrichten und Kommentaren, Fakten und Fiktionen. In ihrer Adaption literarischer Techniken (dialogische Formen, innere Monologe, dramaturgische Konstruktion) stellten sie die atmosphärische Dimension des Berichts in den Vordergrund. Der Reporter und sein persönliches Denken und Erleben nahmen hier eine zentrale Position ein. Die sozioökonomischen Rahmenbedingungen des Journalismus, insbesondere die Entlohnung des Reporters per Zeilengeld, beförderten diesen Wandel der stilistischen wie motivischen Ausrichtung des Nachrichtenwesens. Die Jagd nach neuen, spannenden *stories* war so geradezu konstitutiv für den – von den Ereignisstrukturen durchweg entkoppelten – Nachrichtenmacher. Im Gegenteil: »Editors *expected* reporters to show ingenuity«⁶⁰. Die Konsequenz lag auf der Hand: »Reporters learned to ›invent‹ the types of stories favoured by editors and publishers«⁶¹. Ihre emotionale, dramatische Schilderung des Alltags konzentrierte sich vor allem auf die spektakulären und wunderbaren, geheimnisvollen und gefährlichen Seiten der Metropolen.⁶² In diesem boulevardesken Zug des Berichtens spiegelte sich idealtypisch die prekäre Grenze zwischen Literatur und Journalismus wider.

Die Erfindungsgabe, vor allem aber die oft reißerische Überzeichnung des Geschehens durch die angelsächsischen und US-amerikanischen Reporter konstatierte schon im Jahr 1880 der französische Reporter Pierre Giffard. Sein Werk *Le Sieur de Va Partout, souvenirs d'un reporter* kann als ›Gründungsmanifest‹ der modernen Reportage gelesen werden. Giffard, der bereits kurz nach dem Krieg 1870/71 in Paris als Journalist anfing und für *Le Corsaire*, *Le Gaulois* und *Le Petit Parisien* arbeitete, verfasste als Reporter des *Figaro* zwischen 1879 und 1887 schätzungsweise sechshundert Artikel⁶³, darunter zahlreiche Reportagen aus dem In- und Ausland. Bevor Giffard schließlich zum Chef des Informationsdienstes des *Petit Journal* aufstieg, zählte er zu den profiliertesten Befürwortern des Neuen Journalismus in Frankreich. Seinem Buch, dessen romanesker Titel bereits die Schlagrichtung des Werks indizierte, kann man durchaus den Charakter eines Lehrwerks attestieren, obschon die eigentlich begriffliche Erörterung des abstrakten Wesens der Reportage lediglich den zwölfseitigen Appendix des 332 Seiten starken Schriftstücks ausmachte. Giffard adressierte im Hauptteil seiner Arbeit, der das fiktive Schicksal des Protagonisten, des Journalisten *Monsieur Va Partout*, erzählte, den populären Geschmack der Zeit. Im Stil des Neuen Journalismus, um den er warb, kleidete er sein Plädoyer in ein ebenso

---

59 Vgl. *Marzolf*, American ›New Journalism‹. Lange vor seiner (Neu-)Prägung im Amerika der 1960er und 1970er durch Autoren wie Tom Wolfe, Jimmy Breslin oder Truman Capote war dieser Neue Journalismus zum Paradigma des modernen Pressewesens geworden. Vgl. *Høyer*, Rumours.
60 *Smythe*, Reporter, S. 8. Vgl. überdies *Salcetti*, S. 58 f.
61 *Sumpter*, News, S. 66.
62 Vgl. *Smythe*, Diffusion.
63 *Martin*, Reporters, S. 18. Vgl. *Seray*, S. 93 ff.

anschauliches wie episodisch aufgebautes Narrativ um die Abenteuer und Reportagereisen des stets umtriebigen Pariser Globetrotters. In der Imitation der Anschaulichkeit, die *Va Partouts* Reportagen zu eigen war, kreierte Giffard das Ideal eines Journalismus, der sich auch und gerade der Popularisierung von Wissen verschrieb.[64] Als Erzählung aus den geheimen Papieren des Protagonisten getarnt, schilderte der Autor sein Leitbild eines Reporters, dessen unaufhörlich neugieriges Sammeln und Berichten er als »reporterisme«[65] bezeichnete. In der Nachfolge der *newshunter* angelsächsischen Zuschnitts profilierte Giffard den Reporter hier kaum als unbestechlichen Augenzeugen als vielmehr in struktureller Analogie zum kreativen Literaten. So wandte er sich denn auch in seiner Kritik an den amerikanischen Vorbildern vor allem gegen den Mangel ihrer künstlerischen Fähigkeiten, der sie kaum mehr als »maître de la situation« erscheinen ließ, sondern zur bloßen Nachrichtenmaschine degradierte: »Les reporters américains exagèrent. Ils n'ont aucun sens artistique. Ce sont des machines à noter. Ils ne sont d'ailleurs ni écrivains, ni artistes, ni critiques. Il faut que nous autres, en France, nous soyons tout cela.«[66] Der »sens artistique« des Reporters rückte die Reportage ausdrücklich in die Nähe der Literatur, um sie bewusst von der internationalen Konkurrenz abzuheben. Die französischen Kritiker der Reportage um Albert Millaud, Paul Pottier und Octave Mirabeau konzentrierten sich indes vor allem auf die schillernden Sensationsreportagen aus der Feder der *fait diversiers*, die nur allzu häufig die Grenzen zwischen Fakten und Fiktionen unterliefen.[67]

Gegen Millaud, der die Gattung der Reportage Mitte der 1880er als Prototyp des Neuen Journalismus attackierte, schrieb Giffard im *Figaro* persönlich an. Im Geiste des Nietzsche-Diktums erschienen bei Millaud die Journalisten als ›Diener des Augenblicks‹:

»C'est évidemment aux Américains que nous avons emprunté l'art du reportage. Chez eux, le *reportage est le dieu du jour* parce que l'Américain est encore un lecteur dans l'enfance, incapable de comprendre les grandes choses de l'art et de la littérature. En Amérique, en effet, le reportage est le comble de l'art littéraire. […] *Le journalisme a tué la littérature, et le reportage est en train de tuer le journalisme*. Rien ne tuera le reportage, il mourra de lui-même. C'est le dernier mot de la décadence littéraire d'une époque.«[68]

---

64 Vgl. dazu *Seray*, S. 80 f.
65 *Giffard*, Va-Partout, S. 323.
66 Ebd., S. 330.
67 Vgl. *Kalifa*, Tâcherons, S. 578 ff. Octave Mirabeau schrieb dazu voll ironischer Anerkennung: »La plus grande conquête que le journalisme ait faite sur le siècle, ça a été le reportage, c'est à dire que nous avons appris, un beau matin, que M. X… mangeait des œufs à la coque à son déjeuner, et que Mme Z… avait une robe verte à trois heures, une robe rose à minuit, un amant comme ci, un cocher comme ça.« Le journalisme français, in: La France, 14.05.1885, S. 1.
68 Le reportage, in: Le Figaro, 06.05.1886, S. 1. Hervorhebungen durch den Verfasser. Zur Kritik des Journalismus bei Friedrich Nietzsche vgl. *Nietzsche*, Bildungsanstalten I (1872).

Giffards prompte Entgegnung strich indes die literarischen Qualitäten des Journalismus heraus. Der Reporter studiere das Geschehen »sur la place«[69]; sein schriftstellerisches Potential liege in der reinen und ungetrübten Wiedergabe des Gesehenen (»les choses *vues*«). So wird der Reporter – im Vorgriff auf die neusachlichen Debatten im Deutschland der Weimarer Republik – bereits zum »mécanicien des métiers nouveaux« stilisiert; die Reportage sei, so Giffard, *das* Ausdrucksmittel des 20. Jahrhunderts:

> »Nous croyons que le reportage, loin d'abaisser le niveau du journalisme, comme on l'a craint, l'élèvera au contraire, quand le besoin de reporters habiles et instruits aura modifié leur mode de recrutement. Notre époque commence à voir justement cette transition: la transformation du personnel écrivant, la formation du journalisme nouveau. Il s'organise, il grandit, il suit de plus en plus près la marche naturelle de la société moderne, sa modification subit la même loi que l'évolution du monde.«[70]

Fernand A. Xau, Reporter des *Voltaire*, später Redakteur des *Gil Blas* und 1892 Gründer der Pariser Zeitung *Le Journal*, nahm eine Rezension von Giffards *Va Partout* zum Anlass, sich auch grundsätzlich in der Debatte zu positionieren. Xaus Durchbruch als Journalist, eine Interview-Serie mit Emile Zola,[71] lag zu diesem Zeitpunkt erst wenige Monate zurück. Auch er gehörte zu den dezidierten Promotoren des Neuen Journalismus. Die Bedeutung der Reportage liege, so Xau provokativ und durchaus im Gegensatz zu späteren Definitionen, kaum im Gegenstand begründet; es sei viel elementarer eine neue Form der Hinwendung zu den Dingen und eine Entdeckung des Tagesgeschehens: »En quoi consiste le grand reportage? A rendre la physionomie exacte, colorée, des faits et des hommes du jour, pris sur le vif.«[72] Der Gegenstand könne, so Xau, nahezu beliebig sein, allein die ›Aktualität‹ des Geschehens sei dem Reporter Gesetz: Alles »que le vent de l'actualité pousse vers la lumière« sei interessant, »actions sublimes […] et faits monstrueux«[73]. Giffard, Xau und andere Theoretiker der Reportage propagierten so das Genre gegen alle Kritik als ein Spiegelbild der Gesellschaft, als »le reflet de la société, le récit au jour le jour, de toutes les manifestations de la vie publique, le compte rendu des événements et des faits quotidiens.«[74] Die Nähe zu Zolas gleichzeitig u.a. in *Le Voltaire* vorabgedrucktem programmatischem Essay *Le Roman expérimental* (1880), der auch den deutschen Naturalismus nachhaltig prägte (man denke an Bölsches *Naturwissenschaftliche Grundlagen der Poesie*, 1887)[75], ist augenfällig. In einem Interview

---

69 Journalisme & Reportage, in: Le Figaro, 07.05.1886, S. 1. Nachdruck in *Giffard*, Figaro-ci, S. 347.
70 Ebd., S. 1.
71 *Xau*, Zola.
72 Le reporter, in: Le Voltaire, 12.01.1881, S. 1f.
73 Ebd., S. 2.
74 *Jamati*, S. 73.
75 Im ästhetizistischen Konzept Mallarmés wird die unendlich prozessierende Kommunikation der »universel reportage« indes bspw. von der Dichtung geschieden. Vgl. *Ghil*, S. 5–7.

mit Xau referierte Zola explizit auf diese Nähe: »L'immense avantage du journalisme, c'est de donner une grande puissance à l'écrivain. Dans un *Fait-divers*, le premier venu peut poser la question sociale.«[76]

Dass Zola im Journalismus der Chroniken und *faits divers* lediglich ein Übergangsstadium erkannte, mag die eigenständige Tradition der Reportage kaum diskreditieren. Tatsächlich nahmen sich allerdings vor Ausbruch des Ersten Weltkrieges nur wenige Reporter, wie Jules Huret, wirklich drängender sozialer Fragen an; die programmatische Anlehnung an Ästhetik und Impetus des literarischen Naturalismus kann so zwar bis zu einem gewissen Grad durchaus als eine Legitimationsstrategie des neu begründeten Genres gelesen werden.[77] Dies aber mag keinesfalls den aus diachroner Perspektive kaum zu überschätzenden Einfluss des realistisch-dokumentarischen Schreibens auf das Genre der Zeitungsreportage nivellieren.

Die experimentelle Methodik der Beobachtungswissenschaften war schon zeitgenössisch zum Paradigma einer empirischen Ästhetik[78] erhoben worden, die der Reportage ebenso wie der naturalistischen Dichtung – als einer »poésie scientifique«[79] – zum Muster gereichte. In radikaler Abgrenzung zu den ›Tendenzromanen‹ Berliner Provenienz stellte noch Wilhelm Bölsche in *Die Poesie der Großstadt* (1890) beispielgebend die Bedeutung der »echten Stimmungen, die studiert sein wollen, und zwar von ganz gesunden Augen« und der »echten realistischen Erklärung aus den Verhältnissen«[80] als Leitbild aller neuen exakten Poesie heraus.

So ließen sich Dichter von Stil und Methoden des Journalismus inspirieren: Teils begannen sie wie Arthur Morrison ihre Karrieren gleich als Zeitungsreporter[81], teils gingen sie reportergleich, und bisweilen sogar in Begleitung von Journalisten, auf Explorationsgänge durch Metropole und Peripherie.[82] Stifte und

---

76 *Xau*, Zola, S. 27.
77 *Martin*, Reporters, S. 47. Vgl. *Palmer*, Journaux, S. 90, und *Ruellan*, Journalisme, S. 115 ff.
78 Vgl. *Müller-Tamm u. a.*, S. 7–23.
79 Vgl. *Pierssens*, S. 301 f.
80 *Bölsche*, S. 622 f. Auch Hermann Bahr notierte in seinem Skizzenbuch, der Vorzug des Reporters gegenüber dem Dichter liege – idealiter – in der ebenso wirksamen wie wirklichkeitsgetreuen Darstellung von »Gefühl, Gedanke, Ereignis«. Vgl. *Bahr*, Bd. 1, S. 185.
81 In seinen ersten Engagements für das Londoner *Palace Journal* schrieb Morrison 1888–1890 13 Skizzen aus den Londoner Slums unter dem Titel *Cockney Corners*. Hier verwahrte er sich ausdrücklich gegen die wilden Imaginationen und Stigmata metropolitaner Gegenräume als dunkles Labyrinth des »Outcast London«. Vgl. Whitechapel, in: The Palace Journal, 24.04.1889, S. 1022 f. Seine Erzählsammlungen *Tales of Mean Streets* (1894) und *A Child of the Jago* (1895) spiegeln die Themen seiner Reporter-Streifzüge wieder.
82 Hier sind die Beispiele Legion. Schon G. Hauptmann sah sich zur Verwirklichung der realistischen Methode in seinem Drama *Die Weber* (1892) auf ein ausgiebiges Quellenstudium der Zeitungen und historiographischen Abhandlungen sowie eigene Recherchen *vor Ort* zurückverwiesen und ließ sich auf seiner Suche nach »Material« – vgl. *Hauptmann*, S. 258 ff. – vom Redakteur des *Proletariers aus dem Eulengebirge*, Max Baginski, an den Schauplatz des Stücks begleiten. Vgl. *Baginski*. So war der Blick des Reporters auf die Details – noch in der Abbildung von Soziolekten usw. – Teil des neuen Realismus.

Notizblock gezückt, erschrieben sie sich, wie Émile Zolas Skizzenbücher bezeugen, im Sekundenstil der Beobachtung den metropolitanen Alltag.[83] Dennoch blieb der aufkommende Zeitungs- und Journalstil auch abseits ästhetizistischer Kreise *das* Feindbild des europäischen und insbesondere des deutschen literatur- und kulturtheoretischen Diskurses der Jahrhundertwende. Der überzeichnende und karikierende Charakter dieses Journalismus, an dessen vulgären wie tendenziösen Beschreibungen und Stimmungsbildern sich allein die Kolportageliteratur bediene, sei, so Bölsche, das Gegenbild moderner Literatur: Den Dichtern, die »nichts kennen als Redaktionsstube, Bierlokal und Kaffe [sic!], deren Lektüre die Fachzeitung [...] und deren Weltanschauung trotz des angeblichen Realismus die trockenste Bücherweisheit ist,« lägen die »Entdeckungsfahrten in entlegeneren Winkeln der Stadt« derartig fern, dass ihnen eine Erzählung darüber so fremd erscheine, »als ob man von Innerafrika oder Südamerika spräche, so groß ist das Interesse, so groß ist aber auch die Unkenntnis der Zuhörer.«[84] Obschon hier bereits erste Tendenzen zu einer Ästhetisierung der Wirklichkeit sichtbar werden, die dem realistischen Ideal einer Annäherung an das ›wirkliche‹ Leben diametral entgegenstanden, zeigen die Beispiele nachdrücklich, wie sehr Schriftsteller und Reporter gleichermaßen das Streben nach *unmittelbarer* Anschauung und *exakter* Untersuchung der alltäglichen Lebenswirklichkeiten spezifischer Milieus verband.

Trotz solcher offenkundiger Interferenzen galt – das zeigen die einschlägigen Lexika und Handbücher zum Zeitungswesen vor 1918 – außerhalb des Feuilletons, das sich durch gewisse künstlerische Freiheiten, eine stärker emotive Sprache sowie einen didaktisch-räsonierenden Charakter auszeichnete, noch immer das nüchterne Faktenprotokoll als *das* Metier des Reporters. Die Berichterstattung »in nackter, knappster Wiedergabe der vorgefallenen Tatsachen« habe zwar ihren eigenen besonderen Stil, dieser aber zeichne sich weniger durch »Schönheit« als durch »Kürze« aus: »Denn der Reporter, der den ersten Telegrammbericht über den neuesten Unglücksfall bringt, hat nicht seine persönlichen Beobachtungen, Erfahrungen, Stimmungen wiederzugeben, sondern einfach die Tatsachen mitzuteilen.«[85] Diese reine Tatsachenmitteilung wird in der Darstellung des vom »Berichterstatter selbst Erlebten, Gesehenen und Gehörten« kontrastiert, die stilistisch größere Spielräume eröffne, gleichwohl sie nur selten in der Rubrik der »Tagesneuigkeiten« zu finden sei. Die Grenze zu literarisch-feuilletonistischen Beiträgen, deren vorrangiges Ziel es sei »aesthetisch zu wir-

---

83 Zola sah in der Methodik der Enquête die Basis von Literatur *und* Journalismus und recherchierte für seine Erzählungen und Romane – z. B. *L'Assommoir* (1877) – in Paris. Vgl. *Mitterand* sowie allg. *Ruellan, Reporters.* »Ma façon de procéder est toujours celle-ci: d'abord je me renseigne par moi-même, par ce que j'ai vu et entendu; ensuite, je me renseigne par les documents écrits, les livres sur la matière, les notes que me donnent mes amis; et enfin l'imagination, l'intuition plutôt, fait le reste.« *Zola,* Correspondance (1890–1893), S. 67. Vgl. dazu allg. *ders., Romanciers.*
84 *Bölsche,* S. 623. Vgl. hier überdies *Schlismann,* S. 45.
85 *Osterrieth,* S. 42. Alle folgenden Zitate a. a. O.

ken«, blieb indes scharf zu ziehen. Die Verpflichtung des Reporters auf den Kernbereich der Materialrecherche und -übergabe, die auch Jacobis *Handbuch des Journalismus* ausweist, reduziere gerade den Lokalberichterstatter als »notwendige Begleiterscheinung der modernen Tagespresse«[86] auf die Zulieferertätigkeiten eines (bisweilen unzuverlässigen) Boten. Lediglich der mitunter zügellosen Phantasie des Reporters und dem Hang zur Kolportage von Gerüchten wird hier Beachtung zuteil; die eigentlichen Vorbilder des Neuen Journalismus in Deutschland – sowohl positiv (die Schriftsteller-Journalisten Frankreichs[87]) als auch negativ (die amerikanischen *newshunter*[88]) – stammen nahezu vollständig aus dem Ausland. Julius Rodenbergs *Bilder aus dem Berliner Leben*, Walter Turszinskys Reportagesammlung *Berlin drüber weg und unten durch* und insbesondere Hugo von Kupffers *Reporter-Streifzüge* bilden Ausnahmen. Die Theoretisierung des Genres nahm folgerichtig erst um die Mitte der 1910er Jahre ihren Gang. Während expressionistische Zeitschriften wie *Der Sturm*, *Der Brenner* oder *Die Aktion* eine radikale Pressekritik anstimmten,[89] erfuhr die Profession des Journalisten durch den Schriftsteller Hermann Kesser eine erste zaghafte Aufwertung. Kesser betonte in einem Artikel der *Frankfurter Zeitung* die positive Kraft, die der Presse als »Zusammenschluß der menschlichen Wortträger«[90] zukomme; die politische Verantwortung, die den neuen Typus des Journalisten – noch vor dem Dichter – auszeichne, erzwinge dabei einen Zeitungsstil des Essayistischen, dessen produktive Kraft in der ›Operativität‹ als dem meinungsbildenden Potential der Zeitung liege. So werde die Presse eine »hochgradig soziale Einrichtung«. Der Reporter bleibe bislang zwar »Symbol eines entwerteten Journalismus«, der sich in seiner »Meldedienst-Eigenschaft« als »stumpfer Aufnahmeapparat«[91] genüge. Tatsächlich aber sei, Kesser zufolge, sowohl das Bild des Reporters als auch die Inszenierung der Zeitung als eines ›Aufnahmeapparats‹ durchaus schief, schließlich sei »nichts Neues ohne journalistische Formleistung« denkbar: der Reporter werde unwillkürlich zum »Gestalter«. Die Vorstellung einer Zeitung, in der »sich die Rubriken selbsttätig oder durch Handgriffe herstellen, wie photographische Serien, die mittels Optik, Chemie und Mechanik entstehen«, sei »in Wirklichkeit [...] nirgends vorhanden«. Folglich komme dem Journalisten besondere Bedeutung zu:

»Der ärmste Lokalreporter und Redakteur besitzt noch ein Mindestmaß an sprachlicher Fertigkeit. [...] Der talentierte Sonderberichterstatter ist dem talentierten Durchschnittspoeten an Fähigkeit, Wissen und Zuverlässigkeit weit überlegen. – Scharfe

---

86 *Jacobi*, Buch, S. 128 f.
87 Vgl. *Lindau*, Jüngsten, S. 342.
88 Vgl. dazu exempl. *Horwitz*, S. 807 f. Ähnlich kritisch zeigte sich noch 1930 bspw. *Dovifat*, Sensations-Berichterstattung, S. 5–10.
89 Vgl. *Pfemfert*, Sp. 453 f.
90 *Kesser*, S. 28. Schon Julius David betonte die gesellschaftliche Relevanz der investigativen Qualitäten (Spürsinn bzw. Beobachtungs- & Kombinationsgabe) des Reporters. Vgl. *David*, S. 97.
91 Ebd., S. 10–13. Alle folgenden Zitate a. a. O.

Bilder von Ereignissen augenblicklich aufzunehmen und wiederzugeben, verlangt einen energischen Blick. Gehirnarbeit ist zu tun, selbst wenn nur Häuser in Brand sind, ein Fest gefeiert wird, Menschen bestohlen oder betrogen werden. Weder Alltägliches noch Außergewöhnliches registriert sich automatisch und objektiv. Schon auf unterster Stufe ist ein Gefühl für Stil. [...] Mit der Stilform aber beginnt die (subjektive) Gesinnung, werden Anschauungen und Ziele vertreten.«

Einerseits rekultivierte Kesser so in seiner Kritik an ›Zeitungsstil‹ und ›Journalistensprache‹ den pressekritischen Duktus des ausgehenden 19. Jahrhunderts,[92] andererseits aber griff er in vorauseilender Präzision den medientheoretischen Debatten der Zwischenkriegszeit voraus, die in der ›Tatsachenpoetik‹ der Reportage und ihrer ›fotografischen‹ Erfassung der ›Wirklichkeit‹ das Kennzeichen einer neuen, modernen Literatur entdeckten.[93]

In seinem eingangs zitierten programmatischen Essay über das *Wesen des Reporters* schrieb Egon Erwin Kisch 1918 schließlich gerade dieses Bild des nüchternen Faktenprotokollers fest: »*An sich ist immer die Arbeit des Reporters die ehrlichste, sachlichste, wichtigste.*«[94] Doch wendete er im Gestus späterer neusachlicher Debatten das Potential seiner Erinnerungs- und Auffassungsgabe ins positive. Die ›authentische‹ Wiedergabe der Dinge mache den Reporter zum Sachwalter seiner Leser und so zu einer »Zwischenstufe zwischen Künstler und Bürger«[95]. Gleichwohl muss Kisch konzedieren, dass eine quasi-mimetische Erfassung der Realität, ihrer Tatsachen und Erscheinungen nie möglich sei. Obschon der Reporter die Ergebnisse seiner Recherchen ›aus erster Hand‹ habe, sei doch die »Tatsache« stets

»nur die Bussole seiner Fahrt, er bedarf aber auch eines Fernrohres: der ›logischen Phantasie‹. Denn niemals bietet sich aus der Autopsie eines Tatortes oder Schauplatzes, aus den aufgeschnappten Äußerungen der Beteiligten und Zeugen und aus den ihm dargelegten Vermutungen ein *lückenloses* Bild der Sachlage. Er muß die Problematik des Vorfalles, die Übergänge zu den Ergebnissen der Erhebungen selbst schaffen und nur darauf achten, daß die Linie seiner Darstellung haarscharf durch die ihm bekannten Tatsachen (die gegebenen Punkte der Strecke) führt. Das Ideal ist nun, daß diese vom Reporter gezogene Wahrscheinlichkeitskurve mit der wirklichen Verbindungslinie aller Phasen des Ereignisses zusammenfällt; erreichbar und anzustreben ist ihr harmonischer Verlauf und die Bestimmung der größtmöglichen Zahl der Durchlaufpunkte. Hier differenziert sich der Reporter von jedem anderen seiner Gattung, hier zeigt sich der Grad seiner Begabung.«[96]

---

92 *Theobald*, S. 272 ff.
93 Zur Theoretisierung des Genres vgl. *Becker*, Sachlichkeit; *Uecker*; *Eilers*. Insbesondere in den Weimarer Jahren spitzte sich die Kritik am Reporterwesen zu. Vgl. *Haller*, Reportage, S. 45.
94 *Kisch*, Wesen, S. 205. Zum Ideal des »Protokolls« als einer Kulturtechnik autoptischer Beglaubigung – sowie seinen Ursprüngen im Archiv- und Gerichtswesen vgl. *Niehaus*, S. 478–480.
95 *Kisch*, Wesen, S. 208.
96 Ebd., S. 206.

Die Profilierung der ›logischen Phantasie‹ des Reporters illustriert die Ambivalenz der Reportage als Genre der *factual fictions*. Hier wird die Relevanz späterer neusachlicher literarischer Schreibweisen *in nuce* poetologisch wie performativ in Szene gesetzt: »Kischs Tatsachen-Satz analogisiert Reportage und Prosa-Stück; die Wahrheit wird als Utopie inszeniert. Der Text wird zum Konglomerat von wahren und erfundenen Begebenheiten.«[97] Die Nähe der Reportage zu anderen (literarischen) Genres wird denn auch von Kisch immer wieder produktiv hervorgehoben; die Festlegung ihrer Ursprünge sollte indes noch lange umstritten bleiben.

Die Wurzeln der Reportage

Die Suche nach den ›Wurzeln‹ der Reportage war von Beginn an Gegenstand heftiger Kontroversen.[98] Sie offenbarte die Gräben zwischen literatur- sowie publizistik- bzw. kommunikationswissenschaftlichen Ansätzen. Weithin *common sense* blieb allenfalls, die Gattung an Formen der literarischen Publizistik des ausgehenden 18. und frühen 19. Jahrhunderts sowie an die Tradition des Reiseberichts anzuschließen. Schon die spätmittelalterlichen *Itinerare* – als Erlebnisberichte reicher Patrizier und Adliger – können so als Vorläufer moderner Reportagen verstanden werden. Sie ergänzten die in lateinischer Sprache verfassten *Descriptiones* der Pilgerführer um eine stark persönlich gefärbte Darstellung des Reisens, die weniger pragmatischen denn repräsentativen Zwecken gehorchte. Die weitaus ausführlicheren *literarischen* Reiseberichte waren hingegen wie in Form der *Hodoeporica* narrativ arrangiert, oftmals episodisch und dabei kaum von persönlichem Erleben durchdrungen. Erst die Itinerarien der Kavalierstouren, der sog. *Grand Tours*, die Zöglinge des Adels zur Aneignung von Erfahrung und Allgemeinwissen unternahmen, markierten zu Beginn des 17. Jahrhunderts wieder einen Trend zu ichbezogenen Erzählformen. Neben Reiseberichten aus der Epoche der Aufklärung erscheint in den Literaturwissenschaften zudem das publizistisch-literarische Wirken um 1800 als eine wichtige Referenz. Michael Geisler zufolge waren in Deutschland schon in den Werken von Forster, Seume, Börne oder Heine zentrale »Elemente der Reportage vorgeprägt«[99]. Andere Positionen hingegen stellen zutreffend die rhetorische Tradition dieses Genres heraus. Gert Ueding etwa sieht in der Ausbildung des öffentlichen Nachrichtenwesens und der Etablierung der *Newen Zeytungen*

---

97 *Ruf*, S. 77.
98 Schon in Egon Erwin Kischs Anthologie *Klassischer Journalismus* aus dem Jahr 1923 offenbaren sich die Legitimationsstrategien des Zeitungsschreibers gegen die restriktiven Kanonisierungsversuche der Literaten. Kisch, der die Berichterstatter als »Prosaisten der Ballade« verstand, betonte emphatisch die Nähe von *news* und *novels* – und stellte so gar die »Tagesnachrichten« Henry Morton Stanleys in die literarische Tradition eines Plinius, Schillers, Forsters, Dickens oder Zola.
99 *Geisler*, S. 13.

entscheidende Schritte dahin, dass sich »die Formen jenes Genres herausbilden, das wir heute Reportage nennen.«[100] Ein Gewährsmann dieser These war Kaspar Stieler. Er verortete im Rekurs auf das Horaz'sche Diktum *prodesse et delectare*[101] bereits 1695 in seiner Studie *Zeitungs Lust und Nutz* Unterhaltung und Belehrung im Kern aller Berichterstattung. Die Neugier der Leser lege, so Stieler, die Indifferenz gegenüber der ›Wahrheit‹ nahe: zu berichten sei »alles / was in der Welt vorgehet / es sey wahr oder schein-wahr«[102]. Schon die *Simulation* des Augenscheins biete dem Leser »Ergötzen«:

»Es bedenke ein aufgewecktes Herz / was dieses vor eine Süsse bringe / wenn ich in meiner Stube verständiget werden kann / was dieser und jener König geredet / wessen er sich unterfangen / und / was diejenige Partey / derer ich zugethan bin / ausgerichtet hat? *Da reise ich in Gedanken durch die weite Welt* / ich schiffe über Meer / bin bey den See- und Landschlachten *gegenwärtig* / schaue zu / wie man die Flügel schwinget / aufeinander Feuer giebet / Gefangene hinweg führt / Stücke vernagelt / Minen sprenget und Beute machet / und dieses alles ohne einzige Gefahr / Mühe und Kosten.«[103]

Gegen die Erzählungen der »Lügen-Krämer«, »Träumer« und »Wahrheits-Fälscher«[104] weiß Stieler sein Modell eines populären Journalismus freilich strategisch abzugrenzen. Die Prüfung aller Quellen auf ihre Herkunft, Aktualität und Glaubwürdigkeit versetze den Zeitungsschreiber, wie er wiederholt andeutet, in die Position größtmöglicher Autonomie. Doch werden zugleich die Bruchstellen des Authentizitätsideals moderner Berichterstattung offenbar.

Der Reporter als beobachtender, teilnehmender, suchender wie auch fragender Kundschafter aus der Nähe des Ereignisses lässt sich über das Momentum der ›Augenzeugenschaft‹ vom Gros der literarischen Imaginationen der Zeit abgrenzen: Gegen die »Introspektive als Musterfall dichterischer Wahrnehmung« setzt dieser »die nach außen gewendete Aufmerksamkeit des Reporters«[105]. Die Arbeiten Kischs werden hier häufig als Referenzgröße herangezogen.[106] Neuere Ansätze versuchen die Perspektiven der literaturwissenschaftlichen Forschung und der Journalismusforschung miteinander zu harmonisieren. Sie integrieren die Erkenntnisse sozial- und alltagsgeschichtlicher Arbeiten zur Frühphase des Journalismus, in denen das agitatorisch-politische Potential der Schriften und die Bedeutung des Aufklärungsideals der Moderne für das journalistische

---

100 *Ueding*, S. 125.
101 »Aut prodesse volunt aut delectare poetae / aut simul et iucunda et idonea dicere vitae.« (»Entweder nützen oder erfreuen wollen die Dichter oder zugleich, was erfreut und was nützlich fürs Leben ist, sagen.«) *Horaz*, S. 250 f. (V. 333 f.)
102 *Stieler*, S. 65.
103 Ebd., S. 32 f. Hervorhebungen durch den Verfasser.
104 Ebd., S. 100.
105 *Jacobi*, Journalisten, S. 133.
106 So z. B. auch bei *Schütz*, Facetten. Vgl. dazu *Haas*, Journalismus, S. 228 f.

Ethos[107] gegen eine einseitige Verortung des Genres im ›Dunst‹ der bürgerlichen Literatur in Anschlag gebracht werden.[108]

Aus dieser Perspektive rücken auch – heute weithin vergessene – Traditionen in den Blick. Insbesondere die sog. Apodemik bildet hier eine wichtige Referenz. Die *ars apodemica* (bzw. *prudentia peregrinandi*) entwickelte als ›Reisekunst‹ zwischen 1550 und 1800 eine elaborierte Methodik empirischer Gesellschafts-, Volks- und Staatsbeschreibung. In Traktaten, Reisetagebüchern und Tabellen war die statistische Erfassung des Lebensraums das Ziel der gelehrten Reiseberichte. Die Aufgaben des Berichterstatters definierte August Ludwig Schlözer noch 1795 schlicht als »sehen, hören, sammeln und schreiben.«[109] Der quantifizierende Anspruch dieser Wahrnehmung erlag nur wenig später dem aufklärerischen Paradigma individuellen, partikularistischen Erlebens. Die sich ausdifferenzierenden Öffentlichkeiten wiesen dem aufkommenden (investigativen) Journalismus seinen Platz im Kontext der Zeitungen und ›Moralischen Wochenschriften‹ zu. Dies wiederum markierte auch einen fundamentalen Wandel für den Berufsstand des Journalisten selbst. »Die Epoche liberaler Öffentlichkeit verhalf vor allem dem Journalismus *selber* zur Emanzipation. JournalistInnen traten aus ihrer Anonymität als Nachrichtentransporteure heraus und bildeten im öffentlichen Gespräch ihre eigene persönliche Identität aus«[110]. Die Reportage avancierte dabei *avant la lettre* zum idealen Genre der Aufklärer. Karl Philipp Moritz entwarf so sein utopisches »Ideal einer vollkommenen Zeitung«, das sich der moralischen »Aufklärung des Volkes«[111] verschrieb. In der Verbindung (sozial-)wissenschaftlicher Forschungs- und journalistischer Recherchetechnik sowie literarischer Vermittlungsqualitäten werden, wie Hannes Haas bemerkt, bereits die Grundzüge des Genres umrissen:

»Wer eine solche Zeitung schreiben will, muß selbst, so viel er kann, mit eignen Augen beobachten, und wo er das nicht kann, muß er sich an die Männer halten, die eigentlich unter das Volk und in die verborgensten Winkel kommen, wo das Edelste und Vortrefflichste sowohl als das Häßlichste und Verabscheuungswürdigste sehr oft versteckt zu sein pflegt. […] Er muß sich aber auch selber unter das Volk mischen, um seine Urteile, seine Gesinnungen zu hören, und seine Sprache zu lernen. Er muß nichts weniger als ein einseitiger Gelehrter sein, sondern sich für alles interessieren können, was ihm nur irgend aufstößt, und sich täglich in der schweren Kunst üben, alles Vielfache unter irgend einen großen und wichtigen Gesichtspunkt zu bringen.«[112]

---

107 Vgl. *Kürbisch*, S. 15 f.
108 *Haas*, Journalismus, S. 113–135; 187–207.
109 So *Schlözer*, S. 53 f. Vgl. dazu *Boedeker*, S. 505 ff.
110 *Baum*, S. 92.
111 *Moritz*, S. 1 Vgl. hierzu überdies *Requate*, Journalismus, S. 121 f.
112 Ebd., S. 3. Vgl. dazu *Haas*, Kunst; Journalismus.

Der Appell, die Zeitung gerade in den »Großstädten« anzusiedeln, um neben den »alltäglichen Merkwürdigkeiten« ausdrücklich »auch das *Elend* und die *Armut* in den verborgenen Winkeln«[113] aufzudecken, weist so auf den für die Reportage noch in ihrer Hochphase spezifischen Konnex von Metropolen- und Nachrichtenkultur voraus. Auch Heinrich von Kleists Unternehmen der *Berliner Abendblätter* nahm 1810 bereits den Gestus späterer Chronisten und Berichterstatter vorweg. Die Ausbildung der populären Massenpresse (sowie auch der Lokal- und Generalanzeigerpresse im deutschen Sprachraum) – in den USA ab den 1830er Jahren, in Europa ab der Mitte des 19. Jahrhunderts – wie auch der Ausbau von Nachrichtentechnik und -infrastruktur eröffneten dem Neuen Journalismus allerdings neuartige Möglichkeiten. So begannen Journalisten wie Riis, Kisch, Londres oder Greenwood, den Raum der Metropolen als ihren idealen Wirkungsraum zu begreifen. Der Vorschlag einer Verortung des Genres im Diskurs populärer (Bild-)Medien mag gerade aus komparatistischer Perspektive umso mehr überzeugen, als eine Fokussierung auf genuin schriftstellerische Traditionen der Reportage sowohl in den Vereinigten Staaten als auch in Großbritannien und Frankreich zu stark abweichenden und relativ beliebigen Ergebnissen und Periodisierungen führte. Plausibler erschiene es daher, eine literarhistorische Datierung des Genres vorzunehmen, die – vor dem Hintergrund der vorn skizzierten Entwicklungslinien – eine Koinzidenz realistisch-naturalistischer Schreibstile und sozialkritisch-investigativer Impulse der Reportage ab den 1870er Jahren annehmen wird.

Die Reportage als Genre der factual fictions

Gegen die Versuchung einer nachträglichen Glättung des Gattungsbegriffs ließe sich an dieser Stelle festhalten, dass das Genre der Reportage gerade in der Phase seiner Etablierung ungleich stärker als in den ›goldenen‹ 1920er und 1930er Jahren zwischen diversen Formen dokumentarischen Schreibens im Grenzbereich von Augenzeugenberichterstattung und autobiographischen Skizzen und literarisch-feuilletonistischen Erzählens in Form von Briefen, Bildern oder Plaudereien etc. oszillierte. Hier sollen nur solche Texte Berücksichtigung erfahren, die *erstens* von Reportern und Korrespondenten geschrieben wurden, die qua ihrer Profession als legitime, wenn auch umstrittene Bürgen der medialen Berichterstattung in Erscheinung traten und gerade darüber sukzessive ein eigenes Berufsethos zu etablieren verstanden, sowie die sich *zweitens* durch eine bestimmte stilistische wie auch inhaltliche Akzentsetzung auszeichneten.

Die Ausstellung des Reporters als Kolporteur *und* Kreator von Nachrichten, der – im Gegensatz zur anonym wirkenden Nachrichtenagentur – nie ganz in der Rolle des reinen Faktenübermittlers aufgeht, ist (bis heute) elementarer Bestandteil des autoreflexiven Gestus dieses Schreibens geblieben. Vor die-

---

113 Ebd., S. 3. Die Memorabilen der Zeitungsmeldungen waren hier konkrete Formen der Beglaubigung alltäglicher »Wirklichkeitsausschnitte«. Vgl. *Jolles*, Einfache Formen, S. 217.

sem Hintergrund soll die Reportage deshalb als ein *hybrides* Genre zwischen Journalismus und Dichtung verstanden werden.[114] Ihr muss ein doppelter Ursprung zugestanden werden. Einerseits wurzelt sie in der langen Tradition des (literarischen) Reiseberichts, andererseits in Stil und Techniken des aufkommenden Neuen Journalismus. Ein Brückenschlag zwischen beiden Sphären mag vor allem in der Fokussierung auf das Motiv der Neugier gelingen. Der »Doppelcharakter der Neugier als Movens ästhetischer Erkenntnis«[115] zielt, so schon Erhard Schütz, in radikaler Weise auf die Grenzen des Sagbaren. Die *curiositas* des Reporters und dessen Überwindung bürgerlicher Privatheitsvorstellungen erlaubt, was vorher nur unter der Chiffre des Schlüsselromans möglich war: einen authentisch anmutenden Blick hinter die Kulissen des Lebens der Mächtigen, Schönen und Reichen, zugleich aber auch in die Abgründe von Laster und Elend. Die Geschichte *hinter* der Geschichte, die ganz eng mit dem *human-interest*-Charakter der Reportagen verknüpft ist, rückt so ins Zentrum des Interesses. Die Neugier des Reporters besitzt jedoch zwei Seiten: Wissbegier auf der einen, Vergnügen auf der anderen Seite.[116] Die experimentelle Erkundung der Welt ist die unmittelbare Folge dieser anhaltenden Grenzüberschreitungen des Reporters und seines synästhetischen Vordringens zu den Dingen. Der Raum, den der Reporter als Kundschafter durchschreitet, wird performativ erzeugt: Als ein Modell von Möglichkeiten, das sich durch die Formen seiner Nutzung räumlich realisiert, ist der Raum i. S. Michel de Certeaus ein »Ort, *mit dem man etwas macht*«[117]. Die Aktualisierung der Möglichkeiten des Raums begründet überhaupt erst ihre Existenz, verschafft ihnen eine Erscheinung, die Eingang in soziale Praktiken finden kann. Dabei transportieren gerade die fußgängerischen Explorationen des Reporters den Gestus des Entdeckungsreisenden.

Als ein »autoptisches Beweisverfahren«[118] wird die Reportage zum exemplarischen Beleggrund gesellschaftlicher Zustände. Das Zeugnis des Reporters kann so auch als ein politisches gelesen werden. Die immersiv erzeugte Nähe des Reporters zum Geschehen garantiert indes keineswegs das Privileg der ›Wahrheit‹. Die Massenmedien müssen vielmehr als zentraler Faktor der Bestimmung und Formatierung gesellschaftlicher ›Wirklichkeiten‹ angenommen werden. Schon Geisler weist auf diesen Konstruktionscharakter medialer Berichterstattung am Beispiel der ›Augenzeugenschaft‹ des Reporters hin. Doch relativiert er letztere, wenn er aus der Praxis des Reporters argumentierend auf die Bedeutung und den Nutzen zusätzlicher Korrektive wie Interviews, Fachgespräche und Hintergrundrecherchen verweist:

---

114 Vgl. *Kostenzer*, S. 85–87; *Cramerotti*, S. 25.
115 *Schütz*, Facetten, S. 47.
116 Vgl. *Bies*, Neugier, S. 450 ff.
117 *Certeau*, S. 218. Vgl. dazu *Fisher*, Walking Artists, S. 125.
118 *Haas*, Journalismus, S. 247. Vgl. hier überdies *Passos u. Orlandini*, S. 75 ff.

»Der Augenzeuge wird von der Unmittelbarkeit des Geschehens überwältigt, er ist den Dingen zu nahe, um Wesentliches von Unwesentlichem scheiden zu können. Er ist in einen Kontext hineingestellt, den er nicht gewählt hat und nicht übersieht. Will er nicht Gefahr laufen, gerade das Typische des sich vollziehenden Geschehens zu verfehlen, muß er sich entweder mit einem bewusst beschränkten Wirklichkeitsausschnitt begnügen [...] oder er muß – warten. Der zeitliche Abstand vom Material gibt dem Reporter die Chance, das Gesammelte zu sichten und zu werten.«[119]

In der Selektion des Wirklichkeitsausschnitts, in der Person des Berichtenden (des Reporters bzw. Erzählers) sowie in der Strukturierung des Abgebildeten erkennt Geisler denn auch die potentiellen Bruchstellen der Realität. Für das Genre der Reportage hieße dies, dass vor allem die Relevanz, Problematisierung bzw. Vermittlung sowie die Wirkungen des Berichteten zu zentralen Instanzen der Wirklichkeitskonstruktion werden. Im Bereich des Journalismus gilt die Reportage so zwar als die exponierte Form individuellen Erlebens, der Reporter aber verfügt, so das Paradox des Berichterstatters, in aller Regel nur über eine mediatisierte Perspektive, insofern er auf seinen Streifzügen nur allzu häufig auf das *hearsay* der eigentlichen Zeugen eines Vorfalls angewiesen ist. So bleibt er bis zu einem gewissen Grad immer auch Kolporteur des Gerüchts.

In ihrer spezifischen Form des ›Infotainments‹ oszillieren die Reports und Reportagen der Jahrhundertwende so als Formen des literarischen Journalismus allzu häufig zwischen den Polen nachrichtlicher Faktenberichterstattung sowie dessen Beglaubigungsstrategien visueller Evidenzbildung oder auch detaillierter Mikroperspektiven[120] auf der einen Seite und künstlerischer Interessen bzw. der Zielsetzung populärer Unterhaltung auf der anderen Seite. Dabei vermag gerade die Ausdifferenzierung dieser polaren Phänomene die Evolution neuer kommunikativer Formen zu beschleunigen. Die Reporter-Geschichten der hier vorgelegten Studie situieren sich in der Experimentierphase eines sich wandelnden medialen wie kommunikativen Marktes und werden sowohl deren soziokulturelle Rahmenbedingungen als auch deren diskursive Konsequenzen exemplarisch in den Blick rücken. In einer ersten Annäherung an Figur und Profession des Reporters soll dazu im Folgenden ein kurzer Überblick über die verschiedenen historischen Semantiken des Terminus »Reporter« und die Traditionslinien der Begriffsbildung gegeben werden.

---

119 *Geisler*, S. 111.
120 Die Reportagen leisten so ihren Teil zur Medialisierung der metropolitanen Öffentlichkeiten der Jahrhundertwende. – Zur *live*-Historisierung von Medienereignissen vgl. *Bösch*, Europäische Medienereignisse.

3. *Newsmaker* – zur Professionalisierung des Nachrichtenwesens

3.1 Spuren der Begriffsgeschichte

Einen Einstieg in die Untersuchung des Nachrichtenwesens, der Profession des Reporters und der Gattung der Reportage bieten begriffsgeschichtliche Überlegungen. Etymologisch besehen, deutet sich schon im lateinischen Verbum *reportare* (zusammentragen; zurückbringen) ein erster charakteristischer Zug des Genres an: Der Reporter vermag in der (sprachlichen) Simulation seiner ›Augenzeugenschaft‹ den Leser unmittelbar ins Geschehen hineinzuversetzen und diesen zum stillen Begleiter seiner curiösen Erkundungen zu machen. Ein sensationalistischer Zug wird der Reportage so von Beginn an eingeschrieben. Im anglophonen Sprachraum ist der Begriff des Reporters dabei bereits bis ins 18. Jahrhundert zurückzuverfolgen.[1] Als Berichterstatter im modernen Sinn wird er in den Vereinigten Staaten gleich in der ersten Ausgabe der *Encyclopædia Americana* 1832 unter dem Lemma ›newspapers‹ (allerdings als ein spezifisch britisches Phänomen) ausgewiesen.[2] Dort heißt es zunächst: »In the U. States few papers have more than one editor, who generally writes upon almost all subjects himself.« Der »gigantic apparatus of a London daily newspaper« zeichne sich hingegen durch einen Editor und Subeditor, über ein Dutzend festangestellter Reporter, circa 30–35 Schriftsetzer und Layouter sowie Lektoren und schließlich eine Unzahl an Personal zur Bedienung der Druckmaschinen aus. Der Reporter wird dabei als »gentleman of education« beschrieben; oftmals seien speziell die Parlamentsreporter, so der Verfasser, Studenten der Rechtswissenschaften. Gleichwohl wird auch hier schon auf das Primat unverzüglicher Berichterstattung hingewiesen, das es mitunter notwendig mache, die Dienste freiberuflicher Reporter in Anspruch zu nehmen:

»The ›penny a line‹ men are to the press, what the Cossacks are to a regular army. [...] From the competition [...] among these gentlemen, and the prudence of some editors as to the use of reports so furnished, it is seldom, indeed, that they are so fortunate.«[3]

Noch rund siebzig Jahre später wird dieser Profession zwar kein eigener Eintrag gewidmet, sie erscheint aber bereits als integraler Bestandteil der US-amerikanischen Nachrichtenkultur. Unter dem Lemma »Journalism« heißt es 1903:

---

1 Hier ist der Begriff seit 1797 belegt. Vgl. Oxford English Dictionary, Bd. 13, S. 652 f.
2 Vgl. Encyclopædia Americana, Bd. 9, S. 253–263.
3 Ebd., S. 262. Alle direkten Zitate a. a. O.

»In the modern newspaper field there are three types of the journalist: the editor, the reporter and the correspondent. (I.) The editor is the responsible head, the man whose knowledge of men and measures, of local and national affairs, and of international questions, has been crystallized into quick observation, keen judgment, tact and influence; [...] (II.) The reporter is the gatherer of news, who in the highways and byways finds that which is interesting, instructive and amusing in the events of the day, and who possesses the ability to ›tell his story‹ in the writing that ›all who run may read‹. He must have a ready pen, a quick wit, and a brief, concise style. [...] (III.) The correspondent, whether he sends his news by mail or telegraph, is called upon to be even more brief and concise than the reporter; his reports being more general than local in character.«[4]

Der Reporter als Nachrichtensammler im lokalen Bezugsrahmen wird hier dem global operierenden Korrespondenten bereits analog gesetzt; lediglich die Form der Berichterstattung könne variieren. In klassischen Lehrbüchern, wie etwa Milnor Hydes *Newspaper Reporting and Correspondence* (1912), werden indes sowohl die Methoden des »news gatherings« als auch die Stilistik des »news writings« als vollkommen identisch deklariert.[5] Der *Spezialberichterstatter*, der, anfangs noch vorrangig lokal agierend, später weltweite Reisen unternimmt, wird als »special correspondent« (bzw. »envoyé speciale«) gerade in der Frühphase globaler Nachrichtennetzwerke zu einem unverzichtbaren Mittel der Auslandsberichterstattung und einer notwendigen Ergänzung im Ausland stationierter Korrespondenten.

Der *Encyclopædia Americana* zufolge war der Neue Journalismus zur Spielfläche des Reporters geworden. Der Hang des Berichterstatters »to the ›creation‹ of news through the performance of what it calls its ›mission of public service‹«[6] sei zwar hervorzuheben, doch überzeichne der Reporter, wie der Verfasser des Artikels kritisch anmerkt, einzelne Phänomene des Alltags bisweilen so massenwirksam, dass dies letztlich die Verlässlichkeit und Glaubwürdigkeit des gesamten Mediums in Verruf bringe.

In Großbritannien wird die Geschichte des Reportings schon gegen Ende des 19. Jahrhunderts in der *Encyclopædia Britannica* perspektiviert: »There was no truly systematic reporting until the beginning of this century«[7]. Als spezifische Form der Berichterstattung definieren die Herausgeber »reporting« als »the art or business of reproducing in readable form, mainly for newspapers, [...] the words of speeches, or describing in narrative form the events [...] by means of the notes made by persons known generally as reporters.«[8] Der Reporter wird als Berichterstatter im lokalen *oder* überregionalen Kontext verstanden. Der

---

4   The Encyclopædia Americana, Bd. 9, unpag.
5   *Hyde*, Newspaper, S. 1–3.
6   The Encyclopædia Americana, Bd. 9, unpag.
7   Encyclopædia Britannica, London 1902[10]. Zur Frühphase des Reporterwesens in Großbritannien im 18. und 19. Jh. vgl. *Høyer*, Newspapers.
8   Encyclopædia Britannica, London 1911[11], Bd. 23, S. 106 f.

»reporting service«, der im Zuge der Telegraphie, wie die Enzyklopädie weiter ausführt, ab den 1870er Jahren sukzessive anstieg, galt dabei dem Netz der internationalen Korrespondenzen als vollständig analog.

In Frankreich verweisen Larousses *Grand dictionnaire universel du XIXe siècle* (1875), Littrés *Dictionnaire de la langue française* (1874) sowie das *Dictionnaire de l'Académie française* (1878) erstmals in den 1870er Jahren auf das Lemma »reporter«.[9] Unter Verweis auf seinen britischen Ursprung (*to report*; rapporter; re-por-teur) wird der Reporter vor allem als *fait-diversier* spezialisiert, der primär lokale Neuigkeiten übermittle:

»Ecrivains subalternes, les *reporters*, populaires chez nos voisins sous le nom de *penny-a-liners* [...] courrent la ville en quête des accidents, des incendies et des crimes. [...] On peut dire que, chez nous, le *reporter* est un produit du second Empire. Dans les dernières années de cet odieux régime [...] les *reporters* furent élevés à la hauteur d'une institution par les industriels du journalisme à scandale. [...] De même qu'autrefois, le *reporter* s'introduit partout, dans la cellule d'un condamné à mort le matin de son exécution, comme au chevet d'un moribund illustré. Lorsque l'évenement ne donne pas et que la collecte de bruits vrais ou faux est maigre, le *reporter* invente. [...] Le *reporter* est, en général, assez mal vu du public sérieux qui regrette de voir la nouvelle prendre une importance exagérée, et chasser du journal l'article sérieux, historique ou critique; [...] car la course au scandale, dans laquelle chacque reporter veut arriver premier, écoeure à la longue ceux-là même qui se plaisent à lire le récit des drames intimes ou des amours de telle ou telle cocotte en renom.«[10]

Als einem Vertreter der Sensationspresse hafte dem Reporter ein schlechtes Image an: Er neige zur Erfindung von Tatsachen, sei per se indiskret, skrupellos und in seiner übersteigerten Suche nach spektakulären Neuigkeiten in Stil und Gestus den Schreibern der Groschenromane durchaus verwandt. Dennoch bedürfe es der Reporter, wie der Verfasser des Eintrags weiter ausführt, liege in ihren Berichten doch nicht nur das Potential investigativer Berichterstattung verborgen, sondern letztlich auch die Chance, über solche reißerischen Erzählungen neuen Leserschaften eine seriöse Berichterstattung zu erschließen. Später dann wird der Reporter wesentlich allgemeiner zum Synonym eines Kolporteurs von Neuigkeiten[11] – und die *reportage*, als französische Wortneuschöpfung (vom englischen *reporter* abgeleitet) bereits seit 1865 belegt,[12] zum »métier du reporter«.[13] Den rasanten Siegeszug dieser Schreibweise haben auch die Zeitgenossen wahrgenommen. Hugues Le Roux stellte Ende der 1880er Jahre pointiert fest, der Reporter sei nunmehr das Leitbild allen modernen Journalismus

---

9 Vgl. Grand dictionnaire universel du XIXe siècle, Bd. 13, S. 993; Dictionnaire de la langue française, Bd. 4, S. 1642; Dictionnaire de l'Académie française, Bd. 2, S. 635. Vgl. *Delporte*, Journalistes, S. 60 f.
10 Grand dictionnaire universel du XIXe siècle, Bd. 13, S. 993.
11 So bspw. im 1892 erschienenen Dictionnaire des dictionnaires, Bd. 6, S. 44.
12 Vgl. Dictionnaire historique de la langue française, S. 1772 f.
13 Vgl dazu: Larousse universel en deux volumes, Bd. 2, S. 773.

geworden: »l'ancien chroniqueur, l'homme d'esprit, de bons mots et de propos à bâtons rompus est détrôné par un écrivain mois soucieux de briller, mais mieux informé des sujets qu'il traite: le reporter.«[14] Auch wenn diese Dichotomie in ihrer Überzeichnung zu relativieren sein mag, so lässt sich an ihr doch der grundlegende Wandel ablesen, der das Mediensystem der Belle Époque durch den Aufstieg des *reporterisme* bestimmte.

In Deutschland war der Beruf des Reporters um 1850 noch weithin unbekannt.[15] In *Brockhaus Real-Enzyklopädie* galten *reporters*[16] 1867 noch allgemein als *Berichterstatter*. Dazu zählten neben klassischen Parlamentsschreibern auch Presseberichterstatter:

»Eine andere Art von B. sind die der Presse (reporters; rapporteurs), welche der Zeitung die verschiedenen Tagesereignisse zutragen, sei es in bloßen Notizen, sei es in ausführlicherer Darstellung, auch wol [sic!] in selbständiger, freier Auffassung, Charakteristik und Beurtheilung. Diese Art von Berichterstattung ist, wie sich denken läßt, nicht bloß ihren Gegenständen nach, sondern auch nach ihrem geistigen oder schriftstellerischen Werth eine sehr mannichfaltig angestufte und reicht von dem B. über Unglücksfälle, Straßenskandale u. dgl. [...] bis zu dem B. über Parlamentsdebatten, Schwurgerichtsverhandlungen u. dgl. In den Ländern mit freier Presse und entwickeltem öffentlichen Leben ist diese Stellung einträglich, ehrenvoll und eine gute Pflanzschule geistiger Ausbildung.«[17]

Von deutschen Reportern ist hier allerdings noch nichts zu lesen. Erst 1893 definierte *Meyers Konversations-Lexikon* den ›Reporter‹ als einen Typus des – auch in Deutschland etablierten – Berichterstatters, »der meist im Dienste einer bestimmten Zeitung [...] über *Tagesereignisse* zu berichten hat.«[18] Neuartig seien zudem die *Spezialberichterstatter*, die »auf Reisen gehen und über auswärtige Ereignisse (Kriege, Feste, Manöver u. dgl.), oft mit Hilfe des Telegraphen, berichten«[19]. In Form des Korrespondenzberichts schien demnach schon hier eine mediatisierte, aber letztlich durchaus analoge Variante des Reporterwesens eingeführt, die dank der Weiterentwicklung von Telegraphie und Nachrichtentechnik das unmittelbare und ortsgebundene Erleben, das gerade dem Reporter

---

14 La Vie à Paris, in: Le Temps, 22.02.1889, S. 2. »*Choses vues* – [...] le reportage monte des basfonds du journal à la surface.«

15 Zwar lassen sich erste Nennungen des Begriffs bis in die 1830er Jahre zurückverfolgen – vgl. *Feldmann*, S. 295f. – sowohl im *Brockhaus* (1838) als auch in *Pierers Conversations-Lexikon* (1862) wird der Reporter aber noch ausschließlich als Bezeichnung für die englischen Parlamentsberichterstatter gebraucht. Auch *Wigand's Conversations-Lexikon* (1850) zufolge waren *Reporters* in England zu verorten. Vgl. Wigand's Conversations-Lexikon für alle Stände, Bd. 11, S. 558.

16 Real-Enzyklopädie, Bd. 12, S. 92f.

17 Ebd., S. 92.

18 Meyers Konversations-Lexikon, Bd. 2, S. 647. Hervorhebung durch den Verfasser. Die vorherige Auflage (1890) listete nur einen – sehr kurzen und allg. – Eintrag zu diesem Lemma.

19 Ebd., S. 688. Diese Form der Berichterstattung wird auch im *Brockhaus* hervorgehoben.

als Augenzeugen zu eigen war, in eine neue Form zu übersetzen und auf diese Weise über größere Distanzen zu übermitteln vermochte. Mit dem Aufstieg der Nachrichten- und Korrespondenzbüros um 1830 war der ihrem Ursprung nach polyphonen Form des Reportierens eine gleichsam zentralisierende Instanz der Agenturen eingeschrieben worden, deren homogenisierender Einfluss auf die Nachrichtenzirkulation zunehmend an Bedeutung gewann. Im globalen Kontext setzte sich diese Form des Korrespondenzwesens fraglos schon aus pragmatischen Gründen in den kommenden Jahrzehnten durch, doch auch im lokalen Alltag der Metropolen verbreitete sie sich ebenso rasch. Die sog. Lokalkorrespondenzen, die von einzelnen Reportern, seltener auch von kleineren Agenturen an die Zeitungen versandt wurden, berichteten – z.T. bereits in hochspezialisierter Form – von Versammlungen, Feierlichkeiten, Unglücksfällen oder Verbrechen. Gustav Dahms beschreibt in seinem *Illustrierten Handbuch der Presse* in Berlin 1895 ein regelrechtes Netz an Lokalkorrespondenten, die Seite an Seite mit den etablierten Reportern der großen Zeitungen die Reichshauptstadt auf der Suche nach Neuigkeiten durchschritten:

»In der Millionenstadt überstürzen sich die lokalen Ereignisse derartig, daß es keiner Zeitungsredaktion jetzt mehr möglich ist, mit ihren eigenen geschulten Kräften den Pulsschlag des öffentlichen Lebens zu verfolgen, vielmehr das große Heer der Hilfstruppen der Lokalkorrespondenzen in Aktion treten muß.«[20]

Dass sich viele Reporter in diesen Jahren bereits auf bestimmte Ressorts spezialisierten – während zuvor Emil Meyer als »König der Reporter« lange Zeit der einzige ambulante Berichterstatter der Berliner Zeitungen gewesen war – und nun also aus Landgericht, Polizeipräsidium, Rathaus und Theater berichteten, um zugleich von Tages- und Straßenereignissen zu schreiben, bewies, so Dahms, die Vorzüge und Wagnisse des Nachrichtenwesens:

»Der eigentliche Werkmeister ist der ›Lokalredakteur‹, der im Schweiße seines Angesichts an seinem Redaktionstische sich durch den Überreichtum hereinflatternder Neuigkeiten hindurchzuarbeiten, die Hilfstruppen geschickt zu verteilen und die Spreu vom Weizen zu sondern hat. Daß dies keine leichte und eine außerordentlich verantwortungsvolle Aufgabe ist, leuchtet ohne Weiteres ein; sie ist um so schwieriger, als im gewöhnlichen Laufe der Dinge, alle diese journalistischen *Freischaren nach eigenem Ermessen operieren*, sich *oftmals gegenseitig in die Flanken fallen*, und *nur bei ganz außergewöhnlichen Ereignissen*, wie bei den Reichstagswahlen, bei der Maifeier der Sozialdemokraten und da, wo es gilt, Stimmungsbilder aus allen Teilen der großen Stadt möglichst schnell zusammenzutragen, *zu einem großen Korps sich vereinigen*, das dann einem einzigen Oberbefehl gehorcht.«[21]

---

20 *Dahms*, S. 102. Und so werde ein »guter Schnüffler für locale Nachrichten […] manchmal mehr geschätzt und besser gezahlt als der beste Leitartikler.« – so *J. H. Wehle*, S. 20. Der Reporter war dabei – wie Richard Wredes *Handbuch der Journalistik* schrieb – die Leitfigur der »das rein Tatsächliche der Ereignisse lokaler Art« berichtenden Journalisten. Vgl. *Wrede*, S. 5f.
21 Ebd., S. 106. Hervorhebungen durch den Verfasser.

Schon im lokalen Bezugsrahmen der Metropolen wird die Konkurrenz des sich pluralisierenden Nachrichtenwesens spürbar. Die Synthese der disparaten Mitteilungen und Reportagen leisteten nach wie vor Redakteure. Die festangestellten Lokalreporter einer Zeitung konnten als Redaktionsmitglieder zwar in stärkerem Maße auf die Durchsetzung ihrer Beiträge hinwirken, doch auch sie standen wie ihre international berichtenden Kollegen[22] unter dem Konkurrenzdruck eines sich etablierenden Marktes privater Korrespondenzbüros. Ihre Streifzüge durch die Metropole mussten sich in diesem Umfeld beweisen.

3.2 Zeitungsarbeiter – zur Sozialgeschichte des Reporter- und Korrespondentenwesens

Die Kontroversen der Professionalisierung

In Paul Baumerts klassischer Berufsgeschichte des modernen Journalismus (1928)[23] lassen sich drei Entwicklungsphasen identifizieren, die den Wandel journalistischer Grundfunktionen nachzeichnen: der korrespondierende, der schriftstellerische und der redaktionelle Journalismus. Letzterer setzte ab der Mitte des 19. Jahrhunderts ein und stieß den Berufsbildungsprozess an. Der Redakteur avancierte hier zur zentralen Figur. Die Ausdifferenzierung der Rollen des Reporters und Korrespondenten begann Jahrzehnte später. Dann aber prägten vor allem diese Vertreter die Debatten um eine Professionalisierung des Nachrichtenwesens.

In den *Vereinigten Staaten* schwankte die Wahrnehmung des Journalisten noch im letzten Drittel des 19. Jahrhunderts zwischen der sprichwörtlichen verkrachten Existenz und dem begabten Künstler. Die Reporter, die in Zeiten wachsender Kommerzialisierung nach wie vor in hohem Maß von ihren Verlegern und (Chef-)redakteuren abhingen,[24] galten zwar als besser ausgebildet, dennoch war gerade das Berufsverständnis unter den Journalisten keineswegs einheitlich.

---

22 Im Telegraphenzeitalter sei der Reporter, so Groth 1928, insbesondere in Gestalt des ›Sonderberichterstatters‹ dem Korrespondenten durchweg ähnlich. Vgl. *Groth*, Bd. 1, S. 418–437.
23 Vgl. *Baumert*, S. 17.
24 Vgl. *Flint*, Conscience, S. 260. Die Reporter waren – davon zeugen zahllose Initiativbewerbungen in den Akten der *New York World* – einer enormen Konkurrenz ausgesetzt; gerade *stunt*-Reporter mussten sich einer Vielzahl an Abenteurern und Amateuren erwehren. Während die *World* dennoch gerade solche Reporter einstellte, war die *Times* hier deutlich konservativer. Verleger Adolph S. Ochs wies bspw. einen Gesuch eines *girl stunt reporters* 1897 ab: »The New York Times is run along very conservative lines. It does not belong to the school of new journalism, and consequently its representatives are not required to do deeds of daring or to seek sensations. If at any time I should find need in our editorial department of the services of a capable young lady, I will certainly remember you.« Vgl. NYPL New York Times Company Records. Adolph S. Ochs Papers. Mss Col 17781, b. 75, f. 8: »Editorial Policy«.

Der Gründer der *Missouri School of Journalism*, Walter Williams, initiierte daher einen Ethik-Code, der die Profession als »The Journalist's Creed«[25] auf gemeinsame Standards und Regeln verpflichten sollte. Diese Initiative war Spiegelbild des Bestrebens, den Journalismus zu verberuflichen. Über die Maßnahmen und Wege dahin gingen die Meinungen auseinander. Während Edwin Lawrence Godkin bspw. das »Talent« der Schreiber hervorhob, sah Frederic Hudson in der Ausbildung der Journalisten – dem »learning by doing« in der »newspapers office« – das Paradigma der modernen Pressearbeiter. Journalismus als Karriereweg (von der Ausbildung über diverse Schreibertätigkeiten bis hin zum Besitz einer Zeitung bzw. dem Verlegertum) war hier ein gängiger Topos der zahllosen Ratgeber und How-To-Bücher.[26] Die Idealbilder oszillierten noch zwischen dem Journalisten als Künstler und Handwerker: Mal war er Diener höherer Wahrheiten bzw. Aufklärer und Träger zivilgesellschaftlicher Verantwortung, mal Angestellter eines großen Konzerns. Joseph Pulitzer differenzierte in dieser Weise das kreative Schaffen des Journalisten in Zeiten eines sich kommerzialisierenden Zeitungsbusiness:

»There is an obvious difference between a business and a profession. An editor, an editorial writer or a correspondent is not in business. Nor is even a capable reporter. These men are already in a profession, though they may not admit it or even realize it. [...] Ill or well they represent authorship, and authorship is a profession. The man in the counting-room of a newspaper is in the newspaper business. He concentrates his brain (quite legitimately) upon the commercial aspects of things, upon the margin of profit, upon the reduction of expenses, upon buying white paper and selling it printed – that is business. But a man who has the advantage, honor and pleasure of addressing the public every day as a writer or thinker is a professional man.«[27]

In *Großbritannien* war der Reporter »the backbone and the origin of newspaperdom«[28]. Das Vorbild stellte hier der Parlamentsreporter dar, zu dessen Basisqualifikation das stenographische Schreiben sowie ein klarer und einfacher Stil zählten. Überdies war gerade das Erfahrungswissen entscheidend (z. B. in Bezug auf die Geschwindigkeit, Neutralität oder Interview-Fragetechniken usw.).[29] Die Ausbildung der Reporter erfolgte daher in aller Regel in kleineren Provinzredaktionen, oftmals zu geringen Gehältern: ein Wechsel in eines der Londoner Blätter war schließlich die Krönung der Laufbahn.

Über den Grad der dazu notwendigen Ausbildung wurde indes kontrovers diskutiert. Arthur Shadwell plädierte 1898 in der *National Review* für eine zunehmende Spezialisierung sowie eine bessere (weil vergleichbarere) Ausbil-

---

25 Vgl. *Farrar*, Creed, S. 3.
26 Vgl. allg. *Sumpter*, Knowledge.
27 Vgl. *Pulitzer*, School of Journalism, S. 657.
28 *Lawrence*, Journalism, S. 144. Vgl. Concerning Reporting, in: Chamber's Journal, 15.01.1881, S. 36–39, hier S. 36 f.
29 Vgl. *Pendleton*, Reporting, S. 30 ff. Zu diesem Diskurs vgl. *Hampton*, Journalists, S. 138 ff.

dung. Das Gros der Journalisten sei nämlich, so Shadwell, bereits durchaus ausreichend bezahlt: lediglich die Reporter stünden dem nach, deren Arbeiten zwar mechanisch, aber doch grundsätzlich wichtig seien. Generell sei der Journalismus für die Jugend ein sehr lukratives Feld.[30] Anders sah dies ein Journalist, der als ›a veteran journalist‹ nur wenige Wochen später die Durchlässigkeiten zwischen den von Shadwell separierten Bereichen der Informationsakquise (Reporter) und der literarischen Verarbeitung (Leitartikler, Redakteur, Kritiker) betonte, um zugleich zu konzedieren, dass nur ein geringer Prozentsatz diese bei allen Schwierigkeiten doch lukrativen Posten besetze, 90% indes qua Bildung und sozialer Vorbedingungen kaum mehr die höheren Sphären des Journalismus, von denen Shadwell zu schwärmen schien, erreichten. Hinzu komme, dass die notwendigen Anreizsysteme auch und gerade zu einer längeren Karriere (etwa die Perspektive einer Altersversorgung) kaum vorhanden seien.[31] So konstatierte auch schon ein anderer Beiträger: »What a large number of men [...] started upon a successful career armed only with the material implements of a reporter's notebook and pencil.«[32] En gros aber seien die Arbeitsbedingungen prekär, und speziell die Bezahlung vieler Reporter (30 Schilling/Woche) sei unzureichend. Der Ausbau eines *Newspaper Press Fund* bzw. die Gründung einer gewerkschaftlichen Organisation müsse daher das wichtigste Ziel sein.

Dabei war wie in *Deutschland* ein genereller Trend zur schärferen Distinktion des Metiers des Journalisten gegenüber dem Schriftstellertum ablesbar. Während 1848 noch mehr als die Hälfte der Journalisten in Deutschland nach ihren Tätigkeiten in ein anderes Gewerbe wechselten, waren es 1890 weniger als ein Drittel.[33] Und doch blieb es auch Teil der professionellen Strategie in Deutschland, »sich auf der einen Seite ›nach unten‹ von den Reportern abzugrenzen, auf der anderen Seite die Grenze zum Schriftstellerberuf möglichst zu verwischen.«[34]

In *Frankreich*, wo 1870 95,5% aller Journalisten in Paris arbeiteten, lagen die Dinge ein wenig anders. Hier bemühten sich wichtige Wortführer stets um Nähe zum schriftstellerischen Metier. Die Journalisten – 97,63% davon männlich, häufig aus der Provinz stammend (knapp ⅔ um 1870) und aus mehrheitlich gutem Hause[35] – waren, so Marc Martin, im Jahre 1870 nur zu circa 30%

---

30 Journalism as a Profession, in: The National Review, Bd. 31, Nr. 186 (1898), S. 845–855, hier S. 850f.
31 Vgl. Journalism as a Career, in: The National Review, Bd. 32, Nr. 188 (1898), S. 211–219, hier S. 212; 215f.
32 Journalism as a Profession, in: The Westminster Review, Bd. 146 (1896), S. 427–436, hier S. 427.
33 Vgl. *Requate*, Journalismus, S. 178.
34 Ebd., S. 399.
35 Marc Martin zufolge wiesen 1858 noch (nur) 55% der in Paris geborenen Journalisten einen höheren Bildungsabschluss aus, 1870 waren es bereits knapp 70%, davon ca. 37% Juristen. Zu den Daten vgl. *Martin*, Journalistes parisiens et notoriété, S. 35–38 – sowie *Martin*, Contribution.

für ihren Beruf qualifiziert, weil in irgendeiner Form als Journalisten ausgebildet.[36] Nur wenige von ihnen schienen vor ihrem Berufseintritt in literarisch-künstlerischen Berufen bzw. gar dem Presse- und Verlagswesen tätig gewesen zu sein. Der investigative Journalismus, die Enquêtes und Reportagen der angelsächsischen Presse etablierten sich hier daher einige Jahre später. Gleichzeitig aber bemühte man sich um eine Form der Qualitätssicherung. So zielten z. B. Henri Bérengers Vorstöße zur Gründung einer Journalistenverbindung bzw. eines Vereins nach dem Vorbild der Anwaltskammern auf eine Homogenisierung des Milieus und zugleich eine moralische Schulung der Journalisten. Journalismus erschien hier als *Berufung*. Die zeitgenössischen Forderungen verbanden materielle und moralische Interessen:[37] »Ampleur dans les vues d'ensemble, sûreté de la mémoire, variété des connaissances, rapidité dans l'exécution, telles sont donc les qualités essentielles du journaliste.«[38] Der Reporter war hier das Ideal des modernen Pressewesens.[39]

Der US-amerikanische Schriftsteller und Reporter Will Irwin konstatierte bereits 1910, die Jahre ab 1870 seien das ›Zeitalter des Reporters‹: »In even its simplest form news is the nerves of the modern world.«[40] Die geschulten Reporter und Korrespondenten sollten, so die zeitgenössische Wahrnehmung, alles von Interesse, also Vorfälle lokaler Natur (Morde, Brände, Unfälle) aber auch politische Skandale o. Ä. berichten. Dabei seien Berichte und Korrespondenzen nichts als die »Erzählung von Thatsachen«: »Der beste Reporter«, schrieb etwa J. H. Wehle 1883, sei stets einer, »dessen einziges Ziel darin besteht, das Ereignis genau so zu erzählen, wie es wirklich war, und die Scene gerade so zu beschreiben, wie sie ihm erschien.«[41] In der Folge wurden Innovationen sowohl im Bereich der Techniken (z. B. des Interviews) als auch der Stilistik/Genres (z. B. der Reportagen) in die Lehrbücher aufgenommen.[42] Die Evolution der investigativen Reportage als einer Form der Unterhaltung, wie auch als einer Instanz der Kritik an den sozialen oder politischen Zuständen war in Deutschland vor allem in der nachrichtenorientierten, auf lokale Ereignisse ausgerichteten Generalanzeigerpresse der Metropolen zu beobachten.[43]

---

36 *Martin*, Journalistes parisiens, S. 52 f.
37 Vgl. z. B. *Guérin*, Journaliste, S. 20.
38 *Fonsegrive*, S. 105 f. Zu den Kontroversen um die Professionalisierung des Journalismus im Allgemeinen und des Reporterwesens im Speziellen vgl. in extenso *Ruellan*, Journalistes, S. 48 ff.
39 Vgl. *Chambure*, S. 443.
40 *Irwin*, American Newspaper, Part I, S. 1. James E. Rogers zufolge war die Beschleunigung des Nachrichtenwesens der entscheidende Faktor: »The word RUSH is written all over the average paper.« *Rogers*, S. 161.
41 *Wehle*, S. 144.
42 Zur Veränderung des Pressewesens vgl. allg. *Duttenhöfer*.
43 Vgl. z. B. die Aufdeckung des Skandals um den Anteil der Hamburger Baubehörde am Ausbruch einer schweren Cholera-Epidemie durch die Reporter des Generalanzeigers für Hamburg-Altona 1892.

Obschon die Praxis des Reporterwesens in Deutschland noch durchaus am Anfang stand, spielte sie doch bereits vor 1918 eine zentrale Rolle im Zeitungswesen. Sie war das Werkzeug zur Organisation der gesellschaftlichen Selbstbeobachtung:[44]

»Ein guter Reporter sieht alles, weiß alles, hört alles, kennt alle Menschen, ist überall dabei gewesen, weiß sofort, wo und von wem er schnelle und sichere Auskunft erhält, und er kann vor allem dann seine Eindrücke ebenso schnell wie treffsicher in lebendigen, prickelnden, alles Wesentliche betonenden und alles Überflüssige vermeidenden Stile niederlegen.«[45]

In Europa überwog anfangs noch Skepsis gegenüber den Veränderungen des Neuen (Reportagen-)Journalismus. Die Krise der Presse war ein Masternarrativ des *fin-de-siècle*. Der Aufklärungs- und Bildungsanspruch an die Journalisten im Allgemeinen (und an die Reporter im Speziellen) stand in diesen Jahren hoch im Kurs.[46] Vor allem hier hatten die Reporter oftmals einen schweren Stand, unterminierten doch gerade die Sensationsreportagen diesen Anspruch in auffälliger Weise. In den Debatten um eine Professionalisierung des Berufes scheinen nun eben die Reporter ein Feindbild des Zeitungswesens zu sein, da sie allzu häufig ohne Qualifikationsnachweise und eher zufällig das Metier ergriffen.[47] Édouard Charton schrieb so im *Dictionnaire des professions* (1880):

»Le journalisme est-il une profession? Non, à notre avis. Ce qui constitue une profession, c'est qu'on s'y prépare, et que, cette préparation terminée, on l'embrasse, suivant l'expression usitée, avec l'intention et la presque certitude, sauf événement inattendu, de l'exercer toute sa vie […] On est médecin, avocat, même si l'on n'a pas de clients. Mais on n'est journaliste que quand on écrit dans un journal; on le devient et on cesse de l'être du jour au lendemain. Pas d'apprentissage, ni de diplôme, ni de certificat […] Le journalisme n'est pas une profession au sens habituel du terme. Cela est si vrai qu'il se recrute dans les autres professions, généralement dans celles qui demandent des connaissances générales, celles d'avocat, de professeur, d'homme des lettres ou des sciences.«[48]

Hier standen die Reporter nur pars pro toto im Fokus der Kritik. Dennoch dominierte gerade in den öffentlichen Debatten die Geringschätzung des amerikanisch geprägten Sensations-Journalismus, insbesondere in der Profilierung des

---

44 Vgl. *Birkner*, S. 347.
45 *Haas*, Zeitungswesen, S. 15 f.
46 Vgl. *Delporte*, Société, S. 47.
47 Vgl. allg. *Delporte*, Journalistes, S. 158 ff. Das Bild des bourgeoisen politiknahen Reporters wird in den Hintergrund gedrängt, stattdessen steht der sensationslüsterne Reporter im Vordergrund. Vgl. L'assiette au beurre, 15.01.1910, Sondernummer: »Les reporters.« Darin wird die Begegnung zwischen einem Reporter und einem Fotoreporter beschrieben: »Le Reporter. – Vous avez beau dire … Vos photographies sont quelquefois gênantes … Elles nous empêchent d'arranger un récit comme nous le voudrions … Le Photographe. – Allons donc! est-ce que nous n'avons pas inventé les ›mensonges de la photographie‹!«
48 *Charton*, S. 305–307.

hohen literarischen Stils der europäischen Journalisten gegen das mechanische Handwerk der amerikanischen *newshunter*.⁴⁹ Die Schnelligkeit, Zielstrebigkeit, aber auch die Präzision des angelsächsischen Journalismus war indes gegen alle Vorbehalte des Sensationalismus immun und auch in Deutschland und Frankreich eine wichtige Referenz.⁵⁰ Hinter den Vorurteilen gegen den US-amerikanischen Journalismus steckte gleichwohl auch ein Kalkül. Während sich die Vertreter der Massenpresse in Europa als moralische Instanz zu profilieren versuchten, würdigten sie den Stil der New Yorker Zeitungen gerade intern aus ökonomischen Motiven als vorbildlich. Der anfangs stigmatisierte Plakatstil der großen US-amerikanischen Zeitungen wurde so bspw. noch Mitte der 1930er Jahre in einer internen Korrespondenz des Pariser *Journal* als »plus artistique« und ihr Gestus der Reportagen und *faits divers* ausdrücklich lobend hervorgehoben:

»En matière de faits divers est-il nécessaire de rappeler que le crime est une délection pour le sadisme des foules et que les reportages qui tendent à entretenir dans ces foules le goût pathologique des scènes homicides sont de nature à faire le succès d'un journal populaire. [...] Sachant ceci, nous accorderons un très large développement aux faits divers en nous employant à les rende aussi émouvants que possible. Leurs titres devront toujours être parfaitement choisis et très évocateurs. [...] Certes on n'a pas tous les jours et ›beau crime‹ ou un ›accident sensationnel‹ à mettre sous sa plume. Mais c'est précisément là où l'art du journaliste doit s'exercer! Lorsque la journée n'a vu aucun fait capital le journal doit, malgré tout, ›monter‹ un fait en épingle.«⁵¹

Chartons Wunsch nach einer Standardisierung der Ausbildungen und Abschlüsse zur Qualitätssicherung und Nobilitierung des Berufsstandes kontrastierte dagegen noch weithin die Realitäten. Wege in den Journalismus waren selten gleich und wenig geradlinig.

---

49 Der Redaktionssekretär des Journal des Débats, Edmond Frank, schrieb in der *Revue bleue* sogar in Bezug auf die drohende Amerikanisierung vom »excès du reportage« – die Zeitungen seien nur mehr »agences d'informations«. Vgl. Lettre de M. Edmond Frank, in: La Revue Politique et Littéraire, Bd. 9, Nr. 1 (1898), S. 12 f. In einer wenige Jahre später gestellten Umfrage unter europäischen Journalisten, wie W. T. Stead, Arthur Levysohn oder Wilhelm Singer, schrieb Theodor Herzl von der *Neuen Freien Presse* über die Klischees der Differenzen des europäischen Journalismus: Stellte man einem deutschen, einem französischen und einem britischen Journalisten die gleiche Frage – nach der Distanz eines Schlachtfeldes zu einem gewissen Fluss im Jahr 1870, so würde der Deutsche ein Buch konsultieren, der Franzose einen alten General interviewen und nach seiner Erinnerung befragen, der Brite aber nähme den Zug, besichtige das Schlachtfeld und vermäße persönlich – ganz Empiriker – die exakte Distanz. Vgl. L'opinion européene sur la presse française, in: La Revue Politique et Littéraire, Bd. 18, Nr. 25 (1902), S. 790–792.
50 Vgl. *Dubief*, S. 77 ff. Zur Amerikanisierung vgl. auch *Requate*, Journalismus, S. 110–115.
51 AN 8AR 279: »Le Journal. Organisation.« Rapport sur l'organisation des magasins, S. 58–61.

Wege zum Journalismus

Um der Vielzahl an disparaten Wegen in den Journalismus ein standardisiertes Modell entgegenzusetzen, entstanden in der letzten Dekade des 19. Jahrhunderts erste Initiativen zur Gründung von Journalistenschulen und universitären Programmen. Zu den ersten Universitätsprogrammen zählten 1893 die Kurse des neu geschaffenen Lehrstuhls für Journalismus in Philadelphia. Nur ein Jahr später gab Eugène Tavernier, der Herausgeber des Pariser *L'Univers*, einen nebenberuflich geleiteten Kurs an der *École des Sciences Sociales et Politiques* über Geschichte und Rechtsgrundlagen, Praxis und Ethik des Journalismus. Im Jahr 1899 eröffnete die Romancière Dick May (alias Jeanne Weill, Schriftstellerin, Soziologin und Mitarbeiterin der *Revue Blanche*) die erste Schule in Paris. Mays Schule, später an die *Ecole des hautes études sociales* angegliedert, nahm im Jahr 1900 z. B. einen Kursus zum Thema »la grande actualité, le reportage et l'interview«[52] unter der Leitung Jean Bernards in ihr Curriculum auf. Auch an der *City of London School* fanden einige Kurse statt, das *Institute of Journalists* bemühte sich indes um eine Standardisierung der Anforderungen ihrer eigenen Mitglieder. Bereits 1887 gründete zudem David Anderson, seines Zeichens Leitartikler des *Daily Telegraph*, erstmals eine Schule zur Unterrichtung von Amateur-Journalisten in stilistischen Fertigkeiten und handwerklichen Techniken wie der Stenografie. Wegen der Kritik einiger einflussreicher Journalisten und Schriftsteller an dieser Praxis einer Ausbildung von Gelegenheitsschriftstellern musste die Schule aber binnen weniger Jahre wieder schließen.[53]

Die Ausbildungsprogramme waren gleichermaßen heterogen. Gerade die Vorlesungen waren kaum praktisch ausgerichtet, sondern eher Teil einer zunehmend breiter angelegten Ausbildung der administrativen Elite i. S. eines Studium Integrale. Dies galt auch für Adolph Kochs Vorlesungen an der Heidelberger Universität, die von der Geschichte des Journalismus über die Historie drucktechnischer Entwicklungen bis hin zur Organisation der Zeitung sehr verschiedene Themen behandelten. Koch unternahm allerdings auch mit den dreißig bis sechzig Seminarteilnehmern (bisweilen waren in den Vorlesungen bis zu 150 Studenten anwesend, darunter in den ersten Jahren lediglich fünf Frauen) auch Exkursionen in die Redaktionen lokaler Zeitungen und besprach praktische Übungen.[54] Die erste Journalistenschule in *Deutschland* gründete

---

52 *Avenel*, Presse, S. 482; vgl. *Kalifa*, Encre, S. 87 ff.
53 Vgl. *Waller*, S. 400.
54 So z. B. die »Anfertigung von Depeschen, ihre Dechiffrierung und Redaktion; polemische Übungen; Übersetzungen aus fremdsprachigen Zeitungen; [...] Auswahl von Nachrichten aus Depeschen, Korrespondenzen, großen Zeitungen; Anfertigung von Entrefilets, Artikel für Lokales sc. [...] Korrekturlesen, Zeilenberechnen; [...] Abfassung von Leitartikeln, Feuilletons, Korrespondenzen; volkswirtschaftlichen Artikeln, Lokalnachrichten aller Art, Kunstreferaten, Bücherbesprechungen, Specialberichterstattung in besonderen Missionen u.s.w.« *Jacobi*, Buch, S. 155. Zum Zuspruch der Vorlesungen usw. vgl. *Retallack*, S. 207.

Richard Wrede 1899 in Berlin.[55] Wrede war Gründer, Eigentümer und Leiter der Schule. Sein Institut verfolgte gemäß der Satzung den Zweck, »a. erwachsene Herren und Damen, die sich dem journalistischen Berufe widmen wollen, eine vertiefte Allgemein- und Fachausbildung zu vermitteln; b. praktischen Journalisten und Angehörigen verwandter Berufe, die Möglichkeit, sich in einzelnen Zweigen auszubilden, zu gewähren.«[56] Die Immatrikulationsgebühr lag bei zehn Mark, das Honorar pro Stunde bei fünf Mark. Die praktischen Übungen – unter anderem bei Joseph Kürschner – waren vielfältig und wurden in *Kürschners Literatur-Kalender* eigens beworben. Dennoch überschritt die Zahl der Anmeldungen pro Semester nie die Marke von zwanzig Einschreibungen. Insgesamt besuchten in den ersten anderthalb Jahren genau 37 Teilnehmer die Schule, ab 1905 kurzzeitig auch Egon Erwin Kisch.[57] Als Vertreter des Ausbildungsparadigmas wehrte sich Wrede *expressis verbis* gegen das Diktum vom ›geborenen Journalisten‹ und verstand die Förderung einer Fachausbildung als Initiative zur Hebung des Ansehens des gesamten Berufsstandes.[58]

Auch in den *Vereinigten Staaten* handelte es sich anfangs oftmals noch um eine relativ allgemeine wissenschaftliche Ausbildung in Geschichte und Literatur, Pädagogik, Philosophie und Staatswissenschaften. Eine spezifische Berufsausbildung, wie sie die *Pennsylvania University* oder später insbesondere die *Columbia School of Journalism* anbot, war die Ausnahme. Die *Journalism School* der *University of Missouri* konnte bereits ab 1873 Kurse anbieten, ab 1908 war sie dann unter Dekan Walter Williams die erste Schule in den Vereinigten Staaten. Zwar hatte Joseph Pulitzer schon 1902/1903 die Planung der *Columbia School* begonnen, die Gründung aber verzögerte sich, und so startete die Schule erst im Jahre 1912.[59] Pulitzers erklärtes Ziel war von Beginn an die Professionalisierung des Journalismus: »I wish to begin a movement that will raise journalism to the rank of a learned profession.«[60] Dazu sei vor allem eine Spezialisierung des Berufes notwendig:

»The spirit of specialization is everywhere [...]. It is true that many of the subjects for the general education of a journalist are already covered in college [...]. Modern industry looks sharply after its by-products. [...] So in general university courses we

---

55 Vgl. *Jäger*, Geschichte des deutschen Buchhandels, Bd. 1.3, S. 382 ff. *Birkner*, S. 308 ff.
56 Zit. n. *Jacobi*, Buch, S. 157.
57 Vgl. AdK 56/III G1. Kischs Notizbuch zufolge war er ab dem 10. September 1905 Hörer des Instituts. Laut Stundenplan absolvierte er dort sowohl »Journal-Propädeutik« als auch praktische Übungen. Zum Programm der Journalistenschule vgl. auch allg. *Kisch*, Briefe, S. 7 f.
58 Vgl. *Wrede*, S. 7; 12. Zur Kontroverse um dieses »Begabungsdogma« vgl. auch *Kutsch*, Journalismus als Profession, S. 312, sowie allg. *Birkner*, S. 332 f.
59 Vgl. Columbia University. Archival Collections. School of Journalism Founding Documents, 1892–1912. Series I: Founding Documents. Box 1.
60 *Pulitzer*, School of Journalism, S. 657. Pulitzers Karriere begann als Reporter der *Westlichen Post*, St. Louis. Zu den Idealen der neuen Profession (Akkuratesse, Glaubwürdigkeit, Neutralität) vgl. eingehend Ralph Pulitzers Festrede zur Eröffnung der *Columbia School* im Jahr 1912: *Pulitzer*, Profession, S. 3–5.

may find by-products that would meet the needs of the journalist. Why not divert, deflect, extract, concentrate, specialize them for the journalist as a specialist?«[61]

In der Folge stieg die Zahl der Gründungen von College- und Universitätsprogrammen des Fachbereiches Journalismus rasch an. In den USA lag sie bis 1908 bei 15 Programmen, in der darauffolgenden Dekade gleich bei 58.[62] Bis zur Adaption dieser Ideen in der Journalistenausbildung dauerte es in Europa nur wenige Jahre. Der Leipziger Universitätsprofessor und Gründervater der deutschen Zeitungswissenschaften, Karl Bücher, betonte 1910 ganz i. S. Pulitzers die Autonomie des Metiers in Zeiten einer Kommerzialisierung, die das Ethos von »Landsknechte[n]« zu befördern schien.[63] Die *Ausbildung* zum Journalisten sollte in seiner Vorstellung die Ideale der Universitäts*bildung* übernehmen.[64] Immerhin steuere die Zeitung als »Neuigkeitenfabrik«[65] Tag für Tag die »Geisteskräfte von Tausenden in die gleichen Gedankenbahnen«[66]. Dabei blieb Bücher durchaus stets Praktiker: Als freier Mitarbeiter und Redakteur der *Frankfurter Zeitung* war er bis 1880 im Zeitungswesen aktiv gewesen, bevor er nach seiner Habilitation im selben Jahr begann, sich der Theorie und d. h. vor allem der Geschichte, Statistik und volkswirtschaftlichen Bedeutung der Zeitung zu widmen. Seine Vorlesungen in Basel sowie (ab 1892) in Leipzig reflektieren die gestiegene Bedeutung der Presse des ausgehenden 19. Jahrhunderts. Zu der von ihm geplanten akademischen Journalistenausbildung zählen neben Veranstaltungen in Politik/Sozialwissenschaften, Handel und Künsten insbesondere *fach*wissenschaftliche Vorträge zur Pressegeschichte und zum Presse- und Verlagsrecht, sodann praktische Übungen im Verfassen wichtiger Textsorten, eine Lehrredaktion, in der nach dem Vorbild des Chicagoer *College of Commerce and Administration* die Herstellung einer Zeitungsausgabe simuliert wurde,[67] und

---

61 Ebd., S. 648 f. Vgl. ähnlich: *Pendleton*, Reporting, S. 200 f., und *Pottier*, Professions, S. 12 ff.
62 Vgl. *Sutton*, S. 110. Der Boom an Neugründungen setzte indes nach dem Ersten Weltkrieg ein: hier waren es ca. 170 Gründungen pro Dekade bis 1940.
63 Vgl. *Bücher*, Zeitungswesen, S. 493 f. Bücher gründete 1916 an der Univ. Leipzig das erste Institut für Zeitungskunde in Deutschland. In Zeiten des Krieges war gerade die Unschärfe zwischen Nachrichten und Propaganda ein zentraler Anstoß, das Ethos des Journalismus zu ergründen.
64 So schon *Kutsch*, Professionalisierung, S. 430 f.
65 *Bücher*, Anfänge des Zeitungswesens, S. 259. Die Zeitung erschien Bücher 1917 als »Wunderwerk der kapitalistisch organisierten […] Arbeitsteilung und maschinellen Technik, ein Mittel des geistigen und wirtschaftlichen Verkehrs, in dem sich die Wirkung aller anderen Verkehrsmittel: der Eisenbahn, der Post, des Telegraphen und des Fernsprechers wie in einem Brennpunkte vereinigen.« Die Schar der »Zeitungsarbeiter« wird im Zuge dieser Spezialisierung zusehends wichtiger. Vgl. *Oberholtzer*, S. 21. Zum zeitungskundlichen Theoriediskurs vgl. allg. *Koenen*, S. 192 ff.
66 So Bücher in durchaus kulturkritischem Duktus. Gleichzeitig aber war ihm die Presse auch »Leitorgan eines unermeßlichen Kulturinhalts«. Vgl. *Bücher*, Zeitungswesen, S. 510.
67 Der »special course of the study of journalism« am *College of Commerce and Administration* der *University of Chicago* (1902–1905) sah neben einem inhaltlichen und organisatorischen

schließlich ein Praktikum in einer Druckerei. Eine umfassende Bildung schien Bücher für dieses Metier unerlässlich. Dabei blieb die Verantwortung der Journalisten als politische Staatsbürger – als ›Anwälte der öffentlichen Meinung‹ – sein Leitbild.[68]

Ähnliche Initiativen zur Berufsbildung waren da schon auf internationaler Ebene angestoßen worden. Auf dem 5. Internationalen Presse-Kongress in Lissabon 1898 etwa propagierten die Journalisten Albert Bataille und Paul Oeker die Gründung von Journalistenschulen nach amerikanischem Vorbild. Bataille, der zu den angesehensten Feuilletonisten des *Figaro* zählte, war an der Seite von Victor Taunay (*La Vérité*) zum Präsidenten der *Association de la Presse Judiciaire* und später zu einem der Stifter des *Bureau Central des Associations de Presse* der *International Union of Press Associations* geworden. Die geplante Journalistenschule sollte, so Bataille, dafür Sorge tragen, »[que] le jeune homme qui a débuté comme simple reporter a le droit d'aspirer graduellement à une plus haute situation«.[69] Als Vorbild dienten hier ebenfalls die amerikanischen Lehrkurse in Chicago, Columbus (Ohio) und an der *Wharton School of Businnes* der *University of Philadelphia*, wo der Nationalökonom und ehemalige Journalist, Professor Joseph French Johnson, ab 1893 die Theorie des Zeitungswesens, aber eben auch praktische Übungen in der Produktion von Reportagen, Berichten, Chroniken und Kritiken unterrichtete. Während andere Programme stärker der Verberuflichung des Journalismus gewidmet waren, wies Johnsons Studienprogramm in seiner komplexen Verschränkung von Fach- und Vermittlungskompetenz der Professionalisierung den Weg. Dieser Ansatz war von Oeker schon 1895 auf einem Pressekongress in Bordeaux als das Leitbild des modernen Journalismus ausgewiesen worden.[70] Den Plan zur Gründung der Schule vollendete nach Batailles Tod schließlich Dick May. In Europa aber waren es ganz anders als in Amerika vor allem Einzelprotagonisten wie eben May in Paris, Oskar Wettstein und Michael Bühler in der Schweiz oder Richard Wrede in Deutschland, die die Anregungen solcher internationaler Kongresse aufgriffen, um den Impetus einer Akademisierung und Professionalisierung des Journalismus ins Werk zu setzen.

Propädeutikum auch praktische Übungen vor. Die ca. vierzig Teilnehmer des Kurses nutzten die Räume der Universität, um den Redaktionsalltag nachzustellen und die Arbeitsabläufe in allen Funktionen – vom Chefredakteur bis zum Reporter – zu simulieren. Vgl. Vincent, Experiment, S. 297 ff.

68 Vgl. *Kutsch*, Professionalisierung, S. 442; 445.
69 Vgl. Compte Rendu des Travaux du 5e Congrès International de la Presse, Lissabon 1898, S. 130. Auf dem 7. Internationalen Kongress in Paris regten die Schweizer Vertreter die Gründung von Journalistenschulen – insbesondere aber die Verankerung der Journalistenausbildung an Universitäten – an. In Bern und Zürich entstanden daraufhin erste curriculare Richtlinien und Angebote der Journalistenausbildung.
70 Vgl. Compte Rendu des Travaux du 2e Congrès International de la Presse, Bordeaux 1895, S. 60 f.

Der Reporter und die Redaktion: das Personal der Zeitungen

Die Redaktion war die zentrale Stätte des modernen Journalismus. Dennoch arbeitete nur ein Teil der Journalisten als *festangestellter* Redakteur. Der größere Teil der Mitarbeiter war als *Freelancer* (Freiberufler) als Reporter und Nachrichtenzulieferer für die Redaktionen der großen Zeitungen sowie die Nachrichten- und Korrespondenzbureaus im Einsatz. In den *Vereinigten Staaten* lag die Zahl der Journalisten (»editors and reporters«) nach Angaben des U.S. Zensus im Jahr 1870 bei 5.375. Zwischen 1870 und 1930 verzehnfachte sich die Zahl der Journalisten: Waren es 1880 schon 12.308 Journalisten, stieg die Zahl bis 1890 bereits auf 21.849 und lag 1900 bei 30.038. 1910 zählte man dann 34.382, 1920 34.197 und 1930 schließlich 51.844.[71]

In Europa stieg die Zahl der Journalisten in diesen Jahren ähnlich rasch an. Allerdings zeigte sich ein Gefälle zwischen dem westlichen und Zentraleuropa. Während sich in *Großbritannien* die Journalistenzahl zwischen 1880 und 1910 von 6.883 (1881) auf 13.786 (1911) verdoppelte und in *Frankreich* ein Anstieg um 120 % von 4.173 (1876) auf 9.148 (1906) im allerdings disparaten Milieu der Schreiber, Wissenschaftler und Publizisten (»savants, hommes de lettres, publicistes«) zu verzeichnen war, wuchs die Zahl der Journalisten in Deutschland und Österreich deutlich langsamer und blieb auch insgesamt niedriger.[72] Im *Deutschen Reich* lag die Zahl der redaktionell arbeitenden Journalisten, Jörg Requate zufolge, 1900 bei 2.500–2.850; gegen Ende der 1860er Jahre waren es noch rund 500 Redakteure gewesen.[73] Die Zahl der freien Mitarbeiter lag deutlich höher. In der Berufsstatistik für das Deutsche Reich zählten 1907 7.825 Personen zur Berufsgruppe »Privatgelehrte, Schriftsteller und Journalisten«[74]. Doch auch diese Kategorie dürfte bei Weitem kaum alle Journalisten dieser Jahre erfasst haben. Die Verbandsregister geben indes nur unzureichenden Aufschluss. 1913 waren im *Reichsverband Deutsche Presse* bspw. rund 1.885 Redakteure organisiert, ein Bruchteil aller hauptberuflichen Redakteure; insgesamt ließ sich die Zahl der Journalisten in Deutschland daher also vor dem Ersten Weltkrieg nur schätzungsweise auf rund 7.000–8.000 bestimmen.[75] Die Zahl der Pariser Journalisten kann hingegen genauer nachgewiesen werden. Sie stieg von circa 1.150 im Jahr 1885 über rund 3.000 zur Jahrhundertwende auf schließlich knapp 3.300 im Jahr 1910.[76] Dies wiederum war ein großer Anteil der zwischen 5.000 und 8.000 in Frankreich arbeitenden Journalisten. Unter ih-

---

71 Vgl. U.S. Bureau of the Census, S. 111; 128. Die Redaktion der *New York World* umfasste 1889/90 bspw. 103 Redakteure unter Managing Editor Julius Chambers. Vgl. Columbia University. Archival Collections. MsColl »The World«. Box 10: »Office Directory.«
72 So *Charle*, Intellectuals, S. 190. Vgl. auch *Lee*, Employment; *Brown*, News.
73 Vgl. *Requate*, Journalismus, S. 137 f.
74 Vgl. *Kutsch*, Journalismus als Profession, S. 308 f.
75 Vgl. *Birkner*, S. 300 f.
76 *Martin*, Structures, S. 497.

nen waren gerade in Paris, wie Eugène Dubief 1892 schätzte, die Reporter »plus nombreux que les étoiles du ciel« – sie umfassten rund 400–500 Spezialisten, welche für die großen Zeitungen schrieben: »Une population flottante [...] qui, selon les convictions, les fantaisies ou les circonstances, voyage entre les trente à quatre grands journaux. Presque tous ont mis dix, douze ans à se faire coter; quelques-uns n'y parviendront jamais.«[77] Hier wie andernorts gab es indes eine Vielzahl an Amateuren und buchstäblich selbsternannten Journalisten, die das Reporterwesen prägten:

> »Tout le monde est ou se dit journaliste. Le journalisme, est un champ de libre pâture où la foule peut entrer à son gré. Il faut des examens pour être avocat, un diplôme pour être médicin, mais, pour exercer cette médecine morale du journalisme, pas n'est besoin de diplome. Le premier ou le dernier venu peut de sacerdote faire un charlatanisme et pis encore.«[78]

Dass Jules Claretie diese *Freelancer* aus der Perspektive einer intellektuellen Elite als Hochstapler und Scharlatane diffamierte, mag man als Ergebnis der virulenten Debatten um die Verberuflichung und sukzessive Professionalisierung des Zeitungswesens in diesen Jahren lesen.[79] Der Anteil der *freien* Journalisten und Schriftsteller aber blieb auch in späteren Jahren noch eine wirkmächtige Größe.

Presseclubs, Berufsverbände und gewerkschaftliche Vereinigungen

Der Beginn einer Organisation von Journalisten in sog. Presse-Clubs und Vereinen lag in den Vereinigten Staaten, aber auch in Großbritannien, Frankreich, Deutschland oder Japan noch vor 1880. In den *Vereinigten Staaten* organisierten sich im landesweiten bourgeoisen *Press Club*-System in aller Regel ausschließlich Männer der bürgerlichen Mittel- und Oberschichten. Der elitäre *New York Press Club* bspw. war Teil eines regen Clublebens in New York.[80] Berufsgruppenspezifische Vertretungen folgten Jahre später: Der *National Press Club* wurde 1908 durch Washingtoner Reporter gegründet; als Vertretungen weiblicher Journalisten etablierten sich rasch verschiedene Clubs: der *Ladies' Press Club* Anfang der 1880er, die *League of American Pen Women*, die *Woman's National Press Association* und schließlich nach dem Ersten Weltkrieg der

---

77 *Dubief*, S. 93.
78 La Vie à Paris, in: Le Temps, 13.02.1885, S. 2.
79 Tatsächlich gab es immer wieder spektakuläre Fälle von Hochstaplern, die ihre Biographie *fakten* – und sich als Reporter ausgaben, um Zugang zu Wissen und geschlossenen Gesellschaften zu erhalten. Vgl. *Griffith*, S. 25. Auch diese Form der Erfindung des Reporters avancierte rasch zum Medienereignis. Vgl. exempl. A ›Special Correspondent.‹ An Extraordinary Career of Swindling, in: The Belfast News-Letter, 27.11.1889, S. 6.
80 Vgl. *Fairfield*, S. 7 ff. Zu den Bohemien-Kults in Chicago, San Francisco und New York – z. B. dem ›Whitechapel-Club‹ in den 1890ern nach dem Vorbild und später dann als Parodien der britischen ›Gentleman-Clubs‹ – vgl. *Good*, Autobiographer, S. 43 f.

Women's National Press Club.[81] Zu den wichtigsten Vertretungen gehörte der von der *New York World*-Reporterin Jane Cunningham Croly 1868 gegründete Club *Sorosis*, der 1893 bereits 200 aktive Mitglieder zählte und über die Grenzen der USA hinaus vorbildlich geworden war.[82]

In *Großbritannien* gab es ab den 1870ern ebenfalls erste Schritte zur Bildung von *Press Clubs* wie z. B. des *London Press Clubs* (1882) unter dem Präsidenten George A. Sala (*Daily Telegraph*) und Interessensvereinigungen.[83] Das *Institute of Journalists* (1888) – ab 1890 unter Royal Charter[84] – gerierte sich eher als elitäre Vereinigung von Journalisten: Der Zugang war an eine Aufnahmeprüfung in Sprachen und Jura sowie im Fall der Reporter sogar an Zusatzprüfungen wie wortgetreues, stenographisches Berichten geknüpft; später war dann das Universitätsdiplom ein wichtiges Kriterium. Es zählte 1890 rund 1.300 Mitglieder,[85] 1893 sogar circa 2.000 Mitglieder, und hatte eine Dependance in Paris.[86] Dagegen war die am 20. März 1906 gegründete *National Union of Journalists* (NUJ) eine dezidierte gewerkschaftliche Organisation, die nach drei Jahren bereits knapp 1.700 Mitglieder besaß.[87] Die NUJ verwahrte sich gegen Lohndumping[88]

---

81 Vgl. *Gottlieb*; *Blair*; *Burt*, Legitimacy; *Beasley*, Women's National Press Club.
82 Vgl. *Beasley u. Gibbons*, Taking Their Place, S. 10. Als Croly von einem Festbankett des *New York Press Club* zu Ehren des auf Amerikareise befindlichen Schriftstellers Charles Dickens ausgeschlossen wurde, gründete sie *Sorosis*. Vgl. *Croly*, S. 5. Croly pflegte ein herzliches Verhältnis zu Joseph Pulitzer. Columbia University. Archival Collections. MsColl »The World«. Box 1: »Correspondences.« Der Verein diente als politisches Forum und verfolgte zugleich wohltätige Zwecke. Vgl. Sophia Smith College Sorosis Records b. 13, f. 3.
83 Vgl. hierzu *Wiener*, Americanization, S. 230 f. Zur Entwicklung des Journalistenberufs i. A. vgl. überdies *Elliott* sowie *Tumber*.
84 Vgl. TNA HO 144/589/B7902.
85 Vgl. *Hölscher*, S. 68.
86 Vgl. APP BA 1621 »Institute of Journalists.« (04.02.1893).
87 Dass die NUJ nach einer knappen Dekade zu einer Organisation geworden war, die (abseits elitaristischer Bestrebungen) auch und gerade die einfachen Journalisten repräsentierte, mag ein Blick in das Aufnahmeregister vom 30. November 1917 exemplarisch veranschaulichen: Allein unter den 15 zu diesem Datum aufgenommenen Mitgliedern des Londoner Bezirkes waren (was die heterogene Mitgliederzusammensetzung illustrieren mag) drei Fotografen, ein leitender Redakteur, zwei Hilfsredakteure bzw. Redakteursanwärter, fünf Redaktionsassistenten (die sog. *sub-editors*) sowie vier Reporter großer und mittlerer Tageszeitungen; alle Mitglieder waren einer Redaktion angeschlossen. Die Aufnahme von *Freelancern* – vgl. Warwick MSS.86/1/BR/CL/3, Bl. 247 [25.01.1918] – war eher die Ausnahme, auch weil diese satzungsgemäß den Nachweis eines geregelten Einkommens im Journalismus über mindestens drei Jahre erbringen musste, um eine volle Mitgliedschaft, inkl. z. B. im Fall von Arbeitslosigkeit, Entschädigungsleistungen in Höhe von max. 13 £ p.a. zu erhalten. Vgl. Warwick MSS.86/1/BR/CL/1, Bl. 63 f. Die Mitglieder der Stichprobe waren zwischen 18 und 55 Jahre alt, wiesen überdies einen stark divergenten Grad an Berufserfahrung (von drei bis hin zu dreißig Jahren) aus. Warwick MSS.86/1/BR/CL/3, Bl. 242 [30.11.1917].
88 Die Mitglieder waren dazu angehalten, sich nach den von der NUJ postulierten Mindestlöhnen zu richten und alle Abweichungen davon unverzüglich zu melden. Vgl. dazu Warwick MSS. 86/1/BR/CL/3 Signed minutes. »Central London Branch.« 1914–1919, z. B. Bl. 208.

und betrieb Lobbypolitik gegen die Ausbeutung der Nachwuchskräfte, insbesondere der sog. *cub reporter*, in den Redaktionen der großen Blätter. Zudem errichtete sie einen Witwen- und Waisenfonds, dessen erste Ausschüttungen allerdings wie in vielen Organisationen anfangs marginal waren (10 £ p. P.). Hier war der *Newspaper Press Fund*[89] bei Weitem wirkmächtiger. Während des Ersten Weltkrieges engagierte sich die NUJ überdies karitativ und organisierte für die Angehörigen der durch den Krieg geschädigten Mitglieder einen »National War Distress Fund« (1916/17), der binnen sieben Jahren Auszahlungen in Höhen von circa 13.700 £ verzeichnete und in über 500 Fällen Anwendung gefunden hatte.[90] 1917/18 begann die NUJ schließlich gegen die *Newspaper Publishers Association* (NPA) Tarifforderungen zu erheben, die (qualifizierten) Reportern der Tageszeitungen einen gesicherten Lohn – in den anfänglichen Forderungen waren es 5 £ 5 s, im Ergebnis dann später 42 s. (circa 2 £) – garantieren sollte.[91]

In *Deutschland* gingen erste Ansätze einer Journalistenorganisation von den *Deutschen Journalistentagen* ab der Mitte der 1860er Jahre aus. 1895 entstand dann der *Verband deutscher Journalisten- und Schriftstellervereine* (VDJSV) als erste und umfassende Berufsorganisation. Die zentralen Themen waren auch hier Pressegesetzgebung und Verwaltungsmaßregeln, Stellenvermittlung und Annoncenwesen sowie insbesondere Wohlfahrts- und Versicherungseinrichtungen. Das Bedürfnis nach einer engeren Standesvertretung der Journalisten erfüllte dann einige Jahre später der *Verein deutscher Redakteure* (1902; ab 1909: *Bund deutscher Redakteure*), der unter dem Vorsitz Wredes durchaus partikulare Interessen verfolgte und so schließlich aufgrund erheblicher Differenzen an Bedeutung verlor. Diese erreichte der *Berufsverband der Deutschen Presse* (1910).[92] Die 1893 gegründete »Pensionsanstalt deutscher Journalisten- und Schriftsteller« versorgte 1895 487 Mitglieder, 1900 gar bereits 718 (bei einem Vermögen

---

89 Der ab 1858 avisierte, 1864 ins Leben gerufene *Newspaper Press Fund* hatte unter Präsident Lord Houghton binnen zehn Jahren große Erfolge zu verzeichnen. Die Mitgliedsgebühren lagen bei 1 Guinea (1 £ 1 s) per anno bzw. bei 10 Guineas (10,5 £) für eine lebenslange Mitgliedschaft; 1873 gab es rund 300 Mitglieder, davon mehr als ⅔ aus London. Unter 143 Anwärtern (Verlegern, Redakteuren, Reportern sowie deren Witwen und Waisen) wurde bis 1873 eine Versicherungssumme in Höhe von 2.282 £ verteilt. Vgl. The Newspaper Press Fund, S. 30. Vgl. *Cross*, S. 63 f.
90 Vgl. *Bundock*, S. 47.
91 Die regionalen Komitees der NUJ (1910 gab es bspw. in London rund 180 Mitglieder – vgl. Warwick MSS.86/1/BR/CL/1 Signed minutes. »Central London Branch.« 1910–1912, Bl. 12) halfen ihren Mitgliedern aus temporären finanziellen Engpässen (oftmals in geringem Umfang von 1–5 £); sie registrierten die Zahl der arbeitslosen Mitglieder und berieten diese in arbeitsrechtlichen Fragen oder Fragen des Copyrights bzw. vertraten diese in Rechtsstreitigkeiten durch die gewerkschaftseigenen Anwälte [08.01.1915]. Warwick MSS.86/1/BR/CL/3 Signed minutes. »Central London Branch.« 1914–1919, z. B. Bl. 21; 23.
92 Vgl. dazu allg. *Brückmann*, S. 13–17; *Wilke*, Professionalisierung, S. 93; *Thieß*, S. 7–13. Zum *Verein deutscher Redakteure* vgl. LAB A PrBr Rep. 030 Nr. 15373.

von 500.000 Mark).⁹³ Auch lokale Pressevereinigungen widmeten sich der Fürsorge: Der *Verein Berliner Presse* hatte 1891/92 – nach zwanzig Jahren der Planung – die Gründung einer Pensionskasse verwirklichen können.⁹⁴

Da sich das heterogene Milieu des Journalismus auch in *Frankreich* durch große Differenzen auszeichnete, erfolgte hier ebenfalls eine Vielzahl an Gründung von Berufsorganisationen wie der *Association de la Presse Départementale* (1870) sowie lokaler, stark spezialisierter Vereinigungen wie des *Syndicat de la Presse Parisienne* (1883).⁹⁵ Dem *Annuaire de la Presse française* (1910) zufolge waren über 50 % der Journalisten in Assoziationen organisiert, in Paris sogar 60 %. Auch hier war die Zulassung – entgegen der ideologischen Inszenierung als »Grande Famille« – an Bedingungen geknüpft, z. B. eine mindestens ein Jahr dauernde Anstellung in einer Zeitung, Gewährsmänner, politisches Engagement, später dann einen gewissen *numerus clausus*.⁹⁶

Weltanschaulich, politisch und religiös offen war lediglich die *Association des Journalistes Parisiens*.⁹⁷ Über das Prestige der Mitgliedschaften hinaus bot die Organisation ihren Mitgliedern einigen praktischen Nutzen: Diese erhielten materielle Vergünstigungen (z. B. Sonderkonditionen in Hotels oder im Wein-

---

93 Vgl. *Brückmann*, S. 78–80. Schon im VDJSV waren die Kernthemen die Sicherung der Berufsausübung (Schaffung einer zentralen Stellenvermittlung, Regelung der Beziehungen zwischen Redakteuren und Verlegern, Förderung der Beziehungen zwischen Redakteuren, freien Mitarbeitern und Verlegern mittels Schiedsgerichten und die Wahrung des Redaktionsgeheimnisses) sowie Fragen der Gesetzgebung, Rechtsprechung und Verwaltungsmaßregeln gewesen. Der VDSJV unterstützte die landesweite Pensionskasse und gründete 1907 zusätzlich eine Witwen- und Waisenversicherung. In einer Umfrage des VDSJV des gleichen Jahres unter 2.500 Zeitungsredaktionen ergab sich, dass nur zwischen 8 % und 12 % der Zeitungsunternehmen über soziale Einrichtungen für ihre Mitarbeiter bzw. spezifische soziale Leistungen wie Arbeitsunfähigkeitsrenten, Zuwendungen bei Kur- und Heilbehandlungen oder befristete Gehaltsfortzahlungen im Fall von Krankheit, aber auch Erwerbsunfähigkeit. Vgl. ebd., S. 95.

94 Im Jahr 1910 waren es 353 ordentliche Mitglieder. Aus der Pensionskasse wurden in diesem Jahr an Alterspensionen 9.000 Mark gezahlt, an Witwenpensionen 10.850 Mark und an Sterbegeldern 3.500 Mark. Das Gesamtvermögen steigerte sich von knapp 85.000 Mark (1885) auf ca. 595.000 Mark (1910). Vgl. GSTA PK I. HA Rep. 77, Tit. 945, Nr. 81, allg. Bl. 56–82, hier Bl. 63; vgl. überdies LAB A PrBr Rep. 030 Nr. 3061, Bl. 1. Demgegenüber besaßen die kleineren Assoziationen, wie der *Verein Berliner Berichterstatter* (ab 1890) oder der *Verein Berliner Journalisten* (ab 1897), der bspw. um 1900 50 Mitglieder, um 1915 dann 127 Mitglieder zählte, weitaus geringer dotierte Fonds. Vgl. GSTA PK I. HA Rep. 77, Tit. 1072, Nr. 62.

95 APP BA 1875. Vgl. dazu *Martin*, Famille, S. 130 f.

96 Zur Fiktion der »Grande Famille« vgl. *Martin*, Famille, S. 153, sowie *ders.*, Profession, S. 5 ff. Zum Verbandswesen und zum Syndikalismus vgl. überdies *Martin*, Structures, S. 500, sowie allg. *ders.*, Médias et Journalistes, S. 202 ff., und *Delporte*, Journalistes, S. 37–42; 82–95. Das Archiv des *Institut mémoires de l'édition contemporaine* (IMEC) verfügte zudem über Bestände zur Geschichte der Journalistenassoziationen (Fonds: SDJ).

97 Die Zahl der Anträge der Pariser Organisation belegt, dass hier ein besonderer Andrang bestand. Die Mitgliedschaften – 1885 waren es 123 Mitglieder, 1912 dann 495 – besaßen großes Renommee. Im Verein waren nur 3 % Frauen, die erste Journalistin wurde 1890 aufgenommen – Séverine zählte zu den ersten.

handel), Vergünstigungen bei Fahrten im Schienennetz der Eisenbahn, vor allem aber gab es Programme einer Solidarkranken- und Rentenversicherung; die Assoziation leistete zwischen 1900 und 1915 circa 400.000 Francs (z. T. aus eigenen Ressourcen – z. T. aus ihnen anvertrauten Vermögen und Erbgütern) an Solidarzahlungen im Fall von Arbeitsunfähigkeit, Arbeitslosigkeit oder Krankheit.[98] Die Auszahlung von Pensionsansprüchen (anfangs 600 Francs aus staatlich versicherten ›Lotterien‹ und Zuschüssen, die den Pensionskassen zugute kamen) wurde im Jahr 1900 von der AJP begonnen, beim Ausbruch des Ersten Weltkrieges machten diese bereits knapp 80 % der Ausgaben aus.[99] Insgesamt wurden von AJP und ASPJRF in der ersten Dekade des 20. Jahrhunderts circa 800 Pensionen ausgezahlt: in Deutschland waren es, nimmt man nur einmal den *Verein Berliner Presse* zum Vergleich, 1892 lediglich sieben bzw. am Vorabend des Ersten Weltkrieges rund zwanzig Pensionen.[100]

Generell lässt sich daher konstatieren: Die ersten Journalistenorganisationen assoziierten sowohl die Besitzer der Zeitungen als auch Journalisten.[101] Die Zeitungsherausgeber und -verleger waren bereits länger organisiert, in Großbritannien etwa bestand die *Newspaper Society* bereits seit den 1830ern, die *American Newspaper Publishers Association* gab es in den USA ab 1887. Die Industrialisierung des Zeitungswesens trennte dabei die Verleger von den angestellten *newsworkers*, die in der bourgeoisen Konzeption des Journalismus der ersten Hälfte des 19. Jahrhunderts noch eins gewesen waren.[102] Auch in Japans »Presseclub-System«, das seine Ursprünge in den 1870ern hatte, waren anfangs Verleger und Journalisten in einem gemeinsamen Verband. 1890 assoziierten sich dann die Tokioter Parlamentsreporter im *Gikai De-iri Kisha Dan* (議会出入記者団), einem Club, der nur wenige Monate später im *Kyodo Shinbun Kisha Kurabu* (共同新聞記者倶楽部) als der ersten Vereinigung der Zeitungs-Journalisten in Japan aufging.[103]

In Europa konzentrierten sich in diesen Jahren bereits viele Verbindungen auf eine Standesvertretung ausschließlich für Journalisten. Einige davon besaßen überdies einen explizit gewerkschaftlichen Charakter wie das *Syndicat des Journalistes Français* (1886/87), das sich aus verschiedenen Assoziationen

---

98 Vgl. *Anonymus*, Bulletin de AJP, S. 103 f. und S. 140.
99 *Martin*, Retraités de la république, S. 178 ff., sowie *Martin*, Famille, S. 141–147.
100 Vgl. dazu *Requate*, Journalismus, S. 87–105, hier S. 97.
101 So z. B. im Londoner *Institute of Journalists* (1890), der Berner *Assoziation der Schweizer Presse* (1883) oder auch der kubanischen *Asociacíon de Reporters de La Habana* (1902/03). Vgl. *Kubka u. Nordenstreng*, S. 41.
102 Vgl. ebd., S. 42.
103 Vgl. Huffman, S. 350–353. Zur Professionalisierung des Journalismus in China vgl. Vittinghoff, S. 128; 373 ff. Die Pressereformen 1905 wiesen der Vernach¬richtlichung des chinesischsprachigen Journalismus nach westlichem Vorbild den Weg. Vgl. Mittler, S. 98 f. In China bildeten sich die ersten Press Clubs zu Beginn des 20. Jahrhunderts aus, so z. B. der Xilou Club (1905) unter Initiative der Shanghaier Tageszeitung Shenbao (申報 – gegr. 1872). Gerade das Beispiel der USA inspirierte diese Gründungen und in der Folge die Ausbildung neuer Pressestandards.

zusammensetzte: der lokalen Verbindung des *Syndicat de la Presse Française* (1883) bzw. der *Association des Journalistes Parisiens* sowie einigen politischen und schließlich auch berufsgruppengebundenen Verbindungen, z. B. jener der Parlamentsreporter (*Association Syndicale Professionnelle des Journalistes Parlementaires*) oder späterhin der 1893 gegründeten *Association des Nouvellistes Parisiens*, die ab dem Jahr 1900 auch Reporter aufzunehmen begann. Einen gewerkschaftlichen Anspruch vertraten überdies der *Reichsverband deutscher Presse*, die britische *National Union of Journalists* oder auch die *American Journalists Association* (AJA) in den späten 1920er Jahren. Doch schon vor dieser Gründung gewerkschaftlich organisierter Journalistenverbindungen gab es Bestrebungen, die Interessen angestellter und freiberuflich arbeitender Journalisten zu organisieren. Hier war es ein vorrangiges Ziel, eine Arbeitslosen- bzw. Kranken- und Berufsunfähigkeitsversicherung durchzusetzen sowie Pensionskassen einzurichten. Die meisten Journalisten-Vereinigungen versicherten sich so eines wohltätigen Profils. De facto aber scheiterte die Versorgung der Reporter und *Penny-a-liner* oftmals an den begrenzten Ressourcen. Mitunter war das Modell der Fürsorge speziell für Amateur- und Aushilfs-Journalisten auch gar nicht erwünscht, richteten sich die Berufsorganisationen doch vielfach ausdrücklich gegen Amateure. Ihr Ethos orientierte sich entweder noch am elitären Ideal des Schriftstellers oder aber an den Verantwortlichkeiten des Verlegers und den Ansprüchen des (leitenden) Redakteurs bzw. Korrespondenten.[104]

So entstanden in Europa schließlich verschiedene – z. T. relativ kurzlebige – Vereinigungen, die sich *expressis verbis* der Wahrung der Interessen des Reporterwesens verschrieben, wie der *Verein Berliner Berichterstatter*, der Club der *Zürcherischer Berufs-Berichterstatter* oder die *London Associated Reporters*. Letztere hatten ihren Sitz in unmittelbarer Nähe der großen Zeitungen in der

---

104 So z. B. die *Foreign Press Association* (FPA), die 1913 mit der *Society of Foreign Journalists* fusionierte und in der ein exklusiver Kreis an Auslandskorrespondenten vertreten war. Die FPA war 1888 auf der Höhe des internationalen Interesses an den Whitechapel Murders gegründet worden und binnen weniger Jahre neben dem *Berliner Verein ausländischer Presse* (1906/07), dem Wiener *Verband der auswärtigen Presse* (1883) und des *Syndicat de la Presse Etrangère* (1883) zu einer zentralen Institution des politisch-diplomatischen Verkehrs avanciert. In der Vorrede des Jahresberichts der FPA stellte Hermann Pollak das Ziel der Organisation heraus: »to form a representative body of foreign newspaper correspondents [...] for the purpose of promoting co-operation among them in all matters affecting their common interests, and, at the same time, to afford them opportunities and facilities of personal intercourse.« Vgl. Pollak, Foreign Press Association, S. 3 f. Dabei sei es ausdrücklich erwünscht, »to exclude the crowd of so called correspondents, who invade their profession in London from [...] the genuine representatives of foreign newspapers.« Zur Verbindung der Presseorganisation zur Sphäre der Politik vgl. *Geppert*, Ambassadors, S. 50. Die Mitglieder des Jahres kamen anfangs mehrheitlich aus Deutschland, Frankreich und Großbritannien: unter den 35 Mitgliedern des Jahres 1893 waren nur einige wenige Vertreter aus Italien, Österreich, Belgien und den Niederlanden. Die Organisation aber wuchs rasch und so kamen Korrespondenten aus nahezu allen europäischen Ländern sowie aus Lateinamerika und Asien hinzu. Vgl. FPA-Archives Minute Books [1912].

Londoner *Fleet Street*. Sie waren zwar weithin unabhängig und überparteilich, zur Vermittlung ihrer Dienste aber schlossen sie sich an das Nachrichtenbureau von *Pocknell's Press Agency* an:

»The Associated Reporters are simply a large number of independent London Reporters, pursuing their individual work for their own clients, but associated together for mutual help in heavy jobs, and for the advantage of co-operation as opposed to single-handed efforts.«[105]

Dies war indes nur eine Strategie der Reporter, sich gegen alle Bestrebungen einer Standardisierung (bisweilen sogar hermetischen Abriegelung) des redaktionellen Journalismus zu etablieren. Die kommenden Jahre zeitigten zusehends neue Strömungen von *Freelancern* – und Amateuren.[106] Für diese stand das literarische Geschick im Vordergrund. In den Vereinszeitungen wurde so bspw. die Nähe zum schriftstellerischen Metier wieder stärker hervorgehoben als das Training konkreter Qualifikationen oder die Erörterung möglicher Karrierewege.

Internationalisierung: die internationalen Pressekongresse 1893–1915

Den Beginn der Internationalisierung der Journalistenbewegung markierten die internationalen Pressekongresse der 1890er Jahre.[107] Ihr Vorbild hatten diese in den Schriftsteller-Kongressen, unter anderem der *Association littéraire et artistique internationale*, die ab 1878 stattfanden und, auch dies mag die Nähe des Journalismus des ausgehenden 19. Jahrhunderts zum literarischen Gewerbe belegen, z. T. große personelle Überschneidungen zu den ins Leben gerufenen Kongressen besaßen. Ein erstes Treffen britischer, französischer und belgischer Journalisten fand 1893 auf Einladung des *Institute of Journalists* in London statt.[108] Der erste internationale Pressekongress folgte dann am Rande der Weltausstellung am 23. Mai 1893 in Chicago; hier standen das Pressewesen als völkerverständigende Instanz und die moralische Verantwortung der Presse im Fokus. Festredner William Henry Smith sah die Presse beispielgebend als »advocate of human« rights and the champion of the interests of the common people«.[109]

---

105 Vgl. *Pocknell*, S. 117. Kooperationen zu Agenturen oder Verlagen waren in diesen Jahren unabdingbar. Zur Distinktion des Berufsstandes diente der *Shorthand Writers' Association* – wie in den USA (vgl. NYPL National Shorthand Reporters Association. MSSCol 2107.) – die Qualifikation der Stenographie nach den Standards Sir Isaac Pitmans. Magazine, wie *The Journalist. A Monthly Phonographic Magazine* erschienen in Kurzschriften. Vgl. exempl. Duties of a Reporter, in: The Journalist, Bd. 1, Nr. 12 (1880), S. 190.
106 In den Vereinigten Staaten war dies z. B. die *National Amateur Press Association* (1876). In Großbritannien gab es unter anderem die *British Amateur Press Association* (1890).
107 Vgl. *Nordenstreng*, S. 225 f. Høyer u. Lauk, Paradoxes, S. 3; Høyer, Journalists, S. 2603 f.
108 Vgl. *Ferenczi*, S. 248 ff. Zur Vorgeschichte des Kongresswesens aus dem Geiste des *Congrès littéraire international* unter dem Vorsitz Victor Hugos vgl. *Anonymus*, Congrès, S. VII–X.
109 *Smith*, Press, S. 1.

Auf dem Kongress des nächsten Jahres in Antwerpen wurde die Gründung der *International Union of Press Associations* (IUPA) beschlossen.[110] Bis zum Ersten Weltkrieg schlossen sich circa 100 größtenteils regionale bzw. großstädtische Pressevereinigungen aus 17 europäischen und überseeischen Ländern an, die rund 18.000 Journalisten vertraten.[111] Unter den Teilnehmern des Antwerpener Kongresses waren Journalisten, Verleger und Lobbyisten. Der Berliner Journalist Theodor Wolff verlieh den nations- wie religionsübergreifenden Solidaritäten dabei emphatisch Ausdruck: »We are soldiers fighting for the well-being of mankind.«[112]

Der Versuch, über den Kreis Nordamerikas und Europas hinauszuwachsen, der 1895 in Bordeaux unternommen wurde, misslang. Mehrheitlich prägten europäische Vereinigungen die Kongresse. US-Amerikaner nahmen zwar relativ regelmäßig teil, ihre Zahl blieb indes eher gering. Immer wieder aber gab es Repräsentanzen von ›Gastländern‹ auf den einzelnen Kongressen, darunter Brasilien, Mexiko, Japan, Ägypten und Neuseeland.[113] In den kommenden Jahren fand eine Vielzahl von Kongressen statt.[114] Die Teilnehmerzahl stieg dabei: 1895 waren es noch 148 Personen, 1899 in Rom schon 525 Teilnehmer (darunter 111 Frauen), 1900 in Paris dann immerhin 412 Mitglieder.[115] Auch wenn sich die *Internationale Presse-Union* zu Kriegsbeginn auflöste, wurden die Pressekongresse doch fortgeführt: einmalig 1915 (unter geringer deutscher Beteiligung) sowie dann wieder ab 1923.[116]

---

110 Ier Congrès International de la Presse, S. 5–7. Auf dem dritten Kongress wurde der Vorstoß zur Konstitution der IUPA schließlich offiziell angenommen.

111 Vgl. *Bjork*, Integrity sowie *Kutsch*, Professionalisierung, S. 437 f.

112 Die »Beratung und Förderung rein beruflicher Angelegenheiten gemeinsamen Interesses mit Ausschluss aller religiösen, politischen, Rassen- und Nationalitätsfragen« war nach § 1 der Statuten der IUPA Zweck des Verbandes. Zu den diskutierten Fragen zählten der Urheberrechtsschutz bei Zeitungen und Zeitschriften, die Frage des literarischen Eigentums im Pressewesen die Herabsetzung der internationalen Telegraphengebühren, die Einrichtung von Auskunftsbureaux zur Vermittlung von Stellengesuchen im Feld des Journalismus sowie die Frage der Fachausbildung von Journalisten. Vgl. PA AA R 635.

113 So gab es bspw. eine Sektion zur boomenden brasilianischen Presse 1895, über die Xavier de Carvalho, ein Redakteur und Auslandsberichterstatter von *O Paiz* (Rio de Janeiro) und *Seculo* (Lissabon) berichtete. Vgl. BNF 8-G-2493: Congrès international des Associations de Presse (1895).

114 Es waren dies: 1896: Budapest; 1897: Stockholm; 1898: Lissabon; 1899: Rom; 1900: Paris; 1902: Bern; 1904: Wien; 1905: Lüttich; 1907: Bordeaux; 1908: Berlin; 1909: London; 1910: Triest; 1911: Rom; 1914: Kopenhagen; 1927: London.

115 GSTA PK I. HA Rep. 84a Nr. 1215, Bl. 188–190, sowie I. HA Rep. 76 Vc Sekt. 1, Tit. XI, Teil VI, Nr. 1, Bd. 14, Bl. 205 f. LAB A Rep. 001–02 Nr. 2377, Bl. 26; 32–34: »Beziehungen der Presse zur Stadt Berlin.« Vgl. überdies PA AA R 625; R 627; APP DB 1621: »Congrès international de la presse.« Bzgl. der Kongressprotokolle vgl. die Bestände von BNF und NYPL (NARA).

116 Parallel zur IUPA entwickelte sich in den USA eine Initiative des *Press Congress of the World* (1915) unter Walter Williams, dem Gründer der *Columbia School of Journalism*. Vgl. PA AA R 121.174: »Internationale Presseversammlungen.« In dessen Folge etablierte sich auch das *World Parliament of the Press*. Generell zeitigten diese Jahren eine Vielzahl

Zu den Schlüsseldebatten der Kongresse zählten die Fragen nachrichtlicher Standards (Authentizität, Aktualität, Anonymität, aber auch z. B. Fragen des Copyrights),[117] der Komplex von Nachrichtenvermittlung und -vertrieb,[118] die Ausbildung von Journalisten sowie das Problem der langen Arbeitszeiten und geringen Saläre. Neben der Gründung gewerkschaftlicher Vertretungen stand so immer auch die Standardisierung des Berufes zur »Wahrung der Standesehre« im Raum, schließlich überstieg die Zahl der neu ausgestellten Pressekarten die Zahl der von anerkannten Ausbildungsstellen ausgestellten Diplomen 1893 immer noch um ein Vielfaches.[119]

Der Pressekongress versammelte eine Vielzahl unterschiedlicher Interessenverbände und Vereine. Gerade die Karriere des Vorsitzenden Wilhelm Singer vom Lokalreporter zum Verleger war zwar exzeptionell, dadurch aber besonders geeignet, den integrativen Charakter dieser Assoziation zu veranschaulichen: Singer zählte zu den Gründungsmitgliedern und wurde im Mai 1899 zum Präsidenten der IUPA gewählt. Er begann seine Karriere als Gerichtssaalberichterstatter der Zeitung *Die Debatte*, später war er dann in gleicher Funktion beim *Neuen Wiener Tageblatt*, sodann Lokalreporter und Theaterkritiker der *Deutschen Zeitung*, ab 1880 Chefkorrespondent der Wiener *Neuen Freien Presse* in Paris sowie ab den 1890ern Chefredakteur und späterhin auch Verleger des Blattes. Entsprechend befanden sich unter den Teilnehmern des Kongresses Vertreter verschiedenster Assoziationen, unter anderem auch Delegierte von Vereinen, die sich, wie der *Verein Berliner Berichterstatter* unter dem Vorsitz Alfred Langes, der Vertretung der Interessen von Reportern verschrieben.

Im *Bureau Central des Associations de Presse* saßen Delegierte aller nationalen Pressevereine. Die deutschen Vertreter repräsentierten zehn Verbände, die insgesamt 3.422 Mitglieder vertraten. Frankreichs Delegierte sprachen für 18 Verbände und 2.113 Mitglieder, die Schweiz indes z. B. nur für eine Assoziation, die circa 150 Mitglieder umfasste.[120] Angesichts erheblich unterschiedlicher Meinungen blieben die internationalen Kongresse vor allem ein Forum des Ideen- und Informationsaustauschs. Da die Ausbildung allgemeiner Berufsvereinigungen, welche die Initiativen und Empfehlungen des Kongresses auf

---

weiterer internationale Verbindungen: die *Imperial Union of Journalists* und die *Imperial Press Conferences* in den 1900ern, die *International Association of the Period Press* (1910) sowie einige Jahre später die *International Sporting Press Association* (1925).

117 Vgl. *Chanel*, Modernité, S. 82; *Feyel*; *Bjork*, Journalism Organization, S. 57.
118 Gerade die großen Zeitungen nutzen in Zeiten des Telegraphen ihr Netz an Reportern, die kleinen Zeitungen indes stellen ihren Betrieb vollends auf die Informationen der Agenturen ab. Insges. werden in GB knapp 65 Millionen Telegramme inlands bzw. 8 Mio. im internationalen Service übertragen. In Frankreich sind es 32 Mio./6Mio. – in Deutschland 22 Mio./10 Mio. (1895).
119 Der Direktor des Antwerpener *Matin*, E. Heinzmann-Savino, betonte daher: »Le journalisme n'est guère autre chose que le métier des gens qui n'en ont pas.« Zit. n. *Chanel*, Anvers, S. 40 f.
120 Vgl. Compte Rendu des Travaux du 3e Congrès International de la Presse, Budapest 1896, S. 33 ff.

einer nationalen Basis hätten durchsetzen können, in den meisten (kontinental-)europäischen Ländern noch kaum vollzogen war,[121] waren sie in erster Linie eine Arena der intellektuellen Eliten.

Journalismus als Karriere? – Arbeitswirklichkeiten 1870–1918

Wesentlich konventioneller stellten sich die Arbeitsroutinen der Reporter dar. Der Berufsalltag war nur selten so spektakulär, wie es die Rhetorik der Memoiren und Autobiographien suggerieren mag: Er war ein Knochengeschäft, oftmals eintönig und mechanisch. Eine Unzahl von Terminen und Interviews zu absolvieren, zählte zu den Kernaufgaben des Metiers. Die meisten Reporter wurden schlecht bezahlt, in aller Regel schlechter als die angestellten Kollegen. Auch waren die Anstellungsverhältnisse prekär. So erzeugte insbesondere in den USA das auf Konkurrenz ausgelegte Unternehmensmodell der Zeitungskonzerne mit seinen Strategien von Überwachung und *hire-and-fire* zusätzlichen Druck. Die Arbeitsbedingungen blieben zudem insofern kompliziert, als es die rigide Pressepolitik wie auch das gesellschaftlich verbreitete Misstrauen gegenüber den Journalisten bisweilen erzwang, unorthodoxe Recherchewege zu gehen und so die Grenzen des Legalen gelegentlich zu überschreiten. Davon zeugen verschiedentlich die Zusammenstöße von Reporter und Vertretern der Behörden.

Die Kommerzialisierung und Industrialisierung des Zeitungswesens beförderte einen radikalen Wandel der Arbeitswirklichkeiten des redaktionellen Journalismus spätestens ab der Mitte des 19. Jahrhunderts.[122] Eine Schlüsselrolle spielte dabei der Wechsel vom Verleger-Redakteur zum Finanzier, der zunächst die USA und dann Europa erfasste: Gerade in großen Zeitungen wurde unter dem Verleger als Supervisor eine redaktionelle Arbeitsteilung etabliert, die spezifische nachrichtentechnische Entwicklungen (Telefon, Schreibmaschine, Telegraph) voraussetzte – und zugleich editorische Praktiken bedingte:[123] Hinter dem editorialen ›Wir‹ verstecken sich die zusehends komplexeren Prozesse der Maschinisierung, der redaktionellen Organisationseinheiten und der kapitalistischen Konsortien des Zeitungsgewerbes.[124] Zugleich erlebte der Arbeitsalltag

---

121 Die Ausbildung solcher Berufsorganisationen war angesichts disparater Vorstellungen vom Wesen der Profession und schließlich heterogener Journalistenidentitäten lange ausgeblieben. Vgl. allg. *Donsbach*, Journalists, S. 38 ff.
122 Vgl. *Baldasty*; *Dooley*, S. 60–90, und – im Hinblick auf die USA bis 1880: *S. N. D. North*.
123 »The reporter may dictate his narrative« notierte *Chester Lord*, S. 43.
124 So z. B. auch *Halstead*, S. 207: »The editorial ›we‹ is not somebody with convictions, purposes, principles, ardor, ceaseless energies, writing the lessons of experience with some sense of manly responsibility to mankind ... the ›we‹ is an association that invests a machine that grinds jobs.« Die Etablierung nachrichtlicher Standards – z. B. des Pyramidenprinzips – veränderte in diesen Jahren gleichsam die Darstellung der *news*: »The well-constructed news story begins with its most important fact and ends with the least important.« *Shuman*, Practical Journalism, S. 59; vgl. auch: *ders.*, Steps into Journalism, S. 28 f. Zur Emergenz dieses Prinzips vgl. *Pöttker*, Nachrichten.

der Journalisten eine radikale Beschleunigung: »At the heart of social, economic, and political changes were reporters – the modern-day transmitters of a city's – and now the world's – events in a matter of minutes.«[125] So war Samuel G. Blythes Stilisierung des Arbeitsalltags in den 1880ern durchweg inakkurat, obschon er den Mythos des Reporters als eines Künstlers wiederzubeleben verstand:

»What an underpaid, happy-go-lucky, careless, and in the case of several, brilliant crowd it was! Not one of them had a cent, or expected to have one, except on payday. All lived from hand to mouth. All worked fourteen, sixteen, seventeen hours a day at the most grueling work, reporting on a paper in a small city where many yawning columns must be filled each day whether there is anything going on or not, and all loyal to the core to that paper, fighting its battles, working endlessly to put a scoop over one the opposition morning paper, laboring until four o'clock in the morning for from ten to fifteen dollars a week, doing anything that came along from a state convention to a church wedding.«[126]

Im Allgemeinen waren die Reporter und Spezialkorrespondenten eine sehr heterogene Gruppe.[127] Das Gros der lokalen Reporter, aber z. B. auch *specials* wie Henry Morton Stanley, stammten aus einfachsten Verhältnissen und verfügten nicht selten über gebrochene Biographien. Die ›großen‹ Reporter waren indes häufig studierte Journalisten aus bürgerlichen Milieus (Russell, Londres, Leroux, Kupffer, Kisch). Doch zeigte sich gerade das Feld der Sonderberichterstatter deutlich disparater als das der ständigen (Auslands-)Korrespondenten, die in aller Regel aus bürgerlichem oder gar adligem Haus stammten und so bereits zeitgenössisch in enger Verbindung zum diplomatischen Verkehr gesehen wurden.[128]

Will man die Arbeitswirklichkeiten und die *news*-Standards in den *Vereinigten Staaten* anhand von Autobiographien und Ratgebern ermitteln,[129] muss man gerade die rhetorischen Strategien der Legitimierung bzw. Kollegenkritik

---

125 *Salcetti*, S. 55.
126 *Blythe*, S. 24. Dagegen zeichnete A. E. Watrous Schilderung des Reporteralltages ein düsteres Bild. Auf der Jagd nach *stories* nahmen die Reporter einen 20-Stunden-Tag inkl. kräftezehrender Reisen, dafür ohne geregelte Mahlzeiten, in Kauf. Korruption war ein großes Problem. *Fakes* schienen an der Tagesordnung. Some Experiences as a Reporter, in: Lippincott's Monthly Magazine, Bd. 39 (1887), S. 829–835. Zu den Abenteuern im Arbeitsalltag des Polizeireporters vgl. zudem The Police Reporter, in: Lippincott's Monthly Magazine, Bd. 62 (1898), S. 283–288.
127 Vgl. *Brown*, News, S. 217.
128 Staatssekretär von Schoen begrüßte die Pressevertreter der IUPA in Berlin 1908 in eben dieser Weise mit den Worten »Noblesse oblige!« – und wirkte so demonstrativ dem Bild der verkrachten Existenzen entgegen. Vgl. PA AA R 625.
129 So z. B. *Sumpter*, Reporting. Vgl. dazu allg. *Good*, Autobiographer. Good wertete die Biographien von Jacob A. Riis, Julian Ralph, Elizabeth Jordan, Agnes Underwood, Vincent Sheean und H. L. Mencken – und also von Reportern, Feuilletonisten und Korrespondenten – aus. Die Inszenierung dieser Star-Reporter changierte wenig überraschend zwischen Fakten und Fiktionen.

decouvrieren. Blythe, anfangs Lokalreporter, später bei der *New York World*, schrieb etwa: »The old days of the frowsy alleged-bohemian, drunken reporter are passed. The present-day reporter is an honorable, clean self-respecting man working honorably and cleanly.«[130] Dabei zeugen doch unzählige Beispiele von den alltäglichen Zusammenstößen der Reporter insbesondere mit den Polizeibehörden. Charles F. Oesterle, Lokalredakteur des *New York Evening Telegram*, notierte in seine Tagebücher einige Skizzen des Wettstreits unter den *newsgatherers* um Aktualitäten und die Konflikte, welche die Sensationsreporter – mal gegen das Gesetz und mal i. S. desselben – ausfochten: »Some of the reporters of this city are pretty good detectives; but that is nothing new, as a number of condemned scoundrels might easily testify – those of them, at least, who have not been hanged.«[131] Ausnahmereporter wie z. B. T. C. Crawford bei der *New York World* besaßen zwar Sonderrechte,[132] in aller Regel aber waren die Reporter vom Willen ihrer Verleger abhängig.[133] Blythe, der 1912 in einer Provinzzeitung zu Beginn $10 in der Woche verdiente, hatte als einziger von insgesamt sieben Reportern einen freien Tag pro Woche; bei der Vielzahl von Terminen, die er wahrnahm, hieß es daher: »after a certain stage, experience in newspaper work counts for nothing. The great assets are youth and legs.«[134] Anders lagen die Dinge in den Metropolen, wo eine Unzahl an Reportern auf den Straßen war. Hier lagerten die Redaktionen das Gros der Arbeiten an *Freelancer* aus: Die *New York World* beschäftigte im Jahr 1895 mindestens 228 »Reporters and News Editors«, 1898 standen sogar 258 auf der wöchentlichen Payroll. Die Zahl des eigentlichen »Editorial Staffs« hingegen war stets relativ gering und lag bis 1900 zwischen 18 und 25 Mitarbeitern. Hinzu kam eine große Zahl an hochspezialisierten Mitarbeitern im weiteren Produktions- und Distributionsprozess der Zeitung.[135]

Auch in *Deutschland* verwahrten sich die Behörden gegen die Impertinenz der Sensationsreporter – und d. h. vor allem der Polizeireporter in den Gerichts-

---

130 *Blythe*, S. 138.
131 NYPL Charles F. Oesterle Diaries. MssCol NYGB 18053, Vol. II, 13. Dezember 1886, o. S.
132 Crawford sondierte, wie einige Korrespondenzen des Jahres 1885 belegen, auf die spezielle Anweisung von Pulitzer (z. B. wenn dieser bei der Lektüre der lokalen und überregionalen Konkurrenzzeitungen auf spannende Stories stieß) die Lage vor Ort, kontaktierte Informanten und schätze nach Maßgaben des *New Journalism* so ein, ob es sich lohnte, die Geschichten nochmals zu recherchieren bzw. Hintergründe der knappen Meldungen zu erzählen (»The story would be romantic [or] scandalous ...«). Mitunter zeichnete Crawford auch selbst für die Aufdeckung von Skandalen – wie dem Korruptionsskandal um die Patentrechtsklagen der *Pan-Electric Telephone Company* (1885) – verantwortlich. Vgl. Columbia University. Archival Collections. MsColl The World. Box. 7.
133 Zu diesem »horror of dependence« vgl. schon *Blowitz*, S. 40.
134 *Blythe*, S. 217.
135 Insges. standen im Jahr 1900 1322 Personen im Pulitzer Building auf der wöchentlichen Lohnliste. Vgl. Columbia University. Archival Collections. MsColl »The World«. Box. 15.

sälen und der Lokalreporter auf den Straßen.[136] In ihren Verwaltungsberichten 1871–1880 wehrten sie sich kontinuierlich gegen die Vorwürfe des Parlaments, der zunehmenden Kriminalisierung der Metropole kaum mehr entgegenzutreten. Vielmehr nutzten sie den steten Verweis auf die Massen- und Sensationspresse, um die ubiquitäre Wahrnehmung des Verbrechens als *Medieneffekt* zu brandmarken:

»Es gehört zum Geschäft der zeilensüchtigen Reporter mancher Berliner Zeitungen, fortgesetzt in vorwurfsvollen Artikeln von der beängstigenden Unsicherheit Berlins zu fabeln und haarsträubende Geschichten von Raubanfällen und heimlich über Seite gebrachten Personen zu erzählen, von denen der größte Theil von den betheiligten Personen erfunden oder von den Reportern aus der Luft gegriffen, in den meisten Fällen wenigstens von ihnen aus der Mücke zum Elephanten aufgebauscht worden ist.«[137]

Immer wieder kam es zudem zu Ermittlungen gegen das »Reporterunwesen«[138]. Die Berichterstatter, denen auch aufgrund der rigiden Pressepolitik in aller Regel lediglich die offiziösen Presseberichte zur Verfügung standen, kamen nur mehr auf inoffiziellen Wegen an ihre Informationen, wie ein Beispiel des Jahres 1878 erweisen mag. Im Fall der Ermittlungen gegen den Kaiserattentäter Karl Eduard Nobiling hatte der Reporter des *Berliner Tageblatts* Bennemann vertrauliche Informationen über die Organisation der politischen Polizei in Erfahrung gebracht, über deren Quelle man nur spekulieren konnte. Die Polizei bestellte unter großem Widerstand des *Tageblatts* Bennemann zum Verhör. Dieser aber gab keine Auskünfte, sodass das preußische Innenministerium, das sich ebenfalls für den Fall interessierte, lediglich erfuhr, dass besagter Reporter wohl »seine Neuigkeiten durch Ausfragen von Zeugen und Beamten des Stadtgerichts« erhalten habe. Immerhin solle dieser »sogar ein Faß Bier« zur Bestechung seiner sodann redseligeren Informanten »aufgelegt« haben.[139] Als nur wenige Tage später neuerliche Details aus vermeintlich sicherer Quelle über den Fall Nobiling an die Öffentlichkeit drangen, intervenierte der Berliner Polizeipräsident von Madai beim Chefredakteur des *Tageblatts* und verlangte, endlich den Namen der Quelle offenzulegen. Die unmittelbare Reaktion des Präsidenten

---

136 Vgl. *Requate*, Presse, S. 88f. Einzelne Beispiele dieser Auseinandersetzung von Reportern und Behörden lassen sich ebd. sowie bereits bei *Klippel*, S. 60–67, nachhalten.
137 Die Polizeiverwaltung Berlin in den Jahren 1871–1880, in: Neueste Mittheilungen, 13.07.1882, S. 3. Zur Kritik der Sensationspresse vgl. allg. PA AA R 6999; R 1593.
138 LAB A PrBr Rep. 030 Nr. 12589, Bl. 31: Notiz der Politischen Polizei vom 25.07.1878.
139 Ebd., Bl. 23. Das *Tageblatt* verwahrte sich in einem Artikel vom 14.08.1878 gegen die Praxis des »Zeugniszwangs« und die von der konservativen Presse kolportierten Vorwürfe, »das Reporterthum [habe] hier bereits einen derartigen Umfang angenommen, daß dasselbe gradezu als eine Gefahr für das öffentliche Wohl bezeichnet werden muß« indem es auf die »bureaukratische Zugeknöpftheit« verwies, die den Reportern eben den »offenen Weg« verstelle und sie so schließlich auf andere Mittel der Informationsakquise verweise. Ebd., Bl. 33Rs.

des Stadtgerichts auf die Indiskretionen bestand indes darin, die Reporter »möglichst fern von den Orten und Stellen« zu halten »in welchen sie Erkundigungen einziehen und die Beamten auszuforschende Gelegenheit haben.« Doch schon wenige Wochen später war ein neuerlicher Skandal zu beklagen: Dieses Mal hatte nämlich ein Vertreter des Oberstaatsanwalts einem Reporter namens Auerbach Einblick in die Akte »Nobiling« gewährt;[140] dass sich die Haltung der Behörden gegenüber der Sensationspresse später professionalisierte, bezeugen verschiedene Beispiele.[141] Zwar existierten im Jahr 1893, wie die Jubiläumsausgabe des *Lokal-Anzeigers* berichtet, bereits Richtlinien, die nur mehr leitende Beamte gegenüber Reportern zu Auskünften autorisierten, und auch dies nur, sofern diese der Sache dienlich schienen,[142] doch wurde gleichzeitig die Bedeutung der Presse als ein Werkzeug in den Händen der Polizeibehörden hochgehalten; die Interviews leitender Kommissare mit vereinzelten Reportern seien insofern allenfalls vermittels der größten Vorsichtsmaßnahmen zu gewähren.[143]

Auch in *Frankreich* und speziell in Paris waren die strategischen Orte der Informationsgenerierung gleichermaßen von Reportern bevölkert. Die Pariser Polizeipräfektur gab stets morgens um 11 Uhr und nachmittags um 15 Uhr Informationsblätter an die Journalisten aus; der Chef der Polizeibehörde bzw. zuständige Kommissare und Justizbeamte erteilten zudem über Vorgänge und Affären zwischen 11 und 12 Uhr Auskünfte.[144] In Ausnahmefällen ergab sich bisweilen die Möglichkeit, anthropometrische Bilder exklusiv zu sehen. Häufig kam es aber auch hier zu Konflikten zwischen der Polizei und den Reportern wegen Indiskretionen oder Korruption.[145] Gegen alle Kritik an Sensationalis-

---

140 Vgl. ebd., Bl. 39; 42.
141 Zur Praxis des Umgangs der Politischen Polizei und der Ministerien mit der lokalen Presse vgl. *Requate*, Presse, S. 87–95. Auch in anderen regionalen Journalisten- und Schriftstellervereinen wurde das Verhalten der Behörden gegenüber den Zeitungsreportern diskutiert; die Klage, dass die Reporter bspw. keine Ansprechpartner hätten und so »auf den Korridoren des Stadthauses herumliegen und lauschen« müssten, wie es 1883 in der Hauptversammlung des Hamburg-Altonaer Journalistenvereins hieß, spiegelte diese Praxis wider. Vgl. *Brückmann*, S. 67.
142 Der Berliner Lokal-Anzeiger 1883–1893, in: Berliner Lokal-Anzeiger, 04.11.1893, S. 8f.
143 So sehr die Lokalreporter unter der rigiden Pressepolitik litten, so stark emanzipierte sich die Berufsgruppe doch als ein integraler Teil des Nachrichtenbetriebes. Der Streik der Berliner Parlamentsreporter mag dies exemplarisch illustrieren. Vgl. Verhandlungen des Reichstags, Protokoll der Verhandlung vom 19.03.1908, 126. Sitzung, S. 4098; 24.03.1908, 130. Sitzung, S. 4277. Vgl. überdies: Der Streik der Reichstagsjournalisten, in: Berliner Tageblatt, 20.03.1908, S. 1.
144 Vgl. APP DB 27.
145 Vgl. *Kalifa*, Tâcherons, S. 587. Aber auch noch in anderer Weise war die Nähe der Lokalreporter und ausländischen *specials* zur Polizei bisweilen problematisch. Der Drang zur Inszenierung einzelner Polizisten gegenüber Reportern wird von den Behörden kritisch registriert; ein Mitarbeiter Scotland Yards, der sich auf der Höhe des anarchistischen Terrors Mitte der 1890er Jahre in London naiv als »Prince of Detectives« ausgegeben haben soll, wird zum Anlass einer vorsichtigeren Pressepolitik gegenüber der Sensationspresse und den Interviewanfragen ihrer Reporter genommen. Vgl. TNA HO 45/9744/A56376.

mus, Drama und Skandal nobilitierte indes Paul Pottier die Reporter: Ein guter *fait diversier* sei ein »bref romancier«, die große Reportage eine »art de voir«[146]. Jamati explizierte:

»Le mémorandum du fait-diversier doit contenir: 1° L'objet de l'entrefilet: accident, nouvelle, crime, délit ou contravention; 2° La localité, la date et l'heure du fait à mentionner; 3° Les nom, prénoms et qualités de la personne victime de de l'accident, objet de la nouvelle ou auteur du fait délictueux; 4° Le récit laconique du fait.«[147]

Der ›große‹ Reporter indes liefere »actualité impressionnante« – kurz: »les événements qui forment [...] les reliefs de la vie politique, les points culminants de notre histoire contemporaine [...] les sinistres exploits des héros de crime«. Und so konnte man hier wie andernorts den Siegeszug der periodischen Presse sowohl an den Auflagenzahlen als auch am Anteil der Reportagen und sog. *faits divers* an den Nachrichten der Zeitungen messen. Dieser stieg um 1900 von 8 % auf circa 20 %:

»Pour l'alimentation de sa chronique criminelle, le journal populaire entretient toute une nuée de reporters. Celle-ci s'échappe de ses bureaux, se dissémine à travers les quartiers des vielles populeuses, visite les campagnes; elle est à l'affût du plus chétif événement à scandale, elle fouille dans les vies privées, elle fait jaser tous les braves gens sur le compte de leurs voisins. Il faut qu'elle ramène une copie suffisante, avant de revenir à la maison nourricière. Le journal a des colonnes réservées aux trouvailles de ces limiers; chaque jour, il en sert douzaines à sa clientèle.«[148]

In der internen Hierarchie der Redaktion stand der Reporter an niedrigster Stelle.[149] Zum privilegierten Personal zählten in den Pariser Zeitungen – neben dem Chefredakteur – der *chefs d'information* (als Organisator unter Maßgabe des Chefredakteurs), die Spezialkorrespondenten und sog. ›großen‹ Reporter (à la Trivier, Stiegler, Lermina, Dupin, Turot, Hutin, Leroux).[150] Die zahlreichen Rechercheure und lokalen Reporter (häufig sechs bis acht Angestellte pro Redaktion) waren in starker Weise vom Verleger abhängig und mussten z. T. lange auf ihre Chance warten.[151] Die Verweildauer in den Redaktionen blieb indes

---

146 *Pottier*, Professions, S. 23. »Le grand reportage, c'est le roi du journalisme. Il intéresse tout le monde; il touche à tout: voyages, guerres, abus, crimes, vols, etc.« Vgl. ebd., S. 18 f. Der Großstadtroman der Jahrhundertwende – allen voran Rainer Maria Rilkes *Aufzeichnungen des Malte Laurids Brigge* (1910) – schloss an dieses Paradigma einer neuen ›Kunst des Sehens‹ an.
147 *Jamati*, S. 224. Vgl. ebd., S. 70; 146 f. Alle folgenden Zitate a. a. O.
148 So der zeitgenössische Kommentar Jacques Pigelets. Vgl. *Pigelet*, S. 80 f.
149 In Deutschland schrieb *Die literarische Praxis* – das Organ des VDJSV – kritisch, würden die »Berichterstatter, die [...] für einige Pfennige die Zeile die Spalten füllen [...] rücksichtslos behandelt«. Immer noch sähen zahlreiche Redakteure auf die Reporter herab, »obgleich doch auch unter diesen sich viele gebildete Elemente finden.« Vgl. Das Ansehen der Presse, in: Die literarische Praxis, 01.11.1909, S. 243.
150 Vgl. dazu *Charpentier*.
151 Vgl. *Pottier*, Professions, S. 10; 22. Zum Redaktionsalltag vgl. überdies *Dorgeles*, S. 75 ff., sowie *Baillon*, S. 87 f.

gegenüber den Vereinigten Staaten in aller Regel noch relativ hoch.[152] Dabei waren nur wenige Parameter des Arbeitsalltags geregelt: So existierten z. B. weder rechtsverbindliche Vorgaben zu den Arbeitsbedingungen noch zu den Arbeitszeiten der (Lokal-)Reporter.[153] In der Regel war der Reporter als *Freelancer* vom Erfolg abhängig: »Il passe donc sa vie à courir: il court pour se procurer des nouvelles; il court ensuite pour les placer.«[154] Die Reporter erschienen so, wie Paul Pottier pointierte, als »Proletarier des Journalismus«[155]: Sie kamen nur durch enorme Anstrengungen bzw. eine gehörige Portion Zufall an ihre Jobs und auch dann waren sie vom Wohlwollen der Direktoren abhängig. Während die Profite der Zeitungsunternehmen in den Dekaden der langen Jahrhundertwende rasch stiegen,[156] blieben speziell die Arbeitsbedingungen der einfachen Angestellten und Freiberufler hart; diese profitierten kaum von den Gewinnen des Konzerns.

In dem Mythos des Reporter-Journalisten in Aktion, wie ihn etwa Julian Ralph schilderte, klang gleichwohl noch immer das Motiv des Abenteurers und Helden durch; das Bild des eigentlichen Zeitungsschaffens im Redaktionsraum aber besaß eine andere Poetik. Hier erschien der Star-Reporter

»writing as for his life. He has a man to keep sharpening his pencils and to hand his copy to the telegraph-boys, who are throwing themselves at him and away from him like balls out of cannon. Sometimes he is allowed to finish twenty words on a sheet, but more often the pages are torn from under his pencil with only eight or ten words on each one. His desk is a board; men are clambering over him, the place is in tumult. But all that and the strain conduce to good work. The strain! He knows that the hungry maw of the printing-press in New York is wide-open, that the wires are loaded, that his matter is being seized and flung into extra editions, and that all around him are men as able as himself, doing the same work, and determined to excel him at it if they can. The fevered pencil flies, every nerve is strained, every brain cell is clear. Comment, description, reminiscence, dialogue, and explanation flow upon the impatient sheets in short paragraphs, like slivers of crystal.«[157]

Weniger poetisch war naturgemäß der wirkliche Redaktionsalltag der *New York World*. In den wöchentlichen *Office Meetings* und Redaktionssitzungen nahm

---

152 Vgl. *Martin*, Journalistes parisiens, S. 6 f.
153 Erst 1925 wurde ein Gesetz zur Regelung der Arbeitszeit verabschiedet; auch Lord Northcliffes Initiative einer 5-Tage-Woche setzte sich nur allmählich durch. Vgl. *Charpentier*, S. 42.
154 So konstatierte Georges Fonségrive: »Il est indispensable d'ailleurs que les nouvelles soient racontées de façon différente selon la teinte des divers journaux« Zit. n. *Jamati*, S. 83.
155 *Pottier*, Prolétariat, S. 673 ff. Der Mythos des großen Reporter-Helden kontrastierte die Realitäten eines Arbeitsalltags des Gros der Reporter: »Le grand reportage, cet ›art de voir‹, a eu ses héros, des journalistes plus ou moins connus aujourd'hui, la gloire passe vite.« Vgl. dazu *Pottier*, Professions, S. 18–20.
156 In den USA stiegen die Profite der Zeitungsverlage bspw. zwischen 1880 und 1900 von $40 Millionen auch knapp $100 Millionen. Vgl. *Schlesinger*, S. 185 f.
157 *Ralph*, Journalist, S. 190 f.

Pulitzer, wie seine Notizen des Jahres 1887 zeigen, gerade anfangs noch eigenhändig großen Einfluss auf die Gestaltung, d. h. die Themen und Formate des Blattes und den Tagesplan seiner Reporter.[158] Und die stetige Überwachung und Begutachtung von Personal und Arbeitsabläufen sowie die Fluktuation auf den (Chef-)Redakteursplätzen erhöhte nur die Konkurrenz und so die Intrigen und das Misstrauen unter den Reportern.[159]

In den Vereinigten Staaten, Großbritannien aber auch Frankreich besaßen Reporter zwar größere Karrierechancen als bspw. in Deutschland,[160] die Beschäftigung der meisten Journalisten aber lag in der Provinz und so war, obschon sich hier durchaus abwechslungsreiche Beschäftigungen boten,[161] für das Gros der Reporter die Krönung einer Laufbahn als Parlamentsberichterstatter[162] oder gar als Chefredakteur und Verleger unerreichbar. Im Verbund der Zeitungsredaktion aber mochte der »chief reporter« doch zu einer Schlüsselfigur werden

---

158 Vgl. Columbia University. Archival Collections. MsColl »The World«. Box. 8–10.
159 Die Arbeitsabläufe, aber auch die Qualitäten einzelner Mitarbeiter (»McLaughlin has done very well as to news that has been obvious, but he has not done as well as I had hoped in the creation of features.«) (17.07.1908) wurden von den (Chef-)Redakteuren in regelmäßigen Abständen an Pulitzer weitergegeben. Die Kritik an Ressorts und Personalzusammensetzung begleitete die wöchentlichen Analysen des eigenen Blattes und der lokalen Konkurrenz (vor allem in puncto Aktualität, Exklusivität, Relevanz und Stilistik). Vgl. exempl. Columbia University. Archival Collections. MsColl »The World«. Box. 47. Ab 1899 lobte Pulitzer Sonderprämien und Preise für außergewöhnliche Stories aus; dies war die Geburtsstunde des späteren Pulitzer-Preises. Zur Ankündigung von »cash-prizes [for] exclusives and good news suggestions« durch Acting City Editor Pomeroy Burton vgl. Columbia University. Archival Collections. MsColl »The World«. Box 12.
160 Die Karrieren lagen dabei inner- wie außerhalb des Zeitungssektors. Das Diktum »once a reporter, always a reporter« wurde daher auch von Zeitungstheoretikern ausdrücklich bestritten. Vgl. *Pendleton*, Reporting, S. 145 f. So berichtete der New Yorker Reporter Stephen O'Meara, dass von den ihm persönlich bekannten rund 50 Reportern in New York nach 15 Jahren nur mehr 1/7 als Berichterstatter arbeitete. Vgl. Does it pay to be a Reporter?, in: The Writer, Bd. 1, Nr. 1 (1887), S. 14 f.
161 Ebd., S. 153 f. Dies mag ein Blick in den Redaktionsplan einer Zeitung belegen (die Initialen der Mitarbeiter stehen voran): »Record of a day's work, taken haphazard out of a chief reporter's diary [...]: S. Police and Inquests. L. Town Council Committees and Local Improvements. P. Steam Tram Accident at Bradford. H. Diocesan Conference. A. Wife Murder. F. Railway Extensions in the West Riding. M. Colliery Explosion. B. Lord Salisbury at Nottingham. J. The Theatres. T. Double Execution at Armley. R. Lecture on English Humorists. C. Burglary, W. Bishop of Ripon on Temperance. D. Mill Fire.«
162 In den *Houses of Parliaments* gab es eine geringe Zahl an angestellte und saisonal aushelfenden Reportern; diese stenographierten das vollständige Protokoll von der Reporters Gallery aus (und gaben bereits ab 1887 ihr Protokoll von hier aus in die Redaktionen via Telefon durch). Vgl. TNA WORK 11/75. Die Arbeitsbedingungen in der *Reporters Gallery* waren elitär und wenig repräsentativ. 1907/08 bemühte man sich gar um eine geradezu luxuriöse Neuausstattung der Galerie, der daran angeschlossenen Küche sowie eines Speise- und Arbeits- bzw. Schreibzimmers. Einen Plan liefern die Skizzen in TNA WORK 29/1471.

»who will have from four to twelve subordinates who are answerable to him. There are offices in which the reporting staff are strictly confined to reporting and are outside of and indifferent to the general work of the office. Then they become reporting machines. There are others in which they attempt or are encouraged to have some share in the life of the office, and then they become journalists.«[163]

In der Redaktion war, wie J. H. Wehle schrieb, der Posteingang vorrangiger Regulator der Arbeiten. Die Sichtung der Zeitungen, Depeschen und (Leser-)Briefe für die Abendausgabe begann um 10 Uhr vormittags, bevor der wechselseitige Ideenaustausch und die kreative Beratung des redaktionellen Stabes, die Vereinbarung des Satzes und der avisierten Zeilen aller Ressorts sowie schließlich die Finalisierung des Druckspiegels erfolgte.[164] Hermann Diez zufolge war gerade vor diesem Hintergrund »in der Redaktion eine weitgehende Arbeitsteilung notwendig« geworden:

»Die verschiedenen ›Sparten‹ sind bei den größeren Zeitungen alle mehrfach besetzt. Dazu hat sich in jüngster Zeit noch die Einrichtung der Schluß- und Nachtredaktion entwickelt, der die Bearbeitung der nach dem eigentlichen Redaktionsschluß eintreffenden Nachrichten und die Zusammenstellung des Blattes obliegt, die Sorge für ein abwechslungsreiches und geschmackvolles äußeres Bild der Zeitung, von der man mehr und mehr verlangt, daß sie die wichtigsten Ereignisse des Tages auch dem flüchtigen Blick sofort erkennbar mache. [...] Die besonderen Verhältnisse der großen Städte haben es mit sich gebracht, daß die Reportage vielfach organisiert und uniformiert wurde, d. h. die meisten Nachrichten gehen nun den verschiedenen Zeitungen eines Platzes gleichmäßig und auch in gleicher Fassung zu. Dasselbe gilt von dem auswärtigen telegraphischen und telephonischen Nachrichtendienst, von den Parlamentsberichten, den publizistischen Kundgebungen [...].«[165]

Der Lokalreporter war hier bisweilen nur in der Rolle des Rechercheurs und Zulieferers[166] des Nachrichten verarbeitenden Gewerbes. Häufig aber, das zeigen

---

163 Twenty-Four Hours in a Newspaper Office, in: The Nineteenth Century, Bd. 21, Nr. 121 (1887), S. 452–459, hier S. 454. Die betriebsamste Zeit, so der Verfasser, sind die Stunden von 22.00 Uhr bis 2 Uhr morgens. In unterschiedlichen Räumen werden die redaktionellen Leitartikel verfasst, die telegraphischen Meldungen aus Politik oder Parlamentsgeschehen verarbeitet, Artikel über Sport, Handel oder landwirtschaftliche Nachrichten kompiliert, während die Reporter hier ihr e Reports ausarbeiten. Zu den Turbulenzen dieses Alltags vgl. auch *Greenwall*, Scoops, S. 262 ff.
164 Vgl. *Wehle*, S. 22 f.
165 *Diez*, S. 84 ff. Zur Hektik des redaktionellen Betriebes vgl. in sehr anschaulicher Weise: Hinter den Kulissen einer großen Zeitung, in: Berliner Illustrirte Zeitung, 22.03.1903, S. 182 f. Gegenüber dem – im 20. Jh. wirkmächtigen – angloamerikanischen Modell eines *newsrooms*, in dem sämtliche Arbeitsschritte bis zum Druck arbeitsteilig vollzogen werden – vgl. *Esser*, S. 322–360 – zeigte sich der deutsche Redaktionsalltag weniger zentralisiert; gleichwohl brachten bereits die Redaktionskonferenzen Reporter, Feuilletonisten und Ressortleiter – und so letztlich die wichtigsten schreibenden, auswählenden und kommentierenden Personen zusammen.
166 »[F]or all, save the reporters, the life is a regular one.« *Pendleton*, Reporting, S. 458.

speziell die Beispiele der ›großen‹ Reporter, erschien er als Autor von Skizzen, Berichten und Reportagen auch als durchaus produktiver Teil des redaktionellen Gefüges.

Proletarier des Journalismus: das Salär des Reporters

Unter allen Journalisten waren Reporter – in Europa wie in den USA – am schlechtesten bezahlt, es sei denn sie zählten zur renommierten Elite der Parlamentsreporter oder der Auslandskorrespondenten. Kritisch merkte der Reporter Samuel G. Blythe an: »On the larger papers all the big salaries, or most of them, are paid to the man who direct the papers.«[167] Für die *Vereinigten Staaten* subsumierte Walter Avenel: »Many assignment reporters get salaries of from $40 to $60 a week; copy editors from $35 to $50; but hundreds of writers earn only from $20 to $30 a week, and even less.«[168] Zur geringen Bezahlung kamen überdies extrem lange Arbeitszeiten: Der durchschnittliche New Yorker Reporter arbeitete mindestens zehn Stunden pro Tag, häufig sogar mehr. Sein Verdienst betrug dabei um 1900 lediglich $2.93-$4.53 pro Tag.[169] Wurde er indes per Zeilengeld (bzw. pro Spalte) bezahlt, lag das Salär bei den großen Zeitungen wie der *World* oder dem *Herald* sogar noch niedriger: bei $7.50-$8/Spalte bzw. 50 Cents pro investierter Zeitstunde; andere Zeitungen zahlten $5. Der US-amerikanische *muckraker* Lincoln Steffens arbeitete anfangs für $2.10/Woche bei der *New York Evening Post*.[170] Auch wenn es mitunter Aufwandsentschädigungen gab, waren die Reporter meistens zwecks Kostenersparnis zu Fuß unterwegs.

In *Großbritannien* zeigte sich eine große Diskrepanz zwischen der Vergütung durch die großen Qualitätszeitungen und die Provinzblätter bzw. Agenturen. So lag die Bezahlung von Berichten der Parlamentsreporter in der *Times* bei circa 1 £ pro Zeitungskolumne, bei Agenturen hingegen bei nur rund 5 Schilling pro Kolumne. Allerdings ließ sich hier über die Vielzahl an Veröffentlichungen in unterschiedlichen Zeitungen bisweilen eine höhere Summe erzielen. Während die Einsteiger in den Provinz-Wochenzeitungen rund 25 Schilling pro Woche einnahmen, lagen die durchschnittlichen Verdienste der Londoner Parlaments-

---

167 *Blythe*, S. 228f. In Zeiten des Goldstandards blieben die Devisen weitgehend konstant; die Wechselkurse der Währungen lagen bei 1 £ = ca. 4,87 $ (1912) = 20,43 Mark = 25,23 Francs. Vgl. *Gallarotti*, S. 43.
168 Vgl. *Avenel*, S. 370. In New York waren die Verhältnisse sogar noch extremer: »Reporters earn all the way from $15 to $60 per week, with an average of $40, and space-writers of particular talent have been known to make as much as $125 per week, though the limitation of topics and the pressure of competition usually keep their incomes down around those of the best-paid reporters.« *King*, S. 591f.
169 Vgl. *Smythe*, Reporter, S. 2. Zum Vergleich: Klempner arbeiteten ca. 57h/Woche à $3.37/Tag (1880); Schriftsetzer: 60h/Woche à $3.28/Tag (1880) – später dann sogar: 54h/Woche à $3/Tag (1900).
170 Vgl. *Sumpter*, Reporting, S. 50f.

reporter bei 5–6£ pro Woche.[171] Die *Penny-a-liner* der Londoner Tageszeitungen verdienten noch um die Jahrhundertwende lediglich 1½-2 Pence/Zeile und verblieben so – obschon ihre Verdienste z.B. im Fall von Wiederveröffentlichungen stiegen – in einem prekären Status: In einzelnen Wochen, z. B. spektakulärer Mordfälle, waren es schon mal bis zu 15£ – manchmal indes auch nur 15 Schilling. Ihr Durchschnittssalär lag 1870 bei rund 3£.[172] Die Auslandsreporter erhielten in aller Regel deutlich höhere Löhne. So bekamen die Spezialkorrespondenten, die häufig aus dem Kreis der Parlamentsreporter gewonnen wurden,[173] bis zu 12£ inkl. aller Spesen. Die *Times* soll ihren Reportern indes bereits während des Krimkrieges 30–40£ bezahlt und insgesamt nahezu 5000£ an Personalkosten ausgegeben haben. In Kriegszeiten war das Salär der Korrespondenten immerhin an die exklusive Kooperation und direkte Anbindung der Zeitung an das Hauptquartier gebunden.[174]

In *Deutschland* hatte Paul Stoklossa in einer Auswertung der Zeitschriften *Der Zeitungs-Verlag* (Organ des VDZV) und *Die literarische Praxis* (VDJSV)[175] den Arbeitsmarkt der Redakteure und einfachen Angestellten des Zeitungsgewerbes bereits 1910 eingehend untersucht, um die häufig behauptete schlechte

---

171 Vgl. *Dawson*, S. 12. Inkl. Zuverdiensten waren es hier sogar bis zu 10£. Insges. gab es 1871 genau 105 Gallery Reporter in London. Vgl. *Grant*, Bd. 2, S. 170f. Der Zugang zur Galerie war reglementiert, die Parlamentsreporter besaßen Tickets zur Zulassung. Vgl. A Night in the Reporters' Gallery, in: The Nineteenth Century, Bd. 37, Nr. 217 (1895), S. 516–526, hier S. 517. Anfangs genossen die Reporter allerdings noch keineswegs ihr späteres Ansehen. Aus der Warte der M.P. waren sie lediglich »strangers« und blieben außen vor. Vgl. British Journalism, in: London Quarterly Review, Bd. 38 (1872), S. 87–123, hier S. 102.

172 Vgl. *Dawson*, S. 15; *Grant*, Bd. 2, S. 262. Spitzenverdiener waren die Chefredakteure: der Chefredakteur des *Punch* verdiente zu Beginn der 1870er Jahre bspw. 1500£ Jahr. Die obere Gehaltsgrenze des Gros der Londoner Redakteure lag in diesen Jahren bei rund 1000£. Vgl. *Hatton*, S. 12. Die Löhne waren dabei gegenüber 1850 noch relativ konstant, vgl. *Hunt*, Bd. 2, S. 195–197: Damals erhielt ein Chefredakteur 18£/Woche; die – insges. sieben – Parlamentsreporter eines Blattes ca. 12£, die Auslandskorrespondenten 10£ sowie Reporter 3£ als Wochenlohn. In den 1870ern stieg das Salär der (Chef-)Redakteure und Leading Writer an. Die Topverdiener kamen am Vorabend des Ersten Weltkrieges inkl. Spesen und Boni auf bis zu 10.000£. Vgl. *Lee*, Origins, S. 110f. Die Löhne der Reporter stiegen kaum vergleichbar. Selbst die Elite der Parlamentsreporter verdiente (5£/Woche in 1830; 8£/Woche um 1900) weniger als 1/10 des Gehaltes von Anwälten, Richtern oder Ärzten. So lagen die Verdienstmöglichkeiten der Londoner Reporter in der Spitze höher. Alan Lee zufolge stieg ihr Salär von 4,5£ (1860) über 10£ (1900) auf bis zu 20£/Woche (1912). Die Nachwuchskräfte der Metropole erhielten allerdings – wie auch das Gros der Routiniers in der Provinz – noch um die Jahrhundertwende lediglich 150–200£ per anno (= 3–4£/Woche). Zur Bezahlung im literarischen Sektor vgl. zudem *McDonald*, S. 68ff.

173 So *Grant*, Bd. 2, S. 253f. – Henry Morton Stanley war hier ein prominentes Gegenbeispiel.

174 Hot Haste for News, in: MacMillan's Magazine, Bd. 47, Nr. 278 (1882), S. 135.

175 Als Organ des *Reichsbundes Deutscher Presse* erschien ab Oktober 1913 zudem die *Deutsche Presse* und – als Repräsentanz des *Vereins deutscher Redakteure* – ab 1902/03 *Die Redaktion*.

pekuniäre Lage dieses Berufsstandes zu überprüfen.[176] Während der Zeitungstheoretiker Richard Jacobi die Lage der Redakteure zu Beginn des 20. Jahrhunderts per se für durchaus günstig hielt,[177] stellte Stoklossa in differenzierter Weise die Angebots- und Nachfragesituation des Stellenmarktes für die verschiedenen Redakteursberufe heraus: Die Lokalredakteure, deren »Hauptgebiet« die Berichterstattung und also »die Leitung der Reportage« war, verfügten ganz im Gegensatz zur Mehrzahl der Chefredakteure, Ressortleiter und Kolumnisten größtenteils über keine akademische Bildung, was sich auch im Profil der Gesuche und Bewerbungen niederschlug: Rund 97 % der Bewerber waren ohne akademische Ausbildung, und auch nur rund 10 % der Verleger suchten in diesem Bereich nach solchen Bewerbern. Das durchschnittliche angebotene Salär lag für Lokalredakteure bei 2.105 Mark, für Hilfsredakteure sogar nur bei 1.892 Mark und damit wesentlich unter dem von Stoklossa ermittelten Gesamtdurchschnittssalär der Journalisten von 3.227 Mark.[178] Nun waren die Reporter verglichen mit dem Gros der *festangestellten* Journalisten eine außergewöhnliche Berufsgruppe. Wie Jörg Requate zeigen konnte, rekrutierten sich ungeachtet des »prinzipiell ungeregelte[n] Berufszugang[s]« zwischen 1870 und 1900 noch immer etwa 57 % der Journalisten »aus bildungsbürgerlichen und Beamtenfamilien« – rund 78,5 % davon waren studiert, mehr als 50 % promoviert.[179] Zwar änderte sich die Zahl der Akademiker unter den Journalisten graduell ab der Jahrhundertmitte, als noch 87,5 % ein Studium abgeschlossen hatten. Insgesamt aber war die Berufsgruppe der Journalisten entgegen ihrer öffentlichen Wahrnehmung als ein Milieu verkrachter Existenzen bzw. »Hungerkandidaten« und »vielfach verkommene[r] Gymnasiasten«[180] sozial außerordentlich homogen. Im Bereich des Reporterwesens dagegen nahmen die Jahre

---

176 Vgl. *Stoklossa*. Schon Heinrich Wuttke konstatierte die schlechte Bezahlung und die prekären Anstellungsverhältnissen des Gros der Pressemitarbeiter seien ganz wesentlich für das geringe soziale Prestige der Profession verantwortlich. Vgl. *Wuttke*, S. 10–12. Leo Wörl stellte einige Jahre später ganz in diesem Sinne fest, »die Publizistik werde zu den unehrlichen Gewerben gezählt, d. h. zu denen, die sich außerhalb des sozialen Organismus bewegen, wie ehedem Schäfer, Kesselflicker, Zahnärzte, Zigeuner und Schauspieler.« *Wörl*, Presseverhältnisse. Zit. n. *Parr*, S. 80.
177 »Wenn wir von den ganz kleinen Organen absehen, wird als das regelmäßige Minimum für einen fest angestellten Redakteur wohl ein Gehalt von 3.000 Mk. zu betrachten sein, tüchtige Redakteure werden es im Laufe der Zeit unschwer zu Gehältern von 7.500–1.000 Mk. bringen, in leitenden Stellen auch bis zu 12.000 Mk. Darüber hinausgehende Sätze sind allerdings selten.« Bestrebungen zur Absicherung der Pension sowie zur Alters-, Invaliditäts- und Reliktenversorgung seien ebenfalls erkennbar. Vgl. *Jacobi*, Buch, S. 173 f.
178 Vgl. *Stoklossa*, S. 533.
179 Vgl. *Requate*, Journalismus, S. 140; 143. Allerdings muss der Verfasser gerade konstatieren, dass in diesem Zeitraum vor allem Redakteure »in gehobenen Positionen erfasst« wurden.
180 So schon Kaiser Wilhelm 1890 über das Milieu der Journalisten. Vgl. *Frizenschaf*, S. 57.

der Jahrhundertwende bereits die Entakademisierung des Journalismus nach dem Ersten Weltkrieg vorweg.[181]

So mag man durchaus ein Gefälle zwischen den hoch bezahlten ständigen Angestellten und dem Gros der Freien Journalisten konstatieren.[182] Die Pendants der Lokalreporter, die Spezialkorrespondenten, waren, wenn auch häufig erfolgsabhängig bezahlt, in vielen Fällen deutlich besser gestellt, wie Georg Hölscher 1890 zu berichten wusste: Die Spitzengehälter der Spezialkorrespondenten der größten deutschen Zeitungen lagen sogar noch über denen der Hauptredakteure bei rund 10.000–12.000 Mark.[183] Die Reporter, die als »Tagesschriftsteller im verwegensten Sinne des Wortes« über Gerichtsverhandlungen, Morde und Katastrophen, aber auch *human-interest-stories* berichteten,[184] erhielten dagegen nur geringe Fixbeträge und in aller Regel kaum mehr als 5–10 Pfennige pro Zeile. Sie mussten sich zudem der Konkurrenz der Agenturen erwehren. 1907 gab es allein 150 Korrespondenzbureaus, davon 85 in Berlin und Vororten z. B. das *Zeitungsbureau Emil Rogge* oder das *Bureau für Berliner Berichterstattung Dr. Fritz Auer*. Hinzu kam der Service der überregionalen Agenturen, die eine sog. »Urzeitung« als eine Vorauswahl an Nachrichten für die Redaktionen bereitstellten, sowie schließlich eine Vielzahl an offiziösen Korrespondenzen.[185]

In *Frankreich* lagen die Verdienste einzelner Journalisten ebenfalls relativ hoch, zumal hier Nebenverdienste durchaus üblich waren. Während der durchschnittliche Verdienst bei 3.000–4.000 Francs pro Jahr (1860–1870) lag,[186] ver-

---

181 Hierfür war gerade die zunehmende Konkurrenz durch die Expansion der Publikationsorgane sowie die Erweiterung der Ressorts verantwortlich. In der lokal ausgerichteten Generalanzeigerpresse z. B. des *Berliner Lokal-Anzeigers* war die Quote der Nicht-Akademiker unter den von Requate zwischen 1883 und 1900 ermittelten dreißig redaktionellen Mitarbeitern signifikanterweise höher. Das Gros der in den Akten des Preußischen Innenministeriums verzeichneten Reporter, Rechercheure oder Berichterstatter verfügte gar über keine akademische Ausbildung. Vgl. *Requate*, Journalismus, S. 147 f. sowie S. 153 ff.
182 Vgl. dazu auch *Retallack*, S. 187. In der – von der *Gesellschaft für soziale Reform* 1910 veröffentlichten – Studie *Die wirtschaftliche Lage der Privatangestellten* wird schon im Bereich der angestellten Redakteure eine Diskrepanz bzgl. der Gehälter zwischen 1.500 Mark am unteren Ende der Skala sowie 12.000–15.000 Mark am oberen Ende berichtet; einzelne Gehälter – insbesondere der Chefredakteure großer Zeitungen (ca. 30.000–50.000 Mark) – dürften diesen Rahmen sogar noch wesentlich überstiegen haben. Vgl. *Birkner*, S. 305.
183 Gegenüber den Gehältern der ausländischen Zeitungen sei die Bezahlung der Spezialberichterstatter dennoch relativ gering. Hölschers Schätzungen zufolge lag das Salär des (Spezial-)Korrespondenten der *Times*, Henri Opper von Blowitz, z. B. mindestens dreimal so hoch wie das höchste deutsche Salär (75.000 Franken). Die Gehälter von Reportern wie Archibald Forbes (*The Times*, ca. 5.000 £ p. a.) aber auch die Ausgaben der Zeitungsverleger rund um die Expeditionen eines H. M. Stanley (*New York Herald*) oder einer Nellie Bly (*New York World*) seien, so der Verfasser, im Vergleich geradezu astronomisch. Vgl. *Hölscher*.
184 Vgl. ebd., S. 70.
185 Vgl. *Diez*, S. 85.
186 Vgl. *Martin*, Journalistes, S. 63.

dienten die Reporter, insbesondere die »lignards« (Zeilenschreiber), anfangs nur rund 10–25 Centimes pro Zeile (1892), später dann 20–50 Centimes (1906).[187] Um 1907 erhielten die *fait diversiers* zwischen 150 und 400 Francs monatlich; die großen Journale zahlten dabei einen Fixbetrag (200–250 Francs) zzgl. eines Zeilengeldes (0,05 Francs pro Zeile).[188] Die leitenden Redakteure der großen Blätter verdienten dagegen rund 1000 Francs monatlich, die Chefredakteure und Direktoren sogar 15.000 bis 40.000 Francs.[189] Nur wenige Reporter nahmen bis zu 2.000 Francs monatlich ein. Die »princes du reportage« (wie z. B. Jules Huret vom *Figaro* oder Gaston Leroux vom *Matin*) erhielten so bis zu 20.000 Francs p. a.[190] Während sich das Gros der Reporter angesichts der prekären Finanzlage in ein oftmals zwielichtiges Milieu begab, gelang nur wenigen, was Charles Chincholle als einem der ersten Reporter Frankreichs gelungen war: der Aufstieg in eine höhere Position und eine Karriere bei der Zeitung. Angesichts dieser Verhältnisse gründete der *fait diversier* Louis Thinet 1913 die *Association des Informateurs Parisiens* als eigenständige Vertretung der Reporter.[191] Zunehmend wurde der Reporter, der anfangs als Hilfsarbeiter in den Lehrbüchern noch vom Journalisten geschieden wurde, zu einem Idealbild des modernen Journalisten, was sich alsbald auch in den Budgets der großen Zeitungen widerspiegelte. Das *Petit Journal* etwa senkte seine Redaktionskosten für Chronisten und Feuilletonschreiber zwischen 1880 und 1900 von 44,7 % auf rund 20 % – die Ausgaben für Reportagen stiegen indes von 8,8 % auf 30,3 %.[192] Freilich gab es unter Reportern wie unter Redakteuren ein großes Gefälle zwischen Etablierten und Nachwuchskräften. Der arrivierte Jules Claretie erhielt etwa für einen wöchentlichen Nachrichtenbeitrag (»article des actualités«) und einen

---

187 Vgl. *Dubief*, S. 95; *Jamati*, S. 138.
188 *Pottier*, Professions, S. 23–27. Der Lebensstandard der *faits diversiers* war demnach außerordentlich bescheiden: »À cause de la modicité de leur salaire, de leur travail qui les privent des joies du foyer, les journalistes se marient peu. Ils habitent du coté de Montmartre, quartier pas trop cher et rapproché des boulevards. Un journaliste avec 300F par mois est moins heureux qu'un employé de commerce avec la même somme, parce qu'il est obligé d'être mieux habillé et que, vivant plus dehors, il a plus de dépenses. L'irrégularité de son labeur, souvent heurté d'àcoups, l'expose à prendre ses repas au restaurant.«
189 Vgl. *Texier*, S. 35 f.
190 Vgl. *Ruellan*, Journalisme, S. 101.
191 Vgl. *Kalifa*, Encre, S. 95. Zur Bezahlung der Reporter vgl. *Kalifa*, Tacherons, S. 595. Adolphe Brisson beschrieb die sozialen Lage der Berichterstatter einmal lakonisch: »Il y a la rédaction qui coûte et celle qui rapporte«. Vgl. L'envers d'un journal, in: Annales Politiques et Littéraires, 24.03.1895, S. 138.
192 Vgl. *Amaury*, S. 428. Das Feld der Reportagen wurde zusehends wichtiger: 1918 wendete das *Journal* von rund 42.500 Francs redaktionellen Kosten monatlich bereits 6.000 Francs für ihren Reporter- und Informationsservice auf, rund 3.500 Francs zusätzl. für »Grands Reportages« sowie knapp 1.000 Francs für den Bereich der »faits-divers«. Vgl. AN 8AR 164: »Le Journal. Dépenses de la rédaction.« Zur Vergütung einzelner Artikel vgl. AN 8AR 197–198: »Le Journal. Registres de piges texte.« – sowie AN 8AR 516: »Rédacteurs. Etat des piges. 1915–1917.«

monatlichen Beitrag zur Rubrik »Vie à Paris« sowie gelegentliche (exklusive) Zusammenarbeiten 1.500 Francs monatlich (1899/1900). Jean Lorrain, der 1897 eine Reportage sowie mindestens einen weiteren Artikel, einer davon für die Titelseite des *Journal*, beizutragen hatte, verdiente 1.500 Francs pro Monat. Hugues Le Roux sicherte dem *Journal* 1897 52 exklusiv abzudrucken Artikel pro Jahr für 1000 Francs zu, stand indes wie viele der etablierten Kräfte auch in anderen Redaktionen auf dem Gehaltszettel. Generell waren Verträge in erster Linie Gegenstand individueller Verhandlung. Gelegenheits- und Nachwuchskräfte wurden deutlich geringer entlohnt, entweder nach Artikeln (in der Regel à 50 Francs; Paul Pottier bekam zum Vergleich bis zu 200 Francs pro Artikel, Séverine 1898 sogar 300 Francs) oder wie im Fall der Feuilletonisten und Romançiers nach Fixpreisen bzw. Zeilenhonorar (à 0,60 Francs). Jules Ranson erhielt 1897 für seine Reportagen lediglich 400 Francs monatlich, Eugène Rouzier für seine Reports im »service d'information« gar nur rund 275 Francs.[193] 1913 verdienten die Fotoreporter des *Journal* zwischen 300 und 400 Francs pro Monat; das Gros der Zeichner kam auf rund 200 Francs, die Kriegsberichterstatter indes auf circa 100 Francs pro Artikel.[194] Der Reporter Paul Erio verdiente 500 Francs, Pierre Mac Orlan 600 Francs, Édouard Helsey 700 Francs. An der Spitze standen häufig die Chronikenschreiber (circa 1.000–1.500 Francs).[195] Im November 1915 lag der Spitzenverdiener (Chefredakteur Lauze) bei 2.000 Francs pro Monat; die Redaktionskosten indes beliefen sich auf 35.770 Francs.[196]

Newsmaker: das Sammeln und Schreiben von Informationen

Man kann – will man die sozialgeschichtlichen Eckdaten des Reporterwesens Revue passieren lassen – die Genese des literarischen Journalismus als eine Konsequenz der prekären Arbeitsbedingungen der Reporter und des Inszenierungsdranges der Spezialkorrespondenten deuten und vor dem Hintergrund sich radikal wandelnder nachrichtentechnischer Voraussetzungen lesen. Die geringen Gehälter und unsicheren Anstellungsverhältnisse, insbesondere

---

193 Vgl. AN 8AR 161: »Le Journal. Rédacteurs: contrats, salaires. 1896–1913.« Zu den Details einzelner Kontrakte vgl. auch AN 8AR 287: »Le Journal. Repertoire.« Ein Gehaltszettel sämtlicher »Redacteurs littéraires« des *Journal* um 1910 befand sich in AN 8AR 289: »Le Journal. Correspondance.« Vgl. *Langevin*.
194 So z. B. A. Viollis, P. Ginisty oder auch A. Charpentier. Henri Béraud ließ sich zu Beginn seiner Karriere für seine Berichte »sur les champs de batailles« im Juli 1915 per Zeilengeld (0,20 Francs pro Zeile) entlohnen, in einigen Fällen bedeutete dies durchaus einen Zugewinn von bis zu 50 Francs gegenüber der mittels Fixpreisen vergüteten Konkurrenz. Vgl. AN 11AR 580: »Le Petit Parisien. Livre des piges. 1915.«
195 Vgl. AN 8AR 162: »Le Journal. Rédacteurs: contrats, salaires. 1896–1913.«
196 Vgl. AN 8AR 333: »Le Journal. Etats annuels des salaires et appointements. 1914–1944.« Zum Vergleich: Der weitaus größere *Petit Parisien* verfügte schon 1898 über knapp 40.000 Francs redaktioneller Kosten. AN 11AR 410: »Le Petit Parisien. Situations mensuelles par journal. 1898.«

im Zuge des US-amerikanischen *hire-and-fire*, prägten das Reporterethos in entscheidendem Maß. Während sich die Theoretiker noch über die Standards der Nachrichtenbeschaffung, -filterung und -überarbeitung stritten,[197] etablierten die Reporter alltäglich eigene Qualitätsmaßstäbe und neue Praktiken des *newsmakings*.

Dazu zählte zum einen die Praxis der redaktionellen Rahmung, des sog. *rewritings*. Da die Nachrichten oftmals nur mehr knapp bzw. allzu fragmentarisch via Telegraph in der Redaktion eintrafen, bedurfte es der Instanz des redaktionellen Nachrichtenschreibers, der die kurzen, oftmals missverständlichen Meldungen im Anschluss in die Form der Nachrichten brachte. Diese kollektive Autorschaft, die den Reporter als Augenzeugen an die Rhetorik seiner Kollegen in der Redaktion zurückband, minderte das Ethos des glaubwürdigen Journalisten erheblich. Und doch zählte diese Form der Arbeitsteilung zu einer der wichtigsten Errungenschaften des modernen Journalismus:

»This is so far recognized that the last differentiation in newspaper work in large cities is the division of the staff between the reporter who goes out, gets the facts, and telephones his summary to the ›write-up‹ man, who proceeds to clothe the bare bones of the searcher with the garniture of style, sentiment, and ›human-interest‹.«[198]

Hinzu kam, dass sich viele Reporter durch Schwarzarbeiten lukrative Nebenverdienste z. B. in der Werbebranche oder aber als Stenografen sicherten, was sie bisweilen in ein moralisches Dilemma brachte, gerade wenn es um sozialkritische Berichte ging; auch die Zahlung von Schmiergeldern zur Informationsakquise war durchaus üblich. Speziell die deutlich höhere Bezahlung für die Exklusivmeldungen, die sog. *exclusives*, beförderte unlautere Praktiken wie das Anheuern von Zeugen, Identitätsverschleierung oder den Diebstahl von polizeilichen Informationen. So wurden die Nachrichten in aller Regel auf dem Papier kreiert, um sie anschließend zu authentifizieren; auch und gerade die eigenen Meldungen wurden hier zum Gegenstand der Berichterstattung.

Wichtiger allerdings war noch die Praxis des *combination reporting*, die aus den USA stammte, sich alsbald aber auch in Europa durchsetzte. Dabei versicherten sich die Reporter im gegenseitigen Austausch ihrer Informationen und synthetisierten so nur mehr mittels Hörensagen ihre *stories*. Der zusammengesetzte, geteilte ›Augenschein‹ der Autorengemeinschaften neigte gleichermaßen zur literarischen Imagination. Inmitten aller Faktenbegeisterung mehrten sich so die Debatten um *Fakes*.[199] So schrieb William H. Hills 1887 bspw. im Fachmagazin *The Writer* über den Bedarf der New Yorker Zeitungsverlage an Reportern, die eine lebendige Sprache und eine blühende Phantasie umstands-

---

197 Willard G. Bleyer schrieb 1913 in seinem Lehrbuch *Newspaper Writing*: »journalism, among the last of the callings to be generally recognized as a profession, has established neither standards of admission nor a formulated code of ethics.« Bleyer, S. 358.
198 *Williams*, Newspaperman, S. 8.
199 Vgl. *Tucher*, True, S. 92.

los ineinander übersetzten.²⁰⁰ Dabei verteidigte er die künstlerische Kombination aus Fakten und Fiktion.²⁰¹ Andere sahen gar in erster Linie Redakteure und Herausgeber moralisch verantwortlich, den Grad der ›Ausschmückung‹ der Fakten einzuschätzen.²⁰² Das Gros der Hand- und Lehrbücher stand der Praxis des Fakings indes außerordentlich kritisch gegenüber. So betonte Edwin L. Shuman 1903 zwar die Bedeutung der Imagination im Zeitungsalltag, schränkte aber ein: »The reporter who imagines it is smarter to ›fake‹ a story than to work hard and get the facts will fall by the wayside. Success follows the man whom a lie can not deceive and who scorns to resort to deception himself.«²⁰³ Öffentlichkeitswirksam etablierte sich der *Fake* spätestens zu Beginn des 20. Jahrhunderts als Kampfbegriff gegen die Lügen der Konkurrenz.²⁰⁴

Jenseits aller Erfindungsgabe kultivierten die Zeilenschreiber, sobald sie ihre *stories* vor Augen hatten, auch aus primär ökonomischen Gründen eine außergewöhnlich weitschweifige ›Genauigkeit‹. Wrede sah darin das »Reporter-Deutsch« der »Zeilen-Schinder«.²⁰⁵ »Ihr ganzes Sinnen und Trachten«, schrieb Hölscher über die Reporter der Berliner Lokalpresse, »geht darauf hinaus, einen Vorfall in möglichst vielen Zeilen breitzutreten«.²⁰⁶ Die Präzision der Reporter

---

200 »The correspondent [...] must have the faculty of ›sizing up‹ a piece of news [...] A man must be able to ›fake‹ brilliantly to do the work well. He must be a skilful romancer, and it will not hurt him any to be a poet, provided he doesn't let Pegasus run away with him.« Advice to Newspaper Correspondents. Some Hints on Style, in: The Writer, Bd. 1, Nr. 3 (1887), S. 49–51, hier S. 50f.
201 So gelte zwar der Grundsatz: »Never manufacture the frame-work of your story.« Gleichzeitig aber konstatierte Hills: »As the art [of faking, d. Vf.] becomes more and more elaborate, the distinction between ›faking‹ and lying becomes beautifully less.« Die Praxis des *Fakens* resultiere aus den Gesetzen des Nachrichtenmarktes: »The constant demand for picturesque stories is what makes ›faking‹ now-a-days so common.« Advice to Newspaper Correspondents. Faking, in: The Writer, Bd. 1, Nr. 8 (1887), S. 154–156, hier S. 155. Vgl. zudem *Blythe*, Fakers; *Given*, S. 49; 170f.
202 Für Nevada D. Hitchcock war allein die Offenbarung des *Fakes* gegenüber dem Editor entscheidend. »Some high-priced reporters exaggerate, or enlarge on facts in accounts subsequently given to the public as true, but [...] the reporter who ›fakes‹ (distorts or manufactures) *without his editor's cognizance* cannot hold a position long upon a paper.« Vgl. Hitchcock, S. 9f.
203 *Shuman*, Practical Journalism, S. 103f; 119.
204 Vgl. *Tucher*, True, S. 102f. Zur Praxis des Fakings vgl. auch *Sumpter*, Reporting, S. 58. Immerhin verstiegen sich Einzelne zur Erfindung ihrer Stories – wie im Fall einiger Denver Lokalreporter, die am 25. Juni 1899 in einer konzertierten Aktion davon schrieben, dass die Chinesische Mauer abgerissen werde. Der Hoax geisterte über Monate durch die Gazetten des Landes. In der Folge nahmen auch Künstler die Praxis der Berichterstattung und das Paradigma des Fakten-Journalismus ins Visier. Um die Jahrhundertwende lancierten sie – in Anknüpfung an die Tradition der Hoaxes Edgar Allan Poes – Fakemeldungen, die – wie Karl Kraus' Satiren oder Arthur Schütz' ›Grubenhunde‹ – die Autorität der Presse zu kritisieren, oder – wie die Zeitungsbluffs der Berliner Dadaisten – das ›Konzept‹ der Nachrichten ad absurdum zu führen begannen. Vgl. *Doll*, S. 247–273.
205 *Wrede*, S. 260f.
206 *Hölscher*, S. 70.

war hier keineswegs dem Anspruch eines minutiösen Faktenprotokolls als vielmehr der Manie des Zeilenschindens geschuldet; Millaud parodierte diesen Stil 1887 im *Figaro*. So berichtete er in Sachen des Sensationsprozesses gegen den Mörder Pranzini:

»Pranzini est arrivé à Charenton par le train 337. Son compartiment s'est arrêté à 2 m. 65 centimètres de la borne kilométrique portant le n° 24. Son wagon était numéroté 1066, sortant des ateliers du Creuzot, fabriqué en 1877, tare 4,025 kilos; ses roues mesurent 98 cent, de diamètre et 3 m. 14 de circonférence. Le wagon qui précédait celui de Pranzini portait le n° 218 et celui qui le suivait le n° 497. Descendu de voiture, Pranzini a fait 82 pas pour sortir de la gare. Il était 9 heures, 53 minutes, 21 secondes, 2 tierces. On a fait monter le coupable dans le fiacre n° 8685, dont la cocher Jean-Ignace Rossignol, né à Villers-Cotterêts, est âgé de 58 ans, vacciné, taille 5 pieds 4 pouces, demeurant à Paris, rue des Vinaigriers, n°17, 4 étage, 3° porte à gauche dans le couloir, maison construite en 1849 et actuellement possédée par M. Agenor Romorin, âgé de 70 ans, marié avec Mlle Virginie Bridou, et père de cinq enfants: le premier âgé de 37 ans, le deuxième de 34, le troisième de 28, le quatrième de 27 et le cinquième de 8 mois. [...] Nous attendons de minute en minute la suite de ces renseignements aussi précis que palpitants.«[207]

Im Gewirr der Fakten, das weder den Auswahl- (Relevanz) noch Ordnungsprinzipien (Stringenz) eines Reports gehorchte, verlor sich der nachrichtliche Kern der Meldung. Für die Kritiker des Zeitungsgewerbes war dies nur *ein* Indiz der mangelnden Ethik des Boulevard- und Sensationsreporters:[208]

»The fundamental principle of metropolitan Journalism today is to buy white paper at three cents a pound and sell it at ten cents a pound. And in some quarters it does not matter how much the virgin whiteness of the paper is defiled so long as the defilement sells the paper.«[209]

Tatsächlich zeitigte die Professionalisierung und Kommerzialisierung des Pressewesens einen so grundlegenden Wandel des Journalismus, dass sich das Gros der Nachrichtenmacher um die Jahrhundertwende in den Kontroversen um Grundsätze und Qualitätsstandards des Berufsstandes zu positionieren gezwungen sah. Die Literarisierung des Journalismus, die zahlreiche Strategien des Norm- bzw. Regelbruches etablierte, kann hier als Gegenbewegung – und z.T. auch als Verteidigungshaltung – gegen den Publikationsdruck eines sich kommerzialisierenden Zeitungswesens verstanden werden.[210] In ihrer Irritation

---

207 Le comble de la précision, in: Le Figaro, 29.03.1887, S. 1.
208 Vgl. Sensational Journalism, in: The Journalist, 20.08.1892, S. 12. Diese Kritik des Reporters war die Kehrseite seiner Inszenierung als Heros. Vgl. *Sumpter*, Reporting, S. 63, sowie *ders.*, Knowledge, S. 47 f. Zur Journalismuskritik i.A. – vor allem in den USA – vgl. *Dabbous*.
209 *Keller*, S. 691. »Journalism in its essential qualification is a learner profession; in its exactions, its limitations to income, its insecurity of employment, it is more nearly a trade.«
210 Vgl. *Baldasty*, S. 90, sowie allg. *Smythe*, Gilded Age Press, S. 155.

nachrichtlicher Standards stellen die Vertreter des *New Journalism* die Kriterien des Nachrichtenwesens auf die Probe. Dabei generieren gerade die Wahrheitsstrategien der Reporter alternative Modelle nachrichtlicher Beglaubigung, deren »Wirklichkeitseffekte«[211] auf das Paradigma des Fakten-Journalismus zurückverweisen. Die Bedingungen der Nachrichtenproduktion prägen hier Stil und Gestus des Journalismus.

---

211 Vgl. *Barthes*, Discours, S. 73 ff.

4. Nachrichtenlogik I: Metropolitane Nachrichtenkultur

4.1 Lokalreportagen zwischen *fact* und *fiction*

Der Reporter – als »*ein freier Journalist, der seine Existenz in der lokalen Berichterstattung sucht*«[1] – wurde in den Metropolen der Jahrhundertwende zur emblematischen Figur. Seine *urban-color*-Reportagen lesen sich als Musterstücke der ›Kleinen Prosa‹. Die hybride Struktur dieser Texte im Übergangsbereich von Literatur- und Alltagskommunikation kann unmittelbar als *Medieneffekt* verstanden werden. Schon in Richard M. Meyers *Deutsche Stilistik* (1913) wird die Zeitung als eine Form der Prosa begriffen, die sich den Gesetzen des Mediums entsprechend (»1. Interesse zu erzeugen, 2. Stimmung zu machen.«)[2] durch ihre Vielzahl heterogener Schreibweisen und Formgebungen geradezu auszeichnen müsse. Die permanente Anverwandlung nachrichtlicher Meldungen und literarischer Formen *über* wie *unter dem Strich* des Feuilletons tingierte gleichwohl besonders die Kleinen Formen.[3] Diese »verkoppeln Kulturdiagnostik mit Selbstreflexion und Alltagsbeobachtungen mit z. T. kunstvoll inszenierter Autobiographik.«[4] Sie verknüpfen assoziativ Wesentliches und Nebensächliches und stellen, indem sie die (chronologisch) linearen Strukturen des Erzählens in einer *Poetik des Augenblicks* durchbrechen und in einer *Poetik des Mobilen* verräumlichen,[5] stets das Provisorische der Metropole heraus. Zugleich bezeugen sie in ihrer »Vielstimmigkeit«[6] nichts weniger als die Polyphonie des *news*-Diskurses.

Ein entscheidender Faktor des Erfolgs dieser reportageförmigen Nachrichten aus den Metropolen war der Konnex von Zeitungs- und Straßenkultur. Dieser beförderte ganz wesentlich eine Nachrichtenlogik der *Boulevardisierung*. Die Entdeckung der vermischten Nachrichten des ›Boulevards‹ durch die Massenpresse koinzidierte aus dieser Perspektive mit einer Vielzahl radikaler städtebaulicher Veränderungen. Prachtstraßen und Boulevards waren mehr als nur die primären Absatzmärkte der metropolitanen Zeitungsverkäufer, sie

---

[1] So *Groth*, Bd. 1, S. 418.
[2] Vgl. *Meyer*, S. 208.
[3] Vgl. *Kernmeyer u. a.*, Perspektiven. Die Reportagen und Korrespondenzen der Spezialberichterstatter standen sowohl im Nachrichten- als auch im Feuilleton-Teil. Vgl. Berliner Lokal-Anzeiger, 28.08.1887, Beilage, S. 1.
[4] *Althaus u. a.*, S. XVII.
[5] Vgl. *Kernmeyer*, Feuilleton, S. 65 f. *Schönborn*. Vgl. zudem *Oesterle* und *Kauffmann u. Schütz*.
[6] *Kernmeyer*, Feuilleton, S. 48 f.

regulierten überdies in eigentümlicher Weise den lokalen Fluss an Informationen. Nachrichten erstreckten sich von hier aus – vorzugsweise in Form *face-to-face* kommunizierter Neuigkeiten – über die Metropolen. Der Boulevard erschien so als urbane Achse bzw. (in zeitgenössischer Metaphorik gesprochen) als »Arterie des metropolitanen Lebens, die Stätten und Medien der Unterhaltungskultur hervorbringt und zirkulieren lässt.«[7] Entlang der Boulevards inszenierten diese Stätten populärer Unterhaltung – Cafés und Varietés ebenso wie Morgue, Theater oder Kaufhäuser – die lokale Alltagskultur als Spektakel[8] und setzten zugleich unablässig Identitätsbildungsprozesse in Gang. Sie zeichneten ein immer neues, flüchtiges Bild der Metropole, das abseits exzeptioneller Anlässe eine Dramatisierung des Alltags verantwortete. Gleichzeitig etablierte der Boulevard in seiner Privilegierung der ›Schaulust‹ und seiner eigentümlichen Vermischung von Blicken und Schicksalen die Sensation als Genre und evozierte so immer neue Kommunikation.[9] Für all dies war die rasante Verwandlung metropolitaner »Physiognomie«[10] entscheidend geworden. Bewegung avancierte in diesen Jahren zur zentralen Metapher des Urbanisierungsprozesses. Karl Scheffler schrieb 1910 über Berlin, es sei nun geradezu das Schicksal dieser Stadt, »immerfort zu werden und niemals zu sein.«[11] Dabei war Berlin, im Gegensatz zu London, Paris oder sogar New York, das sich spätestens Ende des 19. Jahrhunderts als Metropole etablierte,[12] stets eine ›verzögerte‹ Metropole, die sich ihres provinziellen wie residenzstädtischen Erbes um 1900 in zusehends radikaler Weise entledigte.[13] Die Streifzüge der Boulevardreporter indes führen diese vor allem entlang der Peripherien der Metropole: »In diesen turbulenten Zonen des Übergangs war der Stoff für die spannendsten und farbigsten Reportagen zu finden.«[14] Ihre Reportagen ergänzen das Bild der Chroniken, Leitartikel und Kolumnen, die sich in Berlin – wie auch in New York, London oder Paris[15] – des Wandels großstädtischen Lebens annahmen.

7 *Hülk*, S. 53. Vgl. zudem: *Wehinger*, S. 410 ff.
8 Vgl. *Schwartz*. Vgl. *Hahn*, Modernity, S. 127 ff., wie auch *Diamond*, S. 248 ff.
9 Vgl. *Fritzsche*, Reading Berlin, S. 178 f.
10 So schon *Kalkschmidt*, S. 232. Vgl. *Heine*, S. 1–25, sowie Max Osborns Artikel: Die Schönheit des neuen Berlin, in: Berliner Zeitung, 03.10.1912, S. 1.
11 *Scheffler*, S. 267. Vgl. *Glatzer*, S. 25 ff., und *dies. u. Glatzer*, Bd. 1, S. 21 ff., und Bd. 2, S. 153.
12 Voller Stolz blickte die *New York World* 1903 – anlässlich ihres 20. Jubiläums – auf die rasante Entwicklung der Metropole zurück. Vgl. New York Wonder City, in: The World, 10.05. 1903, S. 12.
13 Zeitungsartikel, Stadtführer, aber auch Skizzen – wie Max Bauers *Residenzliche Stimmungsbilder* – und Romane erzählen in diesen Jahren von der Vergänglichkeit der Stadt, deren radikale Veränderung sie in einer Mischung aus Nostalgie und Euphorie begleiteten. Vgl. *Fritzsche*, Reading Berlin, S. 195 ff.
14 Ebd., S. 95. Vgl. *Duttenhöfer*, S. 143, *Lindner*, Entdeckung, S. 110 f., sowie *ders.*, Anthropology, S. 58 f.
15 Vgl. exempl. Old London, in: The Morning Post, 27.02.1897, S. 3. Der Pariser *Matin* kommentierte diese Verwandlungen in einer retrospektiven Serie der 1880er: »Le Vieux Paris.«

Dabei kreierte die Presse, die gerade im lokalen Rahmen als Veranstalter von Stadtfesten, Sportevents oder Wohltätigkeitsbällen in Erscheinung trat, die Ereignisse, über die sie berichtete, häufig selbst.[16] In ihrer Hinwendung zu lokalen Themen und damit zur Erfassung urbaner Umwelten nutzte die Massenpresse die Spielräume des Zeitungsmarktes zugleich, um neue Techniken der Durchdringung und Kontrolle des großstädtischen Raums zu etablieren.[17] Dazu gehörte einerseits das dichte Netz der die Metropolen durchquerenden Reporter und ihr Modus der Reportage, andererseits die ›Mitarbeit‹ des Publikums in allen medial inszenierten Fragen des öffentlichen Interesses.[18] Der *Berliner Lokal-Anzeiger* beschäftigte so bspw. einen eigenen Botendienst, ein Heer an Spezialberichterstattern, die man als die ›Geheizten‹ bezeichnete und die im Auftrag des Verlagshauses Scherl offizielle wie nebenamtliche Nachrichten vor Ort verifizieren sollten.[19]

Die europäischen Blätter verschrieben sich in dieser Weise zudem erstmalig einer lokalen Berichterstattung nach amerikanischen Vorbild, die, wie das Beispiel des *Lokal-Anzeigers* unter Chefredakteur Hugo von Kupffer illustriert, sowohl Nachrichten als auch Anzeigen vollständig den Gesetzen des »Markt[es] der geistigen und materiellen Beziehungen einer Millionenstadt«[20] anzupassen begann. In der Ankündigung zur ersten Ausgabe des *Lokal-Anzeigers* vom 3. November 1883 hieß es voller Pathos:

> »Wir werden zunächst bestrebt sein, im redaktionellen Theile […] jeder politischen Sonderstellung fern, die Leser von den wichtigsten Vorkommnissen im Staat und in der Stadt in Kenntnis zu setzen, die in Kunst und Wissenschaft, in den sensationellen Entwickelungen der Industrie und des Handels, auf der Bühne, im Gerichtssaal, – mit einem Worte, auf dem lauten Markt des residenzlichen Lebens, Geist und Herz beschäftigen! […]
>
> Es gilt, nicht bloß die Augenblicksbilder in photographischer Treue festzuhalten, sondern der Wahrheit leidenschaftslos auch da eine Stätte zu bereiten, wo hin und wieder der Becher überschäumt! Es gilt, berechtigte Prüfung und befugte Kritik da zu üben, wo offene oder versteckte Mißstände und Mängel eine gesunde Entwickelung der deutschen Kaiserstadt beeinträchtigen! Es gilt, wie auf dem Markte des Ge-

---

16 In den Vereinigten Staaten waren Pulitzers Kampagnen gegen die Verelendung New Yorker Immigranten 1883 wie auch Hearsts aktiver – gegen den politischen Einfluss der Trusts gewendeter – Journalismus der 1890er wichtige Beispiele. Die *New York Times* veranstaltete überdies schon 1872/73 sog. »Picnic Excursions« als Charity-Events. Vgl. NYPL New York Times Company Records. General Files. MssCol 17802, b. 216, f. 11. In Europa waren Zeitungen wie die *Illustrated London News* bereits lange Jahre Unterstützer lokaler Events. Vgl. Brake u. Demoor, S. XIIIf. Das Pariser *Journal* war zudem bspw. als Veranstalter sportlicher wie künstlerischer Großereignisse in der Metropole aktiv. Vgl. AN 8AR 440–442.
17 Vgl. *Adam*, S. 7.
18 Vgl. *Schönhagen*, S. 38f. Zur Inszenierung von Verbrechen vgl. *Müller, Suche*.
19 Vgl. Der Berliner Lokal-Anzeiger 1883–1893, in: Berliner Lokal-Anzeiger, 04.11.1893, S. 8f., sowie allg. Die literarische Praxis, 26.07.1902, S. 4–5.
20 Unser Zweck und unsere Ziele, in: Berliner Lokal-Anzeiger, 03.11.1883, S. 1.

schäfts, so auf dem des geistigen Lebens unserer Mitbürger, nicht nur vor den glänzenden Spiegelscheiben stehen zu bleiben, sondern auch jene kleinen und dunkelen Buden aufzusuchen, die abseits vom großen Markte liegen.

Unser redaktionelles Bemühen in der Behandlung weitschichtiger Themata, wie sie der Tag und seine Strömungen uns bietet, soll aber nicht etwa als ein leckeres Mahl für den verwöhnten Geschmack anspruchsvoller Leser serviert werden! Es soll eine solide *Hausmannskost*, schmackhaft bereitet und geschmackvoll aufgetragen, werden! Die Zuthaten, die wir vom Markt des wogenden residenzlichen Treibens zusammentragen wollen, werden den bewährtesten *Quellen* entnommen sein. Sind wir gezwungen, unsere Speise einmal schärfer zu würzen, als es von vornherein die Absicht ist, dann mögen die nachsichtigen Leser dieser Blätter davon durchdrungen sein, daß uns nicht die Sucht der *Reklame*, noch weniger eine Konzession verführte, die man wohl anderwärts dem *Sensationsbedürfnis* zu machen pflegt, sondern daß [...] *Gewissenhaftigkeit* und *Überzeugungstreue* unsere Feder leiten werden ...«[21]

Obschon sich der im Volksmund rasch ›Skandalanzeiger‹ getaufte *Lokal-Anzeiger*[22] nur sehr kurz der hier avisierten »Parteilosigkeit« verschrieb und schon wenig später eine gouvernementale, offiziöse Zeitung wurde, war die Rhetorik seines Manifests doch von einiger Signifikanz. Die Fokussierung auf die Vorkommnisse in der Metropole, in der der *Lokal-Anzeiger* »ein solider und ausnahmslos jeder Frage begegnender Wegweiser« zu sein versprach, war ebenso bemerkenswert wie die dem hohen Stil der Qualitätszeitungen und literarischen Zeitschriften ausdrücklich entgegengesetzte Vermarktung eines *genus medium* (solider »Hausmannskost«) sowie der Anspruch einer Allinklusion der Leser bei gleichzeitiger radikaler, strategischer Absage an den Sensationalismus der Revolverblätter. Dass diese Rhetorik der Konkurrenz auch die Gegenseite erfolgreich einsetzte, mag die Ankündigung der Wochenzeitung des Berliner *Reporters* im Jahr 1897 exemplarisch verdeutlichen: Die Maxime, »das Leben mit all seinen Licht- und Schattenseiten getreu zur Darstellung zu bringen, ohne Rücksicht zu nehmen auf Vorurteile irgendwelcher Art«[23], war hier gleichermaßen programmatischer Teil einer Vermarktungslogik der Zeitung. In den komparatistisch angelegten Beobachtungen dieses Kapitels zum Modus der Lokalreportage zwischen Fakten und Fiktionen muss diese Form der Vermarktung stets einbezogen werden. Die Reportagen entwerfen ein Bild der Metropole zwischen *Weltstadtflair* und *Provinzialismus* und zergliedern den Raum der Großstadt, gerade im Fall investigativer Expeditionen, in Ober- und Unterwelten. Dabei erweisen sich die Streifzüge der Reporter als Gänge durch utopisch wie dystopisch konturierte Räume: Die Idyllik bürgerlicher Gesellschaften kontrastieren die Zerrbilder metropolitaner Orte des Exzesses (insbesondere Vergnügungsstätten) und der Delinquenz (Gerichte, Psychiatrien, Arbeits- und

---

21 Ebd., S. 1. Hervorhebungen durch den Verfasser.
22 Vgl. *Requate*, Journalismus, S. 372. Zum Wandel des Zeitungsmarktes vgl. *Rollka*, S. 388 ff., *Mendelssohn*, S. 120 f., sowie zur Kritik der »Revolverpresse«: *Diez*, S. 118.
23 Reporter (1897). Zit. n. *Gebhardt*, Presse, S. 195.

Armenhäuser). Mal wird der Reporter zum Flâneur, mal zum Aufklärer und Wissenschaftler.

Der nüchtern-distanzierte Blick des Flâneurs, vor allem aber der forschende, bisweilen durchdringende Blick des Entdeckers und Ermittlers können als Techniken einer »Durchmachtung« des Raumes i. S. Michel Foucaults gelesen werden, »[that] structures a range of disparate texts and heterogeneous practices which emerge in the nineteenth-century city – tourism, exploration/discovery, social investigation, social policy.«[24] Hier wird das Potential einer *Histoire Spatiale* als einer Geschichte räumlicher Formationen, über die gesellschaftliche Macht exekutiert wird, offenbar: »A whole history remains to be written of spaces – which would at the same time be the history of power.«[25] Kaum zufällig vollzog sich parallel zur Erschließung der Metropolen durch Reporter, Literaten und Wissenschaftler eine kartographische Vermessung des öffentlichen Raums durch Stadtplaner, Polizei- und Justizbehörden. Der Raum der Metropole erwies sich so im Anschluss an Certeau nicht bloß als diskursives Konstrukt, sondern als das Ergebnis einer Praxis, deren gestalterisches Potential in Protokollen, Reportagen und Erzählungen zum Ausdruck kam.[26]

Gerade die Massenpresse der Jahrhundertwende war im Kontext der öffentlichen Veranstaltungs- und Festkultur[27] und (musealen) Ausstellungspraxis[28] ein entscheidender Faktor in der Inszenierung metropolitaner Kultur. Legitimität, Einfluss und Wirkung der Presse als Instanz der Vermessung, Sichtung und Kontrolle des großstädtischen Raumes banden sich indes in erster Linie an die anhaltende Proklamation ubiquitärer Gefahr. Städteplaner, Polizisten und Reporter lenkten ihr Augenmerk daher gleichermaßen strategisch auf die dysfunktionalen Seiten des Metropolenlebens. Der in aller Regel weiße, männliche und (bildungs-)bürgerliche Blick des Reporters auf diese Irritationen des Alltags soll im zweiten Teil des Kapitels einer kritischen – und im Hinblick auf die Spiegelung von Metropole und Peripherie kontrapunktischen[29] – Lektüre unterzogen werden. Die zeitgenössische Paranoia einer schier allgegenwärtigen Reporterschar, die sämtliche Regungen der Metropole zu überblicken schien, kann immerhin durchaus als ein Reflex auf die rasch gestiegene Präsenz des Reporters im lokalen Bezugsrahmen gelesen werden. In den Phantasmagorien dieser Jahre erschien speziell die zwischen realer Parteinahme und bloßem Sensationalismus changierende Profession der »Zeitungs-Lokal-Reporter« omnipräsent;

---

24 *Pollock*, S. 28. Vgl. überdies *Walkowitz*, City, S. 15 f.
25 Vgl. *Foucault*, Power/Knowledge, S. 149.
26 So *Certeau*, S. 215–240. Alles in diesem Raum kann Bedeutung gewinnen – und so zur Spur werden. Indizien steuern die Akteure durch die urbane Topographie. Vgl. *Smuda*, S. 7. Der Leser wird in diesen Metropolen aus Worten zum *newshunter* – zum Detektiv und Reporter zugleich.
27 Vgl. *Gebhardt*, Feste, S. 17 f.
28 Vgl. allg. *Geppert*, Fleeting Cities.
29 Vgl. *Said*, S. 92 ff.

der Reporter war, wie der Schriftsteller Arthur Wolff schrieb, aus dem Bild der Metropole kaum mehr wegzudenken:

> »Wie die Bienen schwärmen und summen sie umher, setzen sich auf alles, was die Hauptstadt bietet, nicht immer auf Blüten, aus denen sie Süßigkeiten saugen, oft auch auf Gift und andre Pflanzen. Honig und Arznei ist es, was sie abwechselnd zum Besten und zur Kurzweil ihres großen Leserkreises bereiten. – Nichts lassen sie zu diesem Zweck unausgepreßt, Theater, Gerichtssäle, Parlamente, Versammlungen, Ballhäuser, Tiergarten, Korsos, Hoppegarten, Skating-Rinks, Jagdpartien, Eisenbahnhöfe, Straßen, mitunter auch die Privathäuser und Familien bieten die Stätten, die sie überziehen und aussaugen. [...] Was er [der gewöhnliche Reporter, d. Vf.] sucht, findet er überall, an jedem Orte. Ihm gehört die ganze Welt.«[30]

Die meisten Reportagen spiegeln dabei einen spezifisch *modernen* Wahrnehmungsmodus wider. Deborah Nord zufolge etablieren sich im Verlauf des 19. Jahrhunderts zwei dominante »perceptual and literary modes« einer Repräsentation des Metropolitanen: »the panoramic view and the sudden, instructive encounter with a solitary figure.«[31] Ersterer, der panoramische Wahrnehmungsmodus, der sich zu Beginn des Jahrhunderts noch vorrangig als der topographische Über-Blick aus der Vogelperspektive realisierte, wird in den Reportagen der Jahrhundertwende als »Stückwerk«[32] kontingenter Einzelbeobachtungen in eine Form des episodisch-bruchstückhaften Erzählens transformiert, die dem gewöhnlich distanzierten, geordneten Rundumblick das Chaos ebenso unmittelbarer wie plötzlich changierender Sinneseindrücke entgegenstellt. Diese anekdotisch-sprunghafte Prosa reflektierte eine wachsende Skepsis unter Schriftstellern und Journalisten, die Metropole als ein Ganzes erfassen und ›lesen‹ und so ein kohärentes Bild ihrer vielgestaltigen Wirklichkeiten entwerfen zu können.[33] Gleichzeitig aber brachte die Irritation der großstädtischen Komplexitätserfahrung (sozial-)politisch relevante Formen eines Überblickes hervor, der es letztlich gestattete, die Metropole zu ordnen und zu vermessen.[34] Diesen ergänzten die Berichte der inkognito reisenden Reporter aus den gehobenen Vierteln, vor allem

---

30 *Wolff*, S. 46 f.
31 *Nord*, Streets, S. 21.
32 So schon *Sternberger*, S. 78. Der panoramische Blick besaß – als Wahrnehmungsmodus des 19. Jahrhunderts – gleichwohl die (normierende) Tendenz, das Unterschiedliche unterschiedslos zu sehen. In ihm spiegelten sich die zeitgenössischen Versuchsanordnungen einer Welt, die nur mehr vordergründig überschaubar ist, paradigmatisch wider. Vgl. ebd., S. 68.
33 So *Walkowitz*, City, S. 38 f.
34 Die machtpolitische Instrumentalisierung des im ursprünglichen Wortsinne panoramischen, weil alles verzeichnenden »Rundumblicks« wird – im Zuge seiner städteplanerischen und wissenschaftlichen wie polizeilichen Adaption als kontrollierender Über-Blick über die Metropolen – in den Jahren um 1900 besonders offenbar. Zum Konnex von »survey« und »surveillance« vgl. *Lindner*, Walks, S. 32.

aber aus den Slums der urbanen Gegenwelten, in ihrer eigentümlichen Darstellung ephemerer Ereignisse und Begegnungen.

Die größte Pressestory des 19. Jahrhunderts war das Großstadtleben selbst.[35] Die Jahre um 1900 erscheinen aus dieser Perspektive als die Hochphase eines Schriftsteller-Journalismus, der im Zuge rasch voranschreitender Professionalisierung hochgradig umstritten war. Doch zeichnen sich, wie die nachstehenden Fallstudien zeigen, gerade in dieser Phase der Vernachrichtlichung des Journalismus Tendenzen einer Literarisierung des Nachrichtenwesens ab. Wenn man die lange Jahrhundertwende als signifikante Episode des Übergangs dieses Nachrichtenwesens ins Zeitalter moderner Massenmedien versteht, dann rücken auch und besonders im lokalen Bezugsrahmen neue Strategien (*stunts*) und Formen (*Reportagen*) eines Journalismus in den Blick, mittels derer die Handlungs- und Entscheidungsträger ihre Zielvorstellungen des *New Journalism* – politische Aufklärung, nachrichtliche Information *und* Unterhaltung – zu erproben und unter sich verändernden Rahmenbedingungen neuerlich ins Werk zu setzen begannen.

4.2 Zwischen *Provinz* und *Weltstadt*: Der Reporter und die Konstruktion der Metropole

4.2.1 Oberwelten: der Reporter als Flâneur und Künstler

Hugo von Kupffers Reporter Streifzüge

Der Siegeszug der US-amerikanischen *newshunter* setzte in Europa ab den 1870er Jahren ein. In Deutschland war der Reporter nach angloamerikanischem Vorbild indes noch bis zur Jahrhundertwende eine Ausnahmeerscheinung. Eine dieser Ausnahmen bildete der Chefredakteur des *Berliner Lokal-Anzeigers* Hugo von Kupffer. Unter seiner Regie etablierte sich der *Lokal-Anzeiger* ab 1883 rasch als erste Instanz der Lokalberichterstattung am Berliner Zeitungsmarkt, wie sich an der verdichteten Periodizität (ab 1885 erschien er bereits täglich außer montags, in den 1890ern dann zweimal täglich) sowie gestiegenen Auflagenzahlen ablesen lässt: Von anfänglich circa 100.000 zahlenden Abonnenten steigerte sich das Blatt, auch aufgrund gezielter verlegerischer Maßnahmen, binnen weniger Jahre sukzessive auf eine Auflage von bis zu 260.000 Exemplaren (1899), wovon circa 90 % in Berlin abgesetzt wurden.[36] Der *Lokal-Anzeiger* erreichte so unter von Kupffer in einer systematischen Mischung aus offiziösen Nachrichten, Sensationsmeldungen und lokalen *human-interest-stories* mit emotionalem Bezug als den ›Dramen des kleinen Mannes‹ das Publikum

---

35 Vgl. *Barth*, City People, S. 58 f.
36 Vgl. *Stöber*, Prototyp, S. 323.

der Metropole. Dabei changierte die Zeitung gerade zwischen dem Image, interessante und sensationelle Themen aufzugreifen, und dem Anspruch einer der Konkurrenz gegenüber glaubwürdigeren und wahrheitsgemäßen Exklusivberichterstattung.[37] Neben harten Fakten war ganz nach amerikanischem Vorbild gerade die schnelle Übermittlung der Nachrichten eine zentrale Devise des Blattes: »Der höchste Ruhm unserer Berichterstatter ist es, wenn der ›Berliner Lokal-Anzeiger‹ allein vor allen Berliner Blättern eine wichtige Nachricht mit Feststellung aller Einzelheiten bringen kann.«[38] Dazu verfügte der *Lokal-Anzeiger* über ein außergewöhnlich dichtes weltweites Korrespondentennetz,[39] das in Ergänzung des großzügig verwendeten ausländischen Agenturmaterials das Gros der Berichterstattung lieferte. Zu besonderen Anlässen aber reiste bisweilen auch der Lokalreporter von Kupffer ins Ausland und nutzte sein Privileg des Chefredakteurs, um als Sonderberichterstatter des Blattes zu schreiben.

Von Kupffer, der nach Stationen in diversen Nachrichtenagenturen wie *Reuters, Havas* und *WTB* in James Gordons Bennetts Jr. *New York Herald* die Standards der Großstadtpresse kennen und schätzen gelernt hatte,[40] importierte Stil und Techniken des *New Journalism*, die dem Ideal einer spannenden Berichterstattung mit Lokalkolorit (*urban-color*) nachfolgten. In Deutschland war von Kupffer der erste, der dieses Ideal einer neuartigen Lokalberichterstattung in Form der Reportage umzusetzen begann. In regelmäßiger Folge veröffentlichte er zwischen 1886 und 1888 unter der Rubrik »Reporter-Streifzüge« eine Vielzahl urbaner Reportagen nach amerikanischem Vorbild, die bereits kurz darauf als Sammlung in Buchform erschienen.[41] Darüber hinaus zeichnete er

---

37 Zur Steigerung des Absatzes sowie zur Stärkung der Leserbindung gab Scherl seinem anfangs gratis verteilten, später dann für 5 resp. 10 Pfennig vertriebenen *Berliner Lokal-Anzeiger* eine Unterhaltungsbeilage hinzu (erstmals war dies am 23.08.1887 E. A. Königs Kolportageroman ›Pistole und Feder‹). Zudem erwies sich die Zeitung durch Rubriken wie »Öffentliche Meinung«, »Briefkasten« oder »Sprechstunde« als Sprachrohr des Publikums. Um sich gegenüber der lokalen Konkurrenz Vorteile in der Informationsakquise zu sichern, bemühte sich der BLA – über das System nebenamtlicher Informanten hinaus – um die Anwerbung von Polizei-Offizieren, die den Reportern Nachrichten ›aus erster Hand‹ liefern sollten. In Konsequenz bisweilen harscher Methoden musste sich von Kupffer später wegen einer Handvoll Pressedelikten gerichtlich verantworten.
38 Der Berliner Lokal-Anzeiger 1883–1893, in: Berliner Lokal-Anzeiger, 04.11.1893, S. 10.
39 Christian Schmaling zufolge umfasste dieses Netz mehr als 1.000 Korrespondenten. Vgl. *Schmaling*, S. 47 f. Vgl. dazu *Erman*, S. 98, sowie *Mendelssohn*, S. 87.
40 Zu Kupffers Biographie geben die Akten der Berliner Politischen Polizei Aufschluss. Vgl. »Auskunftserteilung von Kupffer.« Politische Polizei an PrMI [18.07.1888]. LAB A PrBr Rep. 030 Nr. 11131, Bl. 1–3.
41 Die ersten Ausgaben der Artikelserie erschienen im *Berliner Lokal-Anzeiger* sowie im *Berliner Sonntagsblatt*. Nahezu alle Reportagen sind in unveränderter Form in die Sammlung eingegangen. Allein die Reportage »Stellenvermittelung« wurde gestrichen. Zudem finden sich die Texte neu arrangiert; die Serie zur »Litteratur der Berliner Straßenschilder« (Oktober 1887) wird im *Lokal-Anzeiger* als eigene Rubrik ausgewiesen. Vgl. exempl. Reporterstreifzüge. X. – Von zarter Hand, in: Berliner Lokal-Anzeiger, 18.09.1887, S. 2 f. Der Medienwechsel ins Buch nobilitierte die Zeitungsreportagen in der Regel als literarisch-historische Zeugnisse.

als Chefredakteur für die extrem populäre wöchentliche Kolumne des »Berliner Beobachters« sowie verschiedene Leitartikel verantwortlich. In der außergewöhnlich großen Redaktion des *Lokal-Anzeigers*,[42] die außer dem Chefredakteur weitere 45 Journalisten (darunter zwanzig ständige Mitarbeiter in Berlin sowie 25 Korrespondenten des In- und Auslandes) umfasste, war von Kupffer die zentrale Größe. So zählte er zu den bestbezahlten deutschen Journalisten: Während er 1883 lediglich 150 Mark monatlich verdient hatte, waren es 1888 bereits 6.500 Mark p. a. 1899 lag sein Einkommen gerüchteweise gar bei 40.000 Mark pro Jahr.[43]

Die zeitgenössisch wirkmächtige – bis zum heutigen Tag nahezu vollständig vergessene – Sammlung seiner Streiflichter aus der Metropole kann als Schlüsselwerk deutschsprachiger Reportageliteratur gelesen werden. Von Kupffers *Reporter-Streifzüge*, die unter dem Titel *Ungeschminkte Bilder aus der Reichshauptstadt* eine Vielzahl disparater, z. T. sensationeller Themen wie *Des Mörders letzte Stunde*, *Im Moabiter Untersuchungsgefängnis* oder *Der Hüter der Morgue* versammelten, verstanden sich in programmatischer Weise als das Ergebnis »journalistische[r] Erforschungsfahrt[en]«.[44] Ihr Ideal einer »geradezu frappierenden Realistik« (KRS III), das von Kupffer den Schilderungen der »echten amerikanischen ›Reporter‹« nachempfand, legitimierte, so der Verfasser, den »kulturhistorischen Wert« der Zeugnisse:

»Diesen [kulturhistorischen Wert, d. Vf.] leite ich von dem Umstande her, daß die nachfolgenden Bilder nicht am bequemen Schreibtische des phantasiereichen Feuilletonisten gemalt, sondern mit beträchtlicher Nichtachtung gegen die ästhetischem Gesetze der Feuilletonproduktion, nach der Natur gezeichnet sind. Sie sollen sich von den zahllosen ›Bildern aus dem Berliner Leben‹ ebenso unterscheiden, wie ein mit wahrer oder eingebildeter Künstlerschaft ausgeführtes Ölbild von einer unretouchierten Momentphotographie.« (KRS III)

Die harsche Kritik an den realitätsfernen »Schreibtisch«-Plaudereien der Feuilletonisten wird hier zur topischen Referenz späterer Reportage-Sammlungen. Der politische Anspruch des Reporters, die »Wirklichkeit«, insbesondere der sog. ›kleinen Leute‹, abzubilden, geht, ganz konstitutiv, mit einer bestimmten *Form* der Darstellung einher. Denn es ist der Reporter, der in seiner Realistik »Dinge und Menschen schildert, und zwar *interessant* schildert, welche bei oberflächlicher Betrachtung kaum interessant genug erscheinen.« (KRS IIIf.) Seine Reportagen sind immer auch Streifzüge durch das Leben der Infamen.[45] Die

---

42 Vgl. *Enke*, Bd. 2, S. 40.
43 Vgl. LAB A PrBr Rep. 030 Nr. 11131: Notizen vom 18.07.1888, Bl. 1Rs-2, sowie 22.04.1899, Bl. 18Rs-20.
44 *Kupffer*, S. 1. Im Folgenden zitiert unter der Sigle KRS.
45 Diese Existenzen, dies, so Foucault, dazu gewesen seien zu verschwinden und deren »rätselhafte Erscheinung« wir allenfalls in den kurzen Augenblicken »ihrer Berührung mit der Macht« erhaschen können, stehen hier im Fokus. Vgl. *Foucault*, Leben der infamen Menschen, S. 20.

Orte, an denen von Kupffer ihre Begegnung mit der »Macht« nachzeichnet, sind nur allzu häufig die heterotopischen Schattenseiten des metropolitanen Glanzes (Gericht, Gefängnis, Armenhäuser und Arbeiterkolonien). Im Rekurs auf die Medien (Fotografie) und Methoden (Enquête/Exploration) quasi-wissenschaftlicher Beweisführung zielen von Kupffers ›ungeschminkte Bilder‹ auf ein Ideal der ›Objektivität‹, das Lorraine Daston und Peter Galison zutreffend als das Paradigma der modernen empirischen Wissenschaften charakterisieren.[46] Der Reporter sollte sich dabei seinem Gegenstand über den »Weg eigener Anschauung und persönlicher Unterredung« (KRS III) – und dies meinte vor allem die Technik des Interviews[47] – nähern. Von seinen amerikanischen Pendants trennte von Kupffer indes, was Requate als »etatistisches Verständnis von der Presse«[48] bezeichnet: Er ermittelte nie auf eigene Initiative in Animierkneipen, Kaschemmen oder Tanzlokalen. Vielmehr unternahm er in Begleitung von Polizei- und Gerichtsbeamten Führungen durch diese Milieus des staatlichen Kontrollbereichs. Sein aufklärerisches Ideal deutete er anders als viele seiner späteren Kollegen (allen voran Hans Ostwald), die aus den ›dunklen Winkeln‹ der Metropole berichteten, zunächst vor allem als Verpflichtung zur persönlichen Inaugenscheinnahme sowie zur exakten Wiedergabe des unmittelbar Erlebten. In seiner Rhetorik des Fortschrittsoptimismus profilierte von Kupffer die Vorstellung, mit seinen Reportagen »unretouchierte Momentphotographien« anzufertigen, als Leitbild eines Genres, das er gegen alle Tendenzen der Fiktionalisierung und das ästhetische Paradigma der Erzählung als Zeichnung »nach der Natur« in Stellung brachte. In seiner sensationalistisch anmutenden Reportage über den Berliner Typus des Berufsverbrechers (»Soldaten-Ede«) stellte er der eigentlichen Charakterstudie eine ironische Kritik an der ebenso stereotypen wie klischeebeladenen Schilderung dieses Milieus durch Schriftsteller und Feuilletonisten voran:

»*Feuilletonisten* sind schon viele in die sogenannten Verbrecherkeller – die, nebenbei bemerkt, eine an Langweiligkeit grenzende äußerliche Harmlosigkeit atmen – hinabgestiegen, sie haben die obligate Gänsehaut bekommen, ihre Glacé-Handschuhe nachher weggeworfen und ein Meer von Tinte all' den schönen Phrasen und Phantasien über das Berliner Verbrechertum geopfert.« (KRS 65 f.)

Obschon die »Reporter-Streifzüge« lediglich »schlicht und wahr an der Quelle Gehörtes und Gesehenes« (KRS 66), vielfach von Statistik »von Namen und Zahlen« (KRS 83) gestützt, zu protokollieren vorgeben, weisen sie doch bisweilen, wie von Kupffers Beschreibungen eines Spazierganges durch Berlin am Tage der Sonnenfinsternis (KRS 73 ff.), durchaus Spuren eines *feuilletonistischen* Erbes auf. Auch der eher glossierte Streifzug durch die orthographischen wie semantischen Stilblüten der metropolitanen Reklameschilder (»Litteratur der

---

46 *Daston u. Galison*, S. 7 f.
47 Zum Verhältnis von Interview und Reportage vgl. allg. *Kött*, S. 123 ff.
48 *Requate*, Journalismus, S. 393.

Berliner Straßenschilder«) knüpft, gerade im Versuch des Reporters, die ›Stadt zu lesen‹, besonders deutlich an ältere Traditionen der Großstadtliteratur an.[49] Hier erscheinen die Streifzüge als Skizzen eines Wanderers und Flâneurs, der sich – mehr als nur bloßer Faktenregistrateur – der wandelnden »Physiognomie der Großstadt« (KRS 9) und den Schicksalen ihrer Bewohner, insbesondere nun aber den »schmerzlichsten Seiten des Lebens« (vgl. KRS 25; 107), zu widmen vermag.

Sozialkritisch werden von Kupffers Reportagen nur selten. Seine Texte schlagen zumeist einen versöhnlichen Ton an. Die eindrücklichen Schilderungen gesellschaftlicher Missstände, zumal der Anstellungs- und Arbeitsverhältnisse der urbanen Mittel- und Unterschichten (»Zahl'n – Zahl'n – Zahl'n«) sowie der Lage der Armen- und Obdachlosenfürsorge, kontrastierte von Kupffer vor den Augen des bürgerlichen Publikums seines gouvernementalen *Lokal-Anzeigers* in aller Regel rasch mit Verweisen auf die bereits errungenen Fortschritte in der sozialen Frage sowie, ganz institutionengläubig, auf die Verdienste des städtischen Magistrats in diesen Angelegenheiten. Die Subtexte seiner wohl auch strategisch gemäßigten Beobachtungen boten nichtsdestotrotz erheblichen ›Sprengstoff‹. Die Sammlung verknüpfte in beispielgebender Weise althergebrachte Themen und Motive der Großstadtdichtung des 19. Jahrhunderts mit der Form moderner Reportageliteratur. Um dies näher zu beleuchten, soll die Komposition der Reportagen an dieser Stelle einer genaueren Lektüre unterzogen werden.

Der Einstieg der Reportagen versetzt den Leser gleich in medias res und entwirft wie in der ersten Geschichte der Sammlung (»Zahl'n«) ein genaues Bild der Szenerie und der Eigenarten metropolitanen Lebens: in diesem Fall des Berliner Nachtlebens und seiner Cafés. Die detaillierten, in vielen Fällen durch genaue Orts- und Zeitangaben gestützten Beschreibungen der Schauplätze rahmen dabei häufig schlaglichtartige Schilderungen des Reporter-Streifzuges durch die Metropole und zu den Schauplätzen sowie Angaben zum Prozess seiner Informationsakquise[50] (Statistiken, offiziöse Auskünfte und informelle Kontakte). So steht gerade durch die ostentative Ausstellung der Berichts- und Interviewsituationen die Beglaubigung der Information in der Regel im Vordergrund. Immer wieder spricht der Reporter von Kupffer in seinen Texten über die Schwierigkeiten, »den Zahlkellner eines […] Wiener Nachtcafés zu ›interviewen‹« (KRS 1) oder den »verschlossenen und namentlich neugierigen Preßmenschen herzlich abgeneigten« Berliner Scharfrichter Krautz »auszuforschen« (KRS 34) bzw. sich der Reize aktueller Berichterstattung über die sog. Sensationsprozesse sowie des geistvollen Plauderns über das »Treiben in den Gängen und Sälen« (KRS 25) des

---

49 Adolph Glasbrenner unternahm einen ähnlichen ›Streifzug‹ bereits 1847. Vgl. *Brennglas*.
50 Der autoreflexive Gestus dieser Reportagen wird zum Strukturmerkmal der Sammlung. Dabei werden allgemeine Beobachtungen (z. B. Statistiken) an Einzelfallbeobachtungen gemessen (vgl. KRS 18 f.). Im Zyklus der – ins Medium des Buches eingegangen – Sammlung wird dies alsdann besonders offenbar.

Moabiter Schwurgerichts zu enthalten. Innerhalb dieser Struktur stehen Momente der Beglaubigung/Belehrung wie die Zitation amtlicher Dokumente und polizeilicher Formulare (z. B. des Lebenslaufes eines Verbrechers, vgl. KRS 67) neben unterhaltsamen Passagen: »Szenen allgemeiner Spannung« (KRS 28 f.) schildern bspw. einen Moabiter Mordprozess, das Stakkato der Anklagen und schließlich die Verurteilung des Beschuldigten – vor den Augen eines neugierigen und angstlüsternen Publikums in durchweg anschaulicher Sprache. Der Fokus dieser Reportagen liegt, im Unterschied zu den Prozessprotokollen der lokalen Tages- und Gerichts-Zeitungen[51] oder den literarischen Adaptionen und (populär)wissenschaftlichen Fall-Geschichten der Zeit,[52] weniger auf der genauen Schilderung des Prozessgegenstandes, der Diskussion rechtswissenschaftlicher Detailfragen oder der melodramatischen Inszenierung menschlicher Abgründe als vielmehr auf den Instanzen seiner Beobachtung und seiner Konstruktion als Medienereignis. Die Prinzipien der Theatralisierung des Prozessgeschehens spiegeln sich hier in der Skizze einer sensationslüsternen Publikums wider: Das »Kreuzfeuer neugieriger Blicke« (KRS 28) von Zuschauerplätzen und Logen, auf denen sich, so von Kupffer, Schauspieler und Offiziere, Lebemänner und romanlesende Damen sowie Feuilletonisten und Berichterstatter wie auf den »Galerien eines Zirkus« (KRS 32) versammeln, wird indes im Modus der Reportage wieder auf das zeitungslesende Berliner Publikum zurückgeworfen. Gerade hier besitzen von Kupffers Texte einen radikal medienkritischen Impetus.

Immer wieder stellen die Texte überdies die Schreibfertigkeit des Reporters als eine ›Waffe‹ aus, Zustände und Personen in seinem »Gedächtnis und [...] Notizbuch zu photographieren« (KRS 55) und so z. B. offen Kritik an der prekären Lage der Arbeiter und Bediensteten üben zu können. Unter dem Leitmotiv der Verwandlung Berlins nach den Gesetzen des kapitalistischen Primats (›Zahl'n!‹)[53] werden in zahlreichen Reportagen die Schattenseiten der voranschreitenden Touristifizierung der Metropolen in den Blick genommen (vgl. KRS 8; 23; 70 f.). Hier bezeugen von Kupffers Bemerkungen ein Ideal der Parteinahme, das sich der ›Deutungsmacht‹ populärer Vorurteile und Klischees entgegenstemmt. Einige Reportagen zitieren dazu gar eingangs in ironischer Weise die Stereotype des Volksmunds – »›Natürlich! Scharfrichter, Hundefänger – also roh bis zum Exzeß!‹« (KRS 35) – nur um anschließend deren Überzeichnung durch die Bilder eigener Anschauung zu korrigieren und Personen, Berufsstände sowie ganze Milieus als Teil der »bürgerlichen Gemein-

---

51 Vgl. exempl. Raubmord-Prozeß gegen den Buchhalter Günzel. Landgericht I. Schwurgericht, in: Berliner Gerichts-Zeitung, 21.05.1887, S. 1.
52 Vgl. *Lindau*, Mörder, S. 225–298.
53 Ganz im Stil der US-amerikanischen *newshunter* wird Hugo von Kupffer hier zum Ermittler in bürgerlichen – bisweilen durchaus zwielichtigen – Milieus (vgl. KRS 12; 57; 85). Die Korrelation prekärer Sozialverhältnisse und krimineller Devianz wird dabei stets kritisch hervorgehoben.

schaft« (KRS 38f.) zu rehabilitieren. In diesem Ansinnen verbarg sich die eminent politische Bedeutung der Skizzen, die schließlich das Feld der metropolitanen Reportageliteratur zwischen Flânerie und investigativem Journalismus ausmaßen.

Urban color: Flânerien zwischen Provinz und Weltstadt

Unter den Metropolen der Jahrhundertwende war Berlin, das in den ersten Beobachtungen im Fokus stehen soll, als »Parvenu der Großstädte«[54] in besonderem Maße von den Effekten soziokulturellen Wandels im Zuge der Urbanisierung betroffen. 1871 zählte Berlin 824.500 Bewohner, 1877 überstieg man bereits die Millionengrenze und 1890 lebten dann dort über 1,5 Millionen Menschen.[55] Der voranschreitenden Verstädterung mit ihrer Tendenz zur Suburbanisierung und sozialen Segregation korrespondierte ab 1870 – wie in London und Paris zuvor – die institutionelle Ausdifferenzierung einer bürgerlichen Hochkultur auf der einen sowie einer Volks- und Massenkultur auf der anderen Seite.[56] In diesen Jahren avancierte der Reporter in seinen Augenblicksbeobachtungen zum Chronisten des metropolitanen Wandels.

Speziell gegen die politisch ›engagierte‹ (mithin involvierte) Erzählhaltung des investigativen Reporters etablierte sich um 1900 eine Form autoreflexiv-distanzierten Erzählens im Bereich des Journalismus, die vornehmlich an die Figur des Flâneurs anknüpfte und sich so einer weitaus älteren (literarischen) Tradition der Metropolenwahrnehmung verpflichtete. Will man die Streifzüge des Reporters als Flânerien lesen, muss in erster Linie eine klare begriffliche Präzisierung dessen vorgenommen werden, was unter der Figur des Flâneurs bzw. der Flânerie verstanden werden soll. Harald Neumeyer zufolge ist der »richtungs- und ziellos durch die Großstadt«[57] streifende Flâneur zunächst gerade durch die ihm eigene Form der Gehbewegung definiert; der spezifische, distanziert-analytische Wahrnehmungsmodus kann als Ausdruck des Versuchs einer Identitätsbestimmung – in Relation zur Großstadt, der Masse oder einzelnen Personen – gesehen werden. Der Flâneur als urbaner Spaziergänger wird zum Beobachter der gegenwärtigen Metropole und zum Historiograph ihres Alltagslebens.[58] Vorläufer dieser ab circa 1830 einsetzenden gesamteuropäischen Erscheinung lassen sich indes bereits um 1800 identifizieren. In Merciers *Tableaux de Paris* wird die Verschränkung von berichtenden, szenischen und reflexiven Textelementen zum konstitutiven Merkmal einer kollektiven Stadtdarstellung.[59] Merciers über 1.000 Bilder stehen als ›Sittenbilder‹ zwar noch in der

---

54 So *Rathenau*, S. 37.
55 Vgl. *Harder*, Stimmen, S. 35f.
56 Vgl. *Lenger*, Metropolen, S. 98ff. sowie S. 213ff.
57 *Neumeyer*, S. 17. Vgl. dazu auch allg. *Turcot*, S. 65ff.
58 Vgl. *Köhn*, S. 35f.
59 Vgl. *Stierle*, S. 105ff. und S. 718ff. Zur Tradition der *Tableaux* vgl. *Lauster*, S. 173ff.

Tradition moralistischer Betrachtungen, nehmen aber schon in Ansätzen die poetische (romantisch-sinnliche) Dimension des Spaziergangs ab den 1830er Jahren vorweg. Im monumentalen Versuch einer enzyklopädischen Darstellung metropolitaner Wirklichkeiten wird bei Mercier die »ungeschminkte Wiedergabe« (»pinceau fidèle«[60]) zum Strukturprinzip seiner Lektüren gegenwärtiger Zustände: »Assez d'autres ont peint avec complaissance les siècles passés, je ne suis occupé que de la génération actuélle et de la physionomie de mon siècle.«[61] Die Dynamik großstädtischer Entwicklungen spiegeln seine Tableaus in Form palimpsestartiger Überlagerungen der Wirklichkeiten wider.

Als die Figur des Flaneurs in Baudelaires Essay *Le peintre de la vie moderne* 1863 eine Theoretisierung erfuhr und in den *Tableaux Parisiens* ihr Denkmal erhielt, hatte sich diese bereits lange zu einer alltäglichen Erscheinung des Pariser Lebens entwickelt.[62] Zwischen 1830 und 1850 avancierte der Flâneur auch als Sozialfigur zu einer veritablen Erscheinung großstädtischen Lebens, wie Louis Harts *Physiologie du flâneur* (1841) oder Albert Smiths *The Natural History of the Idler* (1848) bezeugen. Als »Kennzeichen des wahren Literaten« bewegte sich die Flânerie stets im Spannungsfeld von voyeuristischer »Schaulust« und aufmerksamer »Beobachtung«.[63] Die Abgrenzung des Flâneurs gegenüber dem *badaud*, dem nur mehr am Spektakel interessierten Gaffer, scheint ebenso wie der Versuch seiner schlichten Reduktion auf die Figur des Dandys gerade hier zu kollabieren.[64]

Der Flâneur als *observateur* ist eben auch Journalist; schon Walter Benjamin stellte (allerdings vor allem im Hinblick auf den Warencharakter der Texte) heraus: »Die gesellschaftliche Grundlage der flânerie ist der Journalismus.«[65] Entscheidend aber ist, gerade wenn man die Urszenen dieser Flâneurtradition in Deutschland besieht, dass der Flâneur als Vorläufer des kritischen Sozialreporters (wie z.B. in Ernst Dronkes *Berlin* (1846) oder Robert Springer *Berliner Straßen* (1850)) bzw. als Historiograph (wie in Adolph Glasbrenners *Straßenbildern* (1837/42)) in einer Vielzahl von Maskeraden in Erscheinung trat.[66] Der Künstler als Beobachter – in Baudelaires Worten »un prince qui jouit par-

---

60 *Mercier*, Bd. 1, Préface, S. XVIII.
61 Ebd., S. XII.
62 Vgl. *Köhn*, S. 32. Schon Balzacs *Théorie de la démarche* (1833) entsprang diesem Umstand.
63 Vgl. *Düllo*, S. 121 f. Die einseitige Verortung des Flâneurs im Milieu der marginalisierten Intellektuellen – wie bspw. von Rüdiger Severin – mag so kaum überzeugen. Vgl. *Severin*, S. 1 f.
64 Das Wechselspiel von *Sehen* und *Gesehen-Werden* betonen Stein bzw. *Fuest*, S. 110 f.
65 *Benjamin*, Bd. V, S. 559. Die »Studien« des Flâneurs überschreiten konstitutiv die Grenzen der Privatsphäre – aus der heraus dieser die Menge zu beobachten weiß. Sein Asyl in der Menge wird – wie in Edgar Allan Poes Erzählung *Man of the crowd* (1842) – zur Grundlage aller Maskeraden. Vgl. ebd., Bd. I, S. 543. Die Praxis neugieriger Beobachtung und die Herausbildung der Sozialfigur des Reporters etablierte eine neuartige Kommunikationsweise des Journalismus der Massenmedien – und avancierte so zum Grundstein der raschen Professionalisierung dieses Feldes.
66 Vgl. *Neumeyer*, S. 138 f.

tout de son incognito«[67] – zeichnete sich dabei weniger durch einen bestimmten Habitus der ›Gelassenheit‹ aus, der ihn von der ›Manie‹ des Reporters, Polizisten oder Detektivs unterschied, als vielmehr durch die moderne Ökonomie einer Aufmerksamkeit, die das Neue im Veralten, mithin in seinem transitorischen Charakter, in den Blick nahm.[68] Sobald die Streifzüge indes einzig und allein der Impetus investigativer Aufklärung oder wissenschaftlicher bzw. missionarischer Exploration strukturierte, überschritten sie die Grenze zur politisch-sozialkritischen Reportage. In diesem spannungsreichen Feld oberweltlicher Flânerie und unterweltlicher Erkundung – »promenés du haut en bas de ces tours de Babel«[69] wie Giffard 1882 in seinen Wanderungen über die Pariser Bazare exemplarisch schrieb – bewegen sich die Streifzüge der Reporter der Jahrhundertwende. Auch die Skizzen, Dramen und Romane sowie vor allem die dreibändige Sammlung *Living London* des Schriftsteller-Journalisten George R. Sims lassen sich hier verorten. In der Vorrede dieser Sammlung von Essays und Reportagen stellte der viktorianische Explorator Sims heraus, die einzelnen Texte zeitigten mehr als nur ein Panorama der Metropole, mehr als nur »a London of bricks and mortar«. Der Eindruck sei so unmittelbar, lebendig und gegenwärtig: »All forms and phases of London life, from the highest to the lowest, will be brought before us.«[70] Dies war dem Flâneur Sims als distanziertem Beobachter des urbanen Geschehens nur möglich, solange er die Grenzen der Introspektion in seinen Studien überschritt, »even to the point of cultural immersion, social masquerade, and intrapsychic incorporation«[71]. In seinen Studien aus den Slums der Metropole (1883 erschien seine Artikelserie *How the poor live* in der *Pictorial World* sowie der *Daily News*) sollte dieser Anspruch eingelöst werden.

Walter Turszinskys Spaziergänge durch die Berliner Metropole 1910, die als Reportagensammlung unter dem Titel *Drüber weg und unten durch* ein Jahr später erschienen, standen gleichsam zwischen Flânerie und Investigation. Sein Gang durch den mondänen Berliner Westen, durch Kaiserpassage, Eispalast, Börse oder Varietés (»drüber weg«), stand den Streifzügen durch Gefängnisse, Nachtasyle und Irrenanstalten und dem Choc-Erlebnis des hier erfahrenen Elends (»drunten durch«) diametral gegenüber. Generell aber wiesen Turszinskys Reportagen einen durchweg versöhnlichen Ton aus. Seine Beobachtungen etwa

---

67 Le peintre de la vie moderne (I), in: Le Figaro, 26.11.1863, S. 1–5, hier S. 4.
68 Vgl. *Haas*, Journalismus, S. 370f. Die Funktion der historischen Orientierung des europäischen Flâneurs im mnemotechnischen Raum der Metropole wird hier – der US-amerikanischen Jagd des Reporters nach Authentischem ähnlich – durch einen Impuls radikaler ›Gegenwärtigkeit‹ überwunden.
69 *Giffard*, Les grands bazars, S. 294. Hier wird der Flâneur indes zum Gegenstand der Beobachtungen des Reporters. Später pflegen Reporter wie Henri Béraud ihr Image als *Le flâneur salarié* (1927).
70 *Sims*, Living London, Bd. 1, S. 3.
71 *Walkowitz*, City, S. 20. Vgl. *Higgins* sowie *Reid*.

der Passagen der 1873 errichteten, von Turszinsky als »Guckkasten« wahrgenommen Kaisergalerie offenbaren die Freuden des Flâneurs, der sich den kontingenten wie ephemeren »Ausschnitten« – dem ewigen »Vorüber, vorüber«[72] – des Großstadtlebens aussetzt, ohne ein genaues Ziel zu verfolgen. In diesem Grundzug spiegeln sich Julius Rodenbergs eher chronikalisch angelegte *Bilder aus dem Berliner Leben* (1885–87) und Alfred Kerrs *Berliner Briefe* (1895–1900), ganz besonders aber die *frühen* Berliner Prosaskizzen Robert Walsers wider.[73]

Speziell Kerrs Briefe zeichnen dabei in der Tradition der Reise und Kulturbriefe[74] ein Bild der Metropole zwischen spießbürgerlich-philisterhafter Provinz (»Pankestadt«) und politisch wie merkantil aufstrebender »Weltstadt«[75]. Die Grenzen des kosmopolitanen Gepräges werden hier immer wieder kritisch hervorgehoben. Jene allzu euphorischen Innenwahrnehmungen der modernen Metropolen, wie sie die Reportagen und Berichte der Jahrhundertwende durchziehen, relativieren die Beobachtungen auswärtiger Schriftsteller bzw. Auslandskorrespondenten, wie gerade das Beispiel des zur Metropole aufsteigenden Berlins besonders deutlich zeigt, sehr nachdrücklich.[76] Die Inszenierung weltstädtischen Flairs war zwar zum gängigen Topos geworden, und in der ›Parvenüpolis‹ Berlin war dieser zweifellos besonders prominent;[77] doch bemaßen sich schon allein die Grenzen der Flânerie an verschiedenen Faktoren: Erstens war dies das Stigma des Flâneurs als Müßiggänger, der vom anfangs vorrangig politisch konnotierten ›Bummler‹ des Jahres 1848 geschieden war. Hinzu kam das (kulturkritische) Stigma einer Metropolenwahrnehmung, die die Großstädte als Orte der Apokalypse verstand. Und drittens waren es die der Flânerie buchstäblich im Wege stehenden radikalen Veränderungen eines großstädtischen Erscheinungsbildes zwischen »Baustellen und Warenhäusern«[78]. Hier setzten die ästhetischen Programme der Jahrhundertwende – von Naturalismus bis

---

72 *Turszinsky*, Theater-Passage, in: ders., Berlin, S. 43.
73 Walsers Miniaturen zeigen die Dynamik einer als heterogen erfahrenen Wirklichkeit, der bereits ästhetische Qualitäten anhaften: »Die Luft bebt und erschrickt von Weltleben. Bis zu den Dächern hinauf und über die Dächer noch hinaus schweben und kleben Reklamen. Große Buchstaben fallen in die Augen. Und immer gehen hier Menschen. […] Arbeit und Vergnügen, Laster und guter Trieb, Streben und Müßiggang, Edelsinn und Niedertracht, Liebe und Haß, feuriges und höhnisches Wesen, Buntheit und Einfachheit, Armut und Reichtum schimmern, glitzern, blöden, träumen, eilen und stolpern hier wild und zugleich ohnmächtig durcheinander.« *Walser*, Friedrichstraße, S. 76. Vgl. dazu im Einzelnen *Neumeyer*, S. 192 ff., wie auch *Köhn*, S. 135 ff.
74 Vergleichbar vor allem mit Heinrich Heines *Briefen aus Berlin*. Vgl. *Scharnowski*, S. 70.
75 *Kerr*, S. 158 ff.
76 Vgl. hier exempl. Tissots – noch unter dem Eindruck des Deutsch-Französischen Krieges stehenden – kritischen *Berliner Skizzen* sowie Hurets Studien zu *Berlin um 1900*, J. F. Dickies *In the Kaisers Capital* (1912) oder die im *Berliner Lokal-Anzeiger* abgedruckten Miniaturen Henry F. Urbans: *Die Entdeckung Berlins* (1912) – in denen z. B. der – gegenüber anderen »Weltstädten« – provinzielle Charakter Berlins ausgewiesen wird.
77 Vgl. *Knoch*, Schwellenräume, S. 257–285; *Schlör*, Berlin, S. 255.
78 *Neumeyer*, S. 145–163.

Im- und Expressionismus – an. Sie entdeckten in der dokumentarischen Ästhetik der Reportage ein Modell der Wirklichkeitsaneignung, das den Flâneur zwischen emotiver Introspektion und nüchterner Faktenregistratur zu profilieren verstand. Vor dem Hintergrund dieser Tradition einer Denkfigur des Flâneurs soll im Folgenden der Blick auf die Reportagen und Prosaskizzen Johannes Schlafs geworfen werden, die den Flâneur, so die These, als Aufzeichnungsmedium metropolitaner Realitäten ausweisen.

Der Flâneur als ›Aufzeichnungsmedium‹

In Bölsches *Poesie der Großstadt* wird die ästhetisierende Perspektive des »Künstlerauges« konstitutiv. Die Synopsis des Künstlers vermag den Details ›Schönheit‹ zu verleihen. Der Konnex zwischen dem Aufenthalt, der Gehbewegung des Künstlers in der Metropole und der Wahrnehmung derselben wird indes im Naturalismus fast nie vollzogen;[79] die Notwendigkeit der Flânerie für die künstlerische Produktion wird ausgeblendet, der Flâneur, wenn überhaupt, ganz auf die Sinneswahrnehmung i. S. des Zolaschen Ideals des *observateurs* (Ohr/Auge) reduziert; die Thematisierung des Ich (sowohl des Autors als auch der Erzähler bzw. Figuren) tritt, dem Credo der Holzschen Dichtung gemäß (»Kunst = Natur – X.«[80]), hinter die bloße, idealiter realitätsgetreue Darstellung sozialer Lebenswelten zurück. In der Phantasie medientechnischer Reproduktionslogik wird der Flâneur als reines Aufzeichnungsmedium vor allem über die Wahrnehmungssituation eines alles auffangenden und protokollierenden Beobachters bestimmt, als dessen Vorbild der Reporter erschien.[81]

An Johannes Schlafs Reportage *Am Wahlabend in Berlin N.* aus der *Freien Bühne* (1890) wird diese Funktionalisierung des Flâneurs im Geiste des Journalismus besonders deutlich. Die Eigenheiten seiner naturalistischen Interpretation der Flânerie treten offen hervor, wenn man die überarbeitete Fassung seines Textes hinzuzieht, die der Autor 1897 unter dem Titel *Volksversammlung* in den Novellenband *Sommertod* aufgenommen hatte. Dieses kurze Prosastück, das ganz aus der Perspektive des Inkognito-Flâneurs den Gang des Ich-Erzählers durch die großstädtischen Massen einer Berliner Wahlversammlung nachvollzieht, verschreibt sich der unmittelbar synästhetischen Erfahrung dieses Ganges in bereits expressionistisch anmutender Metaphorik:

---

79 Zum Modell des Flâneurs als Aufzeichnungsmedium – vgl. *Neumeyer*, S. 165 ff.
80 *Holz*, S. 112.
81 Hier wäre insbes. an den *urban-color*-Reporter zu denken, dessen Wahrnehmungsprotokolle der Streifzüge durch die Metropole sich – gegenüber den Reports der *newshunter* – weitaus weniger geordnet, geschweige denn zielgerichtet, als vielmehr assoziativ lasen. Indem dieser das Flüchtige in den Blick nahm, kam er dem Beobachtungsmodus des Flâneurs durchaus nahe. Indes: Nur in der Fokussierung auf den Wahrnehmungsmodus des Flâneurs als eines Faktenregistrateurs – in den Kontexten naturalistischer Ästhetik – kann vom Reporter als Flâneur gesprochen werden.

»Der Lärm schwillt und schwillt, die Masse wächst und wächst, schwarz und kribbelnd bis zum Hintergrund, in alle Winkel, die Treppen herauf, in die Galerien herein, in die Logen, um mich herum. [...] Eine dicke, schwüle Luft wuchtet von unten herauf nach der Decke zu und wälzt sich in die übervollen Logen und Galerien. [...] Und nun ist es wieder zu diesem einen, tausendköpfigen Wesen zusammengewachsen da unten in Dampf, Schwüle, Dunst und diesem trüben Licht.«[82]

Die Metaphorisierung der Masse als Ungeheuer wird hier durch die Assoziation mangelnder Kontrolle und allseitiger Denormalisierung diskursiv aufgeladen.[83] Die Wahrnehmungen von »Staub und Dunst und stickiger, trübroter Schwüle, von Gebrüll, Gekreisch, Gelächter und Bierseidelgeklirr, von Stampfen und Schleifen, Schwirren und Tosen einer tanzenden Menge« zerfließen hier im »Rausch« der Massen und ihrer »Vision einer anderen Welt« ineinander.[84] Die euphorische Gefühlslage des Erzählers im Sog der Massen wird ganz am Ende durch dessen einsamen Gang über die sich rasch leerenden Straßen der Metropole kontrastiert, da ihm die Sorgen des Einzelnen in radikaler Opposition zum Gemeinschaftserlebnis der Versammlung zu stehen scheinen:

»Ich bin wieder draußen und ringe mich durch den kalten Schneesturm. – Die Fenster sind erloschen; überall nur die dunklen Mauern über den flackernden Laternenreihen. Hin und wieder ein einsamer Passant, ein Nachtschutzmann [...] Von fern das Gebrüll eines Straßenkrakehls durch das Rauschen und Pfeifen des Sturmes oder das Poltern einer Nachtdrosche: das ist alles. Alles hat sich wieder mit seinem Fünkchen Hoffnung in seine alltägliche Mühsal verloren ...«[85]

Gegen Stil und Motivik dieser Bearbeitung weist, der Reportage durchaus vergleichbar, die ursprüngliche Fassung des Textes die Form eines nüchternen Protokolls aus. Das »Ich« des einsamen Flâneurs wird durch das kommentierende »Wir« des Reporters ersetzt, die Aufzeichnung disparater Wahrnehmungen erscheinen anders als später in der Novelle kaum durch die Introspektiven des Erzählers überformt.[86] Die Beobachtung des Reporters setzt, so könnte man vielmehr im Rekurs auf Neumeyer konstatieren, »als Perspektive die spezifische Wahrnehmungssituation des Flâneurs voraus«[87], ohne den Flâneur selbst *expressis verbis* zu thematisieren. Dessen Blick auf die Menschenmassen und

---

82 *Schlaf*, Volksversammlung, S. 178.
83 Zur zeitgenössischen Diskursivierung der Massen vgl. *Gamper*, Masse, S. 358 ff.
84 *Schlaf*, Volksversammlung, S. 175 f.; 180.
85 Ebd., S. 183. Zur Form der Distanzierung der Naturalisten um Schlaf, Kretzer und Hollaender von der proletarischen Bewegung vgl. *Sprengel*, Geschichte, S. 32–35.
86 Einzig das Intermezzo einer – emphatisch vorgetragenen – politischen Vision des revolutionären Aufstandes der Massen fällt, so könnte man folgern, hinter die Frage des Reporters nach den Auswirkungen des Wahltages auf die Physiognomie Berlin geschieden: »Ich stelle mich in die Höhe und sehe über die hundert und aberhundert Köpfe hin, [...] alles scheint in eine kompakte, dunkle, sich regende, tosende Masse zusammengewachsen.« *Schlaf*, Wahlabend.
87 *Neumeyer*, S. 177.

ihr immer selbiges, verwirrend-rätselhaftes »Getriebe [...] auf den Trottoirs« – »quer über den Fahrdamm in steter wogender Bewegung die unzähligen Gestalten der Passanten«[88] – wird rasch durch ein minutiöses Ereignisprotokoll dieser Wahrnehmungen innerhalb wie außerhalb des Versammlungsraumes abgelöst; der Beobachter wird, wie die Schlusssätze zeigen, zum Seismographen urbaner sozialer wie politischer Erschütterungen, die er – ganz Aufzeichnungsmedium – lediglich zu protokollieren vermag:

»Wir mischen uns in den Menschenstrom, der ununterbrochen auf den Trottoirs hinwogt. Dieselben englischen Überzieher, spiegelglatten Zylinder, bunten Damenhüte mit dem hohen, phantastischen Feder- und Schleifaufputz, dieselben modischen Bärte, Kneifer, Monokel, dasselbe eigentümliche Parfüm von türkischen, russischen, amerikanischen Tabaken, dasselbe fortwährende Rasseln und Rauschen der Droschken, Wagen und Omnibusse, das Donnern der Stadtbahnzüge, das ganze unruhige nervöse Getriebe: alles, was hier für die Passanten, für diesen ganzen Stadtteil charakteristisch ist. Nirgends ist eine besondere politische Kampfesstimmung zu bemerken. Nur ab und zu in all den Verkehr hinein der Ruf der Extrablattverkäufer. Dieser und jener, der sich auf Tumulte und Exzesse gefaßt gemacht hatte, äußert sein Erstaunen. Aber alles bleibt ruhig, und ohne Erregung geht einer der stillsten Wahltage Berlins zu Ende.«[89]

Die Darstellung der *Freien Bühne* sistiert, indem sie das beschleunigte Zeiterleben in die Form der Reportage bringt, den Augenblick im Vollzug des Vergehens; die flüchtigen Details des Erlebens rücken hier im Dienste des Journalismus in den Fokus.

War die Metropole der unumstrittene Spiel- und Handlungsraum des Journalisten, so schieden sich an ihr in künstlerischen Sphären, wie das Beispiel der Avantgarden zeigt, die Geister. Während die Friedrichshagener Dichter um Hart, Bölsche oder Hollaender Berlin bereits um 1890 den Rücken kehrten,[90] entdeckte ein Teil der Dichter-Bohemiens im Herzen der Stadt, dem Café des Westens, seine kreative Heimstätte. Julius Bab schrieb über die Zirkel der Berliner Bohème, sie seien in ihrem Hang zur antibürgerlichen Stilisierung zusehends den Mechanismen der »Selbstbeobachtung«[91] verfallen. Gleichzeitig prägte gerade die mediale Berichterstattung abseits der Inszenierung der Künstler eine Faszination für das Milieu des sog. »Café Größenwahns«.[92]

---

88 *Schlaf*, Wahlabend, S. 110.
89 Ebd., S. 112. In diesen Augenblicken kann der Reporter als Flâneur verstanden werden. Seine Streifzüge verschreiben sich der Wahrnehmung allzu vielgestaltiger Sinneseindrücke des metropolitanen Raumes.
90 Vgl. *Fähnders*, S. 310.
91 *Bab*, S. 40. Vgl. *Pauly*, S. 24–28.
92 So z. B. satirisch in Edmund Edels *Neu-Berlin* (1908) sowie seiner Artikelserie: Rund um Berlin. – Die Berliner Bohème, in: Berliner Illustrirte Zeitung, S. 595. Das Motiv des »Café Größenwahns« war noch in Kischs Weimarer Reportagen (z. B. *Kisch*, Die gerächte Bohème, in: KGW, Bd. X, S. 311–313.) wirkmächtig.

Künstler- vs. Reporter-Parodien

Wie sehr sich Zeitungen und Journale auf das (vorgeblich) lasterhafte Milieu der Bohème konzentrierten, zeigte die medienkritische Parodie einer als »Spezialbericht« deklarierten aufklärerischen Reportage aus diesem Umfeld, die Herwarth Walden unter dem Titel *Der Sumpf von Berlin* Jahre später in der expressionistischen Zeitschrift *Der Sturm* publizierte.[93] Darin karikiert Walden die doppelmoralische Aufregung der seriösen Leitartikler über den Verfall von Recht, Moral und Ordnung, erschienen doch aus seiner Warte gerade Reporter und Feuilletonisten, die auf der Suche nach Neuigkeiten über den »Sumpf« des Berliner Westens aus dem »Café Größenwahn« berichteten, als die wahren Repräsentanten eines zwielichtigen Milieus.[94] Das Image des Journalisten als verkappter Künstler und verkrachte Existenz wird hier nochmals aufgerufen und der Sensationalismus als geschickte Selbstinszenierung ausgewiesen:

> »Das sind die Dichter, um einige von der Sorte zu nennen, die Berlin W. in Verruf bringen […] die in allen den Zeitungen mitarbeiten, die im Leitartikel solche Dichter perhorreszieren. […] Es ist eine spezifische Eigentümlichkeit der Berliner Journalistik, daß sie nicht einmal versteht Tatsachen tatsächlich zu berichten. Ihr Sinn ist so abgestumpft, daß sie Begriffe sehen, wo Menschen sind, und Menschen sehen, wo Begriffe sterben. Das vielgenannte und viel besprochene Café Größenwahn ist das Café des Westens, Kurfürstendamm 17. Jedesmal, wenn ich dieses harmlose Lokal nach einem solchen ›Angriff‹ wieder betrete, sehe ich mich erstaunt um. Ich suche die ›markanten Erscheinungen der Bohème‹, die in ihm verkehren sollen. Ich suche die Literaten, die die soziale Frage loesen, ich lausche nach den literarischen Gesprächen, die dort geführt werden sollen. […] Die Leitartikler sollten sich einmal in dieses Café wagen, und sie werden erstaunt ihre Freunde und Kollegen vom Feuilleton dort wiedertreffen. Wenn die Herren so um den Verruf von Berlin W. besorgt sind, müßten sie vor allem ihre *eigenen* Blätter lesen.«[95]

Der ubiquitäre Verdacht, der die Metropole als ›Hort des Lasters‹ überziehe, markiere, so der Verfasser weiter, nur die Wahrnehmungslogik der Medien: »Wer kann die Herren auf diese Vermutung bringen, als ihre eigenen Berichterstatter?«[96] Der an diese Bemerkungen angeschlossene »Bericht unseres eigens entsandten xw-Spezialberichterstatters über das Café Größenwahn« kann als eine solche Parodie der wirklichen Verhältnisse gelesen werden, die aufzudecken die Reporter in ihrer eigentümlichen Mischung aus radikaler Überzeichnung und Perhorreszierung des Banalen vorgeben: So wird der »Höllenpfuhl« der »dä-

---

93 Der Sumpf von Berlin, in: Der Sturm, Bd. 2, Nr. 82 (1911), S. 1–2.
94 Der Verfasser »Trust« nannte hier ausdrücklich Namen – wie Edmund Edel (Berliner Tageblatt, B.Z. am Mittag), Artur Landsberger (B.Z. am Mittag), Rudolf Lothar (Berliner Lokal-Anzeigers) oder Walter Turszinsky – als »Mitarbeiter sämtlicher Generalanzeiger Deutschlands«.
95 Ebd., S. 1.
96 Ebd., S. 1f. Alle folgenden Zitate a.a.O.

monischen Gestalten« zum Zerrbild der »Moderne«: »Alfred Kerr steht in ununterbrochener telephonischer Verbindung mit der modernen Clique, während Karl Kraus von der Wiener Fackel Depeschen sendet. Dann schwirrt es in Telephon- und Telegraphendrähten [...] bis abends die große Orgie der täglichen modernen Nacht beginnt: die markzerfressende Zersetzungsarbeit der Caféhausliteraten.«[97] Der Beitrag, der in der zitierten Praxis einer Überzeichnung und schließlich radikalen Indifferenz gegenüber den Realitäten nur mehr polemisch auf die inszenatorische Wirkung der Massenmedien verwies, kolportierte, indem er die gesamte Profession des Reporters moralisch diskreditierte, zugleich seinerseits kaum mehr als das Klischee des zwielichtig-sensationslüsternen Lokalreporters, als dessen Sinnbild in diesen Jahren in aller Regel der Polizeireporter erschien.

City beats: *der Polizeireporter, lokale Sensationen und die Form der human interest stories*

Dieser Typus des Lokalreporters, der im US-amerikanischen Duktus als *city beat reporter*[98] firmierte, war zeitgenössisch besonders umstritten. Indem er sich als *newshunter* auf die Suche nach Neuigkeiten begab, etablierte er eine ›Schule des Sehens‹, die der ethnographischen Schule der Stadtsoziologie in den Vereinigten Staaten und später in Europa den Boden bereitete. Gleichzeitig aber spezialisierte er sich in seiner *sex-and-crime*-Berichterstattung auf eine Form der *human interest stories*, die – analog zu den »bunten« und vermischten Nachrichten bzw. *faits divers* – den symbolischen Charakter der *news* herausstrich. Der Modus der Nachrichtenübermittlung,[99] die stilistische Überhöhung und Transformation des realen Geschehens in ein mediales Ereignis, hob die Grenze zwischen Fakten und Fiktionen auf, wie schon R. E. Park ausführte. Vor seiner Karriere als Wissenschaftler und Begründer der *Chicago School of Sociology* hatte dieser von 1887 bis 1898 als Reporter und Redakteur unter anderem in Detroit, Chicago und New York gearbeitet.[100] Die elementare Bedeutung der Presse als ein Motor der »Vergesellschaftung«, auf die auch George H. Mead verwies,[101] war Park, der gerade um den Konnex von ›informativen‹ (i. S. von handlungsrelevanten) Nachrichten und ›ästhetischen‹ Formen des »story«-Journalismus wusste, aus seiner Praxis als Lokalreporter unmittelbar geläufig. Speziell der »human angle« der Nachrichten war für die Produktion lokaler Neuigkeiten von entscheidender Bedeutung. Die Fakten lagen dabei ganz im Gegensatz zu

---

97 Zu dieser Lektüre des Textes vgl. auch *Sprengel*, Literatur, S. 158 f.
98 In der Journalistensprache wird der »beat« bzw. »run« – in Anlehnung an die Polizeisprache – zum Synonym sowohl der Orte, die als Distributionsstätten für Neuigkeiten gelten können, d. h. Polizeistationen, Gerichte, Hospitäler, als auch der Exklusivmeldung, des *scoops*, an sich. Vgl. *Lindner*, Entdeckung, S. 28 f.
99 Vgl. *Hartley*, S. 15.
100 Vgl. *Lindner*, Entdeckung, S. 50 ff.
101 Vgl. *Mead*, S. 282 ff.

Formen des Tatsachenprotokolls in der Introspektion des Reports: »The *facts for the writer of a human interest story lie in the inner experience.*«[102] Die *stories* über die Augenblickssensationen der *causes célèbres*[103] von Verbrechen und Devianz oder die kleinen (mal heiteren, mal melancholischen) Anekdoten des urbanen Alltags erschienen so als Idealbild des literarischen Journalismus: »popular literature [and] a marginal form of art [...] combining unmistakeble actuality and [...] allusions to private feeling«[104]. William Randolph Hearsts Credo – »I think of such news as the tragedies and romances of life.«[105] – wies den US-amerikanischen Reportern, wie Lincoln Steffens rückblickend schrieb, den Weg. Die Identifikation der Leser mit den Schicksalen und Abgründen der Protagonisten dieser Nachrichtenliteratur war der entscheidende Schritt, das wissenschaftliche wie künstlerische Ideal des Journalisten zu verwirklichen: »to get the news so completely and to report it so humanly that the reader will see himself in the other fellow's place.«[106] In seinen späteren Jahren als »city editor« des *New York Commercial Advertiser* instruierte Steffens einen Nachwuchs-reporter nach dieser Maßgabe in der Berichterstattung eines Mordfalles:

»Here, Cahan, is a report that a man has murdered his wife, a rather bloody hack-up crime. We don't care about that. But there's a story in it. That man loved that women well enough to marry her, and now he has hated her enough to cut her all to pieces. If you can find out just what happened between that wedding and this murder, you will have a novel for yourself and a short story for me. Go on, now, take your time, and get this tragedy, as a tragedy.«[107]

Indem die Geschichte hinter der Geschichte hier in den Fokus gestellt wird, etablieren die Details der illustrierten, meistens um den urbanen Klatsch und Tratsch angereicherten Geschichten im Rekurs auf die stofflichen Muster und Topoi moderner Trivialmythen (Liebe, Macht, Gewalt, Tod, [Un-] Glück)[108] einen Stil des *Yellow Journalism*, der im Kern der vormodern-populären Literatur entsprang.[109] So spektakulär die einzelnen Schlagzeilen – »Ein Massenmörder«, »Der Giftmord am Teufelssee« oder »Vom Geldschrank erschlagen« bzw. »Éventrée par son Mari«, »Drame de la Jalousie« oder »Le Parapluie de Combat«

---

102 *MacGill Hughes*, S. 101.
103 Zum Nervenkitzel des Sensationsprozesses vgl. Erich Sellos Vorreden in Hugo Friedländers *Pitaval des Kaiserreichs*.
104 *MacGill Hughes*, S. 288; 290.
105 *Steffens*, Hearst, S. 12.
106 *Ders.*, Autobiography, Bd. 1, S. 317.
107 Ebd. In diesem Sinn, schrieb Park, war es der Journalismus, der als eine spezifische Form des Wissens dazu tendierte, »to assume the character of literature, so fiction – after the newspaper the most popular form of literature – has has assumed more and more the character of news.« *Park*, Knowledge, S. 88.
108 Vgl. *Jolles*, Einfache Formen; *Wittwen*; *Dulinski*, S. 263.
109 Als »printed folklore of the factory age« werden die Zeitungsnachrichten auch von MacGill Hughes in diesem Spannungsfeld verortet. Vgl. *MacGill Hughes*, S. 103 ff. *Spencer*, S. 105.

bzw. »Exciting Chase after a Thief«, »Shocking Case of Burning« oder auch »Three Men Devoured by Sharks«[110] – in der lokalen Presse der Metropolen waren,[111] sie alle einte der Versuch, den Alltag der Metropole als Spektakel zu inszenieren. Hier war der Reporter ein Künstler, der *fait diversier* ein Zeichner, der die Irritationen der urbanen Ordnung mal in gedeckten, mal in grelleren Farben malte (vgl. Abb. 1–3).[112] Journalisten wie der *muckraker* Jacob Riis, der Gerichtsberichterstatter Oskar Thiele, der *stunt*-Reporter und Leitartikler William T. Stead oder der Schriftsteller Francis Carco begannen hier, im zwielichtigen Milieu der Metropole, ihre Karrieren als Lokalreporter, wo das Image des Reporters als Detektiv geboren wurde. Carco erinnerte sich noch Jahre später an seine Zeiten als lokaler Sonderberichterstatter: »On m'envoya dans les faubourgs decrire les tableaux alléchants de crimes, d'accedents ou de suicides«[113].

Der Weg zu diesen *newsspots* war auch für den jungen Prager Reporter Egon Erwin Kisch – ab 1912/13 in Berlin – vorgezeichnet. Indes waren Kischs Reportagen, wie das berühmte Beispiel der Prager Mühlenbrand-Episode zeigt, in dieser gleich in seinem Erstlingswerk allzu freigiebig mit den Fakten jonglierte, viel eher einer unter der Camouflage des Berufsethos verborgenen Tradition poetischer ›Wahrheit‹ verpflichtet, als den Geboten und Notwendigkeiten des Nachrichtengeschäftes.[114]

Als Kisch vor lauter Details, wie er später in seinen Erinnerungen *Der Marktplatz der Sensationen* (1942) schrieb, kein Bild des Geschehens zeichnen zu können glaubte, entschloss er sich kurzerhand den »interessant[en], aber langweilig[en]« Einzelheiten der Reporter ein Bild seiner Phantasie entgegen zu setzen.[115] Tatsächlich kann Kisch indes durchaus eine nüchtern-schmucklose Reportage über *Die Schnittkauer Mühlen in Flammen* in der *Bohemia* zugeschrieben werden.[116] Dass er die Episode dieser Jugendsünde offenkundig schlichtweg erfunden und zur Urszene seiner späteren Läuterung als eines Chronisten, der sich allein durch Faktentreue auszeichne, stilisiert hatte, war nur mehr die Pointe dieses Spiels um Fakten und Fiktionen im Bereich des literarischen Journalismus

---

110 Sämtliche Schlagzeilen stammen aus den illustrierten Zeitungen und Zeitschriften: *Der Reporter* (1900), *L'Oeil de la Police* (1908), *Les Faits-Divers Illustrés* (1905–1908) sowie *Illustrated Police News* (1890).
111 Jacob Riis schrieb bezeichnenderweise, das Tagesgeschäft des Reporters sei »murder, fire and sudden death«. Vgl. The Last of the Mulberry-Street Barons, in: Century Magazine 58,1 (1899), S. 199–121.
112 Zur Kultur der *faits divers* vgl. *Kalifa*, Crimes; *M'Sili* sowie *Jullien*, S. 72 f.
113 *Carco*, S. 217. Gaston Leroux, der 1907 vom Reporter zum Romancier wechselte, setzte diesem Bild des Reporters als Detektiv in seinen Abenteuer- und Kriminalromanen – allen voran *Das Geheimnis des gelben Zimmers* (1907) – ein Denkmal.
114 Vgl. *Walter*; *Ruf*, S. 85; *Geisler*, S. 80; *Schütz*, Faktograph, S. 193–200. Zur Nachrichten-Konkurrenz vgl. *Kisch*, Die Börse der Nachrichten, in: KGW, Bd. VIII, S. 476–483.
115 *Kisch*, Debüt beim Mühlenfeuer, in: KGW, Bd. VII, S. 128–138, hier S. 133 f.
116 *Kisch*, Die Schnittkauer Mühlen in Flammen, in: Bohemia, 10.12.1912. Zit. n. *Kisch*, Reportagen, S. 286–292.

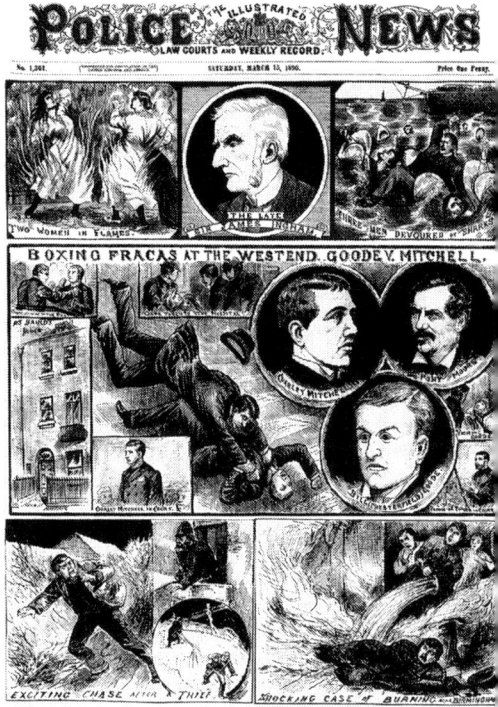

Abb. 1-3: Das alltägliche Spektakel der Metropolen. *News* als *human-interest-stories, faits divers* und vermischte Nachrichten.

Nach dem Vorbild der New Yorker (*National*) *Police Gazette* (1845) verschrieben sich in Europa zahlreiche illustrierte Magazine dem Reiz der *sex-and-crime-stories*. Vgl. Der Reporter. Illustriertes Weltblatt, Jg. 6, Nr. 48 (1900); Illustrated Police News, 15.03.1890; Les Faits-Divers Illustrés, 06.05.1908.

Die Bildergeschichten der Tageszeitungen und Journale produzieren in den Bildern des metropolitanen Exzesses ein Spektakel der Normalisierung.

vor 1918. Die Inszenierung des Reporters als ›Faktograph‹ war für Kisch, wie auch verschiedene Beispiele späterer Jahre verdeutlichen, Teil der strategischen Profilierung gegen ein Metier der Romanschriftsteller, Novellisten und Anekdotenerzähler, deren Wirken den Journalismus der Jahrhundertwende maßgeblich inspirierte. Seine spätere neusachliche Wendung kann daher gerade als der Versuch verstanden werden, dieses Ethos des Journalisten in ein literarisches Programm zu transformieren.

Stunts: die Metropole als Bühne, der Reporter als Schauspieler

Wie sehr der Reiz des Sensationalismus die Tagesnachrichten bestimmte, mag der reißende Absatz lokaler (Revolver-)Blätter belegen, dessen sichtbares Zeugnis, so Peter Fritzsche, die Omnipräsenz der Zeitungshändler und Straßenverkäufer der großen Boulevards war.[117] Die Zeitungen nutzten die ›Bühne der Stadt‹[118], um ihr alltägliches Spektakel zu inszenieren. Der Reporter trat, wie ein letztes Beispiel erweisen soll, hier als *Performance*-Künstler in Erscheinung.

Die *Berliner Morgenpost* initiierte kurz nach Ende des Ersten Weltkrieges eine Reihe von *stunts*, in denen der Reporter Egon Jameson (vor seiner Emigration 1935: Jacobsohn) Streifzüge durch die Metropole unternahm. Der 23-jährige Jameson begann seine Reportagen in den Revolutionswirren des Nachkriegsberlins, berichtete von den Quartiersversammlungen der revolutionären Volksmarine und aus den dunklen Straßen Berlins. Einmal zog Jameson in Zivil »mit dem Infanterie-Gewehr durch Berlin«[119], um, gänzlich unbehelligt, anschließend sogleich auf die Gefahren der überbordenden Militarisierung im postbellizistischen Deutschland aufmerksam zu machen, oder als Vagabund verkleidet »mit dem Quersack«[120] durch die Hauptstadt, um den Gefahren, aber auch Stigmatisierungen eines Milieus der Spieler, Trinker und Gelegenheitsverbrecher nachzuspüren. Jamesons Experimente dienen dabei einem klar umrissenen Zweck: die Metropole in ihren Zonen der Normalisierung und Denormalisierung zu vermessen und – so der politische Appell der Reportagen – wieder ein wenig sicherer zu machen. Unter diesem Motto stand auch ein groß angelegter Wettbewerb der *Morgenpost*, der die Leser am 13. November 1919 unter der Schlagzeile »Augen auf!« dazu ermutigte, ihren Reporter Jameson, der im Auftrag des Blattes einen untergetauchten Kriminellen spielte und dessen Konterfei schon am Vortag des Wettbewerbs hunderte Litfaßsäulen zierte, binnen zwölf

---

117 Vgl. *Fritzsche*, Reading Berlin, S. 45–47.
118 Vgl. dazu *Opitz*, S. 43 f., sowie *Hannerz*, S. 202 ff.
119 Mit dem Infanterie-Gewehr durch Berlin, in: Berliner Morgenpost, 08.10.1919, 1. Beilage, S. 1. Zu Jamesons ersten *stunts* in der *Vossischen Zeitung* und der *Morgenpost* vgl. *Jameson*, Wenn ich mich recht erinnere ... S. 185–203.
120 Nachts mit dem Quersack durch Berlin, in: Berliner Morgenpost, 29.02.1920, 1. Beilage, S. 1. Zur Vielzahl der Weimarer Reportagen aus seiner Feder vgl. *Jameson*, Augen auf, S. 73–162.

Stunden aufzuspüren, mittels des Rufes »Augen auf!« zu demaskieren und zu ›verhaften‹.[121] Die Zeitung bemühte sich so, den Bewohnern der Metropole ein Gefühl der Verantwortung für Sicherheit, Gesetz und Ordnung zu vermitteln, das in den Wirren des Krieges offenkundig verloren gegangen war. Das »Auge der Großstadt« sollte als das allwissende, alles durchdringende Regulativ metropolitanen Lebens erscheinen, als das es schon Rudolf Lothar in einer Kolumne des *Lokal-Anzeigers* zehn Jahre zuvor beschrieben hatte:

»Die Großstadt scheint nichts zu sehen, und sieht doch alles. Nur das Erinnern muß geweckt werden; [...] Es ist schwieriger als man denkt, einen Menschen wirklich spurlos verschwinden zu machen. Wenn nur einer von den Millionen fehlt, erfährt man es gleich. [...] An Liebende und an Verbrecher ergeht die gleiche Warnung. Die Straßen haben Augen«[122].

Die Einbeziehung des Publikums war gerade in der Verbrechensverfolgung des Deutschen Kaiserreichs Usus, wie Philipp Müller zeigen konnte.[123] Verbrecher-Jagden nach Mördern und Meisterdieben gehörten schon vor dem Krieg zu den sensationellen Events des metropolitanen Alltags. Der Reporter erprobte die ›Gleichgültigkeit‹ der großstädtischen Massen, auf die Georg Simmel, angesichts der Entfremdungen der anonymen Großstadt, bereits 1903 hingewiesen hatte, um *undercover* zu berichten. Die *Morgenpost* wies dazu in ihrer Ankündigung *expressis verbis* auf die Bedeutung der gegenseitigen Anteilnahme in der Bevölkerung der Metropole hin:

»Fast alltäglich laufen im Polizeipräsidium Nachrichten ein, daß Personen von einem Spaziergang durch die Reichshauptstadt ohne sichtbaren Anlaß nicht mehr zurückkehren. [...] Unglücksfall? Verbrechen? Mord? Kein Mensch weiß es. – Warum weiß es eigentlich kein Mensch? Die Antwort ist leicht gegeben: Weil kein Mensch mehr auf den anderen achtet. [...] Wie wertvoll sind oft die Angaben von Augenzeugen! Wieviel Morde und Verbrechen verdankten vor dem Kriege ihre Aufklärung dem wachsamen Augen eines Berliners! [...] So, wie es damals war, muß es aber auch heute abermals werden!«[124]

---

121 Augen auf!, in: Berliner Morgenpost, 13.11.1919, 1. Beilage, S. 1. Die Zeitung antizipierte gleich zu Beginn des Events die Teilnahme ihrer Leser: »Alle, alle Augen, die zum Gucken taugen, jeden Mann, der heute kommt in ihre Quer, schon gleich Detektiven, ganz genau Sie prüfen ...« – Wo steckt ›er‹?, in: Berliner Morgenpost, 13.11.1919, 1. Beilage, S. 1. Zum Erfolg des *stunts* vgl. *Fritzsche*, Reading Berlin, S. 83–86; *Lenger*, Metropolen, S. 218 f.; *Elder*, S. 68.
122 Das Auge der Großstadt, in: Berliner Lokal-Anzeiger, 13.12.1909, S. 1 [Abendausgabe].
123 *Müller*, Suche, S. 230 ff. – In Fritz Langs später Weimarer Produktion *M. Eine Stadt sucht einen Mörder* wird die metropolitane Verbrecher-Jagd neuerlich zum Gegenstand. Indes kann hier – und darin mag man durchaus einen kritischen Reflex auf diese Praxis öffentlicher Verbrecher-Jagden sehen – gerade ein *blinder* Zeuge den Mörder überführen.
124 Augen auf!, in: Berliner Morgenpost, 13.11.1919, 1. Beilage, S. 1. Auch der Berliner Kriminalkommissar Vonberg appellierte an das Publikum. Vgl. Augen auf!, in: Berliner Morgenpost, 17.11.1919, S. 1.

Jamesons *stunt* zeitigte im ersten Versuch, gerade weil sich die Bevölkerung rege beteiligte, eine durchschlagende Wirkung. Der Reporter erreichte sein Ziel und blieb unerkannt; die *Morgenpost* indes veröffentlichte nur zwei Tage später eine Sammlung von Beweisen, anhand derer die Leser die genauen Stationen des Reporters auf seinen Streifzügen durch die Metropole nachvollziehen konnten:

»8.15 morgens – *Kaiserplatz*, Wilmersdorf. Beweis: Brief, der an der Wohnungstür eines Mitgliedes des Prüfungsausschusses abgegeben wurde. […] 10.15 – *Potsdamer Platz*. Beweis: Telegramm vom Postamt am Potsdamer Tor. 10.30 – *Im Warenhaus A. Wertheim am Leipziger Platz*: Beweis: Schnellphotographie. […] 1.30 – *Im Polizeipräsidium am Alexanderplatz*. Beweis: Kopf einer um 1.15 Uhr auf dem Alexanderplatz gekauften B.Z. am Mittag, auf der der Flüchtling eine Mitteilung niederschrieb und sie persönlich in einem Vorzimmer der Kriminalpolizei abgab. […] 2.30 – *Warenhaus Jandorf* in der großen Frankfurter Straße. Beweis: Kassenzettel von Kontrolle 21 im vierten Stock über Einkauf einer Gurke. […] 7.30 – *Im Zentralpark* am Bahnhof Friedrichstraße. Beweis: Eintrittskarte […] 8.00 – *Kochstraße, Ullsteinhaus*. Beweis: Meldung beim Chefredakteur der Berliner ›Morgenpost‹.«[125]

Jameson wiederum veröffentlichte drei Tage nach seinem *stunt* eine Reportage über seine Erlebnisse »12 Stunden unerkannt durch Groß-Berlin«[126]. Die Rolle als Schauspieler nahm der Reporter, hier als »Redakteur der *Morgenpost*« ausgewiesen, in pathetischen Worten an. Seine ersten »Belastungsproben«, wie aufmerksam die Berliner seien, stellten lediglich »Generalproben« dar, sein »Lampenfieber« wolle er durch »Bluffen« überspielen. Die Reportage stach gerade hier aus der Masse der Berichterstattungen über die Metropolen durch ihre radikale Verlagerung der Wahrnehmung auf die Innenperspektive des Flüchtigen heraus.[127] Die Paranoia des Gehetzten produziert, indem sie kaum mehr die Geschehnisse registriert, als vielmehr in wahnhafter Verdopplung der Beobachtungen die (imaginären) Ordnungen hinter den Dingen vermutet, einen Zeichenraum der Großstadt, der vormals lesbar, nun übercodiert, der neuerlichen Deutung bedarf.[128] Der vermeintlich ordnungsstiftenden Perspektivik der Zeitung wird ein Blick auf die Metropole entgegengesetzt, der zwischen Information und Desinformation changiert und dabei im dramatischen Modus eines Erzählens seinen Ausdruck findet, das die geordneten Bahnen des inneren Monologs schließlich immer wieder zugunsten eines *stream of consciousness* verlassen muss:

---

125 Wo war der Gesuchte? Das 2000 Mark-Preisausschreiben der ›Berliner Morgenpost‹. Bericht des Prüfungs-Ausschusses, in: Berliner Morgenpost, 15.11.1919, 1. Beilage, S. 1.
126 12 Stunden unerkannt durch Groß-Berlin, in: Berliner Morgenpost, 16.11.1919, 1. Beilage, S. 1. Alle folgenden Zitate a.a.O.
127 In dieser Form der internen Fokalisierung werden die Wahrnehmungen des intradiegetisch-homodiegetischen Erzählers besonders hervorgehoben. Vgl. *Martinez u. Scheffel*, S. 50ff.
128 *Krause u.a.*, S. 30ff.

»In jedem harmlosen Männlein und Weiblein, das zufällig stehen bleibt und hinter mir herläuft, erblickt mein böses Gewissen den aufmerksamen Berliner. Diese Unsicherheit macht nervös. Unsagbar nervös. Man muß sich als Flüchtling erst mal an all diese Eigenheiten des Großstädters, die man ehedem mit reinem Gewissen nie beobachtet hatte, gewöhnen. Da kommt die W-Bahn. Ich springe vorn auf. Erstens steht da niemand außer dem Fahrer bei dieser Kälte, zweitens kann man jederzeit wieder abspringen und irgendwo verschwinden – und drittens ist es wohl – oh je, um Himmelswillen, was fixiert mich denn der Mann da an der Tür zur Elektrischen?? Es ist doch erst zehn Minuten nach acht Uhr! Sollte ich schon gefasst werden? [...] Plötzlich bemerke ich, wie mich der Fahrer von der Seite prüfend ansieht. Oder bilde ich mir's nur ein? Oder hat er mich etwa schon erkannt? Ein Sprung – und ruck stehe ich auf der Kaiserallee. Der Wagen rast weiter.«

Die Verschiebung des Blickes auf die Metropole, die der Reporter, vom Jäger (*newshunter*) zum Gejagten (*news-topic*) mutiert, nun neu erlebt, wird durch episodische Außenansichten seiner »Irrfahrten« z. T. gebrochen. Der manische Versuch einer Wiederaneignung (in Form einer Relektüre) der Großstadt, den Jameson unternimmt, verweist, da dieser noch als Gesuchter – auf der Jagd nach der *story* seiner eigenen Verfolgung – als Spurensucher und Fährtenleser in Erscheinung tritt, auf die Dialektik des modernen Großstadtmenschen: »einerseits der Mann, der sich von allem und von allen angesehen fühlt, der Verdächtige schlechthin, andererseits der völlig unauffindbare, Geborgene.«[129] Der Raum der Metropole wird dabei als ›Fluchtraum‹ vor allem durch die veränderte Praxis des Gehens neu erlebbar.

Jamesons Reports – einmal wird er (und hier verschieben sich neuerlich die Perspektiven) bspw. aus sicherer Distanz zum Beobachter der Verfolgung und Denunziation eines Dritten – enden schließlich in der Ankündigung einer Wiederholung des Preisausschreibens unter leichteren Bedingungen.[130] Die Nachrichten erscheinen als Rätsel, die Schlusssätze der Reportage verweisen auf den Cliffhanger: »Das eine weiß ich schon heute: wenn ich das nächste Mal durch Groß-Berlin gehetzt werden, dann ... ja, dann – nein, darüber verrate ich keine Silbe.«

Am 20. November wiederholte die *Morgenpost* ihr Gewinnspiel. Dieses Mal endete Jamesons *stunt* nach circa dreistündiger Flucht; ein Schüler hatte ihn inmitten der skeptischen Blicke der übrigen Passanten erkannt, die Losung geru-

---

129 So Walter Benjamin über den Flâneur vgl. *Benjamin*, Bd. V, S. 529. In diesen Momenten mag man speziell im Journalisten und vor allem im Reporter einen »Mann der Menge« i.S. Edgar Allan Poes erkennen: »Wenn der Flaneur dergestalt zu einem Detektiv wider Willen wird, kommt ihm das gesellschaftlich sehr zupaß.« Ebd., Bd. I, S. 543. In der Rolle des Geheizten aber wird der Reporter zur Gegenfigur des Flâneurs.
130 2000 Mark Belohnung. Das Preisausschreiben der ›Berliner Morgenpost‹ wird heute wiederholt, in: Berliner Morgenpost, 20.11.1919, 1. Beilage, S. 1. Schon unmittelbar nach der ersten Aktion gab die *Morgenpost* die Wiederholung des Preisausschreibens unter der Schlagzeile »Berlin hat gestern nicht aufgepasst.« bekannt; vgl. Berliner Morgenpost, 14.11.1919, 1. Beilage, S. 1. Danach erfolgten fast *täglich* Erinnerungen.

Abb. 4: »Augen auf!« – Preisausschreiben der *Berliner Morgenpost* zur Unterstützung der Polizei beim Verbrecherfang: Strassenszene mit dem Gewinner Willy Czerwinski und Zuschauern.

fen und so die Gewinnsumme erhalten (vgl. Abb. 4).[131] Jameson hatte das Versteck-Spiel mit seinen Lesern weiter perfektioniert, war zu seiner Mission schon am Vortag aufgebrochen und vor den neugierigen Blicken seiner Verfolger (darunter ein Berliner Detektiv) zu einem Verwandten geflohen, der danach als sein Doppelgänger auftrat.[132] In einer durchweg realsatirischen Volte melden sich Jameson und sein Begleiter während ihres Streifzuges unerkannterweise als Schauspieler in einer Filmfabrik, was ihnen wiederum zur Tarnung vor den sie beobachtenden Massen gereichen sollte: »dett is doch im Leben keen Redaktör. Der jeht doch nich zu die Filmleute«. Dass schließlich ein Kind aufmerksam und geistesgegenwärtig genug erschien, den Reporter zu identifizieren, war die Pointe der Zeitungsmacher.

Indes mag ein Blick auf die Kontexte dieser Zeitungsreportage massive Interferenzen zwischen fiktionalen und faktualen Erzählgenres enthüllen: Die Mel-

---

131 Vgl. Meine Erlebnisse auf der Flucht, in: Berliner Morgenpost, 23.11.1919, 1. Beilage, S. 1. Alle folgenden Zitate a.a.O.
132 In der Figur des Doppelgängers nahm Jameson ein beliebtes – ursprünglich romantisches – Motiv der Jahrhundertwende wieder auf, das als das Faszinosum der Dissoziierung des Einzelnen Literatur, Theater und Film prägte – wie z.B. in Paul Lindaus Filmkomödie *Der Andere* (1913).

dungen der Tagesnachrichten (z. B. zur »Psychologie des Kinderspiels«) kommentieren in diesen Tagen ebenso wie die Beiträge des Feuilletons (»Versteckspielen«) das »Schau-Spiel« des *stunts*.[133]

Dass bereits die Titelseiten der Zeitung das Metropolenleben in seiner Polyphonie widerspiegeln,[134] zeigen die Inszenierungen der *Morgenpost* ganz deutlich. Neben die Darstellung der Ereignisse aus der Feder des Reporters treten hier in prototypischer Weise die Stimmungsberichte der aktivierten Leser.

In den Zusendungen (mitunter in lyrischer Form, oftmals indes als Leserbriefe) thematisieren diese ihre Wahrnehmungen und Erlebnisse »auf der Suche.«[135] Die Multiperspektivik dieser Berichterstattung ergänzen redaktionelle Um- und Weiterschreibungen, die bspw. in der Kolumne des fingierten Berliner Originals »Rentier Rudicke« das Tagesgespräch der Stammtischreden und die alltäglichen Gerüchte der Berliner Leser satirisch zu imitieren verstanden.[136] Die vielgestaltigen Wirklichkeiten der Metropole erhielten hier ihren sichtbaren Ausdruck.

Ein weiterer Clou dieser Inszenierung des Wettbewerbs lag, wie Peter Fritzsche bemerkt, gerade darin, dass sich das Medienereignis (mehr als aus den *realen* Verbrecher-Jagden der vergangenen Dekaden) aus der Vorlage eines Filmes generierte. Es war »a case of life imitating art«[137]. Man kann den *stunt* als Reprise der in Berlin gedrehten Spielfilmkomödie *Wo ist Coletti?* (1913; Regie: Max Mack) begreifen. Die Handlungen der Protagonisten Jahre später erscheinen aus dieser Perspektive geradezu als Zitate der Filmvorlage. In der Vitascope-Produktion wird der Detektiv Jean Coletti (Hans Junkermann) zum Herausforderer der gesamten Metropole. Coletti, dem es zu Beginn des Filmes unter heftiger Kritik der *B. Z. am Mittag* misslungen war, einen Millionendieb binnen 48 Stunden in der Metropole aufzuspüren, wettete darin, dass ihn die gesamte Bevölkerung in gleicher Spanne kaum schneller im Dschungel der Metropole finde, und setzte für seine Ergreifung gar eine Belohnung in Höhe von 100.000 Mark aus. Noch bevor Coletti seine Wette gewinnen kann, werden alsdann in slapstickhafter Manier die Merkmale des Genres karikiert. Die Ausstellung der Jagd als Spiel ist dabei bereits im Film angelegt; der Autor des Manuskripts, Franz von Schönthan, stellt gleich zu Beginn der Produktion in einer bemerkenswerten Szene die Protagonisten der späteren Handlung vor und so

---

133 Vgl. Es liegt ein tieferer Sinn ..., in: Berliner Morgenpost, 13.11.1919, 1. Beilage, S. 1; Versteckspielen, in: Berliner Morgenpost, 17.11.1919, S. 2; Berliner zeig Dich helle, die Augen aufgemacht ..., in: Berliner Morgenpost, 21.11.1919, 1. Beilage, S. 1.
134 So z. B. *Fisher*, City.
135 So der Titel einer Einsendung unter der Schlagzeile: »Die ihn nicht erreichten ... Nachklänge zu unserem 2000 Mark-Preisausschreiben«. Vgl. Augen auf!, in: Berliner Morgenpost, 23.11.1919, 1. Beilage, S. 1.
136 »Na, meine Herrn, Se können sich doch woll denken, dat ick mir ooch jern die zweetausend Mark Belohnung for die Ergreifung von den Versuchsvabrecher vadient hätte ...« Vgl. Rentier Rudickes Stammtischreden, in: Berliner Morgenpost, 16.11.1919, 2. Beilage, S. 1.
137 *Fritzsche*, Reading Berlin, S. 85. Vgl. *Müller*, Film, S. 78 ff.

Abb. 5: Filmdreh »Wo ist Coletti?« (1912).

die Schauspieler in einer neuartig-selbstreferentiellen Wendung *als* Schauspieler aus.[138] Die Praxis emblematischer Eröffnungen und offen autothematischer Prologe, die auf den Akt der Filmherstellung verwiesen, durchbrach den Gestus des Illusionskinos. In ihnen inszenierte sich der Autor als Star, die Handlung nahm derweil den Charakter der Parodie des ewig Spektakulären an, durch das sich das sog. Kino der Attraktionen auszeichnete. Gleichzeitig aber gehorchte der Film in seiner Mischung aus dokumentarischen und dramatisch-erzählerischen Momenten durchaus den Gesetzen des Sensationskintopps.[139]

In einer Schlüsselszene des Films wird Coletti, dessen detektivische Neugier den »Abenteuern eines Journalisten«[140] im Diskurs des Frühen Films analog war, schließlich zum Beobachter seiner eigenen Eskapaden. Inkognito – inmitten der metropolitanen Massen – sieht Coletti, der ein Double engagierte, um sich vor den Blicken des Publikums zu schützen, eine Filmvorführung der Abenteuer seines Leinwand-Doubles an.

Der kritische Moment, in dem das Double seinerseits ein Kino betritt, Coletti indes, endgültig von seinen Handlungen eingeholt, das Kino rasch verlassen

---

138 Vgl. *Schweinitz* und *Hake*, S. 48 ff. Diese Form der Autothematik war ein Insignium des neuen Autorenfilms. Bereits in der Produktion *Wie sich das Kino rächt* (1912) war der reflexive Grundzug des Frühen Films allgegenwärtig.
139 Vgl. *Haller*, Shadows, S. 166 f.
140 So der Filmtitel eines anderen Vitascope-Films. Vgl. *Hesse*, S. 85 ff.

Abb. 6: Verbrecher-Jagden zu Fuß, per Automobil und Zeppelin. – »Wo ist Coletti?« (1913).

Abb. 7: Der Mann der Masse. Der Detektiv inkognito unter den Kinozuschauern seiner eigenen Abenteuer.

Abb. 8 u. 9: »Wo ist Coletti?« Anzeigen in der Berliner »Ersten Internationalen Film-Zeitung« (22.03.1913).[141]

muss, wird hier zur Schlusspointe dieser medienkritischen Verhandlung eines allzu sensationsgläubigen Publikums.

Die Präsenz der Zeitungen im Kosmos der Metropolen wird in Jamesons *stunts* – wie in der Filmvorlage – idealiter vorgeführt. Die Zuschauer erkennen nur mehr das *Bild* eines Mannes, das ihnen die Zeitungen suggerieren. Auch realiter vermischen sich die Grenzen zwischen Simulation und Realität, wie Mack rückblickend konstatierte:[142] Die Zuschauer des Drehs (vgl. Abb. 5-7) nahmen, da sie z. T. den inszenierten Charakter der Jagden übersahen, regen Anteil an der Fiktion einer Verbrechersuche. Die Neugier der Zeitungsleser[143] war nun einmal solchen medial induzierten Sensationen des Alltags gewidmet; die Werbeanzeigen zeigen die neuigkeitswütigen Leser auf ihrer Suche nach den Realitäten des metropolitanen Lebens. Die Chimäre ihrer dramatischen Inszenierung schien noch in der euphorischen Rezension der *Lichtbild-Bühne* durch:

---

141 Der Film war als »Gassenhauer« überdies ganzseitig in der *Lichtbild-Bühne* (z. B. Nr. 12, 22.03.1913) und *Der Kinematograph* (Nr. 332, 23.04.1913) beworben.
142 Vgl. *Mack*, S. 90 f.
143 Fritz Mauthner zufolge war eben diese Neugier das Credo der Moderne. Vgl. Die große Neugier, in: Berliner Tageblatt, 06.04.1913, 1. Beilage, S. 1. Kurt Tucholsky schrieb indes kritisch über Macks Film als Sinnbild des Kinos der Sensationen: »alle rennen, fallen, flüchten. Das ist schon ganz lustig, es prätendiert nichts, es will wirklich nur unterhalten.« Vgl. Coletti, in: Die Schaubühne, 17.04.1913.

»Berlin hat jetzt seine persönliche Note [...] überall wird es uns jetzt entgegentönen: ›Wo ist Coletti?‹ [...] Modeworte, Gassenhauer oder Schlagworte der Zeit sind früher auf der Bühne oder mitten im Volk geboren; jetzt nehmen sie von der Leinwand aus ihren Weg in die Öffentlichkeit«[144].

Die Figur des Reporters war, wie die vorherigen Beispiele zeigen, in den Jahren der Jahrhundertwende eine zentrale Referenzgröße künstlerischer Imagination. Als Nachrichtenkünstler *avant la lettre* avancierte dieser noch vor dem Ersten Weltkrieg zum Urbild eines literarischen Journalismus, der ab den 1920/30er Jahren – in Form des »New« *New Journalism* (1960/70er) oder der Popliteratur – zur zentralen Größe werden sollte.

4.2.2 Unterwelten: der Reporter als *urban explorer*

Die Metropole bei Tag und bei Nacht: Reportagen zwischen Dokumentation und Sensationalismus

In der Wahrnehmung der Metropolen war der Gegensatz von *Tag* und *Nacht* ein besonders wirkmächtiger Topos. Zeitungsartikel und -rubriken wie »Aus dem Dunklen Berlin« und »Berlin nach Elf« bzw. »A Travers Paris – La nuit« oder »London by night«[145] aber auch Reiseführer, Skizzensammlungen und Anthologien wie »New York by Gas-Light«, »Days and nights in London« »Paris la nuit« oder »Berlin bei Nacht«[146] spiegeln die zeitgenössische Faszination für das Treiben der nächtlichen Metropolen wider. Die Rede von den ›dunklen‹ Winkeln der Großstadt war dabei häufig an die Assoziationen des Unsicheren, Unsittlichen oder Unheimlichen geknüpft.[147] Sammlungen wie »Aus den Höhen und Tiefen Berlins«, »Les Bas-Fonds« oder »London's Underworld« nahmen daher denn auch unmittelbar Bezug auf den Konnex von Unterwelten und nächtlicher Metropole.[148] Der elementare Charakter der Symbolik der Ober- und Unterwelten i. S. einer räumlichen Strukturierung politischer, sozialer und öko-

---

144 Wo ist Coletti?, in: Lichtbild-Bühne, 05.04.1913, S. 24.
145 Der Serie der *Berliner Morgenpost* »Aus dem Dunklen Berlin«, die ab der ersten Nummer am 01.11.1898 erschien und rasch zum Verkaufsschlager wurde, folgte ab dem 04.02.1900 ein Sequel unter dem Titel »Berlin nach Elf.«. Vgl. exempl. ähnlich: A Travers Paris – La nuit, in: Le Matin, 19.05. 1893, S. 3; London by night, in: The Morning Post, 21.08.1897, S. 1.
146 *Foster*; *Ritchie*; *Machray*; *Mirecourt*; *Zaccone*; *Darzens*; *Rasch*; *Anonymus*, Paris.
147 Vgl. exempl. *Zinganel*, S. 43 ff.
148 Vgl. z. B. *Ostwald*, Aus den Höhen und Tiefen Berlins, 1925; *Delvau*, Les dessous de Paris, 1860; *Monnier*, Les bas-fonds de la société, 1862; *Sauval*, La chronique scandaleuse, 1883; *Holmes*, London's Underworld, 1912; *Crapsey*, The Nether Side of New York, 1872; *Campbell*, Darkness and Daylight, 1889; *Willard*, True Stories from the Underworld, 1900.

nomischer Hierarchisierungen der metropolitanen Bevölkerung kommt hier zum Ausdruck.[149]

Wie Joachim Schlör zeigen konnte, kristallisierten sich dabei vor allem drei diskursive Muster heraus, die großstädtische ›Nacht‹ zu denken: In den Kontexten von »Sicherheit«, »Sittlichkeit« und »Zugänglichkeit« erschien die Nacht in allen Metropolen als Raum des Elends, der Verbrechen bzw. Gefahren wie auch lasterhaften Gelüste zugleich.[150] Zugänglich war dieser Raum der Stadt, so Schlör, Armen und Reichen, Männern und Frauen, Zuwanderern und Eingesessenen in sehr ungleichem Maß. Hinzu kam die Ungleichzeitigkeit, die das Metropolenerleben im Spannungsfeld romantischer Verklärung *und* politischer Perhorreszierung zeitigte. Schlör kann vor allem die Überlagerungen dieser Diskursivierung des Erlebnisraumes der nächtlichen Metropole durch wissenschaftliche wie ordnungspolitische Diskurse um Polizierung, Kriminalitätsbekämpfung und Armenfürsorge nachzeichnen. Im Bild der ›Nacht‹ als Gegenpol des bürgerlich-geordneten ›Tagesablaufes‹ verschmolzen die Vorstellungswelten des Geheimnisvollen und Wunderbaren der Metropole, wie sie die Mysterienliteratur ab der Mitte des 19. Jahrhunderts prägten.

Motivisch waren die Darstellungen weithin ähnlich. So wird bspw. das Motiv der ›erwachenden‹ Metropole über Sprach- und Nationsgrenzen hinweg zu einer wichtigen Referenz des Diskurses. Hans Ostwalds Berliner Stadtbilder zeigen die Metropole in ihrer ganzen Zersplitterung: In seinen Gängen durch die Bezirke Berlins – von W. nach NO. – schildert Ostwald, dessen Reportagen sich gerade in ihrer radikalen *Gegenwärtigkeit* von den Feuilletons und Historien der Reiseliteratur unterscheiden, den disparaten Alltag der Großstadt und die grundverschiedenen Lebenswelten ihrer Bewohner, der Arbeiter und Angestellten, Straßenfeger, Zeitungsausträger, Zecher und Stadtstreicher.[151] Dabei rücken zum einen eben diese *Figuren* als die »Straßenexistenzen«[152] des metropolitanen Alltags in den Blick. In seinen Momentbildern studierte der Reporter Ostwald die marginalen Existenzen wie den »Zettelvertheiler« minutiös:

»Sie gehören zu den ständigen Figuren der Großstadtstraße. Wir beachten sie kaum, weil wir an die Reichhaltigkeit des Lebens in unseren Straßen gewöhnt sind: doch der Fremde ist erstaunt, wenn ihm plötzlich ein Stück bedrucktes Papier überreicht wird. [...] Wie nun in der Großstadt ein jedes Viertel sein bestimmtes Ansehen, sein eigenes Straßenpublikum hat, ebenso verschieden sind auch die Zettelvertheiler. Ein Psychologe kann aus dem Inhalt der Zettel mit Leichtigkeit die Art der Gegend und

---

149 Vgl. *Homberg*, oben/unten, S. 301 f.
150 *Schlör*, Nachts, S. 25. Vgl. ähnlich: *Kalifa*, Bas-Fonds, S. 28.
151 Vgl. Das erwachende Berlin. – In Berlin W., in: Vorwärts, 07.01.1898, Beilage, S. 3. Vgl. ebd. die Artikel: Der Obdachlose. (14.01.1898); An der Weichbildgrenze. (16.01.1898); Im Osten. (25.01.1898); Aus der Friedrichstadt. (21.01.1898); Bahnhof Warschauerstraße. (01.02.1898); Herberge zur Heimat. (05.02.1898). Die *Berliner Morgenpost* startete am 17.03.1901 (unter dem Titel »Berlin erwacht.«) eine ähnliche Serie.
152 So z.B. schon Paul Lindenbergs Bezeichnung: *Lindenberg*, S. 97 ff.

ihrer Bewohner erkennen. Im schillernden Gewimmel der Friedrichstraße steht ein Mann an der Straßenecke; er ist einfach, aber sauber und gut gekleidet. Mit Kennerblick sucht er sich seine Leute aus.«[153]

Dieser sozialdokumentarische Anspruch des Reporters, der in seiner Artikelserie »Das erwachende Berlin«, vor allem aber auch später in Ostwalds *Großstadtdokumenten*[154] zum Ausdruck kam, war in den kurzen Prosaskizzen und Reportagen bereits angelegt.

Anders als das Gros der Feuilletonisten um Rodenberg, Lindau und Lindenberg porträtierte Ostwald in nüchtern-präzisen Beobachtungen den proletarischen Alltag. Gerade im Hinblick auf diese Texte kann daher von Köhns Diktum, die urbane Moderne sei in der Berliner Großstadtliteratur »ein ausschließlich negativ besetztes Motiv«[155] gewesen, keine Rede sein. Speziell im Bereich der Nachrichtenliteratur gab es Autoren, die sich die »Darstellung der gesellschaftlichen Realität« zur Aufgabe machten.[156] Und dies bedeutete, tags wie nachts das Milieu der Metropole zu untersuchen. Der Pariser Rodolphe Darzens charakterisierte denn auch lakonisch die verschiedenen Typen der Tag- *und* Nachtwanderer: »les viveurs, lesquelles sont plus nomades […] les journalistes qui sur un coin de table corrigent l'article au moment de mettre sous presse; le philosophe bohème, ami des chiens errants; […] des artistes qui flânent; […] cent et un types différents«[157]. Gerade am Beispiel des Tag-Nacht-Wechsels ließen sich die vielgestaltigen Wirklichkeiten der Metropole illustrieren. In George Sims Panorama *London gets up in the morning* hieß es bspw. »the society belle may continue to take her beauty sleep long after the ordinary world is astir.«[158] Eines aber, so Sims weiter, verbinde die Realitäten von Arm und Reich in Vorder- und Hinterhäusern: der Wunsch nach Neuigkeiten: »Welcome news!« Dieser bringe, ganz klischeehaft, die sich in den Morgenstunden zerstreuenden Massen immer wieder zusammen.

Das Klischee der *city that never sleeps* nahm in New York, Paris und London großen Raum ein.[159] Der Schriftsteller Robert Machray verlieh diesem Bild der Metropole in *The Night Sides of London* Ausdruck. Euphorisch schrieb er zu Beginn seiner Streifzüge: »London by day […] presents what in its own way is the most imposing and wonderful spectacle in the world. […] But it may be questioned if London by Night, downright impressiveness, does not seize upon grip and hold you, as even London by day does not.«[160] Die Ordnung und Stille der

---

153 Zettelvertheiler, in: Vorwärts, 22.10.1897, Beilage, S. 3.
154 Zu Ostwalds 50-bändiger Buchreihe als sozialer Kartographie der Metropole vgl. *Fritzsche*, Vagabond, *Spector*, S. 118 ff., sowie *Thies*, S. 117 ff.
155 *Köhn*, S. 118.
156 So schon Ralf Thies in Bezug auf die Texte Ostwalds. Vgl. *Thies*, S. 30 f.
157 *Darzens*, S. 18–20.
158 *Sims*, London Gets Up, S. 313.
159 Vgl. *Foster*, New York, S. 120 ff. und S. 150 ff., sowie *expressis verbis*: *Ridge*, S. 7–13.
160 *Machray*, S. 22.

nächtlichen Metropole – »The city sleeps!« – wich noch bei Machray zusehends Bildern einer Stadt, in der die Sphäre nächtlicher Vergnügen (von Müßiggängern und Touristen) dem Milieu kriminellen Treibens (der Diebe, Einbrecher, Herumtreiber und Prostituierten) und schließlich der nachts arbeitenden Bevölkerung der Metropole entgegenstand.[161] Der Gegensatz dieser Lebenswelten – »au point de dissociation entre les ›dangereux‹ et les ›laborieux‹«[162] – prägte die Reportagen aus den Zentren der Metropole. Dabei zerfielen die nächtlichen Städte in noble Amüsiermeilen (Westend, Champs-Élysées, Picadilly Circus) und anrüchige, kriminelle Problemviertel, wie das New Yorker *Five Points*, das Berliner *Scheunenviertel*, Londons *Soho* und das *East End* um Whitechapel, Limehouse, Bethnal Green oder die Pariser Boulevards rund um *Montmartre*. In der Vielzahl wechselnder Schauplätze wird so gerade in den Texten der Lokalreporter zum anderen ein Bild des städtischen Raumes entworfen, das die partikularen Spielräume betonte. Und doch war schon in Ostwalds Reportagen die Verschmelzung der ehemals provinziellen Vororte und Teilbezirke der Großstadt, die er des Morgens durchwanderte, und des metropolitanen Zentrums allgegenwärtig: Die Verwandlung der Metropole – »Die Großstadt verschlingt das Dorf«[163] – war ein zentrales Motiv seiner Lokalreportagen.

Die Reporter der Jahrhundertwende nahmen in ihren Schilderungen allzu häufig Bezug auf die Klischees anderer ›Weltstädte‹. Ostwalds Reportage »Aus dem Quartier Latin. Das bunte Viereck.« (1900) referierte in der Beschreibung der Vergnügungsmeilen unmittelbar auf das Vorbild des Pariser Quartiers, das seinerseits wiederum der Bohème der Jahrhundertwende seine lateinamerikanische Wurzeln verdankte und dabei in der Analogie zu Buenos Aires die sog. Verbrecher- und Animierkneipen als medial wirkmächtige Topoi etablierte.[164] Das Spiel von Licht und Schatten, die Reklamen der Lokale und die Angebote der Zecher und Prostituierten verliehen dabei dem Ambiente der scheinbar harmlosen Vergnügungen ein unheimliches und abgründiges Gepräge:

»Hell und grell wälzt sich aus dem Hohlweg der Elsasser Straße ein elektrischer Wagen der Ringbahn heran, eine ganze Reihe trüber Droschkenlaternen überstrahlend, die an der Bordschwelle der einen Straßenseite aufgesteckt sind. Und vor den Wagen, ne-

---

161 Vgl. ebd., S. 23. Die Schichtarbeiter in Zeitungsredaktionen (Reporter) und an Bahnhöfen (Gleisreparateure; Pflasterer und Asphaltierer) aber auch bei Polizei, Feuerwehr und in Warenhäusern waren ein beliebtes Motiv. Vgl. *Schlör*, Nachts, S. 92 ff. *Delattre*, S. 246 ff., sowie *Walkowitz*, Nights, S. 155 ff. und S. 182 ff.
162 *Delattre*, S. 253. Vgl. überdies – BHVP Zeitschriftensammlung »Paris la nuit«.
163 An der Weichbildgrenze, in: Vorwärts, 16.01.1898, Beilage, S. 3.
164 Vgl. *Kalifa*, Bas-Fonds, S. 255. Im Diskurs populärer (Bild-)Medien wird dieser Raum der Metropole zum Gegenraum des alten Paris. Die Vorstellung einer Verbrechermetropole war hier durch das Bild eines gesetzlosen (exotischen) Fremden überlagert, als das sich die (latein-)amerikanischen Städte eigneten. Vgl. *Caimari*. In der Figur des ›Apachen‹ als Kriminellen – vgl. hierzu *Steiner*, Goût, S. 147 ff., sowie *Kalifa*, Archeologie, S. 20. – speiste sich der Diskurs aus literarischen Vorbildern – wie Dumas *Les Mohicans de Paris* (1850er) oder Aimards *Les Peaux-Rouges de Paris* (1888).

ben und hinter ihnen Knäuel und Reihen von Fußgängern: Studenten mit aufgeschlagenen Kragen, korpulente Geschäftsleute mit geöffnetem Mantel, eilig heimhastende Verkäuferinnen, den Kopf gesenkt vor zudringlichen Blicken [...]. Dazwischen ein verführerisches Leuchten – die Spitze eines bunten Unterrockes.«[165]

Der Übergang in die Unterwelten schien hier – im Milieu von Sängern und Tänzerinnen, von Spielern und Trinkern und anderen »Exzentrics« – bereits möglich. Einen vermeintlich authentischen Einblick in diese Welten reklamierten indes vor allem sensationelle Reportagen wie Gustav Raschs *Eine Nacht in der Berliner Verbrecherwelt* (1870). Gegen den Gestus eines Sensationsromans à la Wilhelm Grothes *Berlin bei Nacht*, der 1893 gleichermaßen »sensationelle Enthüllungen« versprach, war Raschs Schilderung zwar wenig beeindruckend, doch vermittelte auch sie letztlich kaum mehr als das Zerrbild einer Metropole des ubiquitären Verbrechens:

»Wir gingen die Königstraße aufwärts nach der Kurfürstenbrücke zu, an den Kolonnaden entlang, deren innere Räume jetzt tiefe, schwarze Schlagschatten bedeckten. Die Straße war fast so belebt wie am Tage, obschon die Spaziergänger auf derselben einer ganz anderen Klasse der Bevölkerung angehörten, als es diejenige ist, welche sich in dieser Hauptgeschäftsstraße der großen Stadt während des Tages bewegt. Auf dem Turm der Klosterkirche schlug es elf Uhr. [...]
  Die Nachtvögel, wenn sie die Gestalt und den Uniformmantel meines Begleiters erkannten, zogen scheu oder ganz ungeniert an uns vorüber, je nachdem ihr Gewissen wenig oder mehr belastet war oder je nachdem sie unter Polizeiaufsicht standen [...]
  Zwischen der Neuen Friedrichstraße und der Bischofsstraße mündet in die Königstraße eine schmale, lange Gasse, welche sich wie eine steinerne Schlange, von der Königstraße durch ein Gewirr von kleinen Häusern und Spelunken bis zur Spandauer Brücke hinaufzieht. Die Straße gehört heute zu den Hauptsitzen und Lagerplätzen der niedrigsten Berliner Verbrecherwelt. Sie ist der Stapelplatz der in diesem Viertel hausenden Strolche, Bauernfänger, Mauerjungen und Gänsejungen, der Taschendiebe und jener unglücklichen Mädchen, die das Tageslicht scheuen. [...] Neben der Armut und dem Elend wohnen das Laster und Verbrechen und teilen sich auch miteinander den Raum.«[166]

Die Straße war hier ein »dunkler und unheimlicher« Raum: »Ruhe und Stille waren nur Täuschung.« Das Bild der nächtlichen *Gegenwelt* des Verbrechens, das in geradezu unter-weltlichen »Kellern« hauste, war dichotomisch strukturiert: »Gut« und »Böse« – Polizei-»Patrouillen« und »Strolche« – standen in Raschs Kartierung der (nächtlichen) Metropole einander gegenüber. Diese Form der ›Kartierung‹ der Stadt wurzelte einerseits in der frühen Moral- und Sozialstatis-

---

165 Berlin nach Elf. – Aus dem Quartier Latin. Das bunte Viereck, in: Berliner Morgenpost, 08.02.1900, S. 3. Zur Vermarktung dieser Rubrik vgl. i.A. Ein Plakat, in: Berliner Illustrirte Zeitung, 18.02.1900, S. 103.
166 *Rasch*, S. 83–85. Zu dieser Form der Verbrechenskartierung – vgl. zudem Raschs *Die dunkeln Häuser Berlins* (1868) bzw. Bernhard Hessleins dreibändige Sammlung *Berlin's Berühmte und Berüchtigte Häuser* (1881³).

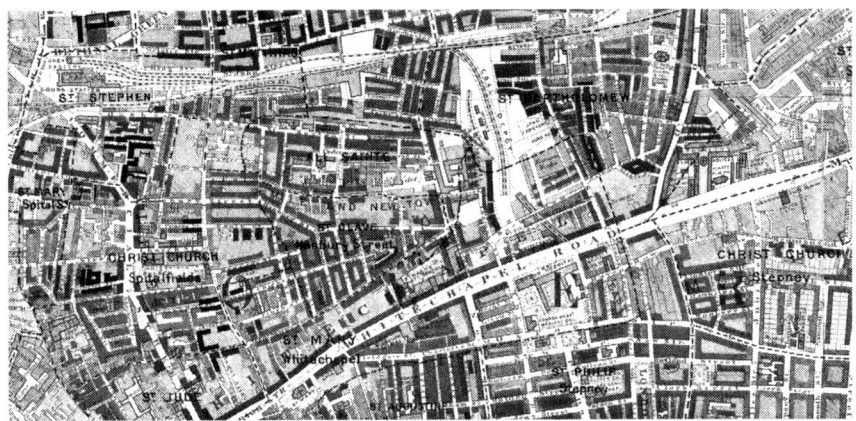

Abb. 10: Charles Booths Poverty Maps. – Whitechapel.

tik und ihren *Desease-* und *Poverty Maps* der 1820/30er[167] sowie andererseits in den Untersuchungen (Enquêtes und Interviews) eines Henry Mayhew, der um 1850 in London bereits erste Versuche einer Erschließung dieser weithin unbekannten metropolitanen Lebenswelten in seinem Buch *London Labour and the London Poor* unternommen hatte. Neben den Formen des *crime reportings* in den Zeitungen und Journalen der Jahrhundertwende, die im letzten Drittel des 19. Jahrhunderts in allen Metropolen einen quantitativen wie qualitativen Anstieg verzeichneten,[168] nahmen sich denn auch Sozialreformer und Wissenschaftler der urbanen Problemviertel an. Die innere »Mission« der Städteplaner, allen voran Charles Booth, der in seiner 17-bändigen Untersuchung *Life and Labour of the People in London* (bis 1903) eine vollständige Kartierung der Metropole nach Einkommensverhältnissen leistete, kolportierte das Bild eines anarchischen und wilden Raums der Metropole, eines *Großstadtdschungels*, den es – analog zu kolonialpolitischen Bestrebungen – zu zivilisieren galt. Die Farbgebung der Boothschen Karten schrieb den Statistiken gar eine sozial-moralische Wahrnehmung und Beurteilung der »dunklen Seite« der Großstadt ein: Die Farbe Schwarz stand für die ärmsten Bewohner (Klasse A: »Lowest class. Vicious, semi-criminal.«), das Milieu der reichsten Mitglieder der Oberklasse (Klasse G: »Upper-middle and Upper classes. Wealthy.«) hingegen war gelb hervorgehoben.[169] Der Konnex von Krankheit, insbesondere aber

---

167 Die Karten des Juristen André-Michel Guerry und des Ethnographen Adriano Balbi wie auch des Arztes und Sozialreformers Alexandre Parent-Duchâtelet stehen um 1830 bereits in der Tradition einer Kartographie von Verbrechens- bzw. Moral- und Krankheitsstatistiken. Vgl. *Wietschorke*, Kartierung, S. 80.
168 Vgl. *Crone*, S. 209 ff. sowie S. 228 f., und *Kalifa*, Encre, S. 83 ff. Dieser Trend erreichte in Deutschland, wie das Beispiel der *B. Z. am Mittag* zeigt, in den Jahren vor dem Ersten Weltkrieg sein Maximum. Vgl. *Jauss u. Wilke*, S. 77 f.
169 Vgl. *Lindner*, Walks, S. 85 f.

Armut und Verbrechen wurde so zur zentralen Argumentationsfigur städteplanerischer Sanierung.

Trotz – oder vermutlich gerade wegen – dieser anhaltenden Stigmatisierung einzelner Viertel der Metropole avancierte das schillernde Bild der metropolitanen Unter- und Gegenwelten zum Anziehungspunkt, ja zum Marketingschlager des Massentourismus. Das Faszinosum des Slums zog speziell die urbanen Oberschichten in zunehmendem Maß an. Ihr Blick blieb indes, wie sich im Folgenden zeigen soll, ein sehr eingeschränkter. Häufig war er nur auf den kalkulierten Grusel ausgerichtet. Der Reporter aber nutzte diesen Spielraum, um ganz in der Rolle eines Aufklärers, Sozialreformers und/oder Wissenschaftlers *undercover* aus den Slums zu berichten.

Der Reporter als Wissenschaftler und Sozialreformer: die Mission und das Phänomen des Slumming

Der Gang in die Slums – unter dem Anspruch von Charity und Armenfürsorge, christlicher Mission und sozialer Arbeit, soziologischer Forschung, aber auch investigativem Journalismus – stand der touristischen Erkundung dieser Wohn- und Lebensrealitäten der urbanen Unterschichten und deren Formen des *slumming* streng gegenüber. Das Londoner Journal *Link*, dessen Redakteur W. T. Stead ebenfalls zahlreiche Slum-Reisen unternommen hatte, geißelte 1888 die »morbid curiosity«[170] der sensationslüsternen Besucher solcher Stätten der Armen und Elenden. Die Diffamierungsstrategie der professionellen Slum-Besucher mag indes kaum darüber hinwegtäuschen, dass in einer weiten Definition des Begriffs im Anschluss an Seth Koven auch alle »activities undertaken by people of wealth, social standing, or education in urban spaces inhabited by the poor«[171] ihren Platz finden. Ein Teil der Faszinationsgeschichte der Metropole, das hat Koven gezeigt, war die zeitgenössische Begeisterung für das Andere der Großstadt. Der Tourismus, der schon im ersten Drittel des 19. Jahrhunderts in den Reisen der urbanen Londoner Oberschichten seinen Anfang nahm, erlebte gerade im Zuge des *New Journalism* und seiner neuerlichen Erkundung der Slums in den 1860ern einen Aufschwung, der auch die anderen europäischen Metropolen erfasste.[172] Die Exotisierung der Großstadt, in der sich das Ferne im Nahen versinnbildlichte, kam schon in Sims Berichten *How the Poor Live* (1883) zum Ausdruck. Der Verfasser bemühte sich darin, den Expeditionscharakter seiner Reisen herauszustreichen:

»I propose to record the results of a journey with pen and pencil into a region which lies at our own doors, into a dark continent that is within easy walking distance of

---

170 The Slums, in: The Link, 20.10.1888, S. 1.
171 *Koven*, S. 9.
172 Vgl. *Kalifa*, Boulevards, S. 68. Erstmals Erwähnung finden derlei Touren reicher *Gentlemen* in Pierce Egans Erzählung *Life in London* (1821), Georges Smeetons *Doings in London* (1828) oder John Ducombes *The Dens of London* (1835).

the General Post Office. This continent will, I hope, be found as interesting as any of those newly-explored lands which engage the attention of the Royal Geographical Society – the wild races who inhabit will, I trust, gain public sympathy as easily as those savage tribes for whose benefit the Missionary Societies never cease to appeal for funds.«[173]

Der Vergleich von Metropole und Kolonie, der noch Jahrzehnte später wirkmächtig war,[174] spiegelte Neugier und Ängste der metropolitanen Bevölkerung gegenüber den Unterwelten gleichermaßen wider. In Jack Londons *The People of the Abyss* (1903) war dieses Faszinosum des Verbrechen und Elends bereits ein etablierter Topos. Der Weg in die Armenviertel der Großstadt, obschon oder gerade wegen des anhaltenden Tourismus, sei, so London polemisch, nach wie vor abenteuerlicher als eine Reise in die entferntesten Weltregionen:

»O Cook, O Thomas Cook & Son, path-finders and trail-clearers, living signposts to all the world, and bestowers of first aid to bewildered travellers – unhesitatingly and instantly, with ease and celerity, could you send me to Darkest Africa or Innermost Thibet, but to the East End of London, barely a stone's throw distant from Ludgate Circus, you know not the way! – ›You can't do it, you know‹, said the human emporium of routes and fares at Cook's Cheapside branch. ›It is so – ahem – so unusual.‹ ›Consult the police‹, he concluded authoritatively, when I persisted. ›We are not accustomed to taking travellers to the East End; we receive no call to take them there, and we know nothing whatsoever about the place at all.‹«[175]

Während dieser Elendstourismus in New York, London, aber auch in Paris und Wien durchaus üblich war, konstatierte der Reiseführer *Berlin und die Berliner* 1905 lapidar:

»Verbrecher- und Detektiveromantik ist übrigens dem Berliner nicht eigen. Slumming gibt es in Berlin nicht, dagegen kann der Fachmann oder eingeführte Interessent unter sachverständiger Führung sich über alle Einrichtungen der Strafverfolgung, des sehr guten Nachrichtenwesens, den anthropometrischen, daktylographischen und photographischen Apparat, das Verbrecheralbum mit seinen 25 000 gültigen Nummern, das Kriminalmuseum, die Stätten des Verbrechens und des Pauperismus leicht unterrichten.«[176]

Im werbewirksam-apologetischen Duktus des Reiseführers erschien Berlin in strahlenden Farben. Doch reduzierten sich die Formen des Studiums von Kriminalität, Devianz und Elend auch in Berlin keinesfalls auf den Besuch von

---

173 *Sims*, Poor, S. 5.
174 Siegfried Kracauer schrieb 1930 über die Erkundung des Berliner Angestellten-Milieus pointiert, seine »kleine Expedition« sei »vielleicht abenteuerlicher als eine Filmreise nach Afrika.« *Kracauer*, S. 15.
175 *London*, S. 3. Das Klischee der Wildnis der Metropole wird insbesondere in der stereotypen Darstellung religiös oder ethnisch stigmatisierter Bevölkerungsgruppen oder Viertel (hier z. B. Chinatown) – exekutiert; der Blick des Reporters gehorchte hier dem imperialen Gestus.
176 *Anonymus*, Berlin und die Berliner, S. 400.

Museen oder Panoptiken. Walter Turszinsky unternahm eine Führung durch die »dunklen Winkel« der Metropole. Seine Reportage kolportierte die Klischees eines moral- und sittenlosen Milieus.[177] Im Übergang von schauerlicher Melodramatik und nüchterner Beglaubigung situierten sich auch (Lichtbild-) Vorträge von Reportern und Sozialreformern, die, wie das Beispiel des Wiener Reporters Emil Kläger (*Neue Freie Presse*) und des Gerichtssekretärs und Fotografen Hermann Drawe zeigt, überaus populär waren. Der Diavortrag *Durch die Wiener Quartiere des Elends und des Verbrechens* wurde zwischen 1905 und 1908 über 300 Mal in der Urania gehalten.[178] Vorträge wie *London. Glanz und Schmutz der Siebenmillionenstadt* oder (mittels Polizeifotos illustrierte) Diaschauen wie *Streifzüge durch das dunkelste Berlin* (1907), gehalten von der Schriftstellerin Meta Schoepp,[179] standen in der Folge auf dem Programm. Populär war die Darstellung großstädtischen Elends – im dokumentarischen Bereich wie auch in Form fiktionaler Bildergeschichten – in den USA[180] und Europa gleichermaßen. Während die dokumentarischen Serien den gehobenen Schichten zur Unterhaltung bzw. Aufklärung dienten, waren die im Studio für die Kamera inszenierten Geschichten aus den Slums – als sog. *Life Model-Series* ›nach dem Leben gebildet‹ bzw. ›nach der Natur aufgenommen‹ – wie George R. Sims *The Magic Wand* (nach einer Geschichte des Jahres 1883) den Bewohnern der Armutsviertel selbst gewidmet (vgl. Abb. 12).[181] Als moralische Orientierung der großstädtischen Massen bewegten sich die bebilderten Vorträge (*readings*) häufig in den Kontexten christlicher Erbauungsliteratur:

»Did you ever see such hovels? / Dirty, and damp, and small. / Look at the rotten flooring, / Look at the filthy wall. […] The father gets drunk and beats them, / The mother she died last year […] She was one of our backward pupils, / Was Sally the eldest child – A poor little London blossom / The alley had not defiled. / She was on at the Lane last winter – She played in the pantomime […] Night after night went Sally, / Half starved, to the splendid scene / Where she waved a wand of magic / As a Liliput fairy queen. […] She was only a wretched outcast / A waif of the London slums. / It's little of truth and knowledge / To the ears of such children comes. / She fancied her wand was truly / Possessed of a magic charm, / That it punished the wicked people, / And shielded the good from harm.«[182]

177 *Turszinsky*, Kaschemmen, in: ders., Berlin, S. 110.
178 1908 erschien diese intermediale Form der Sozialreportage als Buch. Vgl. *Szeless*, S. 99.
179 Der Vortrag war Teil einer Strategie der Wissenspopularisierung, der sich die metropolitanen Bildungseinrichtungen verschrieben. Die Vortragsreisenden erreichten ein breites Publikum. Schoepp sprach bspw. auch in der Königl. Kriegsakademie. Vgl. Fotografische Rundschau, Bd. 45 (1908), S. 15; 30 f.
180 Jacob A. Riis illustrierte seine Vorträge auf Lesereisen durch sozialdokumentarisches Bildmaterial (vgl. Abb. 11). Noch 1905 kündigte der New Yorker einen Lichtbildvortrag unter dem Titel »The Battle with the Slums« an. Vgl. *Yochelson*, S. 67.
181 Vgl. *Ruchatz*, Moral, S. 45–48.
182 *Sims*, The Magic Wand. Sims Bilder können hier in der Tradition von William Hogarths Kupferstichzyklen – »A Rake's Progress« (1733–35) – gesehen werden.

Abb. 11 u. 12: Dokumentation und Melodramatik: Der Reporter als Stifter der sozialdokumentarischen Fotografie: Jacob A. Riis »Bandit's Roost, 59 ½ Mulberry Street« (links, ca. 1890). Das Melodrama des Elends: George R. Sims »The Magic Wand« (rechts, 1889).

Abb. 13: Die Parodie des Stereotyps: »La tournée des grands ducs.« (1910). Schauspieler inszenieren die Klischees des Verbrecherlebens vor den Augen bourgeoiser *sensation seeker*.

Die Hoffnung, die, wie so häufig bei Sims, aus dem Milieu der Delinquenz (Gewalt, Krankheit, Alkoholismus) erwuchs, personifizierte an dieser Stelle das Großstadtkind.

Das Bild des unschuldigen Kindes stand in solchen Elendsdarstellungen dem Bild der moralischen Verderbnis bzw. ohnmächtigen Resignation der Erwachsenen gegenüber. Auch in Blanchard Jerrolds und Gustave Dorés *London – A Pilgrimage* (1872) wird dieser Topos aufgegriffen und unter reger Anteilnahme der Wohltätigkeitsorganisationen in den 1870ern zur Anklage gegen die herrschenden sozialen Missstände gewendet.[183] Der Versuch einer wirklichkeitsgetreuen Darstellung metropolitaner Unterwelten indes changierte immer zwischen verklärender Propaganda und Perhorreszierung.[184] Die Vermarktung des Elends als ein Gegenstand des Sightseeings aber war davon besonders betroffen.

Das *slumming* – in Frankreich als *Tournée des Grands-Ducs* sprichwörtlich ein Phänomen der (adligen) Oberschichten – lieferte die Stigma-Bilder, die sich im Diskurs populärer (Bild-) Medien bereits etabliert hatten. In zahlreichen Werken über *Paris disparu*, *Paris qui s'efface* oder *Paris ignoré* gehörten Wegbeschreibungen durch die verrufenen Viertel zum festen Repertoire. Louis Barrons *Paris étrange* (1888) versprach sogar (offenkundig der gestiegenen Nachfrage wegen) ein Führer der »ville obscure, cachée dans les plis sombres du Paris brillant et luxureux, ville de malfaiteurs, de mendiants et de vagabonds«[185] zu sein. Abseits populärer Romane, Reiseführer und Almanache war die *Tournée des Grands-Ducs* auch Gegenstand von Reportagen, Zeitungsberichten und Filmen. Die gleichnamige Produktion des Jahres 1910 karikierte die Realitätsklitterung dieser Trips in die vermeintlich antibürgerlichen Gegenwelten in Form einer Komödie, in der sich die Gefahren einer *Tournée* (Diebstahl, Betrügereien, Entführung oder gar Ermordung) letztlich als reine Inszenierung erwiesen. Die wohlhabenden Touristen, deren Vorstellungen von Verbrechens- und Elendsrealitäten geradewegs der Imagination moralisierender Romanciers entsprangen,[186] werden dabei als Besucher in einen zwielichtigen Verbrecherkeller geführt, in dem sie zunächst die Zeugen des dortig herrschenden zügellosen Treibens werden, als dessen Sinnbild das Klischee des *sex-and-crime* symbolisierenden Apachen-Tanzes genügte, bevor sie sodann den erfolglosen Versuch eines Schutzmannes, die gesamte Versammlung zu verhaften, und dessen Ermordung durch einen der Verbrecher erleben (vgl. Abb. 13). Während die völlig verängs-

---

183 Vgl. exempl. die kritische Darstellung der ungleichen Arbeits- und Lebensverhältnisse in West End und East End in *Jerrold u. Doré*, S. 140 ff. – »Humble Industries«.
184 Der Fall des Sozialreformers und philanthropischen Unternehmers Dr. Thomas Bernardo, der mittels (gestellter) Vorher-Nachher-Fotografien der Waisenkinder des von ihm betreuten Heimes die verwandelnde Wirkung seiner Zuwendung geradezu manipulativ in Szene setzte, war nur ein Beispiel künstlerischer Überhöhungen – in der Darstellung metropolitaner Wirklichkeiten. Vgl. *Koven*, S. 88–138.
185 *Barron*, S. 8.
186 »Cela sent la comédie. Les apaches sont partout.« – schrieb schon Elie Richard 1925 retrospektiv. Vgl. *Richard*, S. 148 ff. Vgl. dazu *Kalifa*, Bas-Fonds, S. 205 ff.

tigten Zuschauer den Keller daraufhin fluchtartig verlassen, zeigen sich die widerstreitenden Parteien unmittelbar versöhnt, indes ein Theaterdirektor vor der Kamera erscheint, der gemeinsam mit seinen Schauspielern schlussendlich die Beute der zurückgelassenen Habseligkeiten der adligen Besucher aufteilen kann. Im Film wird so weniger der dokumentarische Impetus, der die Fotoreportagen aus den Slums (von Riis, Thompson, Lorrain oder Zille) prägte, als vielmehr neuerlich die alltägliche Vermarktung der »spectacles sensationnels«[187], zu denen das *Slumming* zählte, und der dekadente Grusel der urbanen Oberschichten vor den Realitäten der Massen kritisch in den Fokus genommen.

Ikonographien des Elends: der Reporter und der Beginn sozialdokumentarischer Fotografie

Die Fotoreportage als »narrative, chronologische oder thematische Sensation von Bildern«[188] entstand gegen Ende des 19. Jahrhunderts.[189] Die Gründung von kommerziellen Bildagenturen in New York, London, Paris oder Berlin (und deren zunehmende Spezialisierung auf bestimmte Ressorts der Berichterstattung) bereitete der raschen Ausbreitung des Fotojournalismus den Boden. Hinzu kam der Versuch der großen illustrierten Zeitungen, eigene (Bilder-)Korrespondenten-Netzwerke auszubilden. Die aus den Pfennig-Magazinen hervorgegangenen Blätter wie die Leipziger *Illustrirten Zeitung* (1843), die Pariser *L'Illustration* (1843), die *Illustrated London News* (1842) oder *Frank Leslie's Illustrated Newspaper* (1855) sowie deren (lokale) Konkurrenz[190] lieferten dabei erstmals Aktualitäten in Form von Bild-Berichten, die, nur mehr wenige Wochen verzögert, über das Geschehen ›aus aller Welt‹ referierten. Die Verzögerung in der Berichterstattung war einerseits auf die z. T. überaus beschwerlichen Reisen der Reporter an die weiter entfernten Schauplätze des Geschehens zurückzuführen, andererseits aber auch in erheblichem Maße auf die drucktechnischen Voraussetzungen der Zeitungsproduktion: Um 1850 erschienen in Konkurrenz zur Zeichnung noch vorwiegend Holzschnitte nach Vorlage der Fotografien in den Blättern. Die anfangs manuelle Umarbeitung der Fotos in Holzstiche wich ab 1860 der Kopie eines (Glas-)Negativs auf die lichtempfindliche Holzplatte (›Foto-Xylografie‹). 1880 gelang schließlich die gerasterte druckmechanische Reproduktion eines Fotos im Autotypieverfahren.[191] An diese Etablierung der

---

187 *Chamberet*, S. 3 f.
188 *Dewitz*, S. 63.
189 Vgl. *Jäger*, Fotografie, S. 122; *Barret*; *Holzer*, Reporter. Zur Geschichte der kommerziellen Pressefotoagenturen vgl. *Weise*, ullstein bild, S. 260 f.
190 Zu den wichtigsten Blättern zählten die *Berliner Illustrirte Zeitung* (1892), das *Berliner Leben* (1898), *Die Woche* (1899) bzw. *La Vie illustré* (1899) oder auch *The Graphic* (1870) und *The Daily Graphic* (1873).
191 Vgl. *Weise*, Nachrichtenbilder, S. 72 f. *Macias*, S. 21 ff., sowie *Albert u. Fayel*, Fotografie, S. 358–370. Gerade in Fotomontagen zeigte sich bisweilen der Zug zur Inszenierung/Erfindung der Nachrichten – vgl. *Barret*, S. 147.

Fotografie im Diskurs populärer (Bild-)Medien knüpfte sich ein wissenschaftlicher und zugleich philosophisch-ästhetischer Diskurs, der die *wissenschaftliche* Genauigkeit, die Abbildung der Natur, zum Maßstab nahm, um die *künstlerischen* Spielräume des als authentisch ausgewiesenen Mediums auszuloten.[192] Der Fotoreporter – als ›special artist‹ in lokalen wie globalen Kontexten im Einsatz – legitimierte sich vor diesem Hintergrund in besonderer Weise als Aufklärer und Wissenschaftler.

In den Metropolen war – abseits des Stroms an Ereignisbild-Publizistik – gerade der Bereich der sozialdokumentarischen Fotografie das Metier des Reporters. Dieser Bereich zeichnete sich durch aktuellen Bezug wie sozialpolitische Brisanz aus.[193] Indem sich der Fotoreporter z. B. in seinen Berichten aus den Slums der Metropolen der Presse als Informationskanal bediente, erschienen seine Bilder als »Werbemittel für sozialpolitische Ideen«[194]. Der Modus des Dokumentierens war dabei Ausdruck eines professionellen Ethos und Anspruch eines ästhetisches Prinzips der Darstellung von ›Wahrheiten‹ zugleich.[195] Investigative Reporter im Stil der *muckraker* und philanthropisch motivierte Sozialreformer kritisierten auf diese Weise die abgebildeten ›Realitäten‹.[196] Gleichwohl eigneten sich die Fotostudien auch als Mittel zur sozialen Kontrolle (in Form einer Dokumentierung bzw. Kartierung der Slums). Solche Dokumentationen dienten dann neben statistischen u. a. Erhebungen dazu, die verrufenen Viertel den Polizei- und Gesundheitsbehörden wieder zugänglich zu machen. Gleichzeitig entsprangen die Bilder freilich auch einer gestiegenen Faszination für die Armut, die sich letztlich in der Vielzahl dokumentarischer Lichtspiele und Filmproduktion der Jahrhundertwende widerspiegelt.[197]

In der Tradition Henry Mayhews waren bereits in den 1870ern erste dokumentarische Bildreportagen entstanden, die wie Thomas Annans Bildstrecken (hier noch als Auftragsarbeiten) über das Leben in den Slums von Glasgow (1877) oder die Sozialreportage *Street Life in London* (1877/78) des Journalisten Adolphe Smiths und des Fotografen John Thomson einen Einblick in das Leben der Händler, Arbeiter und armen Leute vermittelten. Smiths ausführliche Kommentare wiesen dabei wie im Fall eines Whitechapeler Gelegenheitsarbeiters namens »Hookey Alf« (vgl. Abb. 14) von der pittoresken Typisierung der Straßenexistenzen zur Analyse. Den Anspruch einer wirklichkeitsgetreuen Ab-

---

192 Zu dieser Thematik vgl. im Einzelnen: *Plumpe*, Blick, S. 97 ff.
193 Vor 1918 war das Foto gerade im Methodenkanon der visuellen Soziologie eine wichtige Quelle. Danach begann der Siegeszug quantitativer Studien. Vgl. *Stumberger*, Bd. 1, S. 15.
194 *Rupkalwis*, S. 71.
195 Formal stechen hierbei gerade die inszenatorische Komposition, die unkonventionelle Lichtführung, die Motivik aber auch die Themenwahl heraus. Vgl. allg. *Kunde*, S. 25, *Pensold*, S. 20 f., sowie bsp.-gebend: *Paeslack*, S. 257–273.
196 Vgl. *König*, Gesellschaft, S. 346–357.
197 Einen ersten Einblick mag hier die von Martin Loiperdinger und Ludwig Vogl-Bienek kuratierte Filmsammlung *Screening the Poor* (2010) vermitteln. Zum Theater vgl. überdies *Westgate*.

bildung der Verhältnisse strichen die Herausgeber in der Vorrede ihrer Sammlung heraus:

»We have sought to portray these harder phases of life, bringing to bear the precision of photography in illustration of our subjects. The unquestionable accuracy of this testimony will enable us to present true types of the London poor and shield us from the accusation of either underrating or exaggerating individual peculiarities of appearance.«[198]

Themengebunden waren auch die Bildsammlungen der US-amerikanischen Reporter, die wie Jacob A. Riis (oder Jahre später Lewis W. Hine)[199] die Bildreportage als politisches Mittel einsetzten. Winfried Ranke hat in diesem Kontext auf die Unterscheidung einer »appellativen« und einer stärker »analytischen« sozialdokumentarischen Fotografie aufmerksam gemacht, der auch hier große Bedeutung beigemessen werden kann.[200] Während der New Yorker Riis – wie auch bspw. die Wiener Drawe und Kläger – durch eine geschickte Inszenierung der Misere (sowie z. T. überdies des bedrohlichen Potentials der »gefährlichen Klassen«[201] der Unterschichten) mit ihren Berichten einen klaren Appell zu reformerischen Aktivitäten verbanden, interessierten sich andere Bildberichterstatter wie die Berliner Gebrüder Haeckel, Waldemar Titzenthaler oder Heinrich Zille stärker für die Dokumentation urbanen Wandels. Dabei band gerade Zille, dessen mal sozialkritische, mal humoristische Skizzen und Zeichnungen aus dem Milieu der Metropole überaus populär waren, die sozialdokumentarischen Fotografien der urigen Originale des Berliner Lebens und der Alt-Berliner Straßenzüge, z. B. *Am Krögel* (vgl. Abb. 15), an die weitaus ältere Tradition eines Genres der Reportagezeichnung zurück.[202] Waren Zilles Candid-Aufnahmen (mittels einer kleinformatigen Handkamera) als visuelles Skizzenbuch des Berichterstatters und Künstlers Zeugnisse der analytischen Dokumentarfotografie i. S. Rankes,[203] so standen die Bilder der großangelegten Wohnungs-Enquêtes aus der ersten Dekade des 20. Jahrhunderts in Ergänzung zur diskursiv erläuternden Rede als Dokumente und Beweisstücke im historischen

---

198 So die Vorrede der Autoren in: *Thompson u. Smith*, S. 81.
199 Vgl. *Smith-Shank*, S. 33–37. Riis, Hine oder auch der Deutsch-Amerikaner Arnold Genthe zählen zu den profiliertesten Fotografen dieser Jahre.
200 Vgl. *Ranke*, Fotografie, S. 25 f.
201 Vgl. *Stumberger*, Bd. 1, S. 220. Zur dokumentarischen Fotografie vgl. allg. *Gidal*.
202 Hier waren vor allem Fritz Koch-Gothas Zeichnungen in der *Berliner Illustrirten Zeitung* von großer Bedeutung. Vgl. »Im Bergwerk. Momentbilder aus dem gegenwärtigen Streikgebiet«, »Das Leben für den Zaren« oder »Französische Soldaten« (1905). Gleichzeitig war Koch-Gotha Illustrator der Geschichten aus dem Berliner Leben von Alfred Hagen, Georg Hermann und Walter Turszinsky. Auch Zilles »Momentbilder aus der Großstadt« erschienen in diesem Jahrgang der BIZ.
203 Vgl. *Paeslack*, S. 170 f. Zilles Aufnahmen spiegeln, so Winfried Ranke, den Anspruch des Chronisten: »Er ist nicht aufs Außergewöhnliche aus, auf den einen ›fruchtbaren Moment‹ [...]; ihm geht es ums Alltägliche, um den Normalzustand städtischen Daseins. Die zugespitzte Situation, der interessante Augenblick, mögen sich in einer Aufnahme, im

Prozess im Fokus.[204] Die europäische Tradition der *Enquête* ergänzte hier beispielgebend die Praxis der *undercover*-Reportage, die, ab 1870 in den Vereinigten Staaten erprobt, im Europa der Jahrhundertwende zusehends wichtiger werden sollte. Während etwa Jules Hurets *Enquête sur la question sociale en Europe* (1897) vor allem in der Collage von Interviews mit den Vertretern unterschiedlichster Schichten (vor allem Politiker, aber auch Sozialreformer und Unternehmer, z. B. Fabrikbesitzer, oder Arbeiter) die Lösungen der sozialen Frage zu ergründen versuchte, war die Berliner Enquête an der *statistischen* Erfassung und *fotografischen* Beweisführung des Elends gelegen. Im Jahr 1912 instrumentalisierte indes die kritische Urbanistik die Bilder der Enquête als drastische Illustration ihrer radikalen Kritik an den Verhältnissen der »Mietskasernenstadt«. So schrieb Werner Hegemann in einem Artikel der *Berliner Illustrirten Zeitung*:

»›Slum‹, Schlamm nennt der Anglosaxone die furchtbare Kehrseite der Großstadt. Londons East End und New Yorks Lower East Side sind als das Schrecklichste vom Schrecklichen im Munde aller, die sich für Wohnungsfürsorge zu interessieren anfangen. In diesen Elendsquartieren der Neun-Millionen-Stadt London, der Fünf-Millionenstadt New York, mischen sich die ärmsten der jährlich zu Hunderttausenden einströmenden Einwanderer mit den Tausenden von Unseligen, die durch Krankheit, Laster und nicht zum wenigsten durch die schweren Ungerechtigkeiten unseres oft so grausam arbeitenden Wirtschaftssystems unter die Räder des ›Siegeswagens städtischer Kultur‹ geraten sind. [...] [Unheilvoll, d. Vf.] wäre es, wenn etwa ein Deutscher chauvinistisch das Haupt über die anglosaxonischen ›Slums‹ schütteln wollte. Wer genau zusieht, findet, wenn auch in anderer Aufmachung, in den deutschen Städten mehr wirklichen Slum, mehr Wohnungselend, als in den Millionenstädten englischer Zunge.«[205]

In seiner Kritik an den Slums setzte Hegemann die statistischen Daten und das Bildmaterial der Studien wieder als Mittel politischer Kampagnen ein. Gerade die »Macht« dieser »Momentbilder« aus dem Leben der Metropole wirkte gegenüber den literarischen Skizzen voriger Jahrzehnte besonders deutlich.[206]

---

glücklichen Schnappschuß, festhalten lassen. Ihr genaues Gegenteil, der gedehnte Gleichtakt alltäglicher Normalität, ist hingegen nur in umsichtiger, kontinuierlicher Beobachtung zutreffend wahrzunehmen.« *Ranke*, Zille, S. 17.

204 Im Auftrag der »Wohnungs-Enquête« der Berliner Ortskrankenkasse der Kaufleute, Handelsleute und Apotheker veröffentlichte Albert Kohn zwischen 1903 und 1920 jährliche Berichte über die Wohnungszustände (vor allem in den Mietskasernen des Berliner Nordostens) inkl. Fotographien in Form von Kupfertiefdrucktafeln. Vgl. *Asmus*, S. 32–43.

205 Berliner Wohnungs-Elend, in: Berliner Illustrirte Zeitung, 14.04.1912, S. 321–323, hier S. 321. Hegemann war Generalsekretär der Städtebauausstellung Berlin 1910. Seine Berlinkritik kulminierte in der 1930 erschienenen Veröffentlichung: Das steinerne Berlin.

206 Man denke nur zurück an die Tradition der »Momentbilder« – in der schon Springers *Berlin wird Weltstadt. Ernste und heitere Culturbilder.* (1868) stand. Während sich Springer v. a. einer ›poetischen Wirklichkeit‹ verpflichtete, besaßen spätere Publikationen – wie A. Südekums *Großstädtisches Wohnungselend* – aus Hans Ostwalds Großstadtdokumenten (Bd. 45. 1908) – bereits ganz analog einen dokumentarischen Anspruch.

Abb. 14 u. 15: Fotoreportagen. »Metropolitan Mixture of Good and Evil.« John Thompson – »Hookey Alf, of Whitechapel.« (links, 1877). Heinrich Zille – »Krögelhof.« (rechts, ca. 1896).

In manchen Fällen überschritten die Fotoreporter gerade angesichts dieses Siegeszuges der Bilder den Anspruch des Dokumentarischen zugunsten sensationellunterhaltender Akzentuierungen. Die Fotoreportage des Pariser Skandalreporters Jean Lorrain über die Erlebnisse auf der *Tournée des Grands-Ducs* im Journal *Je sais tout* (1905) war so ein Beispiel. In bildhafter Sprache schilderte er, der schon im Januar 1899 in Xaus *Le Journal* eine Reportage über den Gang durch die Pariser Unterwelten verfasst hatte,[207] das verruchte Milieu devianter Existenzen:

»Nous sommes à l'*Alcazar*, le bal de l'avenue de Choisy, quartier plutôt sinistre et de mauvaise renommée. Le long de la ballustrade qui sépare les consommateurs des danseurs, des hommes et des femmes sont attablés devant le barège inquiétant des absinthes et des saladiers de vin chaud: public d'ouvriers endimanchés, d'apprentis de métiers vagues, et de femmes en blouses d'étoffes claires et en jupes sombres, reconnaissables aux énormes oreilles de chiens qui les coiffent toujours d'un volumineux casque de cheveux. Des hommes minces, mais aux épaules larges, en cottes de velours et en complets à carreaux, toisent ces faces blêmes aux traits durs dont les maxilaires s'accusent menaçants, au nez brusque où les narines évasées font deux trous, à la bouche large, aux lèvres minces et rouges, saignantes comme une large blessure, teints d'anémie ou de congestion, tous le stigmates de la misère. Parfois pourtant, une jolie fille, perdue dans ces fresques de la misère, toute jeune, petite ouvrière de mode ou apprentie est égarée là par une curiosité précoce, nuque frêle, faite pour le collier de perles.«[208]

207 Vgl. *Lorrain*, Poussières de Paris, S. 11 f. Der Milieudialekt, das *Argot* Aristide Bruants, war hier spürbar.
208 La Tournée des Grands-Ducs, in: Je sais tout, 15.07.1905, S. 717–726, hier S. 718.

Abb. 16 u. 17: Die Fotografien der Berliner Wohnungs-Enquête: Dr. Werner Hegemann – Berliner Wohnungs-Elend, in: Berliner Illustrirte Zeitung, 14.04.1912 (links). Fotoreportagen aus den Elendsquartieren der Metropole: Jean Lorrain – La Tournée des Grands-Ducs. – Chez le père lunette, in: Je sais tout, 15.07.1905 (rechts).

Die Physiognomie der Unterwelten wird hier über die Stigmata des Milieus und der äußeren Erscheinung seiner Bewohner – »physionomies de Morgue et de Cour d'assises« – ausgestellt. Im Bild der ebenso gefahr- wie lustvollen Pariser Nächte verdichten sich so die Klischees einer urbanen Gegenwelt, die Lorrain bereits in zahlreichen Romanen und Sensationsreportagen entworfen hatte.[209] Im Modus der Fotoreportage aber wird die Wahrnehmung der Realitäten als Augenschein beglaubigt, das Auge der Kamera vermag – so will es Lorrain in seiner Schilderung des *Bal Octobre* zeigen – den Phantasien der Schriftsteller die Wahrheiten des Journalisten entgegenzuhalten. Das Wagnis der Reportage wird ganz im autoreflexiven Gestus des Genres als Risiko des Forschungsreisenden herausgestrichen:

»La salle est d'ailleurs plutôt vide, l'assistance est peu nombreuse, et l'aménité de l'accueil a fait place à des regards soupçonneux; on chuchotte dans les coins, l'atmosphère

---

[209] *Lorrain*, Sensations, S. 17 ff. Zum Motiv der *Tournée* vgl. *Kalifa*, Bas-fonds, S. 45; 215.

est évidemment hostile. De récentes expulsions viennent de vider la salle; on nous fait l'honneur de nous croire la police ... Eh! ... la rousse ... Le kodak que nous trainons avec nous n'est pas fait pour calmer les soupçons. Quelques tournées offertes à propos nous ramènent les sympathies, quelques couples consentent à se grouper devant notre appareil, l'orchestre entâme une valse. [...] Nous avons mis en fuite tous les personnages intéressants du bal [...].«[210]

Gegen diese Praxis der offenen Erkundung und Recherchen, in der sich der Reporter durch Kamera und Notizblock exponierte, bildete sich im Zuge des Neuen Journalismus eine Form der verdeckten Ermittlung/Beobachtung heraus, die das Bild des Reporters als Detektiv bzw. als Aufklärer und Wissenschaftler maßgeblich beeinflussen sollte – und ihn von den in aller Regel öffentlich sichtbaren Explorationen der Missionare und Enquêteure unterschied.

Maskeraden und stunts: der Reporter und der Blick hinter die Kulissen der Metropole

Der Reporter als *urban explorer* nutzte Stil und Techniken des Neuen Journalismus, um seinen Gang in die Slums vor den Augen des urbanen Publikums zu legitimieren. Als Anthropologe der Metropolen[211] widmete er sich den weißen Flecken der urbanen Landkarten, deren Erkundung die imperiale Erschließung der restlichen Welt, insbesondere freilich der Kolonien, spiegelte. In den Themen zeigen sich die Reportagen aller Metropolen durchweg verwandt, in der Form indes scheinen die Differenzen auf: Während im kontinentalen Europa noch bis in die 1890er Jahre die Methodik der offenen, z. T. sogar geführten Erkundungsgänge und Enquêtes üblich war,[212] etablierte sich in Großbritannien und den Vereinigten Staaten der *undercover*-Journalismus bereits um 1870.[213]

Wirkmächtiges Vorbild war dabei James Greenwoods *stunt* »A night in the Workhouse«[214]. Greenwood, der sich als Reporter der *Pall Mall Gazette* unter

---

210 La Tournée des Grands-Ducs, in: Je sais tout, 15.07.1905, S. 719f.
211 So z. B. *Nord*, Social Explorer. Das kolonisierende Moment, das schon in den sog. ›Slum-Crusades‹ der Heilsarmeeler und Missionsbewegung durchschien, prägte auch die philanthropisch motivierten Reporter.
212 Hier war der Reporter – an der Seite von Missionaren, Reformern und Polizisten – eine gleichsam öffentliche Figur. So kleidete sich die Schweizer Journalistin Else Spiller z. B. auf ihren Erkundungsgängen durch die europäischen Slums (1911/12) in Missionskleidung. Zur Stellung der Mission und der Erkundungsreisen in Berlin vgl. überdies *Wietschorke*, Entdeckungsreisen, S. 41–45, sowie *ders.*, Arbeiterfreunde, S. 228–253.
213 Zur Fülle der Zeugnisse im anglophonen Bereich vgl. die Sammlungen von *Kroeger*, Undercover Reporting; *Freeman u. Nelson*; *Allen*, The Moving Pageant; *Marriott u. Matsumura*.
214 A Night in the Workhouse, in: Pall Mall Gazette, 12.01.1866, S. 9f.; 13.01.1866, S. 10, sowie 15.01. 1866, S. 9f. Die Reportage ergänzten Berichte und Leitartikel der Titelseite: »Bethnal-Green Workhouse«.

dem Vorwand der Hilfsbedürftigkeit und in der Kleidung eines Landstreichers in das Nachtasyl in der Princes Road (Lambeth) einschlich, entlarvte durch seine Kampagne die nach wie vor prekären Zustände der Armenfürsorge in den Wintermonaten 1865/66. In der Rolle des Aufklärers stellte der Reporter die Effizienz des nur ein Jahr zuvor verabschiedeten *Metropolitan Houseless Poor Act* auf die Probe. Dabei grenzte er sich *expressis verbis* gegen offiziöse Untersuchungen ab, die ein allzu beschönigendes Bild der Verhältnisse zeichneten. Gegenüber den Berichten H. B. Farnalls, des Inspektors des *Poor Law Board*, in der *Daily News* desselben Tages, schrieb Greenwood am 15. Januar, seien seine Reports schon deshalb authentischer, weil sie nicht die geordneten Verhältnisse tagsüber, sondern vielmehr die Realitäten des Nachts beschrieben. Obschon die Reportage in durchaus eindrücklicher und plastischer Sprache gehalten war, verwahrte sich der Reporter naturgemäß gegen alle Vorwürfe der Übertreibung – »I am telling a story which cannot all be told – some parts of it are far too shocking; but what I may tell has not a single touch of false colour in it.«[215] – um gleich herauszustellen, sich aller Wertung zu enthalten: »The moral of all this I leave to you.«[216] Ein wesentlicher Faktor des riesigen publizistischen Erfolgs dieser Reportage lag abseits des sensationellen Sujets in der Maskerade des Dandys und ›gentleman‹-Reporters Greenwood als Armer und Obdachloser.[217] Das Skandalon der Transgression lag im Spektakel der Verwandlung des bürgerlichen Reporters in ein (bestenfalls) proletarisches Mitglied der Gesellschaft, ein Modell, das Greenwood einige Jahre später in seiner Reportage *A tramp* (1883) nochmals verfolgte.

Das Eintauchen in diese exotischen Realitäten und in die Rolle des »casual paupers« wird auch diegetisch besonders hervorgehoben. Der Ausstellung der Maskerade zu Beginn der (in der dritten Person gehaltenen) Einleitung wird das Erlebnisprotokoll des inkognito reisenden Reporters aus der Ich-Perspektive nachgeschoben:

»He was dressed in what had once been a snuff-brown coat, but which had faded to the hue of bricks imperfectly baked. [...] The wretched garment was surmounted by a ›bridseye‹ pocket-handkerchief of cotton, wisped about the thorat hangman fashion; above all was a battered billy-cock hat, with a dissolute drooping brim. [...] This mysterious figure was that of the present writer. He was bound for Lambeth Workhouse, there to learn by actual experience how casual paupers are lodged and fed, and what the ›casual‹ is like [...]. The day had been windy and chill – the night was cold;

---

215 A Night in the Workhouse, in: Pall Mall Gazette, 12.01.1866, S. 10.
216 A Night in the Workhouse, in: Pall Mall Gazette, 15.01.1866, S. 10.
217 Koven zufolge waren Greenwoods Reportagen – auch und gerade angesichts homoerotischer Passagen sowie seiner expliziten Darstellung der Elends- und Verbrechermilieus – als *sex-and-crime-stories* besonders massentauglich. Neben breiten gesellschaftspolitischen Debatten um die skandalösen Verhältnisse in den *workhouses* gegen Ende der 1860er Jahre zeitigte sein *stunt* so in unmittelbarer Folge – wie auch in späteren Jahren – zahlreiche populäre Adaptionen in Theater und Literatur. Vgl. *Koven*, S. 47–63.

and therefore I fully expected to begin my experiences amongst a dozen of ragged wretches squatting about the steps and waiting for admission.«[218]

Die Metamorphose des Reporters im Zuge der Übernachtung betonte – und man mag darin durchaus das Echo des Kitzels der Grenzüberschreitung wiedererkennen – der Bruder des Protagonisten, Frederick Greenwood, der als Schriftsteller und Redakteur der *Pall Mall* den *stunt* durch Hintergrundberichte und Leitartikel begleitete, in einem Interview mit W. T. Stead. Der Reporter und sein Begleiter (der Börsenmakler Bittlestone, den Greenwood – vermutlich der Dramatik halber – in der Reportage vollständig verschwieg) erschienen, so Greenwood rückblickend 1893, zwar anfangs durchaus

»well disguised, but any close observer would have perceived they were got up for the occasion. After spending sixteen hours in the cold, squalor and obscene brutality of the casual ward, they seemed absolutely to have become confirmed tramps and vagabonds.«[219]

Stead, der Jahre später durch seine investigativen Reportagen aus den Unterwelten der Großstadt, insbesondere durch seine Kampagne gegen Zuhälterei und Kinderprostitution (»The Maiden Tribute of Modern Babylon«[220]) in der *Pall Mall*, für Furore sorgte, sah in Greenwoods *stunt* – ohne dass hier direkte Kausalitäten zu vermuten wären – gar den Anstoß zu politischen Reformen der *Poor Laws*. Tatsächlich kann man die *Metropolitan Poor Bill* (1867) durchaus als ein Ergebnis der gesellschaftlichen Debatten über die Wohnungssituation der niederen Schichten und die Armenversorgung in der Metropole lesen, die sich infolge des Medienereignisses um Greenwood verdichteten.

In Deutschland – wie auch in Frankreich – war diese Form des *undercover*-Reportings kaum etabliert; das *Paris-Journal* berichtete über die amateurhaften Imitatoren des berühmten britischen Vorbildes Greenwoods[221] – und der berühmte *fait-diversier* Georges Grison pointierte in seiner Vorrede zu *Paris horrible et Paris original* (1882) diese Aversion gegen alle Maskeraden und Täuschungen unter Verweis auf das Ethos des Schriftstellers und Journalisten:

»Je n'ai pas eu besoin du classique déguisement que les naifs croient devoir prendre pour pénétrer dans leurs repaires: une casquette, un bourgeron, des souliers éculés ... Non! Sous les haillons sous les haillons surtout, leur oeil exercé flaire celui qui n'est pas des leurs, et ce serait s'exposer à être pris pour, un mouchard et à être

---

218 A Night in the Workhouse, in: Pall Mall Gazette, 12.01.1866, S. 9f.
219 So Frederick Greenwood später rückblickend über die Metamorphose seines Bruders im Interview mit W. T. Stead. Vgl. Character Sketch: The Pall Mall Gazette, in: The Review of Reviews, Bd. 7, Nr. 2 (1893), S. 144–145.
220 The Maiden Tribute, in: Pall Mall Gazette, 06.–08.07. + 10.07.1885. Zur Melodramatik der Kampagne und zu den öffentlichen Reaktionen auf die skandalösen Enthüllungen vgl. *Walkowitz*, City, S. 85 ff.
221 Vgl. *Kalifa*, Bas-Fonds, S. 187.

traité en conséquence. Je suis allé chez eux, toujours, en redingote et en chapeau de haute forme, sans me déguiser, sans même cacher, leur disant avec franchise ce que je désirais savoir [...]. C'est ainsi que j'ai été partout, que j'ai tout vu, tout su. Et maintenant, si vous voulez, lecteurs, me suivre dans ce voyage d'exploration, je vais vous y conduire. Ce sera tour à tour sinistre et grotesque, navrant et drôlatique. Mais ce sera, je le crois, toujours pittoresque et, je vous en réponds, toujours vrai.«[222]

Dennoch lassen sich auch hier vereinzelte Beispiele finden: Journalisten (wie Séverine alias Caroline Rémy) verkleideten sich als Obdachlose, Arbeiter oder Krankenschwestern, um Einblicke in das Leben der metropolitanen Massen zu erhalten. Doch weder Jacques Dhur noch Albert Londres, die beiden Star-Reporter der Jahrhundertwende, nutzten diese Technik. Ab 1918 untersagte die Ethikkommission der *Charte des devoirs professionnels des journalistes français* alle Initiativen einer solchen Camouflage zur Informationsakquise.[223]

Im deutschsprachigen Raum lassen sich ebenfalls nur wenige Beispiele wie z. B. Paul Göhres Berliner *stunt*-Reportage *Drei Monate Fabrikarbeiter und Handwerksbursche* (1891), Elisabeth Gnauck-Kühnes *Erinnerungen einer freiwilligen Arbeiterin* (1895) sowie Minna Wettstein-Adelts *3 ½ Monate Fabrikarbeiterin* (1893) nachhalten.[224] In der Vorrede zu Grulichs Erlebnisberichten *Dämon Berlin. Aufzeichnungen eines Obdachlosen* (1907) wiesen die Herausgeber der Buchfassung, welche die ursprünglich im *Deutschen Blatt* veröffentlichten Texte versammelte, voller Pathos auf die Form des Selbstversuchs – und dessen Poesie des Augenscheins – hin:

»Der Sozialpolitiker, der Volkswirtschaftler, ja sogar der Dichter sind unablässig am Werke, den Bau des Riesenkörpers [der Weltstadt, d. Vf.] zu beobachten und den inneren und äußeren Ursachen seines Werdegangs nachzuforschen. [...] Auch die Ärmsten der Armen sind dabei nicht vergessen worden. Aber gerade in diesem Falle ist alle Forschung doch nur graue Theorie geblieben. Mochte man auch noch so viele Statistiken über früheren Beruf, Herkunft, Lebensalter oder Familienverhältnisse aufstellen, niemand erkannte, oder mochte wohl auch erkennen, wie es in der *Seele* dieser Unglücklichen aussieht.«[225]

Der Berliner Schriftsteller Hans R. Fischer zählte, obschon er auf derlei Pathos verzichtete, gleichsam zur ersten Garde der deutschen *muckraker*. In seinen Sammlungen *Unter den Armen und Elenden Berlins* (1888) bzw. *Was Berlin verschlingt* (1890) schilderte er zwar in weiten Teilen Führungen durch Arbeits- und Irrenhäuser, die er in Begleitung zuständiger Amtspersonen unternahm; doch berichtete er, wie eine Rezension in der *Neuen Zeit* hervorhob, das »Elend«

---

222 *Grison*, S. 4.
223 Vgl. *Kalifa*, Bas-Fonds, S. 188.
224 Die Untersuchung industrieller Arbeitswelten faszinierte dabei Schriftsteller, Soziologen und Sozialreformer gleichermaßen. Göhre schrieb hier als protestantischer Pfarrer vorrangig aus sozialpolitischem Antrieb. Vgl. *Poore*, S. 21–53. Zur Stellung der sozialkritischen Reportage vor 1918 vgl. allg. *Kürbisch* und *Bergmann*.
225 *Grulich*, S. 5 f.

nicht bloß »in großen und ergreifenden Zügen«, sondern in einer »Frische, welche nur die unmittelbare Anschauung verleihen kann.«[226] Mitunter wagte Fischer sich zudem *undercover* auf das Terrain der Unterwelten, um ganz im Stil Greenwoods in der Maskerade des »Vagabunden«[227] das Obdachlosenasyl des Berliner Nordostens zu inspizieren.

Auch Victor Adlers und Max Winters Wiener Reportagen der 1880er und 1890er Jahre besaßen einen sozialkritischen wie -dokumentarischen Anspruch. Adler war ein Pionier der Arbeiter-Reportagen. Am 1. Dezember 1888 schrieb er in der sozialdemokratischen Zeitung *Die Gleichheit* ein autoptisches Beweisprotokoll seiner Erlebnisse als Arbeiter in den Wienerberger Ziegelwerken. Winter indes, der ebenso wie Adler seine Karriere als (Gerichts-)Reporter der Wiener *Arbeiter-Zeitung* begann, prägte dafür nur wenig später den Begriff der sozialen Reportage (1903).[228] Seine Studien orientierten sich stark an wissenschaftlichen, d.h. sozialstatistischen Erhebungen. Vermittels Interviews und vor Ort-Recherchen, aber auch z. B. Forschungen in Bibliotheken und Archiven versicherte er sich eines Bildes, das er alsdann in seinen Rollenreportagen als teilnehmender Beobachter überprüfte.[229] So überschritten auch Winters Berichte häufig die Grenze zur *undercover*-Reportage. In seiner Hochschätzung des aufklärerischen (operativen) Potentials dieses Genres schied er sich indes radikal vom Gros der sensationalistischen, den Kuriositäten des Alltags gewidmeten Reportagen, wie sie die US-amerikanische *Yellow Press* dieser Jahre bestimmten.

Girl stunt reporter und muckraker

Die Zahl der Reporterinnen, die um 1870 die Metropolen auf der Suche nach Neuigkeiten durchquerten, war in Europa wie auch in den USA vergleichsweise marginal. In den Vereinigten Staaten, dem Land der *girl stunt reporter*, lag der Anteil weiblicher Journalisten 1870 bei unter 1 %, um 1900 waren es gerade einmal 7 %.[230] Nur die wenigsten Frauen besaßen dabei Vollzeitstellen in den großen Tageszeitungen der Metropolen.[231] In aller Regel schrieben Journalistinnen in diesen Jahren noch für ein bestimmtes Segment, wie die Unterhaltungsseiten

---

226 Unter den Armen und Elenden Berlins, in: Die Neue Zeit, Jg. 6, Nr. 9 (1888), S. 428.
227 *Fischer*, Eine Pfingstnacht im Privat-Asyl, in: *ders.*, Armen, S. 18.
228 Vgl. *Kürbisch*, Einleitung, in: *ders.* (Hg.), Erkundungen, S. 7–17, hier S. 10f.
229 Zu Winters Konzeption der Reportage vgl. eingehend *Haas*, Journalismus, S. 251 ff. und S. 300 ff. Der operative Charakter der Reportage zur Aufklärung der Massen wird hier hervorgehoben.
230 Nach Angabe des U.S. Zensus waren 1870 genau 35 von 5.375 »editors and reporters« weiblich. In späteren Jahren stieg dieser Anteil signifikant, zwischen 1880 und 1910 verfünffachte er sich gar. 1880 waren es noch 2,3 % (= 288 weibl. Journalisten); 1890 (ca. 4,1 % = 888); 1900 (ca. 7,3 % = 2.193); 1910 (ca. 12,2 % = 4.181); 1920 (ca. 16,8 % = 5.730); 1930 (ca. 23,0 % = 11.924). Vgl. U.S. Bureau of the Census, S. 111; 128.
231 Vgl. *Burt*, Women's Press Organizations, S. XVIII.

oder auch die *women's page*, der Zeitungen. Sie erreichten nur extrem selten die Positionen leitender Redakteure, allein in eigens gegründeten, oftmals gleichwohl vom publizistischen Mainstream separierten politisch-emanzipatorischen Zeitungen ab den 1880ern sowie in den sich etablierenden Pressevereinen gelang es ihnen schließlich, sich sukzessive – auch abseits von Belletristik und Feuilleton – gegen die Widerstände und Vorurteile eines männlich dominierten Zeitungsmarktes durchzusetzen. Im Bereich der großstädtischen Tagespresse aber bot gerade der Reporterberuf einen ersten Einstieg in das Metier des Journalismus. In den USA waren Mitte der 1880er Jahre die ersten *stunt*-Reportagen aus der Feder von Journalistinnen erschienen, die rasch für Furore sorgten. Insbesondere unter dem Deckmantel der Rollenreportage überschritten die *girl reporter* soziale und politisch-normative Grenzen. Die Transgression sozialer Klassenzugehörigkeiten, wie sie im Fall der Slum-Maskeraden im Vordergrund stand, war angesichts der Tatsache, dass ein *weibliches* (weißes) Mitglied der Mittelklasse diesen Versuch unternahm ein besonderes Skandalon. Hier war die Reportage ein politisches (bisweilen emanzipatorisches) Instrument, der bürgerlichen Gesellschaft den Spiegel vorzuhalten. Doch bedienten die Aktionen der *stunt girls* letztlich auch und gerade den alten Mythos der bedrohten weißen Frau, der zwischen den Zeilen die Unterdrückung und Diskriminierung der schwarzen Bürgerrechtsbewegung zu legitimieren schien.[232] Die afroamerikanische Reporterin Ida B. Wells setzte hier in ihrer Kritik an der Unterdrückung der schwarzen Bevölkerung in den Südstaaten, insbesondere der Legitimation von Lynchmorden, an – und avancierte so zur Ikone einer partikularen Gegenöffentlichkeit, die sich gegen die politische Instrumentalisierung des Journalismus und dessen populäre Narrative zu wehren begann.

Mitunter ermöglichten Maskeraden und Verkleidungen aber auch einen Rollentausch, der außer den Klassen- auch die Geschlechtergrenzen unterminierte. Winifred Black Bonfils, die zu Hearsts Star-Reportern beim *San Francisco Examiner* zählte, nutzte am 8. September 1900, dem Tage des Galveston-Hurrikans, bspw. die Verkleidung als Mann, um Polizeiabsperrungen zu überwinden und exklusiv vom Katastropheneinsatz rund um den Hurrikan in Texas zu berichten.[233] In anderen Fällen untersuchte Bonfils, die unter dem Pseudonym »Annie Laurie« publizierte, *undercover* die Zustände in einem Krankenhaus in San Francisco oder in einer Leprakolonie auf der hawaiianischen Insel Molokai. In gewisser Weise stellte sie damit Hearsts Replik auf die wohl populärste Erscheinung der sog. *stunt girls*, die New Yorkerin Elizabeth Cochrane alias ›Nellie Bly‹, dar. Bly war durch ihre spektakulären Reportagen unter Joseph Pulitzer 1890 zur Ikone der *New York World* aufgestiegen. Ihr Vorbild wirkte rasch über

---

232 Vgl. *Lutes*, Front-Page Girls, S. 40.
233 Vgl. *Whitt*, S. 15 f. Black zählte – wie Elizabeth Jordan, Ada Patterson oder Jane Croly alias »Jennie June« – zu den sog. »sob sisters«, die mit ihren emotionalen *human interest stories* gerade den Grenzgang zur Fiktion erprobten. Vgl. *Roggenkamp*, News, S. 57 ff.

die Grenzen der USA hinaus. Begonnen hatte Blys Karriere beim *Pittsburgh Dispatch*, wo sie auf die Kolumne des Redakteurs Erasmus Wilson zur Frauenfrage (»The Women's sphere«[234]) einen derart temperamentvollen Leserbrief verfasste, dass Chefredakteur George Madden ihr sogleich eine Stelle als Reporterin versprach.[235] Ihr erster Artikel erschien am 25. Januar 1885 unter dem Titel »The Girl Puzzle« und etablierte die Autorin unmittelbar als eine wirkmächtige Stimme des emanzipatorischen Diskurses. In der Folge berichtete sie – ganz im Stil späterer Reisereportagen – von den Erlebnissen eines mehrmonatigen Trips durch Mexiko. Ungleich spektakulärer aber waren ihre *undercover*-Einsätze. Im Oktober 1887 erwirkte die Reporterin ihre Zwangseinweisung in die Psychiatrie nach Blackwell's Island, um von dort aus inkognito über die kolportierten Missstände zu berichten.[236] Schon ihre Einweisung war ein metropolenweites Medienereignis. Die Reporterin hatte sich unter dem Pseudonym Nellie Brown in ein Heim für Arbeiterinnen begeben, von wo aus sie unter Vorspiegelung einer anhaltenden Verwirrung und Amnesie schließlich in Polizeigewahrsam überging. Infolge verschiedener medizinischer (Fehl-)Diagnosen, anfangs lediglich »Drogenkonsum«, später dann bereits klinischer »Wahnsinn«, wurde Bly ins Bellevue Hospital und schlussendlich in die geschlossene Abteilung der Psychiatrie gebracht. Ihr Gang durch die Institutionen wurde angesichts der ebenso merkwürdigen wie ungeklärten Umstände dieser Patientin aufmerksam von Reportern verfolgt.[237] Die *New York Sun* druckte am 25. September 1887 unter der Headline »Who is this Insane Girl?« eine erste Reaktion auf die spektakuläre Arrestierung und Einweisung der Unbekannten. Bly, die sich allein vor dem Spürsinn ihrer Kollegen fürchtete, wehrte sich jedoch in ihrer Rolle erfolgreich gegen alle Interviewanfragen. Aus dem Inneren der psychiatrischen Abteilung berichtete sie alsdann über die dilettantische Diagnostik sowie mangelnde Therapiemöglichkeiten, aber auch über die massiven Brutalitäten und regelrechten Gewaltexzesse des Pflegepersonals gegenüber den Insassen:

»What, excepting torture, would produce insanity quicker than this treatment? Here is a class of women sent to be cured! I would like the expert physicians who are condemning me for my action, which has proven their ability, to take a perfectly sane and healthy woman, shut her up and make her sit from 6 A. M. until 8 P. M. on straightback benches, do not allow her to talk or move during these hours, give her no reading and let her know nothing of the world or its doings, give her bad food and harsh

---

234 Wilson, der die neue Frauenbewegung im Januar 1885 in seiner Kolumne *Quiet Observations* für den *Pittsburgh Dispatch* scharf kritisierte, wurde später indes ein wichtiger Mentor Blys.
235 Vgl. Kroeger, Bly, S. 40.
236 Behind Asylum Bars, in: The World, 09.10.1887, S. 25. Kurz nach Publikation der Artikel erschienen Blys Reportagen in Buchform unter dem Titel *Ten Days in a Mad-House* (1887).
237 Die *New York World* druckte im Anschluss an Blys Reportage einen Pressespiegel unter dem Titel: The Nellie Brown Mystery. Her Story as Told from Day to Day by the City Newspapers, in: The World, 09.10.1887, S. 26.

treatment, and see how long it will take to make her insane. Two months would make her a mental and physical wreck. [...] In giving this story I expect to be contradicted by many who are exposed. I merely tell in common words, without exaggeration, of my life in a mad-house for ten days. [...] The insane asylum on Blackwell's Island is a human rat-trap. It is easy to get in, but once there it is impossible to get out.«[238]

Auf diese Weise entlarvte die Reporterin wissenschaftliche Prämissen und Methoden als spekulativ und noch dazu vorurteilsbeladen: Die Begründungsmuster der Experten, die gerade im (vermeintlichen) Konnex von Schichtenzugehörigkeit, ethnischer Veranlagung und weiblicher Prädisposition die Ursachen des sog. Wahnsinns erkannten, besaßen, wie schon Jean Marie Lutes konstatierte, »[the] tendency to pathologize differences in race and class«[239]. Im empirischen Modus des *stunts* wird der epistemologische Prozess wissenschaftlicher Theoriebildung sowie praktischer (Labor-)Studien hinterfragt, während sich der Blick des Reporters als Paradigma moderner Wirklichkeitserfassung profilieren kann. Das wirkmächtige Krankheitsbild der Hysterie wird durch Blys Spiel bspw. eindeutig als Konstruktion ausgewiesen. So ebbte, obschon sich infolge der Veröffentlichung zahlreiche kritische (z.T. apologetische) Expertenmeinungen gegen diese Darstellung der Zustände in den Psychiatrien verwahrten, die Kritik an den Misshandlungen auf der Insel auch in späteren Monaten keineswegs ab. Einige Jahre danach wurde Blackwell's Island dann aufgrund neuerlicher Vorwürfe geschlossen. Blys *undercover*-Reportage aber war – dies mag vor allem die sich wandelnde Aufmerksamkeitsökonomie der ›Sattelzeit‹ erklären – im Grunde nichts weiter als eine Kopie, ein ›Zitat‹, eines bereits in den 1870ern unternommenen Versuchs, die Behörden in nämlicher Weise auf die Probe zu stellen. Blys späterer Chefredakteur Julius Chambers hatte zu Beginn seiner Karriere als Reporter des *New York Herald* das Bloomingdale Insane Asylum als verdeckter Ermittler erkundet,[240] um kritisch über die problematische Praxis der Einweisung, mangelnde behördliche Kontrollen und schließlich die häufig katastrophale Behandlung der Patienten zu berichten. Während er sich allerdings in charakteristischer Weise um die Distanz zum Gegenstand in seiner Rolle als investigativer Reporter bemühte, nutzte Bly die lebendige Sprache und ihr persönliches Zeugnis (aus der Ich-Perspektive), um die Reportage als Erlebnisprotokoll auszuweisen.

In dieser Form avancierten auch ihre späteren Reportagen zu einem Verkaufsschlager der *World*. Ab 1887 schrieb Bly in loser Folge über ihre Erlebnisse als Inhaftierte des New Yorker Gefängnisses oder als Fabrikarbeiterin. Mal wagte sie sich auch in politische Sphären, wo sie ganz im Stil der *muckraker* zahlreiche

---

238 Inside the Madhouse, in: The World, 16.10.1887, S. 25f.
239 *Lutes*, Front-Page Girls, S. 22.
240 The Lunacy Law Tested, in: New York Herald, 29.08.1872, S. 1. Among the Maniacs, in: New York Herald, 31.08.1872, S. 1f. Chambers verarbeitete dies in *A Mad World and its Inhabitants* (1877).

  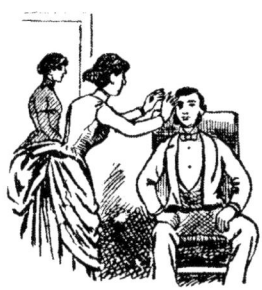

Abb. 18-20: Nellie Bly *undercover*. Vorbereitungen zur Zwangseinweisung in die Psychiatrie nach Blackwell's Island (links) – mitten unter den »white slaves« der New Yorker *working girls* (mitte) – sowie als Schwarzkünstlerin/Hypnotiseurin (rechts).[241]

Lobbyisten sowie einige hochrangige Mitglieder des New Yorker Parlaments der Korruption überführte.

In ihrer Reportage *In The Biggest New York Tenement*[242] Mitte der 1890er schrieb sie in eindrücklicher Weise über das Leben in den Hochhäusern und Mietskasernen der Metropole, häufig aber waren ihre Beobachtungen bei aller Sozialkritik stärker dem sensationell-kuriosen Moment des Experiments verhaftet[243] als bspw. die Sozialreportagen Helen Campbells aus den New Yorker Slums[244] oder später Ida Tarbells Studien über die politischen Verwicklungen der großen Trusts.[245]

Der Transfer dieser Praktiken ins alte Europa bedeutete anfangs durchaus einen Kulturschock, wie das Beispiel der US-Amerikanerin Elizabeth Banks zeigt, die als Journalistin 1892 nach London übersiedelte und dort aufgrund ihrer *undercover*-Reportagen als »American Girl« in Großbritannien für Wirbel

---

241 Vgl. Behind Asylum Bars, in: The World, 09.10.1887, S. 25; The Girls Who Make Boxes, in: The World, 27.11.1887, S. 10; Nellie Bly as a Mesmerist, in: The World, 25.03.1888, S. 19. Vgl. des Weiteren: The King of the Lobby, in: 01.04.1888, S. 19. With the Prison Matrons, in: The World, 13.01.1889, S. 14; Shadowed by a Detective, in: The World, 28.04.1889, S. 13. Zu ausgewählten Schriften Blys vgl. kürzl. die Edition von *Lutes* (Hg.), World.
242 In the Biggest New York Tenement, in: The World, 05.08.1894, S. 21.
243 Ein Umstand, der – wie Lutes zeigen kann – zahlreiche Imitatoren auf den Plan rief, die ihrerseits wagemutige ›girl stunts‹ – z. B. als Dompteur im Zirkus o.Ä. – übernahmen. Vgl. *Lutes*, Front-Page Girls, S. 33.
244 Campbells Serie »Studies in the Slums« erschien Ende der 1870er im Magazin *Sunday Afternoon*. (Die Artikel erschienen 1882 als Buch *The Problem of the Poor*.) 1886/1887 zeichnete sie in der *New York Tribune* für die Rubrik »The Prisoners of Poverty« verantwortlich – während sie sich gleichzeitig sozialkritischer Themen in *slums novels* annahm. Vgl. *Henry, Dowling*, S. 21 ff., sowie *Kroeger*, Reporting, S. 57 ff.
245 Vgl. Tarbells »The History of the Standard Oil Company« erschien als Artikelserie zwischen 1902 und 1904 in *McClure's Magazine*. Neben Riis *How the Other Half lives* (1890) und Steffens *The Shame of the Cities* (1903) waren Tarbells Studien Klassiker der sozialkritischen Reportage. Vgl. *Serrin*.

sorgte. George Sims zufolge war Banks »the charming lady journalist who has made the biggest score out of the disguise business since the days of the Amateur Casual«[246] rund drei Jahrzehnte zuvor. In wenigen Monaten gelang es Banks, die britischen Medien zu spalten und eine Kontroverse über die gesellschaftliche Rolle der New Women[247] anzustoßen. Die Kolumnistin Mary Billington (*The Echo/The Daily Graphic*) zählte anfangs zu den scharfen Kritikern von Banks' Journalismus: »English lady journalists have not so far descended to any vulgar sensationalism and semi-detective business which has discredited the American reporteresses in too many instances.«[248] Drei Jahre später dann würdigte sie den neuen Stil – »those starling undertakings«[249] – dieses Journalismus in euphorischer Sprache. Banks war inzwischen zu einer Ikone des Journalismus geworden, und das in einer Zeit, in der sich das Zeitungswesen zwar sukzessive weiblicher Beiträger und Reporter bediente, diese aber nach wie vor von den leitenden Positionen und zentralen Organisationen der *Press Clubs* ausschloss und allenfalls auf die gegenderten Arbeitsroutinen und Verhaltensnormen verpflichtete.[250] In den Augen der Kritiker stand Banks nicht nur für eine bestimmte Form des Neuen Journalismus, die Matthew Arnold als »featherbrained« gebrandmarkt hatte, sondern auch für das emanzipatorische Modell einer New Woman, die noch dazu die zweifelhaften amerikanischen Moralvorstellungen zu verkörpern schien. Banks, die sich als *stunt*-Reporterin wegen ihrer *undercover*-Reportagen unter Arbeitern und Hausangestellten der oberen Londoner Kreise gegen die Vorwürfe des mangelnden (respektive unweiblichen) Stils erwehren musste, blieb so, obgleich sie auch zunehmend Bewunderung und große Wertschätzung erfuhr, stets in der Rolle des Außenseiters. In der Rückschau schrieb Banks 1898 über das Schicksal der *stunt girls* am Beispiel ihrer US-amerikanischen Kolleginnen:

»They [male yellow journalists, d. Vf.] are never asked to risk more than their lives in the getting or the manufacture of news, while the woman reporter frequently takes her life in one hand and her honor in the other when she goes forth in pursuit of ›copy.‹«[251]

Banks Reportagen besaßen indes wie die meisten *stuns* weniger den Charakter eines psychologischen Experiments (z. B. sich der Arbeiterklasse zu nähern). Ihr viel zitiertes »class crossing« war schon aufgrund des häufig sehr kurzen Rollentauschs mehr Publicityeffekt, denn eine wirklich investigative Studie i. S. des

---

246 Mustard and Crees, in: The Referee, 19.11.1893, S. 7. Zit. n. *Koven*, S. 140.
247 Zur Rolle der ›New Woman‹ in der viktorianischen Society vgl. *Richardson u. Willis*, S.7 ff.
248 Leading Lady Journalists, in: Pearson's Magazine, Bd. 2 (1896), S. 111.
249 The Adventures of a Lady Journalist, in: Young Woman, Bd. 7 (1899), S. 135.
250 William T. Stead konstatierte – als Verfechter des *New Journalism* – so bspw. »[The] chief foe that women have to contend with in journalism is their own conventionality.« Vgl. Young Women in Journalism, in: The Review of Reviews, Bd. 6, Nr. 11 (1892), S. 452.
251 American Yellow Journalism, in: The Nineteenth Century, Bd. 44, Nr. 258 (1898), S. 340.

muckraking.²⁵² Banks betonte denn auch vor allem den Unterhaltungsanspruch ihrer *Campaigns of Curiosity*, die sie als die »Adventures of an American Girl in London« anpries.²⁵³ Die Texte, allen voran *In Cap and Apron*, betonen ihren Status als Outsider. Dabei war dieses Außenseitertum eine Strategie, über die sich Banks als ›Rising Star‹ des Zeitungsmarktes etablieren konnte.²⁵⁴ Gleichzeitig verwahrte sie sich gegen das Image der moralischen Indifferenz sowie des Materialismus, das ihr als US-Amerikanerin anhaftete. In ihrer Serie *The Almighty Dollar in London Society*, erschienen in der konservativen *St. James Gazette*, reagierte sie ausdrücklich auf die bisweilen heuchlerischen Vorbehalte (z. B. eines Rudyard Kipling 1892 in der *Times*) gegenüber den kapitalistischen Obsessionen der Amerikaner. Dabei strich Banks gleichwohl gegen das philanthropisch-altruistische Ideal des viktorianischen Journalismus in ihren autobiografischen Erinnerungen das Motiv bloßer Neugierde und des Gelderwerbs heraus.²⁵⁵ In ihrer ebenso pragmatischen wie unorthodoxen Weise wies sie gerade hier dem literarischen Journalismus Europas den Weg.

In Europa, das zeigte schon allein Xaus *Sieur de Va Partout* (1880), war das Ideal des Journalisten gleichsam lange Jahre ein männliches gewesen. Ab den 1830ern war, wie Marie-Ève Thérenty ausführt, die öffentliche und darum eben auch die publizistische Sphäre männlich codiert. So schrieb Delphine de Girardin 1843 in der *Revue des deux mondes*: »La double position de femme et de journaliste a quelque chose d'étrange qui arrête et choque tout d'abord l'esprit le moins timoré.«²⁵⁶ Und noch Jahrzehnte später war bei Literarhistorikern wie Émile Tanneguy de Wogan die bipolare Aufteilung des Journalismus in einen seriösen (d. h. männlichen) und einen unterhaltsamen (d. h. weiblich codierten) Bereich – inkl. eigener Rubriken, wie z. B. Mode oder Reisen – zu erkennen. Der Reporter aber zählte eindeutig zu den Repräsentanten der männlichen Sphäre:

»Le reporter le plus important d'un journal, [...] sera avant tout doué d'une rigoureuse constitution qui le rend propre à supporter les plus grandes fatigues. Surtout pas de nerfs: rien ne doit l'émouvoir ni pouvoir exciter ses larmes ou son horreur. N'est-il pas destiné, en effet, à voir, à observer jusqu'au détail qui fait frémir et à noter sans

---

252 So auch *Delap*, S. 43.
253 *Banks*, Campaigns. Banks Vorbilder waren so die Amerikanerinnen Bly, Viola Roseboro, Fannie Merrill, Meg Merrilies oder später dann Nell Nelson – als z. B. die Nachrichtenreporterin und *Times*-Korrespondentin Flora Shaw. Zu diesen Kontexten vgl. *Gray*; *Tusan*; *Weinbaum u. a.*
254 Die Amerikanisierung der Presse, die Banks geradezu emblematisch darstellte, verschmolz hier im Bild der modernen New Woman. Vgl. *Onslow*, S. 7–15. Die Inszenierung des unangepassten Außenseitertums verfolgte Banks – als sie sich Mitte der 1890er als seriöse Journalistin von den Vorlagen der *Yellow Press* abzugrenzen versuchte – auch während ihrer Trips in die Vereinigten Staaten, wo sie dann als »All-British Woman« erschien. Vgl. *Koven*, S. 147.
255 *Banks*, Autobiography, S. 95 f.
256 *Lagenevais*, S. 138. Delphine de Girardin modellierte daher die Chronik als das weibliche Genre – die Reportage blieb männlich codiert; vgl. dazu *Thérenty*, Chronique, S. 118.

faiblesse les catastrophes les plus douloureuses ? [...] À ce rédacteur qui écrit souvent au milieu de l'épouvante, il faut un sang-froid imperturbable, et c'est seulement lorsqu'il aura atteint ce degré d'endurcissement qu'il pourra loyalement gagner l'argent qu'on lui paye, et s'acquitter en conscience de la tâche acceptée.«[257]

Hinter dem Klischee des gefahrvollen, entbehrungsreichen Lebens des virilen Reporters stand im Kern der Versuch, gerade den weiblichen Journalisten eine Randstellung in der Nachrichtenproduktion zuzuweisen. Dennoch waren Reporterinnen – Gaston Leroux prägte in einer seiner Kolumnen des *Matin* den Begriff der »reporteresses«– in den Jahren zwischen 1880 und 1890 zunehmend sichtbar: So gründete Marguerite Durand 1897 die Zeitung *La Fronde*, in der Reporterinnen wie Durand, aber auch Séverine oder Jeanne Brémontier bspw. in den Kontroversen um den Dreyfuß-Skandal in erster Reihe berichteten.[258] Séverine verabschiedete dabei das Pathos einer wirklichkeitsgetreuen Darstellung der Ereignisse zugunsten emotionaler und emphatischer Reportagen: »Encore une fois, c'est ne pas une ›copie‹ que je fabrique, c'est mon chagrin que je laisse parler – bien ou mal comme il vient.«[259] In dieser Form z. T. spektakulärer Reportagen setzte sich der emotional-identifikatorische Journalismus auch abseits vereinzelter Publikationen in *La Fronde*, *Femina* oder *La Vie heurese* nach dem amerikanisch-britischen Vorbild des *stunt*-Journalismus bei den großen Zeitungen wie *Le Matin* oder *Le Petit Parisien* um 1910 allmählich durch. Andrée Théry (später Viollis) schrieb in einer *undercover*-Reportage über ihre Erfahrungen als Anwärterin auf einen Job als Krankenschwester in einem Pariser Hospital bzw. als gerade entlassene Strafgefangene.[260] Später berichtete sie dann als Kriegsreporterin aus dem Ersten Weltkrieg.

In Deutschland war dagegen auch gegen Ende des 19. Jahrhunderts die Zahl der exponierten Reporterinnen – wie auch der Journalistinnen i. A. – noch relativ gering. Alice Münzer zählte als erste sog. »Redactrice« und spätere (stellvertretende) Chefredakteurin im Feuilleton sowie Auslandskorrespondentin der *Berliner Morgenpost* zu den wenigen Journalistinnen in Führungspositionen. Dennoch gab es hier ebenfalls eine steigende Zahl an Lokalreporterinnen.[261]

---

257 *Tanneguy de Wogan*, S. 156–157.
258 Vgl. *Cosnier*. Vgl. *Allison*, S. 42, sowie *Roberts*, S. 302–350.
259 *Séverine*, S. 9. Dieser Maßgabe gehorchten auch die Sensationsreportagen einer Colette, die im *Matin* unter der Rubrik der *Contes des mille et un matins* über Sport, Politik und Wissenschaften sowie die gesellschaftlichen Aktualitäten und Skandale – und so z. B. 1912 über die anarchistische Bande Jules Bonnots berichtete. Vgl. *Thérenty*, La Fronde, S. 145. Zu Colette vgl. überdies *Tilburg*.
260 Vgl. *Renoult*, S. 50. Zum Einfluss des amerikanisch-britischen Vorbildes Bly/Banks vgl. auch *Pinson*, Femme, S. 223 f.
261 Die Jubiläumsausgabe des *Berliner Lokal-Anzeigers* 1893 wies bspw. voller Stolz einige Lokalredactricen und -reporterinnen aus. Vgl. Berliner Lokal-Anzeiger 1883–1893, S. 10 f. Der *Verein Berliner Presse* verzeichnete bis 1912 indes z. B. kein weibliches Mitglied. Vgl. *Schlenther*, S. 50–93. Insges. waren zeitgenössischen Schätzungen zufolge in Deutschland

Für ihre Reportagen aus dem Milieu der Arbeiter war die Schriftstellerin und Aktivistin Lu Märten bekannt. In aller Regel blieb hier die publizistische Tätigkeit wie bei Rosa Luxemburg, Ottilie Baader oder Wilhelmine Kähler allerdings lediglich Begleiterscheinung einer politischen Karriere.[262]

4.3 Inkognito: der Reporter *undercover*

Für den Neuen Journalismus wurde die wechselseitige Anverwandlung von Nachrichten und (Unterhaltungs-)Literatur programmatisch.[263] Der Reporter als der ›Prinz des Inkognitos‹ war mal Flâneur, mal Wissenschaftler. Als Künstler blieben seine Betrachtungen oftmals einer Bruchstück-Ästhetik verhaftet, als empirischer Forscher changierten sie zwischen dem planerisch-kontrollierenden Über-Blick des (investigativen) Rechercheurs und dem immersiven Ein-Blick, der Einfühlung, des Rollenreporters. An der Etablierung der vielgestaltigen Figur des Reporters als Flâneur, Spurenleser und Eroberer besaßen die Massenmedien maßgeblichen Anteil: Sie schufen »mächtige Metaphern und Stereotype […], die in vielfältiger Form bis in die Gegenwart fortwirken: die Stilisierung des Künstlers als Flaneur bzw. als Pionier bei der Eroberung der gefährlichen Zonen der Stadt«[264]. Gerade der Reporter kann als ein »Schlüsselphänomen der Moderne«[265] begriffen werden: »the activities of observation (including listening), reading (of metropolitan life and of texts) and producing texts«[266]. Die Reportagen zeigen die ›Straße als Bühne des Augenblicks‹. Die Faszination des Alltags und die distanzierte Beobachtung und Beschreibung der

---

410 Journalistinnen, in Großbritannien 600 sowie in den USA 2.193 aktiv. *Ichenhäuser*, S. 3 f. Andere Zählungen, die bspw. der immensen Zahl an Freiberuflern stärker Rechnung tragen, weisen mindestens 1133 Journalistinnen aus. Vgl. *Kinnebrock*, S. 113 ff. Das Gros der *Freelancer* verfügte dabei über ein außerordentlich geringes Einkommen (500–1000 Mark p. a.). Ebd., S. 117 ff.
262 Anders als in Österreich, wo Alice Schalek neben Alexander Roda-Roda zu den profiliertesten Kriegsreportern des Ersten Weltkrieges zählte. Auch die Wiener *ArbeiterInnen-Zeitung* beschäftigte schon zu Beginn des 20. Jahrhunderts zahlreiche Sozialreporterinnen. Vgl. *Haas*, Journalismus, S. 245.
263 Anders als in Journalen, Familienblättern und Rundschauen, in denen i. d. R. keine optische Trennung zwischen *fiktionalen* und *faktualen* Wissensformen – zwischen Neuigkeiten kolportierenden Novellen und Aktualitäten verbürgenden Nachrichten – existierte (vgl. dazu schon *Günter*, S. 150 f.) lag im Fall der (Tages-)Zeitungen gerade in der konsequenten Unterminierung scheinbar separierter Sphären *über* wie *unter dem Strich* die spezifische Irritationsleistung eines literarischen Journalismus, der die Grenzen zwischen den Medien – und schließlich zwischen Fakten und Fiktionen – zu verwischen begann.
264 *Zinganel*, S. 50.
265 *Voss*, S. 37–60.
266 *Frisby*, S. 82.

Massen werden zum gemeinsamen Schatz des Reporters, Sozialwissenschaftlers und Flâneurs.[267]

Das Neuigkeitsparadigma[268] der langen Jahrhundertwende vermochte das journalistische Ideal einer ›Wirklichkeitserfassung‹ in Bildern und Worten einerseits auf eine Form der *faktengläubigen* Mnemosyne und Chronistentätigkeit, andererseits aber eben auch auf die *fiktionsversessene* immer neue Jagd nach Sensationen zu verpflichten. Die zwischen Fakten und Fiktionen oszillierenden Reportagen waren dazu in besonderer Weise angetan.

Gleichzeitig war der Reporter als Beobachter des urbanen Wandels ein Seismograph metropolitaner Identitäten. In seinen Erzählungen schien die Metropole in ihrer radikalen Binnenexotisierung nur mehr vor der Folie des kolonialen Großstadtdschungels lesbar. In der Tilgung der weißen Flecken auf der geistigen Landkarte der Leser trugen die Reporter so dazu bei, die Metropole »zu einem Gefüge vielfältiger Lebenswelten zusammenzuschweißen«[269] – und diesem Gefüge ein glokales Identitätsbewusstsein zu imprägnieren.

Während das Gros der lokalen Reporter in aller Regel vorrangig anonym publizierte oder (wie im Fall der *undercover*-Reporter) gar inkognito in der Metropole wirkte, avancierten die Spezialkorrespondenten der globalen Kontexte als Abenteurer, Rekordler und Eroberer schließlich, wie die nächsten Kapitel zeigen werden, zu regelrechten *Stars* des Neuen Journalismus.

---

267 So besitzen gerade »Reporter und Flaneur nicht nur starke Ähnlichkeiten im Rollenverständnis, sondern mehr noch in ihren Verfahren der Stoffsuche und der Recherche«. Vgl. *Haas*, Journalismus, S. 374f. »Es hieße die Bandbreite der Flanerie unzulässig einzuschränken, konzentrierte man sich nur auf die ästhetisierte, modisch-dekadente Dandyflanerie auf den großen Boulevards und vernachlässigte man die soziale Flanerie. Denn gerade sie ist eine unabdingbare Voraussetzung für Reportagen, die die genaue Kenntnis von Schauplätzen verlangen. Fakten sind mehr als nur Zahlen, Daten und Statistiken.« Ebd., S. 372.
268 Dieses Paradigma etablierte gerade die »Erfahrung der Destruktion des Neuen durch permanente Erneuerung«. *Steiner*, Empirie, S. 37.
269 *Korff*, Stadt, S. 645.

5. Nachrichtenlogik II: Globalnachrichten

5.1 Reporter-Streifzüge im Zeitalter der Nachrichtenagenturen

Die Wahrnehmung einer zunehmend vernetzten, immer rascher kommunizierenden Welt, in der Informationen nur mehr als Aktualitäten erschienen, avancierte zu einer Schlüsselerfahrung des langen 19. Jahrhunderts.[1] Nur wenige Jahre nach der Erfindung der optischen Telegraphie skizzierte der Schriftsteller Heinrich von Kleist in seinen *Berliner Abendblättern* am 12. Oktober 1810 die Utopie einer ›Bombenpost‹ zur Übermittlung von Nachrichten ›in alle Welt‹. Schon jetzt sei es, so Kleist, binnen »kürzerer Zeit, als irgend ein chronometrisches Instrument angeben kann, vermittelst des Elektrophors und des Metalldrahts« möglich, Nachrichten mitzuteilen, doch sei, stelle man sich den Nachrichtenverkehr erst einmal als sprichwörtliche ›Wurfsendung‹ von Ort zu Ort vor, noch ein »zehnfacher Zeitgewinn« zu erwarten und es erscheine gerade so, »als ob ein Zauberstab [alle] Orte«[2] der Welt um ein Zehnfaches näher gerückt habe. Zu Beginn des 19. Jahrhunderts, als Zeitungen und Journale – und so auch Kleists *Abendblätter* – noch in erheblichem Maße aus offiziösen Nachrichten behördlicher Bulletins und polizeilicher Rapporte bestanden, besaßen die Informationen der Miszellen und Korrespondenzen aus London, Paris oder gar New York noch eine andere Halbwertszeit. Da sie in aller Regel per Kurier und also auf dem Postweg übertragen wurden, benötigten sie stets mehrere Tage, im Fall überseeischer Nachrichten sogar mehrere Monate. Die Nachricht vom Sieg der Engländer in der Schlacht von Waterloo vom 18. Juni 1815 erreichte London erst vier Tage später; die Kunde von Napoleons Tod traf gar erst nach zwei Monaten per Kurier in London ein. Dank der optischen Telegraphie erreichte die Meldung Paris schon am nachfolgenden Tag; in Deutschland aber dauerte es nochmals rund anderthalb Wochen, bis sich die allerorts kolportierten Gerüchte schließlich bestätigten.[3] Zur Informationsakquise waren die Blätter oftmals auf den Abdruck der Meldungen großer überregionaler Zeitungen angewiesen.[4] Viele Zeitungen gewannen zudem ihre Nachrichten aus den Bulletins der öffentlichen Korrespondenzblätter.

---

1 In aller Regel eilten die Semantiken der Vernetzung den Realitäten voraus. Als *preadaptive advances* i. S. Niklas Luhmanns bereiteten sie diesen den Boden. Vgl. *Stäheli*, Sozialstruktur.
2 *Kleist*, S. 3.
3 Vgl. *Bollinger*, Bd. 2, S. 3. Vgl. überdies *Groth*, Bd. 1, S. 548–553.
4 *Pompe*, Medium; *Aschoff*, Nachrichtentechnik, Bd. 1, S. 172 ff., und Bd. 2, S. 27 f.

Medienarchäologisch besehen, blieb Kleists Gedankenspiel so noch über Jahre hinweg eher Wunsch als Wirklichkeit, es antizipierte aber bereits die revolutionäre Veränderung des Kommunikations- und Transportwesens ab der Mitte des Jahrhunderts. Allen voran die Erfindung der elektromagnetischen Telegraphie durch Carl Friedrich Gauß und Wilhelm Eduard Weber im Jahr 1833 zeitigte einen rasanten Aufstieg und löste so die überaus störungsanfällige Technik der optischen Nachrichtenübertragung durch Semaphoren ab, die seit dem Ende des 18. Jahrhunderts entwickelt worden war. Als die preußische Regierung 1848 die (optische) Telegraphenstrecke zwischen Berlin und Köln unter Federführung Werner von Siemens auf elektrischen Betrieb umstellte, hatte sich in Europa bereits das System des Schreibtelegraphen durchgesetzt; die bis dato dominante Technik des Zeigertelegraphen wich dem von Samuel Morse entworfenen Morsereliefschreiber. Der zum Betrieb geringe Personalaufwand, der Schutz vor unerwünschten Einblicken und die hohen Übertragungsgeschwindigkeiten, welche die neue Technik versprach, bedeuteten einen enormen Entwicklungssprung.[5] Carl August Steinheil träumte schon 1838 in einem Vortrag vor der Bayerischen Akademie der Wissenschaften von den Chancen eines weltumspannenden Telegraphennetzes: »Denn so wie die Schrift den Laut des Moments fesselt, und der flüchtigen Zeit entzieht, so soll auch die größte Entfernung vernichtet werden, und der Gedanke im Moment den Fernen treffen können.«[6] Tatsächlich war gerade die direkte Verbindung zwischen London und Paris vermittels Unterseekabeln durch den Ärmelkanal 1851 ein erster wichtiger Schritt; eine transatlantische Kabelverbindung zwischen London und New York gelang allerdings, da erste Versuche 1857/58 gescheitert waren, erst Mitte der 1860er Jahre. 1867/68 begannen die Gebrüder Siemens auf Geheiß der preußischen, russischen und persischen Regierung den Bau eines Überlandkabels von England über den Kaukasus bis nach Teheran; die Briten führten diese Strecke bis 1870 nach Indien fort. In den darauffolgenden Jahren leisteten in der Mehrzahl angloamerikanische Telegraphen-Unternehmen wie die *Electric and International Telegraph Company* (1855), die *Western & Brazilian Telegraph Company* (1873) sowie die *Eastern Telegraph Company* (1872) den weiteren Ausbau des Telegraphennetzes bis nach China und Japan, Australien, Südamerika und schließlich Afrika. Der Ausbau der globalen Kabelnetze blieb so noch bis in die ersten Dekaden des 20. Jahrhunderts Gegenstand ökonomischer wie machtpolitischer Interessen.[7]

Nahezu zeitgleich erfolgte mit dem Ausbau des europäischen Eisenbahnnetzes ab den 1840ern und der Errichtung sowohl der US-amerikanischen *Transcontinental Railroad* ab 1863 als auch der Transsibirischen Eisenbahn in den 1890er Jahren eine infrastrukturelle Fundierung des globalen Nachrichtenverkehrs. Begleitet wurde die Internationalisierung dieses Nachrichtenverkehrs

---

5 Vgl. *Borscheid*, S. 155 f.
6 Über Telegraphie, insbesondere durch galvanische Kräfte. Zit. n. *Reindl*, S. 27.
7 *Winseck u. Pike*, S. 142–227.

von riesigen Erwartungen.[8] Die *New York Times* konstatierte 1872 – nur wenige Jahre nach Verlegung des Atlantikkabels – die rasch gestiegene Bedeutung des Telegraphen: »The demands for the telegraph have been constantly increasing; they have been spread over every civilized country in the world, and have become, by usage, absolutely necessary for the well-being of society.«[9] In den Medien, allen voran der zeitgenössischen Tagespublizistik, entsprang die Hoffnung auf eine Fortentwicklung der Nachrichtentechnik freilich zunächst einmal handfesten ökonomischen Motiven. Die Telegraphie ermöglichte eine neue Form des Wettbewerbs um Exklusivmeldungen, die sogenannten *scoops*, die die Blätter denn auch in der Folge als publizistische Erfolge auszuschlachten begannen. Der 1855 gegründete *Daily Telegraph*, dessen Name bereits die augenblickliche Auslieferung neuester Nachrichten suggerierte, setzte diesen Anspruch von Beginn an ins Werk. London war auch dank der aufkommenden Nachrichtenagenturen bis in die 1880er zu *dem* Umschlagsplatz globaler Nachrichten geworden. Noch knapp drei Jahrzehnte später verwiesen die Herausgeber von *Le Matin* in ihrer ersten Nummer auf die ständige Telegraphenverbindung in die englische Hauptstadt, mittels derer die Redaktion täglich »les nouvelles les plus *fraiches* et les plus *authentiques* […] de tous les points du globe«[10] an ihre Leser weiterzureichen vermöge. Die Verpflichtung auf das Neueste signalisierten sowohl der Titel (»derniers télégrammes de la nuit«) als auch der zur Silhouette einer Telegraphenleitung stilisierte Schriftzug des Blattes. Gerade die Tagespresse warb unisono mit der Beschleunigung der Nachrichtenübermittlung. Einen Gegenpol zu dieser Entwicklung markierten ab der Mitte des 19. Jahrhunderts nur scheinbar die betulich wirkenden Familien- und Unterhaltungsblätter. Sowohl die *Gartenlaube* als auch die *Leipziger Illustrierte Zeitung* oder *Über Land und Meer* öffneten sich zusehends dem ›Faktischen‹ der Tagesereignisse und Zeiterscheinungen. Der Prospektus des Journals *Über Land und Meer* bezeugt diesen grundlegenden Wandel innerhalb des Mediensystems. In der Metaphorik moderner Kommunikationsmittel stellten die Herausgeber im Gestus selbstreflexiver Medienlogik die Materialität ihrer Massenkommunikation zur Schau:

»Über Land und Meer schwingt sich der Gedanke mit des Blitzes Schnelligkeit und des Blitzes Zündkraft, seit der *Draht des Telegraphen* die entferntesten Pole der Erde verbindet. *Über Land und Meer* soll darum das Blatt heißen, das seine Leser durch *Bilder-Telegramme mit allen Welttheilen zu verbinden* die große Aufgabe sich gestellt hat. […] Seit das Reisen sich zum Flug durch weite Länderstrecken umgestaltet, seit der Erdball sich mit einem eisernen Schienenbande umgürtet hat, seit die Meere von zahllosen Riesendampfern durchfurcht werden, seit die größte Erfindung des Jahrhunderts uns erlaubt, selbst dem kühnsten Reisenden noch die Gedanken vorauszuschleudern, seit man unter schäumenden Wogen des Meeres die Länder durch gigantische Taue ver-

---

8 Vgl. *Standage*, S. 80–92.
9 Obituary. Prof. Samuel Finley Breese Morse, in: New York Times, 03.04.1872, S. 1.
10 Au lecteur, in: Le Matin, 26.02.1884, S. 1.

bindet, *Riesennerven* gleich, die den getrennten *Organismus des Colosses* verbinden, um jede Idee allen Theilen des gewaltigen *Erdkörpers* zu gleicher Zeit mitzutheilen [...], hat die Literatur einen Umschwung erlebt, wie nie zuvor und vielleicht nie wieder.«[11]

Journalismus und Literatur werden hier programmatisch auf einen *Realismus* verpflichtet, der noch in späteren Dekaden vorbildlich bleiben sollte. Gleichzeitig aber vereinen sie die disparaten Ambitionen im Modus von Reportage und Korrespondenz: Der Reporter, der im Auftrag einer Zeitung bzw. eines Magazins um die Erde reist, ist, gerade in Zeiten sich ausbildender Auslandskorrespondentennetze, ein sonderbarer Typus des schriftstellernden Entdeckungsreisenden.

Anfang der 1870er Jahre gewannen diese Phantasmen zusehends reale Konturen. Die Jahrhundertwende kann denn auch als goldenes Zeitalter des Reporterwesens gesehen werden.[12] Speziell unter dem Einfluss der Agenturen kam hier »der Reporter im Korrespondenten voll zur Herrschaft«[13], wie Otto Groth später konstatierte. Die Regulierung des europäischen Telegraphenwesens ab 1850 mündete am 17. Mai 1865 in Paris in einem multilateralen Telegraphenvertrag, der die zwanzig unterzeichnenden Staaten erstmals auf eine Vereinheitlichung ihres Telegraphenverkehrs sowie neue Gebührenstrukturen verpflichtete. Überdies zog der Vertrag die Gründung einer europäischen Telegraphen-Union (*Union Internationale Télégraphique*) unmittelbar nach sich.[14] Innerhalb einer Dekade regulierten weitere Konferenzen in Wien (1868), Rom (1872) sowie Sankt Petersburg (1875) die administrativen Details einer Standardisierung von Übertragungsprozeduren und Sprachgebungen (v. a. Codesprachen) sowie Abrechnungsverfahren. Der deutschen Initiative eines Einworttarifs[15] folgte die Telegraphen-Union auf der Londoner Konferenz (1879); der Telegraphenkongress in Berlin (1885) beschloss schließlich erste Tarifvereinfachungen, um die internationalen Taxen sukzessive anzugleichen. Die USA und Kanada indes blieben angesichts der politisch wirkmächtigen Interessen ihrer privatwirtschaft-

---

11 Prospectus, in: Über Land und Meer, Jg. 1, Nr. 1 (1858), S. 1. Hervorhebungen durch den Verfasser. Vgl. ganz ähnlich: Das Reutersche Telegraphenbureau, in: Daheim, Jg. 4, Nr. 45 (1868), S. 713–716, hier S. 713: »Zeit und Raum sind geschwunden, die Völker einander nahegerückt, das Leben der Einzelnen ist erst jetzt zum Theil des Ganzen geworden und wenn der Dichter sagt: ›Seid umschlungen, Millionen!‹ – so umschlingt sie nun der Telegraphendraht, der alle Nationen in Glieder einer Familie verwandelt.« Die Familienzeitschriften um *Daheim, Über Land und Meer* oder *Universum* nahmen die Symbolik einer raumzeitlichen Neuordnung bereits in ihren Titeln vorweg. Zu den Phantasmagorien der Medien im 19. Jh. vgl. allg. *Teukolsky*.
12 Vgl. unisono *Durand*, Crise de Presse, S. 128; *Randall*, S. 8 f. *Groth*, Bd. 1, S. 440.
13 Ebd., S. 430.
14 Vgl. *Lyall*, S. 23 ff. Vgl. *Wenzlhuemer*, S. 105 ff.
15 Vgl. *Siegert*, S. 200. Das Deutsche Reich führte am 1. März 1876 die sog. Worttaxe in Höhe von 5 Pf. ein – zzgl. (bis 1896) einer Grundgebühr von 20 Pf. – unter der Voraussetzung einer mindestens zehn Worte umfassenden Telegrammsendung.

lichen Telegraphengesellschaften stets weithin autark.[16] Die Einführung der drahtlosen Telegraphie durch Guglielmo Marconi revolutionierte Anfang des 20. Jahrhunderts die Kommunikation neuerlich und ebnete der internationalen Funktelegraphie ihren Weg. Unter diesen Rahmenbedingungen waren Telegraphengesellschaften wie Nachrichtenagenturen, die wie *Reuters* ursprünglich einmal begonnen hatten, ihre Meldungen per Brieftauben zu übermitteln, zu zentralen politischen Akteuren avanciert, die gerade in der Monopolisierung des Nachrichtenverkehrs entscheidenden Einfluss auf die Ausgestaltung des Zeitungsmarktes nahmen.[17] Die Reporter in Diensten der Agenturen sahen sich, wie das Beispiel Lawrence Gobrights, *Associated Press*-Reporter in Washington, illustriert, als rein ausführende Organe der Agenturen: »My business is to communicate facts. My instructions do not allow me to make any comments upon the facts which I communicate. [...] My despatches are merely dry matters of fact and detail.«[18] Im Gegensatz dazu reklamierten die *Freelancer* in Diensten der Zeitungskonzerne weitaus größere Spielräume, die sie auch eindrücklich zu nutzen verstanden.

Während es zur Mitte des 19. Jahrhunderts allein schon aus Kostengründen noch durchaus üblich war, dass Journalisten für ausländische Zeitungen aus ihrem Heimatland berichteten, begannen in den Dekaden um 1900 die meisten größeren Zeitungen nunmehr ihre eigenen Korrespondenten an die globalen *hotspots* zu entsenden. Dominik Geppert konnte zeigen, dass sich speziell in den Jahren ab 1890 eine eklatante »Nationalisierung der Presseberichterstattung«[19] als Konsequenz der hier skizzierten Internationalisierung des Nachrichtenverkehrs abzeichnete. Der Aufbau innereuropäischer wie transatlantischer Zeitungsbureaus[20] beförderte die zunehmende Autonomisierung nationaler Publizistik in Zeiten internationaler Verflechtungen des Medienmarktes. Und doch reagierten gleichzeitig schon um 1900 viele Zeitungen auf den raschen Ausbau der Korrespondentennetze der Agenturen und gingen allmählich dazu über, vorwiegend Spezialberichterstatter (*specials*) als ›Springer‹ einzusetzen. Dies wiederum brach bis zu einem gewissen Grad das Monopol der ständigen Korrespondenz, die sich als bis dahin gängige Praxis der Berichterstattung nun einer gestiegenen Konkurrenz im lokalen wie globalen Bezugsrahmen erwehren musste.[21]

---

16 Vgl. *Zacher*, S. 132, sowie allg. *Müller*, Wiring, und *Schwarzlose*.
17 *Silberstein-Loeb*, S. 99 ff. Vgl. *Allen*, News, S. 8 f. Zur Aufteilung des Globus in geographische definierte Nachrichtenmonopole sowie zur Bedeutung der Agenturen für die Produktion, Transmission und Kommunikation von Nachrichten vgl. Volker Barths in Vorber. begriffene Habil.-schr. »Wa(h)re Fakten« zur Geschichte der Weltnachrichtenordnung.
18 Zit. n. *Gramling*, S. 38 f. Den Anspruch der Agenturen, wertneutrale Fakten zu übermitteln, überlagerten gleichwohl nur allzu häufig politische wie kommerzielle Zielsetzungen.
19 *Geppert*, Nationalisierung, S. 212. Vgl. ders., Pressekriege, S. 15 f. Ambassadors, S. 35 ff.
20 Vgl. hier *Palmer*, Journaux, S. 218.
21 So z. B. schon *Allen*, News, S. 70.

5.2 Globale Wettläufe: der Reporter als Hasardeur

5.2.1 Die Metropolen und das *Rennen um die Welt in achtzig Tagen* (1890)

> Farewell to Nellie Bly!
> You are going to try
>   To do it in seventy-five days.
> We wish you no slip
> ›Twixt cup and lip
>   While trotting the world's highways. [...]
> May your ship not be late
> May you reach Golden Gate
>   And quickly get back to THE WORLD.
>
> E. Miller

Der Kontext früher Weltreisen

Mit pathetischen Worten entsandte die *New York World* am 14. November 1889 ihre Reporterin Elizabeth Cochrane in ein Rennen, das noch im Moment der Abreise überschwänglich als eines der bis dato spektakulärsten gerühmt wurde. Der Plan sah vor, Cochrane, nur mit dem Nötigsten ausgerüstet, auf einen circa 30.000 Meilen-Trip um die Welt zu schicken, der sie zunächst ostwärts über den Atlantik nach London, Calais, Paris und Brindisi führen und von dort aus über Aden, Ceylon, Singapur, Hongkong und Yokohama schließlich quer über den Pazifik und wieder zurück in die Vereinigten Staaten nach San Francisco und schlussendlich New York bringen sollte, wo sie ihr Rennen auch begonnen hatte. Der Termin ihrer avisierten Rückkehr war der 27. Januar 1890; für ihre Reise um die Welt waren demnach 75 Tage veranschlagt. Das Besondere nun war, dass die *World* ihren Lesern versprach, sie während des gesamten Zeitraums über das Schicksal der wagemutigen Weltreisenden »and the various stages of [her] trip«[22] auf dem Laufenden zu halten. Cochrane, deren erste Reportagen sie unter dem Pseudonym Nellie Bly bereits zu einer lokalen Berühmtheit und anerkannten Größe im umkämpften New Yorker Zeitungsmarkt gemacht hatten, stieg im Zuge des Weltrennens zu einer nationalen Persönlichkeit auf.[23] Das *New York Evening Journal* bezeichnete Bly in einem Nachruf des Jahres 1922 als »the Best Reporter in America«[24]. Vor allem Blys Weltreise trug dabei maßgeblich zu ihrem *celebrity*-Status bei. Ihre Reise rief von Beginn an ein riesiges internationales Medienecho hervor. Dies muss zunächst insofern verwundern, als

---

22 Around the World, in: The World, 14.11.1889, S. 1.
23 Vgl. dazu *Kroeger*, Bly, S. 78 ff.
24 The Death of Nellie Bly, in: New York Evening Journal, 28.01.1922, S. 1 f. Arthur Brisbane, Leitartikler und Redakteur des *New York Evening Journals* schrieb bereits 1912 in einer Inter-

eine Reise um die Welt im Jahr 1890, also zu einem Zeitpunkt, da das Berliner Reisebüro von Carl Stangen schon seit über zehn Jahren Weltreisen zum Pauschalpreis anbot, bei Weitem nichts Ungewöhnliches mehr war.[25] Dass sich der globale Tourist Ende des 19. Jahrhunderts deshalb auf »ausgetretenen Pfaden«[26] bewegte, scheint dennoch, auch angesichts des gerade aufkommenden globalen Massentourismus, eine reichlich pointierte Sichtweise.

Die Anfänge des modernen, kommerziellen Massentourismus waren seit der Jahrhundertmitte eng mit dem Namen Thomas Cooks verbunden. Cook, der 1808 in London geboren und zunächst als Gärtnergehilfe, dann als Tischlergeselle und schließlich als Wanderprediger einer Baptistengemeinde aktiv gewesen war, organisierte 1845 die erste große, reine Vergnügungsfahrt zwischen Leicester und London, indem er auf die Möglichkeiten des expandierenden Eisenbahnnetzes zurückgriff. Bis Ende der 1870er eröffnete Cook in ganz Europa, in den Vereinigten Staaten, in Australien, Indien und im Mittleren Osten Reisebüros.[27] Wichtige Vorläufer der ersten Reisebüros waren in Deutschland die Auswandereragenturen gewesen, die im letzten Drittel des 19. Jahrhunderts dem raschen Anstieg geographischer Mobilität den Weg bereiteten. Die Metropolen waren dabei seit jeher Dreh- und Angelpunkte dieser Migrationsprozesse gewesen.[28] Die 1847 gegründete Hapag, die mit Stangens Reiseunternehmen 1905 fusionierte, aber auch der Norddeutsche Lloyd stiegen zu bedeutenden tourismusindustriellen Unternehmen in Deutschland auf.[29] Die US-amerikanischen Metropolen wiederum avancierten als Zielpunkte der Migrationsströme um 1900 zu den großen Attraktoren des globalen Tourismus[30], und gerade in New York etablierte sich so gleichzeitig ein stabiler Markt für transatlantische Reisen.[31] Freilich erwiesen sich diese Reisen, die zuvor Abenteurern und Auswanderern, Händlern und Missionaren vorbehalten gewesen waren, immer noch als durchaus beschwerlich. Die Herausgeber der *World* aber zeichneten von Beginn an ein anderes Bild, in dem sie keinen Hehl daraus machten, dass es gerade in New York mittlerweile problemlos möglich sei, »to plan out the complete itinerary of the trip [...] just by a visit to that friend of all travellers – Cook's Agency«[32]. So inszenierte man Blys Weltreise als die Probe aufs Exempel des modernen Fortschrittsparadigmas:

<small>viewanfrage an den Theaterproduzenten Abraham L. Erlanger, Bly – »the energetic young person who went around the world quicker than I should care to go« – schreibe die besten *news-stories* New Yorks. SUL »Brisbane Family Papers.« Box 12. »Correspondence – N. B. (E. Cochrane Seaman).« 16.07.1912.
25 Vgl. *Hachtmann*, S. 70. Die Reisekultur dieser Jahre war stärker demonstrativ als explorativ – »das ›Sehen‹ [trat] zurück hinter das ›Gesehenwerden‹.« *Jost*, S. 504.
26 So *Wagner*, Vorrede, S. 8.
27 Vgl. *Berghoff*, Privileg. Vgl. überdies *Brendon*, S. 120 ff.
28 Vgl. *Gelberg*, S. 48 f.
29 Vgl. *Hachtmann*, S. 68 ff.
30 Vgl. *Cocks*, Town, S. 8 ff.
31 Vgl. *Cocks*, Chamber, S. 93.
32 Around the World, in: The World, 14.11.1889, S. 1.</small>

»With all the millions now invented in methods and modes of communication, interstate and international, the story of Nellie Bly will give a valuable pointer in enabling the reader to appreciate these avenues of intercourse at their full value, to see their merits and their defects and note the present advanced state in these lines of human effort.«[33]

Der mediale Hype besaß demnach andere Gründe: Pulitzers *World*, die in den 1880er Jahren zur größten Tageszeitung New Yorks aufgestiegen war – 1883 lag die Auflage noch bei bescheidenen 15.000 Exemplaren, 1890 bei 340.000 und schließlich 1898 bei circa 1,5 Millionen[34] – annoncierte bei Blys Abreise das werbewirksame Ziel, die bis dato *schnellste* Reise um den Globus unternehmen zu wollen. Dabei nutzten die Editoren der *World* einen strategischen Schachzug, der in den folgenden Jahrzehnten Schule machen sollte. Um die Dramatik des avisierten Unternehmens und dessen geradezu phantastische Züge herauszustellen, orientierten sie sich nicht an den in den letzten Dekaden des 19. Jahrhunderts durchaus zahlreichen realen Rekordversuchen früher Weltreisender. Vielmehr griffen sie mit Jules Vernes Roman *Le Tour du monde en quatre-vingts jours* (1873) auf eine literarische Vorlage zurück, deren fiktiver *plot* als Referenz des geplanten Rekordversuchs dienen sollte. Der Angriff auf den Rekord des Protagonisten Phileas Fogg aus Vernes *Reise um die Welt* war folglich von Anfang an das erklärte Ziel. Die *World* selbst startete ihre Berichterstattung am Tag der Abreise unter dem Aufmacher: »Bly Starts out on a Wondrous Flying Trip Around the Globe – [...] To surpass Jules Verne's Dream of Rapid Transit Round the Earth«[35]. Verne indes schöpfte, wie er Jahre später erklärte, seine Inspiration aus den Zeitungen. Doch war seine Idee einer Reise um die Welt bereits um 1870 mehr als das bloße Produkt literarischer Imagination gewesen: Der Amerikaner William Perry Fogg unternahm Anfang der 1870er Jahre eine Reise um die Welt, über die er in zahlreichen Briefen an lokale Gazetten berichtete.[36] George Francis Train war 1870 gar schon in rekordverdächtigen achtzig Tagen um die Welt gereist,[37] ein Umstand, der Train später dazu veranlasste, Verne auf die offenkundigen Parallelen zwischen seiner ersten Reise und der literarischen Verarbeitung hinzuweisen. Train, der in drei weiteren Versuchen seinen Rekord bis 1903 noch auf nur mehr sechzig Tage steigerte, sah sich um seinen Nachruhm betrogen. In Interviews mit der britischen Presse erklärte er: »He stole my thunder. I'm Phileas Fogg.«[38] Thomas Cook nahm 1872 seinerseits das Angebot einer Umkreisung der Erde in 102 Tagen in sein Portfolio auf. Obschon Cooks Unternehmen tatsächlich circa 7 Monate dauern sollte, war doch auch hier der

---

33 Ebd., S. 1.
34 Vgl. *Mott*, American Journalism.
35 A Girl's Feat, in: The World, Ev. Edition, 14.11.1889, S. 1.
36 Später publizierte *Fogg* seine Reiseskizzen unter dem Titel *Round the World. Letters from Japan, China, India and Egypt* (1872).
37 Vgl. *Train*.
38 Zit. n. *Costello*, S. 120. Vgl. *Foster*, Citizen Train, S. 250.

Versuch einer Umrundung des Globus geglückt.[39] Dem begeisterten Zeitungssammler Verne, der angab, die Idee für sein Werk eines schönen Tages in einem Pariser Café aus der Lektüre der Zeitung *Le siècle* gewonnen zu haben, dürfte die intensive Berichterstattung über diese Weltreisen kaum entgangen sein.[40] Die *World* griff die gegen Ende des 19. Jahrhunderts weit verbreitete Begeisterung für das Reisen auf, indem sie das anachrone Potential der Fremde und Exotik in Zeiten globaler Vermessung und Vernetzung herausstrich. Nicht zufällig inszenierte sie die Reise in der Tradition der Expeditionen von Magellan, Francis Drake und James Cook. Der entscheidende, für das Amerika der *Progressive Era* (1890–1920) sinnbildliche Umstand blieb freilich, dass mit Bly erstmals eine Frau die Reise antrat:

»Since Cook's day the globe-trotters have become an army [...] but Nellie Bly is probably the first of her sex to undertake it [the circumnavigation, d. Vf.] alone and unprotected, and it is no hazard to predict that her tour of the world for THE WORLD will become the most famous in the annals of travel.«[41]

Bly, die seit ihrer Reportage über die Umstände auf Blackwell's Island zu den berühmtesten *girl stunt reporters* in Amerika zählte, nutzte diese Rolle, um das Bild der *New Woman* in Szene zu setzen.

Dass es sich bei der Unternehmung gleich in doppelter Hinsicht um ein Wettrennen handelte, blieb der Öffentlichkeit indes weithin verborgen: Gegen Pulitzers *World* schickte das Magazin *Cosmopolitan* unter Verleger John Brisben Walker seine Redakteurin Elizabeth Bisland ins Rennen. Der erhoffte Coup blieb allerdings aus. Die *Cosmopolitan* konnte von dem entfachten Hype um Blys Reise nur marginal profitieren.[42] Das Konzept eines *dignified sensationalism*, für das die *Cosmopolitan* einstand, verpflichtete Bislands Reportagen wesentlich stärker auf die ältere Tradition konventioneller Reiseerzählungen, die um 1900 aus der Mode gekommen waren. Gegen die Flut solcher Berichte richtete sich bezeichnenderweise gerade die Polemik der *World*: »Every now and again somebody comes imbued to the idea, that the surest road to fame is to run around the world and then write books to crowd upon the shelves of libraries. Few of them are ever read.«[43] Pulitzer verfolgte mit seiner – redaktionell gestützten – kontinuierlichen Thematisierung des *Events* eine neue Form der Reiseberichterstattung, welche die abenteuerlichen Erlebnisse der Reise von der Peripherie in die

---

39 Auch Cook berichtete überdies bereits 1872 in der Londoner *Times* aus seinen Reisetagebüchern. Vgl. Cook, Letters.
40 Die Zeitschriften *Le Tour du monde, Nouvelles Annales des Voyages, de la Géographie, de l'Histoire et de l'Archéologie* oder das *Magasin Pittoresque* brachten 1869/70 kurze Artikel heraus, die eine »Tour du Monde en 80 Jours« – inklusive exakter Reisepläne und in Bezug auf Verne nahezu identischer Stationen – skizzierten.
41 A Girl's Feat, in: The World, Ev. Edition, 14.11.1889, S. 1.
42 Roggenkamp, Sensationalism.
43 Around the World, in: The World, 14.11.1889, S. 1.

amerikanischen Haushalte der Metropole transportierte und die Leser so imaginativ in ein globales Transitnetz einzubinden verstand.[44]

Fact follows fiction: Logiken des Weltrennens

Die *World* war Initiator und Taktgeber der Berichterstattung zugleich. Während ihrer Reisen war es Bly selbst, als der Protagonistin ihrer *news-story*, angesichts der nach wie vor löchrigen Kommunikationsnetze nur selten möglich, persönlich Bericht zu erstatten. In aller Regel übernahmen dies die Reporter und Korrespondenten der *World* unter der Leitung von Chefredakteur John Cockerill. Cockerill, der Pulitzer 1888 vom *St. Louis Post-Dispatch* zur *World* gefolgt war, etablierte sich in den drei Jahren seiner Beschäftigung als *die* leitende Figur des operativen Geschäfts.[45] Er traf in enger Abstimmung mit Pulitzer die wichtigsten redaktionellen Entscheidungen und wies dem Aufbau eines umfassenden Korrespondentennetzwerkes den Weg. Insbesondere Robert Sherard und Tracey Graeves, die Auslandskorrespondenten der *World* in Paris und London, nahmen in der Folge eine Schlüsselrolle in der internationalen Berichterstattung ein. Blys eigener vollständiger Bericht wurde erst nach ihrer Rückkehr in den Sonntagsausgaben der *World* vom 26. Januar bis zum 23. Februar 1890 publiziert, bevor er schließlich wenige Monate später unter dem Titel *Nellie Bly's Book* erschien. Die Editoren der *World* avancierten so in der Zwischenzeit, wie Karen Roggenkamp zutreffend bemerkt, zu den Koproduzenten dieses globalen Medienereignisses:

»Bly's own framing of her travels, written after the fact, is less informative than the *World*'s presentation of its heroine during her actual trip. For while traveled, the *World* became the ›corporate author‹ of a new kind of adventure story in which the conventions of scientific fiction were combined with those of travel narratives and given new life under the banner of actuality.«[46]

So richtig diese Einschätzung ist, so sehr verführte sie doch zum Missverständnis, den Informationsstand der *World* zu überschätzen. Die Korrespondenzen aus aller Welt blieben rar gesät, immer wieder ergaben sich notwendigerweise Lücken in der Berichterstattung. Schon nach Blys Durchquerung Europas versiegten die Informationsquellen der Zeitung ab dem 25. November rasch. Zwar trafen nach wie vor vereinzelte Telegramme in der Redaktionszentrale ein, die über Blys Verbleib Auskunft gaben und ihr Eintreffen in Hong Kong bzw. ihre Abreise aus Yokohama bestätigten, diese aber waren bereits im Moment ihres Eintreffens wieder Schall und Rauch. So erschöpften sich die Berichte schon

---

44 Vgl. dazu *Wong*, S. 297.
45 Vgl. *Spencer*, S. 170 ff.
46 *Roggenkamp*, News, S. 27. Die weiteren Ausführungen dieses Kapitels zur Logik des Medienereignisses um Bly gründen ganz entschieden auf den Anregungen der luziden – obzwar allein den USA gewidmeten – Studie Roggenkamps.

kurz nach Blys Einschiffung in New York in der Nachzeichnung ihrer Route und der Spekulation über Erfolgschancen und -risiken ihres Unternehmens sowie möglicher (!) Abenteuer ihrer Reise. Dabei kamen bspw. auch lokale Experten, darunter der weltreisende Verfasser mehrerer Reiseführer Col. Knox, zu Wort, die naturgemäß sämtlich ihrem Zutrauen in Bly Ausdruck verliehen.[47] Erst mit Erreichen des amerikanischen Festlands am 21. Januar eröffneten sich für die *World* neue Spielräume und Handlungsmöglichkeiten. Erstmals ergab sich nun etwa die Gelegenheit, ›Blys own graphic tale‹ (noch in den Waggons der *Pacific Railroad Union* verfasst) direkt nach New York zu kabeln. Ab diesem Zeitpunkt standen Blys persönlich gefärbte, emotionale Reiseskizzen und die wesentlich stärker gerahmten Korrespondenzberichte einander ergänzend zur Seite. Die Ankündigung der alsbald erscheinenden autoptischen Reiseberichte aus Blys Feder war dabei zu einem Ritual der Berichterstattung geworden: »Rare treats are in store for *World* readers when Nellie Bly writes the stories of her wonderful journey and its incidents.«[48] Solche Werbung war mehr als gezielte *public relations*. Sie war Ausdruck eines neuen, an den Mechanismen des publizistischen Marktes geschulten Bewusstseins der Verleger und Redakteure für die Bedürfnisse ihrer Leserschaft nach authentischen und zugleich unterhaltsamen Erzählungen ›aus erster Hand‹. Blys höchstsubjektive Version der Geschichte erfüllte zuvorderst die Form des *human interests*. Mit den Berichten der Auslandskorrespondenten teilte sie das Privileg des Augenscheins. Doch konzedierte Graeves in einer Korrespondenz vom 25. November beinahe entschuldigend:

»Nellie Bly will have her own story to tell of her arrival in England. This letter is not intended in any way to anticipate it, but merely to put on record a few events of this interesting trip which Miss Bly is not likely to mention, principally because she does not know anything about them.«[49]

Dass Blys Wahrnehmungen in diesem Fall so außerordentlich unscharf seien, so Graeves weiter, liege vor allem in der Tatsache begründet, dass ihre Ankunft in London mitten in der Nacht und ihre Fahrt über die Themse bei dichtem Nebel stattgefunden habe. Was sie also von London *gesehen* habe, sei in etwa so präzise »as a man describing Broadway if he were shot through a pneumatic tube from the Western Union Building to the Twenty-Third Street Uptown Office.«[50] Die (antizipierten) blinden Flecken ihrer Berichterstattung ausgleichend, schrieb Graeves in der Folge – der Konzeption der *World*-Kampagne gemäß – ›Blys‹ Reisebericht fort, berichtete von der kalten, stürmischen Nacht, in der Bly den deutschen Dampfer Augusta Victoria verließ, um in Southampton das englische Festland zu betreten, von der Hektik des Transits nach London und der Parforcetour quer durch die Metropole. Dem O-Ton der Weltreisenden, der noch

---

47 Vgl. Nellie Bly is Off, in: The World, 15.11.1889, S. 2.
48 Turns her back on China, in: The World, 28.12.1889, S. 1.
49 Nellie Bly's Trip, in: The World, 08.12.1889, S. 1.
50 Ebd., S. 1.

zu Beginn der Reise in Form von Interviews aufschien, stand hier das geschlossene Narrativ eines scheinbar auktorialen Erzählers gegenüber. Einzig die präsentischen Einschübe besonders eindrücklicher Momente ihrer Reise überwinden die erzählerische Distanz zugunsten eines eher dramatischen Modus. Hier wie auch in den Momenten des Interviews wurde der Reporter des Neuen Journalismus zum Stenograph. Seine Imitation einer vollständigen, später maschinell verbürgten Reproduktion der Wirklichkeit simuliert die Funktionslogik technischer Aufzeichnungsmedien *avant la lettre* im Aufschreibesystem der Schrift.[51] Die Schreibstrategien des Reporters richteten sich so kaum zufällig am Grundsatz der Faktentreue aus: »*Simplicity, accuracy, conciseness* and *purity of style*«, konstatierte Ralph D. Blumenfeld 1930, »are the surest signposts of success.«[52]

Die Markierung des epistemologischen Status der *news* als einer spezifischen Form des Wissens, als eines Metatexts über die Welt, der sich weniger in der Auflistung rohen Datenmaterials erschöpfte, als vielmehr ein eigenes, von Wahrnehmungen und Kommentaren gesättigtes Diskursuniversum bildete,[53] ermöglichte gerade die Grenzgänge zur Fiktion. Pulitzers *World* realisierte dies, indem sie sich auf eine neue Form der Nachrichten – »a unique blend of colorful reporting and crusading zeal«[54] – spezialisierte. Das Credo lautete, wie der ehemalige *World*-Reporter Theodore Dreiser schrieb: »The facts – the color – the facts!«[55] So kreierte die *World* unter Pulitzer die Medienereignisse, über die sie berichtete, wie im Fall von Blys Weltreise, gleich selbst. In Eigenregie inszenierte sie Nachrichten »by manufacturing the news or by staging stunts [...] that could be transformed into artistic narratives«[56]. Der dramatische, symbolische Charakter dieser *news*, die sich mit Roggenkamp als Beispiel einer ›manufactured animation‹ lesen lassen, liegt dabei gerade in der künstlerischen Auswahl und literarischen Überformung des *plots*:

»Pulitzers writers told their revised tale of world travel artfully, incorporating plenty of adventure, exotic locales, and indefatigable characters, all the while asserting that the modern newspaper story was superior to the *wholly* manufactured, or imaginary, story.«[57]

Eine solche Dramatisierung des *plots* zeitigt etwa die Schilderung eines Zwischenfalls, der Blys Eisenbahnreise durch die Vereinigten Staaten beinahe in einer Katastrophe enden ließ, wie die *World* am 23. Januar in grellen Farben verlautbarte: »Half a million people will draw long breaths of relief when they have

---

51 Zur Medienlogik im Zeitalter von Film, Phonograph und Schreibmaschine vgl. *Kittler*, Gramophone.
52 *Blumenfeld*. Zit. n. *LeMahieu*, S. 25 f.
53 Vgl. *Matheson*, S. 558 f.
54 *Juergens*, S. 31.
55 *Dreiser*, S. 625.
56 *Roggenkamp*, News, S. 30.
57 Ebd., S. 30.

read the following despatch to-day, detailing the narrow escape of Nellie Bly from a horrible death.«⁵⁸ Blys Fahrt von San Francisco nach New York führte quer durch New Mexico und, wie es weiter hieß, auf diesem Streckenabschnitt über eine Schlucht, in der ein Teil des Gleisbettes gerade repariert wurde. Da die Schienen, nur mehr mit Spannschrauben befestigt, den heranrasenden Zug vermeintlich nicht zu tragen vermochten, drohte der gesamte Zug, dem Bericht zufolge, zu entgleisen und in den Abgrund zu stürzen. Die in die Berichterstattung der *World* eingeflochtene telegraphische Meldung gibt dieser Story schließlich einen dramatischen Anstrich. Im Sekundenstil der ›Telegraphese‹ wird die dramatische *aemulatio* des Geschehens erst offenbar:

»[Bly, d. Vf.] passed here on a special train running at the rate of over fifty miles an hour. Three miles east of this place the track repairers were replacing the stringers on a bridge over a deep canyon. The rails were in place but only held by jackscrews. The workman heard the special coming and tried to flag it, but they were too late. The engine and car went thundering over the ravine ...«⁵⁹

Dass die Überfahrt – »one of the most marvellous in railway history« – glücklich verlaufen sei, wird zwar als Wunder beschrieben, doch scheint zwischen den Zeilen auch eine Anerkennung der Ingenieurskunst auf, die Bly selbst – »an interesting bit of realism« – vom Führersitz der Lokomotive aus bestaunen kann. Hier wird, so könnte man folgern, das Bild des Yankees als eines Zivilisators und Ingenieurs, der die ehemalige *frontier* routiniert, ja, fahrplanmäßig, zu durchqueren weiß,⁶⁰ gegen eben jene Stereotypie in Stellung gebracht, die in Vernes *Tour du monde* vorherrschte. Der amerikanische Zugführer, der Phileas Fogg auf seiner Reise über die Rocky Mountains steuert, neigt, wie der Erzähler berichtet, angesichts einer Brückensperrung und des drohenden Zeitverlusts für seine Passagiere zu einem ähnlich wagemutigen Manöver, allerdings weniger aufgrund mangelnder Alternativen, denn aufgrund überschäumenden Abenteurergeists: »Je crois qu'en lançant le train avec son maximum de vitesse, on aurait quelques chances de passer.«⁶¹ So konstatiert denn auch der Erzähler lakonisch »les habitudes d'insouciance des Américains, on peut dire que, quand ils se mettent à être prudents, il y aurait folie à ne pas l'être.«⁶² Blys reale Story zeugte aber nicht bloß von intertextuellen Verweisen auf Vernes fiktionale Vorlage. Immer wieder wurde der Autor auch als realer Fürsprecher und Werbeträger des Weltrennens herangezogen.

Ein entscheidender Schachzug der *World* war es gewesen, ihre Reporterin einen kurzen Umweg über Amiens reisen zu lassen, der ihr ein Treffen mit dem

---

58 Flying Home, in: The World, 23.01.1890, S. 1.
59 Ebd., S. 1. Die Verknappung, Einsparung und Beschleunigung von Signifikanten wird im Telegrammstil schließlich selbst zur artifiziellen Botschaft, so *Kittler*, Telegrammstil, S. 362. Vgl. dazu *Siegert*, S. 200.
60 Vgl. *Berressem*.
61 *Verne*, Tour, S. 166.
62 Ebd., S. 165.

Abb. 21: »She's broken every record!« Der Sieg der Fakten über die Fiktionen.
Blys Triumph über die Weltreisenden Francis Drake, Captain Cook *und* Phileas Fogg,
in: The World, 26.01.1890, S. 1.

berühmten Autor gestattete. Schon am 22. November kündigte Graeves die Überlegung eines spontanen Zusammentreffens mit Jules Verne an.[63] Im Wettstreit von Fakten und Fiktionen stilisierte die *World* Bly – ganz i. S. des idealen Reporters – als »expert on ›real life‹«[64] und zum Symbol des *New Journalism*: »The romantic Frenchman will stay at home and dream, while the nervy, plucky, go-ahead little girl will push on to add one more to her line of success.«[65] Ihr Triumph über Foggs imaginativen Rekord sollte denn auch, kaum zufällig, vor den Augen des faktengläubigen Medienpublikums im Modus des empirischen Experiments erfolgen.

Verne wird in der Folge selbst Teil eines Dramas, dessen erster Aufzug mit dem Besuch Blys in Frankreich endet. Seine Bewunderung für die Amerikaner und deren Zeitungswesen bleibt im Verlauf der kommenden Monate allgegenwärtig. Mitten im zweiten Akt dieses Informationsdramas gibt er der Londoner *Pall Mall Gazette* ein Interview, das am 10. Dezember erscheint und nur rund zwei Wochen später in der *World* wieder abgedruckt wird.[66] Darin erklärt er, die *World*-Reporterin, die er vor wenigen Tagen getroffen habe, sei »[t]he prettiest young girl imaginable, and what took the hearts of both myself and Mrs. Verne was the complete modesty of the young person.« Das glückliche Ende des letzten Akts in Blys Weltrennen kommentiert er (dessen Werke die *World*

---

63 »It is possible that a deflection may be made tomorrow and that Miss Bly will make a flying call on Jules Verne, historian of the imaginary Phileas Fogg's journey round the world in eighty days.« Vgl. Nellie Bly in London, in: The World, Ev. Edition, 22.11.1889, S. 1.
64 *Wilson*, S. 17.
65 On the Other Side, in: The World, 22.11.1889, S. 1.
66 Jules Verne at home, in: Pall Mall Gazette, 10.12.1889, S. 3. Vgl. Nellie Bly's Admirer, in: The World, 26.12.1889, S. 2. Zur Inszenierung des Interviews – und zum Konnex von Interview- und »Celebrity«-Kultur im 19. Jh. vgl. allg. *Ruchatz*, Individualität, S. 108–115; 410–440.

Abb. 22: *Extra*: Welcome. Nellie Bly's Ride, in: The World, 25.01.1890, S. 1.

im Gegenzug in ihrer Berichterstattung kontinuierlich würdigte[67]) per Telegramm euphorisch mit den Worten: »Jamais douté du succès de Nellie Bly. Son intrepidité le laissait prevoir. Hurrah pour elle et pour directeur du ›World‹! Hurrah! Hurrah!«[68] Die Zeitnehmer des *Manhattan & New York Athletic Clubs* korrigierten die Zielzeit des Rennens später noch auf exakt 72 Tage, 6 Stunden, 11 Minuten und 14 Sekunden. Der Gewinner des »Guessing-Matches« lag nur um 2/5 Sek. daneben.

Dabei sah der Schriftsteller in Blys Rekordversuch einen wissenschaftlichen Wert, der eng an diese Form der Konkurrenz von Fakten und Fiktionen gekoppelt war: »I think that the journey is one of real interest from a scientific point of view«, zitiert die *World* den Literaten, »because till now nobody has beaten the

---

67 So z. B. in Verne and his works, in: The World, 21.12.1889, S. 1.
68 Cheers from Jules Verne, in: The World, 26.01.1890, S. 1.

record of my imaginary Phileas Fogg party«[69]. In der Folge bemühten sich die Redakteure des Blattes darum, die wissenschaftliche Bedeutung des Experiments herauszustellen. Als Test neuer Kommunikations- und Transporttechnologien beschäftige, wie die *World* schon am 15. November vermeldete, Blys Trip auch die Studenten der renommierten John-Hopkins-University, die sich über die Erfolgschancen des Rekordversuchs auseinandersetzten.[70] Wenige Wochen später konstatierte die Zeitung gar einen regelrechten »Boom for Geography«, der die Reise zu einem Gegenstand der Bildung und des Studiums machte:

»Boys and girls in the schools pore over their atlases with much deeper attention and interest than they did two months ago. Parents, too, call for these text-books, and with ostentive desire to help the little folks out, poke around in the Java Sea and try to measure the distance from Hong Kong to San Francisco [...] The entire population has been greatly benefited by the project, and many to-day know the southern outlines of the Asiatic continent and are acquainted with the means and facilities of transportation who, before the announcement of Nellie Bly's departure and the guessing match, understood no more about Ceylon and Singapore than a cuttle-fish understands of the inscriptions on Cleopatra's needle. The educational value of the enterprise is apparent. Everybody will be, to some extent, improved by the Nellie Bly tour.«[71]

Der Tour einen dezidiert wissenschaftlichen Anstrich zu geben, entsprach ganz offenkundig der Strategie, die Faktizität der realen Weltreise gegen die Fiktionalität ihres imaginären Vorbilds in Stellung zu bringen. Dazu gehörte auch, den Präsidenten der *Royal Geographical Society* in London, Charles P. Daly, um eine Einschätzung der Erfolgsaussichten zu bitten. Daly indes mochte dieses diskursiv aufgeladene Innovationspotential des Trips kaum teilen:

»On the whole Miss Bly will have an agreeable journey. [...] Since the perfection of the telephone and the telegraph which connects the people of both hemispheres so closely together, there has been no incentive to induce anybody to discover the time actually necessary to go around the globe.«[72]

Tatsächlich, so Daly weiter, liege die Signifikanz des Trips vor allem in seiner kommerziellen Bedeutung. Ein Gelingen dürfte dem aufkommenden Massentourismus nochmals einen Schub geben, mutmaßte die *World*.[73] Inwieweit diese

---

69 Nellie Meets Verne, in: The World, 21.11.1889, S. 1.
70 Vgl. Nellie Bly is Off, in: The World, 15.11.1889, S. 2. Zur Rekordbegeisterung als Ausdruck nationaler wie globaler Vergemeinschaftung vgl. *Werron*, S. 25 ff. Die der Kontingenz des Versuchs entspringende Spannung sicherte dem sportlichen Unternehmen der Rekord-Jagd in Zeiten globaler Standardisierung/Leistungsmessung seinen gleichsam seriellen publizistischen Erfolg.
71 Boom for Geography, in: The World, 21.12.1889, S. 2.
72 Around the World, in: The World, 14.11.1889, S. 1.
73 So hieß es denn auch noch zu Beginn: »The significance of the trip is not in its scientific aspect, for it is hardly to be expected that Miss Bly will come back with any new theory of the universe, because she will have traversed the visible and accessible portion of it.« Ebd., S. 1.

Einschätzung zutreffend war, muss spekulativ bleiben. Fraglos aber leistete die Berichterstattung, und zwar gerade mit den Mitteln der kommerziellen Massenpresse, einen Beitrag zur geographischen Imagination einer Welt, in der allein schon die englische Sprache tonangebend war: Blys »mothers tongue must suffice«[74]. Die Inszenierung des Weltrennens kann so eben auch vor der Folie imperialer Bestrebungen gelesen werden.

Empire at home

In ihrer Rolle als *New American Girl* war Bly zum *role model* des gewöhnlichen Amerikaners geworden. So inszenierte die *World* ihren Trip über die Grenzen der Vereinigten Staaten hinaus als eine Entdeckungsreise, an deren Ende es schließlich stolz zu berichten galt: »No chieftain retourning from a tour of conquest ever received a more royal welcome.«[75] Die Metropole war der Fluchtpunkt dieses Trips, in dessen Zuge Bly den gesamten Globus umrundete. Dabei maß sie ihre Erlebnisse, wie ihr eigener Bericht eindrucksvoll demonstriert, stets an den gewohnten Referenzen des heimatlichen New Yorks. Vor den Augen des metropolitanen Publikums wiederum nahm sie die *World* in Empfang. Dass dieser mediale Hype bereits zeitgenössisch durchaus kritisch reflektiert wurde, beweist ein satirischer, vermutlich rein imaginativer Bericht des New Yorker *Life*-Magazins, in dem die Rückkehr der *Life*-Reporterin ›Miss Sadie‹ von ihrem Spaziergang durch die Straßen New Yorks emphatisch begrüßt und ausführlich beschrieben wird. In direkter Spiegelung der *World*-Berichterstattung heißt es da:

»For the benefit of those interested in our guessing match we would state that the exact time of Miss Sadie's return was 3.35,36 A. M. – At the request of many of LIFE's readers – our circulation last week being 100,000,001⅓ copies – we have concluded to give Miss Sadie a public reception, where they may have the pleasure of meeting the courageous little lady in person. We have engaged the Metropolitan Opera House for this purpose.«[76]

Hier wird die Metropole – im Gegensatz zu vielen Meldungen und unzähligen lokalen Reportagen aus den verborgenen Winkeln der Großstädte – als homogener, überschaubarer Raum des Alltäglichen gegen die eben nur scheinbar endlose Weite der Welt, die Bly so mühelos bewältigte, in Stellung gebracht.

---

74 A Girl's Feat, in: The World, Ev. Edition, 14.11.1889, S. 1.
75 Welcome!, in: The World, 25.01.1890, S. 1. Vgl. dazu insbesondere *Winter u. a.*, S. 18.
76 She's Home Again, in: Life, 23.01.1890, S. 5. Auch der *New York Herald* druckte in der Frühphase des Rennens einen satirischen Artikel, der den Auftrag eines männlichen Reporter mit dem Pseudonym »Very Fly« beschrieb, einen Ausflug um Manhattan Island zu unternehmen und binnen 75 Minuten zurückzukehren, was diesem auch mittels Hochbahn gelang. Vgl. Broke the Record!, in: New York Herald, 17.11.1889, S. 15. In der *New York Tribune* hieß es gar, allein ein Trip zum Mond sei noch innovativ.

Abb. 23: Nellie Bly. Trade Card (ca. 1890).

Die satirische Gleichsetzung lokaler *Flânerie* und globaler *Exploration* indiziert hier eine andere Wahrnehmung der Welt, die gerade auf die weitgehende Erschließung aller blinden Flecken abhebt. Blys Reise nimmt sich aus der Perspektive der Kritiker im Zeitalter des Massentourismus alsbald ganz und gar banal aus.

Das Potential solcher geographischer Imaginationen in Berichten und Karten der *World* aber mag dies keinesfalls nivellieren. Die Auflage der *World* war am Tag der Rückkehr mit 280.340 Exemplaren um mehr als 10.000 Exemplare höher als die vorherige Sonntagsausgabe und zählte so zu den höchsten Auflagen des Blattes überhaupt.[77] Um diesen Erfolg auszubauen, bemühte man sich um weitere PR. Zu den populärsten Formen, sich die weite Welt ›nach Hause‹ zu holen, gehörten gerade im Amerika des *Gilden Age* neben Reiseberichten

---

77 Vgl. *Kroeger*, Bly, S. 173.

WILL IT COME TO THIS?

The Kind of Reception Our Enterprising Friends Are Apparently Arranging for "The World's" Globe-Girdling Tourist.

Abb. 24: Will it come to this?, in: The World, 15.12.1889, S. 1.

und Fotostrecken die immer beliebter werdenden Brettspiele: »These games did not aspire to the authenticity of felt experience; rather they reinvented the popular imaginings of foreign geography«[78]. Auch die *World* kündigte daher unmittelbar nach Blys Rückkehr die Vorlage eines solchen Spiels an, das es den Lesern erlaubte, sich selbst als Teil der Inszenierung zu begreifen und die Dramatik des gefahrvollen Trips um die Welt geradezu spielerisch nachzuempfinden. Auf diese Weise gelang es den Zeitungsmachern, die Halbwertszeit ihrer Nachrichten bis zur Veröffentlichung von Blys eigenen Reiseskizzen zu verlängern.[79] Das Würfelspiel, das nur wenig später erschien,[80] war zu einer elementaren Form ihrer Leserbindungsstrategie geworden. Gleichzeitig hatte dieses

---

78 *Wong*, S. 302. Vgl. *Schulten*, S. 20–25; 43 f. So waren bspw. auch Spiele um die Abenteuer der Kolonien – »Stanley in Africa Maze« – 1890 Bestseller. Vgl. RMCA HMS-Archives No. 5112.
79 Vgl. Round the World with Nellie Bly, in: The World, 26.01.1890, S. 21
80 Sogar *The Journalist* sagte dem Spiel, in dem man Feld für Feld die Tage der Reise mit all ihren Widrigkeiten nachspielen konnte, einen »sensationellen« Erfolg voraus. Vgl. The Journalist, 25.01.1890, S. 5,3.

›armchair travelling‹ der Leserschaft zur Folge, dass Blys Rennen um die Welt endgültig zu einem Gegenstand der Unterhaltung geriet. In der Folge erschienen Postkarten, Scherenschnitte und Werbebroschüren, die ›Nellie Fly‹ zur Ikone werden ließen.[81] Schon vorher hatten Gedichtwettbewerbe, Rätsel und Gewinnspiele allerdings einen Modus des ›Infotainments‹ etabliert, der zum festen Repertoire des *New Journalism* geworden war und bei Gelegenheit, so auch z. B. während des publizistischen Wettlaufs der europäischen Afrika-Expeditionen, zum Einsatz kam.

Die Nachrichten der *World* entstanden in gewisser Weise interaktiv. Die Leser nahmen regen Anteil am Schicksal der Weltreisenden und, um der Flut an eingehenden Glückwünschen und neugierigen Fragen über die Reporterin Herr zu werden, stellte Cockerill bereits wenige Wochen nach Blys Aufbruch aus New York einen Redakteur dazu ab, sämtliche Zuschriften durchzusehen und zu beantworten. Dieser *Excursion Editor*, der später als *European Trip Editor* firmierte, betreute überdies das von der *World* ausgerufene »Guessing-Match«, in dessen Verlauf die Zuschauer dazu angehalten waren, die exakte Dauer der Weltumrundung (auf die Sekunde genau) zu schätzen. Dem glücklichen Gewinner gab die *World* die Möglichkeit, mit der Unterstützung von Thomas Cook & Sons tatsächlich zumindest einen Teil der Welt zu bereisen. Über die geplante Tour des Gewinners F. W. Stevens quer durch Europa – von London über Paris und Mailand nach Rom – erschien schließlich ein kurzer Artikel, der dem Reisenden alle erdenklichen Annehmlichkeiten versprach.[82] Bly ihrerseits hatte zu diesem Zeitpunkt bereits mit ersten Lesereisen begonnen, die sie durch ganz Amerika führten. Die über vierzig Lesungen ihrer ›Nellie Bly Tour‹ brachten ihr rund 9.500 US-Dollar ein; ihr Buch *Around the World in Seventy-Two Days* erschien 1890. Wenig später unterzeichnete sie zudem einen hochdotierten Autorenvertrag für Norman Munros *New York Family Paper*. Den Vertrag allerdings erfüllte sie nie.[83]

Der extreme publizistische Erfolg des Weltrennens, so lässt sich schließen, muss die Verantwortlichen der *World* zweifellos selbst überrascht haben. Gleichwohl war der *stunt* auch in seiner riesigen kommerziellen Attraktion ein durchaus kalkuliertes Medienereignis. Schon rund sechs Wochen vor Blys Heimkehr erkannte die *World* in einer Art *self-fulfilling prophecy* das spätere Startum Blys.

Inwiefern aber handelte es sich bei Blys globaler Wettfahrt tatsächlich auch um ein Phänomen globalen Interesses? Die *World* suggerierte eine außergewöhnliche mediale Reichweite[84] ihres *stunts* über die Grenzen der Metropole hinaus. Angesichts zahlreicher diskursiver Transfers innerhalb der europäischen Zeitungs- und Journallandschaft kann diese Einschätzung zunächst nur als zu-

---

81 Vgl. *Bragg*, S. 273. Vgl. überdies *Fahs*, S. 45 f.
82 Mr. Stevens's Free Trip, in: The World, 09.02.1890, S. 15.
83 Vgl. *Kroeger*, Bly, S. 185 f.
84 Vgl. Nellie Blys Fame, in: The World, 09.01.1890; All Europe Enthusiastic, in: The World, 26.01.1890. Ein ähnliches Bild zeichnen die zahlreichen Kolumnen des sog. »Trip-Editors«.

treffend beschrieben werden. Dabei lassen sich deutliche Akzentverschiebungen in der Berichterstattung der großen europäischen Blätter konstatieren. So wird das Rennen hier wesentlich stärker als das Rennen zweier realer Protagonistinnen (Bly vs. Bisland) und weniger als bloßer Kampf der *World*-Reporterin gegen Vernes imaginativen Rekord modelliert. Die *World* selbst verwies freilich aus naheliegenden Gründen nur in dürren Worten auf die Existenz einer Konkurrentin – »An imitator appears«[85] –, um sich der ungeteilten Aufmerksamkeit ihrer Leserschaft zu versichern und postulierte am 22. November:

> »The public will be kept informed by every stage of [Bly's] progress around the world as she will cable form every point possible. Nothing has yet been heard from Miss Bisland, the young lady of the *Cosmopolitan* magazine staff, who started westward to meet Miss Bly and make the circuit of the earth in an opposite direction.«[86]

Dies mag man als (werbe-)strategische Aussage verstehen. Tatsächlich berichtete der *San Francisco Examiner* schon zu diesem Zeitpunkt von Bislands erster Station ausführlich,[87] und auch die *New York Times* und die *New York Tribune* nahmen sich als Konkurrenten der *World* dieses Themas an, wenngleich die Berichterstattung nie auch nur annähernd einen vergleichbaren Umfang erreichte.[88] Allein die *New York Press* widmete sich in einem längeren Artikel am 15. November dem Rennen: Sie stilisierte den Wettstreit der Protagonistinnen »as an instance of woman against woman«[89], hinter dem gerade die verlegerischen Interessen der starken Männer des New Yorker Zeitungsmarkts, Walker und Pulitzer, aufschienen: »Mr. Walker and the proprietor of the *World* have [even] wagered $1,000 on the result«.[90] Gleichwohl schrieb selbst die *Press* am 7. Dezember, es sei vermutlich schmerzlich für Walker zu vernehmen, dass in den Tagesgesprächen der Bekanntheitsgrad der Protagonistinnen und der sie unterstützenden Magazine derartig stark auseinanderfalle.[91] Die *Chicago Tribune* bspw. nannte weder Bisland noch die *Cosmopolitan* namentlich und bemerkte am Tag von Blys Rückkehr lapidar: »We are glad [Bly] has beaten the other young woman, who took unfair advantages at the start and tried to keep

---

85 30,000-Mile Race, in: The World, Ev. Edition, 15.11.1889, S. 1.
86 Nellie in London, in: The World, Ev. Edition, 22.11.1889, S. 1.
87 Vgl. Bly against Bisland, in: San Francisco Examiner, 19.11.1889, S. 1–2; Circling the Globe, in: San Francisco Examiner, 20.11.1889, S. 1.
88 Vgl. z. B. Flying Trips of two Young Woman, in: New York Times, 15.11.1889; All Around the World, in: New York Times, 19.01.1890; Bly's Route homeward, in: 23.01.1890; Miss Bisland arrives, in: New York Times, 31.01.1890, S. 8; Miss Bisland completes her long Trip, in: New York Tribune, 31.01.1890, S. 12.
89 A Race Around the World, in: New York Press, 15.11.1889, S. 1.
90 Ebd., S. 1.
91 Anschaulich wird dies in der Kolportage eines Tagesgesprächs, in dem es über die Weltreisenden geheißen habe: »›One is Miss Bly and the other one is Miss Bisland whose expenses are paid by the Cosmopolitan Hotel.‹ – Such is literary fame.« Topics talked about, in: New York Press, 07.12.1889, S. 5.

[Bly] back at the antipodes.«[92] Die weitgehende Ignoranz des Rennens als eines realen Wettlaufs ließe sich kaum dadurch erklären, dass sich Bisland der *World*-Reporterin letztlich in ihrem Rennen geschlagen geben musste, nachdem sie am 17. Januar den Dampfer von Southampton nach New York City um wenige Stunden verpasst hatte[93] und in der Folge einen Umweg über die britischen Inseln nehmen musste, von wo aus sie schließlich am 30. Januar nach 77-tägiger Reise das heimatliche New York erreichte. Vielmehr eignete sich die eher öffentlichkeitsscheue Bisland wesentlich weniger zur Ikonisierung als Hasardeur – und Werbeträger ihres Blattes.

In Europa dagegen firmierte das Rennen von Beginn an unter dem Label eines publizistischen Kräftemessens.[94] Sowohl in Paris als auch in London bemühte man sich herauszustellen, wie amerikanisch ein solches Unterfangen sei. Noch in einem Interview mit der *World* konzedierte Pierre Giffard, der Reporter des *Petit Journal*:

»›[This Trip] is an excellent demonstration of American independence and of the value of the American system of education.‹ Personally the idea of this daring journey around the globe fills my heart with with [sic!] great sadness at the thought of passing a thousand interesting places without visiting them. I could not have done Miss Bly's work. I should have loitered en route at fifty different places.«[95]

Ein Redakteur der Pariser Zeitung *Le Rappel* äußerte sich gar noch drastischer. Ihm zufolge bewies das Unternehmen der Amerikaner lediglich die Exzentrik der Weltreisenden. Ihr grotesker Kampf gegen die Zeit, der noch dazu Vernes Werken epigonal entspringe, nehme sich überdies in Zeiten präzisester Reiseplanung und erprobter Transportmittel allzu unspektakulär aus: »Les deux coureuses n'ont rencontré d'autres obstacles que ceux des horaires des chemins de fer et des paquebots.«[96] Hingegen habe der Versuch des Wieners Hermann Zeitung, der sich im Jahr 1890, in einer Kiste verpackt, selbst durch die Welt senden ließ, gegenüber dem *stunt* der Amerikaner immerhin noch den Vorzug, origi-

---

92 Editorial, in: Chicago Tribune, 26.01.1890.
93 Vgl. Miss Bislands Tour, in: New York Herald, 18.01.1890, S. 5. Vgl. Editor Walker's Compliment; The Story of a Tour, in: The World, 26.01.1889, S. 5.
94 Vgl. A Press Race Round the World, in: Pall Mall Gazette, 30.11.1889, S. 5; The Ladies' Race around the World, in: Pall Mall Gazette, 22.01.1890, S. 5; I viaggi di due ragazze atorno al mondo, in: Corriere della Sera, 28.01.1890, S. 2, sowie Le Tour du Monde, in: Le Matin, 18.01.1890, S. 2. Als *faits divers* erschienen auch und vor allem in Vernes französischer Heimat immer wieder kurze Meldungen über den aktuellen Stand der Reisen. Vgl. Faits divers. À étranger, in: Le Rappel, 26.11.1889, S. 2; 09.12.1889, S. 2; 13.12.1889, S. 2; 03.01.1890, S. 2; 18.01.1890, S. 2; 27.01.1890, S. 2; Echos de Partout, in: Le Petit Journal, 15.01.1890, S. 1; 18.01.1890, S. 1; Télégrammes & Correspondances, in: Le Figaro, 24.11.1889, S. 2; 18.01.1890, S. 3; Courrière de la semaine, in: Le Petit Parisien. Supplément Littéraire Parisien, 01.12.1889, S. 2.
95 Paris much delighted, in: The World, 26.01.1890, S. 1.
96 Voyageurs excentriques, in: Le Rappel, 24.01.1890, S. 2.

nell zu sein. Das Abenteuer der exzentrischen Weltreisenden hingegen erinnere allenfalls in der Fantastik ihrer Inszenierung an die Erzählungen eines gewissen Hans Pfaall,[97] der nur vermittels eines Fallschirms zum Mond gereist sein wollte. Daher gelte:

»Tout voyage n'est pas admirable ni tout voyageur un héros. [...] Encore moins doit-on admirer ces courses au vapeur des deux Américaines miss Bly et miss Bisland luttant de vitesse dans un inutile sport de parcours du monde. L'admiration doit être réservée pour les Stanley [...] et autres hardis franchisseurs de continents, Christophes Colombs d'un nouveau monde«[98].

Nur wenige Monate später berichtete man nicht zufällig in den Pariser und Londoner Gazetten dann schon wieder über einen amerikanischen Weltreisenden. Francis Train – der »inventeur de tramways«[99] – schickte sich an, Blys Rekord zu unterbieten.

In der Londoner *Pall Mall Gazette* wurde diese Jagd nach Rekorden gleichsam kulturanthropologisch auf die amerikanische Lebensart, genauer die neurasthenische Attitüde des New Yorkers zurückbezogen. In einer Korrespondenz aus New York hieß es:

»They have a word here to describe the typical New York man. They say he is a hustler. It is a word difficult to translate, but it means a person in a condition of nervous hurry, and they are all hustlers here. [...] [I]n fact, they hustle for the sake of hustling. Nellie Bly's voyage round the world in seventy-five days is an ideal American pleasure trip; seventy-four days would be more enjoyable still (she has actually hustled through in seventy-two); they like to keep their bodies in a fever, and their minds in St. Vitus's dance.«[100]

An anderer Stelle freilich beglückwünschte der Chefredakteur der *Pall Mall*, Sir Edward Cook, die *World* und insbesondere Nellie Bly zu ihrem gelungenen *stunt*: »We have always understood that americans ›take the cake‹ for rapid scampering over the face of this good old globe, but Miss Bly has cut out all other Americans and is now champion ›globetrotter‹.«[101] Entscheidend sind auch hier die Zwischentöne der Nachricht. In die Anerkennung für die durchaus sportliche Leistung der Amerikaner mischten sich im alten Europa zusehends Unverständnis und schließlich Verachtung für diese Form des Reisens, die dem althergebrach-

---

97 Vgl. *Poe*. Edgar Allan Poes Erzählung geisterte 1835 als Hoax durch die Zeitungen.
98 Voyageurs excentriques, in: Le Rappel, 24.01.1890, S. 2.
99 Le Tour du monde en soixante jours, in: Le Matin, 11.05.1890, S. 2. Vgl. Ten Minutes' Talk with Citizen Train, in: Pall Mall Gazette, 12.05.1890, S. 6.
100 Hustlers and Hustling, in: Pall Mall Gazette, 05.03.1890, S. 7.
101 Pall Mall Gazette Office, in: Pall Mall Gazette, 27.01.1890, S. 6. Hier allerdings erscheint die Rasanz des Globetrotters zudem *gegendert*: Das intensive Studium der Sitten und Bräuche, wie es dem Mann zu eigen sei, stehe, so Edward Cook, der sprunghaften, oberflächlichen Form weiblicher Wahrnehmung gegenüber.

ten Ideal der Bildungsreisen sowie insbesondere der Vorstellung intensiven Studiums und einer Selbsterfahrung des Entsandten diametral entgegen standen. Noch in der Folge blieb das Rennen in dieser Weise ein Thema.[102]

Unter der Headline »All Europe enthusiastic«[103] berichtete Graeves dann am Tag der Rückkehr der World-Reporterin, alle wichtigen Abendausgaben der Londoner Zeitungen seien bereits dabei, die Nachrichten von Blys bevorstehendem Triumph zu drucken und über Spezial-Korrespondenten nach Frankreich und Deutschland und so in alle Welt telegraphisch weiterzuleiten. Tatsächlich aber verschwanden viele dieser Meldungen unter der Rubrik der vermischten Nachrichten auf den hinteren Zeitungsseiten.[104] Das Petit Journal druckte daher wenige Wochen später eine eher amüsierte Kritik an dieser amerikanischen Inszenierung eines globalen Medienereignisses:

»Le New York World n'hésite pas à mettre sa jeune correspondante sur la même ligne que les plus célèbres navigateurs, et déclare grâvement que son tour de force a plongé la vieille Europe dans l'extase. Notre confrère américain exagère peut-être un peu et la vieille Europe n'est pas aussi émue qu'il veut bien le dire, d'autant que le but pratique du voyage de Miss Bly ne semble pas démontré. L'ambulance demoiselle a, en effet, pérégriné avec si grande rapidité qu'elle n'a pas même retenu les noms des villes qu'elle a traversées.«[105]

Gleichwohl würdigen die Journalisten noch am nächsten Tag die innovative Form der Inszenierung als »un intéressant spécimen du journalisme tel que le comprennent les Américains.«[106] Die diskursive Rückkopplung des *stunts* wird hier vor allem in der Bewunderung eines neuen Journalismus deutlich, dessen stark bebilderte Extraausgaben – ganz wie im Fall des Weltrennens (»ce numéro réellement curieux«) – vermittels großer Überschriften und außerordentlich langer Kolumnen ein lebendiges Bild des Geschehens zeichneten. Der theatrale Anteil dieser experimentellen Praxis nachrichtlicher Wissensproduktion lag offenkundig im ›Schauwert‹ der Herstellung von Evidenz.

Die Berliner indes erreichten alle diese Nachrichten kaum; weder die *Vossische Zeitung* noch die lokalen Blätter druckten einen längeren Artikel über das

---

102 Die *Pall Mall Gazette* porträtierte diesen Typus des Reisenden. Vgl. The Ladies' Corner, in: Pall Mall Gazette, 01.02.1890, S. 3. Dabei blieb das Rennen Referenzpunkt späterer Weltreisen – vgl. exempl. Le Tour du monde en cinquante jours, in: Le Figaro, 20.07.1907, S. 3. Der Reporter Gaston Stiegler reiste noch Jahre später für den Pariser *Matin* um den Globus und beschrieb in der Folge seine – von Vernes Werk inspirierte – Weltumrundung in 63 Tagen. Stiegler, Tour, S. 13f.
103 All Europe enthusiastic, in: The World, 26.01.1890, S. 1.
104 Vgl. Gazette du Jour, in: La Justice, 26.01.1890, S. 3. Chronique, in: La Semaine de Familles, 01.02.1890, S. 15f. Scraps, in: The Graphic, 30.11.1889, S. 30; The American Lady Journalists, in: The Graphic, 25.01.1890, S. 7. The Tour of the World, in: The Graphic, 01.02.1890, S. 7.
105 Echos de partout, in: Le Petit Journal, 17.02.1890, S. 1.
106 Echos de partout, in: Le Petit Journal, 18.02.1890, S. 1.

Weltrennen.[107] Die wenigen, aus der internationalen Presse übertragenen Meldungen bewiesen zwar aufs Neue die breite internationale Rezeption, gleichzeitig aber demonstrierten sie auch, wie sehr die metropolitane Berichterstattung in Intensität und Reichweite hinter die Inszenierung eines globalen Medienereignisses, wie es die *World* zeichnete, zurückfiel. Vielmehr offenbarten sich hier schon allein die Grenzen des *europäischen* Kommunikationsraums. Der Einfluss der *World*, die keinen eigenen Korrespondenten in Berlin besaß, reichte lediglich bis London bzw. Paris. Die Reichweite des *stunts* war so in entscheidendem Maß von den bereits bestehenden Korrespondentennetzwerken bestimmt; sie definierten in weiten Teilen die Wirkmacht der Nachrichtenproduktion.[108]

Hinzu kam, dass in dieser Frühphase der Glokalisierung der Medienkommunikation die Kehrseite des raschen Nachrichtenimports offen zu Tage trat: Die Zunahme diskursiver Transfers führte auch in erheblichem Maße zu einer Diffusion der *bias*. So ging bspw. schon in der Startphase des Rennens das Gerücht, der *New York Herald* habe ebenfalls, und zwar unmittelbar nach Bly, einen Reporter auf die Reise geschickt.[109] Der Einfluss der *New York Tribune*, die diese Fama – »it was *whispered* in Park Row that ›The New-York Herald‹ had send a man, on two hours notice *or so*, to beat her« – offen lanciert hatte, reichte bis nach Europa, wo aus dem wörtlich übernommenen »Gemunkel« ohne Angaben von Quellen eine Tatsache zu werden schien: »On the same day that ›Nellie Bly‹ started on her trip, the New York Herald at about two hours' notice despatched a man to make the same tour, and at all hazards return ahead of its lady competitor, if only by an hour.«[110] Die stille Post, die Paris Mitte Dezember erreichte, schien denn schon reichlich konkret, da es nun hieß, »un gentleman correspondant du *New-York Herald* [...] prit la même route et, à tout hasard, pourra arriver une heure avant sa concurrente qu'il a déjà rattrapée à Calais en

---

107 Vgl. exempl. die vereinzelten Mitteilungen aus der Rubrik der »vermischten Nachrichten«: Berliner Zeitung, 28.11.1889, S. 6; Berliner Tageblatt, 26.01.1890, S. 3; Vossische Zeitung, 28.01. 1890, 3. Blg., S. 8. Neue Preußische Zeitung, 02.02.1890, S. 3.
108 Die Meldungen über das Weltrennen der Amerikaner reichten zwar bis nach Asien – vgl. Round the World in 75 Days, in: The North-China Herald and Supreme Court & Consular Gazette, 17.01.1890, oder ７０日余世界一周途中の米女性記者が横浜へ東京を見物、7日には出発へ (US-Reporterin auf dem Weg rund um die Erde in mehr als 70 Tagen entlang der Sehenswürdigkeiten von Tokio nach Yokohama.), in: Yomiuri Shimbun (読売新聞), 05.01.1890 – die Dichte der Meldungen nahm jedoch rapide ab. Dennoch blieb das Beispiel der *World* langfristig wirkmächtig. So veranstaltete die Tokioter Tageszeitung *Jiji Shimpo* (時事新報) als erste Zeitung Japans 1928 ein ähnlich gestaltetes »Round-The-World Race«. (Das Vorbild New Yorks war hier – wie Jahrzehnte zuvor – zentral. Vgl. *Sawada*, S. 3–8.) Die Nachrichtenagentur *Agence Havas* begleitete dies intensiv. Der Rekord des über Moskau, Berlin, Paris, London und New York reisenden ›First Class Travellers‹ lag dank der Flugreisen nur mehr bei 33 Tagen. Vgl. AN 5 AR 318.
109 »An epidemic of globe-galloping broke out in these parts yesterday, and already has three victims trying hard to get home the longest way round in the shortest time.« Vgl. Racing Around the Globe, in: New York Tribune, 15.11.1889, S. 2.
110 A Press Race Round the World, in: Pall Mall Gazette, 30.11.1889, S. 5.

temps utile pour profiter du train de la malle des Indes pour Brindisi.«[111] Dieser Korrespondent freilich traf nie ein, der *Herald* selbst behauptete auch nie, einen Weltreisenden entsandt zu haben. Doch sollten sich diese und andere Gerüchte noch lange halten.[112] Die *World* sah sich schließlich angesichts des großen öffentlichen Interesses und der Vielzahl an Falschmeldungen gezwungen, einige persönliche Angaben zu Bly inklusive eines Portraits zu veröffentlichen, welche die vormalige *undercover*-Reporterin unwiederbringlich in eine Figur des öffentlichen Lebens verwandeln sollten.[113] Die Publikation der Reisereportagen erhöhte Blys Bekanntheitsgrad wenig später nochmals erheblich.

Reportage oder Reisebericht?

Wie verschieden das Weltrennen und die Mechanismen seiner Medialisierung von den Protagonistinnen selbst wahrgenommen wurden, davon geben die Reportagen beredtes Zeugnis. Während Blys Kapitel unmittelbar im Anschluss an die Reise als Fortsetzungsgeschichten in der *World* publiziert wurden, erschienen Bislands Reiseberichte in sieben monatlichen Folgen zwischen April und Oktober 1890. Ihr Buch *A Flying Trip Around the World* kam im darauffolgenden Jahr heraus. Im Vergleich zum tagesaktuellen Sensationalismus der *World* erfolgte die Publikation von Bislands Berichten im Medium des Journals also eher gemächlich. Dies entsprach durchaus der redaktionellen Strategie John Brisben Walkers, der die *Cosmopolitan* kurz zuvor übernommen hatte und nun »the newspaper ideas of timeliness and dignified sensationalism into periodical literature«[114] transportierte. Dabei strebte Walker gerade mittels des *stunts* eine Inklusion des Massenpublikums an.[115] Im Festhalten des Magazins an qualitativen Standards – abseits der reißerischen Berichterstattung der *World* mit ihren »idea contests, guessing-matches, and voting schemes« – und bestimmten elitären Vorstellungen bürgerlicher Kultur und Geschmacks wie »daintiness and distinction« sah vor allem das Fachmagazin *The Journalist* die große Stärke der *Cosmopolitan*.[116] Die *Cosmopolitan* wiederum zementierte die Differenz zur

---

111 Autour du monde, in: Le Matin, 12.12.1889, S. 2.
112 Die *New York Press* apostrophierte etwa zunächst irrtümlich sowohl Bly als auch Bisland als Reporter der *World*. Auch die Altersangaben zu den Protagonisten des Weltrennens variierten erheblich. Vgl. dazu auch *Goodman*, Eighty Days, S. 95.
113 The Story of Nellie Bly, in: The World, 02.02.1890, S. 2.
114 *Mott*, History, Bd. 4, S. 482.
115 Vgl. *Roggenkamp*, Sensationalism, S. 37.
116 *The Journalist*, 18.01.1890; 25.01.1890. Wie groß die Wertschätzung dieser Form des Journalismus war, mag man daran ermessen, dass der leitende Redakteur Allan Forman, der bei Blys Rückkehr noch persönlich zu den Gratulanten zählte (vgl. Home To-Day, in: The World, Ev. Edition, Last Edition, 25.01. 1890, S. 1) noch Jahre später die Theorie vertrat, die *World* habe Bislands Tour sabotiert, indem sie ihr die Falschinformation zukommen ließ, das vor der englischen Küste noch immer auf sie wartende Schiff gen New York habe bereits abgelegt, und sie so um ihren Sieg betrogen.

sensationalistisch unterhaltenden Tagespresse denn auch in ihrem Editorial mit den Worten »sensation mongering [...] has given rise to one of the worst literary fashions of our age, and one that threatens to degrade the periodical press into a mere pen-and-ink dime museum«[117]. In dieser Wahrnehmung der Gefahren populärer Massenkultur offenbarte sich eine ausgeprägte Skepsis gegenüber der extremen Kommerzialisierung der Nachrichtenproduktion. Die Reporter, die als Emblem dieses Nachrichtenbetriebs galten, erschienen in einem Artikel der *Cosmopolitan* als durchaus zwielichtige Gestalten, die oftmals eine gescheiterte Existenz, mitunter sogar eine kriminelle Vergangenheit miteinander verband: »In this sense reportorial work has been described with considerable truth as a harbor for wrecked ambitions.«[118] Zwar besitze der Reporter als »news-hunter« durchaus ein wertvolles Gespür für Nachrichten, das ihn zum Kenner der menschlichen Natur erhebe; die chronische Geldnot, die einem verschwenderischem Lebensstil entspringe, und schließlich die Bezahlung des Schreibers per Zeilengeld führe indes dazu, dass die Suche nach immer neuen Nachrichten einen großen Prozentsatz an Reportagen hervorbringe, »which are attributable solely to the inventive faculties of the energetic space-writer«. Die machtvolle Kartellierung des Reporterwesens zeitige jedoch den Umstand »[that] virtually the same facts appear in all the papers [while] no one questions the truthfulness of the occurences as described.«[119]

Trotz aller Vorbehalte gegen diese Begleiterscheinungen des Neuen Journalismus erwies sich das Weltrennen auch für die *Cosmopolitan* in der Rückschau durchaus als großer Erfolg. Die Auflage des Magazins stieg bis 1892 von rund 20.000 auf über 60.000 Exemplare und erreichte eine Dekade später mehr als 300.000 Leser.[120] Ob dies ursächlich mit der publizistischen Breitenwirkung dieses *stunts* zusammenhing, lässt sich nicht mehr eindeutig klären, tatsächlich aber spekulierte nur wenige Jahre später die *Review of Reviews* über den riesigen Profit, den Walker aus dem Rennen geschlagen habe.[121]

Die Differenz zwischen Kunst und Kommerz, Stil und Mode bzw. Tradition und souverän zur Schau gestelltem Nonkonformismus verkörperten die Protagonistinnen des Weltrennens auch selbst. Der literarisch gebildeten, aus aristokratischem Hause stammenden Bisland stand die um einige Jahre jüngere, in bürgerlichen, wenngleich eher schwierigen Verhältnissen aufgewachsene Bly als Emblem der *New Woman* gegenüber. So inszenierte Bly ihre ›wilde‹ und ›visionäre‹ Idee, gegen alle Widerstände (auch innerhalb der Redaktion) um die Welt zu reisen, als emanzipatorischen Akt. Auf ihren Vorschlag hin, allein zu reisen, habe Cockerill eingeworfen:

---

117 *Andrews*, S. 127.
118 *Mansoy*, S. 152.
119 Ebd., S. 153.
120 *Mott*, History, S. 483 f.
121 The Cosmopolitan Magazine. Its Methods & Editors, in: The Review of Reviews, Bd. 6, Nr. 5 (1892), S. 608.

»›Das kommt für Sie überhaupt nicht in Frage. [...] Erstens sind Sie eine Frau und bräuchten einen Beschützer. Und selbst wenn Sie alleine reisen könnten, müssten Sie so viel Gepäck mitnehmen, dass es Sie beim Umsteigen aufhalten würde. [...] Es ist vollkommen zwecklos zu diskutieren, nur ein Mann kann das bewältigen.‹ ›Also gut‹, entgegnete ich zornig, ›schicken Sie den Mann los. Ich werde am gleichen Tag für eine andere Zeitung aufbrechen und ihn schlagen.‹ ›Das glaube ich gern‹, antwortete er bedächtig.«[122]

Rund ein Jahr später war es dann so weit. Julius Chambers, der wenige Monate zuvor Cockerill als leitender Redakteur zur Seite gestellt worden war, erinnerte sich, der geschäftsführende Direktor der *World*, George W. Turner, habe die Idee der Weltreise lanciert,[123] doch bot Blys Anekdote fraglos Stoff für Legenden. Ihre Reisevorbereitungen, so die Reporterin weiter, seien angesichts ihrer überstürzten Abreise eher improvisiert, ihr Gepäck ohnehin überschaubar gewesen. Nicht einmal ein Reiseplan habe bei ihrem Eintreffen in der Redaktion vorgelegen. Umso durchschlagender sei daher die plötzliche Erkenntnis gewesen, mit dieser Reise ein großes Abenteuer einzugehen:

»Mir schwindelte, und mein Herz fühlte sich an, als müsste es zerspringen. Nur fünfundsiebzig Tage! Das kam mir wie eine Ewigkeit vor. Die Erde erschien mir plötzlich nicht mehr rund, sondern wie eine einzige Weite ohne Ende, und – ach, jetzt würde ich doch nicht mehr kehrtmachen. [...] ›Jetzt fahre ich davon‹, dachte ich traurig. ›Werde ich jemals zurückkommen?‹« (ATW 50)

Stilistisch der Kolportageliteratur durchaus verwandt, die Bly selbst verfasste,[124] waren ihre Reisereportagen von inszenierter Dramatik und einer Form des emotionalen Pathos geprägt, die prototypisch den Kriterien des Neuen Journalismus entsprach. In universell-allgemeinverständlicher Sprache gehalten, schrieb die Reporterin die Geschichte ihrer Weltumkreisung aus stark personalisierter Perspektive und mit einem Blick für die ganz und gar alltäglichen Kuriosa der Reise, z. B. das unliebsame Wecken durch das Dienstpersonal der Augusta Victoria, die Überbuchung des Abendessens an Deck und das Warten auf die ersehnte Mahlzeit, die impertinenten Nachbarn und deren schlechte Manieren zu Tisch sowie die Gerüchte an Bord, Bly reise, nur mit einer Haarbürste und ihrem Sparbuch im Gepäck, als exzentrische amerikanische Erbin aus Langeweile über den Globus (ATW 107–120). Ihre Beobachtungen, in denen sich die verschiedensten narrativen Topoi und archetypischen Prinzipien

---

122 *Bly*, World. [1890] Im Folgenden wird die deutsche Übersetzung hrsg. von Martin Wagner unter der Sigle ATW zitiert; hier *Wagner*, World, S. 39. Später freilich gab Bly selbst zu Protokoll, ein Rennen gegen Konkurrenz kategorisch abzulehnen: »Ich fahre mit niemandem um die Wette. Ich will kein Wettrennen. Wenn jemand die Reise in kürzerer Zeit machen will, dann ist das deren Angelegenheit. [...] Ich habe angekündigt, die Reise in 75 Tagen zu vollenden und das werde ich tun«. (ATW 221)

123 Vgl. *Chambers*, News-Hunting, S. 315. Chambers war Ende des Jahres 1888 vom *New York Herald* zur *World* gewechselt, er blieb nur knapp anderthalb Jahre.

124 Vgl. z. B. *Bly*, Central Park.

und Emotionen (Liebe, Verlust, Angst, Hoffnung oder Überraschung) spiegelten, welche in Reinform bereits in den sog. Trivialmythen populärer Volksstoffe enthalten waren,[125] gaben diesen eher banalen Episoden eine ›allgemeinmenschliche‹ Bedeutung. Blys Schrecken etwa, am Tage der Abreise verschlafen zu haben, oder ihr Schmerz angesichts der Trennung von der geliebten Familie, ihre Furcht vor dem Wagnis der Reise, die Peinlichkeit, sich seekrank von den gemeinsamen Mahlzeiten zurückziehen zu müssen, der wiederholte Spott, sie werde ihr Ziel kaum erreichen, sowie schließlich ihr Stolz über die triumphale Rückkehr nach Hause lassen sich als allegorische Verschränkungen von Mikro- und Makroperspektive lesen, die für dieses Erzählen von *news* als *human interest stories* von elementarer Bedeutung war, wie ein *World*-Reporter konzedierte. Es komme darauf an,

»to select certain particularly picturesque or romantic incidents and treat them symbolically, for their *human interest* rather than their individual and personal significance. In this way news ceases to be wholly personal and assumes the form of art.«[126]

Auch das Rennen gegen die Zeit, auf das kontinuierlich Bezug genommen wurde, wirkte als Spannungsmotor. Dabei stilisierte Bly die Begegnung mit Jules Verne, ähnlich wie die *World*, als eine Reise in die Vergangenheit: Der Autor, der seine Abenteuer alle in seinem Arbeitszimmer, einem »sehr kleinen [...] Kämmerchen« erlebt hatte, das nur über ein einziges, noch dazu »vergittertes Fenster« (ATW 85) verfügte, verklärte sich in Blys Darstellung zum Vertreter einer überkommenen Epoche. Noch während Verne sich in den Varianten der Reiseplanung verfing, »schaute [Bly] auf [ihre] Armbanduhr, und sah, dass [ihre] Zeit knapp wurde« (ATW 85).

Die Beobachtungen, die Bly auf ihrer weiteren Reise anstellte – und die, wie etwa die Schilderung ihrer Erlebnisse in China (ATW 215), bisweilen stark xenophobe Züge annahmen – eigneten sich anders als bspw. die Reiseberichte Henry Morton Stanleys darüber hinaus kaum mehr als ›First-Hand-Accounts‹ eines imperialen Entdeckers. War dem Mythos des modernen Entdeckers, wie ihn Stevens, Stanley oder Livingstone verkörperten, noch das klassische Narrativ der Heldenreise eingeschrieben,[127] blieben Blys Augenzeugenberichte bereits relativ konventionell. Die Ausflüge, von denen die Weltreisende berichtete, schienen, zumeist in Gruppenstärke, den Empfehlungen der Grand Hotels, in denen sie residierte, bzw. der Reiseführer zu folgen. Die entworfenen Bilder von indischen Fakiren, chinesischen Kulis und japanischen Geishas gerieten denn auch äußerst stereotyp.

---

125 Vgl. dazu *Dulinski*, S. 263 f.
126 *Juergens*, S. 85 f. Hervorhebung durch den Verfasser. Gerade Reisen ermöglichte dabei elementare Erfahrungen: Vgl. Human Nature en Route, in: New York Times, 28.03.1909: »The traveller who learns to use his eyes and ears will find his memory stocked with many a *human interest story* by the time he reaches his journey's end.« Vgl. Better than a Panorama, in: New York Times, 13.11.1893.
127 Vgl. *Campbell*, Heros, S. 42. Vgl. dazu auch *Riffenburgh*, S. 5.

Blys Beobachtungen unterschieden sich aber noch in einem anderen Punkt signifikant von denjenigen Bislands. Während sie etwa an Bord der Augusta Victoria die kuriosen »Eigenheiten ihrer Mitreisenden« mit großem Eifer erforschte (ATW 55–57), lag ihr das Studium der Länder und ihrer Vegetation fern: »Sie sollten die Landschaft hier sehen ›sie ist wunderschön‹, sagte mein Begleiter, doch ich dachte träge: ›Was ist eine Landschaft im Vergleich zum Schlaf, wenn man seit vierundzwanzig Stunden kein Bett mehr gesehen hat.‹« (ATW 70) Um einiges mehr genoss Bly hingegen den Ruhm auf den letzten Stationen ihrer Tour quer durch Amerika:

»In einem […] Ort bemühte sich die Polizei die Menge zurückzuhalten. Alle wollten meine Hände schütteln, und schließlich wurde einer der Schutzmänner beiseite gedrängt. Der andere, der das Schicksal seines Kollegen sah, wandte sich zu mir und sagte: ›Dann gebe ich wohl auf – und Ihnen die Hand.‹ Noch während er nach meiner Hand griff, wurde er von der Menge davongerissen. Ich beugte mich über die Plattform und schüttelte in jedem Bahnhof mit beiden Händen, die mir hingestreckten Arme, und immer wenn der Zug anfuhr, liefen die Menschen nebenher und griffen nach meinen Händen, solange sie konnten.« (ATW 293 f.)

Die triumphale Rückkehr nach New York (Kap. 18. »Der Rekord«) stand am Ende ihres Berichts. Bisland distanzierte sich explizit von einer solchen Form des Reisens und skizzierte später rückblickend die negativen Konsequenzen des medialen Hypes um das Weltrennen in drastischen Worten:

»The whole army of martyrs to curiosity had afflicted me sorely in those days on the Pacific coast, sending up their cards in the hotel with urgent messages, and on admission confessing with placid impudence that their sole excuse for this intrusion was a desire to look at me – presumably as a sort of inexpensive freak show.«[128]

Ebenso wenig wie Bisland die sensationalistische Berichterstattung über ihren Trip zusagte, entsprach auch das Experiment, das sie unternahm, um den Rekord der Weltumrundung zu brechen, ihrer Vorstellung des Reisens. Die Beobachtungen, die sie in bisweilen prosaischer Sprache beschrieb, kreisten mehr als alles andere um die erhabene Ästhetik und das Naturschöne exotischer Landschaften. So schilderte sie etwa die Besichtigung eines Tempels in Japan euphorisch:

»›Et ego in arcadia – I too have been in fairyland!‹ I cry to the lay-brother as we stroll away in the mild sunshine and down the flower-strewn stairway. He had warned me of the exceeding great loveliness of the place, and having seen it, I am fain to declare that I forgive fate in advance for any future trick, because of this one day of unmarred delight.« (FT 15 f.)

Der Topos der arkadischen Landschaft, der im religiös-lyrischen Ton von Bislands Berichten – »a lost eden« (FT 28) – zum Paradies wird, rief dabei ein Bild

---

128 *Bisland*, S. 7. Im Folgenden zitiert unter der Sigle FT.

zeitlos schöner Natur auf, dem sich der gehetzte Blick eines Rekorde verfolgenden Touristen offenkundig verweigerte:

»In developing my mental Kodak roll after returning, I found that during this period of the journey most of the views are landscapes, seeing that I was afflicted with peculiarly uninteresting fellow-travellers who made poor subjects for snap-shots.« (FT 3 f.)

Das vorrangige Ziel der Weltreise blieb so in auffälliger Opposition zu Bislands Wahrnehmung des ›Flying Trips‹, dessen Beschreibung von literarischen Zitaten und Anspielungen durchwoben war. Bisland gestaltete ihr eigenes Zeugnis nach dem Vorbild klassischer literarischer Reiseberichte – »I gather from these books much confirmatory of my own swiftly gathered impression.« (FT 17) – und schrieb selbst ihre Erlebnisse in einer chinesischen Opiumhölle in diese Tradition ein: »In Xanadu did Kubla Khan / A stately pleasure-dome decree« (Samuel Taylor Coleridge, 1797). Dies entsprach fraglos dem Konzept, das Walker für die *Cosmopolitan* ausgearbeitet hatte, als er seine Redakteurin entsandte, die bislang vorrangig für die Kolumne *In the Library* zuständig gewesen war. Bisland und Bly indes verband über ihre zeitweilige Begeisterung für die polyglotten, kosmopolitanen Bekanntschaften der Reise (FT 8 f.) dennoch gerade das Moment, ihre Heimat, die Vereinigten Staaten, insbesondere aber die Metropole New York, verlassen zu haben. New York war wiederholt Anker- und Referenzpunkt für die Weltreisenden, an dem sie den Trubel in den Straßen oder die Größe der von ihnen durchquerten Städte maßen. Die Rückkehr in die Metropole war für Bly denn auch Anlass zum Jubel, endlich »wieder zu Hause« (ATW 299) zu sein. Bislands Worte, die freilich weitaus mehr Pathos atmeten, unterstrichen dies gleichermaßen:

»A rim of the opaque film grows on the horizon that the emigrants on the forward deck regard with interest and hope. The passengers stand about in furs, pinched and shivering; their noses red, but their eyes full of pleased anticipation. Any land would be dear and desirable after near a fortnight of this cold and frantic sea – but when it is one's own – !

The film thickens and darkens, and suddenly resolves itself into Coney Island, where, as we swiftly near the shore, the plaintive reproachful eyes of the great wooden elephant are turned upon us as if to deprecate our late coming. [...] We are by the shores of Staten Island. [...] I am saying joyously to myself ›Is this the hill, is this the kirk,/Is this mine ain countree?‹« (FT 40)

Maßstab und Motor: Vernes Reisen

Ganz gleich wie sehr sich Walker und die *Cosmopolitan* gegen den Sensationalismus der *World* verwahrten, Maßstab und Motor des publizistischen Weltrennens waren bis zur Veröffentlichung der Augenzeugenberichte von Bly und Bisland im Diskurs populärer (Bild-)Medien stets vorrangig die Romane Jules Vernes geblieben.

Vernes Imaginationen waren dabei, wie Michel Serres schreibt, viel zu sehr in der Gegenwart verhaftet, als dass man ihnen einen antizipativen oder gar utopischen Charakter hätte zuschreiben können.[129] Als Begründer des *roman scientifique*[130] übersetzte Verne vielmehr die Erkenntnisse der Wissenschaften in ein eigenes, fiktives Setting. Dies bedeutete gerade die Beobachtung einer zunehmend globalisierten Welt, die von neuartigen logistischen und kommunikativen Techniken überformt war, in eine Handlung zu transformieren, die ihrerseits, geradezu experimentell entwickelt, eine den Wissenschaften durchaus ähnliche Struktur aufwies.[131] Im Versuch, eine vollständige Kartographie der Erde zu entwerfen, die Fogg dann zu umkreisen vermag, wird der enzyklopädische Wisseneifer eines Jahrhunderts gespiegelt, das sich der vollständigen Exploration der Welt verschrieb: »Les voyages extraordinaires nourissent l'ambition de les parcourir en entier: le monde global, le savoir integral.«[132] Die ›Totalität‹ der Geographie und des Wissens korrespondieren hier und zeigen sich als Vexierbilder eines Mythos, den Barthes als die Vorstellung einer in sich »geschlossene[n] Kosmogonie«[133] bezeichnete. Insofern ist denn auch Vernes Held, indem er sich der Räume und Zeiträume bemächtigt, siegreich. Die Technik, diese Aneignung der Welt und die Bindung des Raums an die Zeit sichtbar zu machen, etabliert, so ließe sich folgern, ein neues chronotopisches Narrativ, das in seiner gefügten Ordnung allen Irritationen zum Trotz eine wirkmächtige Referenz werden sollte.[134]

Dabei avancierten wiederum gerade die neuen Techniken der Nachrichtenübermittlung zur zentralen Referenz des Versuchs, das Universum mit einem ›Netz der Gleichzeitigkeit‹ zu überziehen. Die überbordende Nachrichtenproduktion, die zu einer der einschneidendsten Veränderungen des ausgehenden 19. Jahrhunderts zählte, wurde in nahezu allen Romanen thematisiert.[135] In Vernes *Sans dessus dessous* (1889) wird die Flut an Zeitungen insofern greifbar, als die Aufzählung von neunzig Zeitungen nicht ausreicht, um die Organe der Berichterstattung eines singulären Ereignisses für die Weltöffentlichkeit zu erfassen.[136] In diesem Kontext wird der Journalist wie *Michael Strogoff* (1876) mitunter gar zum Helden. Journalisten seien, so der Erzähler, »vrais jockeys de ce steeple-chase, de cette chasse à l'information«[137]. Nun mag die Informationsma-

---

129 Vgl. *Serres*, Jules Verne, S. 93–95.
130 Vgl. *Evans*, Science Fiction, S. 10.
131 Vgl. *Serres*, Jules Verne, S. 107.
132 Ebd., S. 31. Fogg war in diesem Sinn »Prototyp einer globalisierten Zeit«. Vgl. *Höhne u. Opitz*, S. 235. Seine schnelle – gedächtnislose – Reise wird zum Signum der Epoche. Das Gespür des richtigen Timings spiegelte indes schon die Verschaltung von ›Romanzeit‹ und ›Echtzeit‹: der letzte Tag der Romanhandlung, 22.12.1872, war zugleich der Tag der Erstveröffentlichung des Romanschlusses in *Le Temps*.
133 *Barthes*, Mythen, S. 103 ff.
134 Vgl. dazu auch *Stiegler*, Stillstand, S. 151–158.
135 Zur Bedeutung der Motivik von Abenteuer, Technik und Wissenschaften in Vernes Werk – vgl. *Zimmermann*, Reisen, v. a. S. 153 ff. Ähnlich: *Tadié*; *Unwin*.
136 Vgl. *Verne*, Dessus, S. 165 f.
137 *Verne*, Strogoff, S. 6.

nie dieser Zeit, folgte man Vernes Phantasie, sowohl das Ende des Journalismus (wie in *Paris au XXe siècle*, 1863) als auch dessen Siegeszug (*La Journée d'un journaliste américain*, 1889) bedeuten, in jedem Fall aber erscheint der »Diskurs der Zeitungen« bei Verne nur allzu oft als ein »eine Parallelwelt bildendes Dauergeschwätz, mit dem die Zeitungen das öffentliche Leben erst ›machen‹.«[138] Fogg selbst ist ein solcher manischer Zeitungsleser, der in die Lektüre der *Times*, des *Chronicle* und *Morning Standard* stets mehrere Stunden investiert. Dabei zieht er, der, wie es heißt, über erstaunliche geographische Kenntnisse verfüge – »Avait-il voyagé? C'etait probable car personne ne possedait mieux que lui la carte du monde.«[139] – die Lektüre und das Spiel der geographischen Imagination der realen Inaugenscheinnahme der Welt durchaus vor »[parce que] ce qui était certain toutefois, c'est que, depuis de longues années, Phileas Fogg n'avait pas quitté Londres.« (TdM 3) Während der gesamten Reise ist es allein sein Diener Passepartout, der sich auf Erkundungstouren begibt. Fogg bleibt stets fern aller sinnlichen Eindrücke. Er ist, einem Chronometer ähnlich, allein auf die Erfüllung seiner Wette fixiert, die Welt binnen achtzig Tagen zu umrunden: »Il ne paraissait pas plus ému que les chronomètres du bord.« (TdM 37) Dabei wird Foggs kühle Kalkulation – »Il ne voyageait pas, il décrivait une circonférence. C'était un corps grave, parcourant une orbite autour du globe terrestre, suivant les lois de la mécanique rationnelle.« (TdM 47) – nur einmal irritiert: Als er sich, um im indischen Dschungel eine parsische Witwe vor der Verbrennung zu retten, als couragierter Gentleman erweist, ist ihm nicht nur die Liebe seiner späteren Weggefährtin, sondern auch die Anerkennung seiner Begleiter gewiss: »Tiens! Vous êtes un homme de coeur! dit Sir Francis Cromarty. – Quelquefois, répondit simplement Phileas Fogg. Quand j'ai le temps.« (TdM 62) Dabei sind gerade in der Folge die Abenteuer von Fogg, Passepartout und alsbald auch ihrer indischen Weggefährtin Aouda, wie Volker Barth schreibt, »aufs Engste mit der bahnbrechenden Erfindung des Telegraphen verbunden.«[140] Fogg, der verdächtigt wird, kurz vor seiner Abreise die Bank von England überfallen zu haben, wird im Zuge des Romans von einem Detektiv Fix über den gesamten Erdball verfolgt, ohne dass diesem allerdings eine Verhaftung gelänge. Der Haftbefehl, der mit der Post versandt werden muss, verpasst die Protagonisten ein ums andere Mal. In Foggs britischer Heimat werden indes, durch die Gerüchte neuerlich angefeuert, bereits Wetten auf seine siegreiche Rückkehr abgeschlossen. Die Quoten reagieren dabei sensibel auf alle in den Zeitungen verlautbarten Meldungen, und so kabelt, noch bevor der tatsächliche Bankräuber James Strand gefasst werden kann, die ›englische Gesellschaft‹ vom kollektiven Wettfieber ergriffen Depeschen in die Welt, in der Hoffnung auf Neuigkeiten über Foggs Unternehmen. Diese allerdings erfolgen erst einige Tage später mit Foggs fristgerechter Rückkehr in den Londoner *Reform Club*.

---

138 Lach, S. 53.
139 Verne, Tour, S. 3. Im Folgenden zitiert unter der Sigle TdM.
140 Barth, Telegraphie, S. 62 f.

Abb. 25 u. 26: Highway Robbery Modern Style (links, 1905). La police de l'an 2000 (rechts, 1910).

Hier antizipierte Verne ein Ereignis, das noch einige Jahrzehnte auf sich warten ließ. Die Verfolgung eines Verbrechers mittels Telegraphie und moderner Nachrichtentechnik über die ganze Welt, wie Verne sie inszenierte, war um 1900 kaum mehr als eine populäre Vision. In Filmen und Kolportageromanen bildete sie ähnlich wie die Verfolgung des Verbrechers über die Luft, mittels Ballons und Zeppelinen einen beliebten, wenngleich utopischen Topos. Einer der ersten Kriminellen, die tatsächlich dank drahtloser Kommunikation gefasst werden konnten, war Dr. Hawley H. Crippen im Jahr 1910.

Vernes Faible für die Aktualitäten des Zeitgeschehens blieb auch in den kommenden Jahren für seine Werke kennzeichnend. Die Ereignisse des Jahres 1890 verarbeitete er knapp drei Jahre später in seinem Roman *Claudius Bombarnac* (1892). Der Protagonist, ein Reporter, reist, im Auftrag der Zeitschrift XXe *siècle*, um den gesamten Globus, um vermittels Korrespondenzen die Neuigkeiten aus aller Welt, wie etwa die Eröffnung der Groß-Transasiatischen Eisenbahn von Uzan Ada am Kaspischen Meer nach Peking, zu berichten. Auf seiner Suche nach den neusten Nachrichten wird Bombarnac zum manischen Sammler – »Du nouveau, que diable! du nouveau, de l'imprévu, de l'intensif!«[141] Gleichzeitig bestimmt ihn die Paranoia, das Rennen um die dadurch entstandene Exklusivität von Nachrichten verlieren zu können, fürchtet er doch beim Anblick eines amerikanischen Reisenden gleich, er könne ein Berichterstatter der *World* oder des *Herald* sein. In der parodistisch gefärbten Figur des deutschen Barons Weissschnitzerdörfer schließlich, der in Vernes Roman mit der Umrundung der Welt in weniger als vierzig Tagen einen neuen Rekord des *globetrotting* aufstellen will, wird überdies noch eine direkte Allusion auf das Weltrennen offenbar.

»Ainsi, après mistress Bisland, qui a fait ce fameux tour en soixante- treize jours, après miss Nellie Bly, qui l'a fait en soixante-douze, après l'honorable Train qu'il l'a fait en soixante-dix, cet Allemand prétend le faire en trente-neuf? Il est vrai, les moyens de communication sont actuellement plus rapides, les directions plus rectilignes.« (CB 70)

---

141 Verne, Bombarnac, S. 183f. Im Folgenden zitiert unter der Sigle CB.

Doch werde, wie der Reporter einwirft, gerade diese Jagd nach Rekorden wohl eher ein amerikanisches Phänomen bleiben. Er wäre jedenfalls sehr überrascht, »si cet Allemand bat les Américains et les Américaines dans ce match de ›globetrotters‹!« (CB 70) Ganz gleich aber, ob man hinter solchen Äußerungen eine Marketingstrategie oder ehrliche Bewunderung des Autors erkennen mag, sie illustrieren nochmals eindrücklich die autoreflexiven Tendenzen des massenmedialen Diskurses.

5.2.2 Abenteurer und Rekordler – die Helden der Reisereportagen

Welterfahren: Augenzeugenberichte, Logbücher und Fotografien der ersten Fahrradweltreisenden

So spektakulär und einzigartig die New Yorker Presse die Weltfahrten ihrer Reporter zu inszenieren wusste, so zahlreich waren doch die Versuche einer Vermessung und Umrundung des Globus zu Wasser, zu Land und in der Luft ab den 1870er Jahren. Vielen dieser Versuche wohnte dabei von Beginn an ein imperiales Moment inne. Die Weltfahrer verstanden sich als Vertreter ihrer Nation, die Zeitungen inszenierten sie gar als Botschafter des Westens. Die Bedeutung der Weltreisen schien so nur in geringem Maße in der individuellen Selbsterfahrung der reisenden Reporter zu liegen. Die Beförderung eines kosmopolitanen Bewusstseins der Leserinnen und Leser der Reportagen war hingegen ein erklärtes Ziel der Journal- und Zeitungsmacher. In der Regel exponierten die Zeitungen und Journale das Globetrotting ihrer Reporter aber als Exempel einer zivilisatorischen Mission. Die Vehikel der Reise – Dampfschiff, Automobil und Eisenbahn – waren die Embleme des zivilisatorischen und technischen Fortschritts. Ein Reporter, der den so beschaffenen Verkehrswegen folgte, war naturgemäß – anders als die kolonialen Exploratoren im Dschungel des afrikanischen Kontinents – kaum mehr Entdeckungsreisender. Obschon vielen Reportagen etwas Abenteuerliches anhaftete, lag der nachrichtliche Wert gerade in späteren Jahren vor allem in der Inszenierung sportlicher Rekordversuche und so dem Reiz einer immer schnelleren Umrundung des Globus. Der Reporter, der sich, ob nun zu Fuß, auf dem Fahrrad, mit dem Automobil oder in Ballon und Zeppelin, auf die Reise machte, um von seinen Erlebnissen auf der Jagd nach sportlichen Rekorden zu berichten, avancierte so mitunter an der Seite von Athleten und Artisten zu einem regelrechten Sportstar. Die Begeisterung für diese ersten ›Helden des Sports‹ entsprach den Gesetzen eines sich in den 1880er Jahren ausbildenden Celebrity-Journalismus.[142] Rennen und Rekordversuche waren häufig durch die darüber berichtenden Zeitungen lanciert und beworben worden. In Preisausschreiben und Wettbewerben riefen Blätter

---

142 Vgl. *Ponce de Leon*, S. 241 ff.

zum Versuch einer Weltumrundung auf. Die Deutschamerikaner Gustav Kögel und Fred Thörner unternahmen 1894/95 so bspw. den Versuch, die Erde zu Fuß zu umrunden. Kögel, der für den *New York Herald* noch am 18. Juli 1893 einen circa 170-tägigen Marsch quer durch die Vereinigten Staaten von New York nach San Francisco unternommen hatte,[143] machte sich unmittelbar darauf, am 10. Juni 1894, wieder auf den Weg, um im Falle eines gelungenen Trips ein Preisgeld in Höhe von 10.000 Dollar zu erhalten. Über die Abenteuer seiner Fußreise berichtete Kögel zwar rege, die Berichterstattung über den Trip ebbte aber auch ebenso rasch wieder ab, und so blieb das Medienecho auf dieses Unternehmen eher gering.[144] Obschon der sportliche Reiz der Herausforderung hervorgehoben wurde, eignete sich gerade das langsame Tempo des Fußgängers Kögel kaum für eine ähnlich rasante Inszenierung der Jagd nach Rekorden, wie sie nur wenige Jahre zuvor der *World* gelungen war. Dafür erwies sich die Reise freilich als überaus beschwerlich und nahm schon insofern abenteuerlichen Charakter an, als es zu den Auflagen der ausgeschriebenen Wette gehörte, den Trip vollkommen mittellos zu bestreiten. Kögel und Thörner (der in Europa krank zurückbleiben musste) verkauften daher, um sich die weiteren Etappen ihrer Reise zu finanzieren, sowohl Ansichtskarten als auch Portraitfotografien, die sie zuvor von sich hatten anfertigen lassen. Die Vermarktung des Trips setzte so paradoxerweise voraus, was erst das Ergebnis der Reise hätte sein sollen: ein ›Startum‹ der Protagonisten. Die Bilder der Weltreisenden ermöglichten es ihren Käufern, imaginativ an der Reise um den Globus zu partizipieren. Noch Jahre nach Abschluss der Touren war für die Weltreisenden der Vertrieb von Memorabilia und Postkarten sowie die Veranstaltung von Vortragsabenden ein einträgliches Gewerbe. Der Leipziger Journalist und Schriftsteller Willy Schwiegershausen, der sich gemeinsam mit Kögel 1899 auf eine über fünf Jahre dauernde Weltreise per Rad begab,[145] kannte alle diese Strategien. Rund ein Jahr, nachdem die beiden ihre Tour in Paris begonnen hatten, erreichten sie Beirut, wie die Reisetagebücher des zufälligs ebenfalls zugegenen Schriftstellers Karl May belegen.[146] Schwiegershausens Reise war, obwohl die *Illustrirte Zeitung* sie, lokalpatriotisch gefärbt, als die »erste und einzige nachweisbare Durchquerung der fünf Weltteile« im Gestus medialer Überbietungslogik als »sicher größte Leistung, die je auf dem Rade ausgeführt worden ist,«[147] bezeichnete, nur eine von vielen Fahrradweltreisen. Im Zuge des einsetzenden »bicycle craze« der späten 1880er und

---

143 Vgl. Want to See the Country, in: San Francisco Chronicle, 19.07.1893, S. 4. Vgl. überdies Germans with Pluck, in: The Topeka Daily Capital, 25.01.1894, S. 8.
144 Vgl. Globe Trotting for a Wager, in: New York Herald, 25.12.1894, S. 5; Genuine Globe Trotters These, in: The World, 25.12.1894, S. 8; G. Koegel & F. Thoerner, in: The National Police Gazette, 26.01.1895, S. 7. Über Kögels Rückkehr nach rund zweieinhalb Jahren berichtete allein die *National Police Gazette* ausführlicher.
145 Vgl. Auf dem Rade um die Erde, in: Illustrirte Zeitung, 22.06.1899, S. 842.
146 Vgl. *Sudhoff u. Steinmetz*, S. 362.
147 Auf dem Rade durch fünf Kontinente um die Welt, in: Illustrirte Zeitung, 28.05.1903, S. 820.

frühen 1890er Jahre war das Fahrrad rasch zu einem der populärsten Verkehrsmittel geworden, das, nachdem es anfangs weithin bürgerlichen Schichten vorbehalten war, bereits um 1900 die Massen begeisterte.[148] Die Gründung von Radsportvereinen und -verbänden sowie die Etablierung einer internationalen Sportfachpresse, aber auch die Veranstaltung großer, rasch prestigeträchtiger Rennen, allen voran der *Tour de France* ab 1903, waren sichtbare Zeichen dieses Booms.[149] Der Gestus des Abenteurers war vor allem in der Frühphase der Radfahrbegeisterung dem Typus des ›Weltwanderfahrers‹ zu eigen, als der sich auch Schwiegershausen inszenierte. So schrieb die Illustrirte Zeitung: »Mannigfach sind die Erlebnisse und Abenteuer, die dem jungen Weltfahrer in Wüsten und Steppen, in Busch und Dschungel, im Verkehr mit allen Völkern und Rassen der Erdoberfläche beschieden gewesen sind.«[150] Abseits vereinzelter Reisebriefe, die Schwiegershausen auf seiner Tour durch Europa an deutsche Tageszeitungen versandte, erschienen allerdings nur sehr wenige Zeitungsartikel.[151] Die Spuren der Reise, die den Weltreisenden über Arabien, Indien, China, Japan, Südafrika, Australien, Neuseeland und Südamerika bis Ende des Jahres 1903 in die Vereinigten Staaten geführt haben soll, verwischen sich rasch. Erst in New York berichtete man wieder in einem längeren Artikel über die Abenteuer des deutschen Globetrotters, der seine Reisen durch Vorträge sowie Aufträge lokaler Zeitungen und Journale bestritten haben will.[152] Solche Vorträge, die Weltreisende wie Schwiegershausen nach ihrer Heimkehr aus der Ferne hielten, standen indes häufig im Verruf, die Grenzen zwischen Fakten und Fiktionen verschwimmen zu lassen.[153] Wie nah das klischeehafte Bild ihrer Erzählungen mitunter die Nähe des Abenteuerromans suchte, bezeugen schon die Postkarten, die Schwiegershausen nach seiner Rückkehr 1905 in Leipzig drucken ließ. In einer bunten Collage scheinbar authentischer Reiseeindrücke erwiesen sich die Karten des Weltreisenden als schlichte Manipulation eines dokumentarischen Bildwerks.

Die Realitätsfiktion der Fotografie gründet allein auf der Technik geschickter Montage. Der Held der Geschichten wird in die Szenerie arabischer Wüsten-

---

148 Vgl. dazu *Herlihy*, S. 251 ff. *Hochmuth*, S. 85–88. So schrieb die *Berliner Illustrirte Zeitung* 1898 euphorisch schon von »hunderttausenden« Radlern, welche die Straßen der Metropole frequentieren: Radfahren sei »[e]inst eine ob ihrer Seltenheit und Originalität viel angestaunte und verspottete Erscheinung [gewesen], heut ein Etwas, das wir aus dem vielgestaltigen Gefüge des öffentlichen Lebens nicht mehr hinwegdenken können.« Vgl. Brennabor, in: Berliner Illustrirte Zeitung, 17.04.1898, S. 12.
149 Insbesondere Albert Londres Reportagen setzten dem Rennen 1924/25 ein Denkmal. Vgl. *Londres*, Landstraße.
150 Auf dem Rade durch fünf Kontinente um die Welt, in: Illustrirte Zeitung, 28.05.1903, S. 820.
151 Einzelne Berichte über Schwiegershausen lassen sich zwischen 1903 und 1905 in der deutschsprachigen Radfahr-Zeitung *Sport im Bild* sowie der niederländischen Zeitung *De Kampioen* nachweisen.
152 Globe-Circling Cyclist Here, in: The Brooklyn Daily Eagle, 22.05.1904, S. 7.
153 Vgl. bspw. *Zheutlin*, S. 95.

William Schwiegershausen.   Der Weltradfahrer Willy Schwiegershausen.   Willy Schwiegershausen, Leipzig

Abb. 27-29: Der ›Weltradfahrer‹ Willy Schwiegershausen. The Brooklyn Daily Eagle (1904) – Illustrirte Zeitung (1903) – Postkarte, Leipzig (ca. 1910).

landschaften hinein retuschiert; das Bild indes dürfte in einem australischen Fotoatelier entstanden sein.[154]

Der Publikation kurzer Reisereportagen in der Tagespresse – in Form von Tagebucheinträgen, Briefen und Telegrammen – folgte, insbesondere im Fall gelungener *stunts*, die Veröffentlichung monographischer Reiseskizzen und -erinnerungen sowie die Vermarktung des Events auf Vortrags- und Lesereisen. Die Zahl der weltreisenden Spezialberichterstatter auf dem Veloziped war, blickt man auf die so publizierten Reiseberichte, gegen Ende des 19. Jahrhunderts bereits beträchtlich.[155] Die Amerikanerin Annie Kopchovsky zählte dabei zu jenen

---

154 Allein, die Form des *Fakes* war durchaus üblich. Der Abdruck des Fotos in der New Yorker Tagespresse weist die Signatur des Fotografen (Walter) Scott-Barry aus, der ab Anfang der 1880er Jahre in verschiedenen Niederlassungen zwischen Melbourne und Adelaide tätig war. Wie die *Illustrirte Zeitung* schreibt, entstand dieses Bild in Australien. Obschon gerade die offensichtliche Retusche des Bildhintergrundes in der IZ den Authentizitätsanspruch des Bildes konterkariert, verweist das Blatt in beglaubigender Weise auf den Entstehungskontext: »Unser heutiges Bild zeigt nun den jungen Weltreisenden Willy Schwiegershausen nach glücklicher Durchquerung der großen australischen Wüste.« Vgl. Auf dem Rade durch fünf Kontinente um die Welt, in: Illustrirte Zeitung, 28.05.1903, S. 820. Auf der Postkarte des Jahres 1910 wird das Geschehen wiederum neu arrangiert und an die übrigen Bilder und Zeichnungen, die z.T. volkskundlichen Darstellungen entnommen sind, angeglichen. So erinnert die Postkarte in ihrer Gestaltung in erster Linie an die Tradition der Moritaten.

155 Insgesamt ließen sich zehn – vollendete wie unvollendete – Versuche der Weltumrundung per Fahrrad bis Ende des 19. Jahrhunderts ermitteln. Dem Verfasser lagen die nachstehen-

Fahrradweltreisenden, deren Tour das Interesse der internationalen Presseberichterstattung besonders auf sich zog: Alle großen Pariser Tageszeitungen schrieben über den Fall einer neuerlich weiblichen Globetrotterin,[156] und auch das Londoner *Penny Illustrated Newspaper* berichtete in seiner Sonderserie ›Cycling‹ vom Schicksal der Weltreisenden. Kopchovsky selbst erwies sich als eine Meisterin medialer Inszenierung. Ihre Reportagen für die *New York World* unterschrieb sie etwa mal als ›The New Woman‹, mal als ›Nellie Bly Junior‹ und markierte so diskursiv die emanzipatorische Tradition ihres *stunts*. Als buchstäblich rasende Reporterin ihrer Zeitung berichtete sie in eigener Regie von den Streifzügen durch die Vereinigten Staaten. Kopchovsky, die sich noch in Boston, ihrem Startpunkt, frühzeitig um Sponsoren bemühte,[157] um dann während der Fahrt 1894/95 den Namen des ortsansässigen Wasserversorgers ›Londonderry‹ zu tragen, zeigte bei ihren Vorträgen bereits während ihrer Tour durch den mittleren Westen einige Fotos, die das Sensationelle und Abenteuerliche der Reise hervorheben sollten. Ein Foto, das scheinbar den Moment eines geplanten Überfalls auf ›Londonderry‹ in der Nähe von San Francisco einfängt, offenbart sich indes – angesichts zeitgenössischer Kameratechnik und Verschlusszeiten – als die geradezu theatrale Inszenierung des Augenblicks. Idealtypisch zeigt sich hier, wie anfällig gerade weltreisende Reporter für die Versuchung einer Fiktionalisierung ihres Erlebens waren. Dass Kopchovsky ihre Rolle der ›Annie Londonderry‹ so virtuos zu inszenieren verstand, war die Kehrseite eines Journalismus, dessen Jagd nach exklusiven und immer neuen Nachrichten der Reporter qua Person zu verbürgen hatte. Kopchovsky verkörpert die Authentizität des Erlebten; ihr Spiel erweist sich, indem es die Klischees moderner Selbstinszenierung bewusst zu parodieren scheint,[158] als produktiver Umgang mit der Erwartungshaltung eines Publikums, das nach sensationellen Neuigkeiten verlangte. Gleichzeitig aber trifft es das für die Zeugenschaft so elementare »Paradigma der Registrierung«[159], das einen neutralen, unbeteiligten Beobachter impliziert, im Kern seiner Berechtigung. In der diskreditierenden Vereinnahmung des Bildmediums Fotografie wird das Korrektiv einer der Erzählung inhärenten Möglichkeit der bloßen Lüge durch den technisch reproduzierten Anschein der Evidenz aus-

---

den monographischen Reiseberichte von Fahrradweltreisenden vor: *Stevens*, World, 1887/88; *Burston*, World, 1890; *Allen u. Sachtleben*, Asia, 1894; *Horstmann*, Radreise, 1898; *McIlrath*, World, 1898; *Fraser*, World, 1899.

156 Vgl. Le Tour du monde avec 5 centimes!, in: Le Figaro, 27.12.1894, S 1. Vgl. überdies: Le Petit Parisien; 29.12.1894, S. 4; Le XIXe Siècle, 08.12.1894, S. 3; Le Rappel, 20.12.1894, S. 3; La Lanterne, 22.01.1895, S. 1; Le Temps, 23.01.1895, S. 3. Auch in den Radsportzeitschriften *Le Vélo* und *Le Véloce-Sport* erschienen zahlreiche längere Artikel – vgl. dazu ausführlich *Zheutlin*.

157 Unter der Flagge der Stars and Stripes fuhr Kopchovsky für verschiedenste Hersteller Reklame: »I was [...] an advertising medium.« Around the World on a Bicycle, in: The World, 20.10.1895, S. 29.

158 Vgl. *Goffman*, S. 10.

159 *Schmidt*, Zeugenschaft, S. 11.

Abb. 30: Gestelltes Abenteuer. Fotografie ›Annie Londonderrys‹ in der Nähe von San Francisco (1895).

gehebelt. Die Fotografie als »etwas Wirkliches, das man nicht mehr berühren kann«[160], wird in ihrem Charakter als Beglaubigungsmittel dekonstruiert: Die so manipulierten Bilder können kaum mehr als »Beweisstücke im historischen Prozess«[161] betrachtet werden und bedürfen folglich wie die Sprache selbst, die ebenfalls nie für sich bürgen kann, des Vertrauens. Fehler, Irrtümer und Täuschungen, die der sprachlichen Darstellung strukturell obliegen, werden so in das Kalkül des fingierten Augenzeugenbeweises einbezogen.

Auch der reportagehafte ›Erlebnisbericht‹, den die Reporterin nach ihrer Rückkehr in der *World* publizierte, rekurriert auf diese unmittelbare Augenzeugenschaft der Reporterin, allerdings noch ohne die sprachliche Unmittelbarkeit, die spätere Reportagen durch ihre präsentische, deiktische Darstellungsform zu

---

160 *Barthes*, Kammer, S. 97. Zur Evidenzsuggestion vgl. ders., Image – Music – Text, S. 15 ff.
161 *Benjamin*, Bd. I.1, S. 485. Vgl. auch *Sontag*, S. 10 f. »Fotos liefern Beweismaterial. [...] Eine Fotografie gilt als unwiderleglicher Beweis dafür, dass ein bestimmtes Ereignis sich tatsächlich so abgespielt hat. Das Bild mag verzerren; immer aber besteht Grund zu der Annahme, dass etwas existiert – oder existiert hat – das dem gleicht, was auf dem Bild zu sehen ist.« Zur Kritik der um 1850 in dieser Form einsetzenden Differenzierung bildgebender Verfahren zwischen Künsten und Wissenschaften sowie zur Hypostase der Fotografie als ›objektives‹ Medium vgl. *Daston u. Galison*, S. 172 ff. und S. 190 ff.

simulieren vermochten. In einer längeren Episode schildert die Weltreisende einen Besuch an der Front des Chinesisch-Japanischen Krieges 1895. Dieser Besuch des Schlachtfeldes, der, wie die nachgelassenen Logbücher nachweisen,[162] kaum stattgefunden haben kann, trägt, obschon ganz im Stile eines Tagebucheintrags gehalten, endgültig die Züge der *factual fictions*. Der Versuch, den Publikumsinteressen zu genügen, wird gleich zu Beginn der Reportage offenbar:

»... when I reached Shanghai I heard of the danger of travelling through that country. I had unwittingly approached the very seat of hostilities. I was warned to get out of the country as quickly as possible, but my American spirit was up, and I was determined to see the fun. I knew that here was a glorious opportunity to collect material that would yield good financial return [...]. So I determined to go to the front, and I went. I knew that I could fill any hall in the United States with the announcement that I was an eye-witness of battles in China. The result proved that I was right ...«[163]

Die Zeugenschaft, die Kopchovsky in den Signalwörtern – »eye-witness« und »experience« – des vermeintlichen *First-Hand-Accounts* indiziert, reklamiert bereits den autoreflexiven Gestus dokumentarischer Literatur, der insbesondere für solche Zeugenberichte, die Leben und Tod verbürgen, konstitutiv werden wird. Auf der Flucht vor chinesischen Truppen, so Kopchovsky weiter, seien ihre Begleiter getötet worden, sie aber habe lediglich eine Schusswunde am Arm erlitten und sich retten können. Anschließend sei sie kurzzeitig von der japanischen Armee ins Gefängnis überführt worden, bevor sie schließlich auf Geheiß des amerikanischen Konsuls über Yokohama wieder habe ausreisen dürfen. Die episodische Darstellung ihres Gefängnisaufenthalts weist dabei, selbst gemessen an den Maßstäben der *sex-&-crime-stories* in Groschenromanen und Moritaten, eine außerordentlich brutale und drastische Sprache aus, die sich allein über die besondere Form ihrer Beglaubigung im Rahmen des Zeugenberichts legitimieren kann: »While thus imprisoned a Japanese soldier dragged a Chinese prisoner up to my cell and killed him before my eyes, drinking his blood while the muscles were yet quivering.«[164] Vermutlich unterliegen jedoch sämtliche Ausführungen der Phantasie der Erzählerin. Die Vermarktung ihrer Reise im Stile einer Abenteuererzählung entsprang somit dem Kalkül der Zeitungsmacher,[165] doch referierte sie zugleich implizit auf die rea-

---

162 Vgl. *Zheutlin*, S. 78f.
163 Around the World on a Bicycle, in: The World, 20.10.1895, S. 29.
164 Ebd. Als sichtbares Zeichen der vorgeblichen ›Wahrhaftigkeit‹ des Erlebten mag auch der wiederholten Beglaubigung der Schusswunde, die Kopchovsky davongetragen haben will, Bedeutung zukommen, insofern diese vorgab, das Geschehen in den Körper eingeschrieben zu haben.
165 Zu dem Vexierspiel von Fakten und Fiktionen gehörte es, dass sich gerade Kopchovsky nur wenige Monate nach ihrer Rückkehr als investigative Reporterin der *World* in Szene setzte, die einem Mythos der Zeitungsmacher nachspürte: der Legende von der Existenz eines ›wilden Mannes‹ in den Wäldern Bostons. Vgl. Capture of a very novel ›Wild Man‹, in: The World, 03.11. 1895, S. 35. Die als Enthüllungsreportage deklarierte Erzählung referiert

len Gefahren solcher Reisen. Der Deutschamerikaner Frank Lenz etwa, der 1895 beim Versuch einer Weltumrundung mit dem Rad in Armenien verschwand, um anschließend über Monate hinweg von einer Expedition um die Radfahrer Thomas Allan und William Sachtleben gesucht zu werden, war während seines Trips von Wegelagerern getötet worden.[166] Überfälle, vor allem aber Unfälle und Verletzungen, logistische und technische Schwierigkeiten waren durchaus der Regelfall, wie W. F. Grew wenig später konstatierte:

»In comparing these rides with any other performance of a similar nature undertaken with the aid of later inventions, such as motor cycles, motor-cars, and aeroplanes, it must be remembered that the cyclists were often alone, that they had in some cases literally to carry their machines over precipitous hills, stony paths, and other almost impassable places. It not only speaks well for their grit and determination that they completed their tasks, but speaks volumes for the bicycles they bestrode that they ever finished the journey as complete units.«[167]

An den abenteuerlichen Pionierfahrten bestand denn auch generell ein großes Interesse. Während vor allem Amerikaner wie bspw. Kopchovsky, Thomas Stevens oder Thomas Allan und William Sachtleben im Vorfeld bzw. z. T. auch während ihrer Reise Vereinbarungen über eine Mitarbeit als Spezialberichterstatter für Zeitungen und Journale getroffen hatten, begegneten andere, darunter der Londoner Schriftsteller John Foster Fraser, dem Sensationalismus der so produzierten *stunt*-Reportagen mit Skepsis. In der Vorrede seines 1899 publizierten Reiseberichts *Round the World on a Wheel* präzisierte Fraser diesen Vorbehalt gegen eine solche Nähe der meisten Reisereportagen zur Abenteuerliteratur. Diese beherrsche inzwischen bereits gänzlich die Vorstellungen des metropolitanen Publikums:

»For two years we bicycled in strange lands, and came home a great disappointment to our friends. [...] We had never been scalped, or had hooks through our spines; never been tortured, or had our eyes gouged; never been rescued after living for a fortnight in our shoes. And we had never killed a man. It was evident we were not real travellers. [...] Our adventures therefore were of a hundrum sort. If only one of us had been killed, or if we had ridden back into London each minus a limb, some excitement would have been caused.«[168]

In der Kritik Frasers am fraglos sensationalistischen Zug vieler Reportagen ließe sich leichterhand die gestiegene Konkurrenz um die ›Gunst der Massen‹

dabei die sensationalistischen Headlines der lokalen Bostoner Blätter – vorgeblich um derlei Fiktionen zu decouvrieren, tatsächlich aber kleiden sich die Enthüllungen in ein überaus literarisches Gewand. Die Auflösung des Falles erfolgt am Ende der Geschichte. Die stilistische Nähe zur Kriminal- und Detektiverzählung persifliert so die Suche nach den Fakten.

166 Vgl. Lenz was murdered, in: New York Times, 21.06.1895, S. 3.
167 *Grew*, S. 104.
168 *Fraser*, S. Vf.

auf dem publizistischen Sektor um 1900 ablesen. Tatsächlich schienen gerade solche Bücher, die sich stärker der langen Tradition klassischer, oftmals hunderte Seiten starker Reiseberichte verpflichtet sahen, gegenüber der dokumentarischen Augenscheinreportage womöglich antiquiert, vor allem im Hinblick auf Struktur und Stilistik ihres enzyklopädisch anmutenden narrativen Gewebes aus Hintergrundinformationen und in ausgestellter Weise memorierten Wahrnehmungen. Doch war auch ihnen, wie die Auflagenzahlen eindrücklich beweisen, großer Erfolg beschieden: Frasers Buch etwa erschien allein bis 1907 in fünf Auflagen. Das Buch des deutschen Fahrradweltreisenden Heinrich Horstmann, der im Jahr 1895 seine ›Tour um die Welt‹ begann, zählte sogar rasch zu den »Klassiker[n] der bürgerlichen Radfahrerliteratur« im Deutschen Kaiserreich.[169]

Zwar berichteten nur wenige Fahrradweltreisende unmittelbar von ihren Erlebnissen, die meisten aber waren doch auf ihrer Reise immerhin Gegenstand extensiver Berichterstattung geworden.[170] Insofern waren die Weltfahrer durchaus erfahren im Umgang mit der (Sensations-)Presse. Ihre Haltung zu dieser Form der Berichterstattung allerdings war äußerst unterschiedlich. Während bspw. Fraser die Öffentlichkeit bewusst suchte, zeigte sich Horstmann vom Ansturm des Interesses auf den Stationen der Reise durchweg überrascht. Insbesondere das impertinente Verhalten gleich mehrerer amerikanischer Reporter – »alle gleich neugierig«[171] – die sich ihm in einem Gasthaus unter Vorwand inkognito zu nähern wussten, um schließlich dem weltreisenden Fremden alle notwendigen Informationen zu entlocken, verstimmte den ansonsten außerordentlich geselligen Horstmann.[172] Fraser indes, der sich in seiner Monographie wie auch in einer illustrierten Interviewstrecke des Londoner *Strand Magazine* kurz nach seiner Rückkehr im Dezember 1898[173] zur Motivation seiner waghal-

---

169 *Ebert*, S. 344. Der kommerzielle Erfolg dieser Publikationen lag bis zu einem gewissen Grad sicherlich im dezidierten Unterhaltungsanspruch der Bücher begründet; die ›Kurzweil‹ der Lektüre wird von sämtlichen Autoren hervorgehoben. Heinrich Horstmanns episodischer Reisebericht, der bereits die Grenzen zur Reportage transzendiert, reklamiert indes als einziger bezeichnenderweise *expressis verbis*, sich von einer »trockenen Kilometer-Erzählung« auch und gerade dadurch zu unterscheiden, dass er die Ereignisse, die sich »vor [s]einen Augen abspielten« authentisch und also »der Reihe nach Revue passieren« lassen wird. Hier zeigen sich bereits rudimentär die Ansätze dokumentarischen Schreibens.
170 Quer durch Europa und noch über die Grenzen der Vereinigten Staaten hinweg erschien in den 1890er Jahren eine derartige Vielzahl an Berichten, dass sich bereits die Satirezeitschriften des Themas annahmen. Sowohl die Berliner *Fliegenden Blätter* mit ihrer Figur des ›Distanzfex‹ als auch der *Punch* oder *Le Rire* ironisierten in rascher Folge die so entbrannte Jagd nach Abenteuern und Rekorden. Vgl. exempl. *May*, S. 177, sowie: Quousque tandem, in: Le Rire, 20.07.1895, S. 1.
171 *Horstmann*, S. 28f.
172 Insbesondere Horstmanns Reiseerzählung kann als Spiegel nationaler Stereotype und spezifisch bürgerlicher Wertevorstellungen gelesen werden. Vgl. *Böttges*, S. 7–13.
173 Illustrated Interviews: Mr. John Foster Fraser, in: Strand Magazine 12 (1898), S. 642.

sigen Reise äußerte, gab schon in den ersten Zeilen seines Buches zu Protokoll: »We took this trip round the world on bicycles because we are more or less conceited, like to be talked about, and see our names in the newspapers.«[174] Die publizistische Wirkung des Unterfangens und das potentiell weltweite Medienecho entsprachen hier also durchaus dem Kalkül.

Der stereotypen Darstellung einer exotischen Fremde – des ›wilden Westens‹ voller Banditen- und Indianerabenteuer, des märchenhaften Japans oder des gefährlichen indischen Dschungels[175] – ist in nahezu allen Reiseberichten das Idyll der Heimat entgegengestellt. In Frasers Berichten begrüßen die Fahrer die aufscheinende Szenerie der heimatlichen Metropole Londons paradigmatisch mit größter Emphase: »Westminster Bridge, the Houses of Parliament, the dirty old Thames. Yes, we were home now!«[176]

Wie sehr sich solche Reiseerzählungen in den Diskurs populärer Medien einschrieben, bezeugen zahlreiche literarische Verarbeitungen des Sujets um 1900. H. G. Wells Erzählung *The Wheels of Change* greift die Radfahrbegeisterung der Jahrhundertwende als ein Phänomen des nervösen und rastlosen »Zeitgeistes« auf. Mr. Hoopdriver, der Protagonist der Handlung, der sich selbst, ganz in poetisch-empfindsamer Manier, auf eine Spazierfahrt durch das Naturidyll der englischen Südküste begibt, wird denn auch mehr als einmal von den ihn begleitenden passionierten Radfahrern belächelt. Der bedächtig-räsonierende Blick, der ihm – wie auch einigen der oben genannten Reiseberichte – zu eigen ist, mag sich zwar ausdrücklich gegen dieses Rekordfieber verwahren, doch auch er wird Zeuge der Konsequenzen des Geschwindigkeitsrausches, über den ihm eine zufällige Reisebegleitung gesteht:

»It's a most interesting road, birds and trees, I've no doubt, and wayside flowers, and there's nothing I should enjoy more than watching them. But I can't. Get me on that machine, and I have to go. Get me on anything, and I have to go. And I don't want to go a bit. WHY should a man rush about like a rocket, all pace and fizzle? Why? It makes me furious. I can assure you, sir, I go scorching along the road, and cursing aloud at myself for doing it. A quiet, dignified, philosophical man, that's what I am – at bottom; and here I am dancing with rage and swearing like a drunken tinker at a perfect stranger –«[177].

Eine solche Form der Wahrnehmung, die der *Flânerie* in ihrem rauschhaften energetischen Impetus durchaus ähnelte,[178] war rasch Gegenstand breiter medizinisch-psychologischer Debatten über die Auswirkungen des Radfahrens auf die Nerven geworden. Wurden der ›überreizten‹ Weltwahrnehmung anfangs noch dezidiert neurasthenische Züge unterstellt, avancierte das Fahrrad wenige

---

174 *Fraser*, S. V.
175 Vgl. exempl. *Horstmann*, S. 192; 268; 283.
176 *Fraser*, S. 532.
177 *Wells*, S. 42.
178 *Oddy*, S. 100.

Jahre später zu einem »Heilmittel« und »Instrument« der Erziehung zum ›modernen Menschen‹.[179] Der Philosoph Eduard Bertz konstatierte dabei ebenso die Potentiale eines sich geradezu kontemplativen Sammelns auf dem Rad wie die Gefahren insbesondere des Rennsports und der nun »flüchtigen« und »zerstreuten« Beobachtungen der so Reisenden.[180] Die Erziehung zu »Willensstärke«, »Selbstvertrauen« und »Altruismus« stelle, so Bertz, ein unerlässliches Surplus der körperlichen Ertüchtigung dar, das gerade dem Großstädter im Alltag zu Gute komme.[181]

Eine kulturkritische Skepsis gegenüber dieser Form des Geschwindigkeitsrausches und der Technisierung des Reisens[182] zeichnete indes die Skizzen Otto Julius Bierbaums *Eine empfindsame Reise im Automobil* aus dem Jahr 1903 aus. Bierbaum propagierte, »mit dem modernsten aller Fahrzeuge [...] auf altmodische Weise *reisen*«[183] zu wollen. Die Mehrzahl der ›Automobilisten‹ verwechsle nämlich das Reisen, die Freiheit der Bewegung, mit dem Rausch der Schnelligkeit, dem Rasen. Gerade spektakulären Fahrten um die Erde – per Fahrrad, Automobil oder Flugzeug – boten in der Verbindung aus Abenteuer und sportlicher Herausforderung den idealen Rahmen für große internationale Rennwettbewerbe. Die Fahrradweltreisenden aber waren, sofern von ihrer Zeitung als Spezialberichterstatter entsandt, allenfalls virtuell im publizistischen Wettstreit mit ihren Konkurrenten. Motivisch wird das Phänomen weltreisender Reporter auch belletristisch aufgegriffen. In dem 1897 erschienenen Roman *Die Fahrt um die Erde* des Unterhaltungsschriftstellers Wilhelm Meyer-Förster wird das Schicksal solcher Fahrradweltreisender exemplarisch skizziert; die Kontexte der Handlung variieren indes stark.[184]

---

179 Vgl. *Ebert*, S. 70–75; 90.
180 *Bertz*, S. 118. Wahrer ästhetischer Genuss der Natur sei im »Rausch des Fluges« angesichts des »schattenhaften Vorüberfliegens der landschaftlichen Szenerie« kaum zu erreichen. Dieser bleibe vielmehr dem sinnierenden Spaziergänger vorbehalten: »Viele der edelsten Schätze unserer Litteratur würden wir vermutlich nicht besitzen, wenn man schon früher geradelt hätte.«
181 Ebd., S. 178–183.
182 Vgl. dazu exempl. *Jung*.
183 *Bierbaum*, S. 8. Vgl. dazu *Müller*, Gefährliche Fahrten, S. 32 ff.
184 Der Roman, der von einer Liebe über Standesgrenzen hinweg handelt, mag die motivische Relevanz der Fahrradweltreisen nochmals belegen: Der Eigentümer des Berliner Journals der »Deutschen Mode«, der Unternehmer Karl, beschließt, in einer persönlichen Sinnkrise mit dem Fahrrad auf Weltreise zu gehen und dabei für sein Journal »von Zeit zu Zeit [...] Aufsätze einzusenden, in denen er die Sitten und Gebräuche der verschiedenen Länder« schildern wird. Die Ankündigung der Weltreise ruft indes rasch die publizistische Konkurrenz auf den Plan, die schließlich ebenfalls eine Weltfahrerin aufbietet, welche gegen Karl antreten soll. Karl und seine anfängliche Konkurrentin, die in ›Preußisch-Polen‹ geborene Lucy, haben indes nicht nur eine gemeinsame Vergangenheit, sie finden auch wieder zusammen – und so wird die begonnene Weltumrundung kurz nach der Grenze zum Beginn der politisch so brisanten wie symbolträchtigen Hochzeitsreise der Protagonisten in die Schweiz. Vgl. *Meyer-Förster*; ähnlich: *Lesclide* [1870].

Der Amerikaner Thomas Stevens, der nach der Durchquerung der Vereinigten Staaten zwischen 1885 und 1887 für das New Yorker Fahrrad-Magazin *Outing* als ›special correspondent‹ von seiner Fahrradreise um die Welt berichtete, mag Romanciers wie Meyer-Förster durchaus ein Vorbild gewesen sein. Seine Sportler- und Reisereportagen waren über mehr als drei Jahre eine feste Rubrik innerhalb des Journals. In den Vereinigten Staaten war Stevens' Reise daher noch vor seiner Rückkehr zu einem beliebten Gegenstand der Populärkultur geworden. In der New Yorker *Dime Novels*-Serie *The Boys of New York* erschien etwa bereits im Frühjahr 1887 eine Geschichte, die Stevens als den Prototypen des Abenteurers in Szene setzte. Doch auch in seinen eigenen Skizzen entwirft der Weltreisende bereits ein Panorama spektakulärer und gefahrvoller Erlebnisse, aus denen er sich allzu häufig nur glücklich und mithilfe seines Hochrads zu befreien weiß. Das Rad wird dabei in Stevens Erzählung zu einem geradezu mythischen Gegenstand,[185] dessen vielfältige Funktionalitäten der Reisende wundersam einzusetzen versteht. So flieht er auf seinem Rad vor osmanischen Händlern, persischen Reitern oder aufgebrachten chinesischen Massen; ein anderes Mal dient es ihm als Schutz vor angreifenden Hunden.[186] Selbst inmitten eines schweren Unwetters, das Stevens auf offener Strecke in der persischen Wüste überrascht, wird das Rad, noch indem sich der Abenteurer von ihm trennt, um sich in Sicherheit zu bringen, zu seinem ›Lebensretter‹:

»I am overtaken by a rain-storm, accompanied by a violent wind, that at first encompasses me about in the most peculiar manner. [...] While appreciating the extreme novelty of the situation, I can scarce say in addition that I appreciate the free play of electricity going on in all directions, and the irreverent manner in which the nickeled surface of the bicycle seems to glint at it and defy it; on the contrary I deem it but an act of common discretion to place the machine for a short time where the lightning can have a fair chance at it, without involving a respectful non-combatant in the destruction.«[187]

Im Narrativ des Groschenromans scheinen Mensch und Maschine noch dramatischer aufeinander verwiesen. Hier muss sich Ned Worth, der Held der Er-

---

185 Vgl. *Barthes*, Mythen, S. 252 f. Vgl. darin: Die Tour de France als Epos, S. 143 ff.
186 Das Rad erscheint als Inbegriff der Moderne polyfunktional einsetzbar; auch die anderen Reisenden betonen seinen wundersam vielfältigen Charakter und nutzen es, um vor Angreifern, Feuersbrünsten oder wilden Tieren zu entkommen. Vgl. *Horstmann*, S. 32 f. *McIlrath*, S. 93 f. Stevens allerdings, dessen reportagehafte Erzählungen bisweilen allzu reißerisch anmuten, beeilt sich an anderer Stelle, sein Abenteuer gegen den Sensationalismus metropolitaner Berichterstatter zu verteidigen. Die drastische Beschreibung der chaotischen Lebensverhältnisse und Wohnsituation in Indien erinnere – man mag darin Ironie erkennen – die Leser vermutlich an die Darstellung der Mietshäuser der New Yorker Slums »depicted by a sensational reporter's graphic pencil«. Around the World on a Bicycle – XX. Persia, in: Outing, Bd. 10, Nr. 2 (1887), S. 122–133, hier S. 124.
187 Around the World on a Bicycle – XIX. Persia, in: Outing, Bd. 10, Nr. 1 (1887), S. 32–42, hier S. 41 f.

Abb. 31 u. 32: Der Reporter als Abenteurer. R. T. Emmets Abenteuerroman *Around the World on a Bicycle* vs. Thomas Stevens illustrierte Reiseberichte in *Outing* 1887.

zählung, hinter seinem Hochrad gegen die wilden Attacken eines angreifenden Indianerstammes verteidigen oder gar vor einer Lokomotive flüchten. Auf wundersame Weise vermag aber selbst hier der Held allen Gefahren zu entkommen:

»A cry of horror emanated from Ned's lips as he saw the locomotive dash into view and come rushing down upon him. But he did not pause an instant. His bicycle seemed to suddenly shoot forward along the single plank as though impelled by the impetus of a catapult. [...] He knew only that he was fleeing madly, hopelessly from the grim monster. [...] Then there was a roar of wheels, a flash of light, Ned reeled back against a rocky wall and the train sped past him. [...] The wonderful, almost supernatural, speed which Ned had attained carried him across the trestling before he was overtaken. [...] Ned reached a telegraph station that night, and found quarters with the operator, who had heard of his coming. Before he retired, the wheelman sent a dispatch to Chicago, and he also wrote an account of his adventures for The National Wheelman.«[188]

Der Reporter als Held und Abenteurer war, wie auch das Beispiel der kolonialen Exploratoren erweist, von einem mythischen Gewebe aus Fakten und Fiktionen umwoben. Von der Episode des Unwetters in der persischen Wüste, die Stevens nach eigenen Aufzeichnungen auf dem Weg nach Lasgird um den 15. März 1886 erlebte, sollten die Leser allerdings erst in der Aprilausgabe der *Outing* 1887 und damit über ein Jahr später erfahren, als Stevens längst wieder zurück in San

---

188 Around the World on a Bicycle, in: The Boys of New York, 03.03.1887, S. 1f.

Francisco weilte, um an der Publikation seines Buches zu arbeiten. Stevens monatliche Einsendungen der Etappenberichte bis zu seiner Rückkehr im Januar 1887 erfolgten auf dem Postweg. Seine Reise durch Europa, die im Mai 1885 begann, bildete dabei den Auftakt der monatlichen Serie. Diese startete im Oktober desselben Jahres. Da zwischenzeitlich einzelne Ausgaben ohne Berichte auskommen mussten, belief sich die Verzögerung zwischen den beschriebenem Erlebnissen und dem medialen Ereignis so auf mehr als ein Jahr. Eine telegraphische Übermittlung schied angesichts der hohen Kosten aus. Stevens, der folglich nur unregelmäßig Nachricht über seinen aktuellen Standort geben konnte, blieb zwischenzeitlich gar mehrere Wochen verschollen. Im Juli erfuhren die Leser aus der postalischen (!) Sendung eines Angestellten der Britischen Telegraphenstation in Teheran, die dieser am 12. März versandt hatte, dass Stevens aus seinem Winterlager in der persischen Hauptstadt aufgebrochen und wieder unterwegs sei. In derselben Ausgabe druckte *Outing* auch eine Korrespondenz von Stevens, in der dieser am 31. März (von Meshed aus) die Schwierigkeiten einer Weiterreise andeutete. Zugleich vermeldete das Magazin, dass die *Associated Press* in einem Telegramm vom 15. Mai verlautbart habe, Stevens sei in Afghanistan verhaftet worden. Diese Meldung, die bis zur Verkündung von Stevens' Befreiung und seiner Weiterreise am 25. Mai das letzte Lebenszeichen des Korrespondenten blieb, zeigte die Grenzen des globalen Informationsverkehrs nachdrücklich auf. *Outing*, das zwischenzeitlich nur über die Lage seines Korrespondenten spekulieren konnte,[189] druckte die letztendliche Auflösung in dieser Frage sogar erst in der Augustausgabe ab. Die Londoner *Pall Mall Gazette*, der Stevens 1885 Berichte über seine Kontinentaltour durch die Vereinigten Staaten hatte zukommen lassen, wies ihren Lesern indes noch am 25. Mai die März-Korrespondenz des Weltreisenden als aktuellen Informationsstand aus. Dies konterkarierte endgültig alle Versuche einer tagesaktuellen Berichterstattung. Die illustrierten Reiseberichte hingegen, die zeitgleich im *Outing*-Magazin erschienen, waren ohnehin vollständig aller ›Aktualität‹ enthoben. Sie entwarfen ein anachrones Bild des Geschehens, das gerade in der Gegenüberstellung zu (vergleichsweise) aktuellen Leitartikeln und redaktionellen Kommentaren schon innerhalb des Magazins ein ganz eigenes Bild der Entwicklungen zeichnete.

Ein wiederum vollkommen anderes Modell ortsgebundener Reportage entwarfen die Pariser Journalisten Henri Papillaud und Lucien Leroy, die am 8. Januar 1895, inspiriert von Kopchovskys Durchreise durch Paris, eine Weltreise begannen, zunächst zu Fuß, später dann per Fahrrad. Auf den Stationen ihrer Reise gaben die Reporter eine eigene Zeitung heraus. Das Journal *En route*, dessen erste Nummer am 3. Februar 1895 in Nizza erschien, diente ihnen als Einnahmequelle und publizistisches Forum.[190] An allen größeren Stationen ihrer

---

189 Vgl. The Arrest of Thomas Stevens, in: Outing, Bd. 8, Nr. 4 (1886), S. 472f.
190 Vgl. Faits divers, in: Le Temps, 08.01.1895, S. 3; Le Petit Parisien. Suppl. Ill. 23.10.1898, S. 338.

Reise gaben sie das Journal, stets unter Mithilfe des lokalen Druck- und Verlagswesens, in mehreren Sprachen heraus; in Mailand erschien *En Route* bereits zweisprachig unter dem Titel *In Viaggio*.[191] Auch in Konstantinopel, Bombay, Alexandria, Peking oder San Francisco erschienen Ausgaben des Journals.[192]

In der Erstausgabe geben die Reporter einen kurzen Abriss ihrer Biographie. Papillaud und Leroy gehören einer Generation an, bei Abreise waren sie 27 Jahre alt. Sie stammen aus ehemals bürgerlichen, mittlerweile jedoch verarmten Künstlerfamilien, in denen sie eine klassische Ausbildung genossen. Gleichzeitig weisen ihre Lebensläufe eklatante Brüche auf und entsprechen so in gewisser Weise dem kolportierten Klischee der gescheiterten Reporterexistenz. Während Papillaud – entgegen aller Karrierewünsche seiner Familie – verschiedene Tätigkeiten ebenso rasch anfing wie abbrach, etwa als Elektriker, Laborgehilfe oder Bankangestellter, bevor er zum Journalismus fand, blieb Leroy der Abiturabschluss versagt. Zwischen den Zeilen inszenieren sich die Reporter alsdann in der Tradition des (Lebens-)Künstlertums: Hoch qualifiziert, doch stets nur sporadisch ausgebildet, eigenwillig und sprunghaft, so stellen sich die Herausgeber vor. Und doch liefern sie – man mag darin einen Reflex gegenüber gängigen Vorurteilen erkennen – schlussendlich auch eine genaue Beschreibung ihrer Qualifikation für die Profession des Journalisten. Papillaud, der seine Unbestechlichkeit, vor allem aber seinen kühlen, überlegten und unerschrockenen Charakter hervorhebt, der ihn dazu prädestiniere »d'entreprendre, très flégmatiquement il est vrai, l'aventure la plus hasardeuse«[193], betont hier die »qualités indispensables« eines guten Journalisten.

Gegen das Stereotyp des neugierigen Reporters (»voulant tout voir, tout connaître«), der ein Milieu allein um des kurzfristigen Gefallens willen besichtige, verwahrt sich Papillaud in der Tradition des literarischen Journalismus ganz explizit. Leroy, der indes auf seine Passion *für* und seine Erfahrungen *im* Journalismus (als Gründer und Chefredakteur der Zeitung *Petit Sport*) verweisen kann, bekräftigt die Einzigartigkeit des *Reporter*daseins gegenüber den Tätigkeiten als Feuilletonschreiber und Sportredakteur, um schließlich zu konstatieren: »Je [...] devins reporter ordinaire et chroniqueur d'occasion.«

In der Folge skizzierten die Reporter Zielsetzung und Motiv ihres Unternehmens. Ihr Vorbild sei vor allem die Weltreise zweier britischer Reporter gewesen. Dass sich diese durch niedere Arbeiten als Schuhputzer oder Tellerwäscher hätten über Wasser halten müssen, sei den versammelten Pariser Journalisten, die allabendlich gemeinsam in einem Café über die Presselage debattierten, zur Wette gereicht, ebenfalls zwei Reporter zu entsenden, die ihre Reise lediglich

---

191 In Viaggio. Giornale di H. Papillaud e di L. Leroy, 09.03.1895. Vgl. Leroy e Papillaud, in: Corriere della Sera, 09.03.1895, S. 3.
192 Ein Exemplar des Journals aus Alexandria vom 25.09.1895 ließ sich unter dem Titel *Fi'l-Ṭarīq* nachweisen. Die meisten anderen Ausgaben müssen allerdings als verschollen gelten.
193 Nos Biographies, in: En Route, 03.02.1895, S. 1. Alle folgenden Zitate a.a.O.

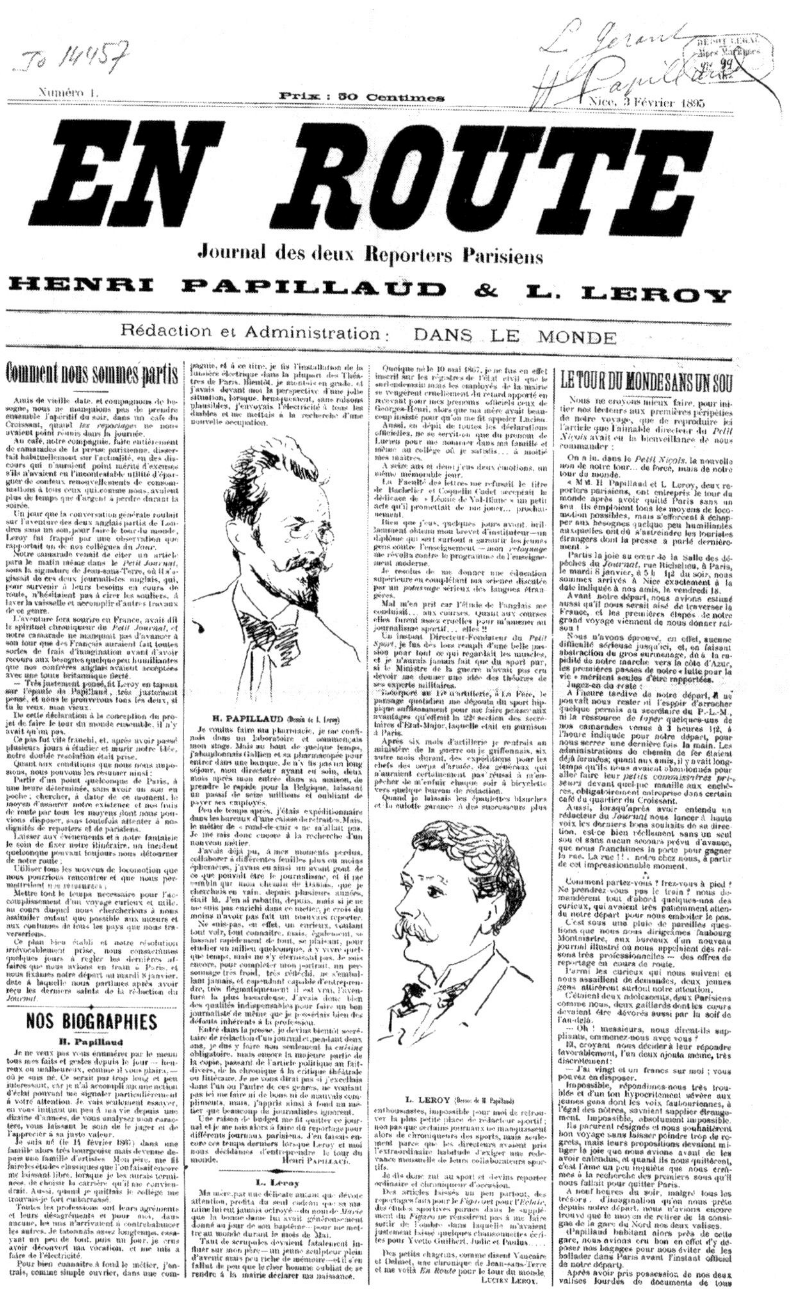

Jo 14457

Le Gérant H. Papillaud

Dépôt légal Alpes Maritimes No 99

Numéro 1. | Prix : 50 Centimes | Nice, 3 Février 1895

EN ROUTE

Journal des deux Reporters Parisiens

HENRI PAPILLAUD & L. LEROY

Rédaction et Administration : DANS LE MONDE

Comment nous sommes partis

Amis de vieille date, et compagnons de besogne, nous ne manquions pas de prendre ensemble l'apéritif du soir, dans un café du Croissant, quand *les reportages* ne nous avaient point réunis dans la journée.

Au café, notre compagnie, faite entièrement de camarades de la presse parisienne, dissertait habituellement sur l'actualité, en des discours qui n'auraient point mérité d'excuses s'ils n'avaient eu l'incontestable utilité d'épargner de coûteux renouvellements de consommations à tous ceux qui, comme nous, avaient plus de temps que d'argent à perdre durant la soirée.

Un jour que la conversation générale roulait sur l'aventure des deux anglais partis de Londres sans un sou, pour faire le tour du monde, Leroy fut frappé par une observation que rapportait un de nos collègues du *Jour*.

Notre camarade venait de citer un article paru le matin même dans le *Petit Journal*, sous la signature de Jean-sans-Terre, où il s'agissait de ces deux journalistes anglais, qui, pour survenir à leurs besoins en cours de route, n'hésitaient pas à cirer les souliers, à laver la vaisselle et accomplir d'autres travaux de ce genre.

L'aventure fera sourire en France, avait dit le spirituel chroniqueur du *Petit Journal*, et notre camarade ne manquait pas d'avancer à son tour que des Français auraient fait toutes sortes de frais d'imagination avant d'avoir recours aux besognes quelque peu humiliantes que nos confrères anglais avaient acceptées avec une toute britannique fierté.

— Très justement pensé, fit Leroy en tapant sur l'épaule de Papillaud, très justement pensé, et nous le prouverons tous les deux, si tu le veux, mon vieux.

De cette déclaration à la conception du projet de faire le tour du monde ensemble, il n'y avait qu'un pas.

Ce pas fut vite franchi, et, après avoir passé plusieurs jours à étudier et murir notre idée, notre double résolution était prise.

Quant aux conditions que nous nous imposions, nous pouvons les résumer ainsi :

Partir d'un point quelconque de Paris, à une heure déterminée, sans avoir un sou en poche ; chercher, à dater de ce moment, le moyen d'assurer notre existence et nos frais de route par tous les moyens dont nous pourrions disposer, sans toutefois attenter à nos dignités de reporters et de parisiens.

Laisser aux événements et à notre fantaisie le soin de fixer notre itinéraire, un incident quelconque pouvant toujours nous détourner de notre route ;

Utiliser tous les moyens de locomotion que nous pourrions rencontrer et que nous permettraient nos ressources ;

Mettre tout le temps nécessaire pour l'accomplissement d'un voyage curieux et utile, au cours duquel nous chercherions à nous assimiler autant que possible aux mœurs et aux coutumes de tous les pays que nous traverserions.

Ce plan bien établi et notre résolution irrévocablement prise, nous consacrâmes quelques jours à régler les dernières affaires que nous avions en train à Paris, et nous fixâmes notre départ au mardi 8 janvier, date à laquelle nous partîmes après avoir reçu les derniers saluts de la rédaction du *Journal*.

NOS BIOGRAPHIES

H. Papillaud

Je ne veux pas vous énumérer par le menu tous mes faits et gestes depuis le jour — heureux ou malheureux, comme il vous plaira, — où je suis né. Ce serait par trop long et peu intéressant, car je n'ai accompli aucune action d'éclat pouvant me signaler particulièrement à votre attention. Je vais seulement essayer, en vous initiant un peu à ma vie depuis une dizaine d'années, de vous analyser mon caractère, vous laissant le soin de le juger et de l'apprécier à sa juste valeur.

Je suis né (le 14 février 1867) dans une famille alors très bourgeoise mais devenue depuis une famille d'artistes. Mon père, me fit faire les études classiques que l'on faisait encore me laissant libre, lorsque je les aurais terminées, de choisir la carrière qu'il me conviendrait. Aussi, quand je quittais le collège me trouvais-je fort embarrassé.

Toutes les professions ont leurs agréments et leurs désagréments et pour moi, dans aucune, les uns n'arrivaient à contrebalancer les autres. Je tâtonnais assez longtemps, essayant un peu de tout, puis un jour, je crus avoir découvert ma vocation, et me mis à faire de l'électricité.

Pour bien connaître à fond le métier, j'entrais, comme simple ouvrier, dans une compagnie, et à ce titre, je fis l'installation de la lumière électrique dans la plupart des Théâtres de Paris. Bientôt, je montais en grade, et j'avais devant moi la perspective d'une jolie situation, lorsque, brusquement, sans raisons plausibles, j'envoyais l'électricité à tous les diables et me mettais à la recherche d'une nouvelle occupation.

H. PAPILLAUD (Dessin de L. Leroy)

Je voulus faire ma pharmacie, je me confinais dans un laboratoire et commençais mon stage. Mais au bout de quelque temps, j'abandonnais Gallien et sa pharmacopée pour entrer dans une banque. Je n'y fis pas un long séjour, mon directeur ayant eu soin, deux mois après mon entrée dans sa maison, de prendre le rapide pour la Belgique, laissant un passif de seize millions et oubliant de payer ses employés.

Peu de temps après, j'étais expéditionnaire dans les bureaux d'une caisse de retraites. Mais, le métier de « rond-de-cuir » ne m'allait pas. Je me mis donc encore à la recherche d'un nouveau métier.

J'avais déjà pu, à mes moments perdus, collaborer à différentes feuilles plus ou moins éphémères, j'avais eu ainsi un avant goût de ce que pouvait être le journalisme, et il me sembla que mon chemin de Damas, que je cherchais en vain, depuis plusieurs années, était là. J'en ai rabattu, depuis, mais si je ne me suis pas enrichi dans ce métier, je crois du moins n'avoir pas fait un mauvais reporter.

Ne suis-pas, en effet, un curieux, voulant tout voir, tout connaître, mais, également, se lassant rapidement de tout, se plaisant, pour étudier un milieu quelconque, à y vivre quelque temps, mais ne s'y éternisant pas. Je suis encore, pour compléter mon portrait, un personnage très froid, très réfléchi, ne s'emballant jamais, et cependant capable d'entreprendre, très flegmatiquement il est vrai, l'aventure la plus hasardeuse. J'avais donc bien des qualités indispensables pour faire un bon journaliste de même que je possédais bien des défauts inhérents à la profession.

Entré dans la presse, je devins bientôt secrétaire de rédaction d'un journal et, pendant deux ans, je dus y faire non seulement la *cuisine* obligatoire, mais encore la majeure partie de la copie, passant de l'article politique au fait-divers, de la chronique à la critique théâtrale ou littéraire. Je ne vous dirai pas si j'excellais dans l'un ou l'autre de ces genres, ne voulant pas ici me faire ni de bons ni de mauvais compliments, mais, j'appris ainsi à fond un métier que beaucoup de journalistes ignorent.

Une raison de budget me fit quitter ce journal et je me mis alors à faire du reportage pour différents journaux parisiens. J'en faisais encore ces temps derniers lorsque Leroy et moi nous décidâmes d'entreprendre le tour du monde.

HENRI PAPILLAUD.

L. Leroy

Ma mère, par une délicate autant que dévote attention, profita du seul cadeau que sa marraine lui eut jamais octroyé — du nom de *Marie* que la bonne dame lui avait généreusement donné au jour de son baptême — pour me mettre au monde durant le mois de Mai.

Tant de scrupules devaient fatalement influer sur mon père — un jeune sculpteur plein d'avenir mais peu riche de mémoire — et il s'en fallut de peu que le cher homme oubliât de se rendre à la mairie déclarer ma naissance.

Quoique né le 10 mai 1867, je ne fus en effet inscrit sur les registres de l'état civil que le surlendemain mais les employés de la mairie se vengèrent cruellement du retard apporté en recevant pour mes prénoms officiels ceux de Georges-Henri, alors que ma mère avait beaucoup insisté pour qu'on me fit appeler Lucien.

Aussi, en dépit de toutes les déclarations officielles, ne se servit-on que du prénom de Lucien pour me nommer dans ma famille et même au collège où je satisfis... à moitié mes maîtres.

A seize ans et demi j'eus deux émotions, un même mémorable jour.

La Faculté des lettres me refusait le titre de Bachelier et Coquelin Cadet acceptait la dédicace de « Léonie de Val-Blanc » un petit acte qu'il promettait de me jouer... prochainement.

Bien que j'eus, quelques jours avant, brillamment obtenu mon brevet d'instituteur — un diplôme qui sert surtout à garantir les jeunes gens contre l'enseignement — mon *vélocipage* me révolta contre le programme de l'enseignement moderne.

Je résolus de me donner une éducation supérieure en complétant ma science discutée par un *potassage* sérieux des langues étrangères.

Mal m'en prit car l'étude de l'anglais me conduisit... aux courses. Quant aux courses elles furent assez cruelles pour m'amener au journalisme sportif... elles !!

Un instant Directeur-Fondateur du *Petit Sport*, je fus dès lors rempli d'une belle passion pour tout ce qui regardait les muscles, et je n'aurais jamais fait que du sport pur, si le Ministre de la guerre n'avait pas cru devoir me donner une idée des théories de ses experts militaires.

Incorporé au 17e d'artillerie, à La Fère, le pansage quotidien me dégoûta du sport hippique suffisamment pour me faire penser aux avantages qu'offrait la 22e section des secrétaires d'Etat-Major, laquelle était en garnison à Paris.

Après six mois d'artillerie je rentrais au ministère de la guerre où je griffonnais, six autre mois durant, des expéditions pour les chefs des corps d'armée, des généraux qui n'auraient certainement pas réussi à m'empêcher de m'enfuir chaque soir à bicyclette vers quelque bureau de rédaction.

Quand je laissais les épaulettes blanches et la culotte garance à des successeurs plus

L. LEROY (Dessin de H. Papillaud)

enthousiastes, impossible pour moi de retrouver la plus petite place de rédacteur sportif ; non pas que certains journaux ne manquassent alors de chroniqueurs des sports, mais seulement parce que les directeurs avaient pris l'extraordinaire habitude d'exiger une redevance mensuelle de leurs collaborateurs sportifs.

Je dis donc zut au sport et devins reporter ordinaire et chroniqueur d'occasion.

Des articles laissés un peu partout, des reportages faits pour le *Figaro* et pour l'*Eclair*, des études sportives parues dans le supplément du *Figaro* ne réussirent pas à me faire sortir de l'ombre dans laquelle m'avaient justement laissé quelques chansonnettes écrites pour Yvette Guilbert, Judic et Paulus.....

Des petits chagrins, comme disent Vaucaire et Delmet, une chronique de Jean-sans-Terre et me voilà *En Route* pour le tour du monde.

LUCIEN LEROY.

LE TOUR DU MONDE SANS UN SOU

Nous ne croyons mieux faire, pour initier nos lecteurs aux premières péripéties de notre voyage, que de reproduire ici l'article que l'aimable directeur du *Petit Niçois* avait eu la bienveillance de nous commander :

On a lu, dans le *Petit Niçois*, la nouvelle non de notre tour... de force, mais de notre tour du monde.

« MM. H. Papillaud et L. Leroy, deux reporters parisiens, ont entrepris le tour du monde après avoir quitté Paris sans un sou. Ils emploient tous les moyens de locomotion possibles, mais s'efforcent à échapper aux besognes quelque peu humiliantes auxquelles ont dû s'astreindre les touristes étrangers dont la presse a parlé dernièrement. »

Partis la joie au cœur de la Salle des dépêches du *Journal*, rue Richelieu, à Paris, le mardi 8 janvier, à 5 h. 1/2 du soir, nous sommes arrivés à Nice exactement à la date indiquée à nos amis, le vendredi 18.

Avant notre départ, nous avions estimé aussi qu'il nous serait aisé de traverser la France, et les premières étapes de notre grand voyage viennent de nous donner raison !

Nous n'avons éprouvé, en effet, aucune difficulté sérieuse jusqu'ici, et, en faisant abstraction du gros surmenage, dû à la rapidité de notre marche vers la côte d'Azur, les premières passes de notre « lutte pour la vie » méritent seules d'être rapportées.

Jugez-en du reste :

A l'heure tardive de notre départ, il ne pouvait nous rester ni l'espoir d'arracher quelque permis au secrétaire du P.-L.-M., ni la ressource de *toper* quelques-uns de nos camarades venus à 3 heures 1/2, à l'heure indiquée pour notre départ, pour nous serrer une dernière fois la main. Les administrations de chemin de fer étaient déjà fermées; quant aux amis, il y avait longtemps qu'ils nous avaient abandonnés pour aller faire leur *petits commissaires priseurs* devant quelque manille aux enchères, obligatoirement entreprise dans certain café du quartier du Croissant.

Aussi, lorsqu'après avoir entendu un rédacteur du *Journal* nous lancer à haute voix les derniers bons souhaits de sa direction, est-ce bien réellement sans un seul sou et sans aucun secours prévu d'avance, que nous franchîmes la porte pour gagner la rue. La rue !! . notre chez nous, à partir de cet impressionnable moment.

***

Comment partez-vous ? Irez-vous à pied ? Ne prendrez-vous pas le train ? nous demandèrent tout d'abord quelques-uns des curieux, qui avaient très patiemment attendu notre départ pour nous emboîter le pas.

C'est sous une pluie de pareilles questions que nous nous dirigeâmes faubourg Montmartre, aux bureaux d'un nouveau journal illustré où nous appelaient des raisons très professionnelles — des offres de reportage en cours de route.

Parmi les curieux qui nous suivent et nous assaillent de demandes, deux jeunes gens attirèrent surtout notre attention.

C'étaient deux adolescents, deux Parisiens comme nous, deux gaillards dont les cœurs devaient être dévorés aussi par la soif de l'au-delà.

— Oh ! messieurs, nous dirent-ils suppliants, emmenez-nous avec vous ?

Et, croyant nous décider à leur répondre favorablement, l'un deux ajouta même, très discrètement :

— J'ai vingt et un francs sur moi ; vous pouvez en disposer.

Impossible, répondîmes-nous très troublés et d'un ton hypocritement sévère aux jeunes gens dont les voix faubouriennes, à l'égal des nôtres, savaient supplier étrangement. Impossible, absolument impossible.

Ils parurent résignés et nous souhaitèrent bon voyage sans laisser poindre trop de regrets, mais leurs propositions devaient mitiger la joie que nous avions avant de les avoir entendus, et quand ils nous quittèrent, c'est l'âme un peu inquiète que nous crûmes à la recherche des premiers sous qu'il nous fallait pour quitter Paris.

A neuf heures du soir, malgré tous les trésors d'imagination qu'on nous prête depuis notre départ, nous n'avions encore trouvé que le moyen de retirer de la consigne de la gare du Nord nos deux valises.

(Papillaud habitant alors près de cette gare, nous avions cru bon en effet d'y déposer nos bagages pour nous éviter de les balader dans Paris avant l'instant officiel de notre départ).

Après avoir pris possession de nos deux valises lourdes de documents de tous

Abb. 33: En Route. Journal des deux Reporters Parisiens H. Papillaud & L. Leroy. Nizza, 03.02.1895, S. 1.

vermöge ihrer *beruflichen* Qualifikation zu finanzieren verstünden. Das Journal, das Papillaud und Leroy produzierten und herausgaben, nahm diesen Grundgedanken auf. Es bestand in weiten Teilen aus Reportagen über die verschiedenen Stationen der Weltfahrt, enthielt aber auch Anekdoten und Gedichte, Zeichnungen und Lieder sowie einen Ratgeberteil, der lokale Veranstaltungshinweise sowie Hotel- und Gastronomieempfehlungen aussprach. Die Finanzierung des Journals deckte sich nur z. T. durch Anzeigenwerbung. Die ausdrücklichen Dankesbekundungen der Autoren an ortsansässige Zeitungsverlage und Druckereien legen weiteres Sponsoring nahe. So erschien die erste Ausgabe von *En Route* als Sonderbeilage des *Petit Nicois*, unterstützt durch Beiträge und Grafiken der Lokalredaktion. Neben der Reportage ihrer Exkursion durch Nizza lieferten Papillaud und Leroy unter der Rubrik »Notizen von der Strecke« eine anekdotische Zusammenfassung der Erlebnisse ihrer ersten Reiseetappe. Zudem druckten die Reporter Auszüge ihrer (telegraphischen) Kommunikation mit den Vertretern der *Société des Parisiens de Paris* ab, mittels derer sie die Daheimgebliebenen über den Status ihrer Reise zu informieren gedachten. Die Kommunikation der Reisenden, die sich so notwendigerweise auf eine Form des Telegrammstils verknappte, bewirkte indes eine Erosion des klassischen Reportage-Narrativs. Dies gerade nutzten die Reporter, um ihre Mitteilung im Stil der Depeschen als ein »sonnet télégraphique« künstlerisch zu überformen:

Dijon (Côte d'Or) ... midi trente,
....
Avons quitté Fontainebleau
Cette nuit par un temps fort beau,
Mais par train a marché très lente.
Santé tout a fait excellente
Espoir plus ferme, entrain nouveau,
Et – pour égayer le tableau –
Ici réception charmante.
Aurez bientôt détails complets
Par des pétentieux couplets
Qui feront sourire Coppée.
C'est là, cher maître, tout l'effroi
Que nous cause notre équipée.

Henri Papillaud et L. Leroy

Die Poesie des Telegramms, das die Reporter nach Paris übersandten, korrespondierte mit einer Technik der Nachrichtenübermittlung, deren Funktion des aktuellen Informationsaustauschs, wie er im ersten Vers angedeutet wird, gerade den palimpsestartigen Charakter einer immer wieder neu zu überschreibenden Kommunikation aufdeckt; die vergängliche Momentaufnahme der Lyrik bedarf, noch im Moment ihrer Übermittlung, der immer neuen Überprüfung. In dieser Ausstellung des Prozesscharakters der Sprache und ihrer spezifisch orts- wie zeitgebundenen Aktualisierung[194] scheint noch in der strengen Form des Sonetts das Programm des gesamten Journals auf: Die Augenzeugenreportagen, die dem Tempo moderner Nachrichtenübermittlung kaum mehr standhalten, werden von Station zu Station für ein immer neues Publikum entworfen, überschrieben und übersetzt; eine wenig später erscheinende Ausgabe des Journals aus Mailand rollt dazu die bisherige Geschichte der Weltreise nochmals auf, um sodann aber insbesondere die Berichterstattung der italienischen Presse zu rezitieren, welche die Autoren um ausgewählte Beobachtungen während ihres Aufenthalts in Mailand ergänzen. Die französischsprachige Fassung des Journals wird indes an die Bedürfnislage der antizipierten Leser angepasst; so übermitteln die Reporter vor allem stadtgeschichtliche Informationen zu ihrer Reise durch die Schweiz und bis Italien.

Obschon sich die Spuren der Reporter nach diesen ersten Etappen in Europa zeitweilig verlieren, begleiten die Medien ihre Reise doch bis zur endgültigen Rückkehr aufmerksam (Papillaud blieb indes in Südamerika zurück, um auch dort weiterhin publizistisch zu wirken).[195] Anlässlich des geglückten Unternehmens schrieb das Journal *Le monde illustré* am 22. Oktober 1898 im Rekurs auf Vernes Roman, die Reise der Reporter gleiche einem »poème de fantaisie«[196]. Das Modell weltumspannender Reportagen, die dieses Journal exemplarisch ins Werk setze, zeige, wie der Verfasser des Artikels bemerkt, das zukünftige Muster eines global korrespondierenden Journalismus des Augenscheins in Zeiten von Telegraphie und Korrespondentennetzwerken:

»Mais de quoi parlerons-nous ? Parbleu! du reportage tout d'abord. On lui a dédié, je ne l'ignore pas, des proses copieuses, on l'a tourné et retourné sous toutes les faces. […] *Le Reportage autour du monde*! Si Jules Verne ne se reposait sur ses lauriers, il aurait pu trouver là matière à un pendant mémorable au *Voyage* qui le fit célèbre. […] Bref, cette première tentative s'est terminée à souhait. Voilà pourquoi je suis convaincu qu'elle aura des suites au prochain numéro et ce sont ces suites qui, si je ne m'abuse, acclima-

---

194 Der spielerischen Transformation des Telegrammstils in die klassische Form des Sonetts eignen hier durchaus parodistische Züge an. Ein Beispiel, das die elliptische Sprachverknappung dieses Stils, der sich als radikales Faktenprotokoll inszeniert, zu einer Poetik der Ironie und des Rätsels erhebt, sind Felix Fénéons *Nouvelles en trois lignes*, die unter der – 1903 begründeten – gleichnamigen Rubrik über einige Monate im *Matin* erschienen. In ihrer paradoxalen Struktur – ihrer »coincidence ordonnée« (*Barthes*, Structure, S. 195) – setzen Fénéons (aus Agenturmeldungen gespeiste) Kurzerzählungen *innerhalb* der Zeitung die Leerstellen des Fakten-Journalismus in Szene. Vgl. *Bertrand*, Par fil special, S. 112, sowie allg. *Homberg*, Augenblicksbilder.

195 Sowohl die Tages- als auch die Sportpresse (Le Tour du monde de deux Parisiens, in: *Le Vélo*, 12.01.1895, S. 1.) nahm sich des Themas in Frankreich an. Während der Durchreise der Reporter erschienen in zahlreichen Ländern Beiträge. Vgl. exempl. zur Rezeption in den USA: L. Leroy and H. Papillaud. Two Globe-Trotting Journalists, in: San Francisco Chronicle, 06.02.1897, S. 10; A Migratory Journal, in: The Mount Morris County, 06.05.1897, S. 1; Journalists, in: Los Angeles Herald, 28.06.1897, S. 5.

196 Courrier de Paris, in: Le Monde Illustré, 22.10.1898, S. 322.

teront chez nous le reportage au très long cours. Il ne faut pas se le dissimuler, celui qui en est réduit à opérer actuellement sur les assassinats locaux, sur les événements du jour qui se produisent dans le département de la Seine, ne tardera pas à être au bout de son rouleau. Quels horizons nouveaux et immenses s'ouvriront, le jour où les reporters parcourront les cinq parties du monde, à la piste de l'actualité internationale!«[197]

Diese Form der kommunikativen Erschließung der ›Welt‹ gehorcht in ihren Grenzen und Musterhaftigkeiten zwar einerseits, wie schon die Konzeption eines regional ausdifferenzierten Journals belegt, dem alten Verständnis partikularer, separierter kommunikativer Öffentlichkeiten; andererseits aber zeigen sich hier Ansätze einer kommunikativen Vernetzung der Welt, die in der Korrespondenz des Reporters als Augenzeuge ihre Entsprechung erfuhr. Die sportliche Leistung der weltreisenden Reporter rückte so rasch in den Hintergrund.

Theater, Technik und Nationalstolz: Im Auto um die Welt *(1908)*

Als im Zuge der rasanten Entwicklung des Automobils um die Jahrhundertwende erstmals auch längere Fahrten mit den sog. Motorwagen möglich wurden, verklang die Begeisterung der Massen für die Versuche einer Weltumrundung zu Fuß oder auf dem Fahrrad rasch. Hingegen bedeutete die motorisierte Reise um den Globus neue sportliche wie technische Herausforderungen.[198] Dies eröffnete auch den weltreisenden Reportern neue Möglichkeiten. Waren die *stunts* bisher vor allem der Eigeninitiative der Journalisten entsprungen, traten nun mit der Begeisterung des Publikums für sportliche Großveranstaltungen, Autorennen und Flugschauen, auch und gerade die Zeitungsverlage als Initiatoren solcher Events in Erscheinung, von deren Verlauf die Reporter als Zuschauer und oft auch als Teilnehmer stets hochaktuell zu berichten hatten. 1907 veranstaltete der Pariser *Matin* ein Automobilrennen, das von Peking über Moskau nach Paris führte.[199] Von den international besetzen Fahrerteams, die am 10. Juni in der chinesischen Hauptstadt aufbrachen, erreichte der Italiener Prinz Scipione Borghese am 10. August in Begleitung des Reporters Luigi Barzini als Erster das Ziel.[200] Barzini, der als Kriegskorrespondent der italienischen *Corriere della Sera* bereits vom Boxeraufstand und aus dem Russisch-Japanischen Krieg berichtet hatte, schrieb nur wenige Monate nach der Rück-

---

197 Ebd., S. 322.
198 Vgl. *König*, Geschichte des Automobils, S. 75–105. Die Reportagen solcher Events dominieren die Rubrik des Sports – neben lokalen Meldungen/Ergebnisprotokollen im Bereich Fußball, Boxen oder Reiten.
199 Paris-Pékin Automobile – un défi prodigieux, in: Le Matin, 31.01.1907, S. 1.
200 Borghese e Barzini a Parigi, in: Corriere della Sera, 12.08.1907, S. 5. Auf dem Festbankett, das der *Matin* zu Ehren der Sieger veranstaltete, lobte der leitende Redakteur des Journals, Henry De Jouvenel, vor allem das Narrativ des Berichterstatters: »[L]evo il mio bicchiere a quella forma combinata dell'azione e dell'arte, della poesia vissuta e della poesie scritta che é il *reportage*.«

kehr der Expedition einen von zahlreichen Fotografien begleiteten Zyklus aus Reportagen und Erlebnisberichten.[201] Über den gesamten Zeitraum hinweg war das Rennen aber bereits Gegenstand eines riesigen medialen Interesses gewesen. In Kontinentaleuropa, aber auch in den USA erschienen nahezu täglich Artikel über den Fortgang des Wettbewerbs. Aufgrund eines Kooperationsvertrages zwischen der *Corriere della serra* und dem *Daily Telegraph* publizierte Barzini seine regelmäßigen telegraphischen Berichte zeitgleich in Italien und Großbritannien.[202] Entlang der Strecke waren Zeitungskorrespondenten, Filmemacher und Fotografen versammelt.[203] Noch in Japan und China berichtete man wie im Fall der *Japan Times* bzw. der *North-China Herald and Supreme Court & Consular Gazette* über das Rennen im Rekurs auf Agenturmeldungen (insbesondere des Reuter'schen Telegraphenbureaus) wie auch auf der Grundlage eigener Korrespondentenberichte.[204] Die Durchreise Scipiones und seines Spezialberichterstatters erregte, wie in Berlin, »überall das größte Aufsehen«.[205]

Der riesige publizistische Erfolg, den das Rennen zeitigte, veranlasste die Nachrichtenmacher nur ein Jahr später, ein neuerliches Großereignis zu initiieren, das als ›Großes Automobilrennen um die Welt‹ über Monate hinweg die Schlagzeilen der europäischen wie US-amerikanischen Zeitungen bestimmen sollte. Die *New York Times* und *Le Matin* veranstalteten nun gemeinsam ein Rennen, an dem insgesamt sechs Wagen aus vier Nationen – USA und Frankreich, Deutschland und Italien – teilnahmen. Der deutsche Teilnehmer Hans Koeppen, ein ehemaliger preußischer Offizier, startete mit seinem Protos-Wagen für die *B.Z. am Mittag*. Die Zeitungen wiederum, die das Rennen als Werbestrategie einsetzten, teilten im Rahmen ihrer transatlantischen Kooperation, wie später üblich,[206] die Exklusivrechte der Berichterstattung auf und trafen Regelungen über die Vermarktung des Events, etwa im Hinblick auf die Namensgebung des Rennens als *New York Times/Le Matin* – New York-Paris-Rennen. Der Start fand vor dem *Times*-Building statt; das Ziel war die Verlagszentrale des Pariser *Matin*.

Die Verlage nutzten dabei die Metropole als Bühne ihrer Inszenierung. Der metropolitane Raum eignete sich hierzu besonders, weil in ihm lokale, nationale und globale Symbolik verschmolzen. Die weltweite Verflechtung der Me-

---

201 Vgl. *Barzini*, Metà. Das Buch wurde innerhalb weniger Jahre in zehn Sprachen übersetzt. Vgl. exempl. *ders.*, Peking-Paris.
202 Vgl. ebd., S. 32.
203 Vgl. exempl. ebd., S. 490 ff.
204 Vgl. The Automobile Race, in: The Japan Times, 04.08.1907, S. 5; The Peking to Paris Motor Race, in: North-China Herald and Supreme Court & Consular Gazette, 28.07.1907; 05.07.1907, sowie A Dissatisfied Hero, in: North-China Herald and Supreme Court & Consular Gazette, 13.09.1907.
205 Die Ankunft des Prinzen Borghese in Berlin, in: Berliner Tageblatt, 06.08.1907, S. 8.
206 So z.B. zur Vermarktung des Fluges des Journalisten und Luftschifffahrtspioniers Walter Wellman über den Atlantik 1910. Vgl. NYPL New York Times Company Records. Adolph S. Ochs Papers. MssCol 17781, b. 56, f. 13.

tropolen wies den urbanen Zentren eine Sonderrolle zu: »Einflüsse dringen von außen über Städte in Gesellschaften ein; sie sind Tore zur ›Welt‹.«[207] Die Metropole, die gegen Ende des 19. Jahrhunderts eine Phase der »inneren Urbanisierung«[208] – als einer nachträglichen Identitätsversicherung – durchlief, erlebte gleichzeitig eine Phase der »inneren Globalisierung«[209]. Die Stadt war, wie Tim Opitz am Beispiel der architekturalen Gestaltung und öffentlichen Nutzung des Schlossplatzes in Berlin zeigt, zu einer Bühne urbaner, nationaler und globaler Einflusssphären geworden. Sichtbarer Ausdruck dieser Austauschbeziehung von lokalen und globalen Einflüssen innerhalb der Metropole waren auch solche Veranstaltungen, Feste, Paraden und Empfänge, deren spezifischer repräsentationeller Charakter hier im Fokus stehen soll. Gerade medial inszenierte Events wie das Automobilrennen zwischen New York und Paris nutzten die städtische Bühne,[210] um Informationen ›aus aller Welt‹ zu zeigen und in die urbane wie auch nationale Gesellschaft einzuführen; gleichzeitig boten sie Vorstellungen für ein potentiell globales Publikum dar.[211]

Ein solches Medienereignis im Zentrum der Metropole inszenierte der Ullstein-Verlag am 24. Juli 1908 anlässlich der Rückkehr Koeppens nach Berlin. Vor dem Verlagshaus der *B. Z. am Mittag* in der Kochstraße bereitete die Redaktion der Besatzung des Protos einen feierlichen Empfang. Die Berliner Bevölkerung, die bereits Tage zuvor über das avisierte Eintreffen Koeppens informiert worden und in großer Zahl erschienen war, bot denn auch eine beeindruckende Kulisse, wie der *Berliner Lokal-Anzeiger* schrieb:

»Während der Wagen sonst 80 Kilometer und mehr in der Stunde läuft, brauchte er bei seinem Einzug in Berlin von der Frankfurter Allee bis zum Verlagshause Ullstein fast ¾ Stunden. Dies ist bezeichnend für die kolossalen Menschenansammlungen, die den kühnen Fahrer, Oberstleutnant Koeppen, und die Mannschaft willkommen hießen. [...] Donnernde Hochrufe, Tücherschwenken und Hurras auf der ganzen Linie. [...] Endlich. Punkt 12 Uhr. Ein Brausen und Dröhnen in der Luft, ein straßenweit hörbarer, betäubender Lärm, das ganz verschmutzte, mit der Flagge des Kaiserl. Automobilclubs geschmückte Automobil, gesteuert von Koeppen, rückt langsam vorwärts ...«[212]

---

207 *Osterhammel*, S. 357.
208 *Korff*, Mentalität, S. 345f.
209 *Opitz*, S. 45. Diese Globalisierung der Metropolen zeitigte Medienereignisse, in deren Zuge die lokal verdichtete Masse – vor den Augen des global-zerstreuten Publikums – eigens zum Akteur des Ereignisses avancierte. Vgl. *Großklaus*, Medien-Bilder, S. 27.
210 Zur Metaphorik der Bühne vgl. bspw. *Blackbourn*.
211 Dazu eigneten sich, wie Philipp Müller eindrucksvoll zeigt, insbesondere die Inszenierungen großer Verbrechen und *causes célèbres*, deren Verfolgung die Zeitungen auf der ›Bühne der Stadt‹ spektakulär inszenierten, um das Publikum sodann auf der Jagd nach den Tätern einzubeziehen. *Müller*, Suche, S. 17f.
212 Ankunft des Protoswagens in Berlin, in: Berliner Lokal-Anzeiger, 24.07.1908, S. 2. Die gesteigerte Spannung wird hier in den kurzen Sätzen – zumal durch den Aspektwechsel zur Peripetie hin – beschworen.

Indem der Reporter des *Lokal-Anzeigers* hier in den Modus einer präsentischen Darstellung seiner Sinneswahrnehmungen verfällt, scheinen sich Berichterstattung und Geschehen exemplarisch im Augenblick des Eintreffens der Fahrer zu aktualisieren. Diese Simulation der ›Synchronizität‹ im dokumentarischen Stil lieferte, was der gleichzeitigen Entwicklung einer telegraphischen Nachrichtenübermittlung zur Utopie gereichte: die Illusion einer unmittelbaren Teilhabe des Lesers am Geschehen. Die Herausgeber der *B. Z. am Mittag* verstanden es, diese rhetorische Illusion eines unmittelbaren Erlebens in ihr Modell nachrichtentechnischen Fortschritts einzubinden. Doch gerade in ihrem Bemühen um ein immer größeres Maß an ›Aktualität‹ betonten die Nachrichten der *B. Z.* unablässig die Grenzen ihres per definitionem nachträglichen Wirkens.

Bereits zuvor hatte die *B. Z.* Maßstäbe gesetzt, indem sie Koeppen zu ihrem Spezialberichterstatter erhoben hatte, der beinahe täglich neue Depeschen an die Redaktion telegraphierte. Zudem folgte sie ab dem 7. Juli dem Vorbild der *New York Times*, die einen Reporter zur Begleitung der gesamten Reise abgestellt hatte. Am Tag der Durchreise in Berlin fuhren schließlich Verleger Rudolf Ullstein und der Chefredakteur der Sportredaktion der *B. Z. am Mittag*, Hans Donalies, dem Wagen der Weltfahrer in einer Eskorte entgegen, um sodann von unterwegs zu berichten. Hier ergänzten sich alsbald die Beobachtungen der Berichterstatter. Aus drei Perspektiven – der Perspektive des Fahrers, der ihn begleitenden sowie der ihn erwartenden Spezialkorrespondenten – wurden die Nachrichten des Ereignisses so immer neu geschrieben und dramatisch in Szene gesetzt. Schon die ersten Berichte über die »ungeheure[n] Menschenmassen«, die vor dem Verlagshaus der *B. Z. am Mittag* in der Kochstraße erschienen seien, um sich vermittels Extraausgaben, Aushängen und Mund-zu-Mund-Propaganda über den Fortgang der Ereignisse in Kenntnis zu bringen, waren dazu angetan.[213] Die Ein-Uhr-Ausgabe der *B. Z. am Mittag* inszenierte schließlich vor den Augen ihrer Leserschaft ein regelrechtes ›Informationsdrama‹. Dabei protokollierte sie die Stationen des Rennens bis zum buchstäblichen letzten Augenblick der Publikation: »8 Uhr 25 morgens. Passieren soeben Küstrin. Koeppen. […] 11 Uhr 5 Mnt. – vormittags. Soeben wird uns von einem unserer Berichterstatter aus der Frankfurter Allee gemeldet, daß die ersten von Müncheberg kommenden Fahrer in Sicht sind. […] ¼ 12 Uhr, vorm. […] Die Spannung hat den Höhepunkt erreicht. Tausende Augen sind nach der Ecke Koch- und Friedrichstraße gerichtet, wo der siegreiche Wagen in jedem Moment auftauchen kann.« Dies versinnbildlichte zum einen den programmatischen Anspruch des Blattes, die ›schnellste Zeitung der Welt‹ zu sein. Um Nachrichten als *erster* zu

---

213 Vgl. Die Weltumfahrer in Berlin, in: B. Z. am Mittag, 24.07.1908, S. 1 f. Die Redaktion der *B. Z. am Mittag* erschien hier als Drehkreuz des Nachrichtenverkehrs. Das Publikum wartete vor den Toren des Gebäudes auf die Neuigkeiten: »Von Zeit zu Zeit tat mancher der Wartenden einen Blick auf die Taschenuhr, ›jetzt sind sie da‹ – ›jetzt da‹ hieß es, und da mittlerweile die im Redaktionsbureau ununterbrochen einlaufenden Fernsprechmeldungen auch draußen bekannt wurden, konnte [man] die Zeit des Eintreffens genau berechnen.« Alle folgenden Zitate a. a. O.

Abb. 34: »Die schnellste Zeitung der Welt.« (1913).

liefern, bedurfte es einer ausgereiften logistischen Planung, die, wie ein Plakat der *B. Z.* aus dem Jahr 1913 werbewirksam verkündete, es möglich machte, nur acht (!) Minuten nach Redaktionsschluss mit der Auslieferung der gedruckten Exemplare zu beginnen.

Zum anderen war es Beleg einer Jagd nach Aktualitäten, die bestimmte journalistische Schreibweisen hervorbrachte. Die Darstellung der *B. Z.* erweckte den Eindruck, als ob das gerade Vergangene – ganz i. S. Luhmanns – immer noch gegenwärtig sei, als ob es (noch) interessiere und informiere. Dies war ein Charakteristikum moderner Massenmedien: »Ereignisse müssen als Ereignisse dramatisiert – und in der Zeit aufgehoben werden. In einer Zeit, die auf diese Weise schneller zu fließen beginnt. Die gesellschaftsweite Beobachtung der Ereignisse ereignet sich nun nahezu zeitgleich mit den Ereignissen selbst.«[214] Die minutengenauen Angaben der Drahtmeldungen und Telefonberichte der über ganz Berlin verteilten Reporter verliehen der Berichterstattung den mimetischen Charakter einer Reportage, die das Geschehen in seiner Prozessualität nachzeichnete. Die Reporterkorrespondenzen übernahmen dabei gleichzeitig die Schlüsselfunktion einer retro-aktiven Zeugenschaft, sie erzeugten jene ›Magie‹ des »Vor-Ort-Effekts«, von der Baudrillard schrieb, sie sei gerade dem Augen-Blick zu eigen.[215] Die Reporter der *B. Z.* agierten in der dramatischen Inszenierung des Ereignisses als Boten und berichteten dem Leser aus (auch räumlich) verschiedenen Perspektiven über Koeppens Eintreffen. Wollte man die Analogie zum Drama weiterdenken, so ließe sich ein dreigliedriger Aufbau annehmen: Der erste Akt, der aus der Perspektive Koeppens sowie der ihn eskortierenden Reporter geschrieben ist, bestünde aus der Vielzahl kurzer Drahtreporte, die offenkundig während der rasenden Fahrt Richtung Berlin entstanden. Der zweite Akt, der zunächst *vor,* dann *in* den Räumen des Verlagshauses spielt, nimmt die Perspektive der *B. Z.*-Redakteure ein, welche sich unter das wartende Publikum mischen und deren – wiederum medial induzierte – Gespräche und Mutmaßungen über den Verbleib Koeppens aus unmittelbarer Nähe belauschen, bevor sie schließlich »das ungeheure Brausen der Massen« aus der Vogelperspektive beobachten. Die letzte Etappe der Weltreisenden wird im dritten Akt, der auf den ›Höhepunkt der Spannung‹ zuläuft, thematisiert; das Protokoll der an den Wegmarken des Streckenverlaufs postierten Reporter liest sich dabei als eine Spielart dramatischer Schürzung, die genau im Moment der Klimax abbricht.[216] Die Auflösung des Geschehens sowie detaillierte Berichte über das Eintreffen der Fahrer und den Jubel der wartenden Massen verkündete die *B. Z. am Mittag* in Extrablättern sowie den Ausgaben der darauffolgenden

---

214 Luhmann, Realität, S. 40. Hierin gründete auch das nachrichtliche Pathos: »being an unpublished event of *present* interest.« Vgl. What's the News?, in: The Century. A Monthly Illustrated Magazine, Bd. 40 (1890), S. 260–262, hier S. 260.
215 Vgl. *Baudrillard,* S. 30 ff.
216 Diese – den Cliffhangern der Fortsetzungsromane analoge – Technik seriellen Erzählens vermag indes nur mehr die Differenzen zwischen Fakten und Fiktionen weiter zu nivellieren.

Tage.[217] In der *Berliner Illustrirten Zeitung*, die den Verlauf des Rennens ebenfalls unter der Rubrik »Im Auto um die Erde« von Beginn an mitverfolgt hatte,[218] erschien nur wenig später eine längere Reportage, die mit zahlreichen Fotografien unter anderem der dokumentarischen Pressefotografen Otto und Georg Haeckel versehen war.[219] Der internationale Wettbewerb wurde hier ausdrücklich als ein »Werk der Presse« bezeichnet, und dies nicht allein wegen der Idee und Organisation der Konkurrenz durch die Zeitungen, sondern eben auch aufgrund des großen medialen Interesses an einer Inszenierung des Geschehens in Sonderkorrespondenzen und Extrablättern. Der Moment, in dem Koeppen die Berliner Kochstraße erreichte, wird auch von der *BIZ* wortgewaltig beschrieben:

»Vor dem Hause [des Ullstein-Verlags, d. Vf.] wogte ein Meer von Köpfen, nichts vom Straßendamm, vom Pflaster war mehr zu sehen. […] *Da*, ein letztes Nachdrängen von der Friedrichstraße, ein Hurrarufen, das sich brausend fortpflanzt, anschwillt und das ganze Viertel erfüllt. Und dann *wird* […] das Auto *sichtbar*. Oberleutnant Koeppen […] sucht zu danken, hebt die Hand mit dem Rosenstrauß, da dringt die Masse vor und *einen Augenblick scheint es*, als ob Auto und Weltumfahrer unrettbar verloren seien, in diesem elementaren Ansturm einer begeisterten Menschenmenge, wie man sie in dieser Ansammlung, ins solchem Enthusiasmus noch nie zuvor bei irgend einer Gelegenheit in Berlin gesehen hatte.«[220]

Die Deixis des Augenblicks, die der Reporter hier *in actu* simulierte, musste sich – innerhalb des Text-Bild-Korrelats der Illustrierten – der Fotografie erwehren. Die *B.Z.* indes druckte unter den Zwängen tagesaktueller Berichterstattung lediglich eine Zeichnung des Berliner Sezessionisten Gino Ritter von Finetti ab, die den Jubel der Massen – unmittelbar *vor* Eintreffen des Protos – darstellte. Ohne den Protagonisten abzubilden, scheint es hier beinahe, als gelte die Begeisterung der Massen vor allem den Nachrichtenmachern des Ullstein-Verlags, vor dessen Türen sich das Geschehen abspielte.[221] Zeichnungen wie Fotografien blieben letztlich Ausdruck einer konsequenten medialen Selbstbespiegelung, wie sie das Medienereignis um Koeppen zeitigte.

Im Ausland wurde der Empfang der Fahrer ebenfalls mit großer Aufmerksamkeit verfolgt: Die *New York Times* brachte einen mehrseitigen Artikel, der

---

217 Vgl. Der Empfang in Berlin, in: B. Z. am Mittag, 25.07.1908, S. 1f.
218 Vgl. Im Auto um die Erde, in: Berliner Illustrirte Zeitung, 02.02.1908, S. 67f.; 09.02.1908, S. 85; 16.02.1908, S. 105–107. Zu Koeppens monographischem Reisebericht brachte die BIZ zudem eine umfangreich illustrierte Rezension. Vgl. Sechs Monate im Auto. Die Weltfahrt über 23.000 Kilometer durch drei Weltteile, in: Berliner Illustrirte Zeitung, 22.11.1908, S. 857f.
219 Vgl. Der Einzug in Berlin, in: Berliner Illustrirte Zeitung, 02.08.1908, S. 563f.
220 Ebd., S. 563f. Hervorhebungen durch den Verfasser.
221 In dieser Lesart des Medienereignisses, die einer ›Psychologie der Massen‹ i.S. Gustave LeBons Vorschub leistete, erwies sich die Zeitung realiter als »Wegweiser« und »Führer« der Massen, so *LeBon*, S. 85. Vgl. allg. *Gamper*, Masse, S. 428ff., und *Dovifat*, Handbuch, Bd. 1, S. 101ff.

Abb. 35 u. 36: »Im Auto um die Welt.« (Berliner Illustrirte Zeitung).
»Begrüßung Koeppens.« (B. Z. am Mittag).

sich vor Übertreibungen überschlug.²²² Der Pariser *Matin* war indes nüchterner und druckte ein Statement der Rennleitung ab, derzufolge Koeppens Einzug in Berlin zwar das baldige Ende des Rennens bedeutete, Koeppen aber aufgrund eines Regelverstoßes²²³ außerhalb des Klassements fahre und eine Strafe von dreißig Tagen erhalte.²²⁴ Der amerikanische Thomas-Wagen wurde so, obschon er *nach* Koeppen das Ziel in Paris erreichte, wenig später zum Sieger des Rennens erklärt.²²⁵ Dass sich an dieser Frage allerdings in der Folge des Rennens derartig die Gemüter entzündeten – die *B. Z. am Mittag* veröffentlichte eine ausführliche Protestnote, die in der *New York Times* abgedruckt wurde²²⁶ –, lag vor allem daran, dass die Zeitungen das Rennen von Anfang an als eine nationale Angelegenheit, als »un défi des nations«²²⁷, kennzeichneten, dessen imperialer Gestus im Gewand des sportlichen Wettbewerbs daherkam. Die *New York Times* betonte etwa am Tag des Starts, der Sieg müsse das erklärte Ziel des Thomas-Wagens sein: »America's hopes of winning the great race have aroused unusual enthusiasm.«²²⁸ Auch die Automobilhersteller Protos,

---

222 Wild Reception in Berlin. Hundres of Thousands Welcome the Protos. Koeppen off for Paris, in: New York Times, 25.07.1908, S. 1 f.
223 Koeppen hatte während der Durchquerung der Vereinigten Staaten seinen Protos – nach Rücksprache mit der französischen Rennleitung (so zumind. *Koeppen*, S. 150 f.) – zeitweilig aufgrund widriger Wetter- und Streckenlage per Eisenbahn transportieren lassen. Die in Führung liegende Crew des Thomas-Wagens hatte zudem den von der Rennleitung avisierten Versuch unternommen, Alaska zu durchqueren, musste dies aber aufgrund der Witterung bald aufgeben.
224 Le Tour du monde en automobile, in: Le Matin, 25.07.1908, S. 1.
225 Vgl. Thomas, Winner, Reaches Paris, in: New York Times, 31.07.1908, S. 1.
226 Vgl. Protos's Backer Claims the Race, in: New York Times, 29.07.1908, S. 1.
227 Le défi des nations, in: Le Matin, 20.01.1908, S. 1.
228 Race to Paris Starts To-Day, in: New York Times, 12.02.1908, S. 1 f.

Züst, DeDion und allen voran Thomas begriffen das Unternehmen als Chance, die eigene Konkurrenz- und Leistungsfähigkeit, die als ein Sinnbild der Nation begriffen wurde, herauszustellen. So druckte die *Times* bspw. ein Telegramm der E. R. Thomas Motor Co. ab, in der die Werke ihren Stolz über die Auslieferung des Rennwagens ausdrückten, der dabei helfen solle, »to defend America against the world.«[229] In Deutschland spekulierte die *B. Z. am Mittag* anlässlich der Rückkehr Koeppens gar über den Zusammenhang von Automobilismus und Kultur: Die großen »Revolutionen der Technik« (wozu neben dem »Fahrradverkehr« eben der »Automobilismus« und alsbald womöglich auch die »Aeronautik« zähle) seien der prägende Faktor aller »modernen Ideologie« geworden; die »Begeisterung«, mit der die Jugend das »Heldentum der Personen« und die »Technik des Werkes« bewundere, wirke dabei auf alle »Freund[e] eines frisch aufstrebenden Volkstums [...] erhebend«[230]. In einem Gedicht, das die *B. Z.* unter dem Titel »Unseren Fahrern« den heimkehrenden Piloten auf der Titelseite ihres Sportteils widmete, trägt diese Inszenierung nationaler Stärke bereits die Züge eines weltpolitischen Kalküls: Die Fahrer, die, wie der Verfasser dichtete, zum »Kampf der Wagen ausgezogen« in »Windesschnelle den ganzen Erdenball« umreisten, um als »Helden« in die »Heimat« zurückzukehren, seien getrieben, ebenso rasch wieder aufzubrechen, um sodann den Sieg zu holen: »Und so ihr kühnen Friedensreiter, / Ihr allen Fortschritts Sinnbild seid: / Kein Rasten ... Weiter, immer weiter / Der Raum ist weit und eng die Zeit!«[231]

Dieses Fortschrittsparadigma, das hier zeitgenössisch dem ›Siegeszug des Automobils‹ zugeschrieben wird, korrelierte mit einer Begeisterung für die zeitgleich erprobten neuen Techniken der Nachrichtenübermittlung. Die *New York Times* etwa, die bereits über einen reisenden Sonderberichterstatter sowie zahlreiche feste Korrespondenten entlang der Strecke verfügte, instruierte sämtliche Operatoren der auf dem Weg befindlichen Telegraphenstationen, ein standardisiertes Formular bei Eintreffen der Fahrer auszufüllen und unterschreiben zu lassen.[232] Die *B. Z.* vertraute den Drahtberichten Koeppens. Dessen Nachrichten beschränkten sich auf kurze Meldungen über seine Aufenthaltsorte, die eigentlichen Reportagen – in der *B. Z.* als »Fahrtberichte« ausgewiesen – gab er aber offenkundig als postalische Depeschen in den Bahnpostämtern am Streckenrand auf; sie wiesen durchweg eine Verzögerung von circa zwei Wochen auf. Erst als sich die Fahrer der deutschen Grenze näherten, verkürzten sich die Abstände. Noch in Erwartung des amerikanischen Wagens in Berlin klagten die *B. Z.*-Redakteure über die Grenzen ihres nachricht-

---

229 Racers Ready for Last Test, in: New York Times, 11.02.1908, S. 1 f.
230 Automobil und Kultur, in: B. Z. am Mittag, 25.07.1908, S. 1.
231 Unseren Fahrern, in: B. Z. am Mittag, 24.07.1908, S. 7.
232 How the Reports will come in, in: New York Times, 12.02.1908, S. 3. Zwischenzeitlich führten die Fahrer sogar mobile Übertragungsgeräte inklusive Operatoren mit sich. Vgl. z. B. Protos past Harbin, Thomas Following, in: New York Times, 12.06.1908, S. 1.

lichen Kommunikationsnetzes. Im Zuge der Berichterstattung gaben sie einen Einblick in die Praktiken des Redaktionsalltags:

»Über das Schicksal des deutschen Fahrers erfolgte auf unseren telephonischen Anruf von Berlin aus bald die enthusiastisch aufgenommene Aufklärung, daß er unter dem Jubel der Bevölkerung eingezogen sei. Aber über die Amerikaner war nichts zu eruieren. Wir ließen den Telegraph nach Deutsch-Krone, Küstrin und Landsberg a. d. W. spielen, aber keine Antwort erfolgte. In den kleinen Städten ist am Sonntag nur beschränkter Dienst, und ein Journalist kann bei den Verhältnissen, wie sie bei der Nachrichtenbeförderung heute noch in der Provinz bestehen, leicht in Verzweiflung geraten.«[233]

Der Ullstein-Verlag verwies gleichwohl ungeachtet aller Schwierigkeiten noch Jahre später auf den erfolgreichen Schachzug der ›Drahtreportagen‹. Die B. Z. habe schließlich, so der später leitende Redakteur Gustaf Kauder im Jahr 1927, in diesen Jahren einen eigenen Nachrichtendienst etabliert, eigene Korrespondenten ausgebildet und so zu einer Entwicklung der politischen, lokalen, aus- und inländischen Reportage beigetragen, »wie sie in solchem Umfang bis dahin in Deutschland unbekannt war. [...] Man machte sich noch nicht allenthalben klar, dass Reportage die Grundmauer der wertvollen Nachricht ist.«[234] So neuartig die Form der Berichterstattung für die Presse des Deutschen Kaiserreiches bis 1918 blieb, so üblich war sie dennoch im internationalen Vergleich, wie das Beispiel anderer Länder zeigte. Der italienische Reporter Antonio Scarfoglio berichtete als Mitglied des Züst-Teams sowohl der Londoner *Daily Mail*[235] als auch der neapolitanischen Tageszeitung *Il Mattino*.[236] Dem Pariser *Matin* gab er ebenfalls zahlreiche Interviews.[237] Freilich markierten solche Rennen die Highlights der internationalen Sportberichterstattung. Grundsätzlich aber zeitigten die Dekaden um 1900 einen rasanten Zuwachs an Beiträgen des Sportressorts, der sich auch in der redaktionellen Gliederung der Zeitung widerspiegelte. So führte die *B. Z. am Mittag* bereits 1905 ein eigenständiges Sportressort ein, das sechs Sportredakteure sowie einen eigenen Ressortleiter umfasste.[238] Quantifizierende Analysen zeigen zudem, dass der Anteil der Sportberichterstattung innerhalb des

---

233 Der amerikanische Wagen in Berlin, in: B. Z. am Mittag, 27.07.1908, S. 1 f. Indem die Journalisten – ganz im Modus medialer Selbstbeobachtung – die blinden Flecke redaktioneller Beobachtungen des Ereignisses abbilden, vermag der Leser schließlich die Position eines Beobachters dritter Ordnung zu übernehmen – und so den Blick auf die Produktionslogik des Nachrichtenbetriebes zu wagen.
234 *Kauder*, S. 193.
235 Vgl. 20.000 Mile-Race, in: London Daily Mail, 13.02.1908, S. 5; Round the World Race, in: London Daily Mail, 04.03.1908, S. 5; Car Stuck in a Marsh, in: London Daily Mail, 21.03. 1908, S. 5.
236 *Fenster*, S. 33 ff. Eines seiner Telegramme, berichtete die lokale Presse kurz darauf, zählte dabei knapp 2.000 Zeichen und kostete so den immensen Preis von 100 US-Dollar.
237 Zudem veröffentlichte *Le Matin* noch nach Abschluss des Rennens einen großen Leitartikel Scarfoglios. Vgl. Après neuf mois d'automobile, in: Le Matin, 20.09.1908, S. 1.
238 Vgl. *Groth*, Bd. 1, S. 935 f.

Blattes noch vor Beginn des Ersten Weltkrieges schon knapp ein Zehntel der redaktionellen Beiträge ausmachte; den größten Anteil von bis zu 50% aller Beiträge nahmen Sportmeldungen in den 1920er Jahren ein, danach sank die Quote allmählich wieder auf circa 15% bis 1945.[239] Zeitgleich verdoppelte sich auch der Anteil der Reportagen innerhalb des Blattes (von circa zehn auf zwanzig Prozent der Beiträge), um alsdann bis in die 1930er Jahre relativ konstant zu bleiben.[240]

Der Rausch der Aviatik: Flugschauen und Reisereportagen

Zu den großen Inszenierungen sportlicher Konkurrenz zählten um die Jahrhundertwende schließlich auch Flugschauen von Zeppelinen und Gleitflugmodellen. So hatte James Gordon Bennett Jr. bereits 1906 einen internationalen Ballon-Wettbewerb ausgerufen, dem nur drei Jahre später ein Flugzeug-Rennen folgte.[241] Neben solchen Rennwettbewerben zogen gerade die Flugversuche etwa der Wright-Brüder eine riesige Aufmerksamkeit auf sich.[242] Die Berliner Zeitungen veranstalteten zudem ab 1908 immer wieder große Zeppelin-Schauen.[243] Der ›Zeppelin-Tag‹, den die *Berliner Morgenpost* am 30. September 1909 ausrief, mobilisierte die Massen. Noch vor der Einführung von Radio und Fernsehen signalisierte die *Morgenpost* dem Publikum nahezu *live* den aktuellen Kurs des Luftschiffes mittels zahlreicher Extrablätter, vor allem aber mithilfe eines ausgeklügelten Flaggensystems, das die telegraphisch übermittelten Statusreports des Zeppelins für alle Berliner, die auf dem Tempelhofer Feld zusammengekommen waren, in weithin sichtbare Signale übersetzte.

Die *B. Z.* konterte dieses sportliche Großereignis, das hunderttausende Zuschauer anzog, nur zwei Jahre später mit dem Wettbewerb des *B. Z. Preis der Lüfte*.[244]

---

239 Vgl. *Jauss u. Wilke*, S. 79f. Sportzeitschriften gab es in Europa bereits ab 1878, wie das Beispiel der Wiener *Allgemeinen Sportzeitung* zeigt. In Berlin erschien ab 1885 Scherls Illustrierte *Sport im Bild* sowie ab 1899 die Tageszeitung *Sport im Wort*. Vgl. *Weischenberg*, Redaktion, S. 123ff. In den 1880ern etablierte die *New York World* unter Pulitzer ein eigenes Sportressort; am Ende des 19. Jahrhunderts besaßen schließlich alle großen europäischen Tageszeitungen solche eigenständigen Ressorts und beschäftigten Reporter. Vgl. *Boyle*, S. 32.
240 Vgl. *Jauss u. Wilke*, S. 70.
241 In späteren Jahren zog Pulitzer diesen Versuchen nach – vgl. *Gough*, S. 105f.
242 Der *Berliner Lokal-Anzeiger* lud Orville Wright bspw. am 03.09.1909 ein, auf dem Tempelhofer Feld eine Flugvorführung zu veranstalten, über die das Blatt dann ausführlich und in illustrierten Beilagen berichtete. Vgl. exempl. Berlins Wanderung zu Orville Wright, in: Berliner Lokal-Anzeiger, 09.09.1909, S. 1; Die Flugvorführungen Orville Wrights, in: Berliner Lokal-Anzeiger, 10.09.1909, S. 1f. Wilbur Wright war 1908 in Frankreich zur Vorführung seines Fluggeräts gewesen. Vgl. Calais-Douvres en aéroplane, in: Le Matin, 01.09.1908, S. 2.
243 Zur medialen Inszenierung der Zeppelin-Fahrten vgl. bspw. *Eckener u.a.*
244 Vgl. *Fritzsche*, Reading Berlin, S. 227–233. Die Zeitungen ließen, wie auch Fritzsche betont, das Publikum als Teil ihrer Choreographie erscheinen. Gleichzeitig pflegte gerade die Sportberichterstattung der populären Massenblätter eine Sprache der Eroberung. Vgl. *Fritzsche*, Nation of Fliers, S. 37.

Die Überquerung des Ärmelkanals durch den Franzosen Louis Blériot, der auf Geheiß der Londoner *Daily Mail* aufbrach, war ein weiteres Beispiel für die Aktivitäten der Zeitungskonzerne auf diesem Feld. Das Pariser *Le Journal* organisierte bspw. 1910/11 mit dem »Circuit Européen d'Aviation« einen internationalen Flugwettbewerb, für den Blériot umgehend als Werbeträger in Erscheinung trat.[245] Unter Henri Letellier, dem Eigentümer und Direktor des *Journals*, sowie Chefredakteur Alexis Lauze war die Zeitung ab 1903 mit weit über 700.000 Exemplaren zu den größten in Paris aufgestiegen. Das *Journal* trat in den ersten drei Dekaden des 20. Jahrhunderts als Veranstalter zahlreicher lokaler wie überregionaler Events, darunter verschiedene sportliche Wettrennen zu Wasser, Land und Luft, in Erscheinung.[246] Der »Circuit Européen« war dabei zwar auf Initiative des *Journal*, aber durchaus mit breiter internationaler Unterstützung entstanden. Der Londoner *Standard*, das Brüsseler *Le Petit Bleu* sowie die Berliner *B.Z. am Mittag* gehörten neben einem niederländischen Fachkomitee, mehreren Flugvereinen sowie kommunalen Geldgebern zu den Förderern und Koorganisatoren des Wettbewerbs. Zu den Etappen des Rennens, das vom 18. Juni bis 2. Juli 1911 dauern sollte, zählten anfangs lediglich die Hauptstädte Paris und Berlin, Brüssel und London. Später erweitere die Direktion den Parcours um Stationen in Lüttich, Utrecht, Roubaix und Calais. Die Bewerbung des Events blieb eine konzertierte Aktion. Der Ullstein-Verlag sicherte Lauze noch am 17. September 1910 zu, die Veröffentlichung seiner Teilnahme am Wettbewerb bis zum Erscheinungsdatum des *Journal*-Artikels wenige Tage später zurückzuhalten. Durch den Einstieg der Zeitungskonzerne erhöhte sich allerdings mehr als nur die publizistische Reichweite des Medienereignisses; auch das Preisgeld, das der Sieger erhalten sollte, stieg. So garantierte bereits das *Journal* 200.000 Francs, hinzu kamen weitere 100.000 Mark (125.000 Francs) von der *B.Z.* Zwischenzeitlich lag die kolportierte Summe des Preisgeldes bei über 500.000 Francs. Als sich der Ullstein-Verlag im März 1911 jedoch angesichts organisatorischer Differenzen als Veranstalter zurückzog, sank die ausgeschriebene Summe wieder: Sie lag schließlich bei 457.500 Francs. Durch den Ausstieg der *B.Z.* änderte sich vor allem die Route: Der Parcours führte die Flieger nun in neun Etappen von Paris über Belgien, die Niederlande und Großbritannien wieder in die französische Hauptstadt.[247] Das Ereignis wurde in großem Maßstab beworben. Die redaktionellen Korrespondenzen belegen eine Vielzahl an Anfragen von Druckereien und Werbeagenturen, die sich um die Vermarktung des Wettrennens bewarben. Letellier ließ bspw. außer illustrierten Postkarten und Grafiken auch Plakate drucken, die sich in Paris, Brüssel, Lüttich und an einigen anderen Stationen des Rennens auf über achtzig Stellen innerhalb des Stadtgebiets verteilten.

---

245 Vgl. Circuit International d'Aviation, in: Le Journal, 22.08.1910, S. 1.
246 Vgl. AN 8AR 439; 440.
247 So wiesen es Veranstaltungskatalog und Extrablätter des *Journal* aus. Vgl. AN 8AR 440.

Hinzu kam die aufwändige logistische Vorbereitung des Rennens: Letellier ließ in enger Abstimmung mit der Pariser Polizei das Flugfeld *Champs de Manoeuvres de Vincennes*, einen militärischen Flug- und Übungsplatz, für die Dauer der Veranstaltung sperren. Den Transfer der Zuschauer und Pressevertreter zum Flugfeld organisierte er mittels eines ständigen Omnibus-Services, die Transits der Piloten garantierten Sonderzüge. An den Rennstationen waren bereits Sonderberichterstatter einberufen, um über den aktuellen Stand des Rennens telegraphisch zu berichten, darunter so prominente Reporter wie Robert Gaillard, Ludovic Naudeau oder Édouard Helsey, die später als Kriegskorrespondenten Ruhm erlangen sollten.[248] Abseits ökonomisch-publizistischer Motive blieb den Nachrichtenmachern die politische Dimension des Rennens zentral. Dieses war als ein Friedenssignal und Zeichen der »humanité européene«[249] dazu gedacht, die europäischen Hauptstädte wieder stärker zu verbinden. Das völkerverbindende Potential der neuen Technik wird dabei expressis verbis gegen alle Vorbehalte eines neuerlich militärischen Wettrüstens in Stellung gebracht;[250] auch die ikonographische Darstellung des Wettbewerbs wird, so scheint es, vollends aus den militärischen Kontexten zeitgenössischer Rüstungspolitik gelöst, Farbgebung wie Textgestaltung indizieren vielmehr den zivilen Rahmen eines sportlichen Wettstreits. Der Hintersinn dieser aviatischen Kraftproben war gleichwohl auch und gerade im Ausland ein kontrovers diskutiertes Thema.[251] Auch außerhalb Europas zog die Aviatik ein großes Publikum an. So berichtete der amerikanische Reporter Walter Wellman 1910 für die *New York Times* und den *Daily Telegraph* erstmals von einem Transatlantikflug.[252] Bis in die 1930er Jahre waren derlei spektakuläre Flugversuche Gegenstand großen öffentlichen Interesses. Noch Heinz von Lichbergs Reportage über die ›Weltfahrt‹ der »Graf Zeppelin«[253] war Ausdruck ungebrochener Begeisterung für die Aeronautik. Die Weltreisereportagen allerdings verloren bald ihren angestammten Platz auf den vorderen Seiten der Zeitungen; exklusiv übertrugen diese Events ab der Mitte der 1920er nur mehr die Radio- und Rundfunksendeanstalten.[254]

---

248 Vgl. Les Partants pour Paris-Liège, in: Le Journal, 18.06.1911, S. 4 (Paris – *Gaillard*); Les Arrivés à Liège, in: Le Journal, 20.06.1911, S. 1 (Lüttich, später: Utrecht, Roubaix, Calais – *Helsey*); Un Triomphe de l'Aviation française, in: Le Journal, 04.07.1911, S. 1 (London – *Naudeau*); Le Classement, le liste de prix, in: Le Journal, 10.07.1911, S. 1. Zudem zeigen Aufnahmen einer – das Rennen begleitenden – Filmproduktion den Gang des Rennens während der ersten Etappen.
249 L'Aéroplane – Engin de Paix, in: Le Journal, 21.08.1910, S. 1.
250 Vgl. La leçon de la guerre, in: Le Journal, 18.07.1911, S. 1.
251 Vgl. exempl. The Competing Airmen, in: The Times, 07.07.1911, S. 8; Aviatische Zweifel, in: Berliner Tageblatt, 18.06.1911, S. 5.
252 Zwischen dem 15. und 20. Oktober 1910 berichtete die *New York Times* über den bereits wenige Tage nach dem Abflug gescheiterten Flugversuch Wellmans in ausführlichen Korrespondenzen.
253 Vgl. Der Berliner Scherl-Verlag entsandte Lichberg 1930 als Sonderberichterstatter, der über die Weltreise mit dem LZ 127 in Fotoreportagen berichtete. Vgl. *Anonymus*, Zeppelin.
254 *Heitger*, S. 145f.

Das Bild des Reporters als eines Abenteurers und Hasardeurs, dessen Jagd nach (sportlichen) Rekorden die mediale Berichterstattung um die Weltreisen bestimmte, war das Ergebnis gezielter Werbestrategien, an der die großen Zeitungskonzerne, wie das Beispiel des Weltrennens von Bly und Bisland zeigte, ebenso großen Anteil hatten, wie die Reporter selbst, die sich – wie die Weltumwanderer Kögel, Schwiegershausen, Fraser, Londonderry, Stevens oder Papillaud – in Szene zu setzen verstanden. Darüber hinaus traten die Zeitungen zunehmend als Veranstalter von (Medien-)Ereignissen in Erscheinung; insbesondere Sportevents eigneten sich für internationale Verlagskooperationen. Auf der Bühne der Metropole inszenierten die Nachrichtenmacher die *stunts* ihrer Reporter. Manchmal erfolgten diese eigeninitiativ, häufig schienen sie nahezu vollständig verlegerischen Interessen zu gehorchen. Die Konkurrenz auf dem Zeitungsmarkt, welche die Dekaden um 1900 prägte, beförderte diese Praxis. Gleichzeitig brachte der Siegeszug des Neuen Journalismus eine neue Form der Vermarktung von Stars. Dass der Reporter als Spezialberichterstatter oftmals selbst zum Gegenstand des Interesses wurde, stand sinnbildlich für Stil und Gestus dieser Nachrichtenproduktion. Als Augenzeuge, als der er sich auch sprachlich in den *stunt*-Reportagen inszenierte, prozessierte er die prekäre Grenzziehung zwischen *fact* und *fiction*. Dabei bediente er sich sowohl klassischer Reiseerzählungen als auch neuerer Formen der Reportageliteratur. Die stärker handlungszentrierten, präsentisch gehaltenen Beobachtungen der Reportagen kontrastierten die Erzählungen klassischer Reiseberichterstatter. Im Zuge dessen ließen sich stilistische Anleihen genuin literarischer Schreibweisen und -genres – von Epik über Lyrik bis hin zur Dramatik – nachweisen.

Gleichzeitig offenbarten die Reportagen, in ihrem offenkundig autoreflexiven Zug in auffälliger Weise die Grenzen und Muster eines imperialen Blickes auf die Welt. Die Reporter waren als Exponenten der westlichen Hemisphäre in ihren metropolitanen Vorstellungen eines Welterlebens gefangen. Blys Rennen, die Streifzüge der Sportlerreporter, vor allem aber die kolonialen Explorationen vermaßen in stereotyper Weise und im Rekurs auf exotistische Vorstellungen den Globus. Der *New Journalism* war ein Promotor dieser modernen Bespiegelung und eines urbanen Masternarrativs, das sich im Anschluss an Gayatri Spivak als Strategie des ›worlding‹ lesen ließe.[255]

---

255 So auch *Roy*, Urbanism. Vgl. dazu *Spivak*, S. 228.

5.3 Globale Explorationen:
Die Metropole und die Eroberung des Weltreichs –
Expeditionen *in Darkest Africa* (1870–1890)

Grenzerfahrungen: Meldungen von der Peripherie

In einer Zeit, in der die meisten – von den metropolitanen Zeitungen ebenso intensiv begleiteten wie tatkräftig unterstützten – Weltreisen bereits touristischen, sportlichen oder kommerziellen Interessen unterlagen, fand die geographische Erforschung der letzten weißen Flecken auf der europäischen Weltkarte große Aufmerksamkeit. Insbesondere die lange Jahrhundertwende war ein Zeitalter globaler Entdeckungsreisen. Dabei ist in der neueren Forschung gerade der Zusammenhang von wissenschaftlicher Exploration und machtpolitischer Expansion besonders hervorgehoben worden.[256] Freilich ist der Konnex zwischen Expansion und Exploration bereits älter: »Reisen nach Übersee und der Wille zu Landnahme und Kolonisation waren seit Kolumbus zwei Seiten ein und derselben Medaille.«[257] In der Verwissenschaftlichung der Geographie aber lag ein Schlüssel zur Neufundierung des Explorativen. Das Erbe der klassischen Forschungs- und Entdeckungsreisen blieb in Europa nur solange wach, wie es noch weiße Flecken zu erschließen gab.[258] Die Entdeckung *unerschlossener* Gebiete wich sukzessive einer immer stärkeren Differenzierung des bereits *Erschlossenen* in Formen des Experiments, die ihrerseits gerade »im Erschlossenen Unerschlossenes aufzuschließen«[259] vermögen. Die Reporter-Streifzüge der Jahrhundertwende, die allzu häufig den Gestus der Entdeckungsreise transportierten, erkundeten, so besehen, nur ganz selten unbekanntes Terrain; die sog. Explorationen der großstädtischen Unterwelten waren im Kern eher Grenzgänge eines hermetisch abgesicherten bürgerlichen Erfahrungshorizonts als Ausdruck wirklicher Entdeckungsreisen. Sie waren vielmehr das Modell einer experimentellen Überprüfung etablierter Weltwahrnehmungen, die sich aus dem Schatz kollektiver Wissensvorräte speisten.

In der spielerischen Irritation und Unterminierung (mitunter auch der stereotypen Affirmation) solcher Wahrnehmungen und Erwartungshaltungen des Publikums prägten die Berichte und Reportagen der Zeitungsreporter die metropolitane Nachrichtenkultur in ihrem Oszillieren zwischen Fakten und Fiktionen. Die der anthropologischen *enquête* verwandte Methodik einer empirischen (Neu-)Erkundung und (Wieder-)Durchdringung des großstädtischen Raumes richtete sich an durchweg alltäglichen Orten und konventionellen Praktiken aus. Der *urban explorer* war so vor allem eine diskursive Konstruktion.

---

256 Vgl. *Gascoigne*; *Stafford*; *Fernandez-Armesto*.
257 *Osterhammel*, S. 1166. Vgl. allg. *Reinhard*.
258 Vgl. *Ahrens*, S. 115f.
259 Ebd., S. 104.

Im Fall einiger weniger auswärtiger Explorationen, insbesondere weltreisender Spezialberichterstatter, avancierten Reporter allerdings auch noch im buchstäblichen Sinne zu ›Entdeckungsreisenden‹. Dies war für die Phase der langen Jahrhundertwende durchaus charakteristisch. Denn die Jahre um 1900 verhießen als die *erste* Phase der Verwissenschaftlichung der Exploration zugleich das *letzte* große Zeitalter der Entdeckungen.[260] Zahlreiche Forschungsexpeditionen nahmen unter politischer Förderung und auf Geheiß geographischer Gesellschaften die Suche nach den letzten unbekannten Flecken der Erde auf. Dabei blieb die Evolution der Technik *der* Katalysator der Welterschließung. Infolge der 1847 gescheiterten Franklin-Mission zur Entdeckung der berühmten Nordwestpassage brachen bis zur Durchquerung der Arktis durch Roald Amundsen 1905 gleich ein Dutzend weiterer hoch professionell ausgerüsteter Expeditionen in Richtung des Polarmeers auf.[261] Die Nordpolmission unter Leitung des Norwegers Nansen (1893–95) bzw. Scotts und Amundsens Wettrennen zum Südpol (1910/12) sind Zeugnis dieser Entdeckereuphorie gegen Ende des 19. Jahrhunderts, die sich in der ebenso intensiven wie emotionalen massenmedialen Berichterstattung widerspiegelte. Auch die Erforschung der Weltmeere war spätestens Anfang der 1870er Jahre Gegenstand der Explorationsbegeisterung geworden.[262] Die Suche nach den ›Geheimnissen‹ der Erde, die der amerikanische Forscher Anthony Fiala noch 1907 als das ultimative Ziel seiner Reisen auslobte, verlieh diesen Unternehmungen ein geradezu mystisches Potential.[263] Obschon der heroische Typus des Einzelreisenden die absolute Ausnahme bildete, eignete sich dieser zur Figuration des Entdeckers ganz besonders. Dieser Mythos des Entdeckers war, wie das Beispiel der kolonialen Explorationen zeigt, in den populären (Bild-)Medien überaus wirkmächtig.

Unter allen Entdeckungsreisen wurde insbesondere solchen, die der Erschließung Afrikas galten, große Beachtung zuteil. Gerade Reisen in die Tiefen des ›Dunklen Kontinents‹ boten, wie Patrick Brantlinger feststellt, eine eigene ›narrative Faszination‹ und waren gleichermaßen schlagzeilen- wie verkaufsschlagerträchtige Lektüre.[264] Die Popularisierung dieser Phantasien von der außereuropäischen Welt zeigte sich wesentlich von den (Zerr-)Bildern imperialer Entdeckungsreisen bestimmt.[265] Dem Topos einer »Eroberung der Erde«[266] schrieben zeitgenössische Anthologien die Hegemonie des weißen männlichen Exploratoren und Kolonialisten gegenüber der indigenen Bevölkerung ein. Eine

---

260 Vgl. *Osterhammel*, S. 132.
261 Vgl. *Munz-Krines*, S. 78.
262 Vgl. exempl. *Ruppenthal*.
263 *Riffenburgh*, S. 33 f.
264 Vgl. *Brantlinger*, S. 180. Zur Afrika-Faszination und seiner Inszenierung in populären Medien, Völkerschauen und Weltausstellungen der Kolonialmächte vgl. allg. *Ciarlo*; *Evans*, Empire; *Hall u. Rose*.
265 *Driver*, Geography, S. 5.
266 Vgl. exempl. *Alberti-Sittenfeld*.

stereotype Exotik des Fremden sowie ein Hauch des Abenteuers waren konstitutive Bestandteile solcher Erzählungen.

Die Nachrichtenlage aus weiter entfernten Weltregionen war in Europa und den USA durch den raschen Ausbau des Telegraphennetzes zwar um 1870 bereits deutlich besser als noch zehn Jahre zuvor, viele Regionen, insbesondere das afrikanische Festland, aber waren nach wie vor (auch nachrichtentechnisch) weithin unerschlossenes Terrain. Die einzige Möglichkeit, sich über diese Entfernung zu verständigen, blieb noch Jahrzehnte lang der Briefweg. Dies wiederum bedeutete, dass Nachrichten, wie die des britischen Entdeckungsreisenden David Livingstone aus dem Inneren Afrikas Ende der 1860er Jahre mitunter bis zu ein Jahr später in Europa eintrafen. Dennoch war es erstaunlich, wenn, wie im Fall Livingstones, über mehrere Jahre hinweg keinerlei Nachrichten mehr in die Heimat vordrangen.

David Livingstone, 1813 im schottischen Blantyre bei Glasgow geboren, war bereits in den 1830er Jahren als Missionar und Arzt für die *London Missionary Society* nach Südafrika gereist.[267] In der Folge war Livingstone, der aufgrund seiner persönlichen Disposition sowie eingeschränkter Forschungsmittel lediglich an der Seite weniger, ihm ergebener Einheimischer – und eben keiner großen Expedition (inklusive Mitarbeitern, Trägern und bewaffneten Dienern) – durch Afrika reiste, spätestens nach seiner Durchquerung des Kontinents von der Atlantik- zur Pazifikküste (1854–1856) die international ebenso berühmte wie schillernde Ikone der Afrika-Exploration geworden.[268] Seine Reiseskizzen *Missionary Travels and Researches in South Africa* (1857) zementierten diesen Status endgültig.[269] Seine Mission zur Erforschung der zentralafrikanischen Wasserscheide sowie der Quellen des Nils hatte Livingstone schließlich im Auftrag der *Royal Geographical Society* 1866 aufgenommen; bis 1870 aber war kein Lebenszeichen des Forschungsreisenden in Europa empfangen worden, und so blieb es kaum aus, dass Livingstone, um den sich bereits zahlreiche Mythen und Gerüchte rankten, von der Presse mehrfach für tot erklärt wurde.

Die Suche nach dem verschollenen Entdecker war ein idealer Stoff für die Sensationspresse. James Gordon Bennett Jr., der Besitzer des *New York Herald*, dessen Gespür für *scoops* in den Vereinigten Staaten rasch sprichwörtlich wurde, nahm sich, so kann man noch in der Biographie des ehemaligen *World*-Redakteurs Carlos C. Seitz lesen, der Story an und beauftragte seinen Reporter Henry Morton Stanley mit der Suche. Unter Berufung auf Stanleys Reiseskizzen und dessen spätere Autobiographie wird die Episode bei Seitz (und vielen späteren Biographen[270]) zu einer der Urszenen des Neuen Journalismus; dabei erscheint der Verleger als Initiator eines kalkulierten Medienereignisses:

---

267 Zum Folgenden vgl. *Ross*, S. 27 ff.
268 Vgl. *Bennett*, S. XVIII f.
269 Vgl. *McLynn*, Bd. 1, S. 92.
270 Vgl. exempl. ebd., Bd. 1, S. 90 f.

»Mr Bennett asked me, ›Where do you think Livingstone is?‹ – ›I really do not know, sir.‹ – ›Do you think, he is alive?‹ – ›He may be, and he may not be!‹ I answered. – ›Well, I think, he is alive, and that he can be found, and I am going to send you to find him.‹ – ›What!‹ said I. ›Do you really think I can go to Central Africa?‹ – ›Yes; I mean that you shall go and find him wherever you may hear that he is, and to get what news you can of him [...].‹ – ›Have you considered seriously the great expense you are likely to incur on account of this little journey? [...] I fear it cannot be done under £ 2500.‹ – ›Well, I will tell you what you will do. Draw a thousand pounds now, and when you have gone through that, draw another thousand, and when that is spent, draw another thousand, and when you have finished that, draw another thousand, and so on; BUT FIND LIVINGSTONE.‹«[271]

Tatsächlich dürfte diese Begegnung kaum in der zitierten Form stattgefunden haben.[272] Wahrscheinlicher ist es, dass Stanley selbst, der bereits Jahre zuvor von der Absicht, Livingstone nachzufolgen, gesprochen hatte, die Initiative an Bennett herantrug, jedoch zugunsten seines ebenso exzentrischen wie egomanen Verlegers auf spätere Meriten verzichtete.[273] Als Sohn eines New Yorker Zeitungsmoguls und Gründers des *Herald* war dieser ab 1866 zum Herausgeber des Blattes aufgestiegen; ab 1877 leitete Bennett, infolge verschiedentlicher Eskapaden in der New Yorker Society stigmatisiert, den *Herald* weitgehend aus dem Ausland. Von Paris aus korrespondierte er über die Transatlantikverbindung mit der New Yorker Zentrale. Bis zu seinem Tod 1918 konnte sich der *Herald* so als eines der erfolgreichsten New Yorker Blätter auf dem Markt halten.

Stanley wiederum war spätestens im Zuge der Livingstone-Mission zum Star-Reporter des *Herald* aufgestiegen. Nach ersten kürzeren Aushilfstätigkeiten hatte er 1867 als Korrespondent des *St. Louis Democrats* (der Konkurrenz zu Pulitzers *Post-Dispatch*) für einen wöchentlichen Lohn in Höhe von 15 Dollar seine Laufbahn begonnen, wie er in seinem Notizbuch vermerkte.[274] In seiner Autobiographie gab Stanley indes zu Protokoll, er habe durch diverse zusätzliche Beiträge, unter anderem für den *St. Louis Republican* oder die *Chicago Tribune*, seinen Verdienst rasch auf circa 90 Dollar pro Woche erhöhen können.[275] Als Berichterstatter der Indianerkriege hatte sich Stanley so bereits einen Namen gemacht, bevor er kurz vor dem Jahreswechsel 1867/68 nach New York aufbrach, um sich beim *Herald* als Reporter zu bewerben.[276] In seinem Tagebuch dokumentierte Stanley minutiös seine ersten Stationen als Spezial-

---

271 *Seitz*, S. 278 f. Vgl. *Stanley*, Livingstone, S. 3 f.
272 *Jeal*, S. 65 f.; 75 f.
273 Zu Bennetts megalomanem Charakter vgl. ausführlich *Seitz*, S. 214 ff.
274 »March 27th 1867: Became Correspondent of the St. Louis Dispatch @$15 per week.« Vgl. RMCA HMS-Archives No. 1: Notebook 1866 to 1870 Notes. n. p.
275 *Stanley*, Autobiography, S. 227.
276 »Dec. 15th 1867: New York City.« RMCA HMS-Archives No. 1: Notebook 1866 to 1870 Notes. n. p.

berichterstatter.[277] So berichtete er zunächst ab 1868 für den *Herald* aus dem sog. Abessinien-Krieg, den die Briten gegen den äthiopischen Kaiser führten. Die entscheidende Attacke der Briten gegen die Festung Magdala, in der Kaiser Theodorus mehrere britische Geiseln gefangen hielt, erfolgte am 15. April. Stanley, der seine *Reports* umgehend zur Telegraphenstation nach Suez bringen ließ, lieferte dabei als einer der ersten ausführliche Berichte des Geschehens: Nachdem Meldungen über den Vormarsch der Truppen wegen einer Unterbrechung der inländischen Telegraphenverbindung lange unbestätigt geblieben waren,[278] konnte der *Herald* am 27. April exklusiv die ersten Details vom Ausgang des Gefechts vermelden.[279] Stanleys Reporte waren so neben den offiziellen Telegrammen des britischen Generals Napier sowie zwei kurzen Meldungen über den britischen Sieg aus der Feder des *Times*-Korrespondenten, die am selben Tag gen London übermittelt wurden, über mehrere Tage die einzigen Auskünfte über den Ausgang des Krieges, die Großbritannien erreichten.[280] Der *scoop* einer *detaillierten* Schilderung des Geschehens gehörte dem *Herald*, zumal wegen eines neuerlichen Bruches des Transatlantikkabels über Wochen keine näheren Informationen aus Nordafrika nach Europa hinüberdrangen.[281] Stanleys emotionsgetränkte Darstellung der Kriegserlebnisse kolportierte – ausdrücklich gegen die Agenturmeldungen der Briten – mehr als nur eine Skizze des Angriffs der britischen Strafexpedition und des Selbstmords des geschlagenen Herrschers: Aus der ›Innensicht‹ eines in Auflösung begriffenen Fürstenreichs inszenierte der Reporter vielmehr den Blick hinter die Kulissen des Geschehens:

277 Vgl. Journal, Summary 1867. RMCA HMS-Archives No. 2: 1868 Journal (1868–1870). n. p.
278 Vgl. Telegraphic News. – Abyssinia, in: New York Herald, 21.04.1868, S. 7. Bis zum Erscheinen der ersten Stanley-Depeschen zitierte der *Herald* lediglich den aktuellen Pressestand. Anfangs war dieser der Konkurrenz öfters zuvorgekommen. Vgl. News of the Week, in: The Spectator, 07.03.1872, S. 3.
279 Vgl. Telegraphic News. – Abyssinia, in: New York Herald, 27.04.1868, S. 7.
280 Vgl. Glorious Victory of the British Troops, in: London Standard, 27.04.1868, S. 3;5; Latest Intelligence, in: The Times, 27.04.1868, S. 12; The End of Theodore, in: Pall Mall Gazette, 27.04.1868, S. 1.
281 Der *New York Herald* inszenierte diesen Umstand als Triumph der amerikanischen Presse: »The English press has been again beaten upon its own ground, and this time worse than ever before.« Vgl. Europe. The Herald's Abyssinian Telegrams sent all over England, in: New York Herald, 12.05.1868, S. 10. Die ersten umfänglichen *britischen* Korrespondenzen erreichten London am 18. Mai 1868. Vgl. The Abyssinian Expedition, in: The Times, 18.05.1868, S. 9f. Der *New York Herald* druckte wenige Tage später ebenfalls eine ganzseitige Reportage. Indes muss der bisherigen Legendenbildung, Stanley habe mehrere Tage vor der Konkurrenz die *einzigen belastbaren* Meldungen über den Ausgang des Gefechts geliefert, entschieden entgegen getreten werden. – Vgl. exempl. *Jeal*, S. 72: »His [= Stanley's, d. Vf.] reports reached London many days ahead of the official despatches and those of his rivals.« – Die Bestätigung der Fakten erfolgte noch am selben Tag von offizieller Seite; auch die Depeschen des *Times*-Korrespondenten waren gleichzeitig – am 25. April 9^{00} Uhr – (via Malta) aus Alexandria in London eingetroffen!

»Passing through the treasure houses, the Chamber of Horrors, the distilleries and the royal palace, your correspondent returned to the spot where lay the corpse of Theodoras. He was surrounded by a furious mob of officers and men, who conducted themselves in the most unseemly manner, hustling each other rudely and pushing one another violently, soon as Magdala had surrendered to British pluck in their eagerness to possess a piece of Theodoras' blood stained shirt. It seems that this mania had suddenly taken possession of both officers and men. I saw the quartermaster General struggling with a private for a piece, and the NEW YORK HERALD's correspondent, following suit, purchased a piece a foot long and two inches wide for a dollar.«[282]

Als Korrespondent, der sich als Auge und Ohr des neugierigen Publikums – hier gar als voyeuristischer ›Schlachtfeldtourist‹ – gerierte, trat Stanley an anderer Stelle zugleich als Botschafter des *Herald* in Erscheinung. Sein Status als Reporter sicherte ihm Zugang zu exklusiven Anlässen und lokalen Berühmtheiten. Eine solche Form des Berichtens ließ Stanley rasch Karriere machen. Der *Herald* pries die Reportagen seines Korrespondenten gegenüber der Konkurrenz als »highly interesting narrative«[283]. Der Schrecken des Krieges »subsequently witnessed by day and night in the place« werde auf diese Weise authentisch wiedergegeben: »Our readers will not fail to perceive the superiority in style, completeness of arrangement and diction which our special record possesses over the English newspaper accounts of the same event published a few days since.«

Unmittelbar nach diesem *scoop* gab Bennett dem neuen Star-Reporter eine Festanstellung.[284] Infolge eines Wechsels in der Leitung des Londoner *Herald*-Büros, das Stanley von nun an entsandte, unterzeichnete dieser Anfang März einen neuen Kontrakt, der ihm 400 Pfund per annum (circa 2000 Dollar) garantierte.[285] Über seine Verdienste gab Stanley freilich widersprüchliche Auskünfte. In mehreren Briefen an seine Verlobte Katie Gough-Roberts schrieb er, er habe schon in den ersten Monaten als Reporter über 350 Pfund verdient, habe überdies rund 5000 Pfund auf der Bank und besitze eine Immobilie im Mittleren Westen.[286] Hier zeigte sich in ersten Ansätzen Stanleys entschiedener Wille zur Selbstinszenierung und dabei gerade das Potential eines, wie Frank McLynn schrieb, ›pathologischen Lügners‹. Stanley war »zugleich Schöp-

---

282 Zu Stanleys detaillierter Korrespondenz: Abyssinia, in: New York Herald, 03.06.1868, S. 4.
283 Miscellaneous, in: New York Herald, 03.06.1868, S. 6. Alle folgenden Zitate a.a.O. – An anderer Stelle lobte der Verleger Stanleys »vast superiority in style of writing, minuteness of detail and graphic portrayal of effect« gegenüber der Konkurrenz. Vgl. Abyssinia, in: New York Herald, 03.06.1868, S. 4.
284 Vgl. Journal, 27./28. Juni 1868. RMCA HMS-Archives No. 2: 1868 Journal (1868–1870). n.p. Vgl. dazu *Jeal*, S. 72; *McLynn*, Bd. 1, S. 68 f.
285 So schon *Seitz*, S. 277. Vgl. Journal, 02. März 1869. RMCA HMS-Archives No. 2: 1868 Journal (1868–1870). n.p. [Der Wechselkurs (£ in $) schwankte zwischen 1:6,5 (1868) und 1:5 (1878).]
286 Vgl. *McLynn*, Bd. 1, S. 88 f.

fung der Medien« wie auch »ein virtuoser Nutzer ihrer Möglichkeiten«.[287] Er hatte, noch bevor er über Stationen in Suez, Alexandria und Kairo sowie einzelne Rundreisen durch Russland, Persien und Britisch-Indien[288] 1870 den Auftrag zur ›Entdeckung‹ Livingstones aufnahm, eine Fassade an Halbwahrheiten und Geheimnissen aufgebaut, die er zur Kultivierung seines eigenen Mythos als amerikanischer Reporter in den darauffolgenden Jahrzehnten nachhaltig in Erinnerung zu rufen verstand.

Die Identität des Star-Reporters

In den Briefen an Katie Roberts, die Stanley aus Suez schrieb, offenbarte er schon früh seine tatsächliche Lebensgeschichte.[289] Dem Bild des US-amerikanischen Vorzeigereporters und Helden des *Civil War*, das er später gern von sich zeichnete,[290] stand hier ein gänzlich anderes gegenüber. Stanley war unter dem Taufnamen John Rowlands als das uneheliche Kind eines Bauern in Denbigh, Wales, geboren und in ärmlichen Verhältnissen aufgewachsen. Seine Jugend war durch die Erfahrung von Gewalt, Ablehnung und Vernachlässigung im eigenen Elternhaus geprägt. Bereits im Alter von sechs Jahren kam er in ein Arbeitshaus, aus dem er 1858 als Siebzehnjähriger floh, um in Liverpool auf einem nach New Orleans segelnden Schiff anzuheuern. Dort arbeitete er einige Monate für den aus Cheshire stammenden Kaufmann Henry Hope Stanley, der ihn schließlich adoptierte. Nach seiner kurzzeitigen Teilnahme am Amerikanischen Sezessionskrieg kehrte er 1862 nach Liverpool und ins heimische Denbigh zurück, bevor er über verschiedene Stationen in den Vereinigten Staaten schlussendlich den Weg nach New York einschlug.[291] Um die Identität Stanleys, der das Image des amerikanischen Helden pflegte, gab es indes früh Anlass zu Spekulationen. In einem Interview mit der *New York Sun*, die unter Verleger Charles A. Dana in diesen Jahren zur großen Konkurrenz des *Herald* avancierte, gab Louis Noe, ein Weggefährte Stanleys aus Zeiten der Sezessionskriege – kurz nach dessen Rückkehr von der Livingstone-Mission – Details aus dessen Vorleben zu Protokoll.[292] Indem Noe Stanley mehrfach der Unwahrheiten bezichtigte und dessen walisische Abstammung vermittels Fotografien zu beweisen vermochte, rückten, wie die *Sun* voller Genugtuung schrieb, auch die über-

---

287 *Eggert*, S. 289.
288 Vgl. RMCA HMS-Archives No. 3: Pocket Notebook (22.10.1868-März/April 1870). n.p.
289 Vgl. RMCA HMS-Archives No. 144: HMS an Katie Roberts, London, 22.03.1869.
290 Zur Stilisierung als Held des Amerikanischen Bürgerkrieges ließ sich Stanley sogar in Offiziersuniform fotografieren, obschon er lediglich kurz auf Seiten der Konföderierten Armee sowie (nach der Niederlage der Südstaatler bei Shiloh) vorübergehend kriegsgefangen nochmals wenige Wochen auf Seiten der Unionisten in Diensten stand. Vgl. dazu *Hall*, S. 123 ff.
291 Vgl. *Jeal*, S. 17–55.
292 Vgl. Henry Stanley's Exploit, in: The Sun, 29.08.1872, S. 1.

lieferten ›Heldentaten‹ des Entdeckers grundsätzlich in Zweifel. Der Artikel erschien in der Hochphase einer ersten großen, internationalen Kontroverse um die ›Authentizität‹ der Medienfigur Stanley und seiner Entdeckungen.

Hoax? Der Pressekrieg um die Livingstone-Expedition 1872

Stanley war im Auftrag des *New York Herald* im Januar 1871 nach Zanzibar gekommen. Er begann seine Mission ins Innere Afrikas am 21. März.[293] Sein Auftrag galt dabei im doppeltem Sinne der ›Aufklärung‹. Denn auf der Suche nach Livingstone wandelte er zugleich auf weithin unerforschtem Gebiet, war doch der Dschungel Zentralafrikas den europäischen Geographen nach wie vor eine *terra incognita*.[294] Die *Royal Geographical Society* hatte zu diesem Zweck ebenfalls eine Suchexpedition entsandt, die sich jedoch letztlich zum Ärger der Briten dem amerikanischen Reporter geschlagen geben musste. Für Stanleys zweite Afrikamission (1874–1877) hatte alsdann der *Daily Telegraph* die Finanzierung von circa 6000 Pfund übernommen und war so dem *Herald*, der sich nur widerwillig, in der Hoffnung auf einen neuerlichen *scoop*, beteiligte,[295] zuvorgekommen. Auf dieser Mission inszenierte sich Stanley bereits als legitimer Erbe des kurz zuvor verstorbenen Afrikaforschers Livingstone, der sich vorrangig der Exploration der Nilquellen verschrieb. Doch schon als Stanley am 10. August 1872 im *Herald* mit der Verkündung der ›Entdeckung‹ Livingstones sein Denkmal zu errichten begonnen hatte,[296] war Bennetts Aversion gegen den Ruhm seines Star-Reporters offenkundig geworden. Die Vorlesungsreisen, die Stanley 1872/73 durch die USA begann, kommentierte der *Herald* mit derartig beißender Kritik, dass diese nach nur wenigen Wochen ein vorzeitiges Ende fanden.[297] Noch größeres Ungemach drohte Stanley von der publizistischen Konkurrenz. Unter Berufung auf verschiedentliche Expertenaussagen stellte die internationale Presse die Darstellungen des *Herald*-Reporters rasch generell in Frage. Mitte Juli druckte der *Herald* erste Stellungnahmen, in denen sich Stanley zum Erfolg seiner Exploration äußerte.[298] Dies wiede-

---

293 Vgl. *Stanley*, Livingstone, S. 62.
294 Vgl. *Driver*, Geography, S. 117f. Die Karten John S. Kelties, des Bibliothekars der RGS, in der Contemporary Review, Bd. 57, Nr. 1 (1890), S. 126–140, illustrieren dies eindrucksvoll.
295 Vgl. *McLynn*, Bd. 1, S. 238f.
296 Die stilisierte Begrüßung des Entdeckers – »Mr. Livingstone, I presume.« – avancierte in der Folge zum viel zitierten Topos. Vgl. The Road to Ujiji, in: New York Herald, 10.08.1872, S. 3; 6. Die Begegnung, die Stanleys Briefen zufolge am 10. November 1871 stattfand, lag indes zu diesem Zeitpunkt bereits viele Monate zurück. Erste Auskünfte über den Erfolg der Mission erreichten die New Yorker Zeitungen am 15. Juli 1872. Im Deutschen Reich wiederum rühmte man nur wenig später: Eine große Zeitungsthat, in: Die Gartenlaube, Jg. 20, Nr. 39 (1872), S. 642f.
297 Vgl. Africa. Mr. Henry M. Stanley's First Lecture, in: New York Herald, 04.12.1872, S. 3.
298 Vgl. Livingstone, in: New York Herald, 15.07.1872, S. 5.

rum nahm der angesehene Berliner Geograph Richard Kiepert zum Anlass, am 20. Juli 1872 in der *Gegenwart* die »Echtheit« der Korrespondenzen in scharfen Worten anzuzweifeln:

»[P]lötzlich überrascht ein Yankee-Reporter die ganze civilisirte Welt mit der Nachricht – [...] ich glaube nachweisen zu können, daß [sein Bericht, d. Vf.] einfach erlogen ist. [...] Alles hat zuerst die Bureaus des ›Herald‹ passieren müssen, bevor es sich dem kritischeren Europa zeigen durfte. Was Stanley über seine Reise bis Ubdschidschi erzählt, dürfen wir ihm glauben, weil wir es auch aus anderen Quellen wissen. [...] Was er aber über des Doktors bisherige Reisen zu berichten weiß, das hat sich der Yankee aus dessen schon längst bekannten Briefen zurechtgedrechselt und zwar auf recht ungeschickte Weise. [...] Es sollte mich gar nicht wundern, wenn Livingstone doch verschollen wäre, wenn Stanley ihn nie und nimmer gesehen hätte und ihn die weiteren Reisen [von denen Stanley so widersprüchlich berichtete, d. Vf.] nur machen ließe, um sagen zu können: Er ist nach unserem Zusammentreffen umgekommen.«[299]

In Kieperts Kritik spiegeln sich die Vorurteile des wissenschaftlichen Experten gegenüber dem genuin populärwissenschaftlichen Impetus des Journalisten. Ausführlich wird hier über Fachvokabular und Hypothesenbildung des geographischen Laien Stanley geurteilt; gleichzeitig aber wird in der Kritik argumentativer Stringenz und narrativer Inkonsistenzen auch eine grundsätzliche, nationalistisch anmutende und kulturanthropologisch argumentierende Skepsis gegenüber dem amerikanischen Reporterwesen offenbar. Die Einschätzung des Fachexperten wird in der Folge zum geeigneten Anlass, die Glaubwürdigkeit des Journalismus im Allgemeinen zu problematisieren. In solchen Debatten schienen, wie Felix Driver konstatiert, die Parallelen zwischen wissenschaftlichen und kunsttheoretischen Diskursen auf. Der Sensationsreporter erschien im Gewand des populären Schriftstellers.

»Such responses resemble the reaction of the literary establishment to the ›sensation novels‹ of the same period; the use of the term [sensationalism, d. Vf.] reflected a similar anxiety about the relation between the craft of the specialist (novelist or geographer) and more popular traditions (melodrama or reportage).«[300]

Den *Herald*, der noch am 25. Juli ein ungeteilt positives internationales Presseecho abdruckte,[301] erreichten Kieperts Kritiken erst einige Wochen später. Ende Juli veröffentlichte das Blatt einen ersten Brief Livingstones, der, von Stanley postalisch nach London übersandt, als Telegramm in New York ein-

---

299 Stanleys Livingstone-Expedition, in: Die Gegenwart, 20.07.1872, S. 5f. Ein international rezipierter Nachdruck erfolgte in der *Allgemeinen Zeitung* am 25.07.1872, S. 3f.
300 Vgl. *Driver*, Geography, S. 128f. Stanleys Mission begleitete die Publikation unzähliger *Sensation-* und *Dime Novels*.
301 Vgl. Livingstone's Discoveries, in: New York Herald, 25.07.1872, S. 8.

traf.³⁰² In dem Schreiben, das direkt an Bennett adressiert war, bedankte sich Livingstone (der zwecks weiterer Forschungen in Afrika zurückgeblieben war) ausdrücklich für die großzügige Unterstützung seiner Mission durch Stanley. Den so inszenierten Schulterschluss zwischen England und Amerika nahm der *Herald* durchaus versöhnlich auf: Die Expedition schien dieser Darstellung zufolge in erster Linie ein gemeinsamer Triumph beider Nationen auf dem Weg der Exploration Afrikas. Dies wiederum rückte Stanley in einer Selbstverständlichkeit, die dem *Herald* zweifellos gefiel, in den Rang eines großen Entdeckers. Gleichzeitig aber stellte es einen erneuten Vorstoß dar, den nach wie vor kritisch beargwöhnten Nachrichten des Korrespondenten neue Evidenz zu verleihen.

Kurz nach Kieperts Einlassungen erreichten Livingstones Briefe die Redaktionen ganz Europas. In London war das Eintreffen der Depeschen im *Foreign Office* zunächst als eindeutiger Beweis für das Wohlergehen Livingstones begriffen worden,³⁰³ rasch aber mehrten sich auch hier Zweifel. Henry C. Rawlinson, der Direktor der *Geographical Society*, schrieb am 1. August in der *Times*, es sei bislang weder das Original des Briefes in seinen Büros eingegangen, noch lasse sich nach derzeitigem Wissen der daraus abzuleitende geographische Erkenntnisgewinn überschätzen: Die Erkundung der Nilquellen sei »more uncertain than ever.«³⁰⁴ Die französische Tageszeitung *Le Temps* versah ihre Übersetzung der Depeschen sowie Rawlinsons kritischen Kommentar gar – unter neuerlichem Verweis auf Kieperts Thesen – mit einem generellen Vorbehalt gegenüber der Echtheit der Dokumente: »On voit que le savant président de la Société géographique de Londres ne croit ni à l'authenticité des lettres attribuées à Livingstone, ni aux decouvertes géographiques mentionnées dans ces lettres.«³⁰⁵ Dies schlug rasch Wellen bis in die Vereinigten Staaten, obschon nur wenig später mehrere Bestätigungen der »Echtheit« erfolgten.³⁰⁶ Die *New York Times* berichtete noch am selben Tag unter der Headline »Uncertainty Still Surrounding

---

302   Vgl. Doctor Livingstone, in: New York Herald, 26.07.1872, S. 6. Zudem druckte der *Herald* auch eine ganzseitige Karte der Explorationsrouten ab. Vgl. ebd., S. 7.
303   »Dr. Livingstone's own dispatches reached the Foreign Office yesterday, and there is therefore no longer any doubt whatever as to his safety.« Vgl. Dr. Livingstone, in: London Standard, 25.07.1872, S. 3.
304   Dr. Livingstone, in: The Times, 01.08.1872, S. 8.
305   Les lettres de Livingstone, in: Le Temps, 03.08.1872, S. 3. Der Abdruck der Briefe erfolgte zwischen dem 01. und 03. August 1872. Vgl. Lettre de Livingstone, in: Le Temps, 01.08.1872, S. 2; 2ᵉ lettre de Livingstone, in: Le Temps, 02.08.1872, S. 2. Der Sekretär der Pariser *Société de Géographie*, Richard Cortambert, schrieb in Unkenntnis der neuesten Entwicklungen – noch am 03. August 1872 – an das *Journal des Débats*, Stanleys Briefe seien vermutlich nichts weiter als »pure invention«.
306   Allen voran publizierte der *Standard* ein Telegramm Earl Granvilles an Stanley, in dem dieser den Empfang einiger Livingstone-Briefe quittierte. Granville zeigte sich darin von der »Echtheit« der Dokumente vollständig überzeugt; angesichts der öffentlichen Zweifel habe er die in Rede stehenden Briefe von Graphologen der *Foreign Office* prüfen lassen »[who] have not the slightest doubt as to the genuineness of the papers«. Schließlich be-

His Fate«[307] über die wachsenden Zweifel an der Livingstone-Mission in Europa. Tatsächlich schrieben von der Berliner *Neuen Preußischen Zeitung* über die Wiener *Neue Freie Presse* bis zum *Journal de Saint-Pétersbourg*, wie der *Herald* auflistete, sämtliche europäische Zeitungen über den Skandal der vermeintlich gefälschten *Reports*.[308] Dass insbesondere die britische Presse wider jede Evidenz auch danach den Zweiflern größeren Raum zugestand,[309] war sicherlich z. T. aus der Enttäuschung über die gescheiterte britische Expedition zu erklären. Rawlinson erklärte vor der *Royal Geographical Society* schon am 13. Mai 1872, das Präsidium habe allen Grund zur Annahme

»that Dr. Livingstone and Mr. Stanley would meet, [...] [b]ut there was one point on which a little *éclaircissement* was desirable, because a belief seemed to prevail that Mr. Stanley had discovered and relieved Dr. Livingstone; whereas without any disparagement to Mr. Stanley's energy, activity, and loyalty, if there had been any discovery and relief, it was Dr. Livingstone who had discovered and relieved Mr. Stanley. Dr. Livingstone, indeed, was in clover while Mr. Stanley was destitute.«[310]

Dieser Vorwurf, der letztlich gegen die Heroisierung des amerikanischen Reporters als Explorer und auf die Rehabilitierung des Andenkens an den Briten Livingstone zielte, schmerzte Stanley so sehr, dass er noch in seinem kurz danach publizierten Bestseller *How I found Livingstone* (1872) am Beispiel dieser Episode auf den Undank der Briten zu sprechen kam.[311] In einem Vortrag vor der *British Association* wehrte er sich weiterhin ganz offen gegen alle Vorbehalte der Theorie gegenüber der Praxis: »I wonder how a geographer resident in England can say that there is no such river [i.e. Lualabi, d. Vf.] when Dr. Livingstone has seen it. [...] This was not a question of theory but of fact.«[312] Während die britische Presse in diesem Kräftemessen um einen ›Phantomskandal‹ dem *New York Herald* vorwarf, weniger »for literal and prosaic accuracy of statement [than for] daring romances«[313] weltweiten Ruhm zu genießen, richteten sich Bennetts Angriffe schon Monate zuvor in einem durchaus aggressiven

---

stätigte Tom S. Livingstone, der Sohn des Entdeckungsreisenden, die handschriftlichen Proben. Vgl. Dr. Livingstone and Mr. Stanley, in: London Standard, 05.08.1872, S. 5. Zur Kontroverse vgl. *Rubery*, Sensation.
307 Dr. Livingstone, in: New York Times, 03.08.1872, S. 3.
308 Vgl. The Continental Press on the Livingstone Expedition, in: New York Herald, 20.08. 1872, S. 8.
309 So spekulierten die Londoner Gazetten wie z. B. *The Echo* am 10.08.1872 schließlich gar, ob Livingstones Briefe u. U. durch ein spirituelles Medium geschrieben worden seien. Vgl. *Newman*, S. 73 f.
310 Proceedings of the Royal Geographical Society of London, Jg. 1872, S. 240 f.
311 Vgl. *Stanley*, Livingstone, S. 540 f.
312 The British Association, in: The Morning Post, 17.08.1872, S. 2. Vgl. überdies: The British Association, in: The Times, 17.08.1872, S. 10.
313 Mr. Stanley and Dr. Livingstone, in: The Saturday Review, 26.10.1872, S. 526–528, hier S. 527.

Nationalismus gegen die britische Regierung, die geographischen Gesellschaften sowie insbesondere die britische Presse.³¹⁴ Dabei nutzte der *Herald* gezielt die amerikanischen Klischees antibritischer Ressentiments: Die Briten seien zu langsam, zu geizig bzw. zu vorsichtig, um Livingstones Rettung organisieren zu können: »The British are good, hardy, stubborn travellers, but they are like their journalism and ideas – slower than the wrath of the Grecian goods.«³¹⁵ Die amerikanischen Zeitungen indes standen für die Beförderung von Humanität, Zivilisation und Wissenschaften ein:

»An African exploring expedition is a new thing in the enterprises of modern journalism, and in this as in many other great achievements of ›the third estate‹, to the NEW YORK HERALD will belong the credit of the first bold adventure in the cause of humanity, civilization and science.«³¹⁶

Als der amerikanisch-britische Pressekrieg langsam abklang, ergriff noch einmal – allerdings primär unter ökonomischen denn unter politisch-ideologischen Vorzeichen – die Lokalkonkurrenz um Danas *New York Sun* die Initiative und zweifelte die Berichte des *Herald*-Reporters an. Am 27. August hatte der *Herald* das Faksimile des ersten Livingstone-Briefes als letztgültigen Beleg der ›Wahrhaftigkeit‹ seiner Berichterstattung abgedruckt, doch nur einen Tag später konterte die *Sun* unter Berufung auf das Interview Noes sowie eine ältere Schriftprobe Stanleys den vermeintlichen Befreiungsschlag des *Herald* mit einer radikalen Infragestellung der ›Echtheit‹ der Dokumente: So diskreditierte sie Stanley im Verdacht, der eigentliche Urheber der Briefe zu sein, als Betrüger und Fälscher: »Is Stanley anything but a fraud?«³¹⁷

Die Depesche ›verbriefte‹ in ihrer überkommenen Form postalischer Übertragung letztmals allein durch ihre materiale Beschaffenheit, die zum Gegenstand der Kontroversen avancierte, den Status authentischer Kommunikation. Die graphologischen Analysen und Beglaubigungen, die der *Herald* in der Folge einholte, rehabilitierten schließlich ebenso rasch Stanley als zuverlässigen Boten und Treuhänder der Nachrichten, wie sie den Urheber der Gerüchte nun mehr als betrügerischen Verleumder auswiesen.³¹⁸

---

314 Vgl. dazu exempl. die Beiträge im *New York Herald* vom 05./10./18./23./27.08.1872. Vgl. überdies *Bennett*, S. XX–XXIII. Der Medienkrieg um Stanley – insbesondere zwischen den US-amerikanischen und den europäischen Blättern – kann so auch als Kräftemessen des alten und neuen Journalismus gelesen werden.
315 Sir Samuel Baker, in: New York Herald, 28.12.1871, S. 4.
316 Editorial, in: New York Herald, 23.12.1871, S. 4.
317 Is Stanley anything but a fraud?, in: The Sun, 28.08.1872, S. 1. Zuvor war das Faksimile im *Herald* erschienen: Livingstone's Sign Manual, in: New York Herald 27.08.1872, S. 3.
318 Vgl. Look at this picture! – And on this!, in: New York Herald, 07.09.1872, S. 4 f., sowie Is Louis Noe anything but a fraud?, in: New York Herald, 07.09.1872, S. 8.

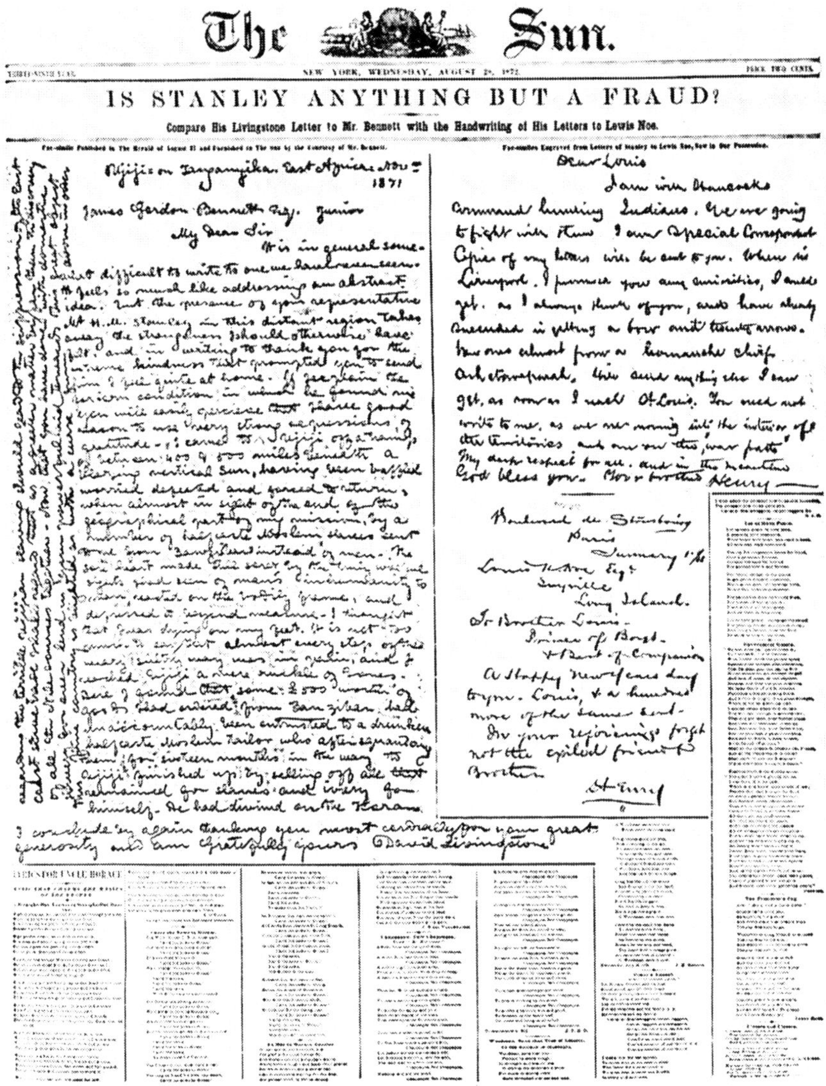

The Sun.

NEW YORK, WEDNESDAY, AUGUST 28, 1872. PRICE TWO CENTS.

IS STANLEY ANYTHING BUT A FRAUD?

Compare His Livingstone Letter to Mr. Bennett with the Handwriting of His Letters to Lewis Noe.

Ujiji on Tanganyika. East Africa. Nov. 1871

James Gordon Bennett Esq. Junior

My Dear Sir

It is in general somewhat difficult to write to one we have never seen — it feels so much like addressing an abstract idea. But the presence of your representative Mr H. M. Stanley in this distant region takes away the strangeness I should otherwise have felt, and in writing to thank you for the extreme kindness that prompted you to send him I feel quite at home. If I explain the forlorn condition in which he found me you will easily perceive that I have good reason to use very strong expressions of gratitude — I came to Ujiji off a tramp of between 400 & 500 miles beneath a blazing vertical sun, having been baffled worried defeated and forced to return, when almost in sight of the end of the geographical part of my mission, by a number of halfcaste Moslem slaves sent to me from Zanzibar instead of men. The sore heart made still sorer by the truly woeful sights I had seen of man's inhumanity to man, reacted on the bodily frame, and depressed it beyond measure — I thought that I was dying on my feet. It is not too much to say that almost every step of the weary sultry way was in pain, and I reached Ujiji a mere ruckle of bones. There I found that some £500 worth of goods I had ordered from Zanzibar had unaccountably been entrusted to a drunken halfcaste Moslem tailor who after squandering them for sixteen months in the way to Ujiji finished up by selling off all that remained for slaves and ivory for himself. He had divined on the Koran ...

I conclude by again thanking you most cordially for your great generosity and am Gratefully yours David Livingstone

Dear Louis

I am with Hancock's Command hunting Indians. We are going to fight with them. I am Special Correspondent. Copies of my letters will be sent to you. When in Liverpool I promised you any curiosities I could get. As I always think of you, and have already succeeded in getting a bow and twenty arrows. Two ones almost from a Comanche chief ... the same anything else I can get, as soon as I reach St Louis. You need not write to me, as we are moving into the interior of the territories and are on the war path. My deep respect for all. And in the meantime God bless you. Your brother Henry —

Boulevard de Strasbourg
Paris
January 1st

Louis H. Noe Esq.
Sayville
Long Island.

To Brother Louis —
Prince of Boys —
& Best of Companions
A Happy New Years day to you — Louis, & a hundred more of the same sort —
In your rejoicings forget not the exiled friend & Brother

Henry

Abb. 37: Is Stanley anything but a fraud?, in: The Sun, 28.08.1872, S. 1.

»Finis coronat opus.« Der Mythos des dunklen Kontinents und das Narrativ des Entdeckers

Für den Erfolg seiner Mission war Stanley trotz aller Kritik und Zweifel 1873 von der *Royal Geographical Society* mit der *Victoria Medal* ausgezeichnet worden.[319] Ein Jahr zuvor hatte ihn überdies bereits Queen Victoria empfangen, und schließlich wurde er, der ab 1885 amerikanischer, ab 1892 aber (wieder) britischer Staatsbürger war, im Jahr 1899 zum Ritter geschlagen. Zu diesem Zeitpunkt hatte der Reporter freilich schon weitgehend sein ursprüngliches Metier hinter sich gelassen. Spätestens ab seiner Kongo-Mission Mitte der 1880er war er Publizist, Schriftsteller und Kolonialpolitiker zugleich. Stanleys Reiseskizzen (1870–72) wurden schon während ihres Vorabdrucks in der New Yorker Presse zu einem großen publizistischen Erfolg. Bennetts Strategie ›to make news‹ war dabei ein entscheidender Erfolgsfaktor in Zeiten des generellen Anstieges der Auflagenzahlen.[320] Auch Stanleys spätere Reisen durch Zentralafrika stießen über den Leserkreis des *Daily Telegraph* und des *Herald* hinaus auf riesige Nachfrage. Obwohl der internationalen Presse Auszüge der Briefe bereits in Übersetzung zugänglich waren, erschien in Frankreich noch *vor* Stanleys Buchpublikation *Through the Dark Continent* 1878 eine Quellenedition der Depeschen an den *Telegraph* – herausgegeben von der *Académie française*.[321] In Deutschland ging im selben Jahr eine erste Übersetzung des Buches unter dem Titel *Durch den dunklen Welttheil* (1878) sowie nur ein Jahr später des inzwischen zum Klassiker avancierten Werkes *Wie ich Livingstone fand* im Brockhaus-Verlag in Druck. Speziell das viktorianische Publikum war von Stanleys Schriften begeistert; in unzähligen z. T. neu überarbeiteten Auflagen und Nachdrucken kam dem Buch eine durchaus prominente Stellung innerhalb der europäischen Imaginationsgeschichte des afrikanischen Kontinents am Ende des 19. Jahrhunderts zu.

So erfolgreich Stanleys *Reports* waren, so sehr waren sie als sensationalistisch verschrien. Folglich nahm die britische Literaturkritik den reißerischen Ton sowie den pseudo-literarischen Stil des Buches ins Visier. Dem Londoner *Spectator* zufolge schrieb Stanley zwar »with the facile and practised pen of a ›travelling correspondent‹«, das Buch aber sei »distasteful as a literary production«.[322] Und der *Manchester Guardian*, der ebenfalls an der ›Korrespondentensprache‹ Stanleys Anstoß nahm, konstatierte gar:

»The race of special correspondents have developed a language of their own, which is not English, and Mr. Stanley exhibits strongly all the peculiarities of the New York variety of the species. His energy in the coinage of language is equally surprising and

---

319 Newman, S. 78f.
320 Vgl. dazu insbesondere *Dill*, S. 22ff. – Stanleys Bestseller *How I found Livingstone* ging Weihnachten 1872 bereits in die dritte Auflage. Vgl. *McLynn*, Bd. 1, S. 223f.
321 Bezeichnenderweise erschien die Edition der Briefe in der *Bibliothèque d'Aventures et de Voyages*. Vgl. *Anonymus*, Lettres de H. M. Stanley.
322 Mr. Stanley's Mission, in: The Spectator, 23.11.1872, S. 16.

misplaced, and in addition to the general unpleasing effect which a style of this description has on one accustomed to retain some respect for the ›pure wells of English undefiled‹, our author is frequently guilt of bad taste and positive vulgarity.«[323]

Auch andere Rezensionen kritisierten den Stil des überarbeiteten Erlebnisberichts,[324] vor allem da »Stanley's narrative« allzu offenkundig der Selbstinszenierung des Verfassers Vorschub leiste, wie der *Observer* anmerkte: »in short, in every situation in life, Henry M. Stanley is proved to be the one man of all others to perform the task he has undertaken.«[325] Allein der *Daily Telegraph* lobte die Darstellung des Reporters ausdrücklich: »for an already oft-tale, his narrative in its present form, is marvellously fresh and free from traces of having been told before in letter and speech and lecture.«[326] Dafür, dass das Buch solcherhand an literarästhetischen Maßstäben gemessen wurde, war der Autor durchaus mitverantwortlich. In der Vorrede zu *How I found Livingstone* gab Stanley, der sich als »roving correspondent«, einem Gladiator in der Arena gleich, als stets einsatz- und kampfeswillig stilisierte, zu Protokoll, die Form des Tagebuches zugunsten einer stärker literarischen Bearbeitung anzupassen:

»[T]his book is [...] a *narrative* of my search after Livingstone, the great African traveller. It is an Icarian flight of journalism, I confess; some even have called it *Quixotic*; but this is a word I can now refute, as will be seen before the reader arrives at the ›Finis‹. [...] I have adopted the narrative form of relating the *story* of the search, on account of the greater interest it appears to possess over the diary form, and I think in this manner I avoid the great *fault of repetition* for which some travellers have been severely criticised.«[327]

Im Gegensatz zur Klassifizierung des *Reports* als ›Ereignisbericht‹ wird hier im Rekurs auf die klassischen Prinzipien literarischer Unterhaltung (i. S. des ciceronianischen Ideals ›varietas delectat‹[328]) das Narrativ in Analogie zum Mythos als »Icarian flight of journalism« bezeichnet; das Wagnis der Unternehmung – so lassen die Allusionen auf Cervantes *Don Quixote* vermuten – mag demnach vielmehr den phantastischen als den authentischen Charakter der Reisen bezeugen. So rückte die Erzählung noch angesichts der obligatorischen Beglaubigungstopik in die Nähe der Fiktion. Der Erfolg des Buches, das zeigen Stanleys weitgehend gescheiterte belletristische Versuche, lag gerade in diesem spezifischen Grenzgang der *factual fictions* eines authentische Nachrichten verbür-

---

323 Literature. Livingstone and Stanley – First Notice, in: The Manchester Guardian, 13.11.1872, S. 7.
324 Zur Vielzahl kritischer Rezensionen vgl. RMCA HMS-Archives No. 5375: Press cuttings/ Scrapbooks.
325 Literature – Stanley's Narrative, in: The Observer, 08.12.1872, S. 2.
326 Mr. Stanley's Book, in: The Daily Telegraph, 12.11.1872, S. 5.
327 *Stanley*, Livingstone, S. 7 f. Hervorhebungen durch den Verfasser.
328 Vgl. Cicero, S. 193.

genden literarischen Journalismus. Kurz nach der Rückkehr aus Afrika begann Stanley 1873 seinen ersten Roman *My Kalulu, prince, king, and slave. A story of Central Africa*. Als »romantic literature« richtete sich der Stoff, angepriesen als »true Afric feast«, an Leser allen Alters.[329] Die Erzählung verstand sich dabei expliziterweise als Fortsetzung des (vermeintlichen) Faktenberichts seiner Reisen im Modus der Fiktion:

»Within six weeks after my return from Africa I had written the book entitled ›How I found Livingstone.‹ [...] A great many people complained that the book was *bulky*; that, in fact, there was too much of it. So are *newspapers too large*, and contain a great deal more reading matter than any one cares to read. [...] For those boys, and young, middle-aged, and old men, who found my first book rather heavy, I beg to offer something lighter, fresher – a romance. [...] As a traveller, I dared not venture upon improbabilities. Everything written herein is *possible*, nay, much of the book contains *facts* which I have *witnessed* myself, or which have *come to my knowledge*. So it will be seen that I have woven *fact* with *fiction*.«

Die Erzählung, die sich allein die Möglichkeitsbedingungen des Realen zum Maßstab wählte, handelte von einer Liebesgeschichte am Rande der Livingstone-Expedition zwischen Stanleys Diener Kalulu und dem Übersetzer der Gruppe namens Selim. Die Verkaufszahlen des Buches, das sich als Mix aus Fantasie- und Abenteuerroman erwies, aber blieben hinter den Erwartungen zurück.[330]

Für seine späteren Reiseberichte *Through the Dark Continent* (1878) und *In Darkest Africa* (1890) empfing Stanley indes wiederholte Glückwünsche der Herausgeber des *Daily Telegraph*. Chefredakteur Edwin Arnold hatte als Stanleys Fürsprecher gegenüber Verleger John Le Sage dem Reporter von Beginn seiner Zentralafrika-Mission (1874–77) an den Rücken gestärkt;[331] am 21. Mai 1878 gratulierte Arnold Stanley nach Lektüre der ersten Druckfahnen zu seinem »wonderful narrative.«[332] Doch blieb in diesen wie in späteren Jahren Stanleys Vorbild David Livingstone die mythenumwobene Ikone[333] aller Entdeckungsreisenden. Stanley selbst hatte den Mythos seines Vorgängers in der Hoffnung tradiert, sich gleichermaßen darin einzuschreiben. Die Aufladung der Presseberichterstattung durch Heldenmythen war ab der Mitte des 19. Jahrhunderts ein gängiger Topos.[334] Nach Joseph Campbell lassen sich grob vereinfachend

---

329 *Stanley*, Kalulu, S. V. Alle folgenden Zitate ebd., S. V–VIII. Hervorhebungen durch den Verfasser.
330 Vgl. *Jeal*, S. 150 f.
331 Vgl. *Burnham*, S. 138 ff.
332 RMCA HMS-Archives No. 3063: Edwin Arnold an HMS, London, 21.05.1878. Im Ausland sah man diese Tendenz zum literarischen Narrativ indes von Beginn an kritischer.
333 Von der Vielzahl an Prosa, Gedichten und Kompositionen zu Ehren Livingstones zeugen die Sammlungen der HMS-Archives. Vgl. verschiedene Fundstücke in RMCA HMS-Archives No. 5098: Poetry relating to Stanley's Livingstone expedition; No. 5119: Poetry on David Livingstone; No. 5120: Poem/D.L.
334 Vgl. *Riffenburgh*, S. 5 sowie S. 57 ff.

vor allem drei Stationen im Zyklus einer Heldenreise identifizieren: der Aufbruch, die Initiation und die Rückkehr.[335] In der ersten Phase erhält der Held den Ruf, aufzubrechen und in ein Abenteuer zu ziehen, dessen Folgen unabsehbar sind. Nachdem er dies akzeptiert hat, dringt er, an ersten Herausforderungen gewachsen, schließlich in unbekannte Welten vor. In der Initiationsphase absolviert der Held eine Vielzahl von Prüfungen, bevor er die alles entscheidende Entdeckung macht und eine Gabe bzw. ein Geschenk erhält, das ihm eine besondere Fertigkeit, mitunter gar den Schlüssel zur Erleuchtung offenbart. Bisweilen geht dies mit der Transformation des Helden selbst einher. Während seiner Rückkehr durchläuft der Held sodann eine magische Reise, auf der er seine Trophäe gegen alle Widerstände verteidigt und seiner Gemeinschaft, der Nation bzw. der ›Welt‹ zur Verfügung bzw. zur Schau stellen kann. Stanleys Berichte zeitigen, nicht zufällig, verschiedentlich Momente eines Heldenmythos. Der *news*-Diskurs besitzt, in seiner Verschränkung individueller und mythisch-kollektiver Erinnerungen, wie die Beispiele der weltreisenden Reporter belegen, gerade diese Tendenz, »das Leben wie einen Roman zu erfinden«[336]. Stanleys Schriften situieren sich auf der Grenze zwischen *Reports* und *Reportagen*. Sie konstituieren sich in ihrer spezifischen Amalgamierung von Fakten und Fiktionen. Erst in der erzählerischen *Imitatio* der wiederholt zur Schau gestellten ›Augenzeugenschaft‹ wird, wie Umberto Eco konstatiert, die diskursive Verlängerung des Lebens in vergangene Zeiten möglich; die Teilhabe an kollektiven Wissensbeständen und Vorstellungswelten wird so zum Bestimmungsgrund aller Fiktion.

Stanley war, vom *Herald* späterhin ausdrücklich zum »hero« der Exploration erkoren, auf Bennetts Geheiß telegraphisch in ebenso knappen wie eindringlichen Worten zu seiner Mission berufen worden: »Come to Paris on important business.«[337] Die Überschreitung der Schwelle – die ›Überfahrt‹ nach Sansibar und schließlich der Weg »into the unknown heart of Africa« (SL 9) – war gekennzeichnet von einer dunklen Vorahnung (»I saw a lethal stream«; »a sickening presentiment said there was no return«) existentieller Bedrohung sowie der Erwartung schwerer Prüfungen (»I was totally ignorant of the interior« SL 25). In der Folge beschrieb Stanley zahlreiche Kämpfe gegen die einheimische Bevölkerung, in der er sich als der Anführer seiner Expeditionstruppen (insbesondere im Krieg gegen Mirambo SL 220 ff.) erwies. Schwere Unwetter sowie die Gefahren der diversen Tropenkrankheiten blieben, obschon Stanley sich stets auf eine wachsende Schar an Helfern verlassen konnte, eine allgegen-

---

335 Vgl. *Campbell*, Heros, S. 265.
336 *Eco*, Wald, S. 170
337 *Stanley*, Livingstone, S. 1. Alle folgenden Zitate a. a. O. unter der Sigle SL und Seitenangabe. Bereits am 15. September hatte Stanley ein Telegramm erhalten, in dem Bennett seinen Reporter nach Paris beorderte, »unless something very startling will take place within the next twenty days«. Vgl. RMCA HMS-Archives No. 2620: J. G. Bennett an HMS, Paris, 12.09.1869. [telegr.]

wärtige Bedrohung (»Oh! The spite, the fretfulness, the vexation which the horrible phantasmagoria of diabolism induce!« SL 258 f.). Die Peripetie der dramatischen Abenteuerreise – die Begegnung mit dem verschollen geglaubten Livingstone – und die sichere Rückführung seiner Notizen und Aufzeichnungen als Errettung eines riesigen Wissensschatzes des Entdeckers markierten die Schlussakte des mythischen Zyklus.

Livingstone war gleichermaßen um die Pflege seines Andenkens bemüht; die Tagebuchnotizen, die er Stanley mitgab, verzeichneten nur den Teil des Geschehens, der dem ungebrochen positiven Image des Entdeckers zuträglich war. Aus der kritischen Edition seiner Notizen wird die offenkundige Selbststilisierung der Exploratoren deutlich.[338] Obschon Stanley als Reporter und Überbringer der Nachrichten in hohem Maße verantwortlich war für die Konstruktion des Entdeckermythos, blieb doch auch er auf die Selektion eines Quellenmaterials angewiesen, das Livingstone ihm in Afrika übergab. Darunter waren zahlreiche Briefe und Notizbücher, die Stanley an ihre Adressaten (u. a. an den *Herald*) überführte, eines der Bücher aber blieb, wie die Edition erweist, in seinem Reisegepäck zurück und auf diese Weise der Überlieferung vorbehalten. Das sog. ›Manyema-Diary‹ zeigte, was in den späteren Überarbeitungen geglättet, bisweilen sogar überschrieben worden war: Eine oft zynische Einstellung gegenüber der eigenen Entourage sowie eine radikale Befürwortung der Folter und Todesstrafe (»I […] proposed to catch the bloodhounds who fired […] and put their heads on poles.«).[339] Über eines der grausamen Gefechte, das sich verfeindete afrikanische Stammesfürsten lieferten und bei dem hunderte Todesopfer zu beklagen waren, notierte Livingstone am 15. Juli 1871 noch ganz unter dem Eindruck der Ereignisse in sein Tagebuch:

»[W]hen 50 yards off two guns were fired and a general fight took place – goods thrown away in terror firing on the helpless canoes took place = a long line of heads in the water shewed the numbers that would perish for they could not swim two miles shot after shot followed on the terrified fugitives = great numbers died […] – This will spread though the murderers are on the other side plundering and shooting – It is awful – terrible a dreadful world this = as I write shot after shot falls on the fugitives on the other side who are wailing loudly over those they know are already slain = Oh let thy kingdom come =.«[340]

---

338 Die kritische Online-Edition von Livingstones *Field Diaries* leistet erstmals eine detailgetreue Synopsis der verschiedenen Textzeugen seiner Aufzeichnung (1871/72) und der von Horace Waller hg. Edition. Vgl. URL: http://livingstone.library.ucla.edu/1871diary/letter_massacre.htm (Stand: 25.05.2014).

339 Vgl. Field Diary. CXLVIII Journal. 15th July 1871, S. 297b/148. Zur Online-Edition vgl. allg. URL: http://livingstone.library.ucla.edu/1871diary/documents/1871.pdf (Stand: 25.05.2014).

340 Vgl. Field Diary. CXLVI–VIII Journal. 15th July 1871, S. 297b/146–148. Livingstones radikale Einstellung einer Vergeltung der Attacken war noch in dem Journal, das er Stanley 1872 überreichte – und sogar in der ersten Edition seiner Notizen durch Waller – spürbar.

Abb. 38: Der Mythos des Entdeckers. Stanley in Africa,
in: Illustrated London News, 06.02.1878, S. 1.

Diese Wiedergabe des beobachteten Geschehens, die Livingstone, unmittelbar betroffen, geradezu ohnmächtig zu Papier zu bringen schien, (zer-)störte den Mythos des heldenhaften Entdeckers. Das Palimpsest, das Livingstone (der zahlreiche Tagebuchnotizen auf den Rückseiten der Ausgaben des Londoner *Standard*

> Dennoch glättete Livingstone solche Stellen; in der Darstellung der Gefechtseindrücke hob er bspw. hervor: »my first impulse was to pistol the murderers«. Nach kurzem Zureden sei er – späteren Erzählungen zufolge – indes ebenso rasch von der Idee abgekommen. An anderer Stelle berichtete er in seinem Tagebuch 1872 von der Züchtigung der Sklaven mittels Rohrstock bzw. von Schüssen auf Sklaven; der Versuch, einen Stammesführer auszupeitschen, der eigenmächtig ein Kanu zu verkaufen versuchte, wurde indes vollständig getilgt; vgl. Field Diary. CXXXVII Journal. 13th June 1871, S. 297b/137. Vgl. *Jeal*, S. 337 f. In einer offiziellen Berichtsversion – vgl. Parliamentary Papers LXX (1872) [C-598], S. 10–15. – war von derartigen Exzessen nichts zu lesen.

schrieb) in der stetigen Überschreibung seiner Skizzen produzierte, tilgte denn auch rasch diese und andere problematische Stellen zugunsten einer stärkeren Inszenierung des ebenso geistesgegenwärtigen wie rational und entschlossen handelnden Helden. Der Mythos des dunklen Kontinents bedurfte strahlender Helden (vgl. Abb. 38).

Dass dieser Mythos ganz wesentlich eine viktorianische Erfindung war,[341] lag gleichermaßen an den Schriften der sog. Entdecker um Burton/Speke, Livingstone oder später Stanley wie auch an ihrer späteren literarisch-künstlerischen Würdigung. Stanley schien als Reporter gerade in der Inszenierung der Zeitungen ein idealer Transporteur des Mythos. Der Figur des stets umtriebigen, sprachgewandten wie allwissenden Spezialberichterstatters waren ihrerseits zahlreiche mythisch anmutende Fähigkeiten attribuiert; so hieß es im *Herald*:

»The ubiquitous HERALD Reporter misses nothing that ›any other man‹ is privileged to see, and he is usually gifted with power to read the inmost thoughts of men. No emperor or potentate refuses him an interview, and it is really marvellous how frank and confiding these individuals become in the presence of Bennett's ›commissioner.‹«[342]

Stanleys zweite Zentralafrikamission war indes kaum weniger von Mythen umwoben als seine erste Reise zur Rettung Livingstones. Stanley hatte sich über Monate auf diese Expedition vorbereitet, über 1200 Bewerbungen waren zur Teilnahme eingegangen, drei Engländer reisten schließlich an seiner Seite in der insgesamt 347 Personen (darunter 300 Träger) zählenden Mission. Am 12. November 1874 setzte Stanleys Expedition neuerlich von Sansibar nach Bagamoyo über, von wo aus er bis Januar 1875 zum Lake Victoria vordrang. Von dort aus führte ihn sein Weg bis an das Ufer des Tanganyika-Sees. Stanleys Marsch von Nyangwe bis in die Nähe von Lualaba, seine Kollaboration mit dem arabischen Sklaven- und Elfenbeinhändler ›Tippu-Tip‹ wie auch die Details seiner Expedition sind an anderer Stelle bereits ausführlich besprochen worden.[343] Entscheidend für die mediale Perzeption des Ereignisses war allein der Umstand, dass Stanleys Depeschen von der Peripherie nur in unregelmäßigen Abständen in die Metropolen drangen. Bereits um die ersten Briefe, die Stanley am 12. April vom Lake Victoria aus nach London und New York übersandte, rankten sich rasch Mythen. Der Bote, ein in ägyptischen Diensten stehender Offizier, der die Briefe im Hauptquartier des britischen Generals Gordon, dem Befehlshaber der Äquatorialprovinz Ägypten, zur weiteren Übermittlung überbrachte, starb nur wenig später im Zuge kriegerischer Auseinandersetzungen. Der *Herald* berichtete am 10. November 1875, noch vor der Veröffentlichung der Depeschen, un-

---

341 Vgl. *Brantlinger*, S. 195.
342 The Herald and Dr. Livingstone (Pressespiegel), in: New York Herald, 31.12.1871, S. 7.
343 Vgl. *McLynn*, Bd. 1, S. 245 ff.

ter der Headline »A Blood-Stained Mail«, die Briefe seien am Körper des gefallenen Soldaten gefunden worden.[344]

Die Beglaubigung des Boten als eines Märtyrers gehörte zur Mystifizierung der Nachrichten des dunklen Kontinents. Immer wieder riss die Berichterstattung über Monate hinweg ab; zwischen März und Oktober 1877 konnte der *Herald* kein einziges Lebenszeichen von Stanley übermitteln. Sowohl der *Daily Telegraph* als auch der *New York Herald* hatten sich verständigt, mit der Veröffentlichung der Depeschen zu warten, bis der jeweils anderen Redaktion die Berichte ebenfalls in Kopie vorlagen, um so die Exklusivität der Nachrichten zu bewahren.[345] Immer wieder jedoch wich der *Telegraph* von dieser Praxis ab und nutzte seinen Informationsvorsprung, bevor er die Nachrichten nach New York übersandte bzw. kabelte. 1875 druckte der *Herald* daraufhin eine Beschwerde über derartige Praktiken des Vorabdrucks, die eine umgehende Erklärung und Entschuldigung des *Telegraph* nach sich zog.[346] Doch schon wenige Wochen war das Londoner Publikum neuerlich schneller informiert; die Sendung vom 5. September 1877 druckte der *Telegraph* am 22. November und damit zwei Tage vor dem *Herald*. Die Depeschen, die zur Vorlage späterer nationaler wie internationaler Berichterstattungen wurden, offenbarten dabei schon in ihrer ursprünglichen Form – vor der literarischen Überarbeitung in *Through the Dark Continent* (1878) – ein merkwürdig spannungsgeladenes Narrativ. Sie transportierten einerseits den Gestus wissenschaftlicher Exaktheit, etwa in Form geographischer Kartierung (»We came to a village in N. lat., 1 deg. 40 min. – and E. long., 23 deg., where the bevaviour of the natives was different.«[347]), anthropologischer Erkundungen und naturkundlicher Beobachtungen, andererseits aber nutzten die Berichte klassische Strategien des Spannungsaufbaus, indem sie Prolepsen als Cliffhanger einsetzten (»We calmly waited events […]; following them with fatal result.«). Die Bedrohungen der Umwelt, Gefahren kriegerischer Auseinandersetzungen und Unsicherheiten der Mission spiegelten sich in den emotionalen Reflexionen des Reporters wider, der hier den Rahmen des Berichts verließ: »I was in the Congo. I was in N. lat. 0 deg. 46 min. Looked I, where I might on my chart, I saw I was in the midst of a horrible, hateful blankness – a meaningless void.« Die Aufzeichnung dieser Eindrücke wird gegen Ende der Depesche nochmals in einer geradezu typischen autoreflexiven Volte aufgegriffen und als der eigentliche Schatz der Expedition ausgewiesen. Als Stanley aufgrund seines permanenten Schreibens von den Eingeborenen der Zauberei beschuldigt und zur rituellen Verbrennung seiner Notizen aufgefordert wird, erweisen sich die Originale seiner Notizbücher gegenüber der Shakespeare-Ausgabe, die er als britischen Kulturschatz bei sich

---

344 Vgl. Stanley's Triumph. – A Blood-Stained Mail, in: New York Herald, 10.11.1875, S. 3.
345 Vgl. Bennett, S. XXVIII–S. XXX – sowie zur Abfolge der Veröffentlichungen: S. 483.
346 Vgl. Editorial, in: New York Herald, 17.10.1875, S. 8.
347 Vgl. A Land of Ivory Houses, in: Daily Telegraph, 22.11.1877, S. 5. Vgl. Lualaba – Kongo, in: New York Herald, 24.11.1877, S. 3.

trug, als »too valuable«. Während letztere dem Feuer zum Opfer fiel, überstanden erstere, so Stanley noch in seiner späteren Buchfassung, die Reisen ohne größeren Schaden.[348]

Als Stanley schließlich 1887–1890 noch einmal gen Afrika aufbrach, um den deutschen Forscher Eduard Schnitzer, in diesen Jahren als Gouverneur der Provinz ›Äquatoria‹ unter dem Namen Emin Pasha bekannt, aufzuspüren und zu retten,[349] nahmen seine Schilderungen bereits in weiten Teilen den Charakter des Zitats an. *In Darkest Africa* schrieb den Mythos des dunklen Kontinents fort; alsbald eignete ihn sich die Literatur an. Dass zwischenzeitlich der Globetrotter Thomas Stevens als Spezialberichterstatter der *New York World* auf die Suche nach dem (kurzzeitig verschollen geglaubten) *Herald*-Reporter Stanley geschickt wurde, war dabei nur mehr eine Fußnote. Doch bewies dies nochmals eindrucksvoll die massenmediale Tendenz zur Selbstbespiegelung: sowohl der *stunt* des *Herald*-Reporters als auch die nachfolgende Berichterstattung *über* den *stunt*-Reporter erzeugten das Medienereignis.[350] Zahlreiche populäre Blätter erkannten das parodistische Potential dieser Inszenierung: Sie karikierten Stanleys Reisen und die seiner zahlreichen Verfolger und Imitatoren als eine unendliche Folge von Suchbewegungen rund um den Globus.[351]

Produktive Spiegelungen: metropolitane Welten, globale Metropolen

Die Entdeckungsreisen der metropolitanen Reporter waren vom Charakter der europäischen Zivilisierungsmissionen durchdrungen. Stanley, der diese Reisen als Vorbereitung einer umfassenden soziopolitischen Restrukturierung der zu kolonisierenden Gebiete begriff, wie seine Explorationen im Kongo im Auftrag der belgischen Krone Mitte der 1880er Jahre zeigten,[352] inszenierte gleichwohl sein Bemühen, sich den Blick von den Vorurteilen des vermeintlich Zivilisierten nie verstellen zu lassen. Der überlegen-taxierende Blick sei ebenso wie eine allzu positiv-verklärende Sichtweise des Betrachters eher der »self-deception

---

348 Vgl. *Stanley*, Dark Continent, Bd. 2, S. 385 f.
349 Vgl. dazu *Smith*, Emin Pasha. Zur Skandalisierung der Mission vgl. *Bösch*, Geheimnisse, S. 225–248. Hier lassen sich Muster der *scoops* identifizieren: Stanley gewann bspw. neuerlich ein Wettrennen gegen die publizistische Konkurrenz – der deutschen Mission um Carl Peters. Vgl. *Peters*, Emin-Pasha-Expedition.
350 Vgl. *Stevens*, Scouting.
351 Vgl. *Driver*, Geography, S. 122. Derartige Parodien medialer Überbietungslogik und sensationalistischer Mythisierung des dunklen Kontinents durch immer neue Explorationen existierten bereits 1878. Vgl. Across the *Keep-It-Dark*-Continent, in: Punch, 06.07.1878, S. 309 f.
352 Gegen diese Form imperialistischer soziopolitischer Umwälzung, die unter dem Terminus »Stanleyismus« firmierte, richteten sich die Vorbehalte zahlreicher Teilnehmer der Westafrika-Konferenz (1884/85). Mitte der 1880er war Stanley – wie Felix Driver zeigen kann – in der öffentlichen Wahrnehmung zum Typus des kriegsführenden Eroberers (›exploration by warfare‹) geworden. *Driver*, Geography, S. 138 ff.

of the civilised« als der Aufgabe des »missionary of civilisation«[353] zuträglich. Das Ideal eines zugleich distanzierten und doch ganz i. S. der sich etablierenden Soziologie in das Geschehen involvierten ›teilnehmenden Beobachters‹ war Stanley aus den Schriften Martineaus bekannt;[354] in ihrem Werk *How to Observe* (1838) schilderte die britische Schriftstellerin und Soziologin *avant la lettre* die Grundzüge einer solchen anthropologischen Untersuchung des alltäglichen Lebens, wie Stanley sie späterhin unternahm: Der Reisende, der Sitten und Gebräuche studiere, müsse sich seiner ethnozentrischen Perspektive und seiner persönlichen wie nationalen Befangenheiten stets bewusst bleiben, um diese bei einer Untersuchung der inneren wie äußeren Strukturen zwischenmenschlichen Zusammenlebens weitgehend auszublenden.[355] Der grundlegend aufklärerische Impuls der Schriften Martineaus – einer Sympathie bzw. »Teilnahme« des Beobachters am Schicksal des Menschen – war in Stanleys Narrativ spürbar, der sich bemühte, die Analogien metropolitaner Kultur und indigener Bräuche bzw. Verhaltensmuster herauszustellen.[356] Dennoch zementierten gerade Stanleys *Reports* aus dem ›dunklen Afrika‹ in ihrer mythischen Verklärung die überkommene Dichotomie eines Natur- und Kulturraums, derzufolge die ›wilden‹ Eingeborenen ihren ›kulturbringenden‹ Exploratoren gegenüberstanden. Der Gestus des kolonialen Eroberers, den Stanley auf diese Weise transportierte, dekuvrierte sich vor dem Hintergrund zahlreicher brutaler Entgleisungen im Gefolge seiner letzten Afrikamission als Kern eines unheilvollen Gebarens. Während der Emin-Pasha-Expedition war es zwischen 1887 und 1890, wie später gerüchtehalber aus dem Umfeld der Teilnehmer vordrang, vielfach zu gewalttätigen Exzessen, zu Folter, sexuellen Missbräuchen und Hinrichtungen von Afrikanern gekommen.[357] Stanleys Verstrickungen in diesen Skandal – und sein aggressives Gebaren gegenüber den anderen Expeditionsteilnehmern – diskreditierten sein Image als kolonialer ›Retter‹ schließlich nachhaltig.

In den kolonialliterarischen Adaptionen der Jahrhundertwende spiegeln sich diese Verunsicherungen der imperialen Logiken angesichts der Abgründe kolonialer Exploration wider. In Form produktiver Spiegelungen werden hier die Dichotomien von Natur und Kultur bzw. Kolonie und Metropole radikal unterlaufen. In der Übertragung exotistischer Vorstellungen auf die Sphären metro-

---

353 *Stanley*, Dark Continent, Bd. 1, S. 38 f.
354 In der Einleitung zu *Through the Dark Continent* berichtete er über den Fund eines kleinen Bändchens »How to Observe«, das er schon 1873 in einem Londoner Buchladen erstanden – und sogleich in großer Begeisterung verschlungen habe. Vgl. ebd., S. 1 f.
355 Vgl. *Martineau*, S. 23–25. Zur Bedeutung Martineaus für die moderne Soziologie vgl. *Lengermann u. Niebrugge*, S. 75–98.
356 Vgl. exempl. »[The] aborigines [...] possess the same inordinate ideas to their wares as London, Paris and New York shopkeepers.« Vgl. *Stanley*, Dark Continent, Bd. 2, S. 122. Auf die enge Beziehung von »imperial policy and reportage« im britischen New Journalism wies kürzlich *Griffith*, S. 37, hin.
357 Vgl. *Bösch*, Geheimnisse, S. 245 f.

politanen Lebens werden die Differenzen zwischen Zentrum und Peripherie des *Empires* zugunsten kulturkritischer Perspektivierungen des ›Verfalls metropolitaner Kultur‹ eingeebnet; der Topos vom *urban jungle* der Metropole war folglich in der gesamteuropäischen Literatur, insbesondere aber in den Werken des viktorianischen London, überaus wirkmächtig.[358] Joseph Conrads Romane und Novellen, allen voran *Heart of Darkness* (1899), aber auch die Werke des deutschen Expressionismus, wie etwa Robert Müllers *Tropen* (1915), oder die französische Kolonialliteratur in der Tradition von Marius-Ary Leblonds *En France* (1910) nahmen sich des Themas an und inszenierten wie unzählige populäre Stücke in den Theatern und Varietés der Metropole die Exotik kolonialer Fremde und des Dschungels als eine dem metropolitanen Raum in seiner labyrinthischen Erscheinung durchaus analoge Größe. Dabei schrieben die Werke das Bild des kolonialen Anderen in die Diskursivierung des Metropolitanen ein, um zugleich der Introspektive des Fremden in der Psyche des Entdeckers Ausdruck zu verleihen. Die Wahrnehmung dieser (den Entdecker umgebenden) Wildnis korrespondierte der psychischen Verirrung des Protagonisten in Denken und Schreiben.[359] Vor allem die unmittelbare Erfahrung der sog. kolonialen ›Wirklichkeiten‹ blieb ein bestimmendes Motiv.

Joseph Conrad schrieb in einem seiner späten Essays über »Geography and some Explorers« vom desillusionierenden Charakter der Besichtigung bislang nur in der Imagination gefüllter sog. weißer Flecken auf der Landkarte. Kurz nach der Inaugenscheinnahme der ›Stanley Falls‹ notierte er:

»A great melancholy descended on me. Yes, this was the very spot. But there was no shadowy friend to stand by my side in the night of enormous wilderness, no great haunting memory, but only the unholy recollection of a prosaic newspaper ›stunt‹ and the distasteful knowledge of the vilest scramble for loot that ever disfigured the history of human conscience and geographical exploration. What an end to the idealized realities of a boy's daydreams!«[360]

Das Bild des heroischen einzelreisenden Entdeckers, wie Livingstone ihn verkörperte, wird hier – und dies mag durchaus ein Grund für Conrads Melancholie sein[361] – vom Bild des allgegenwärtigen Stanley überblendet, es wird zum Ergebnis eines Narrativs, das der Reporter im Zuge seines *stunts* vor den Augen des Publikums zeichnete. Dabei war Stanley, obschon er stets die Glaubwürdigkeit, die seinen *Reports* oblag, bekräftigte – »There was no need of exaggeration – of any penny-a-line news, or of any sensationalism.«[362] – Handlungs-

---

358 Zu diesem Topos vgl. exempl. *McLaughlin*; *Singaravélou*; *Zenk*.
359 Zu den reziproken Rückkopplungen von Metropolen und Peripheriekultur im Spiegel von Journalismus und Literatur vgl. exempl. *Bessers* Untersuchung des ›Tropenkollers‹ als diskursivem Ereignis um 1900.
360 *Conrad*, Geography, S. 14. Zur Einordnung vgl. *Driver*, Geography, S. 1–20.
361 *Rubery*, Novelty, S. 150.
362 *Stanley*, Livingstone, S. 328.

träger eines Nachrichten-Journalismus, der Fakten und Fiktionen konstitutiv ineinander verwob. Spätestens in der nachträglichen Stilisierung seiner Reportertätigkeiten in Monographien und Vorträgen positionierte sich Stanley eher als »interpreter rather than reporter of events«[363]. Der Versuch, seine Texte noch stärker an den literarischen Diskurs heranzuführen, lief indes der zeitgenössischen Erwartungshaltung an das sich zusehends professionalisierende Fach der (Auslands-)Korrespondenz diametral entgegen. Frederick Greenwood bemerkte 1897 – rund ein Jahr vor der Veröffentlichung von Conrads Kolonialroman – über die Profession des Korrespondenten, dieser müsse zuvorderst ein »word-photograph«[364] sein und sich als solcher zurückbesinnen auf die Möglichkeiten »of simple and straightforward reporting« insbesondere gegenüber der Tendenz der »special correspondents«, in ihrer allzu spekulativen Inszenierung der Geschehnisse die Imagination der Leser anzuregen und so vielmehr Schriftsteller denn Informationsübermittler zu sein:

»So printed, they delude – not by intention of the writer, but through the imagination of the reader. We all know how unconsciously imagination can lead us astray. Because these screeds are telegraphed, and because they are printed with news as news, the writer's remarks are invested by most minds with the importance due to a statement of facts. Whatever may be his aim, – whether to persuade or dissuade, to appease or inflame, to allay mistrust or to alarm suspicion, – all is understood as if resting on a background of actual knowledge. To the fancy of the reader, the special correspondent in Paris, Berlin, Vienna, is always a news-writer.«[365]

Der Spezialkorrespondent, »the mysterious and apparently ubiquitous functionary [...] of the newspaper«, schreibe so oftmals im Schutz des Inkognito »to the gratification of our curiosity« über die Ereignisse aus aller Welt, die dem Geschmack der Leser entsprächen.[366] Hier sei es – abseits der üblichen Qualitäten des Journalisten (unternehmungslustig, energisch, mutig und entscheidungsstark zu sein sowie über eine rasche Auffassungsgabe und allgemeinverständliche Sprache zu verfügen) – besonders wichtig die Produktion interessanter, unterhaltsamer Lektüren vor die Skrupel zu stellen, welche der gewöhnliche Reporter vor allem in der Wahl seiner Mittel, an Informationen zu gelangen, besitze. Auf diese Weise obliege zweifellos die Kontrolle der wahrheitsgetreuen Nachrichtenproduktion nur mehr der Verantwortung des weltreisenden Korrespondenten. Dessen Wirken aber sei im Telegraphenzeitalter bereits konkurrenzlos geworden: »Great events are now flashed from country to country in a few words, and we look to the correspondent rather for graphic details and

---

[363] *Rubery*, Novelty, S. 150 f.
[364] *Greenwood*, S. 719. Gerade die Agenten der Nachrichtenagenturen wie z. B. *Reuters* seien geeignet, über Reportertätigkeiten hinaus politische Berichterstattung zu leisten – und so die Reports der Korrespondenten »on the spot« zu ergänzen.
[365] Ebd., S. 713 f.
[366] Our Own Correspondent, in: The Leisure Hour, 25.01.1868, S. 53–55, hier S. 53.

attendant circumstances than for the earliest information.«[367] Zu den Verdiensten des Spezialkorrespondenten gehöre es daher, dass die Leser mittels seiner *Reports/Reportagen* weniger von eben solchen Ereignissen *hören* – »as *see* them through the optics of the correspondent.«[368] Allein, es scheinen dazu, so ließen sich die Ausführungen deuten, die Möglichkeiten einer Fiktionalisierung des Geschehens im Zaum gehalten werden zu müssen. Über die Vorzüge der Fiktion schrieb Maxwell Gray in *The Nineteenth Century* einige Jahrzehnte später, vor allem die »fiction of everyday-life« in Gazetten und Magazinen zeitige einen neuartigen »taste of culture and thirst for information«.[369] Stanley, der gerade in der britischen Presse bis zum Bekanntwerden der skandalösen Entgleisungen im Gefolge seiner letzten Afrikamission 1890 anhaltende Wertschätzung als Reporter genoss,[370] hatte diesen Grenzgang zwischen Fakten und Fiktionen meisterlich beherrscht; der *scoop* des Livingstone-Fundes blieb sein stetes Andenken.

In Europa waren in diesen Jahren nur wenige solcher Auslandkorrespondenten im Einsatz – und kaum einer unternahm so spektakuläre *stunts* wie Henry Morton Stanley.[371] In den meisten Fällen waren, wie zahlreiche deutsche aber auch französische Beispiele zeigen, Journalisten Teil politischer Delegationen – wie z. B. des französischen Staatspräsidenten Émile Loubet, den Giffard als Reporter des *Matin* 1903 nach Afrika begleitete. Dessen aufwändig bebilderte Reportage »M. Loubet en Afrique«[372] blieb indes hinter den Möglichkeiten des Genres zurück. Wie die meisten Reporterreisen dieser Jahre war auch Giffards Korrespondenz stark von der politischen Dimension der Kolonialmissionen geprägt; ab den 1880ern war hier ein primär politisch motiviertes Interesse der Berichterstatter spürbar, das zahlreichen Korrespondenzberichten vor 1918 zugesprochen werden kann. Innovativ war indes die zunehmende Illustration der ›Korrespondenz‹. Henri de Lamothe, Gaston Lemay oder Paul Bourde (*Le Temps*), Paul Ginisty (*Le Gil Blas*), Charles Séguin (*Le Télégraphe*) oder Georges

---

367 Ebd., S. 54 f.
368 Ebd., S. 55. Zur Genese des Korrespondenzwesens im 17. Jh. vgl. *Pettegree*, S. 308 ff.
369 The Advantage of Fiction, in: The Nineteenth Century, Bd. 39, Nr. 227 (1896), S. 123–131, hier S. 128 ff.
370 Vgl. exempl. Studies in Character. No. III. Henry M. Stanley, in: The New Review 12 (1890), S. 385–398. Stanleys napoleonischer Gestus des Eroberers erschien hier der Profession des Korrespondenten zuträglich. Als Pionier der Exploration war der Reporter – »a man of action« – ein epochales Vorbild.
371 Stanleys *stunts* waren in dieser Form buchstäblich *globale* Medienereignisse: In Australien, Asien, Afrika und Europa las man von den Abenteuern des Amerikaners. Vgl. exempl. Stanley and Dr. Livingstone, in: The Times of India, 28.05.1872, S. 1; Dr. Livingstone, in: The Sydney Morning Herald, 30.07. 1872, S. 3; Dr. Livingstone, in: The Natal Witness (South Africa), 30.07.1872, S. 3. Ähnlich spektakulär – indes von geringerer publizistischer Reichweite – waren lediglich Hugo Zöllers Kolonialexplorationen ab 1885 – vgl. *Krieger* – bzw. Felix Dubois' Reisen in den 1890ern. Vgl. *Saint-Martin*.
372 *Giffard u. Gers*, M. Loubet en Afrique. Paris 1903.

Fillion (*Agence Havas*) verliehen, häufig in direkter Begleitung von Zeichnern wie Paul Renouard (u. a. *L'Illustration*), den Kolonialreportagen einen exotistischen Zug, wie er schon die Erzählungen der populären Magazine à la *Le Tour du monde* auszeichnete.[373]

Die Reporterreisen der deutschen Spezialberichterstatter nahmen sich gegenüber Stanleys *stunts* eher unspektakulär aus und erreichten nie auch nur annähernd deren publizistischen Wirkungsgrad. Das galt sowohl für die Berichte Eugen Wolfs, der für das *Berliner Tageblatt* aus Deutsch-Ostafrika sowie später aus Madagaskar und China schrieb, und Oskar Bongards, der im Zuge der Mission des preußischen Staatssekretärs Dernburg durch die Kolonien reiste, um darüber in Briefen an die *Vossische Zeitung* zu berichten, als auch für die zahllosen Korrespondenzen des Reporter-Schriftstellers Hugo Zöller oder Frieda von Bülows, die an der Seite von Carl Peters nach Afrika kam, um für die *Tägliche Rundschau* zu schreiben. Sie alle waren in Ziel und Gestus noch allzu sehr dem Korrespondenzwesen der Mitte des 19. Jahrhunderts verpflichtet, das in nüchterner Informationsübermittlung sowie in (gelegentlicher) feuilletonistischer Plauderei seine Kernaufgaben sah. Auch vor diesem Hintergrund erscheinen Stanleys Reporter-Streifzüge umso bemerkenswerter.

5.4 Globale Krisen:
»Korrespondenzen vom Schlachtfeld« –
Reporter als Spezialberichterstatter in Krieg und Krisengebieten

Der Krim-Krieg und die Anfänge der specials

Der Aufstieg der Spezialkorrespondenzen war ganz ursächlich mit der Emergenz der Kriegsberichterstattung verbunden. Ab der Mitte des 19. Jahrhunderts etablierte sich in rascher Folge ein Netz an Reportern und Sonderberichterstattern, die in den zahlreichen Konflikten zwischen 1850 und 1918 rund um den Globus im Einsatz waren. Gemeinhin wird der Beginn dieser Praxis sondergesandter Journalisten auf die Jahre des Krimkrieges datiert.[374] Der Manager der Londoner *Times*, Mowbray Morris, äußerte bereits 1854/55 seine Kritik an den etablierten Formen einer Kriegsberichterstattung, die auf der Collage internationaler Meldungen und Briefen von Offizieren und Soldaten aus den Krisengebieten beruhte. Die Berichterstattung dieser Soldaten-Korrespondenten blieb hochgradig selektiv und oftmals von persönlichen Interessen überformt, die Akquise von authentischen Informationen ›aus erster Hand‹ war daher für Morris von Beginn an ein großes Anliegen: »The idea of a newspaper correspondent

---

373 *Martin*, Reporters, S. 53 f.
374 Vgl. *Knightley*, S. XI.

keeping the journal of a siege till after the affair is over has driven me wild.«[375] Dabei galten den Nachrichtenmachern, insbesondere in der Frühphase der nachrichtentechnischen Revolution des Telegraphenzeitalters, die zeitungseigenen Korrespondenten in ihrer Rolle als Augenzeugen als Garanten der ›Wahrheit‹. Dies wiederum war der Ausdruck einer anfänglich harschen Ablehnung vieler großer Zeitungen gegenüber den Diensten von Nachrichtenagenturen und Telegraphenbüros. Morris schrieb 1853 dem Berliner Korrespondenten der *Times*: »I do not confide much in the telegraph and I would [sic!] it had never been invented.«[376] Das Vertrauen in die Institution der Agentur war derartig gering, dass die *Times* anfänglich gar deklarierte, Informationen eher ignorieren, als ihnen vertrauen zu wollen. Dies freilich wandelte sich schnell. Die persönliche Verpflichtung des Korrespondenten gegenüber seinem Arbeitgeber, der Zeitung, aber blieb auch in späteren Jahren noch eine wichtige Argumentationsfigur der Kritiker des Agenturwesens.

Die *Times* entsandte den Iren William Howard Russell als »special correspondent« auf die Krim. Russell, der schon den Zeitgenossen als einer der ersten Kriegskorrespondenten galt, war 1847 nach einer Station beim *Morning Chronicle* wieder zur *Times* als Parlamentsreporter zurückgekehrt, bei der er 1842 seine Laufbahn begonnen hatte. In den kommenden Jahren machte Russell dann die ersten Auslandserfahrungen. Seine Skepsis gegenüber den ›Allerweltsreportern‹, die allein um des Abenteuers willen den Beruf des Kriegsberichterstatters wählen, zeugt, obschon gerade Russell selbst sein Jurastudium zugunsten der Reporterlaufbahn abgebrochen hatte, von der ganz grundsätzlichen Einsicht in die Notwendigkeiten einer Professionalisierung des Journalismus, die schon in den Debatten der 1850er deutlich spürbar war. Insbesondere der Aufstieg des ›Sonderkorrespondenten‹ war von dieser Kritik betroffen. Bis 1855 reisten so zahlreiche Korrespondenten an das schwarze Meer, darunter auch Nicholas Wood (*Morning Herald*) und Edwin Lawrence Godkin (*Daily News*). Godkin schrieb rückblickend: »If I were asked now what I thought the most important result of the Crimean war, I should say the creation and development of the ›special correspondents‹ of newspapers.«[377] Die Berichterstattung des Anekdotischen und Exemplarischen des Krieges, die unter dem Paradigma des Neuen und Interessanten das bloße Protokoll militärischer Fakten und Operationen ablöste, nahm hier zusehends größeren Raum ein. Russell war dabei, wie Alexander William Kinglake, der Historiker des Krimkrieges, 1880 hervorhob, ein Meister darin, sich den Handlungsträgern zu nähern und auf der Basis ihrer Auskünfte das Puzzle verschiedenster Eindrücke vor den Augen der Leser zu einem Bild des Krieges zusammenzusetzen:

»His opportunity of gathering intelligence depended of course in great measure upon communications [...]. By the natural play of humour thus genial and taking, he

---

375 Zit. n. The History of the Times, Bd. 2, S. 89.
376 Ebd., S. 168 f.
377 *Godkin*, Bd. 1, S. 100.

thawed a great deal of reserve, and men talked to him with much more openness than they would have been likely to show if approached by a solemn inquirer in evident search of dry facts. Russell also had abundant sagacity; and besides in his special calling was highly skilled; for what men told him he could seize with rare accuracy, and convert at once into powerful narrative.«[378]

Die Regimentsoffiziere waren nach wie vor die wichtigsten Informanten. Der Oberkommandierende der britischen Truppen, Lord Raglan, verweigerte indes den Kriegsberichterstattern einen Besuch im Hauptquartier auf der Krim.[379]

Die Reportagen, die Russell im Auftrag der *Times* von der Krim entsandte, schilderten die Schlachten zwischen dem russischen Zarenreich und den alliierten Truppen in unbekannter Drastik. Der Reporter verfasste einerseits Miniaturen des Kriegsalltags, andererseits aber – und das war vor allem Russells Haltung – panoramische Übersichtsdarstellungen, die ganz im Stil klassischer Schlachtengemälde das Kriegsgeschehen aus der Vogelperspektive beschrieben. So gaben sie zugleich, wie im Fall der berühmten britischen Kavallerieattacke von Balaklawa am 25. Oktober 1854, vor, den Ausgang der Gefechte einzuordnen. Russell, der im Gefolge des Generalhauptquartiers nahe Sebastopol zu den Kriegsschauplätzen reiste, nahm eine distanzierte Beobachterposition ein. An der Seite der Offiziere, mit Feldstecher und Notizblock ausgerüstet, beobachtete er von einem Hügel aus das Geschehen in den zerklüfteten Schluchten:

»A more fearful spectacle was never witnessed than by those who, without the power to aid, beheld their heroic countrymen rushing to the arms of death. At the distance of 1,200 yards the whole line of the enemy belched forth, from thirty iron mouths, a flood of smoke and flame, through which hissed the deadly balls.«[380]

Die Wahrnehmung aus der Ferne nahm bereits den Schrecken einer späteren Besichtigung der Walstatt vorweg. Als Russell am 7. November nach weiteren Gefechten bei Inkerman das Schlachtfeld betrat, beschrieb er in plastischer Form die schrecklich verzerrten Gesichter der alliierten Soldaten. Im Rekurs auf derartig bildliche Sprache und rhetorische Vergleiche – die Gefallenen erschienen ihm etwa als Gliederpuppen (»fantoccini«) – wandte sich Russell von seiner Bestimmung der exakten Beschreibung des Augenzeugen-Chronisten zugunsten einer stärker literarisierten Beobachtung und Deutung des Geschehens ab. Die Verdinglichung des Soldaten im Kampfgeschehen, wie Russell sie hier andeutet, war ein gängiges Motiv, das den Lesern angesichts der geringen Distanz der Erzählperspektive des Zeugen ein gewisses Maß an Abstand zum Geschehen

---

378 *Kinglake*, Bd. 6, S. 237f.
379 Vgl. *Daniel*, Krimkrieg, S. 48f. Die Regimentsoffiziere standen in Opposition zum Generalstab und zu Stabsoffizieren, die ihre Truppen wie auch die Kriegskorrespondenten durch Ignoranz brüskierten. Als wichtigster Ansprechpartner der Korrespondenten besaßen sie aber nicht nur eine gewichtige Stimme in diesen Reportagen, sondern traten auch selbst, als Verfasser von Leserbriefen und Privatkorrespondenzen, in Erscheinung. Vgl. *Markovits*.
380 *Russell*, The War, S. 230f.

ermöglichen sollte; gleichzeitig war aber in der Schilderung der Gefallenen auch ein propagandistischer Zug zu erkennen, der auf die Stigmata militärischer Feindbilder rekurrierte. Während die erschossenen britischen Soldaten so bspw. ein starres Lächeln auf den Lippen zeigten, nahmen gerade die russischen Gefallenen in Russells Darstellung inhumane Züge an: Die Toten starrten »with the ferocity of wild beasts«[381]. Hier erwies sich der Krimkrieg als einer der ersten europäischen Medienkriege. Wie die neuere Forschung zeigen konnte, nutzte die russische Seite in gleicher Weise den Krieg, um in Presse, Literatur und Fotografie/Malerei die von den Alliierten stilisierte Topik des Angriffskrieges zu unterminieren.[382]

An zahlreichen anderen Stellen wiederum offenbarten sich die Grenzen des Reporter-Blickes. Der Unsagbarkeitstopos (»The battle of Inkermann admits of no description. It was a series of dreadful deeds of daring, of sanguinary hand-to-hand fights, of despairing rallies, of desperate assaults«[383]) war Teil einer Rhetorik von Berichterstattung, die aus der Darstellung von Kriegsumständen und -begleiterscheinungen ihre moralische Sprengkraft und ihr politisches Potential gewann. Russells Reportagen verorteten sich im Spannungsfeld von Neutralitätsanspruch und patriotischer Parteinahme. In ihrer Problematisierung des Reporter-Standpunktes inszenierten sie sich in geschickter Weise als ›authentische‹ Zeugnisse gegen Propaganda und staatliche Zensurinteressen inmitten des Krieges.

Zwischen Neutralitätsgebot und patriotischer Parteinahme:
Russells Kritik und die Zensur

Die Reportagen des *Times*-Korrespondenten waren unmittelbar nach ihrer Publikation zum Gegenstand öffentlichen Interesses geworden. Aufgrund seines ›unpatriotischen‹ Stils stand Russell dabei ebenso rasch im Fokus der öffentlichen Kritik. Die Missbilligung militärstrategischer Entscheidungen, insbesondere Lord Raglans, sowie der Zustände innerhalb der Camps ließen Russell zu einer politischen Reizfigur und gerade unter den Militärs zu einer *persona non grata* werden. Raglan riet, wie John Black Atkins, Spezialberichterstatter des *Manchester Guardian*, schrieb, dem Reporter in eindrücklichen Worten zum Rückzug von den Truppen. Der Kriegs-Staatssekretär Sidney Herbert bekannte in einer Korrespondenz an Schatzkanzler Gladstone, Russell werde vermutlich gelyncht, wenn man ihn nicht umgehend wegen seiner skandalösen Berichterstattung repatriiere. Prinz Albert, der – vor dem Hintergrund metropolitaner Agitationen gegen Zentralregierung und Staatsbürokratie – schon vor Beginn des Krieges 1853 im Fokus der Kampagnen zahlreicher liberaler Londoner

---

381 Ebd., S. 255 f.
382 Vgl. dazu *Frank*, (Un)Sichtbarkeit. In diesem Zusammenhang wird insbesondere Leo Tolstois *Sewastopoler Skizzenzyklus* als stilprägend hervorgehoben.
383 *Russell*, The War, S. 250.

Blätter gestanden hatte, bezeichnete Russell gar als »a miserable scribbler«[384]. In der Tat wandte sich dieser von Beginn an gegen jede Mystifizierung des Krieges oder Heroisierung der Feldherren. Insbesondere in den Wintermonaten 1854/55 berichtete er über katastrophale Zustände im britischen Winterlager, die verheerenden hygienischen Bedingungen, die schlechte medizinische Versorgung der Truppen oder die eklatanten Mängel beim Nachschub von Heizmaterialien und Verpflegung. Am 2. Januar 1855 notierte er: »It is an actual truth that our force is deprived day by day of the services of about 100 men in every 24 hours. [...] We are weary of hearing from Government luxuries and necessaries, which never seem to arrive«[385]. Eine derartig harsche Kritik an Offiziersstab und staatlichen Entscheidungsträgern war indes durch John Delane, den Herausgeber der *Times*, abgesichert.[386] In Editorials und Leitartikeln verteidigte Delane Russells Kurs gegen alle Angriffe und schützte ihn so vor der Repatriierung. Die aufkommenden Vorwürfe, dass Russell mit seinen Berichten die Moral der Truppe zersetze und den Feinden in die Karten spiele, beantwortete die *Times* mit einer kämpferischen Proklamation i. S. der Pressefreiheit: Russells Korrespondenz von der Krim gebe »a vivid and impressive picture of the fatigues and privations to which our overtasked army is subjected.«[387] Die *Times* habe die Aufgabe darüber zu berichten, immerhin sei ein geradezu kollektives Versagen der Handlungs- und Entscheidungsträger zu konstatieren:

»The noblest army ever sent from these shores has been sacrificed to the greatest mismanagement. Incompetency, lethargy, aristocratic hauteur, official indifference, favour, routine, perverseness and stupidity reign, revel and riot in the camp before Sebastopol, in the harbour of Balaklava, in the hospital of Scutari and how much nearer home we dare not venture to say.«[388]

In seiner privaten Korrespondenz gab sich Delane indes deutlich vorsichtiger. Russell, der ein ums andere Mal über militärstrategisch durchaus sensible Informationen via Telegraph gen London berichtete (etwa über die Zahl der an die Frontlinien gebrachten Artilleriegeschütze), ohne auch nur die potentielle Weiterleitung der Informationen nach Russland zu überdenken, war zweifellos ein naiver Umgang mit der neuen Nachrichtentechnik zu unterstellen; dass auf diese Weise allerdings kriegswichtige Informationen an den Feind übergingen, erscheint, wie Phillip Knightley konzediert, eher fraglich.[389] Dennoch zeugte Delanes Ratschlag, sich weiterer Meldungen und ganz besonders kritischer Kommentare vorläufig zu enthalten, vom Bewusstsein eines drohenden Konflikts: »Continue, as you have done, to tell the truth, and as much of it as you can, and leave such comment as

---

384 *Atkins*, Bd. 1, S. 224.
385 The British Expedition, in: The Times, 24.01.1855, S. 7.
386 Vgl. *Williams*, Read, S. 108f. Vgl. ähnlich: *Grey*, S. 157f.
387 Editorial, in: The Times, 15.11.1854, S. 6.
388 Editorial, in: The Times, 23.12.1854, S. 9.
389 *Knightley*, S. 10f.

may be dangerous to us, who are out of danger.«³⁹⁰ Die Trennung zwischen Reporter und Leitartikler spiegelte prototypisch die Grenzen von Nachrichten- und Meinungsjournalismus wider: Delane übernahm die Kommentare, Russell sollte die Fakten liefern. Die Kontakte des *Times*-Redakteurs zu Innenminister Palmerston, der nach Lord Aberdeens Sturz 1855 das Amt des Premierministers übernahm, versicherten der Zeitung dabei die nötige Rückendeckung.³⁹¹

Russell, der bei seiner Rückkehr einen Lohn von 600 Pfund p.a. erhielt, um sogleich in die Riege der Auslandskorrespondenten der *Times* aufgenommen zu werden,³⁹² schrieb – dies mag das subversive Potential des Genres einmal mehr herausstellen – in solcher Konsequenz gegen die Verantwortlichen der von ihm identifizierten Missstände an, dass sich Aberdeens Regierung rasch schärfer Kritik gegenüber sah und schlussendlich im Januar 1855 über das Misstrauen der Opposition stürzte. Während im Londoner Kabinett bis dato wiederholt über die Einführung einer Zensur debattiert worden war, die Regierung indes vor der Beeinflussung der Presse zurückschreckte (wohl auch um dem Verdacht zu entgehen, das eigene Versagen vertuschen zu wollen),³⁹³ war es William Codrington, dem Nachfolger Raglans als Oberbefehlshaber, vorbehalten, am 25. Februar 1856 eine Gesetzesvorlage zu lancieren, die als späte Konsequenz der Berichterstattung die Zensur sicherheitsrelevanter Informationen ebenso vorsah wie die Ausweisung und Verfolgung von Korrespondenten, die sich dieser Form des Geheimnisverrats schuldig gemacht hatten.³⁹⁴

Krieg der Bilder: die Anfänge der Bildreportage

Die Frontberichterstattung war in ihrer spezifischen Narration eines Ich-Erzählers, der als Augenzeuge und teilnehmender Beobachter in Erscheinung trat, nur *einer* der entscheidenden Faktoren des gerade in Kriegszeiten hochgradig politisierten *news* Diskurses. Speziell in diesen Jahren kam der ›Macht der Bilder‹ eine wichtige Bedeutung zu.³⁹⁵ Schon im Krimkrieg nahm die Bildberichterstattung von Reportern, Zeichnern und Fotografen breiten Raum ein und verwandelte den Krieg erstmals in das »ultimative Spektakel« visueller Repräsentation.³⁹⁶ Als ›special artists‹ der großen Zeitungen prägten Illustratoren als Kriegszeichner die Wahrnehmungsmuster des Krieges in den heimatlichen Metropolen in entscheidendem Maß. In Europa etablierte sich die Profession des »Repor-

---

390 Zit. n. ebd. Vgl. überdies *Cook*, Delane, S. 83 ff.
391 Vgl. News International Archive and Record Office (Times Newspapers Ltd. [TNL] Archives) Delane Papers, JTD 5–8. Vgl. dazu des Weiteren *Fenton*, S. 125 ff.
392 Vgl. TNL Archives.
393 Vgl. *Daniel*, Krimkrieg, S. 50.
394 Vgl. TNA WO 28/131.
395 Vgl. dazu allg. *Paul*, S. 60 ff., sowie *Glunz u. Schneider*.
396 Vgl. *Keller*, Spectacle. Auf Ulrich Kellers luzide Ausführungen zur Genese der »Bildreportage« beziehen sich die nachstehenden Überlegungen. Vgl. ders., Authentizität; *Nagel*; *Roob*. Die illustrierten Zeitungen gaben dem Spektakel Raum vgl. *Martin*, Siège de Paris.

terkünstlers« nach 1848; die Leipziger *Illustrirte Zeitung* kreierte bspw. auf der Höhe des Krimkrieges 1855 ein loses Netzwerk an Bildkorrespondenten, auch ›Specialartisten‹ bzw. ›artistische Mitarbeiter‹ genannt, die gegen Entgelt, entweder eigeninitiativ oder nach Aufforderung, der Redaktion Bildmaterial lieferten. Die Zeichnungen erschienen in aller Regel nach Anpassung an das lithographische Raster der Blätter mit circa drei bis acht Wochen Verzögerung.[397] Zu diesem Netz gehörten unter anderem August Beck, der auch von der Krim berichtete, Gustave Roux sowie Hermann Scherenberg. In Frankreich und Großbritannien erfüllte die Suggestion realitätsnaher Texte und Bilder ihr Ziel in gleichem Maße. Zur ersten Garde der Kriegszeichner gehörten hier Constantin Guys, Denis Auguste Raffet, Henri Durand-Brager, aber auch Joseph Archer Crows oder William Simpson, die für französische wie auch für britische Zeitungen arbeiteten. Das auffällig selbstreflexive Moment, das ihre Zeichnungen in der *L'Illustration* oder der *Illustrated London News* ausmachte, rückte den Prozess der Berichterstattung in den Fokus des Interesses und dokumentierte auf diese Weise das Geschehen erstmals über die Ausstellung seiner künstlerischen Aneignung. Zahlreiche Illustrationen zeigen Reporter-Zeichner, wie sie die Schlachtfelder betreten, Notizen anfertigen und Skizzen erstellen (vgl. Abb. 39 u. 40). Dass sich dieses Wirken im Geiste des modernen Journalismus an den Maximen von ›Wahrheit‹ und ›Authentizität‹ würde ausrichten müssen, war den Protagonisten durchaus bewusst. Guys, dessen Pariser Skizzen Charles Baudelaire 1863 in *Le Peintre de la vie moderne* ein Denkmal setzte, erklärte 1847 unmittelbar vor seinen Engagements im Zeitungsjournalismus denn auch gegenüber einem Kollegen: »D'abord le journal [*Illustrated London News*, d. Vf.] n'est pas un recueil *purement artistique*, c'est un journal *sérieux*, je veux dire *vrai*«[398].

Die *Illustrated London News* waren 1855 mit einer Auflage von circa 130.000 Exemplaren das größte unter den Londoner illustrierten Nachrichtenblättern. Bis 1863 vergrößerte sich die Auflage noch auf 300.000 Exemplare.[399] Dies hing zum einen mit dem Wegfall der Zeitungssteuer zusammen, die seit dem Anfang des 18. Jahrhunderts bestand.[400] Die »newspaper duty« sah eine steuerliche Abgabe der Blätter vor, deren Inhalte und periodische Erscheinungsform sie

---

397 Vgl. *Eckhart*, S. 20 ff. *Hanebutt-Benz*, S. 870.
398 Duflo, Constantin Guys, S. 58. Hervorhebungen durch den Verfasser. Die Ausrichtung an den *Gesetzen* und *Moden* der Massenmedien übernahm Guys aus seinen ersten Mode- in spätere Reportagezeichnungen.
399 *Brown*, Reporting, S. 17. Andere Darstellungen gehen bereits 1855 von einer Auflage um 200.000 Ex. aus. Vgl. *Hibbert*, S. 13. Die Zahl der gestempelten Ex. lag wohl bei rund 3,3 Mio. per anno (≈ 65.000 pro Ausgabe). Vgl. GSTA PK I. HA Rep. 77A Literarisches Büro Nr. 147, Bl. 88–93.
400 Die *ILN* besaß kurz nach ihrer Gründung 1842 eine Auflage von circa 60.000 Exemplaren. 1853 – kurz vor dem Fall der Stempelsteuer – lag die *offizielle* durchschnittliche Jahres-Auflage bei knapp 4,2 Mio. Ex. (≈ 80.000 Ex. pro Ausgabe). Im Jahr der *Great Exhibition* soll sie bereits bei 145.000 gelegen haben. Vgl. Newspaper Stamps, in: Illustrated London News, 08.04.1854, S. 1.

Abb. 39 u. 40: M. Durand-Brager. Correspondant en Crimée, in: L'Illustration, 09.02.1856, S. 97 (links). W. Russell. Esq. Correspondent of the Times in the Crimea, in: Illustrated Times, 06.10.1855, S. 13 (rechts).

zu Medien politischer Information machten. De facto bedeutete dies zunächst eine Verteuerung aller mit der Stempelsteuer belegten Zeitungen, die wiederum einen Ausschluss weiter Bevölkerungsschichten aus der Sphäre politischer Diskussion nach sich zog. Gleichzeitig bedeutete diese Praxis aber auch eine Privilegierung der gestempelten Zeitungen und Journale. Zum anderen waren es die Reportagen und Zeichnungen von Spezialartisten wie Guys oder die xylographischen Drucke der Bilder von Fotografen wie des Briten Roger Fenton, die der Zeitung zu enormen Auflagensteigerungen verhalfen.

Noch Jahrzehnte später waren Kriegszeichner eine wichtige Instanz der Kriegsberichterstattung. Neben arrivierten Kriegsmalern wie François Flameng und Georges Scott, die ihre Wurzeln im Genre konventioneller Militär- und Historienmalerei hatten, waren Pressegrafiker wie Felix Schwormstädt, der unter Genehmigung des Großen Generalstabes die westlichen wie auch östlichen Kriegsschauplätze bereiste, noch im Ersten Weltkrieg unterwegs.[401] In dieser Phase erschien die Wirkung solcher Druckgrafik allerdings bereits von der Omnipräsenz der Fotografie unterminiert, insbesondere infolge groß angelegter bildmedialer Kampagnen von Zeitungen und illustrierten Journalen, wie *Der Kriegsberichterstatter*, *Illustrated war news* oder *La guerre illustré*, die Aby Warburg schließlich sogar dazu veranlassten, von »Pressefeldzügen« zu sprechen.[402]

401 Vgl. *Scholl*, S. 34 ff. Vgl. allg. *Lindner-Wirsching*.
402 *Paul*, S. 105 ff.

Guys Zeichnungen nahmen sich indes in ihrem spezifisch dokumentarischen Charakter – »sketches *taken on the spot*« – gegenüber der Masse populärer Druckgraphik besonders aus. In Guys metropolitanen Streifzügen sah Baudelaire das vollendete Werk eines modernen Künstlers: Der Reporter als »Flâneur« und – in Anlehnung an Edgar Allan Poes Erzählung – als »Mann der Menge« sei, so der Dichter, der ideale Beobachter des modernen Lebens.[403] In seinen Reportagen verwob Guys die Hintergrundgeschichten des Kriegsalltags ganz in der Tradition der *historien des mœurs*, mal anekdotischer, mal sozialkritischer aus der Perspektive des Flâneurs mit den (z. T. überblicksartigen) Ereignisberichten des Tatsachenreporters. Hier war der authentische Gestus der Reportagen ungleich bedeutsamer. Der Reporter – vormals Teil der großstädtischen Masse, deren Anonymität er sich zu eigen machte – exponierte sich nun in seiner Rolle als Kriegsberichterstatter notwendigerweise als Augenzeuge existentieller Erfahrungen. In Guys späteren Werken wird er zum *sichtbaren* Beobachter, dessen Blick sich konstitutiv auf die eigene Person und Position richtet; das Publikum der Kriegsberichterstattung aber wird auf diese Weise auf das eigene Mediennutzerverhalten, seinen Voyeurismus und sein Sensationsbedürfnis, aber auch sein Verlangen nach ›Tatsachen‹ und ›Wahrheiten‹ zurückgeworfen. Die Zeitungen, die in ihrer ästhetischen Dimension die Überformung gemeinsamer Erfahrungen in ebenso anschauliche wie konkrete Bildersprache zeitigten, waren fraglos das ideale Medium, um sich einer solchen Konstruktion der *imagined communities* auch und gerade an der ›Heimatfront‹ zu versichern.[404] So waren Guys Zeichnungen gegenüber einer propagandistischen Instrumentalisierung weithin immun. Die Fotografien des Krieges indes boten größere Angriffsfläche. Einerseits verbürgte das Foto durch die Kontingenz des Wirklichkeitsausschnittes und den denotativen Bezug zum Abgebildeten die ›Realitätseffekte‹ einer vermeintlich unkünstlerischen »Beglaubigung von Präsenz«[405] und unterschied sich so (auf den ersten Blick) von der Erzählung. Andererseits war dieser Modus einer Vergegenwärtigung des Krieges, der die Schlachtenerzählung als unwahr zu denunzieren schien, realiter durchaus anfällig gegenüber politischer wie künstlerischer Inanspruchnahme. Die Bilder Roger Fentons, der zwischen März und Juni 1855 als Fotograf des Londoner Druck- und Verlagshauses Thomas Agnews circa 350 Aufnahmen von der Krim mit nach London brachte, waren oftmals offenkundig arrangiert;[406] die Statik der Aufnahmen war dabei einerseits auf die langen Belichtungszeiten und damit im Kern auf die technischen Möglichkeiten des neuen Mediums zurückzuführen. Die Aufnahmen insbesondere der Offiziers- und Truppenkorps mögen

---

403 Le peintre de la vie moderne, in: Le Figaro, 26.11./29.11./03.12.1863. Vgl. dazu *Doetsch*.
404 *Mead*, S. 390. Zur Konstruktion der *imagined communities* vgl. allg. *Anderson*.
405 *Barthes*, Kammer, S. 12. Der Siegeszug der Fotografie als bildgebendes Verfahren, das sich – gegen die Zeichnung – als ein *wissenschaftliches* Medium (und allenfalls eine Form künstlerischer Selbstdisziplinierung) durchsetzte, verpflichtete sich auf das Ideal exakter Kopie. Vgl. *Daston u. Galison*, S. 140 f.
406 *Köppen*, Entsetzen, S. 125.

durchaus im primären Ansinnen entstanden sein, der Militärmalerei als Vorlage zu dienen.[407] In gewisser Weise aber gaben diese (und andere) Bilder, die den Krieg in der Idyllik von Landschaftsaufnahmen und geselligen Gruppenporträts abseits des Schlachtgeschehens darstellten (vgl. Abb. 41), andererseits Anlass, als Mittel der Gegenpropaganda im Auftrag des englischen Hofes verstanden zu werden.[408] Die Ausstellung von Fentons Bildern in London 1855 erreichte zwar nur ein vergleichsweise kleines Publikum; ihr Druck in der *Illustrated London News* aber prägte – wie Reportagen, Skizzen und Zeichnungen – das Bild des Krieges in erheblichem Maß.

Spätestens im amerikanischen Bürgerkrieg war die Fotografie als Propagandamittel zu voller Blüte gekommen.[409] In Europa bedeuteten zunächst, was die reine Masse (bild-) medialer Produktion anging, die Revolution von 1848 sowie die Einigungskriege wichtige Wegmarken.[410] Eine Zäsur markierte allerdings der Deutsch-Französische Krieg, der nicht nur in quantitativer Hinsicht neue Maßstäbe der Bildberichterstattung setzte.

Durch den Einsatz der Kriegsberichterstatter etablierte sich hier um 1870 eine neuartige »Form der Berichterstattung, die sich dem komplexen Gegenstand Krieg in einer narrativen – und entsprechend leserfreundlichen – Form näherte.«[411] Die Nähe zum Geschehen schien hier Einsichten zu vermitteln, die sich den Schreibtischredakteuren verschlossen. ›Original-Correspondenzen‹ vom Schauplatz des Geschehens standen alsbald den ›Armeeberichten‹ und ›amtlichen Depeschen‹ der Tagespresse diametral entgegen. Angesichts der Vielzahl medial kolportierter Stimmungsberichte – von Feldpostbriefen über Tagebuch-Reminiszenzen bis hin zu politischen Leitartikeln in Tageszeitungen und Journalen – entwickelte sich der Krieg zu einem beispiellosen Medienereignis in Deutschland.[412] Das Reporterwesen war dabei bereits weithin entwickelt, die Kriegsberichterstattung ruhte in erster Linie auf den Schultern der sondergesandten Journalisten.

Sämtliche großen Tageszeitungen sowie zahlreiche Familienzeitschriften, darunter auch die *Gartenlaube*, entsandten ihre Spezialkorrespondenten. Basierte

---

407 *Keller*, Spectacle, S. 123 f.
408 Vgl. *Knightley*, S. 13 f. Gegen alle Legendenbildungen einer propagandistischen Mission Fentons kann Keller die vergleichsweise geringe öffentliche Aufmerksamkeit, die mangelnde politische Instrumentalisierung der Bilder und die späte Veröffentlichung in Anschlag bringen. Dennoch muss die Frage, ob sich in dieser Form der Inszenierung des Krieges Anweisungen der britischen Krone widerspiegelten – so Kreimeier, Kriegsfotografie, S. 285 f. – oder ob Motivwahl und Genrekonzeption vielmehr ein Zugeständnis an Sehgewohnheiten und Erwartungen des viktorianischen Publikums bzw. Konventionen der populären Presse oder gar Ausdruck einer Selbstzensur des Fotografen waren, letztlich offen bleiben.
409 Vgl. *Cull*, S. 88 f., sowie *Borchard*, S. 62.
410 Vgl. exempl. *Koch*, Macht, S. 771–812.
411 *Buschmann*.
412 Vgl. *Becker*, Bilder, S. 38 ff. Zur späteren Verarbeitung dieser Kriegsdarstellungen in den literarischen Werken – insbesondere der Naturalisten – vgl. zudem *Köppen*, Entsetzen, S. 168 ff.

Abb. 41: Lieutenant-Colonel Shadforth at his Hut & Officers of the 57th Regiment.

in Deutschland 1855 noch das Gros der Berichterstattung der *Gartenlaube* über den Krimkrieg auf der Übersetzung und Überarbeitung britischer Presseartikel, konnte das Blatt, nach ersten Experimenten in den Einigungskriegen, 1870 den Schriftsteller Anton von Corvin als dauernden Korrespondenten gewinnen. Dessen Skizzen erschienen unter dem Titel »Im Lager unserer Heere« als regelmäßige Briefsendungen im Abstand weniger Wochen.[413] In Konkurrenz zu den ›Neuigkeiten‹ der Drahtmitteilungen sollten die Berichte indes keinesfalls stehen, wie die Redaktion verlautbarte: Vielmehr sollte die lebendige Schilderung der »Hauptaktionen« in den Schilderungen des Spezialberichterstatters ein alltagsnahes Bild des Krieges vermitteln.[414] Dies war in den vergangenen Jahren durchaus in Ansätzen erprobt, wie ein anonym erschienener Beitrag des Jahres 1855 – »Scenen aus dem englisch-französischen Winterlager auf der Krim« – belegen mag. Der Verfasser dieser Korrespondenz, bei der es sich vermutlich um

413 Vgl. exempl. die erste Ausgabe, in: Die Gartenlaube, Jg. 18, Nr. 34 (1870), S. 532.
414 Vgl. An unsere Leser, in: Die Gartenlaube, Jg. 18, Nr. 34 (1870), S. 529. Corvin betonte gleichermaßen, die »persönliche Erzählung« sei »lebhaft« und allgemeintypisch – und als solche »die beste Schilderung der Zustände«. Aus dem Lager unserer Heere. Siebenter Brief. Meine ersten Tage in Versailles, in: Die Gartenlaube, Jg. 18, Nr. 47 (1870), S. 788–790, hier S. 788.

die redaktionelle Bearbeitung der Zusendung eines Korrespondenzbüros handelte, beschrieb die Lage der Truppen in plastischer Sprache ganz so, als ob er aus der unmittelbaren Wahrnehmung des Augenzeugen berichte:

»Jetzt eine kurze Wanderung durch Balaklava. Worte sind nicht im Stande, eine Vorstellung von deren Schmutze, deren Schrecken, Hospitälern, Begräbnissen, Todten und Sterbenden, ihren engen, von Gestank, Kanonen, schmutzigen Mischungen von Türken und Engländern überfüllten Gäßchen, ihren lärmenden Schuppen, Läden und ruinirten Häusern, ihren bestialischen Umgebungen und Massengräbern zu geben. [...] Welch ein Aechzen, Stöhnen, Schnauben, Beten, Jammern und Schreien hinter diesem zerfetzten Segel, das statt eines Thores den Eingang zu einem alten Schuppen schützt? Es ist ein türkisches Hospital. Hast Du Muth, den Vorhang zu lüften? Einen Blick hinein und Du siehst mit einem Male, wie die Türkei gerettet wird. Da liegen sie haufenweise, dicht in einander geschichtet, Tote und Lebendige durch einander.«[415]

In der Realitätsfiktion der Korrespondenz lag die politische Bedeutung dieses Artikels. Der Bericht, der Zustände beschrieb, die der Verfasser vermutlich allenfalls aus Überlieferungen kannte, transportierte gerade im Modus der Zeugenschaft einen humanitären Geist, der für die späteren Reformanstrengungen britischer Vertreter einer Gesundheitsfürsorge bzw. Krankenpflege auf der Krim prägend werden sollte. Die *Gartenlaube* schrieb nur drei Wochen später über die Anstrengungen Florence Nightingales in den Hospitälern der Krim.[416] Das Wissen über die Hintergründe des Krieges resultierte indes auch hier aus Agenturmeldungen und Depeschen der englischen Blätter. Die Imagination eines Blickes hinter die Kulissen des Krieges, die der Spezialberichterstatter verbürgen sollte, war so das Ergebnis einer (mehr oder weniger geglückten) Collage der Quellen internationaler Presse. Gegen Vorwürfe der Fälschung und Übertreibung verteidigte sich der Schreiber daher auch gleich unter Verweis darauf,

»daß kein Wort hier steht, das nicht von Ort und Stelle, von Augenzeugen gekommen und durch den einstimmigen Schrei der ganzen noch lebenden Armee, *welche England mit Briefen und Schilderungen überschwemmt, die alle Tage in den Zeitungen massenweise veröffentlicht* werden oder *privatim circuliren*, bekräftigt und noch durch *Thatsachen übertrieben* würde.«[417]

In den 1860ern ließ das Journal die Rubrik der »Scenen und Bilder aus Feld- und Lagerleben« wieder aufleben. Die ersten Stimmungsberichte bei Ausbruch des Deutschen Krieges schienen sich in ihrer anekdotischen Zuspitzung und extrem literarischen Verarbeitung des Schicksals des Wehrmanns Peter Schmitz kaum von den Fortsetzungsromanen derselben Ausgabe zu unterschei-

---

415 Scenen aus dem englisch-französischen Winterlager auf der Krim, in: Die Gartenlaube, Jg. 3, Nr. 3 (1855), S. 34f., hier S. 35. Die Evidenz lag im Gestus des »Vor-Augen-Stellens«.
416 Vgl. Hospital-Scenen vom Kriegsschauplatz, in: Die Gartenlaube, Jg. 3, Nr. 6 (1855), S. 74f.
417 Scenen aus dem englisch-französischen Winterlager auf der Krim, in: Die Gartenlaube, Jg. 3, Nr. 3 (1855), S. 35. Hervorhebungen durch den Verfasser.

den.[418] Zwischenzeitlich wechselte die Rubrik allerdings – dies war durchaus üblich – auch den Verfasser.[419] Die Form dieser Kriegskorrespondenzen war also bis zu einem gewissen Grad wandelbar.

Zudem aber zeigte sich, in welchem großem Maß Zeitungen und Zeitschriften in dieser medialen Umbruchphase, die unter veränderten Rahmenbedingungen noch bis in die 1910er Jahre dauern sollte, von den Qualitäten ihrer Spezialberichterstatter abhängig waren. Fielen diese aus, z. B. weil der postalische Verkehr zu langsam oder die Telegraphenverbindung unterbrochen war, wurden die Nachrichtenmacher auf die ›Schreibtischwirklichkeiten‹ ihrer Nachrichtenproduktion zurückgeworfen. Dies wiederum bedeutete nicht selten, den Pressespiegel zur Vorlage der eigenen Berichterstattung zu nehmen. Ausdruck dieses eklatanten Misstrauens der Leser gegenüber dieser Form einer nur scheinbaren Aussendung von Korrespondenten war der riesige Erfolg, der Julius Stettenheims Berichterstatterparodie des Korrespondenten *Wippchen* beschieden war. Die Geschichte des Protagonisten Wippchen, der als Redakteur eines großen Berliner Blattes das weltweite Kriegsgeschehen als vermeintlicher Spezialberichterstatter ›vor Ort‹ aus der Provinz in Bernau imaginierte, war anfangs in den *Berliner Wespen* erschienen. In der Herausgeberfiktion dieser Korrespondenzen, die ab 1878 in Serie erschienen, gab die Redaktion des Blattes vor, sämtliche Berichte aus der Feder »unsere[s] ownsten Korrespondenten«[420] abzudrucken, um doch zugleich die Praxis der Zeitungsberichterstattung als ein Paralleluniversum realer Ereignisse zu karikieren. Exemplarisch zeigen sich hier die Strategien der Selbstbeobachtung und Selbstinterpretation der Massenmedien, die – speziell in ihrer radikalen Indifferenz gegenüber den Wahrheitswerten des Berichteten – den Journalismus des ausgehenden 19. Jahrhunderts nachhaltig prägten.[421]

Kontexte und Rahmenbedingungen der Kriegsberichterstattung um 1870

Der Deutsch-Französische Krieg war von einer bis dato unbekannten Zahl an Presseberichterstattern begleitet, deren Qualitäten sich naturgemäß abhängig von Profession und Erfahrung stark unterschieden. Das Spektrum reichte hier von Kriegskorrespondenten, Reportern und Feuilletonisten über Schriftsteller und Historiker bis hin zu schreibenden Schlachtenbummlern und abenteuerlustigen Touristen.

---

418 Vgl. Scenen und Bilder aus Feld- und Lagerleben, in: Die Gartenlaube, Jg. 14, Nr. 26 (1866), S. 406 f.
419 Während anfangs ein Reporter unter dem Kürzel E. A. K. die Rubrik übernahm – von dem es hieß, er sei während der Anfertigung seiner Beiträge »zu den Fahnen einberufen worden« und bereits »mitten auf dem Marsche« – vgl. Die Gartenlaube, Jg. 14, Nr. 27 (1866), S. 428 f. – schrieb nach anonymen Beiträgen unter dem Kürzel J. B. ein »Berichterstatter im Felde« die Rubrik weiter. Vgl. Die Gartenlaube, Jg. 14, Nr. 35 (1866), S. 541–543.
420 *Stettenheim*, Bd. 1: Der orientalische Krieg. 1878, S. 1. Die Serie avancierte rasch zu einem riesigen Erfolg. Zwischen 1878 und 1906 erschienen insges. sechzehn Bände.
421 Vgl. *Luhmann*, Realität, S. 12–15.

Auf deutscher Seite schrieb unter anderem der Schriftsteller Otto von Corvin, der im amerikanischen Bürgerkrieg bereits zu den Korrespondenten der Londoner *Times* gezählt hatte, für die *Gartenlaube*. Des Weiteren nahmen der Ministerialbeamte und Archivar Paul Hassel für den *Staatsanzeiger* und die *Nationalzeitung* in Berlin, Georg Hiltl für die *Daheim*, Leopold Kayßler als Vertreter der Berliner Presse, Ludwig Pietsch für die *Vossische Zeitung*, Hermann Voget für die *Frankfurter Zeitung* sowie die *Neue Freie Presse* oder Hans Wachenhusen für die *Kölnische Zeitung* als Beobachter des Kriegsgeschehens am Krieg teil.[422] Auffällig war zudem die große Zahl an arrivierten Schriftsteller-Journalisten, die wie Gustav Freytag (für die *Grenzboten*) oder Friedrich Gerstäcker (für die *Kölnische Zeitung*) vom Kriegsschauplatz berichteten. Dabei war der Alltag der Kriegsberichterstatter, wie das Beispiel Theodor Fontanes zeigt, keineswegs ungefährlich. Fontane, der im Ansinnen, eine Geschichte des Krieges zu schreiben, unmittelbar *nach* den Schlachten bei Wörth, Metz und Sedan auf der Höhe der einsetzenden Belagerung von Paris durch die deutschen Truppen gen Frankreich aufgebrochen war, wurde bei seinen Streifzügen hinter den feindlichen Linien nach wenigen Tagen als Spion aufgegriffen.[423] Rund sieben Wochen nach seiner Gefangennahme kam der Schriftsteller indes unter großer medialer Anteilnahme wieder frei. Der Ruhm des Zeitungsmannes Fontane aber war in diesen Tagen noch von kurzer Dauer, wie dieser selbst, durchaus ironisch, 1871 in sein Tagebuch notierte:

»Meine Gefangenschaft hat mich zu einer Sehenswürdigkeit (Rhinoceros), zu einem *nine days wonder* gemacht; die »Gartenlaube« ist sogar drei Tage lang entschlossen mich, mit Text und Holzschnitt, unter die berühmten Zeitgenossen aufzunehmen, besinnt sich aber schließlich eines Beßren, da sie erfährt, daß alle meine Glieder heil geblieben sind.«[424]

Dass Reporter wegen Spionageverdachts gefangen genommen wurden, war durchaus kein Einzelfall.[425] Fontane aber schilderte – und dies war dann doch besonders – nur Wochen später die Episode seines Aufenthalts in langen autobiographischen Skizzen, die bereits ab dem 25. Dezember 1870 unter dem Titel »Kriegsgefangen« in der *Vossischen Zeitung* erschienen.

---

422 Allein die Berliner Nationalzeitung beschäftigte während der sieben Kriegsmonate mehr als zehn Korrespondenten. Vgl. *Koch*, Presse, S. 68 f. sowie S. 375 ff., bzw. *Schneider*, S. 390 f.
423 Vgl. *Berbig*, Theodor Fontane Chronik, Bd. 2, S. 1657 ff. »5. Oktober 1870. Früh 7 Uhr nach Vaucouleurs und Domremy. Um 4 Uhr nachmittags verhaftet. Nach Neufchateau. Furchtbare Nacht.« *Fontane*, Tage- und Reisetagebücher, Bd. 3, S. 158.
424 *Fontane*, Tage- und Reisetagebücher, Bd. 2, S. 38. Zur medialen Anteilnahme am Schicksal Fontanes vgl. auch die Sammlung im TFA ZA, Bl. 422–425.
425 So schrieb Archibald Forbes – Spezialberichterstatter des *Morning Advertiser* und der *Daily News* vom Kriegsschauplatz in Paris – aus eigener Anschauung von den Gefahren, als preußischer Spion verdächtigt, gefangen genommen – oder gar von der Pariser Bevölkerung angegriffen zu werden. Vgl. The War Correspondence of the Daily News 1870, Bd. 1, S. 97 ff.

In aller Regel waren die Reports und Reportagen der Berichterstatter allerdings weitaus banaler. Sie entsprangen den Alltagserfahrungen der Korrespondenten auf Reisen bzw. in den Quartieren und widmeten sich dem Kriegsgeschehen eher auf anekdotischem Weg.[426] Dominique Kalifa zufolge lassen sich neben diesem spezifischen Hang zum Anekdotischen zwei weitere große Traditions- und Entwicklungslinien der Kriegsreportage auch in Frankreich beobachten: Einerseits war dies eine Tendenz zum Enzyklopädismus, der das Kriegsgeschehen in einer Unzahl an Details und Verweisen zu schildern verstand. Henry Legay und Louis Durry für das *Petit Journal* sowie Édouard Lockroy, Camille Pelletan und Jules Claretie für *Le Rappel* zählten hier zu den profiliertesten Kriegsreportern. Andererseits bemühten sich die Reporter der großen Pariser Zeitungen, darunter auch Alfred d'Aunay (*Le Figaro*), in auffälliger Weise um eine heroisch-tragische Inszenierung des Geschehens, die den Krieg – ganz im Stil *der faits divers* – als Episode eines ganzen Ensembles sensationeller Neuigkeiten konturierte.[427] Dieser Hang zum Sensationalismus, oftmals im buchstäblichen Sinne ›untermalt‹ durch die Illustrationen der Journale und Zeitungen, war sicherlich bis zu einem gewissen Grad der gestiegenen Medienkonkurrenz zuzurechnen. Immerhin entstand auch außerhalb des Zeitungs- und Journalkosmos während des Krieges eine schier unüberschaubare Masse an populärer Erinnerungsliteratur (Memoiren, Tagebuchskizzen und Frontdepeschen), die gleichermaßen reißenden Absatz fand und das Bild des Krieges grundlegend bestimmte.[428] Die Korrespondenten waren vor diesem Hintergrund einmal mehr der Konkurrenz um ebenso *aktuelle* wie *exklusive* Nachrichten preisgegeben.

Die Arbeitsbedingungen der Journalisten im Feld waren indes durchaus unterschiedlich. Die deutschen Korrespondenten, so sie wie Kayßler, Pietsch oder Hessel im unmittelbaren Gefolge des preußischen Kronprinzen reisten, waren, da sich die Gefechte 1870 noch auf sehr eng umgrenzten Schlachtfeldern abspielten, zumeist in unmittelbarer Nähe des Geschehens. Im direkten Austausch mit Offizieren und Soldaten lag dabei die größte Chance, an Informationen zu gelangen. Augenzeugen waren Reporter nur selten. Sofern ihnen allerdings der

---

426 Hier stechen insbesondere die Skizzen Ludwig Pietschs aus der breiten Masse an Berichterstattungen heraus. Über Pietsch, der als literarisch ambitiöser »Star-Reporter« galt, schrieb Fontane, sein »Reichtum an Anschauungen« und sein »Zuhausesein auf fast allen Gebieten des Lebens« sei einzigartig; seine Skizzen seien das »beste, frischste, lesbarste Stück« dieser Gattung an Kriegsliteratur. Vgl. *Reuter*, Bd. 1, S. 465 ff., sowie Bd. 2, S. 950 ff. Pietschs Beobachtungen nahmen bspw. in Überlegungen zur »Gartenkultur in der Umgebung von Paris« ihren Ausgang, allerdings nur, um anschließend die so häufig – im Plauderton des Feuilletons – kolportierte Idyllik malerischer Landschaften durch die Beschreibungen der Kriegswirklichkeiten zu kontrastieren: »Im ›Paradies der Gartenkultur‹ ist heut nun einmal die ›Granatenstraße‹.« Vgl. Kriegsbilder, in: Vossische Zeitung, 29.12.1870, Beilage, S. 4–6. Vgl. ganz allg. *Pietsch*.
427 Vgl. *Kalifa*, Crime et culture, S. 189–208.
428 Vgl. *Mehrkens* – sowie die zeitgenössische, alsdann tendenziöse Sammlung Georg *Hirths*.

Weg in die Kriegsgebiete offenstand, gewannen sie allzu häufig einen überaus privilegierten Blick von Anhöhen oder Türmen auf das Schlachtengeschehen. Als Zivilisten stießen die Reporter gleichwohl ebenso häufig auf ein ausgeprägtes Misstrauen der Militärs.[429] Zudem erschwerten zahlreiche Kontroll- und Zensurmaßnahmen ihr Arbeiten. Wie die neuere Forschung gezeigt hat, sollte man das Ausmaß der Pressemanipulation in den Jahren nach 1848 zwar nicht überschätzen,[430] insbesondere in Kriegszeiten aber verfolgte der Deutsche Bund eine rigide Pressepolitik.[431] Zu Formen der Zensur und Unterdrückung von Berichterstattung traten hier vor allem Maßnahmen der aktiven Presselenkung. Während einzelne Berichterstatter im Gefolge des königlichen Hauptquartiers reisten, war anderen (speziell ausländischen) Zeitungskorrespondenten der Zugang zu den Kriegsschauplätzen verwehrt; die Zensur wirkte hier selektiv. So war William Howard Russell, der Star-Reporter der *Times*, auf Geheiß König Wilhelms I. von Preußen ausdrücklich vom »Prinzip der Nichtzulassung von Zeitungskorrespondenten«[432] in den Hauptquartieren der norddeutschen Armeen ausgenommen worden, andere Korrespondenten, darunter auch »Reporter deutscher Blätter«, erhielten dagegen keine Legitimationspapiere oder mussten, wie Hermann Voget, von Moritz Busch, dem Leiter der Bismarckschen Kontrollbehörde des Literarischen Büros, als Vertreter der »demokratischen Presse« und »preußenfeindlichen Blätter«[433] diffamiert, schließlich wegen anhaltender Kritik den Kriegsschauplatz wieder verlassen. Die deutsche Militärführung nutzte die deutsche, englische und amerikanische Kriegsberichterstattung zur Informationsweitergabe und Propaganda, während die französische Regierung gar keine Journalisten in ihren Hauptquartieren akzeptierte.[434] Vor diesem Hintergrund schien es auch ohne eine strenge Vorabzensur ein wenig übertrieben zu behaupten, die Korrespondenten hätten von den Zensurbehörden »nicht viel zu befürchten«[435] gehabt; die Möglichkeiten, sich im Feld ohne

---

429 Vgl. *Becker*, Deutschland. Vgl. dazu exempl. die Klage des Korrespondenten der *Gartenlaube* im Deutsch-Deutschen Krieg über die unwirsche Behandlung und schlechte Verpflegung der Pressevertreter: Berichterstatter im Felde, in: Die Gartenlaube, Jg. 14, Nr. 37 (1866), S. 583 f. Vgl. überdies: Im Lager unserer Heere, in: Die Gartenlaube, Jg. 18, Nr. 34 (1870), S. 532.

430 Vgl. *Becker*, Bilder, S. 45; *Kohnen*, S. 185 f., sowie *Siemann*, Ideenschmuggel, S. 103 ff.

431 Davon zeugen die Kontroversen um eine Suspension einzelner Bestimmungen des Bundespreßgesetzes in den Reichstagsdebatten des Norddeutschen Bundes. Vgl. RTP 5. Sitzung, 03.12.1870, S. 47–63.

432 Acta. Anträge auf Zulassung zu dem Kriegsschauplatz im Feldzuge 1870. Zit. n. *Wentz*, Bd. 2, S. 33. Vgl. indes: Kriegskorrespondenten und Schlachtenmaler. Bd. 1 (1866–1900). BA R 901/90478.

433 *Busch*, Bd. 1, S. 425 f. Zu Vogets öffentlicher Wertschätzung als Kriegsberichterstatter und »Reporter großen Stils« (*Anonymus*, Frankfurter Zeitung, S. 148 f.) sowie zu seiner politischen Positionierung vgl. ausführlich: *Schneider*, S. 393 ff.

434 Vgl. *Roth*, S. 109; die deutsche Regierung untersagte bereits bei der Mobilmachung, über militärische Geheimnisse zu berichten. Vgl. *Koszyk*, Pressepolitik, S. 7 ff. Zur Konkurrenz deutscher und britischer Berichterstatter vgl. *Busch*, Bd. 1, S. 385 f.

435 *Becker*, Deutschland, S. 71.

weiter gehende Kontrollen zu bewegen, aber waren zweifellos gerade im Vergleich zum Ersten Weltkrieg noch sehr groß.

Viele Korrespondenten schlugen sich ohne Anbindung an die Hauptquartiere durch, und so waren bspw. bei der Zerstörung des Dorfes Bazeilles am Vorabend der Schlachten um Sedan sowohl eine Vielzahl an professionellen Kriegsberichterstattern als auch an zivilen und militärischen Beobachtern im Einsatz. Die Zerstörung des Ortes erhielt infolge rasch einsetzender Vorwürfe über Verletzungen des Kriegsrechts durch deutsche Truppen nicht zuletzt aufgrund der Vielzahl an Beobachtern den Charakter eines internationalen Medienereignisses, in dessen Zuge sich die Konkurrenz der Augenzeugenberichterstattung in einen politisch motivierten »Deutungskampf« transformierte.[436] Die Kontroverse um die Massaker der deutschen Truppen war durch einen Leserbrief des französischen Herzogs von Fitz-James in der Londoner *Times* am 15. September aufgeworfen worden, der schwere Vorwürfe gegen die Deutschen erhob.[437] Während Pietsch oder auch Kayßler abseits des Geschehens häufig nur die Propaganda des Heeres rekapitulieren konnten,[438] rückte Wachenhusen an der Seite der Soldaten in Bazeilles ein. In grellen Farben zeichnete er rund anderthalb Wochen später in der *Kölnischen Zeitung* die Gräuel dieses Krieges, um zugleich vollkommen parteiisch auf die Notwendigkeiten von Abschreckung und Vergeltung im Krieg zu verweisen.[439] In der Folge entspannen sich Wortgefechte, die nur mehr über die Zeitungen ausgetragen wurden. Vogets Schilderungen in der *Frankfurter Zeitung* verstanden sich etwa, obschon ungleich differenzierter als die Mehrzahl aller patriotischen Korrespondenzen, ausdrücklich als Gegendarstellungen zu Fitz-James' Leserbriefen sowie den Leitartikeln der *Times*. Als die ersten Nachrichten verebbten, setzte die ikonographisch verfasste symbolische Überformung des Ereignisses ein. Dies war das Metier der Kriegszeichner und Illustratoren. Hier waren deutsche und französische Bilddarstellungen gleichermaßen wirkmächtig.[440] Dass allerdings die französischen Blätter in den Tagen von Sedan kaum mehr auf die Korrespondenzen ihrer eigenen Reporter zurückgreifen konnten, war darauf zurückzuführen, dass die Pariser Journalisten bereits Mitte September mit Beginn der Belagerung der Hauptstadt vom Kriegsschauplatz zurückkehrten und ihre Tätigkeiten einstellten. Die Mehrzahl der Pariser Berichterstatter lancierte die offizielle Propaganda einer Volksbewaffnung. Als »Corps des Franctireurs de la Presse« griffen einige von ihnen unter dem Kommando des Kriegsberichterstatters Gustave Aimard 1870 sogar eigenmächtig zu den Waffen.[441] Die in gleicher Weise linientreuen deutschen

---

436 Die bayrischen Truppen waren verdächtig, bei der Einäscherung des Dorfes in einer Form des Gewaltexzesses hohe *zivile* Opferzahlen billigend hingenommen zu haben. Vgl. dazu *Showalter*, S. 240. Zur medialen Berichterstattung vgl. *Mehrkens*, S. 108–127.
437 Vgl. Incidents of the War, in: The Times, 15.09.1870, S. 10.
438 Vgl. *Pietsch*, S. 128f. *Kayßler*, S. 95ff.
439 Der rothe Hahn auf den Dächern, in: Kölnische Zeitung, 10.09.1870, Erstes Bl., S. 2.
440 *Mehrkens*, S. 122f.
441 Le Corps des Franctireurs de la Presse, in: Moniteur de la Guerre, 22.09.1870, S. 3.

Kriegskorrespondenten standen der Bildung von Freiwilligenverbänden durchweg kritisch gegenüber. Sie propagierten vielmehr den ›Kampf mit der Feder‹.

Der Krieg 1870/71 war so gerade in Kontinentaleuropa, wo sich die politische Bedeutung der Zeitungskorrespondenten und Spezialberichterstatter eindrucksvoll zeigte, ein entscheidender Faktor für die Professionalisierung des Reporterwesens, so wie es nur wenige Jahre zuvor der *Civil War* in den Vereinigten Staaten gewesen war, an dem zeitweise über 100 Reporter auf beiden Seiten im Einsatz waren.[442] Unter der Vielzahl an Kriegsberichterstattern 1870 stach der Berliner Schriftsteller und Reporter Theodor Fontane besonders heraus, der – kaum Augenzeuge des Geschehens – in eigentümlicher Weise an der Inszenierung des Krieges partizipierte.

»Der ganze Schauplatz ... ein zauberhaftes Schauspiel« –
Theodor Fontanes (Kriegs-)Korrespondenzen

Der Schriftsteller Fontane war als Romancier ein Spätberufener. Schon der Zeitungswissenschaftler Wilhelm Haacke verwies 1940 darauf, dass Fontane als »einer der ersten deutschen Zeitungsmänner« seine gesamte Entwicklung »allein der Presse«[443] verdanke. In Fontanes journalistischem Wirken den Beweggrund seines Dichtertums zu erkennen, war denn auch in späteren Jahrzehnten ein viel zitierter Topos der Forschung.[444] Allerdings verstellte hier allzu häufig die Perspektive auf das Gesamtwerk des kanonischen Meisterautors den Blick auf eine Untersuchung der Medienstrategien des Journalisten Fontane, der noch im Zuge seiner Tätigkeiten als Korrespondent, Reporter und Redakteur die Kriterien seiner späteren Profilierung als Dichter eigens definierte, um sogleich seine (strategisch wechselnden) politischen Überzeugungen diesem Vorhaben radikal unterzuordnen. Schon allein in diesem Ansinnen erwies Fontane sich innerhalb des massenmedialen Kommunikationsraumes als ein ›mediales Chamäleon‹.[445] Über die Konzeption seines Modells von Dichtertum hinaus aber ließe sich gerade das Beispiel Fontanes auch als Exempel einer größeren Evolution im Bereich moderner Massenkultur begreifen – nämlich als der Beleg einer wiederholten Annäherung von Journalismus und Literatur, die hier unter der Perspektive einer Fiktionalisierung dokumentarischen Schreibens in den Blick genommen werden soll.

---

442 Vgl. dazu *Tucher*, Reporting. Das Vorbild der amerikanischen Reporter war den deutschen Berichterstattern durchaus präsent; der Berliner Reporter Ludwig Pietsch berichtete so bspw. im Rekurs auf das inszenierte Künstlerdasein der amerikanischen Kollegen scherzend von der Gründung eines »Hauptquartiers für deutsche Literatur und Kunst«. Vgl. *Pietsch*, S. 40.
443 *Haacke*, Sp. 1052.
444 So schon *Jolles*, Theodor Fontane. Die Zeitung war für Fontane, wie Berbig schreibt, »Lektüre, Geldgeberin und Lieferantin von Neuigkeiten aller Art«. Vgl. *Berbig*, Fontane im literarischen Leben, S. 72.
445 Vgl. *Günter*, S. 210.

Als Redakteur der *Neuen Preußischen (Kreuz-)Zeitung* und der *Vossischen Zeitung* war Fontane nach einem Intermezzo als preußischer Presseagent, als der er im Auftrag der Zentralstelle für Presseangelegenheiten ab 1855 in London arbeitete, sowie einer Anstellung als Londoner Korrespondent, während der er für die NPZ bis 1858 schrieb, einige Monate als ›Vertrauenskorrespondent‹ des Literarischen Büros des Staatsministeriums beschäftigt, bevor er im Mai 1860 schließlich bis 1870 den Posten des Redakteurs des englischen Artikels der NPZ übernahm. Zugleich schrieb er, nebenher als Schriftsteller tätig, zahlreiche Beiträge in der *Vossischen Zeitung*.[446]

Zu seinem literarischen Werk werden – abseits seiner »Reisebriefe vom Kriegsschauplatz« Mitte der 1860er Jahre sowie den Erinnerungen »Aus den Tagen der Okkupation« 1870 – gemeinhin die ab 1862 erschienenen *Wanderungen durch die Mark Brandenburg* wie auch die oftmals unter dem Siegel der historiographischen Auftragsarbeiten verhandelten *Kriegsbücher* gerechnet; letztere schrieb Fontane für die Königliche Geheime Ober-Hofdruckerei Rudolf von Deckers. In acht Bänden und auf über 4000 Seiten (inkl. zahlreichen Illustrationen, Karten und Plänen) erschienen hier sowohl seine Darstellungen der Einigungskriege als auch des Deutsch-Französischen Krieges.[447] Über die Arbeiten dieser Jahrzehnte schrieb Fontane später:

> »Ich sehe klar ein, daß ich erst bei dem 70er Kriegsbuche und dann bei dem Schreiben meines Romans ein *Schriftsteller* geworden bin d. h. ein Mann, der sein Metier als eine Kunst betreibt«[448].

Dass Fontane dabei dem Krieg eine Ästhetik zuschrieb, die den Berichten der meisten Kriegskorrespondenten abging, war offenkundig: Die Tendenz zur »Ästhetisierung und Mythisierung [des Stoffes, d. Vf.] nach poetischen Regeln«[449] kulminierte in der Wahrnehmung des Krieges als eines »zauberhafte[n] Schauspiel[s]«[450]. Dabei begriff Fontane, der 1870 zwecks neuerlicher Recherchen gen Frankreich aufbrach, die Reise ganz im Stil des sentimentalischen Dichters zunächst, wie er in seinen Memoiren schilderte, als ein Idyll: »Es war eine entzückende Fahrt, […] plaudernd über Krieg und Frieden fuhren wir um 10 Uhr in Voucouleurs hinein. Ein reizender kleiner Ort. […] alles war Poesie.«[451] Der Kontrast, den die sachlichen, aus einer schier endlosen Zahl an Details collagierten Kriegsbücher demgegenüber bedeuteten, hätte kaum größer sein können. Als das Ergebnis zahlloser Recherchen schilderte Fontane die Gefechtsanordnungen und Schlachtenverläufe in einer Montage verschiedener Perspektiven. Seine Darstellung allein an der Detailtreue der Beschreibung eines Chronisten und Mili-

---

446 Zu Fontanes biographischen Stationen vgl. *Berbig*, Theodor Fontane Chronik.
447 *Osborne*, Krieg, S. 10 f.
448 *Fontane*, Werke, Schriften und Briefe, Abt. IV, Bd. 3, S. 201. Im Folgenden zitiert unter der Sigle HFA.
449 *Pacholski*, S. 166.
450 *Fontane*, Der deutsche Krieg, Bd. 1, S. 608 f.
451 Kriegsgefangen, in: Vossische Zeitung, 25.12.1870, S. 6–8, hier S. 7.

tärhistorikers zu messen, muss indes zwangsläufig ins Leere führen.[452] Schließlich stand Fontane, als er schrieb, sein Werk müsse sich lesen »wie ein Roman, es muß nicht bloß fleißig und ordentlich werden [...] es muß fesseln, wie eine Räubergeschichte«[453] gerade der Historienroman Sir Walter Scotts vor Augen, dessen autoreflexives Potential die gelungene Erzählung von der bloßen Chronik unterscheide.[454] Die Bücher sind, so man sie in den Kontexten der Kriegsberichterstattung diskutieren mag, eher in ihrer spezifischen Technik der Montage von Zitaten und Perspektiven als Metakommentar der um 1870 allgegenwärtigen Verhandlung des prekären Erzählerstatus von Kriegskorrespondenten zu verstehen.[455] War dieser im unmittelbaren Schlachtengetümmel, verlor er den Überblick, nahm er hingegen die Position eines distanzierten Beobachters ein, entgingen ihm die Details.[456] Die Aneignung von Positionen einzelner Augenzeugen ermöglichte dem Autor Fontane, der einen zwischen (pseudo-)auktorialer und personaler Instanz changierenden Erzähler einsetzte, was dem Reporter Fontane unmöglich gewesen wäre: eine Synthesis der vielgestaltigen Wahrnehmungen des Krieges. Die Dramatisierung des Geschehens war Teil des Kriegs-Schauspiels. Der Erzähler war weniger direkter Beobachter als vielmehr Konstrukteur der Erinnerungen und – wie in den Reiseberichten *Aus den Tagen der Okkupation* – Reliquiensammler, der aus den Überresten als den Zeugnissen des Krieges Geschichte(n) zu rekonstruieren verstand. In der Kontroverse um Bazeilles wird Hermann Vogets Einlassung im Modus des Augenzeugenberichts (»Ich aber war Zeuge. [...] Ich aber habe mit meinen eigenen Augen gesehen«[457]) zwar eingangs noch scheinbar durch den Abdruck des Untersuchungsberichts General von der Tanns und der Opferstatistiken gestützt; die Schlusspointe aber, die der unmittelbaren Beobachtung Fontanes zu entspringen vorgibt, mag dann als diskrete Unterminierung des militärischen Ethos und seiner Kritik am Feind gelesen werden:

»Erst ein einziges Haus, ein Gasthaus, war wieder aufgerichtet. Es trug die Inschrift *Aux Ruines de Bazeilles*. Der Anblick dieser Inschrift vermochte ein Lächeln zu wecken; nicht so der Anblick des hohen, mächtigen Fabrikschornsteins, der unmittelbar vor Ausbruch des Krieges fertig geworden, Granatenhagel und Feuersbrunst gleichmäßig überdauert hatte. [...] Er trug in Mittelhöhe, in weißer Steinmosaik, die Jahreszahl 1870. Diese Zahl, sie sollte einfach angeben, wann diese hohe, im Dienste des Friedens stehende Säule, eine ächte Friedenscolonne, errichtet worden sei; nun stand sie da, und *wird* dastehen, als ein Erinnerungsmonument an den 1. September 1870.«[458]

---

452 So z. B. noch *Neitzel*.
453 *Fontane*, Briefe an Decker, S. 179.
454 »Was die *geschichtliche Darstellung* angeht, so gebe ich der Walter-Scottschen den Vorzug, trotzdem sie vielfach einseitiger, flüchtiger und unkorrekter ist. Aber sie ist künstlerisch freier. Er wusste [...], daß er nicht Historiker, sondern eben nur *Geschichtenerzähler* war.« Vgl. HFA, Abt. III, Bd. 1, S. 458 f.
455 Vgl. *Heynen*.
456 Vgl. *Buschmann*, S. 118 f.
457 *Fontane*, Krieg gegen Frankreich, Bd. 1, S. 499 f.
458 Ebd., S. 503.

In der Umdeutung des Relikts des »mächtigen Fabrikschornsteins« als »Erinnerungsmonument« und »Friedenscolonne« wird der propagandistische ›Kampf der Worte‹ in einer poetischen Stilisierung des steinernen Mahnmals zum Verstummen gebracht.[459] Der Prozess der scheinbar unverstellten Beobachtung wird von Fontane, dessen Skizzen sich als ein einziges »Spiel von Sehen und Gesehen-Werden«[460] erweisen, aber noch in einer anderen Episode und am Beispiel *eigener* Anschauung problematisiert, da er die Gefechte zwischen Versailler Truppen und den Föderalen der Pariser Kommune vor den Toren der Metropole von einer Aussichtsplattform aus betrachtete:

»Auf dem Plateau standen: eine *Mühle*, ein *Wirtshaus* und ein *Beobachtungsgerüst*, auf welchem letztern ein großer Tubus, immer mit Richtung gegen Süden, wie ein kleines Geschütz im Anschlage lag. Um dieses Rohr herum standen Offiziere aller Grade, einige von Dienst wegen, um von Minute zu Minute das Auge an das Rohr zu legen; die meisten waren Gäste wie wir. Sie kamen und gingen. […] Hier saßen wir, fast am Rande des Vorsprungs, blickten nieder in die *Arena* und sahen, wie die Versailler und die Föderalen, wie die dreifarbige und die rote Republik miteinander rangen. Für den Philanthropen traurig, für den Maler entzückend.«[461]

Die Theatralik der Szene, die hier in der Darstellung des Schauplatzes als »Arena« (»Amphitheater«) eine deutlich negative Konnotation erhält, wird als besonders artifiziell und zugleich moralisch besonders fragwürdig ausgestellt; die schaulustigen »Gäste« stehen viel eher im Fokus des Ereignisberichts als das eigentliche Kriegsgeschehen. Tatsächlich interessierte Fontane offenkundig die Darstellung der Schlachten *in actu* ohnehin nur marginal.[462] Gerade hier erwies sich die Differenz zu klassischen Kriegskorrespondenten wie Russell ganz unmittelbar. An solchen Stellen zeigte sich Fontanes Wertschätzung von Miniatur und Episodik, in deren anekdotischem Charakter für ihn gerade ihr poetischer Reiz lag.[463] Bereits für die Kriegsbücher galt so das Credo, das er 1893 Georg Friedländer gegenüber eröffnete: »Der Zauber steckt immer im Detail.«[464]

Der Kunsthistoriker Manuel Köppen hat an anderer Stelle überzeugend argumentiert, Fontanes Zuspitzung des Geschehens auf den *einen* Moment, im dem sich die »poetische Wahrheit« kristallisiert, ziele auf »Lessings fruchtbaren Augenblick«.[465] Die verdichtete Erzählsituation des Kampfgeschehens, die an-

---

459 Vgl. *Osborne*, Mobilmachung, S. 25 f.
460 *Ders.*, Krieg, S. 140 ff.
461 HFA, Abt. III, Bd. 4, S. 768 f.
462 Vgl. *Köppen*, Im Krieg gegen Frankreich, S. 60 f., sowie *Preusser*, S. 57. Ähnlich zudem: *Hoffmann*, S. 192.
463 Vgl. exempl. die dramatisch geschürzte Episode des »Recognoszierungsritts des Grafen Zeppelin«. *Grawe*, S. 68.
464 *Fontane*, Briefe an Georg Friedländer, S. 300. Schon im Zusammenhang der Kriegsbücher schrieb Fontane: »nur im Detail steckt Leben und Interesse«. Vgl. *Fontane*, Briefe an Decker, S. 47.
465 *Köppen*, Krieg, S. 62.

gesichts widersprüchlicher Zeugnisse oftmals nur aus der Imagination des militärischen Kritikers gewonnen werden mag, verleiht, so Fontane, gerade dem »Lokalen [...] jene *poetische* Bedeutung, die schließlich über alles andere hinaus, den Ausschlag gibt.«[466] Russells Reportagen, die sich in ihrer melodramatisch-bildlichen Zuspitzung als ›Momentaufnahmen‹ des Schlachtengetümmels verstanden, stehen Fontanes nachträgliche, reflexiv gebrochene Schlachtenpanoramen programmatisch entgegen, zumal sie sich dem steigenden Aktualitätsdruck des Reporters im Telegraphenzeitalter entzogen:

»Die Aktualität der Nachricht drohte die Autorität des Augenzeugen zu entwerten. Fontanes Konzept der poetischen Wahrheit lässt sich auch als Versuch verstehen, den reflektierenden Augenzeugen als betont nachträglichen Beobachter wieder in sein Recht zu setzen. [...] Wenn auch nur seismographisch spürbar, erodierte das Narrativ [im Zeitalter der Telegraphie, d. Vf.] und mit ihm die Position des souveränen Beobachters.«[467]

Die Reportage, die sich hier im Status beglaubigender ›Nachträglichkeit‹ gegen die Vielzahl konkurrierender Zeugnisse durchzusetzen gezwungen war, vermittelte zwar stets mehr als »das pure An-Sich des Geschehens«[468], doch stand sie als Teil des metropolitanen Wahrnehmungsraums um 1870 bereits, wie das Beispiel Fontanes demonstriert, in der Gefahr, der wachsenden Medienkonkurrenz zu unterliegen. Welches große Interesse der Krieg gegen Frankreich entfachte, davon geben Fontanes Einlassungen beredtes Zeugnis:

»Es ist nahezu unglaublich, welche Menge von Personen sich unter den verschiedensten Vorwänden hier in Versailles einzunisten suchen. Gesandtschafts-Agenten, Zeitungs-Correspondenten, Projectenmacher, selbstbeauftragte politische Rathgeber, sogar Damen, die irgendwie Einfluß gewinnen möchten.«[469]

Im Gegensatz zu seinem Schriftsteller-Kollegen war Russell als Kriegsberichterstatter der ersten Stunde dem Wettbewerb der Zeitungen um ebenso aktuelle wie exklusive Meldungen gnadenlos ausgesetzt, wie seine Tagebuchaufzeichnungen belegen. Schon als Russell in Ermangelung eines Pferdes das Schlachtgeschehen bei Wörth nicht beobachten konnte, plagten ihn am Abend des Geschehens weniger die Klagen der verwundeten Soldaten in seinem Quartier als vielmehr die Perspektive, eine große Schlacht verpasst zu haben: »I had not an hour's sleep at a time, and for ever I was saying to myself, ›I have lost seeing a great battle!‹«[470] Obschon Russell nur wenige Tage später konstatierte, dass Be-

---

466 HFA, Abt. III, Bd. 4, S. 755. Vgl. hierzu *Peitsch*, S. 37.
467 *Köppen*, Krieg, S. 63 f. Gerade hier war das *hic et nunc* des Augenblicks zentrale Bezugsgröße geworden.
468 So schon *Benjamin*, Bd. I, S. 610 f.
469 *Fontane*, Krieg gegen Frankreich, Bd. 2, S. 234. Auch der Schriftsteller Friedrich Wilhelm Hackländer notierte in seinen Erinnerungen, dass es »im französischen Feldzug 1870/71 bei allen Truppentheilen von Korrespondenten wimmelte.« Vgl. *Hackländer*, Bd. 2, S. 268.
470 *Russell*, My Diary, S. 71. Vgl. überdies TNA FO 918/80.

obachtungen in solcher Ruhe und Sicherheit, wie sie 1870 noch möglich waren, in Zeiten weitreichender Geschütze kaum mehr vorstellbar seien, musste auch er, der bei seinen Streifzügen über die Schlachtfelder den Ereignissen hinterher eilte, sich in aller Regel an Zeugenaussagen orientieren, um die Details zu erfahren. In den Schlachten vor Sedan verschwanden die Küraßiere in den Staubwolken des Schlachtengetümmels, sodass Russell nur mehr die Schlussfolgerung blieb: »Down there a terrible tragedy must have been acted.«[471] Hier war Russell auf die Auskünfte des deutschen Offiziersstabes verwiesen; als es um die Details des Zusammentreffens von König Wilhelm I. und Kaiser Napoleon III. ging, konnte er sich gar auf die Auskünfte des Kronprinzen stützen. Dass seiner Darstellung des Geschehens in der *Times* allerdings wenig später durch ein Telegramm Bismarcks öffentlich widersprochen wurde, ohne dass sich Russell auch nur in der Lage sah, den Namen seines Informanten dem Publikum preiszugeben, war Anlass einer Kontroverse, welche die Grenzen der Kriegsberichterstattung abseits der offiziösen Zensurmaßnahmen offenlegte.[472]

Wie groß der Aktualitätsdruck der Kriegskorrespondenten war, mag ein Reporter-Wettrennen illustrieren, über dessen Ausgang Archibald Forbes 1893 rückblickend schrieb, es sei unter allen *scoops* »a veritable example of fine art«[473] gewesen. Als Russell am 3. September nach dem Schlachtengeschehen vor Sedan die Schlachtfelder durchstreifte, um die noch am selben Tag telegraphierten Nachrichten vom Sieg der deutschen Truppen seinen ausführlichen ›Augenzeugenbericht‹ und Hintergrundnachrichten zu ergänzen, bemerkte er, dass Hilary Skinner, der Korrespondent der Londoner *Daily News*, ebenfalls an einem Artikel über das gerade Erlebte schrieb.[474] Ohne den (ihm gegenüber sitzenden) Skinner in seine Pläne einzuweihen, beeilte sich Russell, noch am nächsten Tag über Brüssel nach London zu reisen, wo er, der dem Telegraphen skeptisch gegenüber stand, seinen Artikel persönlich in der Redaktion der *Times* einzureichen gedachte. Skinner besaß indes dasselbe Vorhaben; obschon Russell das Wettrennen schließlich knapp gewann, war es doch am Ende die *Pall Mall Gazette*, die in einer ersten ausführlichen, via Telegramm versandten Augenzeugenreportage die Reporter alten Stils symbolträchtig überholte. Gegen das agonale Prinzip dieser realen Reporter-Wettrennen hatten die Zeitungen – vor dem Siegeszug der Telegraphie und der Nachrichtenagenturen – bis in die 1870er Jahre ein bereits in den 1830er Jahren etabliertes System von Nachrichtentransfers gesetzt, das auf der Akquise von Meldungen der nachrichtlichen Korrespondenzbüros gründete. Der Zeitungsmann Fontane, der bereits in seinen Jahren als preußischer Presse-

---

471 Ebd., S. 200.
472 Vgl. ebd., S. 363–375. Über die Kontroverse zwischen Bismarck und dem *Times*-Korrespondenten am 10. Oktober 1870 schrieb Fontane gar – dem Hang zur Anekdotik gemäß – sie sei »das interessanteste Ereignis der nächstfolgenden Tage« gewesen. Vgl. *Fontane*, Krieg gegen Frankreich, Bd. 1, S. 297.
473 War Correspondence as a Fine Art, in: Century Magazine, Bd. 45, Nr. 1 (1893), S. 290–303, hier S. 293.
474 Vgl. ebd., S. 228 ff.

attaché dieses System der Nachrichtendistribution zu überwachen und strategisch einzusetzen begann, bereitete ab 1860 als Redakteur der *NPZ* in diesem Umfeld seine spätere Karriere als Schriftsteller vor. Über ein biographistisches Interesse am Schriftsteller-Journalisten Fontane hinaus mag indes gerade das Beispiel seiner Auslandskorrespondenzen Einblicke in die Funktionslogik des modernen Agenturwesens in seiner Gründerphase versprechen.

So wenig Fontane 1870/71 nämlich als Reporter und Kriegsberichterstatter im ursprünglichen Wortsinn agierte, so sehr verstand er, der als Reporter der *NPZ* schon Anfang der 1860er über den Einzug König Wilhelms I. in Berlin berichtet hatte,[475] es doch, das Wissen um den Konstruktionscharakter des kolportierten Augenscheins in seiner späteren Rolle als Redakteur des englischen Artikels zu nutzen.

Fontanes autobiographische Stilisierung als weithin unterbeschäftigter und stets unpolitischer Journalist, der während seines Kreuzzeitungslebens vorwiegend »stille Zeiten« und »bequeme Tage«[476] verbrachte, ist gerade von der neueren Forschung kritisch besehen worden.[477] Als Parteiorgan war die *NPZ* nach ihrer Gründung 1848 das Sprachrohr der konservativ-monarchistischen Kräfte und der zuvor im Auftrag des preußischen »Centralbureaus für Preßangelegenheiten« stehende Fontane bezog in seinen Artikeln denn auch deutlich politische Stellung zu diversen Fragen des Tagesgeschehens, etwa zu den Schattenseiten des englischen Parlamentarismus, den Folgen des Krimkrieges oder dem Drängen der sozialen Frage. Die politischen Gestaltungsmöglichkeiten des Journalisten reizten ihn, die Zurücksetzung in die Reihe der sprachlich begabten, aber von politischen Räsonnements kategorisch ausgeschlossenen Korrespondenten, die sich so lediglich durch »ein bißchen Esprit, ein bißchen Witz, eine passable Schilderungsgabe und einen dito Styl«[478] auszeichnen, bedeutete für den Autor eine nachhaltige Kränkung. Über seine Beschäftigung bei der *NPZ* unter Chefredakteur Tuiskon Beutner schrieb Fontane in seiner Autobiographie später zwar allzu positiv: »Mit Vergnügen denk' ich an den trotz vieler Reibereien und persönlicher Gegensätze doch immer kameradschaftlichen Ton zurück.«[479] In seinen Briefen aber berichtete er unmittelbar nach dem Ausscheiden aus der Redaktion am 13. Mai 1870 von der »Brutalität« dieses Arbeitens in einer »Tretmühle«, von »Tortur« und »Lahmlegung« seiner Kräfte.[480] Neben

---

475 Vgl. *Merbach*, S. 1. In diesen Zeiten übernahm Fontane gerade bei politischen Versammlungen »Berichterstatterdienste«.
476 *Fontane*, Von Zwanzig bis Dreißig, in: HFA, Abt. III, Bd. 4, S. 421.
477 *Streiter-Buscher*, Einführung, S. 12 ff. – Fontane, der sich in seiner Autobiographie stets um Distanz zur konservativen Schlagrichtung der NPZ bemühte, kandidierte am 28.04.1862 bspw. bei der Urwahl zum preußischen Abgeordnetenhaus für die Partei der Konservativen.
478 HFA, Abt. IV, Bd. 1, S. 574.
479 *Fontane*, Von Zwanzig bis Dreißig, in: HFA, Abt. III, Bd. 4, S. 422.
480 *Fontane*, Dichter, Bd. 1, S. 340. Die vereinbarten Arbeitszeiten (9 ½ bis 12 ½ Uhr) reichten oftmals offenbar nicht aus; auch Fontanes Redaktionskollege George Hesekiel schrieb über diese Jahre, es habe in der Redaktion der NPZ »ebenso oft an Zeit, als an Raum [ge]fehlt«.

den geringen Chancen, »Politik [zu] machen«[481], mögen auch das geringe Ansehen des Zeitungsschriftstellers oder auch sein prekäres Beschäftigungsverhältnis inkl. ungeklärter Pensionsansprüche Fontanes Entscheidung, das Feld des Journalismus schließlich hinter sich zu lassen, maßgeblich beeinflusst haben.[482]

Bis 1870 war Fontane für die Betreuung des englischen Artikels – sowie die Mitteilungen aus den britischen Kolonialbesitzungen, aus Nordamerika und Skandinavien (!) – redaktionell verantwortlich. Über Zuschreibung und Interpretationsmöglichkeiten dieser Korrespondenzen herrschen nach wie vor unterschiedliche Auffassungen.[483] Dass indes gerade die Frage, ob und in welchem Maß die Artikel Fontanes der Feder des Dichters entsprangen oder vielmehr das Ergebnis von Übersetzung, Zitatcollagen und also ›Scherenarbeiten‹ des Redakteurs waren, kaum verfängt, muss angesichts der um 1870 noch allgegenwärtigen Praxis unechter Korrespondenz unmittelbar einleuchten. So war es üblich, dass ein Redakteur des politischen Auslandsteils wie der NPZ die aktuellen Meldungen für die Tagesberichte der verschiedenen Spalten aus den Nachrichten, die tagtäglich in unterschiedlichster Form eintrafen, sichtete, auswählte und redigierte. Insbesondere in Auswahl und Kommentierung der Versatzstücke des Materials sowie in Übergängen und Schlussbemerkungen lagen die Gestaltungsmöglichkeiten des Redakteurs. In oftmals glossierten Artikeln kommentierte dieser sodann das Geschehen, der Kritik allerdings waren, wie zahlreiche Presseprozesse zeigen, enge Grenzen gesteckt.[484] Entscheidendes Merkmal dieser Praxis nun war, dass der zuständige Redakteur in seinen Korrespondenzen ›aus‹ dem Ausland einen persönlichen Augenschein suggerierte, der in letzter Konsequenz der Lektüre von Agenturmeldungen und lithographierten Korrespondenzen entsprang. Hier war auch der (ergänzte und redigierte) Wiederabdruck von Mitteilungen anderer Blätter Usus.[485] Fontanes Kollege bei der NPZ, George Hesekiel, der die Frankreichsparte redigierte und dem der spätere Romancier eine »seltene Geschicklichkeit« und »hervorragende novellistische Begabung«[486] bescheinigte, gab seine im Berliner Redaktionsbüro

---

Vgl. Hesekiel an Fontane, 26.12. 1863. Hs. im TFA St 67,14. Über einen Tag im ›Redactionslocal einer Zeitung‹ verfasste Hesekiel zudem eine dramatische Skizze, die gerade der Hektik der Schlussredaktion Ausdruck verlieh. Vgl. Staatsarchiv Coburg, Nachlass Hesekiel, Nr 3.
481 So schon Fontanes Maxime als Presseattaché. Vgl. HFA, Abt. IV, Bd. 1, S. 200.
482 *Streiter-Buscher*, Einführung, S. 21 f.
483 Vgl. *Streiter-Buscher*, Werk, S. 803. Zur Kontroverse um die Interpretationsmöglichkeiten der Quellen vgl. z. B. *Streiter-Buscher*, Journalismus; *Muhs*, Korrespondenzen; *Goldammer*.
484 Vgl. *Streiter-Buscher*, Einführung, S. 38.
485 Vgl. *Wuttke*, S. 83 ff. Die NPZ schilderte Mitte der 1860er einen Fall der – via Korrespondenzbüros übermittelten (unautorisierten) – Übersetzung eines Artikels der *Daheim* durch die Londoner *Times*. Darin gab der *Times*-Redakteur als »own Berlin-Correspondent« vor, die kolportierten Begebenheiten persönlich erlebt zu haben. Der *Morning Star* deckte schließlich, als auch die *Daily Times* Selbiges abdruckte, den Schwindel auf; die Kritik verhallte rasch. Vgl. *Streiter-Buscher*, Einführung, S. 37. Zur Vielzahl *unechter* Korrespondenten vgl. überdies *Streiter-Buscher*, Journalismus, S. 230 ff.
486 *Fontane*, Von Zwanzig bis Dreißig, in: HFA, Abt. III, Bd. 4, S. 410.

niedergeschriebenen Artikel über Frankreich als Korrespondenzen eines fingierten Marquis de Paris heraus.

Voraussetzung dafür war insbesondere auch ein System der sog. lithographierten Korrespondenz, in dessen Zuge eine Auswahl an Meldungen ausländischer Blätter durch bestimmte Korrespondenzbüros an die abonnierenden Redaktionen in Übersetzung (und unter genügendem Raum zum Ausschneiden der Bruchstücke) geliefert wurde. Nach Jürgen Wilke lassen sich dabei drei Typen von Korrespondenzbüros unterscheiden: offizielle, offiziöse und unabhängige Korrespondenzen.[487] Während die offiziellen Korrespondenzen, die von staatlicher Seite (Partei, Regierung, Ministerium) oder privatwirtschaftlichen Interessensgemeinschaften herausgegeben wurden, in ihrer Trägerschaft und ihren Quellen klar erkennbar blieben,[488] verschleierten die offiziösen Korrespondenzen diese Verbindung durch den Einsatz von Privatpersonen als Mittelsmännern sowie externen Geldgebern. Die unabhängigen Korrespondenzbüros schließlich stellten im lokalen wie überregionalen Rahmen das Gros der Korrespondenzen.

Als preußischer Presseattaché war Fontane mit der Gründung eines solchen offiziösen Korrespondenzbüros als pro-preußische Instanz gegen die Korrespondenzbüros Max Schlesingers, Lothar Buchers und Jakob Kauffmanns beauftragt worden.[489] Das Unternehmen scheiterte.[490] Ludwig Metzel, Fontanes direkter Vorgesetzter in Berlin, hatte Fontane gegenüber noch 1855 das Ziel dieser Pressepolitik umrissen: »Das Unternehmen hat einen bestimmten politischen Zweck. […] [Es] soll dem negativen Wirken von Bucher u. Schlesinger, die möglichste Objektivität, den Entstellungen die Wahrheit, falschen u. übereilten Folgerungen ein richtiges u. besonnenes Urtheil entgegenstellen.«[491] Die etablierte Konkurrenz setzte sich gleichwohl durch. Obschon Fontane daher 1857 noch

---

487 *Wilke*, Unter Druck gesetzt, S. 82 ff. Die Historie der Korrespondenzbüros reicht in das Jahr 1830 zurück. Das Straßburger Büro Dr. Eduard Singers wird als das erste in Europa angesehen.

488 So gab das Literarische Büro ab 1863 bspw. die preußische ›Provinzial-Correspondenz‹, alsdann die ›Neuesten Mitteilungen‹ und die ›Berliner Korrespondenz‹ (Aufl. 1.750 Ex.) heraus. Vgl. ebd., S. 95.

489 *Berbig*, Theodor Fontane Chronik, Bd. 1, S. 490–493. In den internen Presseberichten des Auswärtigen Amtes hieß es Mitte der 1870er, die »Englische Korrespondenz von Max Schlesinger [sei] eine Macht in der deutschen Presse. Sie wird von fast allen deutschen Zeitungen gehalten und abgedruckt.« PA AA R 37 I. A. A.a.33 Generalia. Telegraphische Bureaus. Vgl. *Bamberger*, S. 278; *Muhs*, Schlesinger, S. 313.

490 Im Oktober 1855 zeigte sich Fontane von einer Korrespondenz der »Stamp Office« entmutigt, derzufolge auch Schlesingers Korrespondenz bislang nur 22 Abonnenten habe gewinnen können. Vgl. GSTA PK I. HA Rep. 77A Literarisches Büro Nr. 147, Bl. 85 f. Der spätere Versuch, Schlesingers Korrespondenz anzukaufen, zerschlug sich indessen. Vgl. *Bauer*, Konfidentenberichte, XV. Bericht, 13.07.1857, S. 232 f.

491 GSTA PK I. HA Rep. 77A Literarisches Büro Nr. 147, Bl. 98–105. Als Presseattaché produzierte Fontane so eben solches nachrichtliches Rohmaterial, das er später in seinen Zeitungskorrespondenzen verarbeitete.

vor Beendigung seiner Tätigkeiten für die Zentralstelle für Presseangelegenheiten nun erstmals als echter Auslandskorrespondent für die *Vossische Zeitung* in London arbeitete, lieferte er noch bis Oktober 1858 umfängliche Pressespiegel sowie detaillierte politische Lageberichte aus Großbritannien.[492]

Dass der einfache Reporter dem Konkurrenzdruck der Agenturen und Korrespondenzanbieter unterliegen müsse, schien Fontane in diesen Monaten bereits absehbar: Die »Concurrenz auf dem Neuigkeitsfelde«[493], schrieb er 1855 an Metzel, könne der Einzelne gegen die weitaus besser vernetzten Konkurrenten kaum gewinnen. Am 23. November 1857 ergänzte er:

»Worüber soll man schreiben? Der Stoff ist freilich außerordentlich reich, aber Schlesinger-Kauffmann erschöpfen ihn nichtsdestoweniger und wenn sie das eine oder andere fortlassen oder übersehn, so kann das der Privatkorrespondent vorher nicht wissen. An Räsonnement aber ist bekanntlich keiner Redaktion viel gelegen. In dieser Noth hab' ich angefangen umherzulaufen, zu sehen und hinterher zu schildern, aber theils hab' ich in diesen Schilderungen ganz und gar nicht den Ton getroffen den Sie wünschen, theils haben mich solche correspondenzlichen Geschäftsgänge ein Quantum Geld und Zeit gekostet, was in keinem Verhältniß zu dem dabei Gelernten oder zur Honorar-Einnahme steht. Dies alles bestimmt mich die Sache wieder aufzugeben und mich Arbeiten zuzuwenden, von denen man innerlich mehr hat.«[494]

Dem Dilemma eines Journalisten, der einer Vielzahl an Zeitungen unterschiedlichster Tendenz gleichermaßen Material liefern muss, vermochte sich Fontane interessanterweise kurzfristig durch einen Wechsel des Genres – von kommentierenden Berichten hin zu authentischen Reportagen – zu entziehen. Die Rückkehr zur Praxis der (unechten) Korrespondenz aber war aus pragmatischen wie ökonomischen Gründen auch als Zugeständnis an die Rahmenbedingungen politischer Meinungsbildung im Zeitungswesen des beginnenden Agentur- und Korrespondenzzeitalters zu verstehen. Mehr als nur eine Nische bedeutete für den Journalisten Fontane daher sein späteres unterhaltsames Schreiben als Kritiker und Feuilletonist, das sich den Bedingungslagen der Tagespublizistik weithin entzog. Jahre später konstatierte er, die Massenmedien seien nur mehr auf eine Form serieller Neuigkeitsproduktion programmiert, in der nun die Halbwertszeiten der Meldungen maximal »3 oder 5 oder 7 Tage [betragen], dann ist es vorbei, […] irgend eine Klatschgeschichte drängt sich in den Vordergrund und lässt die große Staatsfrage daneben verschwinden.«[495]

Nicht zufällig schrieb Fontane auch später dem Tagesereignis besondere Bedeutung zu. Neben der Relevanz und dem Neuigkeitspotential der Meldung

---

492 Vgl. GSTA PK I. HA Rep. 77A Literarisches Büro Nr. 323–325. Vgl. dazu die Tagebuchaufzeichnungen: *Fontane*, Tage- und Reisetagebücher, Bd. 1, S. 39 ff.
493 HFA, Abt. IV, Bd. 1, S. 451. Das Kriegsgeschehen wird in Fontanes Worten zum bloßen Anlass, die publizistischen Schlachten zu schlagen. Die eigentlichen – militärischen – Gefechte erscheinen nur mehr als Nebenkriegsschauplätze der Nachrichtenkonkurrenzen.
494 Ebd., S. 597.
495 HFA, Abt. IV, Bd. 2, S. 405.

rekurrierte er vor allem auf die Faktentreue (weniger auf die Quellentransparenz) des Berichtes.[496] In seinen autobiographischen Erinnerungen nivellierte er alsdann allerdings, der gängigen Praxis entsprechend,[497] gerade die Differenz zwischen Fakten und Fiktionen und also zwischen echten und unechten Korrespondenzen wieder in pointierter Weise:

»Der Unterschied zwischen beiden, wenn man Sprache, Land und Leute kennt, ist nicht groß. Es ist damit, wie mit den Friderizianischen Anekdoten, die unechten sind geradeso gut wie die echten und mitunter noch ein bißchen besser. Ich bin selbst jahrelang echter und dann wieder jahrelang unechter Korrespondent gewesen und kann aus Erfahrung mitsprechen. Man nimmt seine Weisheit aus der ›Times‹ oder dem ›Standard‹ etc., und es bedeutet dabei wenig, ob man den Reproduktionsprozeß in Hampstead-Highgate oder in Steglitz-Friedenau vornimmt. Fünfzehn Kilometer oder hundertfünfzig Meilen machen gar keinen Unterschied. Natürlich kann es einmal vorkommen, daß persönlicher Augenschein besser ist als Wiedergabe dessen, was ein anderer gesehen hat. Aber auch hier ist notwendige Voraussetzung, daß der, der durchaus selber sehen will, sehr gute Augen hat und gut zu schreiben versteht. Sonst wird die aus wohlinformierten Blättern übersetzte Arbeit immer besser sein als die originale. Das Schreibtalent gibt eben den Ausschlag, nicht der Augenschein.«[498]

Die Suprematie schriftstellerischer Begabung gegenüber dem Ethos des Augenscheins wird hier an eine Kritik der autonomieästhetischen Hypostase des Originals gekoppelt; das ›Werk‹ des Dichter-Korrespondenten Fontane ist, mindestens im Fall der unechten Korrespondenzen, das Ergebnis geschickter Montage (vgl. Abb. 42). Der Fundus an (Agentur-)Meldungen und Berichten wird zur Fundgrube des Korrespondenten, der – ganz Handwerker – seine fiktive ›Augenzeugenschaft‹ mittels Schere und Kleber am Redaktionsschreibtisch ins Werk zu setzen vermag.

---

496 Zum Selbstverständnis des Journalisten Fontane vgl. in extenso *Krings*, S. 135–147; 170 f. Die *vollständige*, *unverfälschte* und *überprüfbare* »bloße Wiedergabe der Dinge« des Reporters sei bisweilen schlichtweg zu »langweilig«. Vgl. HFA, Abt. IV, Bd. 2, S. 595 ff. Spätere Plagiatsvorwürfe im Zusammenhang der Veröffentlichung seiner *Wanderungen* konterte er lapidar: »Ich gehe davon aus: Was gedruckt ist, ist ein gedeckter Tisch, wo jeder zulangen kann und je mehr, desto besser; die [...] Namensnennung oder Quellenangabe ist mir gleichgültig.« Zit. n. *Krings*, S. 172.

497 Die Bestimmungen des urheberrechtlichen Schutzes entfalteten im Bereich des Zeitungs- und Nachrichtenwesens – anders als im Bereich der schönen Künste – um 1870 nur rudimentär Geltung. Die Sicherung der Rechte von Redakteuren und Reportern gegenüber den Interessen von Verlegern/Druckern blieb ein Ergebnis des ausgehenden 19. Jahrhunderts. Die Praxis einer »gegenseitigen Entlehnung und Ausbeutung der Nachrichten« der sog. »Zeitungs-Litteratur« war bis dato üblich – und rechtlich zulässig. »Wer etwas der Zeitung übergiebt, der giebt es gleichsam in den allgemeinen Besitz«, urteilte noch 1863 der *Königliche litterarische Sachverständigen-Verein* in Preußen. Der »fabrikmäßig« hergestellte »unmittelbare Abklatsch der Wirklichkeit« in Form des »Referats« könne kein geistiges Eigentum reklamieren. Vgl. *Heydemann u. Dambach*, S. 197, sowie allg. *Theisohn*, S. 340 und S. 375 ff.

498 *Fontane*, Von Zwanzig bis Dreißig, in: HFA, Abt. III, Bd. 4, S. 412.

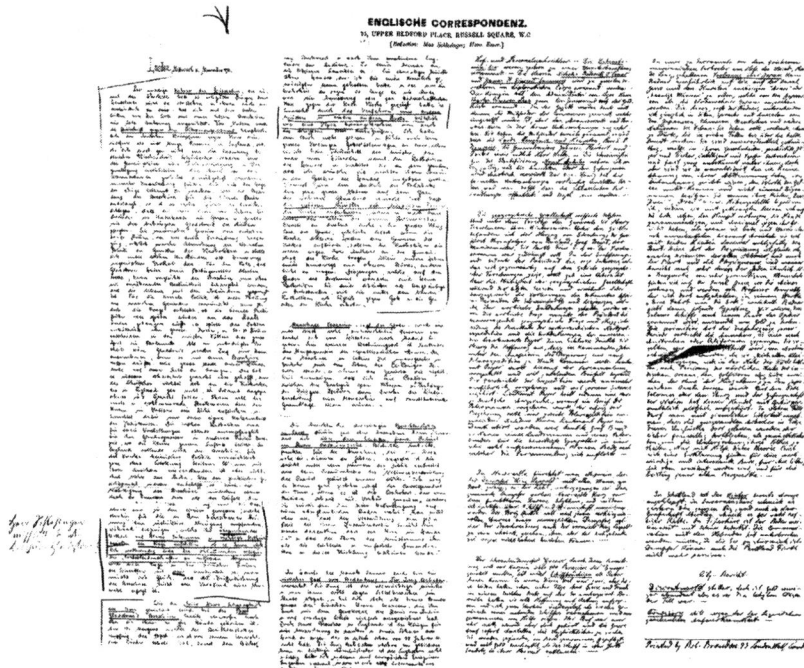

Abb. 42: Nachrichtliches Rohmaterial: die lithographierte »Englische Correspondenz« Max Schlesingers (11. November 1874).

Via *cut & paste* wird das ephemere Medium der Tageszeitung kurzzeitig aus seiner transienten Existenz gelöst.[499] In der Praxis einer Nachrichtenkonstruktion aus der Fiktion des Augenscheins wird es zum stetig aktualisierbaren Wissensreservoir – und intermedialen *Artefakt*. Das Kompositionsprinzip der Meldungen, die sich in ihrer Bruchstückästhetik als metapoietischer Kommentar des Zeitungswesens der langen Jahrhundertwende lesen lassen, entsprang hier unmittelbar den radikalen Veränderungen im Bereich der Nachrichtenproduktion. In seinen Jahren als Redakteur der *NPZ* emanzipierte sich Fontane gerade in der Praxis der unechten Korrespondenz vom Konkurrenzdruck der

---

[499] Gerade das Medium der Tageszeitung war in seiner Ambivalenz zwischen *Speichern* und *Vergessen* zu einer solchen Praxis der *Bricolage* angetan. Die Zeitungsnachrichten blieben im Zuge ihrer Publikation ein elementarer Teil des Tagesgespräches. Vgl. *Pompe*, Botenstoffe, S. 128 f., sowie *Homberg u. Günter*, cut & paste? Die Zeitung war hier den Literatur- und Kulturzeitschriften anders als bspw. Frank/Podewski/Scherer postulieren sehr ähnlich. Vgl. *Frank u. a.*, Kultur, S. 30 f. Die Praxis des *cut & paste* etablierte sich überdies – wenn auch unter anderen Vorzeichen – parallel im Feld der schönen Künste. Zeitungsausschnitte avancierten hier gleichsam zu papiernen Artefakten. Vgl. *Te Heesen*, S. 10. Zu den Konsequenzen der Bruchstück- und Montageästhetik im modernen Roman vgl. die Überlegungen von *Zischler u. Danius*.

Agenturen. Dazu nutzte er die Korrespondenzen Schlesingers, des ab der Mitte der 1860er Jahre offiziösen *Wolff'schen Telegraphischen Bureaus*, der Expresskorrespondenz *Reuters* sowie vor allem auch der *Times* als Quellen.

Die unechten Korrespondenzen lassen sich grob in drei Kategorien unterteilen.[500] Neben sachlich verfassten, aus unzähligen Zitaten collagierten Artikeln zum Tagesgeschehen sowie politisch relevanten Ereignisberichten und ›Sittenbildern‹ aus dem britischen Alltagsleben waren dies vor allem fiktive Augenzeugenberichte ›aus‹ England, in die Fontane Selbsterlebtes aus seinen Londonaufenthalten der 1850er Jahre einfließen ließ. In einer auf den 10. Januar 1870 datierten Korrespondenz schrieb Fontane bspw. über die Auswirkungen der britischen Sozialreformen sowie des Einsparungssystem in London, um die Vorzüge des Bürokratieabbaus bei ganz alltäglichen Geschäftsgängen an einem (vermeintlich) persönlichen Erlebnis auf dem »Stempelamt« zu illustrieren:

»[A]ufgeräumt wird im Stempelamt und dies erspart es [...] vielen Privatfirmen, ein großes Personal zu halten. Neulich war *ich* auf dem Stempelamt und hatte sieben verschiedene Bureaux zu passieren, um einen Stempel von 5 Schilling zu erhalten, und mußte zwei Stunden auf Abfertigung warten. Zwölf Beamte machten ihren Federstrich auf dem Papier, bis die Sache komplett war. Und doch hatte man schon aufgeräumt, denn in Bureaux, wo zwei Beamte kritzelten, standen je zehn Pulte der Entlassenen leer. Wie muß das früher von Sinekuren gestrotzt haben! Auch der Kriegsminister und der erste Lord der Admiralität sind noch lange mit ihren Ersparnissen nicht zu Ende. [...] *Ich höre aus guter Quelle*, dass Mr. Lowe im nächsten Budget neue Ersparnisse in der Verwaltung des Armee- und Flottenwesens allein bis zur Höhe von anderthalb Millionen Pfund Sterling wird aufweisen können.«[501]

Der wiederholte Wechsel der narrativen Instanz[502] legt, obschon das kolportierte Ereignis vermutlich erfunden ist, die unmittelbare Beteiligung des Erzählers am Geschehen nahe. Die Vermittlungsinstanz des Reporters als Augenzeuge wird hier eigens kenntlich gemacht, ohne sie allerdings, wie es gerade im Genre der Rollenreportage gängig war, zu problematisieren; dies wiederum wird unmittelbar nach dem neuerlichen Wechsel der Erzählstimme in die Berichterstattung eines (außerhalb des Handlungsgeschehens lokalisierbaren) Schreibers nachgeholt, dessen narrativer Modus in der Zitation von Meldungen sowie der Kolportage von Gerüchten (»Ich höre aus guter Quelle«) den Konstruktionscharakter der Korrespondenz an sich zwar offenlegte; die paratextuelle Rahmung des ›Textes‹ aber verhinderte die Dekuvrierung der konkreten Erzählsituation als ›Schreibtischwirklichkeit‹. Diese ›Wirklichkeit‹ der Korrespondenz blieb vielmehr ein mediales Simulakrum.

---

500 *Streiter-Buscher*, Werk, S. 803. Vgl. *dies.*, Einführung, S. 50 f.
501 *Fontane*, Unechte Korrespondenzen, Bd. 2, S. 980 f. Hervorhebung durch den Verfasser.
502 Dieser ließe sich mit Gérard Genette als Wechsel der Erzählstimme von einem hetero- zu einem autodiegetischen Erzähler analysieren. Vgl. *Genette*, S. 137 ff.

Der Siegeszug des Spezialkorrespondenten am Ende des 19. Jahrhunderts

Nie zuvor und kaum mehr später besaßen die Spezialkorrespondenzen der Zeitungen einen derartigen Stellenwert, wie er ihnen *nach* Etablierung der Korrespondentennetzwerke und *vor* der endgültigen Durchsetzung des Nachrichtenagenturwesens zwischen 1870 und 1918 zukam.

Die Kriege der langen Jahrhundertwende waren Wegbereiter dieses Aufstiegs. Der Russisch-Türkische (1877) und der Türkisch-Griechische Krieg (1896/97), die Kolonialkriege, hier vor allem die Burenkriege (1880/1898–1902), sowie späterhin der Russisch-Japanische Krieg (1904/05) und schließlich die Balkankriege (1912/13) waren Medienereignisse ersten Ranges. In den Kriegen kam daher auch eine stetig wachsende Zahl an Kriegsberichterstattern zum Einsatz. Im Burenkrieg waren es bereits zwischen 300 und 400 Berichterstatter aus aller Welt.[503] Die meisten von ihnen waren noch um 1900 journalistische Laien. Für ehemalige Soldaten, Universitätsabsolventen und Abenteurer war die Korrespondenz *learning by doing.*[504] Daher gaben die Redaktionen ihren Reportern oft sehr genaue Anweisungen, etwa in Bezug auf die Zahl der Telegramme oder auch die Länge und Form der Berichterstattung.[505] Die Akkreditierung der Berichterstatter war durch das Londoner *War Office* genauestens geregelt; ausländische Korrespondenten wurden mit Ausnahme der USA, die während des Spanisch-Amerikanischen Krieges auf Kuba britische Journalisten zugelassen hatten, grundsätzlich vom Kriegsschauplatz ausgeschlossen.[506] In der Praxis aber war das restriktive Lizensierungs- und Zensursystem – sämtliche Berichterstatter hatten bspw. eine Erklärung über die »Vorschriften für Kriegs-

---

503 Vgl. *Steinsieck*. Darunter waren (auch aus ökonomischen Gründen) die meisten aus Großbritannien und den USA. Die deutsche Presse ließ sich – wie in diesen Jahren üblich – vor allem durch Korrespondenzen der *Times* mit den neuesten Nachrichten versorgen. Zu den Rahmenbedingungen der Berichterstattung vgl. *Soulié, Proud,* S. 122–125.
504 Vgl. *Klein u. Steinsieck*. Zur Vielzahl der Abenteurer und *Freelancer* vgl. *Irwin*, Reporter, S. 7: Das Reporterwesen »attracted the adventurous spirits, the originals and the eccentrics«.
505 Vgl. ebd., S. 23. Der *Times*-Manager gab seinem ersten Berichterstatter Lionel James bspw. die Anweisung, nur außerordentlich dringende Meldungen, dann indes gleichgültig welcher Länge, zu telegraphieren. Noch ein Jahr zuvor hatte James im Auftrag von *Reuters* aus dem Sudan berichtet; hier waren die Regelungen wesentlich restriktiver. So sollte er täglich ein 100 Wörter umfassendes Bulletin zum ›Pressetarif‹ verschicken. Eilmeldungen schwankten zwischen 50 und 100 Worten, längere Reportagen erhielten bis zu 2000 Wörter. Für sie galt, sie sollten »be compiled in the first person, and made as vivid, graphic and interesting as possible, while not departing from proper sobriety of expression, and being careful to avoid mere inflation and extravagant rhetoric.« Reuters Ltd. Archives. MF 132. Zit. n. *Klein u. Steinsieck*, S. 23 f.
506 General Sir Redvers Buller begründete als Oberkommandierender der britischen Truppen den restriktiven Kurs der Pressepolitik apodiktisch mit dem Schutz kriegswichtiger Informationen vor der ausländischen Presse: »They are only spies.« TNA WO 32/7137. Zur Kritik der Zensur: The Rise and Fall of the War Correspondent, in: Macmillan's Magazine, Bd. 90, Nr. 538 (1904), S. 308 f.

berichterstatter im Feld« zu unterzeichnen, in der sie sich den Bestimmungen der Zensurbehörden unterwarfen – angesichts des großen »Ansturms von Berichterstattern und unklarer Kompetenzen«[507], wesentlich chaotischer und von Vereinbarungen zwischen Militärs und Kriegskorrespondenten geprägt, als es spätere Propaganda glauben machen könnte. Tatsächlich wich der vermeintliche Antagonismus von Militärs und Berichterstattern in diesen Jahren bei allen Konflikten und Differenzen eher einer Strategie des Arrangements. So produzierten Berichterstatter wie Rudyard Kipling, Howell Arthur Gwyne von *Reuters*, Perceval Landon von der *Times* sowie der Amerikaner Julian Ralph von der *Daily Mail* auf die ausdrückliche Bitte von Lord Roberts, dem späteren Oberkommandierenden der britischen Truppen im Burenkrieg, mit dem *Friend* eine Zeitung für die Soldaten im Feld.[508]

Neben Berichterstattern und Kriegszeichnern waren erstmals auch in großer Zahl Fotografen und Kamerateams angereist; die Fotos und Filme des Krieges waren allerdings weniger *news* als die Meldungen der Wortberichterstatter. Über den Seeweg dauerte die Übermittlung des Materials drei bis vier Wochen. So dienten Filme allenfalls der Beglaubigung bereits vergangener Ereignisse. Erst im Zuge des Ersten Weltkrieges avancierte der dokumentarische Film zur Konkurrenz der Reportage.[509] Zudem waren bis dahin *Fakes* nach wie vor die Regel. Obzwar der Glaube an den Fotorealismus der neuen Medien außerordentlich wirkmächtig war,[510] blieb es, auch angesichts der eingeschränkten technischen Möglichkeiten der Bildproduktion, durchaus üblich, das Kampfgeschehen in Studios nachzustellen. Diese Form der Inszenierung war schon ein Jahr zuvor im Spanisch-Amerikanischen Krieg erprobt worden;[511] hier hatte die *Vitagraph Company of America* unter James Stuart Blackton[512] und Albert E. Smith eine Vielzahl an kürzeren Filmen gedreht, die in New York un-

---

507 *Steinsieck*, S. 92.
508 Vgl. *Ralph*, War's Brighter Sight, S. XI.
509 Hier erreichten die Newsreels der Anbieter *Pathe Gazette, Gaumont Graphic* oder *Topical Budget* rasch ein Millionenpublikum. Filme wie *The Battle of the Somme* (1916) oder *The Battle of the Ancre and the Advance of the Tanks* (1917) waren ebenso wie das ab Mai 1917 regelmäßige Nachrichten-Journal des *War Office Official Topical Budget* ein großer, zumal propagandistischer Erfolg. Vgl. *Badsey*, S. 17; 23.
510 Der Fotoreporter Gilson Willet schrieb bspw. im *British Journal of Photography*: »This news-photography tells news truthfully. None of the inaccuracies of the pen, no fiction, no exaggerating of facts, no news that is not news. A camera does not lie.« Vgl. News-Photography, in: The British Journal of Photography, Bd. 47 (suppl.) (1900), S. 37 f. Dass Kriegszeichner, wie William B. Wollen, sich in dieser Kontroverse unter Verweis auf die *gestalterischen* Möglichkeiten zeichnerischer Imagination zur Wehr setzten, mag nur mehr das in Aushandlung begriffene Selbstverständnis der Kriegsreporter und die sich wandelnden Muster der Diskursivierung medialer Wahrheiten veranschaulichen.
511 Vgl. *Bottomore; Fielding* S. 37 ff. Zur Filmberichterstattung im Burenkrieg vgl. *Barnes*.
512 Blackton, Jahrmarktzeichner und Gelegenheitsreporter der *New York Evening World*, gründete unmittelbar nach einem Interview über die Erfindung des Kinematographen mit Thomas A. Edison das Unternehmen. Vgl. *Trimble* – vgl. allg. *Bowser*, S. 23.

Abb. 43: Bänkelsänger: A War Artist's Experience, in: The Graphic, 17.12.1887, S. 1.

ter großer Beteiligung der Tageszeitungen in Theatern und Varietés gezeigt wurden,[513] und die sukzessive die Vorträge der *war artists* ablösten (vgl. Abb. 43). Kriegszeichner, die wie Frederic Villiers (*The Graphic*), Melton Prior oder Irving Montagu (*Illustrated London News*) auf den Topos des Augenscheins rekurrierten (wie z. B. Montagus *Things I have seen in War*), waren sich indes über den Status ihrer künstlerischen Freiheiten durchaus im Klaren.

Sie stilisierten sich als Spezialkorrespondenten gegenüber allen *abseits* des Kriegsgeschehens schreibenden oder Bilder produzierenden Kollegen als »erratic knights of the pen and pencil«. Ihr Augenschein mache sie gerade aufgrund ihrer »chiefly individual experiences« sowie der ästhetischen Qualitäten ihres Narrativs zu privilegierten Zeitzeugen der Historie.[514] Entgegen dieser

---

513 Auch Edisons Filmvorführungen im *Proctor's Theatre* waren ein riesiger Publikumserfolg. Vgl. The *War-graph* and *New York Herald*'s Famous War Views, in: New York Herald, 21.08.1898, Adv. Section, S. 8.
514 *Montagu*, Things, S. VII. Mehr noch: Der Reporter sei, so der Kriegsberichterstatter James Creelman, »a direct and active agent [in history]«. *Creelman*, S. 5. Ein Telegramm W. R. Hearsts an Reporter und Pressezeichner Frederic Remington – »You'll furnish the pictures, and I'll furnish the war.« (*Creelman*, S. 178.) – war, obschon Creelman diese

Selbststilisierung aber waren die Bildberichterstatter, wie die neuere Forschung am Beispiel der Inszenierung des Krieges 1897/98 in der New Yorker Presse eindrucksvoll zeigen konnte, oftmals auch Teil eines verlegerischen Kalküls, das den Krieg aus handfesten ökonomischen Interessen heraus zu einem Experimentierfeld konkurrierender Formen und Vorstellungen von Journalismus machte.[515] Auch hier waren die Geschichten von Mythen und Melodramatik überformt.[516] Der Reporter avancierte einmal mehr zum Erfinder seiner *stories*. Aus Reportagen wurden Erzählungen.[517]

Mitunter erlagen die Reporter auch der Suggestion ihrer *eigenen* Imagination. Einige Kriegskorrespondenten waren so bereits als Verfasser romanesker Kriegsbücher in Erscheinung getreten, bevor sie das erste Mal ein Schlachtfeld betraten.[518] Nahmen sie die Rolle des Reporters ein, kolportierten indes auch sie das Ethos des Augenzeugen. Dies bedeutete, dass gerade die Reflexion der Verbindung zur heimischen Redaktion und zu den Lesern ebenso wie der Prozess der Informationsakquise am Schauplatz des Krieges zu einem elementaren Teil ihrer Beglaubigungsstrategien wurde.[519] Nun war dies allerdings kein amerikanisches Phänomen, sondern vielmehr Ausdruck eines spezifischen, über Sprach- und Nationsgrenzen hinweg reichenden Bewusstseins

---

Episode wohl zur Betonung des Einflusses seines Berufsstandes erfand, zu Beginn des Spanisch-Amerikanischen Krieges sichtbares Zeichen des neuen Selbstverständnisses der *Yellow Press* als politischer Machtfaktor. Vgl. *Campbell*, Yellow Journalism, S. 71 ff. Im Zuge der Vermarktung des Krieges avancierten die Verlagszentralen der Zeitungen – allen voran des *New York Journals* – zu Publikumsmagneten und Informationsbörsen. Vgl. The War, in: The Graphic, 21.05.1898, S. 13.

515 *Milton*; *Roggenkamp*, News, S. 88–112; *Randall*, S. 115–132; *Campbell*, Year, S. 69–87.
516 Die New Yorker Blätter und vor allem Hearsts *New York Journal* inszenierten den Krieg 1897/98 im Stil eines Groschenromans. Teil der Eskalationsstrategie im Vorfeld des Krieges war eine Kampagne gegen die spanischen Besatzer, deren Höhepunkt die Befreiung der inhaftierten kubanischen Unabhängigkeitskämpferin Evangelina C. Cisneros durch einen Reporter des *Journals*, markierte. Die Zeitung lieferte hier – in der Tradition mittelalterlicher Ritterromantik – *stories* »of dark suspense, a stage perfectly set for intrigue and adventure«. *Roggenkamp*, News, S. 97.
517 Folglich inszenierten sich Reporter wie Sylvester Scovel, George B. Rea oder Richard Harding Davis, der als Romanautor und Kriegsberichterstatter des *Journals* über die Geschehnisse in Kuba schrieb, als Stars des Neuen Journalismus. Ebd., S. 48–53. Vgl. *Davis*, Year, S. 99–135.
518 So z. B. Stephen Crane, der – noch vor seinen Einsätzen im Griechisch-Türkischen, Spanisch-Amerikanischen und Russisch-Japanischen Krieg – den Kurzroman *The Red Badge of Courage* (1895) publiziert hatte. In seinem Fall war die Imagination dem Erlebnis lange vorgängig.
519 Vgl. exempl. Stephen Crane at the Front for the World, in: *Crane*, S. 142–145. Jack London, der für den *San Francisco Examiner* aus dem Russisch-Japanischen Krieg berichtete, schrieb so gleichermaßen vorrangig über die Restriktionen gegenüber ausländischen Korrespondenten. Vgl. exempl. Japan puts end to Usefulness of correspondents, in: *London*, S. 122–126. Auch Pierre Giffards oder Gaston Lerouxs Reportagen im *Matin* spiegelten diesen Gestus wider. Vgl. *Giffard*, Guerre. Vgl. *Martin*, Reporters, S. 57f., sowie exempl. *Palmer*, Journaux, S. 218.

für die Konstruktion massenmedialer Wirklichkeiten, das in den Reportagen seine paradigmatische Form gewann:

»Le reporter se décrit dans le récit, rouvrant des lettres, courant après la poste, jouant de malchance dans le contrôle de l'information et la maîtrise des moyens de communication. [...] La scénographie du reportage comporte obligatoirement une mise en scène des adjuvants (souvent des informateurs inéspérés) et des opposants au reportage.«[520]

Die persönliche Augenscheinnahme des Reporters wird als Grundlage des Authentizitätsideals des Genres andauernd mitverhandelt: »le grand reportage met en évidence le fait et raconte en palimpseste sa quête.«[521] In wachsendem Maße bedingte dies auch die Kritik der Reporter an Zensur- und Kontrollmaßnahmen.

Der Reporter als Aufklärer? Kriegsberichterstatter im Ersten Weltkrieg

> Der Augenzeuge.
> Er ist der Mann, der niemals flieht,
> Er ist der Mann, der alles sieht,
> Was in dem Kriegsgebiet geschieht –
> Der Augenzeuge.
> Er ist bei jeder Heldentat
> Und zwischen Bomben und Granat
> Schreibt akkurat sein Referat
> Der Augenzeuge. [...]
> So lange noch ein dummer Wicht
> Liest den berühmten Kriegsbericht,
> Bleibt unverletzt und stirbt noch nicht
> Der Augenzeuge.[522]

Die kontinuierliche Ausweitung der Zensurbestimmungen ab den 1850er Jahren schränkte die Freiheiten der Presse und insbesondere der Reporter und Korrespondenten sukzessive ein.[523] Zu Beginn des Ersten Weltkrieges setzte eine restriktive Zensurpolitik der Berichterstattung schließlich enge Grenzen. In Deutschland standen Berichterstattung und Nachrichtenübermittlung (mit Ausnahme Bayerns) bis 1917 vollständig unter der Kontrolle des Militärs.[524] Die

---

520 *Thérenty*, Vagabonds, S. 106. Zur Poesie der Reportagen vgl. *dies.*, Littérature, S. 292 ff.
521 Ebd., S. 110. Vgl. exempl. *Tharaud*, S. 23 f. *Puaux*, S. 117. *Huret*, Tout Yeux, S. 212. *Leroux*, S. 138.
522 Anonym (1915). Zit. n. *Swinton*, S. VII.
523 Zur Zensurpolitik ab der Mitte des 19. Jahrhunderts vgl. allg. *Siemann*, Kontrolle; Zensur. Hinzu kam die – sich ab den 1880er Jahren rasch intensivierende – Überwachung und (geheime) Beeinflussung der in- wie ausländischen Presse. Vgl. dazu exempl. PA AA R 1486–1490.
524 Mit der Erklärung des Kriegszustandes am 31.07.1914 gingen die Zuständigkeiten der Pressekontrolle auf die Generalkommandos über. Vgl. *Koszyk*, Pressepolitik, S. 68–83.

Militärbefehlshaber zeichneten dabei für die Durchführung der Zensurrichtlinien verantwortlich.[525] Die wichtigste Instanz der Pressepolitik der Obersten Heeresleitung (OHL) war indes der Pressedienst, dem Oberstleutnant Walter Nicolai, Leiter der Nachrichtenabteilung IIIb im Generalstab, vorstand und der als Auskunftsstelle für alle deutschen und ausländischen Berichterstatter fungieren sollte. Auch für die Akkreditierung von Kriegsreportern im Feld war der Pressedienst bis Oktober 1915 zuständig. Dann übernahm das neu gegründete Reichspresseamt, das aus dem Zusammenschluss der Presseabteilung der Abteilung IIIb des stellv. Generalstabes sowie der Oberzensurstelle hervorgegangen war, die Zuständigkeit für die Zulassung von Berichterstattern.[526] Die Kernaufgabe des Presseamts war die propagandistische Beeinflussung der Stimmung im Deutschen Reich sowie in den verbündeten Staaten.[527] In den Worten des Generalstabs hieß dies: »Wir werden nicht immer alles sagen können, aber was wir Ihnen sagen, ist wahr.«[528] Während im Pool der Frontberichterstatter zahlreiche bekannte Reporter und Schriftsteller, darunter Georg Wegener, Wilhelm Düwell oder Paul Schweder, unter stetiger Kontrolle des Generalhauptquartiers standen,[529] blieb in Berlin ein ausgewählter Kreis an Redakteuren und Verlegern der großen Zeitungen in regem Austausch mit den Vertretern der Obersten Zensurstelle. In regelmäßigen Pressebesprechungen wurden die Journalisten über die politische und militärische Situation auf dem Laufenden gehalten. Die ab 1915 abgehaltenen »Berliner Pressekonferenzen« vermitteln einen lebendigen Eindruck der z. T. kontroversen Debatten zwischen Journalisten und Militärs über die Bestimmungen der ›Pressefreiheit‹ in Zeiten des Krieges.[530] Die direk-

---

525 Reichskanzler Bethmann Hollweg hatte noch am Tag der Erklärung des Kriegszustandes einen Katalog mit Veröffentlichungsverboten erlassen, der die Berichterstattung über Vorgänge im Zusammenhang mit der Mobilmachung, der Logistik oder Schutzmaßnahmen untersagte bzw. reglementierte. Vgl. *Lindner-Wirsching*, S. 115. Eine Präventivzensur war ab 1915 nur mehr für militärische Artikel vorgesehen. Vgl. *Koszyk*, Kommunikationskontrolle, S. 163 f.
526 Vgl. *Creutz*, S. 112 f.
527 Ebd., S. 175 ff. Zur Zensur der Bildmedien vgl. *Baumeister*; *Klamm*; *Eisermann*, S. 170–175.
528 *Nicolai*, S. 52. Am 6. November 1915 verlautbarte das Kriegspresseamt seine »Grundsätze zur Zusammenarbeit« mit der Presse anlässlich einer Besprechung mit dem *Reichsverband deutscher Presse* und dem *Verein deutscher Zeitungs-Verleger*. Darin verpflichtete es alle Stellen, denen kriegswichtige Informationen zugingen, auf die »größte Verschwiegenheit«. *Deist*, Bd. 1, Nr. 55, S. 109. Bereits ein Jahr zuvor hatte das Kriegsministerium in einem geheimen »Merkblatt für die Presse« dieselbe zu einem »selbstlosen Verzicht auf alle Mitteilungen militärischer Art« aufgefordert, da es »unmöglich« sei, im Voraus zu bezeichnen, was alles »verschwiegen werden muß«. Ebd., Nr. 31, S. 63–65.
529 Für den westlichen Kriegsschauplatz wurden anfangs acht, für den östlichen fünf Berichterstatter von »patriotischer Gesinnung« (*Düwell*, S. 11 f.) ausgewählt; sie unterstanden als Kriegsfreiwillige dem Militärstrafgesetzbuch. Vgl. *Schweder*, Bd. 1, S. 88. Vgl. überdies allg. *Wegener*; *Binder*, Hauptquartier; *Köster*.
530 Vgl. *Creutz*, S. 68 ff. In Wilhelm *Deists* Quellenedition sind die sog. »Großen Protokolle« dieser Konferenzen in Auszügen abgedruckt; vgl. dazu auch PA AA R 123.493. Dass es sich

tive Intention der Behörden sowie die anfangs bereitwillig kooperierende, später ohnmächtige Haltung der Journalisten werden hier besonders gegenwärtig.[531] Verstöße gegen die Zensurbestimmungen wurden mit Sanktionen geahndet, die von (persönlichen) Verwarnungen und Geldbußen bis hin zu dauernden Publikationsverboten für Zeitungen und Gefängnisstrafen für Journalisten reichten. So sehr sich die Medien im Zuge des Krieges auch immer wieder an staatlicher Propaganda beteiligten, so sehr litten sie doch unter der Manipulation der Nachrichtenunterdrückung. Während der Berliner Konferenzen, die unter dem Vorsitz des Journalisten Georg Schweitzer bis zu 100 Teilnehmer versammelten, klagte noch Anfang Oktober 1918 ein Vertreter der *Vossischen Zeitung* gegenüber den Vertretern des Großen Hauptquartiers: »Sie diskreditieren uns bis auf die Knochen! Wir erhalten Briefe, die besagen ›Sie lügen! Was Sie schreiben ist Blech!‹ Wenn die Presse nicht ein Mittel in die Hand bekommt, die öffentliche Meinung zu stützten, dann erfolgt ein nie dagewesener Zusammenbruch.«[532]

In Frankreich wiederum waren Kriegsberichterstatter bis 1917 vollständig vom Fronteinsatz ausgeschlossen.[533] Die Pressezensur wurde durch das »Bureau de la Presse« im Kriegsministerium ausgeübt, das qua Gesetzeserlass Publikationsverbote und Sanktionen aussprechen konnte.[534] Die Pariser Pressevertreter unterzogen sich indes rasch einer freiwilligen Vorzensur. Kurzzeitig avancierte 1916/17 die Pariser »Maison de la Presse« zur zentralen Propagandastelle. Die »Section Photographique et Cinématographique de l'Armée« überwachte sämtliches Bildmaterial des Krieges. Der »Services des Informations Militaires« im Kriegsministerium war schließlich für die Akkreditierung der Berichterstatter zuständig. In Großbritannien, wo der »Defence of the Realm Act« wenige Tage nach Kriegsbeginn die Pressezensur zu regeln begann, überwachte das »Press Bureau« die Berichterstattung. Reporter blieben hier noch bis Anfang 1915 vom Kriegsschauplatz verwiesen. Als im Mai 1915 endlich fünf offiziell akkreditierte Korrespondenten die britischen Truppen begleiten durften, endete für sie ein rund zehnmonatiges Versteckspiel.[535] Bis dahin waren Schikanen, Verbote

---

bei den offiziellen »Informationen« oftmals um staatliche Direktiven handelte, konstatierte überzeugend: *Wilke*, Presseanweisungen, S. 16–107, hier S. 30.
531 Vgl. *Creutz*, S. 132–137; *Stöber*, Nation, S. 307. Zur Tradition dieser Pressepolitik und der Verbindung von Regierung und Pressevertretern vor 1918 vgl. *Stöber*, Pressepolitik, S. 30 ff.
532 *Deist*, Bd. 2, Nr. 480, S. 1302 f. Zur Teilnehmerzahl vgl. ebd., Bd. 1, Nr. 1, S. 75 f. Georg Bernhard als Chefredakteur der *Vossischen Zeitung* drohte im Anschluss sogar, die Pressekonferenzen im Fall einer fortdauernden Unterdrückung der Presse zu boykottieren.
533 Vgl. *Delporte*, Journalistes de guerre, S. 682.
534 *Albert*, Presse, S. 413. Während das »Bureau de la Presse« in Zensurangelegenheiten verantwortlich zeichnete, übernahm die »Section d'Information« (SI) des Generalhauptquartiers alsbald die Funktion der zentralen Informations- und Propagandainstanz.
535 Zu den akkreditierten Korrespondenten zählten Philip Gibbs für den *Daily Telegraph*, John Irvine für die *Morning Post*, Perry Robinson für die *Times*, William Beach Thomas für die *Daily Mail* sowie Herbert Russell für die Nachrichtenagenturen *Reuters* und *Press Association*. Vgl. *Delporte*, Journalistes de guerre, S. 680. Vgl. *Kerby*, S. 101 ff.

und Arreste durch die alliierten Militärbehörden an der Tagesordnung gewesen. Nun erhielten sogar ausgewählte britische und US-amerikanische Berichterstatter über einige Monate das Privileg der Berichterstattung aus dem französischen Großen Hauptquartier.

Der anfängliche Versuch, Kriegsberichterstatter durch armeeeigene Korrespondenzen bzw. die sog. »officiers informateurs« zu ersetzen, scheiterte rasch; alsbald schrieben auch die Vertreter der britischen und angloamerikanischen Presse in der »Mission de Presse« (Allen, Ashmead-Bartlett, Campbell, Lawrence sowie Berry und Wood) Reportagen und Augenzeugenberichte über die Operationen der alliierten Armeen.[536] In dieser Form ließen sich (nationale) Zensurpraktiken nach wie vor aushebeln. Die britische Armee akkreditierte denn auch vice versa ausländische Berichterstatter wie André Tudesq (*Le Journal*).[537] Grundsätzlich zogen die starken staatlichen Regulative aber einen fundamentalen Wandel der Arbeitsbedingungen nach sich: »Die Kriegsberichterstatter in den Quartieren des Ersten Weltkrieges hatten nichts mehr vom Typ des heldenhaften Abenteurers, der hoch zu Ross und auf eigene Faust das Kampfgebiet erkundete.«[538] Sie reisten in Gruppen sowie in stetiger Begleitung besonderer Presseoffiziere, verzichteten auf Exklusivmeldungen und verpflichteten sich in Folge dessen zur gemeinschaftlichen Verwertung aller Informationen. Zensur, Selbstzensur sowie mangelnde eigene Anschauung begünstigten zudem eine Tendenz zur Ausschmückung und Erfindung, die dem Bedürfnis des Publikums nach dramatisch-ereignisreichen Meldungen entsprach.[539]

Der britische Kriegsberichterstatter Ellis Ashmead-Bartlett, der für den *Daily Telegraph* aus Gallipoli und im Westen von den Schlachten an Somme und Rhein berichtete, beschrieb diesen Wandel des Korrespondentendaseins besonders eindringlich. Einerseits sei der Berichterstatter über alle erdenklichen Schlachtverläufe und Bewegungen der Armee informiert, andererseits erzeuge gerade die Vorzensur der Nachrichten und die enge Begleitung der Korrespondenten durch die Militärs ein letztlich uniformes Bild der Berichterstattung, das die Reporter zu Marionetten der Heeresleitung degradiere:

»[The correspondents, d. Vf.] are invariably shown the same thing so that every paper each morning has the same tale told in a different writer's language. Every word they write is carefully censored, not a note of criticism is ever allowed to creep in.«[540]

---

536 *Lytton*, S. 120f. Vgl. *Maurin*, Missions de Presse, S. 30f.
537 Vgl. *Tudesq*.
538 *Lindner-Wirsching*, S. 121. Zur Zahl der Korrespondenten vgl. *Roth*, S. 397ff.
539 Ein Zeugnis dieses Publikumsbedürfnisses nach stärker sensationalistischen Formen der Kriegsdarstellung war die Zeitschrift *Der Kriegsberichterstatter*, die 1914/15 als »neueste spannende fesselnde Kriegserzählungen u. Erlebnisse vom westlichen u. östlichen Kriegsschauplatz« herausgegeben wurde. Die Collage vorrangig anekdotischer Zeitungsmeldungen gab vor, »zusammenhängende Kriegsgeschichte« zu sein.
540 Institute of Commonwealth Studies ICS 84/C5/6,4. Zit. n. *MacLeod*, S. 39.

Fernab des Kriegsgeschehens stationiert, waren die Korrespondenten des Großen Krieges, wie Sydney Moseley klagte, letztlich auf ihre Imaginationsgabe zurückverwiesen: »We were, of necessity, commentators and descriptive writers, not reporters.«[541] Diese Praxis der Berichterstattung beförderte, so Philip Gibbs, eine zusehends unkritische Haltung, die die Reporter zu Erfüllungsgehilfen ihrer Regierung machte:

> »We identified ourselves absolutely with the Armies in the field, and we wiped out of our minds all thought of personal ›scoops‹ and all temptation to write one word which would make the task of officers or men more difficult or dangerous. There was no need of censorship of our despatches. We were our own censors.«[542]

Dabei war die Überzeugung, dass der Reporter in Kriegszeiten seine Rolle als neutraler kritischer Zuschauer und Zeuge zugunsten patriotischer Parteinahme aufzugeben habe, durchaus ein Allgemeinplatz. Als Mittler zwischen Heimat und Front sahen sich Reporter wie Édouard Helsey vom Pariser *Journal* auf einer »Mission«. Helsey konstatierte nach Ende des Krieges in apodiktischer Manier, der Berichterstatter sei geradezu verpflichtet, die Bevölkerung nach Kriegsbeginn auf die neuen Zeiten vorzubereiten: »Le correspondent de guerre allait devenir [...] un agent de liaison entre l'avant et l'arrière.« Die Devise laute: »ranimer le civil, intimider l'ennemi«.[543] Nach anfänglicher Euphorie opponierte gleichwohl auch Helsey im Verlaufe des Krieges immer entschiedener gegen Propaganda und Stimmungsmache (»bourrage de crâne«). Wer sich dieser, wie Albert Londres, verweigerte, musste Sanktionen befürchten. Londres, der auf seinem Feldzug gegen die Zensur 1917 an der Seite von Helsey und Jules Râteau das Journal *L'Écho de France* ins Leben rief,[544] verlor schließlich seine

---

541 *Moseley*, S. 89. »All the correspondents of the Great War were birds of a different feather. Their wings were so clipped by the authorities and the censors that they seldom fluttered to the front line. And their most magnificent flights were flights of rhetoric or pure fancy. [...] I never fooled myself that I was, in fact, reporting the war.« Moseleys Schilderung stand dem Image des Abenteurers des 19. Jahrhunderts diametral entgegen. Archibald Forbes charakterisierte sich und seinesgleichen noch als »journalistic tramps [...] with a vague hope that somehow or other they would reach their destination some day.« How I Became a War Correspondent, in: English Illustrated Magazine, Bd. 1, Nr. 7 (1884), S. 453. William Francis Butler konzedierte gar: »The desk of the special correspondent in war exists literally in the saddle [...] he must be quick of limb and thought, heedless of sleep, [...] be able to catch the picturesque or dramatic when his brain is blank through want of sleep, and his heart beats languidly from want of food.« The War Campaign and the War Correspondent, in: Macmillan's Magazine, Bd. 37, Nr. 221 (1877), S. 398–405, hier S. 398 f.
542 *Gibbs*, Adventures, S. 231.
543 *Helsey*, Examen, S. 120; 122. Vgl. *ders.*, Envoyé, S. 172.
544 Zeitweilig gaben die Korrespondenten dieses lokale Journal in Thessaloniki (anfangs in einer Auflage von 5.300 Exemplaren, die auf bis zu 20.000 für die Frontsoldaten anstieg) heraus, um das örtliche Nachrichtenmonopol der Deutschen zu brechen. Vgl. *Assouline*, Londres, S. 99.

Zulassung als Kriegsberichterstatter. Dennoch bezeugen auch und gerade seine Reportagen in den letzten Kriegsmonaten für das *Petit Journal* ein Ethos der Parteinahme. Angesichts des Vorgehens der deutschen Truppen kannte Londres im Oktober 1918 nur mehr eine Losung: »Vengeance.«[545] Die deutschen Korrespondenten erfasste indes gleich zu Kriegsbeginn das Fieber des Nationalismus. Sie sahen sich wie Julius Hirsch geradezu in der Pflicht, die Ereignisse *so* zu berichten, dass sie »Deutschlands Größe festigen [und] zum Ruhme der deutschen Nation«[546] gereichen würden. Der Kriegsreporter müsse stets aus nationaler Perspektive schreiben. Er stelle die »Verbindung zwischen Heer und Heimat«[547] dar.

In gleicher Weise stellten sich die großen europäischen und US-amerikanischen Nachrichtenagenturen (*Associated Press*, *Press Association*, *Reuters*, *Wolff's Telegraphisches Bureau* oder auch *Agence Havas*) in die Dienste ihrer Regierungen.[548] Offiziell endete mit Kriegsbeginn der Nachrichtenaustausch. Bis 1917 fungierte die *AP* allerdings noch als Bindeglied zwischen *Wolff*, *Reuters* und *Havas*. Dann veränderte auch sie sich: In den Vereinigten Staaten hatte Woodrow Wilson am 13. April 1917 das *Committee on Public Information* (CPI) gegründet, das unter Führung des Journalisten George Creel zur zentralen Propagandastelle avancieren sollte. Das CPI richtete eine *Division of news* ein, die rund um die Uhr arbeitete, tags wie nachts (Flash-) Meldungen lancierte und zudem einen täglichen »War news digest« produzierte. Überdies veröffentlichte sie eine *Official Bulletin*, auf das auch die *AP* bald vorrangig zurückgriff. Für die Korrespondenten der Agenturen bedeutete der Kriegsbeginn daher ebenfalls eine harte Zäsur.

So sehr die Militärs indes das Risiko unautorisierter Kriegsberichterstatter fürchteten, so rasch stießen derlei Vorstöße an ihre Grenzen. Kaum einmal gelang es Pressevertretern, aus erster Hand über den Alltag des Kriegsgeschehens zu berichten. E. D. Swinton, der als akkreditierter ›Augenzeuge‹ der britischen Presse ab den ersten Tagen des Krieges im Einsatz war, stützte seine Darstellungen unter dem Druck der Zensur ebenfalls nur sehr selten auf persönliche Eindrücke. Vielmehr rekurrierte er auf die Verlautbarungen des amtlichen Nach-

---

545 *Londres*, Cables, S. 360–362. Vgl. *Assouline*, Londres, S. 125 f. *Quinn*, Pen, S. 62.
546 *Hirsch*, S. 10.
547 *Wegener*, S. 7.
548 Die Agenturen – allen voran das WTB unter seinen Direktoren Hermann Diez und Heinrich Mantler – erschienen als offiziöses Sprachrohr ihrer Regierung. Hier zeigte sich die enge Verknüpfung von Pressewesen und (Zensur-)Politik. So leitete Edmund Robbins, der Direktor der britischen *Press Association*, das in Zensurfragen zuständige *Defence Notice Committee*. Dieses ermutigte Zeitungen und Agenturen zur nationalistisch motivierten Selbstzensur: »All newspapers and news agencies are invited to exercise on their own part the utmost care in considering whether any particular piece of news or comment can be directly or indirectly of assistance to the enemy. It is hoped that where news is plainly dangerous newspapers will assist the bureau by stopping it themselves.« Press Bureau Book of Instructions vom 01.07.1915, S. 1. TNA HO 139/19/78.

richtendienstes: »[F]or the purpose of collecting information […] it was better to rely on the reports that came in from divisional headquarters and the daily intelligence summary than on my own eyes.«[549] Folgte er doch einmal seinen eigenen Beobachtungen, trafen ihn disziplinarische Maßnahmen. Schließlich bemerkte er bitter: »In the circumstances I was quite unable to give anything of real value.«[550] Nach wenigen Monaten wurde Swinton, der sich als Offizier der Army zudem harscher Kritik der großen Tageszeitungen ob seiner wenig professionellen Arbeitsweise ausgesetzt sah, ein zweiter, offizieller Augenzeuge zur Seite gestellt; doch auch beider Nachrichten reichten kaum aus, das Informationsbedürfnis des Publikums annähernd zu befriedigen. Das Experiment, nur mehr wenige Augenzeugen exklusiv berichten zu lassen, scheiterte binnen Jahresfrist. Anfang 1915 durften ausgewählte Pressevertreter die Kriegsschauplätze in Augenschein nehmen, alsbald stießen schließlich auch britische Korrespondenten in den Pool der Berichterstatter vor.

Wie diese Episode zeigt, ging die Stilisierung des Kriegsreporters als eines Chronisten und Aufklärers nur zu häufig an den Realitäten des Krieges vorbei. Dennoch war es gerade der Erste Weltkrieg, der dem Mythos des Journalisten als eines Kämpfers gegen die vielköpfige Hydra der Zensur besonders Ausdruck verlieh: So wandelten sich die Berichterstatter auch und vor allem angesichts der Zensur, gegen die sie vor den Augen der Öffentlichkeit kämpften, von Augenzeugen zu Aufklärern. Zuvor waren sie »vor Ort, um in die Form einer Erzählung zu kleiden, was geschah. Und diese Erzählung musste zwei Funktionen erfüllen: sich gut verkaufen und den Autor weder vor den kundigen Zeitgenossen noch ›vor der Geschichte‹ blamieren.«[551] Nun erschienen sie in erster Linie als Verfechter der Pressefreiheit, die sich der Aufdeckung von Missständen in Politik und Militär sowie der Ausstellung der Gräuel des Krieges verschrieben. Auch dem eigenen Selbstverständnis nach gewann die Kritik an den fortdauernden Restriktionen der Berichterstattung eine neue Qualität, die sich in publizistischen Kontroversen von Journalisten und Militärs niederschlug.[552]

---

549 *Swinton*, S. 37. Vgl. ebd., S. 53.
550 Ebd., S. 37.
551 *Daniel*, ›Gallipoli-Effekt‹, S. 189. Vgl. *Knightley*, S. 83 ff.
552 Diesen aufklärerischen Impetus bezeugte Philip Gibbs' Kritik am Vorgehen der Militärs im Jahr 1920: »We do trust you […] – but we want to know what we have a right to know, and that is the life and progress of this war in which our men are engaged. We want to know more about their heroism, so that it shall be remembered by their people and known by the world.« *Gibbs*, Now, S. 8f. Im Grundsatz war derlei Kritik indes älter. Archibald Forbes stieß bereits 1880 eine Kontroverse um die Zensurregelungen an: War Correspondents in the Field, in: The Nineteenth Century, Bd. 7, Nr. 35 (1880), S. 185–196, hier S. 187. Auch in Deutschland gab es – abseits der Streits der »Berliner Pressekonferenzen« – große publizistische Kontroversen um die Zensur der Kriegsberichterstatter. Walter Nicolais Buch *Nachrichtendienst, Presse und Volksstimmung im Weltkrieg* erschien 1920 expressis verbis als Replik der Broschüren *Was wir als Kriegsberichterstatter nicht sagen durften!* (H. Binder) und *Wie wir belogen wurden* (K. Mühsam).

Dabei bewiesen Reporter schon lange zuvor, wie W. H. Russells Fall eindrucksvoll beweist, eine durchaus kritische Haltung gegenüber politischen und militärischen Entscheidungsträgern. Doch waren die häufig adligen ›gentlemen of the press‹, zumal sie in aller Regel die Nähe der Militärs suchten, weitaus weniger für eine solche Ikonisierung geeignet. Die Vehemenz und Zähigkeit, mit der die Kontroversen um die Arbeitsbedingungen der Berichterstattung im Ersten Weltkrieg ausgetragen wurden, mag daher letztlich vor allem als der Ausdruck eines kontinuierlich gestiegenen Selbstbewusstseins einer Profession gelesen werden, die in ihrer über Dekaden angeeigneten Verteidigungshaltung gegenüber den Vorgaben der Regierung kein adäquates Mittel mehr sah, die Interessen des Publikums zu wahren.

Freilich gab es Strategien, sich aus der Umklammerung der Zensur zu lösen. War auch das Gros der Reporter zu Instrumenten der Kriegsmaschinerie degradiert, mithin auf die Rolle des Faktenkolporteurs und Darstellungsübermittlers zurückgeworfen, gaben sich Einzelne unter ihnen doch ebenso kämpferwie erfinderisch. Eine Strategie war, die Stories abseits des Frontgeschehens zu suchen. Herbert Bayard Swope verfasste für die *World* zwischen dem 10. Oktober und 22. November 1916 eine Serie von Reportagen, die 1917 unter dem Titel *Inside the German Empire* in Buchform erschien und für die er noch im selben Jahr den ersten Pulitzer-Prize for Reporting gewann. Eindrücklich schilderte Swope darin das synästhetische Erlebnis eines Besuches auf den Schlachtfeldern an der Somme:

»One can see and hear every phase of military activity – drum-fire, light field pieces, machine-guns, hand-grenades, mine-throwers, infantry attacks, mine explosions, liquid fire gas, observation balloons, anti-aircraft cannon, while aeroplane observation and flights are so common that they fail to stir up any excitement even among visitors.«[553]

Mehr noch als die gewaltigen Schrecken des Krieges porträtierte Swope allerdings in seinen Reportagen die Hoffnungen und Ängste der deutschen Bevölkerung. Er schrieb über die Virulenz der Kriegszieldebatten in Regierungskreisen und unter Militärs, über die Geisteshaltung des »belagerten« Reiches, Mangelwirtschaft, den brüchigen Burgfrieden, Luftkrieg, Flottenpolitik oder auch die allgegenwärtige Paranoia der Spionage und schließlich auch und gerade über die Haltung der Deutschen zu Amerika. Seine Berichte waren »verbal snapshots of men and things«[554]. Dazu richtete er den Blick auf die Details des Kriegsalltags: die sichtbare Absenz der männlichen Jugend auf der Straße, die neue Rolle von Frauen in Schule und Arbeitswelten, steigende Lebensmittel- und Bahnpreise oder die propagandistischen Versuche einer polizeilichen »Reinigung« der Sprache von Lehnworten. So lieferte Swope aus der Perspektive des Amerikaners durchaus schillernde Stimmungsbilder des Deutschen Reichs.

---

553 *Swope*, S. 196 f.
554 Ebd., S. 330.

Vermittels zahlloser Gespräche und Interviews brachte er die deutsche Perspektive auf das Kriegsgeschehen zur Geltung. Von der deutschsprachigen Presse in den Vereinigten Staaten als antideutsche Propaganda verschrien,[555] avancierten Swopes Reportagen nach dem Kriegseintritt der USA am 6. April 1917 binnen weniger Monate zum Bestseller.

»*Der Kampf der Kriegsberichterstatter um den Platz an der Sonne*«: die Grenzen des Neuen Journalismus

Dass sich die Stimmung in den USA bis Mitte 1917 derart aufheizte, war auch ein Ergebnis der Kampagnen großer Tageszeitungen und Agenturen, die sich zusehends patriotischer gaben.[556] Schon in den ersten Monaten des Krieges nahmen die Berichte und Reportagen der Spezialberichterstatter über die Angriffe der deutschen Truppen breiten Raum ein. Für die *New York Tribune* berichtete Richard Harding Davis aus Europa. Davis zählte zu den renommiertesten US-amerikanischen Kriegsreportern. Vor seinen Engagements an der Westfront[557] war er bereits in fünf Kriegen, unter anderem im Türkisch-Griechischen, Spanisch-Amerikanischen sowie im Burenkrieg, als Berichterstatter im Einsatz gewesen.

Davis repräsentierte das alte Prinzip des Neuen Journalismus, die ›Wirklichkeit‹ als Roman zu erzählen. Dabei hatte er die Tendenz, die Dinge bisweilen romantisch zu verklären. Seine Darstellung des Krieges als ›gentleman's game‹ erinnerte an die Reportagen der kolonialen Exploratoren des ausgehenden 19. Jahrhunderts, die der imperialen Romanze einer wohlgeordneten, einvernehmlichen Mission Vorschub leisteten.[558] In den Jahren des Ersten Weltkrieges aber stieß dieses Narrativ unter dem Eindruck der Schrecken des Krieges und der Industrialisierung des Tötens an seine Grenzen. Auch schien die Erzählung vom Reporter als einsamem Helden und Abenteurer angesichts der komplexen Logistik, Nachrichten- und Zensurtechnik des Krieges überkommen. Dies zeigte auch Davis' balladeske, flamboyante Schilderung des deutschen Einmarsches in Flandern, die ohne Frage auf die Tradition dieser Kriegsberichterstattung rekurrierte, gleichwohl aber auf jenes *dulce et decorum* verzichtete, das noch Theodor Fontanes Darstellung prägte, und so den Krieg kaum mehr zu einem ›zauberhaften Schauspiel‹ zu verklären gedachte. In seiner Reportage werden Soldaten als Teil der Kriegsmaschinerie verdinglicht, die deutschen Truppen als ›Urgewalt‹ geschildert, die ihre Gegner, einer »Dampfwalze« ähnlich, überrolle:

---

555 Vgl. *Kahn*, S. 174–183.
556 Die *New York Tribune* kommentierte lapidar, es sei eben ein Krieg »in which words are as loud as cannon, and back of all the strophe and antistrophe of the statesmen in chorus observers try to make out some sense of impending events.« The Week, in: New York Tribune, 05.08.1917, S. 35.
557 Vgl. *Teel*, S. 58.
558 Vgl. *Griffith*, S. 78. Zu Davis Stilistik vgl. zudem *Seelye*, S. 40 f.

»It [...] is not men marching, but a force of nature like a tidal wave, an avalanche or a river flooding its banks. [...] You returned to watch it, fascinated. It held the mystery and menace of fog rolling toward you across the sea. [...] After you have seen this service uniform under conditions entirely opposite you are convinced that for the German soldier it is his strongest weapon. Even the most expert marksman cannot hit a target he cannot see. [...] The men of the infantry sang *Fatherland, My Fatherland*. Between each line of song they took three steps. At times two thousand men were singing in absolute rhythm and beat. When the melody gave way, the silence was broken only by the same of iron-shod boots, and then again the song rose. When the singing ceased, the bands played marches. They were followed by the rumble of siege guns, the creaking of wheels, and of chains clanking against the cobblestones and the sharp, bell-like voices of the bugles. For seven hours the army passed in such solid columns [...] Like a river of steel it flowed, gray and ghostlike.«[559]

Zugleich wird Davis vom Beobachter zum Protagonisten seiner eigenen Stories. So berichtete der wegen Spionageverdachts verhaftete Reporter nur eine Woche später wortreich von seinen Erlebnissen als Kriegsgefangener.[560] Dies zeigte: die Kriegskorrespondenten des Ersten Weltkrieges inszenierten sich in gleicher Weise als »heroes of their own novelistic narratives«[561]. Allerdings lag der Fokus ihrer Erzählung häufig auf den Rahmenbedingungen der Nachrichtenproduktion, also dem ›Kampf‹ gegen die Zensur. Für Korrespondenten, die als Kriegsgefangene in den dunklen Kerkern der Militärgefängnisse ausharren mussten, bedeutete der ›Platz an der Sonne‹, um dessen willen die Großmächte gerade in den Krieg zögen, wie Davis in Persiflage des Bülowschen Diktums formulierte, in erster Linie die Freiheit, sich unter ›freiem Himmel‹ bewegen, ihrem Beruf nachgehen und aus nächster Nähe über die Geschehnisse, die sie sahen, berichten zu dürfen. Die Konkurrenz der Berichterstatter rücke so in den Hintergrund:

»In other wars as rivals they had fought to get the news; in this war they were fighting for their professional existence, for their ancient right to stand on the firing line, to report the facts, to try to describe the indescribable. [...] In the twenty-five years in which I have followed wars, in no other war have I seen the war correspondents so well prove their right to march with armies. The happy days when they were guests of the army, when news was served to them by the men who made the news [...] have passed. Now, with every army the correspondent is as popular as a floating mine [...]. Added to the dangers and difficulties they must overcome in any campaign, [...] they are now hunted, harassed and imprisoned. But the new conditions do not halt them. They, too, are fighting for their place in the sun.«[562]

---

559 Saw German Army Roll on like Fog, in: New York Tribune, 24.08.1914, S. 1; 3.
560 Tells Experience as War Prisoner, in: New York Tribune, 02.09.1914, S. 1; 3.
561 *Markovits*, S. 565f. Vgl. *Griffith*, S. 22; 32f. Speziell Davis inszenierte sich als Star seiner Stories. Schon sein erster Artikel – »Our Green Reporter« – in der *New York Evening Sun* kreiste, wie das Gros seiner späteren Kurzgeschichten in den 1890er Jahren, um seine eigene Person. Dem Arbeitsalltag der New Yorker Redaktionen setzte Jesse Lynch Williams in seiner Erzählsammlung *The Stolen Story* (1899) ein Denkmal.
562 War Correspondents' Fight for Place in the Sun, in: New York Tribune, 22.11.1914, S. 35.

Diesen ›Kampf‹ gegen die Zensur kannte auch der Prager Reporter Kisch. Als er nach seinem kurzen Intermezzo in Berlin in das Korps eines böhmischen Infanterieregiments einrückte, erschienen aus seiner Feder zunächst nur wenige, anfangs durchweg propagandistisch gefärbte Artikel im *Berliner Tageblatt* und der *Bohemia* über das siegreiche Vorrücken der deutschen Truppen und den »Zusammenbruch der großserbischen Ideen«.[563] Kisch, der während seines Fronteinsatzes die Auswirkungen staatlicher Propaganda aus nächster Nähe zu spüren bekam, zeigte sich alsbald von den Mitteilungen des k.u.k. Korrespondenzbureaus desillusioniert, wie er in seinen Tagebüchern schrieb: Die Kommuniqués der amtlichen Berichte seien mitunter »ganz und gar verlogen und unaufrichtig« – so bliebe den Soldaten allein die Frage: »Warum nicht die Wahrheit?«[564] Die »Beeinflussungs-, Bestechungs- und Irreführungsversuche« des k.u.k. Kriegspressequartiers ließen noch die Praktiken des Literarischen Büros in Preußen als »harmlos« erscheinen, so der Reporter in der Retrospektive.[565] Die Inneneinsichten, die der Krieg dem Schreiber Kisch vermittelte, ließen ihn, wie er 1927 schrieb, vom Journalisten zum Soldaten gereift, gegenüber dieser Propaganda zusehends kritisch werden. In seiner Reportage *Ein Reporter wird Soldat* kontrastierte er die Wirklichkeitsferne der Zeitungslektüre im Fronteinsatz mit der existentiellen Erfahrung des Soldaten im Schützengraben:

»Das, was wir hier ununterbrochen erleben, heißt Krieg. Auch über den Krieg erscheinen Berichte in den Zeitungen, wahrlich genug. Aber alles ist falsch und entstellt. […] Jeden Tag stenographiere ich meine Lebensweise und meine Gedanken, die Lebensweise und Gedanken von Hunderttausenden. Stundenlang schreibe ich in mein Notizbuch. […] Manches schreibe ich auf, was ich als Journalist nicht gewußt hätte. Manches hätte ich als Journalist auch dann nicht geschrieben, wenn ich es gewußt hätte, denn es wäre mir zu belanglos erschienen. Manches schreibe ich auf, was ich als Journalist nicht hätte schreiben dürfen, die Zeitung nicht gedruckt hätte. Mein Tagebuch weiß und darf. Welch ein Unterschied zwischen einem Spezialkorrespondenten und einem Soldaten, zwischen Zeitung und Notizbuch, zwischen einem Tag, den die Zeitung spiegelt, und einem Tag, im Schützengraben überlebt.«[566]

Die Stenographie des Alltags – das zentrale Motiv in Kischs Tagebüchern – wird hier zum Basiskriterium seines Reporterideals. Zum Soldaten berufen, wird Kisch gewissermaßen über Umwege zum Reporter. Die Anteilnahme des Be-

---

563 Vgl. Der Kampf um die letzte Frist, in: Berliner Tageblatt, 01.12.1914; Am Eisernen Tor, in: Berliner Tageblatt, 24.12.1915. Auf der Wacht gegen die Serben, in: Bohemia, 05.01.1917.
564 *Kisch*, Schreib das auf, Kisch!, in: KGW, Bd. I, S. 215f. Kischs Kriegstagebücher wurden erstmals 1922 veröffentlicht; die Tagebücher sind so, wie auch Kisch konstatierte, kaum mehr als authentische Kriegszeugnisse zu lesen: »Der Herausgeber K. ist mit dem Protokollführer K. nicht mehr identisch.« Ebd., S. 157.
565 *Kisch*, Das Kriegspressequartier, in: KGW, Bd. VIII, S. 298. Zur Kritik der Berichterstattung im Kriegspressequartier vgl. *Steeg*, S. 138, sowie allg. zur publizistischen ›Mobilisierung‹ im Ersten Weltkrieg: *Meierhofer u. Wörner*, Weltkrieg, S. 40–48.
566 *Kisch*, Ein Reporter wird Soldat, in: KGW, Bd. VII, S. 312–322, hier S. 315f.

richterstatters an Einzelschicksalen wie auch die Beobachtungsgabe des Reporters für die scheinbar nichtigen Details des Alltags dokumentieren sich bereits in den Tagebüchern. Dabei war Kischs Konzeption des Reporters von einer radikalen Opposition gegen die Mechanismen obrigkeitlicher Propaganda geprägt; die viel zitierte ›Tendenzlosigkeit‹ des Reporters, von der Kisch 1925 in der Vorrede des *Rasenden Reporters* als dem unbedingten Kriterium einer »unbefangene[n] Zeugenschaft« und »Erlebnisfähigkeit«[567] des Journalisten schrieb, wich indes in der Praxis allzu häufig einem leidenschaftlichen politischen Einsatz gegen die Vertreter der herrschenden Klassen.[568] Kischs Reportagezyklen der 1920er und 1930er waren Ausdruck dessen. Während Kisch, nach einer schweren Verwundung im März 1915 für den Frontdienst untauglich geschrieben, ab dem 1. Mai 1917 als Requisitor und Zensor im Kriegspressequartier in Wien begann, um sogleich die Schattenseiten der Nachrichtenmanipulation und -kontrolle zu erleben,[569] war den meisten Reportern der Einblick in diese Mechanismen der Pressepolitik verwehrt; gleichwohl nahmen sie die Einschränkungen in ihrem unmittelbaren Arbeitsalltag wahr.[570]

Zwischen den Linien und ›auf eigene Faust‹ wandelten indes nur wenige Reporter – so wie Albert Londres, Star-Reporter des *Matin*. Londres, der beim *Matin* 1910 als Parlamentsreporter angefangen hatte, reiste bereits kurz nach Ausbruch des Krieges entlang des westlichen Frontverlaufs von Reims über Arras, Hazebrouck, Dünnkirchen bis nach Veurne. Dabei besaßen er sowie der ihn begleitende Fotograf des *Matin* namens Moreau lediglich örtlich eng begrenzte Sondergenehmigungen; immer wieder sahen sie sich daher vor Schwierigkeiten gestellt, gegen Widerstände der Militärs an die neuralgischen Plätze des Geschehens vorzudringen. Im März 1915 wechselte Londres, der nun für das *Petit Journal* schrieb, den Kriegsschauplatz und berichtete von den Dardanellen.[571] Unter Chefredakteur Stéphen Pichon witterte Londres, mittlerweile bereits eine anerkannte Größe in der Kriegsberichterstattung, seine Chance, weiter exklusive sensationelle Neuigkeiten zu übersenden. Die Anstellung als Reporter begriff er als Sprungbrett, um seine Karriere voranzutreiben. In den Briefen an seine Eltern antizipierte er gar sein späteres Startum: »Je rentre par la grande

---

567 Kisch, Der Rasende Reporter, in: KGW, Bd. V, S. 660.
568 Sichtbares Zeichen dieser Aversion gegen alle propagandistische Wirkung der Reportage war Kischs – ebenso ahistorische wie klischeebeladene – Kritik an den als Kriegsberichterstattung missverstandenen stilisierten Hofberichten Johann Wolfgang v. Goethes aus den Revolutionskriegen. Vgl. *Kisch*, Westfront 1918 – Französische Revolution – Goethe, in: KGW, Bd. V, S. 544–551. Vgl. *Geisler*, S. 7.
569 Vgl. *Patka*, S. 41–58.
570 So wie die amerikanische Star-Reporterin Nellie Bly, die 1914/15 im Gefolge des Kriegspressequartiers für Hearsts *New York Evening Journal* aus Wien – und von den Schauplätzen des Krieges unter dem Titel »Nellie Bly on the Firing Line« berichtete – und sich gleich mehrfach des Verdachts der Spionage erwehren musste. Vgl. *Kroeger*, Bly, S. 397.
571 Da der *Matin* die Reisen an den östlichen Kriegsschauplatz als »alltagsferne« und zugleich logistisch »komplizierte«, weil zu weite Trips einstufte, wechselte Londres kurzerhand den Verlag. Vgl. *Londres*, Mon père, S. 85–87.

porte! Dans trois semaines, vous pourrez m'y lire en vedette ... En résumé: affaire excellente, reportage sensationnel et réussite entière des mes idées depuis dix ans.«[572] Nach seiner Rückkehr von der Ostfront, von der aus er gemeinsam mit anderen internationalen Korrespondenten (darunter Paul Erio, Édouard Helsey oder Ward Price) berichtet hatte, akkreditierte sich Londres 1917 als Teil der *Mission de Presse Française* schließlich nochmals als Berichterstatter im Westen. Dabei musste er wie seine 15 Begleiter eine Erklärung unterschreiben, die ihn unter die Kontrolle eines Presseoffiziers verwies und – anders als noch während seines ersten Aufenthalts im Westen – zur Verschwiegenheit zwang. Insbesondere die intensiven Prüfungen aller ein- und ausgehenden Korrespondenzen bedeutete ein großes Zugeständnis; die Zensurrichtlinien indes ergaben ihr Übriges: konkrete Namen und Details (etwa über Gefechtsstellungen oder Quartiere) zu nennen, war ebenso verboten wie Informationen zu geplanten Operationen – ganz gleich ob gerüchtehalber oder bekanntermaßen – oder Beschreibungen der Sicherheits- und Abwehrsysteme.[573] Die Richtlinien zur Orientierung der Presse gaben zudem sehr konkret die zu propagierenden Inhalte vor. Londres, der sich indes vor allem an der strengen Überwachung und stetigen Begleitung durch die sog. Presseoffiziere stieß, wurde nach mehreren Konflikten im Juni 1918 seine Akkreditierung entzogen.[574]

Die Differenz zwischen den Kriegserfahrungen und Arbeitsbedingungen des einzelnen Reporters im Feld (1914/15) und des Korrespondenten im Pool (1917/18) spiegelt sich eindrücklich in Stil und Inhalten von Londres' Reportagen wider. Während sich seine späten Reportagen, vom Zensurprozess gezeichnet, mitunter in der (kurzen) Aufzählung von Fakten und Gefechtsdetails erschöpfen oder geradezu stereotyp den Topos des heldenhaften Soldaten hervorkehren,[575] sind seine ersten Reportagen der sprachgewaltige Beleg einer literarischen Erzähltradition, in der sich die Zeugnisse des patriotischen Augenzeugen in Miniaturen der Kriegserfahrung verwandelten. Im Gegensatz zur Vielzahl propagandistischer Stimmungsberichte und Erzählungen lenkten Londres' Reportagen den Blick des Lesers in subtiler Weise auf die lebendigen wie materialen Zeugen des Krieges und verwiesen ihn so als ›Spuren-Leser‹ darauf, den bisweilen widersprüchlichen Eindrücken des Augenscheins zu folgen. Die Vorboten des Krieges – »les maisons scalpées« und »cheva[l]s defoncés« – bezeugen den Beginn der Gefechte.[576] Nur in der persönlichen Anschauung, so indizieren es die Reportagen, wird die Tragik des Geschehens erlebbar: Das Epos des Krieges

---

572 Londres à ses parents, 03.03.1915. Archives »Association du Prix Albert-Londres«. Zit. n. *Assouline*, Londres, S. 75 f. Zu seinem späteren Wirken vgl. allg. *Londres*, Reporter.
573 Instructions concernant les correspondants de guerre français aux armees. s.d. AN 76 AS 1 Dossier 3.
574 Vgl. dazu – sowie zur *Misson de Presse Française* im Allg. *Maurin*, Combattre, S. 85–101.
575 Vgl. exempl. *Londres*, Cables, S. 303–305.
576 Lever de bataille, in: Le Matin, 15.09.1914, S. 1. Die Nähe der – vom Motiv ubiquitärer Bedrohung durchwobenen – Reportagen zur Kriegslyrik (z. B. A. Stramms) wird hier besonders deutlich. Zu Londres' Poetik vgl. auch allg. *Radfern*, S. 33.

wird vor Ort geschrieben.[577] Gemäß Londres' Devise – »Ce que nous connaissons, c'est ce qui est sous nos yeux.«[578] – wird schon die Straße, die den Reporter zu den Schlachtfeldern führt, ›zu einer einzigen Gegenwart‹. In dieser Verdichtung des Kriegserlebnisses in Raum und Zeit, die der limitierten Beobachterperspektive des Reporters unterliegt, mag der Krieg als Naturereignis erscheinen.[579] Doch wird dieser als ein menschengemachtes »Teufels-Spiel« ebenso rasch in religiöse Verweissysteme überführt; anstelle göttlicher Vorsehung werden hier irdische Verantwortlichkeiten hervorgehoben. Insbesondere den deutschen Vandalismus, die »Barbarei« des Bombardements der Kathedrale von Reims, akzentuierte Londres kritisch. Auch die internationale Presse verurteilte die Attacken auf Kulturschätze wie die gotische Krönungskathedrale scharf. In Londres' Reportagen aber stehen derlei Propagandakämpfe zu Kriegsbeginn dennoch eher im Hintergrund. In ihnen wird der »Todeskampf« der Kathedrale in Stellvertretung der Kriegswirklichkeiten sowohl der leidgeprüften Zivilbevölkerung als auch der Militärs beschrieben: Das Martyrium des Symbols der *Grande Nation* wird zur Folie des Massensterbens in den Schützengräben. Die Passionsgeschichte der Kathedrale als eines Monuments, dessen »geöffneter Leib« (*corps ouvert*) nur mehr eine einzige »Wunde« (*plaie*) darstellte, nahm in der motivischen Allusion an die Passion Christi das Leiden der Soldaten im Feld als das eines Opfers für die Nation vorweg.[580] Über Londres' Zeugnis des deutschen Angriffs auf die Kathedrale von Reims schrieb Helsey später:

»Un témoignage, terriblement précis et simple, et presque nu – d'autant plus saisissant. L'horreur, une juste et virile colère, je ne sais quel désarmroi devant une si sauvage action, tous les frémissements, d'une sensibilité blessée, maîtresse d'elle-même, vibraient avec la plus touchante pudeur, sous le voile transparent de cette prose limpide, exacte, dépouillée.«[581]

Der Augenschein des Reporters – »Ils ont bombardé Reims et nous avons *vu* cela!«[582] – wird so über alle Fotorealitäten gestellt: »Les photographies ne vous diront pas son état. Les photographies ne donnent pas le teint de mort. Vous ne pourrez réellement pleurer que devant elle, quand vous y viendrez en pélegrinage.«[583] Der Reporter wird zum Pilger, zum sakralen Zeugen des Krieges.

---

577 L'épopée sur place, in: Le Matin, 15.01.1915, S. 1.
578 Sous Dixmunde, in: Le Matin, 15.11.1915, S. 1.
579 Abseits des allgegenwärtigen Unsagbarkeitstopos wird gerade dieses Motiv in den Reportagen bemüht, sobald Gräuel und Zerstörungen des Krieges vor der Sprache zu versagen scheinen. Mit Blick auf die Zerstörung von Arras schrieb Londres im Rekurs auf das Erdbeben von Messina (1908): »Jetzt ist es unser Messina.«. Vgl. Arras aussi!, in: Le Matin, 17.10.1914, S. 1.
580 L'agonie de la basilique, in: Le Matin, 29.09.1914, S. 1.
581 *Helsey*, Préface, S. 5.
582 Ils bombardent Reims … in: Le Matin, 21.09.1914, S. 1.
583 L'agonie de la basilique, in: Le Matin, 29.09.1914, S. 1. Londres verlieh der Reportage die Weihen, um die sie über Dekaden gerungen hatte: Sie verbürgte die Anschaulichkeit, aber

Solche Beschreibungen blieben in der Flut der Wort- und Bildpropaganda des Ersten Weltkrieges gewiss die absolute Ausnahme. Der Krieg markierte so, ungleich stärker als alle Kriege zuvor, einen Bruch in der Tradition des Neuen Journalismus. Er band die Fiktion des Reporters in bis dato unbekannter Strenge an ein politisches Kalkül. Die Diskreditierung eines allzu obrigkeitshörigen Pressewesens nach 1918 war die logische Konsequenz. Die Reportage begann sich hier als operatives Genre im spannungsreichen Feld von Agitation, Kritik und Propaganda neu zu verorten.

5.5 Der Reporter als Star des *New Journalism*

Der Reporter wird im Zuge der langen Jahrhundertwende, speziell im globalen Bezugsrahmen, vom anonymen ›Faktenregistrateur‹ zum prominenten ›Nachrichtenmacher‹. Seine Nachrichten begründen ein Modell der Beglaubigung von Faktizität, das sich in Theorie und Praxis der Herstellung von Fakten (*manufactured* news) verschrieb. Vor den Augen des metropolitanen Publikums rückten Reporter daher ab den 1870er Jahren als Spezialberichterstatter und -korrespondenten vermehrt in den Fokus der (eigenen) Berichterstattung. Als Künstler und Sportler, Abenteurer und Wissenschaftler, Politiker oder auch Soldaten erschienen die von ihren Redaktionen zunehmend besser bezahlten, in die entlegensten Gebiete der Erde entsandten Reporter in immer neuem, spektakulärerem Gewand. Dabei übernahmen sie Rollen, die im *New Journalism* zu den Klischees eines expandierenden Starkults avancierten. Dies wiederum war Ausdruck einer Umbruchphase des Journalismus ab den 1870er Jahren, die eine Professionalisierung des Nachrichtenbetriebes zeitigte. So waren zahlreiche Reporter realiter ohne größere Erfahrungen im Bereich des Zeitungswesens angekommen – und agierten *learning by doing*. Gleichzeitig aber wussten sich diese Neulinge rasch in gleicher Weise wie ihre Vorbilder als Filmstars, Künstler oder Sportler zu inszenieren und am Heldenstatus von Staatsmännern, Entdeckungsreisenden oder Offizieren zu partizipieren. So verschoben sich die Aufmerksamkeiten des Medienbetriebs sukzessive vom Gegenstand der Berichterstattung auf den Berichterstatter selbst, der sich als Star dieses Neuen Journalismus erwies.

---

auch Akkuratesse, die W. F. Butler ihr als »series of mental photographs« bereits 1878 zuschrieb: »in addition to photographic fidelity to truth, they [the reports, d. Vf.] possess almost a sense of sound – of the noise, movement and roar of battle which no picture can ever realise.« The War Campaign and the War Correspondent, in: Macmillan's Magazine, Bd. 37, Nr. 221 (1877), S. 398.

6. *Glokal reporting*: Schlussbetrachtungen

»Das Selbstgespräch der Zeit«: zur Zeitungs-Kommunikation um 1900

> Reportage
> Morgens schickt die Eisenbahnverwaltung,
> die Berichte durch den stummen Draht,
> und die Zeitung druckt in strammer Haltung:
> Attentat!
> Mittags schickt die Eisenbahnverwaltung
> sieben Photos. Pünktlich um sechs Uhr
> schreit geschickt gebaute Textgestaltung:
> Auf der Spur!!
> Abends schickt die Eisenbahnverwaltung
> einen leicht verlegnen Worteschwall,
> und die Zeitung druckt in strammer Haltung:
> Unglücksfall!!!
>
> *Karl Schnog*[1]

Die Geschichte der wechselseitigen Annäherung von Journalismus und Literatur war als exemplarische Studie der massenmedialen Kommunikationsverhältnisse der Jahrhundertwende ausgelegt; in diesem Sinne war die vorliegende Erzählung dreidimensional[2]: Sie widmete sich erstens der Analyse der *Medienevolution* i. S. der medientechnischen Veränderungen – insbesondere der Telegraphie aber auch der neuen (Bild-)Medien. Zweitens verschrieb sie sich der Untersuchung der durch diese Evolution geprägten und sie prägenden medienkommunikativen *Praktiken* – allen voran der (Foto-)Reportage – sowie schließlich drittens der Betrachtung der dieses Wechselverhältnis flankierenden *Diskurse* um Authentizität, Beglaubigung und Augenschein.

Dabei war auch diese Studie in den engen Grenzen historiographischer Erkenntnisgewinnung verhaftet; hier soll daher kaum der Versuch unternommen werden, den vermeintlichen Mangel (respektive vielmehr die eigenwillige Interpretation) des Realismus im Journalismus der Jahrhundertwende aus der Perspektive eines ›historischen Realismus‹ zu delegitimieren. Viel eher soll hervorgehoben werden, dass gerade aufgrund der epistemischen Verschiebungen, die zu Beginn des 19. Jahrhunderts (auch institutionell) den Siegeszug des Ideals em-

---

[1] Schnog, S. 355.
[2] Zur programmatischen Forderung einer neuen Historiographie medialer Kommunikationsverhältnisse vgl. *Knoch u. Morat*, Medienwandel, S. 13.

pirischer Wissenschaften verantworteten,³ auch die hier angestellten medienhistorischen Überlegungen naturgemäß ihrer eigenen Poetik gehorchen.⁴ Wenn man nun die Fakten ganz i. S. Kischs als das Rohmaterial medialer Wirklichkeitskonstruktion begreifen, das noch zu gestalten (i. S. der *fictio*) sei, so werden die Analogien zur historiographischen Methodik offenbar.⁵ Die Grundlagen historischer Erkenntnis liegen, so schon Barthes, kaum in der exakten Abbildung der Realität, vielmehr sind es gerade die »Wirklichkeitseffekte« (»l'effets de réel«) der Historien, die diese in die Nähe der Literatur bringen: »l'historien est celui qui rassemble moins de faits que des signifiants et les relate, c'est-à-dire les organise aux fins d'établir un sens positif et de combler le vide de la pure série.«⁶ Die Maßgabe einer logisch kohärenten und zugleich argumentativ sicheren Erzählung erforderte denn auch in dieser Studie einige Grenzziehungen. So musste sich die Untersuchung aus pragmatischen Gründen auf einige exemplarisch-signifikante Episoden der Genese des literarischen Journalismus in der ›Sattelzeit‹ (1870–1918) konzentrieren. Zudem ist sie in ihrer starken Fokussierung auf die hybride Gattung der Reportage eine vorrangig transatlantische Studie. Partiell wurden zwar Transfers und Einflüsse, Referenznahmen und Vergleichsmomente aus anderen Regionen berücksichtigt, vor allem aus Asien (Indien, China, Japan) sowie dem eurasischen Russland. Hier aber lohnte ein viel genauerer Blick, als er im Rahmen dieser Studie möglich war.⁷

Die vorliegende Studie war einer Periode des Umbruchs gewidmet, in der sich die Profession des Journalismus herausbildete und wissenschaftlicher Standards sowie politischer Vereinnahmungen erwehren musste. Die Massenmedien leisteten dabei, indem sie immer neue »Kommunikationsgemeinschaften am

---

3 Vgl. *Daston u. Galison*, S. 35 f., und i.A. *Foucault*, Ordnung der Dinge, S. 413–417.
4 Vgl. *White*, Metahistory, S. 15 ff.
5 Zum relativen »Quellenwert« des Faktenreservoirs der Geschichtswissenschaften vgl. *Evans*, Fakten, sowie *Klaus*, S. 115. In historischer Perspektive vgl. *Müller*, Erkenntnis, S. 18 ff. Schon Leopold von Ranke zufolge war die »Historie« als Wissenschaft, der Dichtung vergleichbar, stets »zugleich Kunst«.
6 *Barthes*, Discours, S. 73. Dies verbinde Nachrichten, dokumentarische Literatur und Historiographie. Der Historiker leiste nur mehr »Inskriptionen in die Vergangenheit, die sich als die Ansammlung von Fakten verkleiden.« Hierin liege das Paradox historiographischer Beglaubigung: »La structure narrative, élaborée dans le creuset des fictions (à travers les mythes et les premières épopées) devient à la fois signe et preuve de la réalité.« Ebd., S. 75.
7 Der europäische Literatur- und Journalismusbetrieb nahm so z. B. bereits vor 1918 prägenden Einfluss auf das Zeitungswesen der Metropolen Lateinamerikas. Hingegen standen die Moskauer Intellektuellen über Jahrhunderte hinweg in enger Verbindung zur europäischen Hochkultur; hier war es gerade der Krimkrieg, der als europäisches Medienereignis die reziproke Wahrnehmung des Journalismus in Europa nachhaltig veränderte. In Asien setzten vergleichbare Austauschprozesse später ein. So ließen sich zwar schon ab den 1870ern – wie im Fall Chinas – erste personelle wie auch ideelle Anleihen vor allem aus dem angloamerikanischen Raum verzeichnen, dennoch blieb hier eine autarke Tradition des Nachrichtenwesens inkl. eigenständiger – der Reportageliteratur vergleichbarer – realistischer Schreibweisen bis ins 20. Jh. gleichermaßen wirkmächtig.

Meinungs- und Unterhaltungsmarkt«⁸ etablierten, eine »Veralltäglichung und soziale Entgrenzung«⁹ der Repräsentation medial zirkulierender Gesellschaftsbilder. In ihren Nachrichten wurde die ›Welt‹ zum Gegenstand der Alltagskommunikation. So entstanden neue Thematisierungszyklen und Kommunikationspraktiken, die sukzessive die lokalen Raumbindungen überwanden und die *face-to-face*-Kommunikation durch immaterielle Informationsmedien als Datenträger ablösten. Die langfristigen Wirkungen dieses ›Strukturwandels der Öffentlichkeit‹ im Zeitalter von Rundfunk und Fernsehen nachzuverfolgen, muss anderen Studien obliegen. Hier war es vor allem darum zu tun, das medial bedingte Bewusstsein der sich etablierenden selbstreferentiellen Mediengesellschaften in exemplarischen Studien zu erhellen und die Mechanismen bzw. Praktiken und diskursiven Rückkopplungen der medialen Selbstbeobachtung in den Blick zu nehmen. Der Journalismus war in seinem Grenzgang zwischen Fakten und Fiktionen eine Instanz gesellschaftlicher Orientierung – das »Selbstgespräch der Zeit« über sich selber (Prutz). Gerade die Tageszeitung erfüllte diese Funktion der Orientierung gegen Ende des 19. Jahrhunderts in Zeiten der Beschleunigung und (nahezu) instantaner Vergleichzeitigung.¹⁰ Die Metropolen waren hier Umschlagsplätze des Nachrichtenverkehrs und als Zeichenräume¹¹ auch Laboratorien neuer Wahrnehmungen. Der literarische Journalismus besaß in dieser Phase der bereits vollzogenen Ausdifferenzierung gesellschaftlicher Teilbereiche eine zentrale Bedeutung. Kam es zuvor vor allem angesichts unklarer Grenzziehungen zu Interferenzen zwischen schöner Literatur und Gebrauchsschriftstellerei – z. B. personell im Typus des Dichter-Journalisten – und zu Überschneidungen von Darstellungsstandards und -genres, avancierte der Journalismus in den Jahren der Jahrhundertwende zu einer Strategie der Irritation des Nachrichten-Journalismus. Die Experimente der *newsmaker* loteten dabei die praktischen und vor allem ethischen Grenzen und Möglichkeiten eines sich rasch spezialisierenden Zeitungswesens aus.

Als zentraler Faktor gesellschaftlicher Selbstbeobachtung gelangte die Presse schließlich auch in den Fokus zeitgenössischer wissenschaftlicher Auseinandersetzungen. Schon Georg Simmels großstadtkritische Abhandlungen lassen sich als Analyse des metropolitanen Medienkonsums lesen. Max Weber skizzierte überdies in seiner programmatischen Ankündigung einer »Soziologie des Zeitungswesens« auf dem ersten Deutschen Soziologentag im Jahr 1910 die Grund-

---

8 *Weisbrod.*
9 *Knoch* u. *Morat*, Medienwandel, S. 27.
10 Hier reagierte die Medientechnik auf das gesellschaftliche Erfordernis, über *ein* »Zeitraster als gemeinsamen Bezugsrahmen für alle menschlichen Tätigkeiten zu verfügen.« *Elias*, S. 21.
11 Vgl. *Crary*, Techniken, S. 22 ff. Neue Wahrnehmungstechniken – insbesondere der massenmedial inszenierten Spektakelkultur, die konzentrierte Blicke, geschärfte Aufmerksamkeit, aber zugleich auch eine verzögerte Wahrnehmung erforderte und ermöglichte – waren in gleichem Maß der Ausdruck einer Beschleunigung/Zerstreuung wie auch der Suche nach Konstanten. Neben der Telegraphie so wenig zufällig die Photographie eine Schlüsseltechnologie des 19. Jh. – vgl. *Crary*, Suspensions, S. 52 f.; 77 f.

züge eines Modells der Verwissenschaftlichung der sog. »Zeitungsbeobachtung«¹². Darin beschrieb Weber die Institution der Presse als Machtfaktor und kapitalistisches Gebilde, also einerseits als manipulative, allenfalls den Gesetzen des Marktes verantwortliche Macht, andererseits als demokratischer Faktor zur Herstellung öffentlicher Meinung. Aus der Perspektive des Wissenschaftlers war die Massenpresse so ein entschieden modernes Phänomen:

»Denken Sie sich die Presse einmal fort, was dann das moderne Leben wäre, ohne diejenige Art der Publizität, die die Presse schafft. [...] Wenn das englische Parlament vor 150 Jahren Journalisten zu kniefälliger Abbitte wegen breach of privilege vor den Parlamentsschranken zwang, wenn sie über seine Verhandlungen berichteten, und wenn heute die Presse durch die bloße Drohung, die Reden der Abgeordneten nicht abzudrucken, die Parlamente auf die Knie zwingt, so hat sich offenbar ebenso der Sinn des Parlamentarismus wie die Stellung der Presse geändert. [...] Wir haben die Presse letztlich zu untersuchen einmal dahin: Was trägt sie zur Prägung des modernen Menschen bei? Zweitens: Wie werden die objektiven überindividuellen Kulturgüter beeinflußt, was wird an ihnen verschoben, was wird an Massenglauben, an Massenhoffnungen vernichtet und neu geschaffen, an ›Lebensgefühlen‹ [...].«¹³

Weber plädierte angesichts der immensen Bedeutung der Presse für eine Enquête unter den Zeitungsmachern.¹⁴ Zugleich betonte er eine Hinwendung zum Material der Zeitung, das in Form einer quantitativen Inhaltsanalyse vermittels »Schere und Zirkel« zu vermessen sei, bevor schließlich eine qualitative Bestimmung des Gegenstandes möglich werde.¹⁵ Sozialgeschichtliche Untersuchungen des Journalistenberufes z. B. zum Konnex von Vernachrichtlichung und Internationalisierung des Nachrichtenmarktes im Zeitalter der Agenturen, aber auch neuere Analysen sprachlich-stilistischer Besonderheiten sowie insbesondere diskursiver Gesetzmäßigkeiten schließen an diesen Ansatz unmittelbar an. Neben Initiativen zur wissenschaftlichen Erschließung zeitigten die Jahre vor 1918 auch erste Versuche einer Archivierung des Zeitungs-Wissens. In Deutschland waren der Versuch der Gründung eines zentralen Reichszei-

---

12 Vgl. *Meyen u. Löblich*, S. 145 ff., *Weischenberg*, Max Weber, S. 78 ff., sowie grundlegend *Kutsch*, Max Webers Anregung, S. 7 f. Webers Vorstoß entsprach durchaus dem ›Zeitgeist‹. In den Vereinigten Staaten war bereits 1893 eine erste quantitative Inhaltsanalyse ausgewählter Zeitungen vorgenommen worden. Vgl. *Sumpter*, News, S. 65. Bisweilen übernahmen zudem die Nachrichtenmacher erste (proto-)wissenschaftliche Untersuchungen der Mentalitäten und Usancen (kaum aber der sozialen Rahmenbedingungen) ihres Berufsstandes, wie Jules Hurets »reportage expérimentale« der *Enquête sur l'évolution littéraire* Anfang der 1890er Jahre belegen mag. Zur Frühgeschichte der Zeitungswissenschaften vgl. überdies allg. *Rühl* sowie *Averbeck u. Kutsch*.
13 *Weber*, Soziologie, S. 24 f.; 28 f.
14 Webers Vorhaben scheiterte rasch. Noch im Jahr 1912 regte die Enquête der *Deutschen Gesellschaft für Soziologie* eine Umfrage im *Reichsverband deutscher Presse* (RdP) an, die Ergebnisse indes waren spärlich. Eine valide Untersuchung bildete so erstmals 1927 die – vom RdP durchgeführte – Enquête unter Journalisten.
15 *Weber*, Soziologie, S. 30.

tungsmuseums sowie die Etablierung des *Deutschen Zeitungs-Archivs* (1912) Ausdruck der zunehmenden Hochschätzung des Pressewesens.[16] Auch das Ansinnen, einen Pressespiegel des globalen Nachrichtenmarktes in Form einer *Zeitung der Zeitungen*[17] zu collagieren, erwies sich letztlich als Versuch, der ›Informationsflut‹ Herr zu werden und den Wissensschatz der Zeitungen zu erfassen und zu ordnen.

Diese Funktionalisierung des Journalismus als eine Instanz der Selbstbeobachtung des Gesellschaftssystems ist gerade auch aus systemtheoretischer Perspektive offenkundig.[18] Niklas Luhmann zufolge kann die Phase der Professionalisierung des Journalismus ab 1850 als ein Indikator der operativen Schließung des Systems der Massenmedien verstanden werden. Während sich das Kunstsystem zusehends auf das Entwerfen möglicher Welten und also Ordnungen im Bereich des nur Möglichen i. S. ›geformter Kontingenz‹ konzentrierte, dienten die Massenmedien der Selbstbeobachtung des Gesellschaftssystems. Dabei lassen sich sowohl in Bezug auf das von Luhmanns extrapolierte System der Massenmedien als auch auf den davon aufwändig separierten Bereich der schönen Künste ähnliche Systembildungsprobleme beobachten. Schon in puncto der binären Codierung der Systeme liegen bekanntlich Schwierigkeiten.[19] Zudem entstehen gerade durch die operative Schließung des Mediensystems »Möglichkeitsüberschüsse«[20]. Diese reduzieren die vielfältigen Formen der Unterhaltung im Grundmuster der Erzählung. So kann Luhmanns Beschreibung des Nachrichten- wie auch des Unterhaltungssektors (!) der Massenmedien und dessen Prozessieren selbstproduzierter Überraschungen und selbstaufgebauter Spannungen schließlich auch als »Programm avancierter Kunst«

---

16 Te Heesen, S. 100–110.
17 »Beziehungen der Presse zur Stadt Berlin.« LAB A Rep. 001–02 Nr. 2377. Ein (Probe-)Exemplar der *Zeitung der Zeitungen* aus dem Januar 1913 wie auch euphorische Rezensionen und Begleitschreiben offizieller Stellen und politischer Funktionsträger lassen sich hier lokalisieren.
18 Nach Niklas Luhmann kann die Funktion der Massenmedien gerade im »Dirigieren der Selbstbeobachtung des Gesellschaftssystems« gesehen werden. Vgl. *Luhmann*, Realität, S. 118. Ähnlich auch Siegfried Weischenberg: »Die Primärfunktion des Journalismus besteht darin, die permanente Selbstbeobachtung der Gesellschaft als *Fremdbeobachtung* zu organisieren.« Vgl. *Weischenberg*, Journalismus, S. 127.
19 Vgl. *Plumpe u. Werber*, Literatur, S. 28 f. Luhmanns Leitdifferenz des Kunstsystems (»schön/häßlich«) stamme, so Plumpe u. Werber, immerhin aus der Ästhetik und sei so von der wissenschaftlichen Leitdifferenz »wahr/falsch« übercodiert; die Präferenzseite der binären Codierung der Massenmedien indes überlagere einen Schlüsselbegriff des systemtheoretischen Kommunikationsmodells – die »Information« als eine von drei Selektionen der Kommunikation als Operationen neben »Mitteilen« und »Verstehen«. Zwar schlagen Gerhard Plumpe und Niels Werber daher für das Kunstsystem die auf den ersten Blick eingängige Leitdifferenz »interessant/langweilig« vor (*Plumpe u. Werber*, Umwelten, S. 23), doch vermag auch dies die Interferenzen zwischen Literatur- und Mediensystem gerade auf dem Feld der Unterhaltung, die, so Luhmann, neben Nachrichten/Berichten und Werbung zu den Programmbereichen der Massenmedien zählt, kaum zu erklären.
20 Ebd., S. 75.

gelesen werden, wie Niels Werber herausstellt.[21] Speziell die Formen des *New Journalism* erfüllen, so besehen, die gleiche Funktion wie die Literatur: Sie lösen (und reproduzieren) das gleiche gesellschaftliche Problem der Unterhaltung freier Zeit und können demnach als »Genres innerhalb des Programmsektors Unterhaltung«[22] angesehen werden. Auch Luhmann konstatierte bereits eine »Anlehnung der Unterhaltung an das Kunstsystem [...] und damit auch eine mehr oder weniger breite Zone, in der die Zuordnung zu Kunst oder Unterhaltung uneindeutig ist und der Einstellung des Beobachters überlassen bleibt.«[23] Die *connectability* der Texte wird aus dieser Perspektive auch im Hinblick auf die medienkulturwissenschaftlichen Lektüren der Nachrichtenliteratur zur zentralen Referenzgröße:

»Unterhaltung und LITERATUR [können] nicht von ihrer medialen Erscheinungsweise getrennt werden [...]. Beide sind als prozessierende Medium/Form-Differenzen Resultat einer Beobachtung zweiter Ordnung, das selbst erzeugte Unsicherheit – mehr oder weniger effektiv – durch Informationssequenzen abbaut. Beide leben von einem Ausgleich zwischen Neuheit/Überraschung und Bekanntem/Tradition, beide arbeiten mit Spannung [...] und beide ermöglichen selbstverständlich Anschlusskommunikationen. Der Grund für diese Gemeinsamkeiten kann nur darin liegen, dass beide in der Tat *im* System der Massenmedien generiert werden und für beide derselbe Code interessant/langweilig gilt.«[24]

Die Beobachtung der Kontingenz faktualer wie fiktionaler Weltentwürfe, die Elena Esposito als das Ergebnis einer parallelen Evolution von Literatur- und Wissenschaftssystem modelliert, wird schon in den *factual fictions* des *news*-Diskurses offenbar.[25] In den Jahren der langen Jahrhundertwende, in denen das operativ weithin geschlossene Kunstsystem bereits auf Verlangsamung abstellt,[26]

---

21 Werber, Factual Fiction, S. 185.
22 Ebd., S. 186. In gewisser Weise wird die Reportage so zur Äquivalenz des künstlerischen *l'art pour l'art*. Die Texte gehorchen demnach keineswegs mehr zwingend der pyramidalen Struktur eines Informations-Journalismus bzw. dessen prototypischer Orientierung an den W-Fragen sowie den klassischen Nachrichten-Faktoren. Vgl. dazu allg. *Maier u. a.*, S. 18 ff.
23 *Luhmann*, Realität, S. 85 f.
24 *Günter*, S. 41. Hier begegnen Journalismus und Literatur einander: »Informationen« müssen zuallererst *neu* sein. Die informationsverarbeitenden Operationen erzeugen dabei ihre eigene »Plausibilität« – i. S. einer »selbst erzeugte[n] und immer wieder erneuerte[n] Unsicherheit, die auf weitere Information angewiesen ist.« *Luhmann*, Realität, S. 70.
25 Vgl. *Esposito*, Fiktion, S. 7; 68 ff. - sowie *dies.*, Vergessen, S. 253 ff. Die Zeitungen verbürgen in ihren *news* eine eigene Form der Zeitlichkeit, die der autonomen Produktion von Nachrichten entsprang. Die Effekte der hier vorangetriebenen Realitätsverdopplung – empirisch messbarer wie medial induzierter Realitäten – scheinen (*in nuce* seit der Erfindung der Nachrichtenliteratur um 1700 – vgl. dazu *Meierhofer*, Sonne, S. 8 f.) doch gerade um 1900 in den wechselseitigen Inskriptionen von Künsten und Massenmedien sichtbar.
26 Dies zeigen exemplarisch die – vor den Massenvergnügungen der Großstädte zurückweichenden – Avantgarden der Metropolen der Jahrhundertwende. Indes waren auch sie – wie oben beschrieben – den Gesetzen der neuen Ära der Tageszeitungen unterworfen, die sie in einer (z. T. aggressiven) Medienpolitik zu adaptieren verstanden. Ihre historisch kontin-

wird die Beschleunigung des Neuen vor allem über die zum Taktgeber der Moderne avancierenden Massenmedien prozessiert: ›Neuheiten‹ sind nur mehr ›Neuigkeiten‹.[27] Der literarische Journalismus, der in dieser Studie als Gegenbewegung zur Vernachrichtlichung ab der Mitte des 19. Jahrhunderts im Fokus stand, kann daher als »Spezialfall einer strukturellen Kopplung« bzw. als »Irritation des Journalismussystems« verstanden werden, »die dazu dient, die Routinen des Informationsjournalismus zu hinterfragen«.[28] Aus der Perspektive der Massenmedien scheinen Neuigkeiten primär an Moden gekoppelt, die der Unterhaltung gehorchen.[29] Sie dienen wie alle Informationen der »Aktivierung von selbst Erlebtem, Erhofftem, Befürchtetem, Vergessenem – wie einst die erzählten Mythen. [...] Unterhaltung re-imprägniert das, was man ohnehin ist.«[30] Die Diskursformen der *Anekdotizität* und *Exemplarizität* werden vor diesem Hintergrund zu Schnittstellen von Kunstsystem und System der Massenmedien.[31] Der Reportagestil kann demnach als ›systemischer Effekt‹ gelesen werden. Denn im Zuge der Ausbildung der Massenmedien galt es, so Luhmann, journalistische Schreibweisen auszuprägen, die den Eindruck erweckten, »als ob das gerade Vergangene noch Gegenwart sei, noch interessiere, noch infor-

---

genten *flüchtigen* Interaktionen lassen dennoch kaum Rückschlüsse auf die Evolution des Kunstsystems zu. Zwar komme, so schon Luhmann, aller modernen Kunst, im Unterschied zu den Massenmedien, »eine Aufgabe der Verzögerung und Reflexivierung« zu. *Luhmann*, Kunst der Gesellschaft, S. 27. Ähnlich: *Baecker*, S. 100 ff. Die Ausdifferenzierung des Kunstsystems aber bricht, wie in Bezug auf das die Anschlusskommunikationen verweigernde Medium des Kunstwerks deutlich wird, gerade hier ab. Die Kleinen Formen des Journalismus mögen eben dieser Tatsache Rechnung tragen.

27 Die doppelte Schließung des Systems – auf der operativen Ebene, der Beobachtungsebene erster Ordnung, wie auf der programmatischen Ebene als der Beobachtung zweiter Ordnung durch binäre Codierungen – wird zur Bedingung einer wechselseitigen Beobachtung von Journalismus (Massenmedien) und Literatur (Künsten). Die Zuordnung bestimmter Operationen (z. B. in Form von Berichten, Reportagen, Glossen) im Feld der Nachrichtenliteratur wird nach vollzogener Ausdifferenzierung über die je spezifisch codierten Beobachtungen des Systems entschieden. Ein Text, der so bspw. aus der Perspektive der Massenmedien als Form des Journalismus verstanden wird, mag gleichsam als strukturelle Kopplung an das Kunstsystem gesehen werden.

28 So *Eberwein*, S. 75 ff.; 95 f. Die Modellierung der Interrelationen der autopoietischen Funktionssysteme Literatur und Journalismus i. S. einer strukturellen Kopplung auf allen Strukturebenen des Systems Journalismus (Organisation, Rollen, Programme) wird von Tobias Eberwein im Rekurs auf die Konzepte einschlägiger Studien – insbesondere *Blöbaum u. Neuhaus* – vorgeschlagen.

29 *Luhmann*, Realität, S. 45 f., sowie *ders.*, Gesellschaft der Gesellschaft, Bd. 1, S. 203.

30 *Luhmann*, Realität, S. 75. Zur Bedeutung des Mythos als »Form der Geschichtswerdung« – so *Blumenberg*, Arbeit, S. 163 – in den modernen Massenmedien vgl. *Barthes*, Mythen.

31 Das Exemplarische »höchstpersönlicher Erfahrungsberichte« (*Luhmann*, Realität, S. 77), auf das sich die Massenmedien kaprizieren, wird hier zur zentralen Systemstelle. Zum Kunstsystem vgl. *Werber* (Hg.), Niklas Luhmann, S. 288 f. Zum Phänomen der »Doppelmitgliedschaften« identischer Kommunikationen und Strukturen in verschiedenen Systemen vgl. *Teubner*, S. 158.

miere.«³² Dies leisten die Reportagen in ihrer Montage asyndetisch gereihter Realitätspartikel.³³ Die »Andeutung einer Kontinuität« ist für sie, wie die hier untersuchten Fallstudien erwiesen, weitaus wichtiger als die reine »Faktizität« des Geschehens.³⁴ Die Dramatisierung der Ereignisse als Medienereignisse verfügte, das zeigen die selbstreferentiellen Eigendynamiken dieser Ereignisse ganz deutlich, über eigene Gesetzmäßigkeiten. Auch die Selbst- und Fremdbeschreibungen des literarischen Journalismus lassen sich ihrerseits als Ergebnis systemischer Ausdifferenzierung beschreiben und untersuchen.³⁵ Die Praktiken und Formen eines proto-literarischen Journalismus aber können, da sie nun gerade der Pointe der Selbstbeobachtung entgehen, allein als historisch kontingente Evolutionen aus historiographischer Perspektive in den Blick genommen werden.

Die Figur des Reporters – das Image des Newsmakers

Der Aufstieg des Reporters bzw. Spezialkorrespondenten im letzten Drittel des 19. Jahrhunderts war hochgradig umstritten. Im Zentrum stand dabei die (Re-)Konstituierung des Augenzeugen als einer Instanz der persönlichen Beglaubigung im Zeitalter von Agenturen und Nachrichtenbureaus. Speziell die Selbst- und Fremdbilder der Profession – einerseits i. S. quasi-wissenschaftlicher Genauigkeit, andererseits i. S. bloßen Erfindungswillens – kollidierten hier. Die Kritik des Berufsstandes blieb zudem über den gesamten Untersuchungszeitraum weitgehend konstant, obschon sich markante Einschnitte in puncto Professionalisierung (Kongresse, Journalistenschulen und Fachpublikationen) konstatieren ließen. Diese Kritik war insofern vor allem der Ausdruck einer kulturkritischen Skepsis gegenüber der manipulativen Bedeutung der Presse, als deren Emblem, der Reporter, als Jäger nach Sensationen erschien. Dieses Image war vorrangig vom Bild des US-amerikanischen *newshunters* geprägt, das ab den 1870ern auch in Europa zu einem der wichtigsten *role models* avancierte. Neben solchen Transfers von Rollenverständnissen (z. B. des Reporters

---

32 *Luhmann*, Realität, S. 40. Zur Funktion der Massenmedien als Motor serieller Neuigkeitskünste vgl. ausführlich *Eco*, Serialität, S. 301 ff.

33 Zugleich unterlaufen sie in ihrem autoreflexiven Gestus das Paradigma der Latenz des Erzeugungsmechanismus von Texten, das Luhmann als das Differenzkriterium von Kunstsystem und Massenmedien annahm. Der literarische Journalismus ließ das Dispositiv der Nachrichtenproduktion sichtbar werden und gab der Selbstthematisierung des Journalismus Form. Vgl. *Malik*, S. 313.

34 »Wahres« interessiere die Massenmedien angesichts der sich – stets aktualisierenden und ebenso rasch überlagernden – Informationen dabei »nur unter stark limitierenden Bedingungen«. Vgl. *Luhmann*, Realität, S. 41. Die Inszenierung der Neuheiten als Einmalereignisse blieb indes dem Kunstsystem gleichsam analog. Vgl. *Werber* (Hg.), Niklas Luhmann, S. 225 f.

35 Die Stilisierung des Reporters als ›Wortphotograph‹ bzw. ›Sensationsmacher‹ zeitigten spätere Dekaden als Feedback eines – den Journalismus als Kunstform entdeckenden – Kunstsystems.

Abb. 44 u. 45: »Faktograph« oder »Fiktio-Fürst«? – Umbo (Otto Umbehr), Der rasende Reporter. Egon Erwin Kisch [Photomontage], Berlin 1926/27.[36] vs. André Charpentier, La chasse aux nouvelles, Paris 1925.

als »Aufklärer«) etablierten sich auch Darstellungsformen wie etwa der *undercover*-Journalismus sukzessive in Europa. Abseits der Vereinigten Staaten war Großbritanniens Rolle in diesem Prozess zentral. Der Reporter als sog. Faktensammler (newsgatherer) in Kriegs- und Krisengebieten wurde hier zum Leitbild des modernen Spezialkorrespondentenwesens. Der europäische (Reportage-)Journalismus besaß überdies ein literarisches Erbe, das in der Flânerie seinen sichtbarsten Ausdruck gefunden hatte. Die Aneignung und Interpretation vollständig heterogener sozialer Rollen – z. B. des Reporters als Künstler, aber auch als Wissenschaftler oder (wie im Fall der imperialen Streifzüge durch Kolonien und entlegene Regionen) als Entdecker, Missionar und schließlich (militärischer) Vorposten – markierte die lange Jahrhundertwende als eine signifikante Episode des Übergangs und mediengeschichtlich relevante Zäsur des modernen Nachrichtenwesens.

36 Speziell Kisch avancierte hier im deutschsprachigen Raum zum Popularisator des neusachlichen Bildes eines *neuen* Reporters. Im technizistischen Geiste der Weimarer Jahre prägte Otto Umbehrs Montage das Bild einer Reporter-Maschine, die in ständiger Bewegung beobachtend, aufzeichnend und interpretierend, ganz Faktograph, buchstäblich in den modernen Fortbewegungs- und Kommunikationsmitteln aufging. André Charpentiers Bild des impertinenten, neugierigen und allzumenschlichen Reporters stand diesem Bild diametral entgegen. Vgl. *Willett*, S. 108; *Schütz*, Faktograph, S. 197 f. Zu diesen bis heute wirkmächtigen Wahrnehmungen vgl. *Allan*, S. 70 ff.

Das prominente Bild des Reporters als Abenteurer und Hasardeur stellte die Profession von Beginn an unter ›Generalverdacht‹. Ein Teil der Reporter des ausgehenden 19. Jahrhunderts sah sich zwar selbst, wie das Beispiel der *muckraker* in den Vereinigten Staaten prototypisch bezeugte, als »scientists – uncovering the economic and political facts of industrial life more boldly, more clearly, and more ›realistically‹ than anyone had done before«[37]. Zugleich war aber schon in diesen Jahren der Versuch zu beobachten, der Stellung einen künstlerischen Anstrich zu verleihen. Um die Mitte der 1920er Jahre manifestierte sich dann endgültig das Bild des Reporters als ›Faktograph‹ und dessen Gegenbild des sensationslüsternen und voyeuristischen ›Vielschreibers‹ im Diskurs populärer (Bild-)Medien (vgl. Abb. 44 u. 45).

Die selbstbewussten Einschätzungen der Leistungsfähigkeit des Journalismus mag man als Abwehrstrategien verstehen. Dass die Selbst- und Fremdwahrnehmungen der Journalisten z.T. radikal kollidierten, belegen die bisweilen harschen Kritiken des gesamten Berufsstandes, insbesondere aber des Ethos des Reporters, in der Publizistik der Jahrhundertwende. Die Verachtung der Reporter als Lohnschreiber und die fundamentale Skepsis gegenüber Sinn und Zweck des Berufs waren noch lange in Charakterisierungen als »Nichtstuer«, »Schwadroneure« oder auch »Schnapsdrosseln« wirkmächtig geblieben.[38] Diese Stereotype prägen schon viele Jahre zuvor die Literatur. Gustav Freytags Lustspiel »Die Journalisten« (1852) inszeniert das Milieu der Zeitungsschaffenden beispielgebend als opportunistisch, eitel, verlogen und bestechlich. Dessen Verwicklung in politische Intrigen wird zum Leitmotiv des Stücks: »Und all das Unheil hat der böse Geist Journalismus angerichtet. Alle Welt klagt über ihn und Jedermann möchte ihn für sich benutzen.«[39] Im zehnten Auftritt des zweiten Aufzugs bekennt denn auch der zeitungsschaffende Protagonist: »Ich habe gelernt […] in allen Richtungen zu schreiben. Ich habe geschrieben links, und wieder rechts. Ich kann schreiben nach jeder Richtung.«[40] Der nihilistische Charakter des Reporters, sein Voyeurismus und Gewinnstreben, werden in der Folge zu markanten Zügen stilisiert.[41] Wie gering das Sozialprestige der Presse in Deutschland war, bezeugen die Worte Max Webers, der sich in der Gründerstunde der Weimarer Republik gezwungen sah, das »Verantwortungsgefühl« dieses Berufsstandes nochmals hervorzuheben, wohlwissend, dass sich das Publikum daran gewöhnt habe, »die Presse mit einer Mischung von Verachtung und jämmerlicher Feigheit zu betrachten.«[42] Die Professionalisierung des

---

37 *Schudson*, Discovering the News, S. 71. Der politische Impetus, der den Journalisten in seinem Selbstverständnis vom Wissenschaftler schied, prägte die Methodik der *muckraker* nachhaltig.
38 Harvards Präsident Charles W. Eliot bezeichnete die Reporter noch 1890 als »Trunkenbolde, Versager und Rumtreiber«. Vgl. *Dovifat*, Journalismus, S. 235f.
39 *Freytag*, S. 101. Zur literarischen Repräsentation vgl. *Studnitz*.
40 Ebd., S. 66.
41 *Pöttker*, Image, S. 82f.
42 *Weber*, Politik, S. 28f.

Journalistenberufs, vorangetrieben durch den Aufbau von Journalistenschulen und Berufsorganisationen, internationale Fachkonferenzen[43] sowie die Publikation von Fachmagazinen wie *Der Zeitungshändler, La Revue politique et littéraire, The Review of Reviews* oder *The Journalist*, änderte daran augenscheinlich nur wenig.

In Guy de Maupassants Feuilletonroman *Bel Ami* (1885) wird das Milieu der Pariser Presse als gleichermaßen bigott, promiskuös und skandalumwoben geschildert; der talentlose Zeitungsreporter Forestier wird zum Prototypen des sensationslüsternen Schreiberlings, der Held des Romans Georges Duroy indes zum – noch in spätere Lexika eingegangenen[44] – Leitbild des Journalisten:

»Il connut les coulisses des théâtres et celles de la politique, les corridors et le vestibule des hommes d'État et de la Chambre des députés, les figures importantes des attachés de cabinet et les mines renfrognées des huissiers endormis. Il eut des rapports continus avec des ministres, des concierges, des généraux, des agents de police, des princes, des souteneurs, des courtisanes, des ambassadeurs, des évêques, des proxénètes, des rastaquouères, des hommes du monde, des Grecs, des cochers de fiacre, des garçons de café et bien d'autres [...]. Il devint en peu de temps un remarquable reporter, sûr de ses informations, rusé, rapide, subtil, une vraie valeur pour le journal.«[45]

Auch in Charles Fenestriers *La vie des frelons* (1908) wird der Nachrichtenbetrieb in durchaus satirischer Form in den Blick genommen. Die Konflikte und Interferenzen zwischen literarischen Ansprüchen und journalistischem Ethos des Reporters werden hierbei kontrovers verhandelt.[46] Die Sensationspresse, für die Paul Toussaint, der Protagonist der Erzählung schreibt, mag in dem neuen Paradigma des Augenscheins und der ›choses vues‹ ihre Chance zu einer volatileren Auslegung des Wahrheitsbegriffs entdecken. So muss Toussaint bereits nach wenigen Monaten in Diensten der Zeitung *Le Quotidien* feststellen, seine Rolle als Reporter liege weniger in der Aufnahme und korrekten Wiedergabe des Geschehens als vielmehr in der emphatischen Übertreibung seiner Gefühlslage. Das Ideal einer so verstandenen ›reportage vécu‹ laute demnach: »Entendre, voir, écrire sont peu de chose en journalisme: il faut sentir et faire sentir.«[47] In Paul Brulats Zeitroman *Le Reporter* (1898) lassen sich ähnliche Spuren nachzeichnen.

In den Vereinigten Staaten wie auch in Großbritannien erschienen ab den 1880er Jahren zahlreiche literarische Verarbeitungen des Reporterwesens.[48] Rudyard Kiplings Erzählung *A matter of fact*, erstmals 1892 im britischen Journal *People* erschienen, problematisierte sogar ausdrücklich die Ambivalenz von

---

43 Vgl. *Høyer u. Lauk*, Paradoxes; *Kubka u. Nordenstreng*; *Ferenczi*, S. 248 f.
44 Dictionnaire des dictionnaires, Bd. 6, S. 44.
45 *Maupassant*, S. 105 f. Zum Bild des Reporters als zwielichtigem Helden vgl. *Kalifa*, Policier, Détective, Reporter.
46 Vgl. *Rees* sowie *Pinson*, Reporter, S. 87 ff.
47 *Fénestrier*, S. 106. Zur Kritik dieses Reporter-Helden vgl. *Kalifa*, Tâcherons, S. 600 ff.
48 Vgl. *Good*, Night, S. 3; *Seidel*, S. 40–188; *Korte*, Reporters, S. 8 f. Zum Frühen Film vgl. Ness.

Fakten und Fiktionen einer Berichterstattung, die er schließlich in die Gegenüberstellung stereotyp nationalspezifischer *news cultures* überführte. Der Erzähler, ein britischer Journalist, wird bei der Überquerung des Atlantiks von Kapstadt nach London, an der Seite zweier Journalisten aus den Vereinigten Staaten und Südafrika, eines spektakulären Naturschauspiels gewahr. Im Dunste der Wellen scheinen infolge eines Seebebens vor den Augen der Reporter zwei ›Seeungeheuer‹ auf, von denen eines an den Folgen des Bebens verstirbt, das andere aber in der Ferne verschwindet. Die Journalisten beraten nun über die Möglichkeiten, diese schier unglaubliche Geschichte in ihren Zeitungen zu melden. Während der US-amerikanische Reporter der *New York World* in der Hoffnung auf einen sensationellen *scoop* die Details unverzüglich in die Heimat zu telegraphieren gedenkt, reagieren sowohl der burische als auch der britische Reporter zurückhaltend. Als der südafrikanische Vertreter schließlich ganz auf eine Veröffentlichung der Meldung zu verzichten bekundet, wird der Amerikaner unter der Häme und Kritik seines britischen Kollegen ebenfalls immer zögerlicher. Schlussendlich will auch er der scheinbar moralischen Dominanz des *Times*-Reporters, der für eine radikale ›Faktizität‹ der Berichterstattung eintritt, nachgeben und von einer Veröffentlichung Abstand nehmen:

»»Let's go to the telegraph-office and cable,‹ I said. ›Can't you hear the *New York World* crying for news of the great sea-serpent, blind, white, and smelling of musk, stricken to death by a submarine volcano, and assisted by his loving wife to die in mid-ocean, as visualised by an American citizen, the breezy, newsy, brainy newspaper man [...]?‹ ›Step lively! Both gates! Szz! Boom! Aah!‹ [...] ›You've got me on your own ground,‹ said he, [...] pulled out his copy, with the cable forms – for he had written out his telegram – and put them all into my hand, groaning, ›I pass.‹«[49]

Tatsächlich wird aber gerade dieser britische Reporter – so die Pointe – die *news-story* in der Fiktion des Gerüchts in der *Times* bringen: »»What are you going to do?‹ – ›Tell it as a lie.‹ – ›Fiction?‹ [...] – ›You can call it that if you like. I shall call it a lie.‹«[50] Das Wechselspiel der *factual fictions* im Diskurs populärer Medien erscheint aus dieser Perspektive eindrücklich hervorgehoben. Der Reporter als Kolporteur der Nachrichten wird, so zeigen es auch die künstlerischen Verarbeitungen der Materie, zum *Garanten* und *Gatekeeper* diskursiver Wahrheiten zugleich.[51]

---

49 *Kipling*, S. 200f.
50 Ebd., S. 201. Zur Kritik am Sensationalismus vgl. überdies – in ganz ähnlicher Weise – Evelyn Waughs Roman *Scoop* (1938).
51 Die Bedeutung des Reporters wird hier zur Allegorie der Massenmedien. Diese inszenieren ihr ›Schauen‹ (*theoria*) als ›Hörensagen‹ (*fama*) und selegieren und verbreiten auf diese Weise ihre Wahrnehmungen als »Wahrheiten«. Vgl. *Stanitzek*, S. 137f.

*Die Fiktion(en) der Massenmedien: zur Stellung des
literarischen Journalismus*

In einer Phase, die Habbo Knoch und Daniel Morat in Anlehnung an Reinhart Kosellecks berühmtes Diktum zum Übergang vom Ancien Régime zur Moderne als »massenmediale Sattelzeit«[52] der langen Jahrhundertwende beschrieben haben, war die Schlüsselstellung des Reporters als *Augenzeuge* vor dem Hintergrund der medienübergreifenden Beschleunigung und Immaterialisierung der Kommunikation[53] besonders offenkundig. Die Jahre um 1900 zeitigten eine zunehmende Autonomisierung der Medientechnik: Signale – das bewies die Nachrichtentechnik – ließen sich ohne die ursprünglich materiellen Trägermedien übermitteln.[54] Dieser Wandel prägte ein Paradigma der ›Neuigkeiten‹, das, wie Marshall McLuhan schrieb, eine ebenso rasche Dynamisierung wie wechselseitige Annäherung von Medien- bzw. Presse- und Literatursystem nach sich zog.[55]

Ein Beleg dieser reziproken Annäherung war die sukzessive Ausbildung eines (literarischen) Telegrammstils, der sich durch »verkürztes Schreiben« und eine »Konzentration auf das Notwendigste« auszeichnete.[56] Die Einführung des Einworttarifs durch den *Internationalen Telegraphenverein* erhob Ende der 1870er die Übermittlung des Wortes zu einem kostbaren Gut; die Durchschnittslängen der Telegramme sanken.[57] Just diese Form der elliptischen parataktischen Sprachverknappung fand als sog. ›Telegraphese‹ Eingang in die amerikanischen *short stories* Hemingways und nahm über die Kleinen Formen des Essays und der Reportage sowie die Lyrik des europäischen Futurismus und Expressionismus ihren Weg in die sog. hohe Literatur. Hier erwies sich der Telegrammstil, wie die Romane der späten Weimarer Republik exemplarisch zeigen, bis in die 1930er Jahre als wirkmächtig.[58]

---

52 *Knoch u. Morat*, Medienwandel, S. 20.
53 Vgl. dazu exempl. *Ernst*, S. 37–55.
54 Zur Bedeutung dieser »Entmaterialisation der Nachrichtenübermittlung« – bei gleichzeitiger Trennung von Übertragungs- und Speichermodus – vgl. *Haase*, Revolution, S. 14 f., sowie *ders.*, Medien, S. 101 ff.
55 Vgl. *McLuhan*, Kanäle, S. 293–295. So zog, wie McLuhan schrieb, die »Journalistik […] literarische Talente« an – während, umgekehrt, die neue Technik die »Presse zwang, literarischen Charakter anzunehmen.« Die Immaterialisierung der Kommunikation – im Zeitalter der Telegraphie – war dabei, so McLuhan, der Schlüssel zur Ausbildung globaler Öffentlichkeiten. Vgl. *ders.*, Village. Die »Medien-Apparate« avancierten zur Voraussetzung der Wirklichkeitswahrnehmung vgl. *Großklaus*, Medien-Zeit, S. 108, sowie *Kittler*, Aufschreibesysteme, S. 215 ff. In dieser Studie standen anstelle des »literarischen Artefakts« die medialen Bedingungen seiner Bedeutungsbildung im Fokus. Vgl. *Binczek u. Pethes*, S. 298.
56 Vgl. *Kittler*, Telegrammstil, S. 358 f.
57 Vgl. *Britton*, S. 233.
58 *Kogler*, S. 12 ff. Zum Konnex von Reportageliteratur und Telegrammstil vgl. *Thérenty*, Vagabonds, S. 108 f. Als ein Extrem der Adaption dieses Stilmittels mag Carl Bulckes vollständig (!) im Telegrammstil gehaltener Roman *und so verbringst Du Deinen kurzen Tage …* (1930) gelten.

In gleicher Weise nahm aber auch der Journalismus, angetrieben von den Initiativen zahlloser Schriftsteller-Journalisten, in charakteristischer Weise Anleihen bei literarischen Motiven, Mustern und Techniken.[59] Die Hinwendung des empirischen Journalismus zu Phänomenen des Alltags – d.h. gerade in gesellschaftskritischer Manier: zu Laster und Elend der großen Städte – gründete auf dem Versuch einer detailgenauen Abbildung dieser Verhältnisse, Figuren und Milieus über die Beobachtung von Handlungen, Mimiken und Gestiken, die Ausstellung von Jargon, Dia- und Soziolekten sowie vor allem die protokollarische Technik des Sekundenstils. Hier näherte er sich der Programmatik der realistischen Strömungen in den Künsten an.

Der moderne Roman war ohne die Zeitung undenkbar. Das Gros der Autoren war begeisterter Zeitungsleser; viele legten sogar regelrechte Zeitungsausschnittssammlungen an. Die Werke spiegeln diese Tendenz. Einige Erzählungen verarbeiten *expressis verbis* oder in Form des Schlüsselromans die Skandalgeschichten der Massenmedien. Andere nehmen die alltäglichen Wirren des Nachrichtenbetriebs motivisch auf; schließlich wird das Zeitungswesen zum Struktur- und Taktgeber des gesamten Romangeschehens. Dann sind die Figuren manische Zeitungsleser wie Ed Thatcher in John Dos Passos *Manhattan Transfer* bzw. Zeitungshändler wie Franz Bieberkopf, der Held in Alfred Döblins *Berlin Alexanderplatz*, oder aber Annoncenakquisiteure wie Leopold Bloom in James Joyces *Ulysses*. Diese Protagonisten erlesen sich den Raum der Metropolen über die Zeitungen – und werden Teil der kleinen ›Stories‹ eines Tages, die nur die Zeitungen schreiben.[60] Bieberkopfs Schicksal – eine Story von Einbruch, Zuhälterei, Totschlag und Mord (noch dazu aus Liebe) – liest sich bereits als ein einziger *fait divers*. Dabei bestimmte die Montage der Meldungen und Realitätspartikel der rubrizierten Zeitungsoberfläche sowohl Stil als auch Kompositions-

---

59 Diese wechselseitige Anlehnung von Journalismus und Literatur unter dem Paradigma der Neuigkeiten erzwang – gerade im Bereich der Künste – Strategien der Neuausrichtung bzw. Uminterpretation des Ideals des Neuen unter veränderten medialen Rahmenbedingungen. Während die Futuristen die medial induzierte Beschleunigung zum ästhetischen Programm erhoben und, wie Filippo Marinettis *Manifesto del futurismo* zeigt, bereits im Augenblick ihrer programmatischen, öffentlichkeitswirksamen Begründung die Skandal- und Sensationslogik der Massenmedien bedienten, inszenierten andere Strömungen z.B. der Berliner und Wiener Moderne ihr gesellschaftliches Aussteigertum als Kritik an der Beschleunigung. Marinetti war als Emblem einer »nachrichtenförmigen Kunst« der »(Selbst-)Skandalisierung« nichts weniger als ein »Sensationsreporter in eigener Sache«. Vgl. *Hahn*, Skandal, S. 77. Doch auch die Inszenierung seiner Kritiker blieb an die Gesetze der Massenmedien zurückgebunden. So verstanden die Friedrichshagener Aussteiger-Avantgarden ihr Bohèmetum in der Tagespresse ebenso zu vermarkten, wie der (nur scheinbar) hermetisch abgeschottete, derweil eine gezielte Medienpolitik verfolgende George-Kreis; noch der Wiener Hugo v. Hofmannsthal publizierte seine viel zitierte, radikale Medien- und Sprachkritik des ›Chandos-Briefes‹ in der Berliner Zeitung (!) *Der Tag*. Vgl. *Hiebler*, S. 222 ff.

60 Joyce nannte sein Romanwerk bezeichnenderweise stets die ›kleine Story eines Tages‹. Zu dieser Nähe von moderner Prosa und Kurznachrichten vgl. *Zischler u. Danius*, S. 75.

prinzip des Romans. Zwischen die Darstellung der Romanhandlung drängen sich die disparaten Versatzstücke von Tagesereignissen und Alltagsweisheiten. Nachrichten sind hier allgegenwärtig. Die Spuren einzelner Figuren verlieren sich im Bilderwald der Gazetten und der Polyphonie des Tagesgesprächs:

»[Franz] schläft fest, im Traum mordet er, im Traum macht er sich Luft. – *Lokalnachrichten.* – Das war in Berlin in der zweiten Aprilwoche, als das Wetter schon manchmal frühlingsmäßig war und, wie die Presse einmütig feststellte, herrliches Osterwetter ins Freie lockte. In Berlin erschoß damals ein russischer Student, Alex Fränkel, seine Braut, [...] in ihrer Pension. [...] Alex und Vera wollten heiraten, aber die wirtschaftlichen Verhältnisse ließen die eheliche Vereinigung nicht zu. – Weiterhin sind die Ermittelungen über die Schuldfrage an der Straßenbahnkatastrophe an der Heerstraße noch nicht abgeschlossen. [...] An der Börse herrschte stiller Freiverkehr; die Freiverkehrskurse lagen fester im Hinblick auf den eben zur Veröffentlichung gelangenden Reichsbankausweis [...]. Man hörte 18. April gegen 11 Uhr I.G. Farb. 260 einhalb bis 267, Siemens und Halske 297 einhalb bis 299; Dessauer Gas 202 bis 203, Zellstoff Waldhof 295. [...] Schon am 11. April war der Redakteur Braun durch Waffengewalt aus Moabit befreit. Es war eine Wildwestszene, die Verfolgung wurde eingeleitet, von dem stellvertretenden Präsidenten des Kriminalgerichts wurde sofort der übergeordneten Justizbehörde eine entsprechende Meldung gemacht. Zurzeit werden die Vernehmungen der Augenzeugen und der beteiligten Beamten noch fortgesetzt. [...] Wir kehren nach diesem lehrreichen Exkurs über öffentliche und private Ereignisse in Berlin, Juni 1928, wieder zu Franz Biberkopf, Reinhold und seiner Mädchenplage zurück.«[61]

Während Döblin in dieser Weise die lokalen Reports der Berliner Zeitungen montierte, schrieben Joyce und Dos Passos aus dem Geiste der *Times* bzw. New Yorker Blätter. Alle diese Beispiele belegen die ubiquitäre Präsenz der Tagespresse und ihrer Reports und Reportagen. »Die Presse«, konstatierte Karl Kraus daher wenige Monate vor Ausbruch des Ersten Weltkrieges, sei keineswegs »Bote« – »sie ist das Ereignis«:

»Sie erhebt nicht nur den Anspruch, dass die wahren Ereignisse, *ihre* Nachrichten über die Ereignisse seien, sie bewirkt auch diese unheimliche Identität, durch welche immer der Schein entsteht, daß Taten zuerst berichtet werden, ehe sie zu verrichten sind, oft auch die Möglichkeit davon.«[62]

In Kraus Diktum wird das Medium hier lange vor Marshall McLuhan zum Ereignis. So waren die Zeitungswirklichkeiten dieser Jahre schließlich derartig wirkmächtig, dass es bisweilen, wie Tucholsky in einer kurzen Erzählung 1913 schrieb, bereits schien, als ob die »Ereignisse ihrerseits verpflichtet wären, sich nach der Zeitung zu richten.«[63]

---

61 *Döblin*, S. 188–192.
62 *Kraus*, S. 8.
63 *Tucholsky*, S. 1030.

Ausblick

Während die Vielzahl kurzer Agenturberichte und Reports dazu neigte, die Wahrnehmung der Welt, wie sie die Medien zeichneten, zu homogenisieren, etablierten gerade im lokalen Bezugsrahmen die lokalen Reportagen auch spezifische metropolitane Formen einer Darstellung von partikularen Spiel- und Handlungsräumen. Die Tagespresse inszenierte die Metropolen mal als *global cities* und mal als Provinz. Häufig dominierte indes fraglos das Muster eines modernen kosmopolitanen Gefüges, an dem die Zeitungen ihren Anteil hatten. Stadt und Presse standen so in einem wechselseitigen (In-)Formationsverhältnis.[64] Die Metropolen waren als Orte lokaler Verdichtung die Bühnen dieser Inszenierung. Die global zerstreuten Publika indes nahmen gesellschaftliche wie politische Skandale, Katastrophen und Sensationsprozesse, aber auch Sportevents als Medienereignisse der sog. ›Weltstädte‹ wahr. Die Medien inszenierten dabei die Ereignisse oftmals in eigener Regie. Sie kreierten Anlass *und* Gegenstand ihrer Berichterstattung und reflektierten zugleich durchgängig den Modus ihres eigenen Wirkens. Die Reportage war dazu als autoreflexives Genre besonders geeignet; sie spiegelte in ihrer narrativen Form die Gesetze eines sich unablässig bespiegelnden Zeitungsbetriebes wider, in dem gerade die Reporter als *Newsmaker* immer neue, kreative Strategien und Praktiken der Nachrichtenfabrikation erprobten. Ihre Texte oszillierten so als *factual fictions* auf der prekären Grenze zwischen schmuckloser Erfindung und geradezu kunstvollem Faktenprotokoll.

Die *stunts* der Reporter changierten überdies zwischen Sensationalismus und Investigation. Dabei fungierte die Narration, genauer: die Fiktion der Literatur, als ›skript‹ realer Handlungsweisen. In der Medialisierung alltäglicher Ereignisse offenbaren sich die Charakteristika einer Fiktionalisierung des Erzählens über Mediengrenzen hinweg. Transmediales Erzählen, das sich nach Henry Jenkins durch eben diese Medienkonvergenz sowie das Potential von »world building and seriality« als »core aesthetic impulse«[65] auszeichnet, wird so zum Merkmal des populären Journalismus. Die Stories der Sensationen um Jamesons Verbrecher-Jagden in Berlin, Blys Weltrennen oder Stanleys Explorationen *in Darkest Africa* gehen auch deshalb erfolgreich in Serie, weil sie sich an überaus bekannte (literarische bzw. andere künstlerische) Vorbilder, Denkmuster und Traditionen anlehnen sowie schließlich in anderen Formaten weitererzählt und in belletristischen Adaptionen, Theaterstücken, Couplets oder Gesellschaftsspielen zu neuem Leben erweckt werden. Die Zeitungsnachrichten erweisen sich in dieser Perspektive wie Romane oder dokumentarische Filmsequels als serielle Artefakte, deren Gelingen, schon Umberto Eco zufolge, gerade an der Verselbstständigung der Figuren, ihrem Übertritt in die

---

64 Vgl. *Marten-Finnis u. Winkler*, S. 13. Der Prozess einer urbanen Modernisierung wird gerade in den Metropolen wesentlich durch die Evolution der Tageszeitungen vorangetrieben.
65 *Jenkins*, Aesthetics, o. S.

(vermeintlich) reale Welt bemessen werden kann.⁶⁶ Der *news*-Diskurs der Jahrhundertwende vermag diese Figuren und Themen aus der Fiktion (z.B. des Films *Wo ist Coletti?* oder Jules Vernes Feuilletonromanen) zu lösen und als Referenzgrößen einer aktuellen nachrichtlichen Berichterstattung zu vermarkten. Die Mischung aus Vertrautem und Neuem, die der populäre (literarische) Journalismus unter Maßgabe des ›Infotainments‹ kolportierte, spiegelte so die Prämissen moderner Medienkultur wider.

Durch die Einführung des Radios und dessen Etablierung ab 1920 veränderte sich die mediale Landschaft, wie sie die Jahre vor dem Ersten Weltkrieg ausmachte, radikal.⁶⁷

»The simultaneous concentration of the press, the movies, and the radio upon sensational events like certain love affairs and murder trials affirms, too, that the newspaper is duplicating the role of two other industries which have never been anything but agencies of entertainment.«⁶⁸

Auch wenn sich das Radio anfangs noch stark an den Diskurs der Zeitungs- und Buchproduktion anlehnte,⁶⁹ veränderte die live-Berichterstattung in ihrer Improvisation und Extemporation des Augenblicks, mithin aber vor allem in ihrer Garantie der »Echtzeit«⁷⁰, das Nachrichtenwesen nachhaltig. Im Vordergrund der Radioberichterstattung standen zunächst vor allem Sportreportagen, Interviewreihen (*Das Interview der Woche*) und Kommentare zu Tagesereignissen (*Wovon man spricht ...*) oder auch Lokalreportagen (*Der Gang durch die Berliner Betriebe*).⁷¹ Im Gegensatz zur rhetorisch hergestellten Suggestion einer Synchronizität leistete das Radio (wie später das Fernsehen) in seinen Reportagen gegen Ende der 1920er jedoch erstmals wirklich eine nachrichtliche Vergleichzeitigung von Ereignis, Berichterstattung und Rezeption. Hier standen die Zeitungsreportagen wie z.B. Egon Erwin Kischs vom X. Berliner Sechstagerennen 1923⁷² kaum mehr in Konkurrenz zu den Aktualitäten der live-Berichterstattung des Rundfunks. Vielmehr imitierten sie den z.T. atemlos-elliptischen mündlichen Stil der Reporter oder parodierten gar den Modus der Berichterstattung aus-

---

66 Vgl. *Eco*, Serialität, S. 310f.
67 Zur Medienkonkurrenz als Promotor der Herausbildung einer »Medienspezifik hinsichtlich Themenbesetzung, Darstellungs- und Inszenierungsstilen sowie Reflexivität« vgl. *Schmidt*, Welten, S. 153ff.
68 *MacGill Hughes*, S. 182.
69 So schon *Schütz*, Kritik, S. 97ff.
70 Vgl dazu: *Stiegler*, Echtzeit, S. 203ff.
71 Vgl. *Lenk*, S. 175f. Die live-Reportagen des Hörfunks waren – wie auch ihre Pendants: die Hörspiele – emotionale Großereignisse. Vgl. *Bösch u. Borutta*, Medien, S. 25. Hier verschwammen – wie stets in den Geburtsstunden neuer Nachrichtenmedien – die Grenzen zwischen Fakten und Fiktionen. Man denke nur an Orson Welles Hörspielreportage *The War of the Worlds* (1938).
72 Vgl. *Kisch*, Elliptische Tretmühle, in: KGW, Bd. V, S. 234–238.

drücklich.⁷³ Die Medienkonkurrenz der kommenden Dekaden wies dem Genre der Zeitungsreportage als Instanz zur Kritik des Zeitgeschehens den Weg.

Bemerkenswerterweise zeitigte die Gattung in der zweiten Hälfte des 20. Jahrhunderts ein Revival im Bereich der Literatur, aus der sie Ende der 1930er langsam verschwunden war. In den 1960/70er Jahren proklamierten Autoren wie Tom Wolfe, Hunter S. Thompson und Truman Capote in den USA neuerlich eine Form des »New« Journalism als eines literarischen Journalismus, der sich hier von der avantgardistischen Literatur und ihrer mangelnden Wirklichkeitsreferenz ebenso abzusetzen versuchte wie von einem in nüchterner Faktenakquise verharrenden Journalismus.

Die Künste waren hier in Stil und Techniken, so noch Wolfe, auf die Möglichkeiten des Journalismus zurückverwiesen.⁷⁴ Die Vertreter dieses neuen, ungleich radikaleren (weil z.B. alle Grundsätze des Pressekodexes ablehnenden) sog. ›Gonzo‹-Journalismus⁷⁵ nahmen sich gewissermaßen Kischs Diktum: »Nichts ist verblüffender als die Wahrheit, nichts exotischer als unsere Umwelt, nichts phantastischer als die Wirklichkeit.«⁷⁶ zur Maxime. Solche Grenzgänge und Experimente, wie sie gegenwärtig im Bereich der Popliteratur boomen, können in der Tradition des literarischen Journalismus der Jahrhundertwende gelesen werden. Die Historisierung dieser wechselseitigen Annäherung und Durchdringung von Journalismus und Künsten war Ziel und Anspruch dieses Buches.

---

73 Vgl. *Kisch*, Boxkampf im Radio, in: KGW, Bd. VIII, S. 460–563; *ders.*, Der, der das Radio sieht, in: KGW, Bd. V, S. 552–556; *ders.*, Telegramm aus Shanghai, in: KGW, Bd. IX, S. 310.

74 Vgl. exempl. Tom *Wolfes* Anthologie des New Journalism. – Zu den Grenzgängen des *New Journalism* vgl. *Underwood*. Die deutsche Popliteratur schloss nach einer kurzen Renaissance des dokumentarischen Journalismus in Folge der 68er-Bewegung ab der Mitte der 1990er – vgl. z.B. Stuckrad-Barres *Remix* (1999) – gerade wieder an die Ideen der 1950er bis 1970er Jahre an.

75 Vgl. dazu *Mosser*.

76 *Kisch*, Der Rasende Reporter, in: KGW, Bd. V, S. 660.

Abkürzungs- und Siglenverzeichnis

Abkürzungen

AdK	Akademie der Künste
AN	Archives Nationales
APP	Archives de la Préfecture de Police
BA	Deutsches Bundesarchiv
BA FA	Deutsches Bundesarchiv – Filmarchiv
BFI	British Film Institute
BHVP	Bibliothèque Historique de la Ville de Paris
CRM	Columbia University – Archives, Rare Books & Manuscripts Collection
FPA	Foreign Press Association – Archives
GPA	Gaumont-Pathé-Archives
GSTA PK	Geheimes Staatsarchiv Preußischer Kulturbesitz
LAB	Landesarchivs Berlin
LSE	London School of Economics
NYPL	New York Public Library – Manuscripts & Archives Division
PA AA	Politisches Archiv des Auswärtigen Amtes
RMCA	Royal Museum for Central Africa
SSC	Sophia Smith College – Archives & Manuscripts Division
STA	Staatsarchiv Coburg
SUL	Syracus University Library – Archives & Manuscripts Divison
TFA	Theodor Fontane-Archiv
TNA	The National Archives
TNL	Times Newspapers Ltd. Archives
WU	Warwick University – Archives & Manuscripts Division

Siglen

ATW	Nellie Blys *Around the World in Seventy-Two Days.*
CB	Jules Vernes *Claudius Bombarnac. Notizbuch eines Reporters.*
FT	Elizabeth Bislands *Flying Trip Around the World.*
HFA	Theodor Fontane – Gesammelte Werke (Hanser-Fontane-Ausgabe)
KGW	Egon Erwin Kisch – Gesammelte Werke
KRS	Hugo von Kupffers *Reporter-Streifzüge.*
SL	Henry M. Stanleys *How I Found Livingstone.*
TdM	Jules Vernes *Tour du Monde en 80 Jours.*

Bildnachweis

Abb. 1:	Der Reporter, Illustriertes Weltblatt, Jg. 6, Nr. 48 (1900). Quelle: Staatsbibliothek zu Berlin.
Abb. 2:	Illustrated Police News, 15.03.1890. Quelle: © The British Library Board.
Abb. 3:	Les Faits-Divers Illustrés, 06.05.1908. Quelle: Bibliothèque Nationale de France.
Abb. 4:	»Augen auf!« Preisausschreiben der *Morgenpost*, Straßenszene Berlin. Quelle: © ullstein bild.
Abb. 5:	Filmdreh: »Wo ist Coletti?« (1912). Quelle: © Bildarchiv Preußischer Kulturbesitz (bpk).
Abb. 6–7:	Film-Stills »Wo ist Coletti?« (1913). Quelle: © F. W. Murnau-Stiftung, Deutsches Filminstitut, Frankfurt a. M.
Abb. 8–9:	»Wo ist Coletti?« Anzeigen der *Ersten Internationalen Film-Zeitung*. Quelle: Deutsches Filminstitut, Frankfurt a. M.
Abb. 10:	Charles Booths Poverty Maps. Quelle: © LSE Library's Collections. Booth Archives, BOOTH/E/1/5.
Abb. 11:	Jacob A. Riis: »Bandit's Roost, 59½ Mulberry Street« (Foto, ca. 1890). Quelle: © Museum of the City of New York. Jacob A. Riis Collection.
Abb. 12:	George R. Sims: »The Magic Wand« (Diapositiv, 1889). Quelle: Lucerna Magic Lantern Web Resource. URL: http://www.slides.uni-trier.de/slide/index.php?id= 5032313 (Stand: 10.03.2015). Original in Private Collection. Digital Image © 2012 Richard Crangle. Reproduced by Permission.
Abb. 13:	»La tournée des grands Ducs.« (Postkarte, 1910). Quelle: © Coll. Fondation Jérôme Seydoux-Pathé (1910) – Pathé frères.
Abb. 14:	John Thompson: »Hookey Alf, of Whitechapel.« (Foto, 1877). Quelle: © LSE Library's Collections, SR 1146.
Abb. 15:	Heinrich Zille: »Krögelhof.« (Foto, ca. 1896). o. T. (Erster Hof im Krögel mit posierenden Kindern, Blick vom zweiten Hof.) Sibergelatinepapier. Neupr. Manfred Paul 1993/94. BG-FS WV 32. Quelle: © Heinrich Zille – Fotografische Sammlung der Berlinischen Galerie.
Abb. 16:	Werner Hegemann: »Berliner Wohnungs-Elend« (1912). Quelle: Staatsbibliothek zu Berlin.
Abb. 17:	Jean Lorrain: »La Tournée des Grands-Ducs« (1905). Quelle: Bibliothèque Nationale de France.
Abb. 18–20:	Nellie Bly *undercover.* – Skizzen in der *New York World* (1887/88). Quelle: New York Public Library.
Abb. 21:	Weltrennen: Sieg der Fakten (*New York World*, 1890). Quelle: New York Public Library.
Abb. 22:	›Welcome, Nellie Bly‹ (*New York World*, 1890). Quelle: New York Public Library.

Abb. 23:	Nellie Bly. Trade Card. o. J. (ca. 1890). Quelle: © Old Paper Studios/ Alamy Images.
Abb. 24:	A self-fulfilling Prophecy. (*New York World*, 1889). Quelle: New York Public Library.
Abb. 25:	»Highway Robbery Modern Style« (1905). Quelle: © British Film Institute.
Abb. 26:	»La police de l'an 2000« (1910), film anonyme. Production Gaumont. Quelle: © Musée Gaumont; Gaumont-Pathé-Archives.
Abb. 27:	Der »Weltradfahrer« Willy Schwiegershausen. The Brooklyn Daily Eagle (1904). Quelle: New York Public Library.
Abb. 28:	Der »Weltradfahrer« Willy Schwiegershausen. Illustrirte Zeitung (1903). Quelle: Staatsbibliothek zu Berlin.
Abb. 29:	Der »Weltradfahrer« Willy Schwiegershausen. Postkarte, Leipzig (ca. 1910). Quelle: Sammlung des Verfassers.
Abb. 30:	Gestelltes Abenteurer – Foto-*Fakes* (A. Londonderry, ca. 1895). © Photo Courtesy of Mary Goldiner and Peter Zheutlin.
Abb. 31:	R. T. Emmets Abenteuerroman *Around the World on a Bicycle.* (*The Boys of New York*, 1887). Quelle: © University of Minnesota. Elmer L. Anderson Library, Children's Literature Research Collections.
Abb. 32:	Thomas Stevens' illustrierte Reiseskizzen in *Outing* (1887). Quelle: New York Public Library.
Abb. 33:	Reise-Reportagen: *En Route – Journal des deux Reporters Parisiens.* (1895). Quelle: Bibliothèque Nationale de France.
Abb. 34:	»*B. Z. am Mittag*. Die schnellste Zeitung der Welt.« (Werbung, 1913). Quelle: Staatsbibliothek zu Berlin.
Abb. 35:	Otto & Georg Haeckel: »Im Auto um die Welt.« (*BIZ*. Foto, 1908). Quelle: Staatsbibliothek zu Berlin.
Abb. 36:	Gino Ritter v. Finetti: »Begrüßung Koeppens.« (*B. Z. am Mittag*. Zeichnung, 1908). Quelle: Staatsbibliothek zu Berlin.
Abb. 37:	Hoax? Stanleys Explorationen (*New York Sun*, 1872). Quelle: New York Public Library.
Abb. 38:	Der Mythos des Entdeckers: »Stanley in Africa.« (*Illustrated London News*, 1878). Quelle: © The British Library Board.
Abb. 39:	M. Durant-Brager. Correspondant en Crimée (*L'Illustration*, 1856). Quelle: © L'Illustration.
Abb. 40:	W. H. Russell. Esq. Correspondent of the *Times* in the Crimea (*Illustrated Times*, 1855). Quelle: © The British Library Board.
Abb. 41:	Roger Fenton »Lieutenant-Colonel Shadforth« (Foto, ca. 1855). Quelle: The Library of Congress, Washington DC.
Abb. 42:	»Cut & Paste.« Die Englische Korrespondenz Max Schlesingers (1874). Quelle: Politisches Archiv des Auswärtigen Amtes. R 37 (Az. I. A. A. a. 33) [Reproduktion der Original-Lithographie].
Abb. 43:	Die Vermarktung des Krieges: Reporter als ›war artists‹ (*The Graphic*, 1887). Quelle: © The British Library Board. With thanks to ›Findmypast‹ Newspaper Archive (www.britishnewspaperarchive.co.uk).
Abb. 44:	Die Figur des Reporters: »Faktograph« oder »Fiktio-Fürst«? Otto Umbehr: Der rasende Reporter, 1926/27. © Phyllis Umbehr/Galerie Kicken Berlin/VG Bild-Kunst, Bonn.

Abb. 45: André Charpentier: La chasse aux nouvelles, 1925. Quelle: Bibliothèque Nationale de France.

Autor und Verlag danken für die Überlassung von Bildvorlagen und die Erteilung von Publikationsgenehmigungen. Der Autor hat sich bemüht, die Copyrights bei den Besitzern der Werke und den Urhebern der fotografischen Werke einzuholen. Nicht in allen Fällen ist es gelungen, die Inhaber der Copyrights ausfindig zu machen.

Quellen- und Literaturverzeichnis

Ungedruckte Quellen

Deutschland

Akademie der Künste (AdK) – Egon Erwin Kisch-Archiv
AdK 56/III G1: »Notizbücher.«

Deutsches Bundesarchiv (BA)
BA R 901/90478.

Deutsches Bundesarchiv – Filmarchiv (BA FA)
FILMSG 1/19809: »Wo ist Coletti?«

Geheimes Staatsarchiv Preußischer Kulturbesitz (GSTA PK)
I. HA Rep. 77, Tit. 945, Nr. 81; I. HA Rep. 77, Tit. 1072, Nr. 62; I. HA Rep. 77A Literarisches Büro Nr. 147; Nr. 323–325; I. HA Rep. 76 Vc Sekt. 1, Tit. XI, Teil VI, Nr. 1, Bd. 14; I. HA Rep. 84a Nr. 1215.

Landesarchivs Berlin (LAB)
A Rep. 001–02 Nr. 2377; A PrBr Rep. 030 Nr. 3061; A PrBr Rep. 030 Nr. 11131; A PrBr Rep. 030 Nr. 12589; A PrBr Rep. 030 Nr. 15373.

Politisches Archiv des Auswärtigen Amtes (PA AA)
R 37; R 625; R 627; R 635; R 1486–1490; R 1593; R 6999; R 121.174; R 123.493.

Staatsarchiv Coburg (STA)
Nachlass Hesekiel, Nr. 3.

Theodor Fontane-Archiv (TFA)
Zeitungsausschnittsammlung ZA Bl. 422–425.

Frankreich

Archives Nationales (AN)
8AR 161; 8AR 162; 8AR 164; 8AR 197–198; 8AR 279; 8AR 287; 8AR 289; 8AR 333; 8AR 439–442; 8AR 516; 11AR 410; 11AR 580.

Archives de la Préfecture de Police (APP)
BA 1875; DB 27; DB 1621.

Bibliothèque Historique de la Ville de Paris (BHVP)
Zeitungsausschnittsammlungen: »Actualités« bzw. »Paris la Nuit«.

Gaumont-Pathé-Archives (GPA)

Belgien

Royal Museum for Central Africa (RMCA) – Henry Morton Stanley-Archives
HMS-Archives No. 1; 2; 3; 144; 2620; 3063; 5098; 5112; 5119; 5120; 5375.

England

British Film Institute (BFI)

Foreign Press Association – Archives (FPA)
FPA Minute Books (1912).

London School of Economics (LSE) – Charles Booth Archives
NSOL: New Survey of London Life and Labour [1930]. Crime Cards. BOOTH/B/221: Notebook of Charles Booth's Survey of London: Interviews (1897/98); BOOTH/E/1/5; BOOTH/E/2: Maps Descriptive of London Poverty (1894–1899).

The National Archives (TNA)
FO 918/80; HO 45/9744/A56376; HO 139/19/78; HO 144/589/B7902; WO 28/131; WO 32/7137; WORK 11/75; WORK 29/1471.

News International Archive & Record Office (TNL) – Times Newspapers Ltd. Archives
Delane Papers, JTD 5–8.

Warwick University (WU) – Archives & Manuscripts Division
MSS.86/1/BR/CL/1; MSS.86/1/BR/CL/3.

USA

Columbia University. Archival Division. Rare Books & Manuscripts Collection (CRM)
MsColl »The World«. The World Records, 1882–1940.
School of Journalism Founding Documents, 1892–1912. Series I: Founding Documents. Box 1.

New York Public Library. Manuscripts & Archives Division (NYPL)
Charles F. Oesterle Diaries. MssCol NYGB 18053 Vol. I–II.
National Shorthand Reporters Association. MssCol 2107.
New York Times Comp. Records. A. S. Ochs Papers. Mss Col 17781, b. 56, f. 13; b. 75, f. 8.
New York Times Comp. Records. General Files. MssCol 17802, b. 216, f. 11.
NARA-Bestand: Internationale Pressekongresse 1893–1918.

Sophia Smith College (SSC) (Northampton, Mass.) – Archives & Manuscripts Division
Sorosis Records b. 13, f. 3.

Syracus University Library (SUL) – Archives & Manuscripts Divison
Brisbane Family Papers. Box 12.

Periodika

American Journalism; American Literary History; American Magazine; American Periodicals; Archiv für Sozialgeschichte; Art Education; Autour de Vallès; B.Z. am Mittag; Berliner Abendblätter; Berliner Gerichts-Zeitung; Berliner Illustrirte Zeitung; Berliner Lokal-Anzeiger; Berliner Morgenpost; Berliner Tageblatt; Berliner Zeitung; Blackwood's Edinburgh Magazine; Bohemia; Book History; Bricolage – Innsbrucker Zeitschrift für Europäische Ethnologie; Buchhandelsgeschichte; Bulletin du Centre d'Histoire de la France Contemporaine; Century Magazine; Chamber's Journal; Chicago Tribune; Cinema Journal; Clio – Histoire, Femmes et Sociétés; Collier's – The National Weekly; Communication et Langages; Corriere della Sera; Cosmopolitan; Critical Studies in Media Communication; Daheim; Der Kinematograph; Der Reporter; Der Sturm; Deutsche Buchhändler-Akademie; Die Aktion; Die Fackel; Die Gartenlaube; Die Gegenwart; Die literarische Praxis; Die literarische Welt; Die Neue Zeit; Die Schaubühne; Die Weltbühne; Die Zukunft; Dix Neuf; Em Questáo; English Illustrated Magazine; Erste Internationale Film-Zeitung; Études littéraires; Europe – Revue littéraire mensuelle; European Journal of Communication; Film History, Fontane Blätter; Fotografische Rundschau; Francia – Forschungen zur westeuropäischen Geschichte; Freie Bühne; Genèses; German Studies Review; Geschichte und Gesellschaft; Guerres Mondiales et Conflits Contemporains; Historische Anthropologie; Historische Zeitschrift; Illustrated London News; Illustrated Police News; Illustrirte Zeitung; Interférences littéraires; International Journal of Ethics; Internationales Archiv für Sozialgeschichte der deutschen Literatur; Jahrbücher für Nationalökonomie und Statistik; Jahrbuch für internationale Germanistik; Jahrbuch für Kommunikationsgeschichte; Jahrbuch zur Kultur und Literatur der Wiemarer Republik; Je sais tout; Journal of Contemporary History; Journal of Peace Research; Journalism; Journalism History; Journalism Quaterly; Kölnische Zeitung; L'Action populaire; La France; La Justice; La Lanterne; La Revue – Ancienne Revue des Revues; La Semaine de Familles; Le Débat; Le Figaro; Le Journal; Le Matin; Le Monde Illustré; Le Petit Journal; Le Rappel; Le Rire; Le Temps; Le Temps de Médias; Le Vélo; Le Véloce-Sport; Le Voltaire; Le XIXe Siècle; Left History; Les Faits-Divers Illustrés; L'Illustration; Lichtbild-Bühne; Life (Magazine); Linkskurve; Lippincott's Monthly Magazine; Literary Journalism Studies; Literary London; Literatur für Leser; L'Oeil de la Police; London Daily Mail; London Quarterly Review; London Standard; Los Angeles Herald; MacMillan's Magazine; Magazin für Litteratur; McClure's Magazine; Media, Culture & Society; Media History; Mediaspouvoirs; Mil Neuf Cent – Revue d'Histoire Intellectuelle; Modern Chinese Literature; Moniteur de la Guerre; montage/av – Zeitschrift für Theorie & Geschichte audiovisueller Kommunikation; Neue Preußische (Kreuz-)Zeitung; Neueste Mitheilungen; New Formations; New York Herald; New York Press; New York Times; New

York Tribune; Nord und Süd; Nordicom Review; North American Review; Novel –
A Forum on Fiction; Outing; Paedagogica Historica; Pall Mall Gazette; Pearson's
Magazine; Publizistik – Vierteljahreshefte für Kommunikationsforschung; Quaderni;
Recherches Contemporaines; Revista Anagrama; Revue d'Historie Moderne et Contemporaine; Revue d'Histoire de l'Enfance ›irrégulière‹; Revue des Deux Mondes; Revue Historique; La Revue Politique et Littéraire; San Francisco Chronicle; San Francisco Examiner; Schriften der Theodor Storm Gesellschaft; Science-Fiction Studies;
Social Science Information; Sociétés & Représentations; Soziale Systeme; Sozialistische Monatshefte; Strand Magazine; Studies in the History and Philosophy of Science; SubStance; Technikgeschichte; The American Journal of Sociology; The Belfast News-Letter; The Boys of New York; The Boy's Own Paper; The British Journal
of Photography; The Brooklyn Daily Eagle; The Century; The Contemporary Review;
The Daily Telegraph; The Forum; The Graphic; The Japan Times; The Journalist – Devoted to Newspaper Men, Authors, Artists and Publishers; The Journalist – A Monthly
Phonographic Magazine for Journalists, Shorthand Writers and Reporters; The Leisure Hour; The Link; The Morning Post; The Mount Morris County; The Natal Witness; The National Police Gazette; The National Review; The New Review; The (New
York) Journal; The (New York) Sun; The (New York) World; The Nineteenth Century;
The North-China Herald and Supreme Court & Consular Gazette; The Observer; The
Palace Journal; The Punch; The Referee; The Review of Reviews; The Saturday Review; The Spectator; The Sydney Morning Herald; The Times; The Times of India; The
Topeka Daily Capital; The Westminster Review; The Writer; Theorie und Praxis des
sozialistischen Journalismus; Transactions of the Royal Historical Society; Victorian Periodicals Review; Victorian Studies; Vorwärts; Vossische Zeitung; Yomiuri
Shimbun; Young Woman; Zeitschrift für deutsche Philologie; Zeitschrift für deutsche
Wortforschung; Zeitschrift für Germanistik; Zeitschrift für Geschichtswissenschaft;
Zeitschrift für Literaturwissenschaft und Linguistik.

Anthologien, Reportagen und gedruckte Quellen

Alberti-Sittenfeld, C., Die Eroberung der Erde. Der Weiße als Entdecker, Erforscher und Besiedler fremder Weltteile, Berlin 1909.
Allen, T. G. u. W. L. Sachtleben: Across Asia on a Bicycle, New York 1894.
Allen, R. (Hg.), The Moving Pageant. A Literary Sourcebook on London Street-Life 1700–1914, London 1998.
Allgemeine deutsche Real-Enzyklopädie für die gebildeten Stände. Brockhaus. Conversations-Lexikon, Leipzig 1867[11]; 1895[14].
Andrews, E. F., Fashions in Literature, in: Cosmopolitan Bd. 9, Nr. 1 (1890), S. 125–128.
Anonymus, Album del Cincuentenario de la Asociacíon de Reporters de la Habana. 1902–1952, Habana 1952.
– Berlin und die Berliner. Leute. Dinge. Sitten. Winke, Karlsruhe 1905.
– Bulletin de l'Association des Journalistes Parisiens, Paris 1915.
– Congrès littéraire international de Paris 1878. Présidence de Victor Hugo. Comptes rendus in extenso et documents. Société des gens de lettres de France, Paris 1879.

- Geschichte der Frankfurter Zeitung, Frankfurt a. M. 1906.
- Lettres de H. M. Stanley racontant ses voyages, ses aventures et ses découvertes a travers l'Afrique équatoriale, Paris 1878.
- Paris la nuit. Journal-guide des joyeux viveur, Paris 1889.
- Zeppelin fährt um die Welt, Berlin 1930.

Arnold, M., Up to Easter, in: The Nineteenth Century, Bd. 21, Nr. 123 (1887), S. 629–643.

Atkins, J. B., The Life of William Howard Russell. The First Special Correspondent, 2 Bde., London 1911.

Avenel, H., La presse française au XXe Siècle. Paris 1901.

Avenel, W., Journalism as a Profession, in: The Forum, Bd. 25 (1898), S. 366–374.

Bab, J., Die Berliner Bohème, Berlin 1904.

Baillon, A., Par fil spécial. Carnet d'un secrétaire de rédaction [1924], Bruxelles 1995.

Baginski, M., Gerhart Hauptmann unter den Schlesischen Webern, in: Sozialistische Monatshefte, Jg. 9, Nr. 2 (1905), S. 150–157.

Bahr, H., Tagebücher – Skizzenbücher – Notizhefte, hg. v. M. Csáky, 5 Bde., Wien 1994–2003.

Balzac, H. de, Théorie de la démarche [1833], Paris 1853.

Bamberger, L., Erinnerungen, hg. v. P. Nathan, Berlin 1899.

Banks, E. L., The Autobiography of a ›Newspaper Girl‹, New York 1902.
- Campaigns of Curiosity. Journalistic Adventures of an American Girl in London [1894], hg. v. M. Z. Schriber u. A. Zink, Madison 2003.

Bark, P. (= T. Balk), Reportage, in: Linkskurve, Jg. 4, Nr. 11/12 (1932), S. 35.

Barron, L., Paris étrange, Paris 1883.

Barzini, L., La metà del mondo vista da un automobile, Mailand 1908.
- Peking-Paris im Automobil. Eine Wettfahrt durch Asien und Europa in sechzig Tagen, Leipzig 1908.

Bauer, E., Konfidentenberichte über die europäische Emigration in London. 1852–1861, hg. v. E. Gamby, Trier 1989.

Baumert, D. P., Die Entstehung des deutschen Journalismus. Eine sozialgeschichtliche Studie, München 1928.

Benjamin, W., Gesammelte Schriften, unter Mitw. v. T. W. Adorno u. G. Scholem hg. v. R. Tiedemann u. H. Schweppenhäuser, Bd. I–VII, Frankfurt a. M. 1991.

Bennett, N. R. (Hg.), Stanley's Despatches to the *New York Herald*. 1871–1872, 1874–1877, Boston 1970.

Béraud, H., Le flâneur salarié, Paris 1927.

Bergmann, K. (Hg.), Schwarze Reportagen. Aus dem Leben der untersten Schichten vor 1914: Huren, Vagabunden, Lumpen, Reinbek 1984.

Berliner Lokal-Anzeiger 1883–1893. Erinnerungsblatt an den zehnten Jahrestag der Begründung des *Berliner Lokal-Anzeiger*, 04.11.1893, Berlin 1893.

Bertz, E., Philosophie des Fahrrads, Dresden 1900.

Bierbaum, J., Eine empfindsame Reise im Automobil von Berlin nach Sorrent und zurück an den Rhein. In Briefen an Freunde geschildert, Berlin 1903.

Binder, H., Mit dem Hauptquartier nach Westen. Aufzeichnungen eines Kriegsberichterstatters, Stuttgart 1915.
- Was wir als Kriegsberichterstatter nicht sagen durften!, München 1919.

Bisland, E., In Seven Stages. A Flying Trip Around the World, New York 1891.

Bleyer, W. G., Newspaper Writing and Editing, Boston 1913.

Blumenfeld, R. D., What is a Journalist?, London 1930.
Blowitz, M. de, Journalism as a Profession, in: The Contemporary Review, Bd. 63 (1893), S. 37–46.
Bly, N., Around the World in Seventy-Two Days, New York 1890.
- The Mystery of Central Park, New York 1889.
- Ten Days in a Mad-House, New York 1887.
Blythe, S. G., The Fakers, New York 1914.
- The Making of a Newspaper Man, Philadelphia 1912.
Bölsche, W., Die Poesie der Großstadt, in: Magazin für Litteratur, Jg. 59, Nr. 40 (1890), S. 622–625.
Bauer, M., Berliner Vollblut und Halbblut. Residenzliche Stimmungsbilder, Berlin 1887.
Brennglas, Ad. (A. Glasbrenner), Bilder-Schilder oder Schilder-Bilder, in: ders. (Hg.), Berlin wie es ist und – trinkt, Nr. XXVII, Leipzig 1847.
Brulat, P., Le reporter. Roman contemporain, Paris 1898.
Brunold, G. (Hg.), Nichts als die Welt. Reportagen und Augenzeugenberichte aus 2500 Jahren, Berlin 2009.
Bücher, K., Das Zeitungswesen, in: P. Hinneberg (Hg.), Die Kultur der Gegenwart, ihre Entwicklung und ihre Ziele, Bd. 1: Die allgemeinen Grundlagen der Kultur der Gegenwart, Leipzig 1906, S. 481–517.
- Die Anfänge des Zeitungswesens, in: ders. (Hg.), Die Entstehung der Volkswirtschaft. Vorträge und Aufsätze, Tübingen 1917[10], S. 229–260.
Burston, G. W. u. H. R. Stokes: Round about the World on Bicycles, Melbourne 1890.
Busch, M., Tagebuchblätter, Bd. 1: Graf Bismarck und seine Leute während des Krieges mit Frankreich 1870–1871. Bis zur Beschießung von Paris, Leipzig 1899.
Campbell, H. S., Darkness and Daylight. Lights and Shadows of New York Life. A Pictorial Record of Personal Experiences by Day and Night in the Great Metropolis [1889], Hartford, Conn. 1897.
- Prisoners of Poverty. Women Wage-Workers, Their Trades and Their Lives, Boston 1887.
- The Problem of the Poor. A Record of Quite Work in Unquiet Places, New York 1882.
Carco, F., De Montmartre au Quartier latin, Paris 1927.
Carey, J. (Hg.), The Faber Book of Reportage, London 1987.
Chamberet, P., Une nuit de Paris. Au pays du vice et de la misère, Paris 1897.
Chambers, J., A Mad World and its Inhabitants, New York 1877.
- News-Hunting on Three Continents, New York 1921.
Chambure, V. de, A travers la presse, Paris 1914.
Chanel, A., Anvers 1894. Le premier Congrès international de la presse. Naissance d'une profession, Paris 1995.
Charpentier, A., La chasse aux nouvelles. Exploits et ruses de reporters, Paris 1927.
Charton, E., Dictionnaire des professions, Paris 1880.
Cicero, M. T., Rhetorica ad Herennium, hg. u. übers. v. H. Caplan, London 1954.
Colette, S.-G., Contes des mille et un matins, Paris 1970.
Congrès international des Associations de Presse. Compte rendu des travaux. Bordeaux u. a. 1895–1900.
Conrad, J., Geography and Some Explorers [1924], in: H. R. Stevens u. J. H. Stape (Hg.), Joseph Conrad – Last Essays, Cambridge 2010, S. 3–17.
Cook, E. T., Delane of the Times, London 1913.

Cook, T., Letters from the Sea and from Foreign Lands, London 1873.
Crane, S., Reports of War, hg. v. F. Bowers, Charlottesville 1971.
Crapsey, E., The Nether Side of New York. Vice, Crime and Poverty of the Great Metropolis, New York 1872.
Creelman, J., On the Great Highway. The Wanderings and Adventures of a Special Correspondent, Boston 1901.
Croly, J. C., Sorosis, its Origin and History [1886], in: L. Stein (Hg.), The Leisure Class in America, New York 1975.
Cunha, E. da, Os sertões, hg. v. L. M. Bernucci, São Paulo 2001.
Dahms, G. (Hg.), Das literarische Berlin. Illustriertes Handbuch der Presse in der Reichshauptstadt, Berlin 1895.
Darzens, R., Nuits à Paris, Paris 1889.
David, J. J., Die Zeitung, Frankfurt a. M. 1906.
Davis, R. H., A Year from a Reporter's Note-Book, New York 1898.
Dawson, J., Practical Journalism. How to Enter Thereon and Succeed. A Manual for Beginners, London 1904.
Deist, W., Militär und Innenpolitik im Weltkrieg 1914–1918, 2 Bde., Düsseldorf 1970.
Delvau, A., Les dessous de Paris, Paris 1860.
Verhandlungen des Reichstags. XII. Legislaturperiode. Sten. Berichte, Bd. 231, Berlin 1908. Verhandlung vom 19.03.1908, 126. Sitzung, S. 4091–4132; 24.03.1908, 130. Sitzung, S. 4245–4277.
Dickie, J. F., In the Kaiser's Capital, New York 1912.
Dictionnaire de l'Académie Française, hg. v. Institut de France, 2 Bde., Paris 1878[7].
Dictionnaire de la langue française, hg. v. É. Littré, 4 Bde., Paris 1873–1874.
Dictionnaire des dictionnaires. Lettres, sciences, arts. Encyclopédie universelle, hg. v. P. Guérin, 7 Bde., Paris 1884–1895.
Dictionnaire historique de la langue française, hg. v. A. Rey, 2. Bde., Paris 1992.
Diez, H., Das Zeitungswesen, Leipzig 1910.
Dill, W. A., Growth of Newspapers in the United States. Bulletin of the Department of Journalism of the University of Kansas, Lawrence 1928.
Döblin, A., Berlin Alexanderplatz. Die Geschichte vom Franz Biberkopf, in: W. Muschg u. a. (Hg.), Alfred Döblin. Ausgewählte Werke in Einzelbänden, 28 Bde., Bd. 4, Zürich 1996.
Dorgeles, R., Quand j'étais reporter, in: H. Béraud u. a. (Hg.), Une heure de ma carrière, Paris 1926, S. 75–84.
Dovifat, E., Auswüchse der Sensations-Berichterstattung, Stuttgart 1930.
– Der amerikanische Journalismus, Berlin 1927.
– Handbuch der Publizistik, Bd. 1, Berlin 1968.
Dreiser, T., Newspaper Days. An Autobiography [1931], hg. v. T. D. Nostwich, Santa Rosa 2000.
Dubief, E., Le Journalisme, Paris 1892.
Düwell, W., Kriegsberichte aus Ostpreußen und Rußland 1914, Berlin 1914.
Eckener, H. u. a., Graf Zeppelins Fernfahrten. Schilderung in Wort und Bild, Stuttgart 1908.
Edel, E., Neu-Berlin, Berlin 1908.
Encyclopædia Americana. A Popular Dictionary of Arts, Sciences, Literature, History, Politics and Biography, hg. v. F. Lieber, 13 Bde., Philadelphia 1829–1833.

Encyclopædia Britannica, 35 Bde., Cambridge 1902/03[10] (Suppl.-Aufl. 1870–1890).
Encyclopædia Britannica, 29 Bde., Cambridge 1911[11].
Fairfield, F. G., The Clubs of New York [1873], in: L. Stein (Hg.), The Leisure Class in America, New York 1975.
Feldmann, W., Die deutsche Journalistensprache, in: Zeitschrift für deutsche Wortforschung, Bd. 13 (1912), S. 282–299.
Fénéon, F., Nouvelles en trois lignes [1905/06], Grenoble 2009.
Fenestrier, C., La vie des frelons. Histoire d'un journaliste, Paris 1908.
Fischer, H., Unter den Armen und Elenden Berlins, Berlin 1887.
- Was Berlin verschlingt, Berlin 1890.
Flint, L. N., The Conscience of the Newspaper, New York 1925.
Fogg, W. P., Round the World. Letters from Japan, China, India and Egypt, Cleveland 1872.
Fonsegrive, G., Comment lire les journaux?, Paris 1903.
Fontane, T., Briefe an den Verleger Rudolf v. Decker, hg. v. W. Hettche, Heidelberg 1988.
- Briefe an Georg Friedländer, hg. v. W. Hettche, Frankfurt a. M. 1994.
- Der Krieg gegen Frankreich 1870–1871, 2 Bde., Bd. 1: Der Krieg gegen das Kaiserreich. Bd. 2: Der Krieg gegen die Republik, Berlin 1873–1875.
- Der deutsche Krieg, 2 Bde., Berlin 1870.
- Der Dichter über sein Werk, hg. v. R. Brinkmann, 2 Bde., München 1977.
- Tage- und Reisetagebücher, Bd. 1–2: Tagebücher, hg. v. G. Erler, Berlin 1994. Bd. 3: Die Reisetagebücher, hg. v. G. Erler u. C. Hehle, Berlin 2012.
- Werke, Schriften und Briefe, hg. v. W. Keitel u. a. München 1962–1998. Abt. III, Bd. 1: Aufsätze und Aufzeichnungen; Abt. III, Bd. 4: Erinnerungen, Ausgewählte Schriften und Kritiken: Autobiographisches; Abt. IV, Bd. 1: Briefe 1833–1860; Abt. IV, Bd. 2: Briefe 1860–1878; Abt. IV, Bd. 3: Briefe 1879–1889; Abt. IV, Bd. 4: Briefe 1890–1898.
- Unechte Korrespondenzen, 2 Bde., Bd. 1: 1860–1865. Bd. 2: 1866–1870, hg. v. H. Streiter-Buscher, Berlin 1996.
Forbes, A., How I Became a War Correspondent, in: English Illustrated Magazine, Bd. 1, Nr. 7 (1884), S. 453.
Foster, G., New York by Gas-Light [1850] and Other Urban Sketches, hg. v. S. M. Blumin, Berkeley 1990.
Fraser, J. F., Round the World on a Wheel [1899], London 1907[5].
Freeman, M. u. G. Nelson (Hg.), Vicarious Vagrants. Incognito Social Explorers and the Homeless in England, 1860–1910, Lambertville 2008.
Freytag, G., Die Journalisten, Leipzig 1854.
Friedländer, H., Interessante Kriminal-Prozesse von kulturhistorischer Bedeutung. 12 Bde, Berlin 1911–1921.
Frizenschaf, J., Die Praxis des Journalisten. Ein Lehr- und Handbuch für Journalisten, Redakteure und Schriftsteller, Leipzig 1901.
Ghil, R., Traité du verbe, Paris 1886.
Gibbs, P., Adventures in Journalism, London 1923.
- Now It Can Be Told, New York 1920.
Giffard, P., Figaro-ci! Figaro-là!, Paris 1887.
- La guerre en sleeping car, in: Anonymus (Hg.), Sur les champs de bataille. Souvenirs de journalistes français. Anciens correspondants de guerre, Paris 1911, S. 331–335.

- Les grands bazars, Paris 1882².
- Le sieur de va-partout. Souvenirs d'un reporter, Paris 1880.
- u. P. Gers, M. Loubet en Afrique, Paris 1903.

Given, J. L., Making a Newspaper, New York 1907.

Glatzer, D. u. R. Glatzer (Hg.), Berliner Leben. 1900–1914. Eine historische Reportage aus Erinnerungen und Berichten, 2 Bde., Berlin 1986.

Gnauck-Kühne, E., Erinnerungen einer freiwilligen Arbeiterin, in: Die Hilfe, Jg. 1, Nr. 6 (1895), S. 3–4, und Nr. 7 (1895), S. 2–4.

Godkin, E. L., Life and Letters of Edwin Lawrence Godkin, 2 Bde., London 1907.

Göhre, P., Drei Monate Fabrikarbeiter und Handwerksbursche. Eine praktische Studie, Leipzig 1891.

Grand dictionnaire universel du XIXe siècle, hg. v. P. Larousse, 17 Bde., Paris 1866–1877.

Grant, J., The Newspaper Press. Its Origin – Progress – and Present Position, 2 Bde., London 1871.

Greenwall, H. J., Round the World for News, London 1935.
- Scoops. Being Leaves from the Diary of a Special Correspondent, London 1923.

Greenwood, F., The Newspaper Press. Half a Century's Survey, in: Blackwood's Edinburgh Magazine, Bd. 161 (1897), S. 704–720.

Grew, W. F., The Cycle Industry. Its Origin, History and Latest Developments, London 1921.

Grison, G., Paris horrible et Paris original, Paris 1882.

Groth, O., Die Zeitung. Ein System der Zeitungskunde, 4 Bde., Mannheim 1928–1930.

Grulich, P., Dämon Berlin. Aufzeichnungen eines Obdachlosen, Berlin 1907.

Guérin, A., Comment on devient journaliste, Paris 1910.

Haas, A., Das moderne Zeitungswesen in Deutschland, in: Volkswissenschaftliche Gesellschaft in Berlin (Hg.), Volkswissenschaftliche Zeitfragen. Vorträge und Abhandlungen, Berlin 1914, S. 1–35.

Hackländer, F. W., Der Roman meines Lebens, 2 Bde., Stuttgart 1878.

Halstead, M., The Varietes of Journalism, in: Cosmopolitan, Bd. 14, Nr. 2 (1892), S. 202–207.

Hatton, J., Journalistic London. Being a Series of Sketches of Famous Pens and Papers of the Day, London 1882.

Hauptmann, G., Notiz-Kalender. 1889–1891, hg. v. M. Machatzke, Frankfurt a. M. 1982.

Hegemann, W., Das steinerne Berlin. Geschichte der größten Mietkasernenstadt der Welt, Berlin 1930.

Heine, A., Berlins Physiognomie, in: W. Bloch-Wunschmann (Hg.), Ich weiß Bescheid in Berlin, Berlin 1908, S. 1–25.

Helsey, É., Envoyé spécial, Paris 1955.
- Examen de conscience d'un bourreur de crânes, in: ders. u. a. (Hg.), Sous le brassard vert. Notes et souvenirs de correspondants de guerre. Préface de L.-Col. M. Prévost, Paris 1919, S. 111–129.
- Préface, in: Albert Londres, Histoires de Grands Chemins, Paris 1932, S. 5–16.

Henty, G. A., The Life of a Special Correspondent, in: The Boy's Own Paper, 06.06.1896, S. 570 f.

Heydemann, L. E. u. O. Dambach (Hg.), Die Preußische Nachdrucksgesetzgebung. Berlin 1863.

Hirsch, J., Aus der Mappe eines Kriegsberichterstatters, Leipzig 1915.

Hirth, G., Tagebuch des Deutsch-Französischen Krieges 1870, 4 Bde., Berlin 1871.
Hitchcock, N. D., What a Reporter Must Be. Helps to Success in Newspaper Work, Cleveland 1900.
Holmes, T., London's Underworld, London 1912.
Hölscher, G., Die Preßarbeiter, in: Deutsche Buchhändler-Akademie, Bd. 7, Nr. 1 (1890), S. 17–25; 67–73.
Holz, A., Die Kunst. Ihr Wesen und ihre Gesetze, Berlin 1891.
Horaz (= Q. H. Flaccus), De arte poetica liber, in: H. Färber (Hg.), Horaz. Gesammelte Werke, München 1960, S. 230–258.
Horstmann, H., Meine Radreise um die Erde. Vom 02.05.1895 bis 16.08.1897. [1898] Der Bericht des ersten deutschen Fahrrad-Weltreisenden anno 1895, hg. u. komm. v. H.-E. Lessing, Leipzig 2005.
Horwitz, M., Der amerikanische Reporter, in: Die Gartenlaube, Jg. 23, Nr. 48 (1875), S. 807 f.
House of Commons. Parliamentary Papers LXX (1872) [C-598], S. 10–15.
Hunt, F. K., The Fourth Estate. Contributions Towards a History of Newspapers and of the Liberty of the Press, 2 Bde., London 1850.
Huret, J., En Allemagne. Berlin, Paris 1909.
– Enquête sur la question sociale en europe, Paris 1897.
– Enquête sur l'évolution littéraire, Paris 1891.
– Tout yeux. Tout oreilles, Paris 1901.
Hyde, G. M., Newspaper Reporting and Correspondence, New York 1912.
Ichenhäuser, E., Die Journalistik als Frauenberuf, Berlin 1905.
Irwin, W., The American Newspaper. A Study in its Relation to the Public. Part I: The Power of the Press, in: Collier's. The National Weekly (21.01.1911), S. 15–18; Part V: What is News? (18.03.1911), S. 16–18; Part VII: The Reporter and the News (22.04.1911), S. 19–20; 35–36.
– The Making of a Reporter, New York 1942.
Jacobi, R., Das Buch der Berufe. Ein Führer und Berater bei der Berufswahl, Bd. 8: Der Journalist, Hannover 1902.
Jamati, V., Pour devenir journaliste, Paris 1906.
Jameson, E., Augen auf! Streifzüge durch das Berlin der zwanziger Jahre, hg. v. W. v. La Roche, Frankfurt a. M. 1982.
– Wenn ich mich recht erinnere … Das Leben eines Optimisten in der besten aller Welten, Bern 1963.
Jerrold, B. u. G. Doré, London. A Pilgrimage [1872], London 2005.
Jung, E., Radfahrseuche und Automobilen-Unfug, München 1902.
Kalkschmidt, E., Wandlungen im Berliner Stadtbilde, in: ders. (Hg.), Großstadtgedanken. Studien und Ratschläge aus der ästhetischen Praxis, München 1906, S. 232–266.
Kauder, G., ›Bezett! – Bezett am Mittag!‹, in: M. Osborn (Hg.), 50 Jahre Ullstein, Berlin 1927, S. 191–222.
Kayßler, L., Aus dem Hauptquartier und der Kriegsgefangenschaft, Berlin 1871.
Keller, J. W., Journalism as a Career, in: The Forum, Bd. 15 (1893), S. 691–704.
Kerr, A., Wo liegt Berlin? Briefe aus der Reichshauptstadt. 1895–1900, hg. v. G. Rühle, München 1999.
Kesser, H., Der Journalismus und die politische Seele, in: ders. (Hg.), Vorbereitung. Vier Schriften, Frauenfeld 1918, S. 9–33.

King, H., The Pay and Rank of Journalists, in: The Forum, Bd. 18 (1895), S. 587–596.
Kinglake, A., The Invasion of the Crimea, 8 Bde., Edinburgh 1863–1887.
Kipling, R., A Matter of Fact, in: ders. (Hg.), Many Inventions, New York 1893, S. 181–201.
Kisch, E. E., Briefe an den Bruder Paul und an die Mutter 1905–1936, hg. v. J. Poláček, Berlin 1978.
- (Hg.), Klassischer Journalismus. Die Meisterwerke der Zeitung [1923], Berlin 1982.
- Reportagen. Ausw. und Nachw. v. E. Schütz, Stuttgart 1978.
- Wesen des Reporters [1918], in: Egon Erwin Kisch. Gesammelte Werke in Einzelausgaben, hg. v. B. Uhse u. G. Kisch, 10 Bde., Berlin 1976–1985³, Bd. VIII, S. 205–208.
Kleist, H. v., Entwurf einer Bombenpost, in: Berliner Abendblätter, 12.10.1810, S. 3.
Klippel, J., Die Geschichte des Berliner Tageblattes von 1872 bis 1880, Dresden 1935 (zugl. Diss. Univ. Leipzig 1935).
Koeppen, H., Im Auto um die Welt, Berlin 1908.
Köster, A., Wandernde Erde. Kriegsberichte aus dem Westen, München 1917.
Kracauer, S., Die Angestellten. Aus dem neuesten Deutschland, Frankfurt a. M. 1971.
Kraus, K., In dieser großen Zeit, in: Die Fackel, 05.12.1914, S. 1–20.
Krieger, U., Hugo Zöller. Ein deutscher Journalist als Kolonialpionier, Würzburg 1940.
Kupffer, H. v., Reporter-Streifzüge. Ungeschminkte Bilder aus der Reichshauptstadt, Styrum 1889.
Kürbisch, F. G. (Hg.), ›Der Arbeitsmann, er stirbt, verdirbt, wann steht er wieder auf?‹ Sozialreportagen 1880–1918, Berlin 1982.
Lagenevais, F. de, Le feuilleton, Lettres parisiennes, de Madame de Girardin, in: Revue des deux mondes, Jg. 13, Nr. 4 (1843), S. 133–150.
Langevin, E., Le Journal, Lille 1913.
Larousse universel en deux volumes. Nouveau dictionnaire encyclopédique, hg. v. C. Augé, 2 Bde., Paris 1923.
Lawrence, A., Journalism as a Profession, London 1903.
LeBon, G., Psychologie der Massen, Stuttgart 1982⁵.
Leroux, G., L'agonie de la Russie Blanche [1905/06], Paris 1928.
- Le mystère de la chambre jaune, Paris 1907.
Lesclide, R., Le Tour du monde en vélocipède par le Grand Jacques, Paris 1870.
Lindau, P., Der Mörder des Kauffmanns M. Kreiß, in: ders. (Hg.), Interessante Fälle. Criminalprocesse aus neuester Zeit, Breslau 1888, S. 225–298.
- Über die Jüngsten und Neuesten im literarischen Frankreich, in: Nord und Süd, Bd. 60 (1892), S. 340–362.
Lindenberg, P., Straßenexistenzen, in: M. Reymond u. L. Manzel (Hg.), Berliner Pflaster. Illustrierte Schilderungen aus dem Berliner Leben, Berlin 1891, S. 97–120.
Lippmann, W., Public Opinion, New York 1922.
London, J., Jack London Reports. War Correspondence, Sports Articles, and Miscellaneous Writings, hg. v. K. Hendricks u. I. Shepard, New York 1970.
- People of the Abyss, London 1903.
Londres, A., Cables et reportages, hg. v. F. Lacassin, Paris 1993.
- Die Strafgefangenen der Landstraße. Reportagen von der Tour de France, übers. v. S. Rodecurt, Bielefeld 2011.
- Ein Reporter und nichts als das, Berlin 2013.
Londres, F., Mon père, Paris 2000.
Lord, C. S., The Young Man and Journalism, London 1922.

Lorrain, J., Poussières de Paris, Paris 1902⁶.
– Sensations et souvenirs, Paris 1895.
Lutes, J. M. (Hg.), Nellie Bly – Around the World in Seventy-Two Days and Other Writings, New York 2014.
Lytton, N., The Press and the General Staff, London 1920.
Machray, R., The Night Side of London, London 1902.
Mack, M., With a Sigh and a Smile. A Showman Looks Back, London 1943.
Mansoy, G. J., Reporters, in: Cosmopolitan, Bd. 9, Nr. 2 (1890), S. 151–155.
Marriott, J. u. M. Matsumura (Hg.), The Metropolitan Poor. Semi-Factual Accounts (1795–1910), 6 Bde., London 1999.
Martineau, H., How to Observe Morals and Manners, London 1838.
Maupassant, G. de, Bel ami, in: ders. (Hg.), Oeuvres complètes, Bd. 13, Paris 1910.
May, P., Mr. Punch Awheel. The Humours of Motoring and Cycling, London o. J.
McIlrath, D. H., Around the World on Wheels. The Travels and Adventures in Foreign Lands, Chicago 1898.
Merbach, A., Theodor Fontanes Mitarbeit an der ›Kreuz-Zeitung‹, in: Neue Preußische (Kreuz-)Zeitung, Beilage, 31.12.1922, S. 1.
Mercier, S., Tableau de Paris, 12 Bde., Nouvelle édition. Corrigée et augmentée, Amsterdam 1782–1788.
Meyer, R. M., Deutsche Stilistik, München 1913².
Meyer-Förster, W., Die Fahrt um die Erde, Stuttgart 1897.
Meyers Konversations-Lexikon. Ein Nachschlagewerk des allgemeinen Wissens, Leipzig 1893–1897⁵.
Mirecourt, E. de, Paris la nuit, Paris 1855.
Monnier, H., Les bas-fonds de la société, Paris 1862.
Montagu, I., Things I Have Seen in War, London 1899.
Moritz, K. P., Ideal einer vollkommnen Zeitung, Berlin 1784.
Moseley, S., The Truth about a Journalist, London 1935.
Mühsam, K., Wie wir belogen wurden. Die Amtliche Irreführung des deutschen Volkes, München 1918.
Nicolai, W., Nachrichtendienst, Presse und Volksstimmung im Weltkrieg, Berlin 1920.
Nietzsche, F. W., Über die Zukunft unserer Bildungsanstalten. Sechs öffentliche Vorträge. – Vortrag I. (1872), in: Nietzsche Source. Digitale Kritische Gesamtausgabe Werke und Briefe (eKGWB) URL: http://www.nietzschesource.org/eKGWB/BA (Stand: 28.11.2014).
Oberholtzer, E. P., Die Beziehungen zwischen dem Staat und der Zeitungspresse im Deutschen Reich. Nebst einigen Umrissen für die Wissenschaft des Journalismus, Berlin 1895.
Osterrieth, A., Der Urheberschutz der Zeitungen in Deutschland, in: Oscar Wettstein u. a. (Hg.), Studien über das Zeitungswesen. Professor Dr. Adolf Koch, dem Begründer und Leiter des Journalistischen Seminars der Universität Heidelberg, anlässlich der Vollendung des 20. Seminar-Semesters gewidmet, von seinen Schülern und Freunden, Frankfurt a. M. 1907, S. 37–45.
Ostwald, H. (Hg.), Aus den Höhen und Tiefen Berlins. Im Sittenspiegel der Großstadt. Gesammelte Großstadt-Dokumente, Berlin 1925.
Oxford English Dictionary, 20 Bde., Oxford 1989².

Park, R. E., News and the Human-Interest Story, in: E. C. Hughes u. a. (Hg.), The Collected Papers of R. E. Park, Bd. 3: Society – Collective Behaviour, News and Opinion, Sociology and Modern Society, Glencoe 1955, S. 105–114.
- News as a Form of Knowledge, in: E. C. Hughes u. a. (Hg.), The Collected Papers of R. E. Park, Glencoe 1955, Bd. 3, S. 71–88.
- The City, in: ders. u. a. (Hg.), The City, Chicago 1925, S. 1–47.

Pauly, E. (Hg.), Café des Westens. Erinnerungen vom Kurfürstendamm [1913/14], Hannover 1988.

Pendleton, J., Newspaper Reporting in Olden Time and To-Day, London 1890.

Peters, C., Die deutsche Emin-Pasha-Expedition, München 1891.

Pfemfert, F., Die Presse, in: Die Aktion, Jg. 2, Nr. 15 (1912), Sp. 453 f.

Pietsch, L., Von Berlin nach Paris. Kriegsbilder 1870–1871, Berlin 1871.

Pigelet, J., Organisation intérieure de la presse périodique française, Orléans 1909 (zugl. Diss. Univ. Paris 1908).

Pocknell, E., Pocknell's Legible Shorthand, London 1882.

Poe, E. A., The Unparalleled Adventure of One Hans Pfaall [1835], in: Anonymus (Hg.), The Works of Edgar Allan Poe in Five Volumes, New York 1903, Bd. 1, S. 39–120.

Pollak, H., The Foreign Press Association (F. P. A.) in London, London 1893.

Pottier, P., Le prolétariat des journalistes, in: La Revue. Ancienne Revue des Revues, 15.12.1903, S. 673–697.
- Professions et métiers. Les journalistes, in: L'Action populaire, Jg. 5, Nr. 145 (1907), S. 1–32.

Proceedings of the Royal Geographical Society of London, London 1857 ff.

Prutz, R. E., Geschichte des deutschen Journalismus, Bd. 1, Hannover 1845.

Puaux, R., De Sofia à Tchataldja, Paris 1913.

Pulitzer, R., The Profession of Journalism. Accuracy in the News. An Address before the Pulitzer School of Journalism – Columbia University, New York 1912.

Pulitzer, J., The School of Journalism in Columbia University. The Power of Public Opinion, in: North American Review, Bd. 178, Nr. 5 (1904), S. 641–680

Ralph, J., The Making of a Journalist, New York 1903.
- War's Brighter Sight. The Story of ›The Friend‹ Newspaper Edited by the Correspondents with Lord Roberts's Forces, March-April 1900, New York 1901.

Rasch, G., Eine Nacht in der Berliner Verbrecherwelt, in: ders., Berlin bei Nacht [1871], hg. u. m. Nachw. vers. v. P. Thiel, Berlin 1986, S. 74–105.

Rathenau, W., Die schönste Stadt der Welt, in: Die Zukunft, Jg. 7, Nr. 15 (1899), S. 36–48.

Reed, J., Ten Days That Shook the World, New York 1919.

Richard, E., Le guide des grands-ducs, Paris 1925.

Ridge, W. P., London Awakes, in: G. R. Sims (Hg), Living London, London 1902, Bd. 1, S. 7–13.

Riis, J. A., How the Other Half Lives. Studies Among the Tenements of New York [1890], New York 1997.

Rilke, R. M., Die Aufzeichnungen des Malte Laurids Brigge, Leipzig 1910.

Ritchie, J. E., Days and Nights in London, London 1880.

Rogers, J. E., The American Newspaper, Chicago 1909.

Russell, W. H., My Diary during the Last Great War, London 1874.
- The War. From the Landing at Gallipoli to the Death of Lord Raglan, London 1855.

North, S. N. D., History and Present Condition of the Newspaper and Periodical Press of the United States. 10th Census (1880), Washington, D. C. 1884.
Sauval, H., La chronique scandaleuse de Paris, ou: Histoire des mauvais lieux, Bruxelles 1883.
Scheffler, K., Berlin – Ein Stadtschicksal, Berlin 1910.
Schlaf, J., Am Wahlabend in Berlin N., in: Freie Bühne, Jg. 1, Nr. 4 (1890), S. 109–112.
– Volksversammlung, in: ders., Sommertod. Novellistisches, Leipzig 1997, S. 175–183.
Schlenther, P., Der Verein Berliner Presse und seine Mitglieder 1862–1912, Berlin 1912.
Schlesinger, A. M., The Rise of the City 1878–1898, London 1933.
Schlismann, A. R., Beiträge zur Geschichte und Kritik des Naturalismus, Kiel 1903 (zugl. Diss. Univ. Zürich 1903).
Schlözer, A. L., Vorlesungen über Land- und Seereisen, hg. v. W. Haupt, Göttingen 1962.
Schnog, K., Reportage, in: Die Weltbühne, Jg. 22, Nr. 35 (1926), S. 355.
Schweder, P., Im kaiserlichen Hauptquartier, 3 Bde., Leipzig 1915–1916.
Seitz, D. C., The James Gordon Bennetts. Father and Son, Proprietors of the *New York Herald*, Indianapolis 1928.
Serrin, J. u. W., Muckraking! The Journalism That Changed America, New York 2002.
Séverine (= C. Rémy), Pages rouges, Paris 1893.
Shuman, E. L., Practical Journalism. A Complete Manual of the Best Newspaper Methods, New York 1903.
– Steps into Journalism. Helps and Hints for Young Writers, Evanston (Illinois) 1894.
Simmel, G., Die Großstädte und das Geistesleben [1903], Frankfurt a. M. 2006.
Sims, G. R., How the Poor Live and Horrible London, London 1889.
– Living London. Its Work and its Play, its Humours and its Pathos, its Sights and its Scenes, 3 Bde., London 1902–1903.
– London Gets Up in the Morning, in: ders. (Hg.), Living London, London 1902, Bd. 2, S. 311–316.
– The Magic Wand, in: ders., The Lifeboat and Other Poems, London 1883, S. 11–16.
Sling (= P. Schlesinger), Richter und Gerichtete, Berlin 1929.
Smith, W. H., The Public Press as the Advocate of Human Rights and the Champion of the Interests of the Common People, Chicago 1893.
Spiller, E., Slums. Erlebnisse in den Schlammvierteln moderner Großstädte [1911], hg. u. m. Nachw. vers. v. P. Payer, Wien 2008.
Springer, R., Berlin wird Weltstadt. Ernste und heitere Culturbilder, Berlin 1868[2].
Stanley, D. (Hg.), The Autobiography of Henry Morton Stanley, Boston 1909.
Stanley, H. M., How I Found Livingstone. Travels, Adventures and Discoveries in Central Africa Including Four Months Residence with Dr. Livingstone [1872], Hertfordshire 2010.
– My Kalulu. Prince, King, and Slave. A Story of Central Africa, London 1873.
– Through the Dark Continent [1878], 2 Bde., New York 1988.
Stead, W. T., Government by Journalism, in: The Contemporary Review, Bd. 49 (1886), S. 653–674.
– The Future of Journalism, in: The Contemporary Review, Bd. 50 (1886), S. 663–679.
Steffens, L., The Shame of the Cities [1903], New York 2004.
– The Autobiography of Lincoln Steffens, 2 Bde., New York 1931.
– Hearst, the Man of Mystery, in: American Magazine, Bd. 63, Nr. 1 (1906), S. 3–22.

Stettenheim, J., Wippchen sämmtliche Berichte, 18 Bde., Berlin 1878–1903.
Stevens, T., Around the World on a Bicycle, 2 Bde., London 1887–1888.
– Scouting for Stanley in East-Africa, New York 1890.
Stiegler, G., Le Tour du monde en 63 jours, Paris 1901.
Stieler, K., Zeitungs Lust und Nutz. [1695] Vollständ. Neudruck der Originalausg., hg. v. G. Hagelweide, Bremen 1969.
Stoklossa, P., Der Arbeitsmarkt der Redakteure, in: Jahrbücher für Nationalökonomie und Statistik III. Folge, Bd. 40, Nr. 4 (1910), S. 531–535.
Südekum, A., Großstädtisches Wohnungselend, Berlin 1908.
Swinton, E. D., Eyewitness. Being Personal Reminiscences of Certain Phases of the Great War, New York 1933.
Swope, H. B., Inside the German Empire, New York 1917.
Tanneguy de Wogan, É., Manuel des gens de lettres. Le journal, le livre, le théâtre, Paris 1899.
Tarbell, I. M., The History of the Standard Oil Co. [1904/05] Gek. Ausg., hg. v. D. M. Chalmers, New York 2003.
Texier, E., Le journal et le journaliste, Paris 1868.
Tharaud, J., La bataille à Scutari d'Albanie, Paris 1913.
The Encyclopædia Americana, hg. v. F. C. Beach, 16 Bde., New York 1903–1906.
The Newspaper Press Fund, London 1874.
The War Correspondence of the *Daily News* 1870, 2 Bde., London 1871.
Thieß, K., Der Verband Deutscher Journalisten- und Schriftstellervereine und die Beschlüsse seiner Delegiertentage 1895–1904, Hamburg 1905.
Thompson, J. u. A. Smith, Street-Life in London [1876], Dortmund 1981.
Tissot, V., Reportagen aus Bismarcks Reich. Berichte eines reisenden Franzosen. 1874–1876, hg. u. übers. v. E. Pohl, Berlin 1989.
Train, G. F., My Life in Many States and Foreign Lands, New York 1902.
Tucholsky, K. (I. Wrobel), Von dem Manne, der keine Zeitungen mehr las, in: Die Schaubühne, 23.10.1913, S. 1030.
Tudesq, A., Choses vues – sur les champs de bataille, Paris 1915.
Turszinsky, W., Berlin – drüber weg und unten durch. [1913] Neuausg. m. Nachw. v. T. Friedrich, Berlin 1999.
U. S. Bureau of the Census. Population: Comparative Occupation Statistics 1870–1940, hg. v. A. M. Edwards, Washington, D. C. 1943.
Urban, H. F., Die Entdeckung Berlins, Berlin 1912.
Verne, J., Claudius Bombarnac, Paris 1892.
– Sans dessus dessous, Paris 1889.
– Michel Strogoff. Moscou – Irkoutsk, Paris 1876.
– Le Tour du monde en quatre-vingts jours, Paris 1873.
Vincent, G. E., A Laboratory Experiment in Journalism, in: The American Journal of Sociology, Bd. 11, Nr. 3 (1905), S. 297–312.
Walser, R., Friedrichstraße, in: Sämtliche Werke in Einzelausgaben, Bd. 3: Aufsätze, hg. v. J. Greven, Zürich 2000, S. 76–79.
Waugh, E., Scoop. A Novel about Journalists, London 1938.
Weber, M., Politik als Beruf [1919], in: W. J. Mommsen u. W. Schluchter (Hg.): Max Weber-Gesamtausgabe, Bd. I, 17: Wissenschaft als Beruf, 1917/1919; Politik als Beruf, 1919, Tübingen 1992.

– Zu einer Soziologie des Zeitungswesens [1911], in: W. R. Langenbucher (Hg.), Publizistik- und Kommunikationswissenschaft. Ein Textbuch zur Einführung, Wien 1994, S. 24–30.
Webster's Revised Unabridged Dictionary, hg. v. N. Porter, Springfield 1913.
Wegener, G., Der Wall von Eisen und Feuer. Ein Jahr an der Westfront, Leipzig 1915.
Wehle, J. H., Die Zeitung. Ihre Organisation und Technik. Journalistisches Handbuch, Wien 1883².
Wells, H. G., The Wheels of Change. A Bicycling Idyll, London 1896.
Wentz, E., Die Behandlung des Deutsch-Französischen Krieges 1870/71 in der britischen Presse. Ein Beitrag zur Geschichte der Kriegsberichterstattung, Würzburg 1940.
Wettstein-Adelt, M., 3 ½ Monate Fabrikarbeiterin, Berlin 1893.
Wigand's Conversations-Lexikon für alle Stände, 15 Bde., Leipzig 1846–1852.
Willard, J. F. u. F. Walton, True Stories from the Underworld I, in: McClure's Magazine, Bd. 15, Nr. 4 (1900), S. 356–363.
Williams, J. L., The Stolen Story and Other Newspaper Stories, New York 1899.
Williams, T., The Newspaperman, New York 1922.
Wolfe, T., The New Journalism. With an Anthology, New York 1973.
Wolff, A., Der hinkende Teufel in Berlin. Schilderungen aus dem Berliner Leben, Leipzig 1886.
Wörl, L., Die Presseverhältnisse im Königreich Preußen, Würzburg 1881.
Wrede, R., Handbuch der Journalistik, Berlin 1906².
Wuttke, H., Die deutschen Zeitschriften. Die deutschen Zeitschriften und die Entstehung der öffentlichen Meinung. Ein Beitrag zur Geschichte des Zeitungswesens, Hamburg 1866.
Xau, F., Emile Zola, Paris 1880.
Zaccone, P., Les nuits de boulevard, Paris 1876.
Zola, É., Correspondance, Bd. 7: 1890–1893, hg. v. B. H. Bakker, Montréal 1989.
– L'Assommoir, Paris 1877.
– Le Roman Expérimental, Paris 1880.
– Les Romanciers Naturalistes, Paris 1881.

Darstellungen

Adam, A. u. M. Stingelin, Vorwort, in: dies. (Hg.), Übertragung und Gesetz. Gründungsmythen, Kriegstheater und Unterwerfungstechniken von Institutionen, Berlin 1995, S. 7–13.
Agard, O. u. a. (Hg.), Das Populäre. Untersuchungen zu Interaktionen und Differenzierungsstrategien in Literatur, Kultur und Sprache, Göttingen 2010.
Ahrens, S., Experiment und Exploration. Bildung als experimentelle Form der Welterschließung, Bielefeld 2011.
Albert, P., La presse française de 1871 à 1940, in: C. Bellanger u. a. (Hg.), Histoire générale de la presse française, Paris 1972, Bd. 3, S. 135–622.
– u. G. Fayel, Fotografie und Medien, in: M. Frizot (Hg.), Neue Geschichte der Fotografie, Köln 1998, S. 358–370.

Allan, S., News Culture, Maidenhead 2010³.
Allen, G., Making National News. A History of Canadian Press, Toronto 2013.
Allison, M., Marguerite Durand and *La Fronde*. Voicing Women of the Belle Époque, in: D. Holmes u. C. Tarr (Hg.), A ›Belle Époque‹. Women in French Society and Culture 1890–1914, New York 2007, S. 37–50.
Altenhöner, F., Kommunikation und Kontrolle. Gerüchte und städtische Öffentlichkeiten in Berlin und London 1914/1918, München 2007.
Althaus, T. u. a., Ränder, Schwellen, Zwischenräume. Zum Standort kleiner Prosa im Literatursystem der Moderne, in: dies. (Hg.), Kleine Prosa. Theorie und Geschichte eines Textfeldes im Literatursystem der Moderne, Tübingen 2007, S. IX–XXVII.
Amaury, F., Histoire du plus grand quotidien de la IIIe république. Le Petit Parisien 1876–1944, 2 Bde., Paris 1972.
Anderson, B., Imagined Communities. Reflections on the Origin and Spread of Nationalism. Überarb. Aufl., London 2006.
Applegate, E., Literary Journalism. A Biographical Dictionary of Writers and Editors, Westport, Conn. 1996.
Aschoff, V., Geschichte der Nachrichtentechnik, 2 Bde. Bd. 1: Beiträge zur Geschichte der Nachrichtentechnik von ihren Anfängen bis zum Ende des 18. Jahrhunderts. Bd. 2: Nachrichtentechnische Entwicklungen in der ersten Hälfte des 19. Jahrhunderts, Berlin 1987.
Asmus, G., ›Mißstände … an das Licht des Tages zerren‹. Zu den Photographien der Wohnungs-Enquete, in: dies. (Hg.), Hinterhof, Keller und Mansarde. Einblick in Berliner Wohnungselend 1901–1920, Reinbek 1982, S. 32–43.
Assouline, P., Albert Londres. Vie et mort d'un grand reporter 1884–1932, Paris 1991.
Autsch, S. u. C. Öhlschläger, Das Kleine denken, schreiben, zeigen. Interdisziplinäre Perspektiven, in: dies. u. L. Süwolto (Hg.), Kulturen des Kleinen. Mikroformate in Literatur, Kunst und Medien, Paderborn 2014, S. 9–17.
Averbeck, S. u. A. Kutsch (Hg.), Zeitung, Werbung, Öffentlichkeit. Biographisch-systematische Studien zur Frühgeschichte der Kommunikationsforschung, Köln 2005.
Bachleitner, N., Fiktive Nachrichten. Die Anfänge des europäischen Feuilletonromans, Würzburg 2012.
– Der englische und französische Sozialroman des 19. Jahrhunderts und seine Rezeption in Deutschland, Amsterdam 1993.
Bachtin, M., Chronotopos, Frankfurt a. M. 2008.
Badsey, S., J. B. McDowell and British Official Filming on the Western Front 1916–1918, in: F. A. Fisken u. Y. McEwen (Hg.), War, Journalism and History. War Correspondents in the Two World Wars, Frankfurt a. M. 2012, S. 13–29.
Baecker, D., Die Adresse der Kunst, in: J. Fohrmann u. H. Müller (Hg.), Systemtheorie der Literatur, München 1996, S. 82–105
Bak, J. S. u. B. Reynolds (Hg.), Literary Journalism Across the Globe. Journalistic Traditions and Transnational Influences, Amherst 2011.
Baldasty, G. J., The Commercialization of News in the Nineteenth Century, Madison 1992.
Barker, C. u. D. Galasinski, Cultural Studies and Discourse Analysis. A Dialogue on Language and Identity, London 2001.
Barnes, J., Filming the Boer War, London 1992.
Barret, A., Die ersten Photoreporter 1848–1914, Frankfurt a. M. 1978.

Barth, G., City People. The Rise of Modern City Culture in 19th-Century America, New York 1980.
Barth, V., Medien, Transnationalität und Globalisierung, in: Archiv für Sozialgeschichte, Bd. 51 (2011), S. 717–736.
- Telegraphie und Nachrichtenübermittlung, in: J. Dünne u. a. (Hg.), Weltnetzwerke – Weltspiele: Jules Vernes *In 80 Tagen um die Welt*, Paderborn 2013, S. 61–63.
Barthes, R., Das semiologische Abenteuer, Frankfurt a. M. 1988.
- Die helle Kammer. Bemerkungen zur Photographie. Nachdr. d. 1. Aufl., Frankfurt a. M. 2003.
- Image – Music – Text. Essays, hg., ausgew. u. übers. v. S. Heath, New York 1977.
- Le discours de l'histoire, in: Social Science Information, Bd. 6, Nr. 4 (1967), S. 63–75.
- Mythen des Alltags. Vollständ. Ausg., Berlin 2010.
- Structure du *fait divers*, in: ders., Essais critiques, Paris 1977, S. 188–197.
Bartz, C., Medienereignis, in: dies. u. a. (Hg.), Handbuch der Mediologie. Signaturen des Medialen, München 2012, S. 176–181.
- u. M. Krause, Einleitung, in: dies. (Hg.), Spektakel der Normalisierung, München 2007, S. 7–23.
Baudrillard, J., La société de consommation. Ses mythes, ses structures, Paris 1970.
Bauerkämpfer, A., Wege zur europäischen Geschichte. Erträge und Perspektiven der vergleichs- und transfergeschichtlichen Forschung, in: A. Arndt u. a. (Hg.), Vergleichen, Verflechten, Verwirren? Europäische Geschichtsschreibung zwischen Theorie und Praxis, Göttingen 2011, S. 33–60.
Baum, A., Journalistisches Handeln. Eine kommunikationstheoretisch begründete Kritik der Journalismusforschung, Opladen 1994.
Baumeister, M., ›L'effet de réel‹. Zum Verhältnis von Krieg und Film 1914–1918, in: B. Chiari u. a. (Hg.), Krieg und Militär im Film des 20. Jahrhunderts, München 2003, S. 245–268.
Beasley, M., The Women's National Press Club, in: Journalism History, Bd. 15, Nr. 4 (1988), S. 112–121.
- u. S. J. Gibbons (Hg.), Taking Their Place. A Documentary History of Women and Journalism, State College, PA 2003².
Becker, F., Bilder von Krieg und Nation. Die Einigungskriege in der bürgerlichen Öffentlichkeit Deutschlands 1864–1913, München 2001.
- Deutschland im Krieg von 1870/71 oder die mediale Inszenierung der nationalen Einheit, in: U. Daniel (Hg.), Augenzeugen. Kriegsberichterstattung vom 18. zum 21. Jahrhundert, Göttingen 2006, S. 68–86.
Becker, S., Neue Sachlichkeit, 2 Bde., Köln 2000 (zugl. Habil.-Schr. Univ. Saarbrücken 1997).
Berbig, R., Fontane im literarischen Leben. Zeitungen und Zeitschriften, Verlage und Vereine, Berlin 2000.
- Theodor Fontane Chronik, 5 Bde., Berlin 2010.
Berghoff, H., From Privilege to Commodity?, in: ders. u. a. (Hg.), The Making of Modern Tourism. The Cultural History of the British Experience 1600–2000, Basingstoke 2002, S. 159–179.
Berking, H., Local Frames and Global Images, in: M. Löw (Hg.), Differenzierungen des Städtischen, Opladen 2002, S. 107–123.
- u. R. Faber (Hg.), Städte im Globalisierungsdiskurs, Würzburg 2002.

Berressem, H., San Francisco. Das Ende der Frontier, in: J. Dünne u. a. (Hg.), Weltnetzwerke – Weltspiele: Jules Vernes *In 80 Tagen um die Welt*, Paderborn 2013, S. 239–243.
Besser, S., Pathographien der Tropen. Literatur, Medizin und Kolonialismus, Würzburg 2013.
Bies, M., Neugier als Versuch. Über die Leidenschaft, Grenzen zu überschreiten, in: M. Gamper (Hg.), Experiment und Literatur. Themen, Methoden, Theorien, Göttingen 2010, S. 442–462.
– u. a., Einleitung, in: dies. (Hg.), Gattungs-Wissen. Wissenspoetologie und literarische Form, Göttingen 2013, S. 7–18.
Binczek, N. u. N. Pethes, Mediengeschichte der Literatur, in: H. Schanze (Hg.), Handbuch der Mediengeschichte, Stuttgart 2001, S. 282–315.
Bingham, A. u. M. Conboy, Tabloid Century. The Popular Press in Britain, 1896 to the Present, Oxford 2015.
Birch, D., The Oxford Companion to English Literature, Oxford 2009[7].
Birkner, T., Das Selbstgespräch der Zeit. Die Geschichte des Journalismus in Deutschland 1605–1914, Köln 2012.
Bjork, U. J., ›Scrupulous Integrity and Moderation.‹ The First International Organization for Journalists and the Promotion of Professional Behavior 1894–1914, in: American Journalism, Bd. 22, Nr. 1 (2005), S. 95–112.
– The First International Journalism Organization Debates News Copyright 1894–1898, in: Journalism History, Bd. 22, Nr. 2 (1996), S. 56–63.
Blackbourn, D., Politics as Theatre. Metaphors of the Stage in German History 1848–1933, in: Transactions of the Royal Historical Society, Bd. 37 (1987), S. 149–167.
Blair, K. J., The Clubwoman as Feminist. True Womanhood Redefined 1868–1914, New York 1980.
Blöbaum, B., Journalismus als soziales System. Geschichte, Ausdifferenzierung und Verselbständigung, Opladen 1994.
– u. S. Neuhaus (Hg.), Literatur und Journalismus. Theorie, Kontexte, Fallstudien, Opladen 2003.
Blondheim, M., News Over the Wires. The Telegraph and the Flow of Public Information in America 1844–1897, Cambridge, Mass. 1994.
Blumenberg, H., Arbeit am Mythos, Frankfurt a. M. 2006.
Boedeker, H. E., ›Sehen, hören, sammeln und schreiben‹: gelehrte Reisen im Kommunikationssystem der Gelehrtenrepublik, in: Paedagogica Historica, Bd. 38, Nr. 2–3 (2002), S. 505–532.
Bohrer, K. H., Ekstasen der Zeit. Augenblick, Gegenwart, Erinnerung, München 2003.
Bollinger, E., Pressegeschichte, 2 Bde. Bd. 1: 1500–1800: das Zeitalter der allmächtigen Zensur. Bd. 2: 1840–1930: die goldenen Jahre der Massenpresse, Freiburg (CH) 1995–1996.
Borchard, G. A. u. a., Publishing Violence as Art and News. Sensational Prints and Pictures in the 19th-Century Press, in: D. B. Sachsman u. D. M. Bulla (Hg.), Sensationalism. Murder, Mayhem, Mudslinging, Scandals, and Disasters in 19th-Century Reporting, New Brunswick 2013, S. 53–74.
Borscheid, P., Tempo-Virus. Eine Kulturgeschichte der Beschleunigung, Frankfurt a. M. 2004.

Bösch, F., Die Zeitungsredaktion, in: A. Geisthövel u. H. Knoch (Hg.), Orte der Moderne. Erfahrungswelten des 19. und 20. Jahrhunderts, Frankfurt a. M. 2005, S. 71–80.
- Europäische Medienereignisse, in: Europäische Geschichte Online. URL: http://www.ieg-ego.eu/boeschf-2010-de (Stand: 03.12.2013).
- Mediengeschichte. Vom asiatischen Buchdruck zum Fernsehen, Frankfurt a. M. 2011.
- Öffentliche Geheimnisse. Skandale, Politik und Medien in Deutschland und Großbritannien 1880–1914, München 2009.
- Zwischen Populärkultur und Politik. Britische und deutsche Printmedien im 19. Jahrhundert, in: Archiv für Sozialgeschichte, Bd. 45 (2005), S. 549–584.
- u. M. Borutta, Medien und Emotionen in der Moderne. Historische Perspektiven, in: dies. (Hg.), Die Massen bewegen. Medien und Emotionen in der Moderne, Frankfurt a. M. 2006, S. 13–41.
- u. P. Schmidt (Hg.), Medialisierte Ereignisse. Performanz, Inszenierung und Medien seit dem 18. Jahrhundert, Frankfurt a. M. 2010.

Böttges, J., Mit dem Fahrrad die Welt und sich selbst erfahren: Frühe Fahrradweltreisen als Praxis der Identifikation und Distinktion. Unpubliz. Mag.-Arb., Köln 2013.

Bottomore, S., Filming, Faking and Propaganda. The Origins of the War Film 1897–1902, Diss. Univ. Utrecht 2007. URL: http://dspace.library.uu.nl/handle/1874/22650 (Stand: 01.08.2014).

Boucharenc, M., L'écrivain-reporter au cœur des années trente, Villeneuv d'Ascq 2004.
- u. a. (Hg.), Croisées de la fiction. Journalisme et littérature, in: Interférences littéraires. Literaire interferenties. Multilingual e-Journal for Literary Studies 7 (2011). URL: http://www.interferenceslitteraires.be/node/132 (Stand: 01.01.2015).

Bowser, E., The Transformation of Cinema 1907–1915, Berkeley 1994.

Boyle, R., Sports Journalism. Context and Issues, London 2006.

Bradbury, B. u. T. Myers, Introduction, in: dies. (Hg.), Negotiating Identities in 19th- and 20th-Century Montreal, Vancouver 2005, S. 1–22.

Bragg, D., Nellie Bly. Flying in the Face of Tradition, in: D. B. Sachsman u. D. M. Bulla (Hg.), Sensationalism. Murder, Mayhem, Mudslinging, Scandals, and Disasters in 19th-Century Reporting, New Brunswick 2013, S. 265–280.

Brake, L. u. M. Demoor (Hg.), Dictionary of Nineteenth-Century Journalism in Great-Britain and Ireland, Gent 2009.

Brantlinger, P., Rule of Darkness. British Literature and Imperialism 1830–1914, Ithaca 1988.

Brantz, D. u. a. (Hg.), Thick Space. Approaches to Metropolitanism, Bielefeld 2012.

Behmer, M. u. B. Hasselbring (Hg.), Radiotage, Fernsehjahre. Interdisziplinäre Studien zur Rundfunkgeschichte nach 1945, Münster 2006.

Brendon, P., Thomas Cook. 150 Years of Popular Tourism, London 1991.

Britton, J. A., Cables, Crises and the Press. The Geopolitics of the New Information System in the Americas 1866–1903, Albuquerque 2013.

Broersma, M., Form and Style in Journalism. European Newspapers and the Representation of News 1880–2005, Leuven 2007.

Brown, J., Beyond the Lines. Pictorial Reporting, Everyday Life and the Crises of Gilded Age America, Berkeley 2002.

Brown, L., Victorian News and Newspapers, Oxford 1985.
Brückmann, A., Journalistische Berufsorganisationen in Deutschland. Von den Anfängen bis zur Gründung des Reichsverbandes der Deutschen Presse, Köln 1997.
Brunn, G. (Hg.), Metropolis Berlin. Berlin als deutsche Hauptstadt im Vergleich europäischer Hauptstädte 1871–1939, Berlin 1992.
Bulkow, K. u. C. Petersen (Hg.), Skandale. Strukturen und Strategien öffentlicher Aufmerksamkeitserzeugung, Wiesbaden 2011.
Bundock, C. J., The National Union of Journalists. A Jubilee History 1907–1957, Oxford 1957.
Burkhardt, S., Medienskandale. Zur moralischen Sprengkraft öffentlicher Diskurse, Köln 2006.
Burnham, E., Peterborough Court. The Story of *The Daily Telegraph*, London 1955.
Burt, E., ›A Bid for Legitimacy.‹ The Woman's Press Club Movement 1881–1900, in: Journalism History, Bd. 23, Nr. 2 (1997), S. 72–84.
– Women's Press Organizations 1881–1999, Westport, Conn. 2000.
Buschmann, N., ›Moderne Versimpelung des Krieges‹. Kriegsberichterstattung und öffentliche Kriegsdeutung (1850–1870), in: ders. u. H. Carl (Hg.), Die Erfahrung des Krieges. Erfahrungsgeschichtliche Perspektiven von der Französischen Revolution bis zum Zweiten Weltkrieg, Paderborn 1997, S. 97–123.
Caimari, L., La ciudad y el crimen. Delito y vida cotidiana en Buenos Aires 1880–1940, Buenos Aires 2009.
Campbell, J., Der Heros in tausend Gestalten [1949], Berlin 2011.
Campbell, J. W., The Year That Defined American Journalism. 1897 and the Clash of Paradigms, New York 2006.
– Yellow Journalism. Puncturing the Myths, Defining the Legacies, Westport, Conn. 2001.
Campbell, K., W. E. Gladstone, W. T. Stead, Matthew Arnold and a New Journalism. Cultural Politics in the 1880s, in: Victorian Periodicals Review, Bd. 36, Nr. 1 (2003), S. 20–40.
Certeau, M. de, Kunst des Handelns [1980], Berlin 1988.
Chalaby, J. K., Journalism as an Anglo-American Invention. A Comparison of the Development of French and Anglo-American Journalism, 1830s–1920s, in: European Journal of Communication, Bd. 11, Nr. 3 (1996), S. 303–326.
Chanel, A., La modernité de la formation au journalisme, in: Communication et Langages, Bd. 128 (2001), S. 81–95.
Charle, C., Intellectuals in Europe in the Second Half of the Nineteenth Century, in: H. Kaelble (Hg.), The European Way. European Societies in the 19th and 20th Centuries, New York 2004, S. 186–204.
Childs, P. u. R. Fowler (Hg.), The Routledge Dictionary of Literary Terms, London 2006.
Chou, Y., Formal Features of Chinese Reportage, in: Modern Chinese Literature, Bd. 1, Nr. 2 (1985), S. 201–217.
Ciarlo, D., Advertising Empire. Race and Visual Culture in Imperial Germany, Cambridge, Mass. 2011.
Cocks, C., The Chamber of Commerce's Carnival. City Festivals and Urban Tourism in the United States 1890–1915, in: S. Baranowski u. E. Forlough (Hg.), Being Elsewhere. Tourism, Consumer Culture, and Identity in Modern Europe and North America, Ann Arbor 2001, S. 89–107.

- Doing the Town. The Rise of Urban Tourism in the United States 1850–1915, Berkeley 2001.
Cohen, D., Yellow Journalism. Scandal, Sensationalism and Gossip in the Media, Brookfield, Conn. 2000.
Conboy, M., Tabloid Britain. Constructing a Community through Language, London 2006.
Conrad, S. u. a. (Hg.), Globalgeschichte. Theorien, Ansätze, Themen, Frankfurt a. M. 2007.
Conradi, T., Breaking News. Automatismen in der Repräsentation von Krisen- und Katastrophenereignissen, Paderborn 2015 (zugl. Diss. Univ. Paderborn 2014).
Cordell, R., Reprinting, Circulation, and the Network Author in Antebellum Newspapers, in: American Literary History, Bd. 27, Nr. 3 (2015), S. 417–445.
Cosnier, C., Les reporteresses de *La fronde*, in: E. Cahm u. P. Citti (Hg.), Les représentations de l'affaire Dreyfus dans la presse en France et à l'étranger, Tours 1994, S. 73–82.
Costello, P., Jules Verne. Inventor of Science Fiction, London 1978.
Couldry, N. u. A. Hepp, Introduction, in: dies. u. F. Krotz (Hg.), Media Events in a Global Age, London 2010, S. 1–20.
Cramerotti, A., Aesthetic Journalism. How to Inform without Informing, Chicago 2009.
Crary, J., Suspensions of Perception. Attention, Spectacle, and Modern Culture, Cambridge, Mass. 2001.
- Techniken des Betrachters. Sehen und Moderne im 19. Jh. [1990], Dresden 1996.
Creutz, M., Die Pressepolitik der kaiserlichen Regierung während des Ersten Weltkriegs. Die Exekutive, die Journalisten und der Teufelskreis der Berichterstattung, Frankfurt a. M. 1996 (zugl. Diss. Univ. Düsseldorf 1994).
Crone, R., Violent Victorians. Popular Entertainment in Nineteenth-Century London, Manchester 2012.
Cross, N., The Common Writer. Life in Nineteenth-Century Grub Street, Cambridge 1988.
Cuddon, J. A. (Hg.), Dictionary of Literary Terms and Literary Theory, Chichester, Sussex 2013⁵.
Cull, N. J., Civil War, in: ders. u. a. (Hg.), Propaganda and mass persuasion. A historical encyclopedia, 1500 to the present, Santa Barbara 2003, S. 88–89.
Culler, J., Literaturtheorie. Eine kurze Einführung, Stuttgart 2013².
Curtis, L. P. Jr., Jack the Ripper and the London Press, New Haven 2001.
Czarniawska, B., Narratives in Social Science Research, London 2004.
Dabbous, Y. T., ›Blessed be the Critics of Newspapers.‹ Journalistic Criticism of Journalism 1865–1930. Diss. Manship School of Mass Communication, Louisiana, USA 2010. URL: http://etd.lsu.edu/docs/available/etd-07082010195417/unrestricted/DabbousDissertation.pdf (Stand: 10.03.2014).
Daniel, U. (Hg.), Augenzeugen. Kriegsberichterstattung vom 18. zum 21. Jahrhundert, Göttingen 2006.
- Der ›Gallipoli-Effekt‹ oder: Zum Wandel des Kriegsberichterstatters vom Augenzeugen zum Aufklärer, in: D. Münkel u. J. Schwarzkopf (Hg.), Geschichte als Experiment. Studien zu Politik, Kultur und Alltag im 19. und 20. Jahrhundert, Frankfurt a. M. 2004, S. 181–193.

- Der Krimkrieg 1853–1856 und die Entstehungskontexte medialer Kriegsberichterstattung, in: dies. (Hg.), Augenzeugen. Kriegsberichterstattung vom 18. zum 21. Jahrhundert, Göttingen 2006, S. 40–67.
Darnton, R., Poesie und Polizei. Öffentliche Meinung und Kommunikationsnetzwerke im Paris des 18. Jahrhunderts, Frankfurt a. M. 2002.
Daston, L. u. P. Galison, Objektivität, Frankfurt a. M. 2007.
Davis, L. J., Factual Fictions. The Origins of the English Novel, New York 1983.
Dayan, D. u. E. Katz, Media Events. The Live Broadcasting of History, Cambridge, Mass. 1992.
Burgh, H. de, Emergence, in: ders. u. a. (Hg.), Investigative Journalism, London 2008², S. 32–53.
Delap, L., Campaigns of Curiosity. Class Crossing and Role Reversal in British Domestic Service 1890–1950, in: Left History, Bd. 12, Nr. 2 (2007), S. 33–63.
Delattre, S., Les douze heures noires. La nuit à Paris au XIXe siècle, Paris 2000.
Delporte, C., Les journalistes en France 1880–1950. Naissance et construction d'une profession, Paris 1999.
- Journalistes et correspondants de guerre, in: S. Audoin-Rouzeau u. J.-J. Becker (Hg.), Encyclopedie de la Grande Guerre 1914–1918, Montrouge 2014, S. 675–686.
- L'Américanisation de la presse? Éclairages sur un débat français et européen, in: J.-Y. Mollier u. a. (Hg.), Culture de masse et culture médiatique en Europe et dans les Amériques 1860–1940, Paris 2006, S. 209–222.
- La société médiatique du XIXe siècle vue du XXe siècle, in: J. Requate (Hg.), Das 19. Jahrhundert als Mediengesellschaft, München 2009, S. 43–55.
Dewitz, B. v., Kiosk. Eine Geschichte der Fotoreportage 1839–1973, Göttingen 2001.
Diamond, M., Victorian Sensation. Or, the Spectacular, the Shocking and the Scandalous in Nineteenth-Century Britain, London 2003.
Doetsch, H., Momentaufnahmen des Flüchtigen. Skizzen zu einer Lektüre von *Le Peintre de la Vie Moderne*, in: K. Westerwelle (Hg.), Charles Baudelaire. Dichter und Kunstkritiker, Würzburg 2007, S. 139–162.
Doll, M., Fälschung und Fake. Zur diskurskritischen Dimension des Täuschens, Berlin 2012.
Donsbach, W., Journalists and Their Professional Identities, in: S. Allan (Hg.), The Routledge Companion to News and Journalism, London 2012, S. 38–48.
- The Psychology of News Decisions. Factors behind Journalists' Professional Behavior, in: Journalism, Bd. 5, Nr. 2 (2004), S. 131–157.
Dooley, P. L., The Technology of Journalism. Cultural Agents, Cultural Icons, Evanston (Illinois) 2007.
Dowling, R. M., Slumming in New York. From the Waterfront to Mythic Harlem, Urbana 2009.
Driver, F., Geography Militant. Cultures of Exploration and Empire, Oxford 2001.
- u. D. Gilbert (Hg.), Imperial Cities. Landscape, Display & Identity, Manchester 1999.
Duflo, P., Constantin Guys. Fou de dessin, grand reporter 1802–1892. Paris 1988.
Dulinski, U., Sensationsjournalismus in Deutschland, Konstanz 2003.
Düllo, T., Der Flaneur, in: S. Moebius u. M. Schroer (Hg.), Diven, Hacker, Spekulanten. Sozialfiguren der Gegenwart, Berlin 2010, S. 119–131.
Durand, P., Crise de presse. Le journalisme au péril du ›reportage‹ (1870–1890), in: Quaderni, Bd. 24 (1994), S. 123–152.

- Le reportage, in: D. Kalifa (Hg.), La civilisation du journal. Histoire culturelle et littéraire de la presse française au XIXe siècle, Paris 2011, S. 1011–1024.
Dutrait, N., La littérature de reportage chinoise, in: Europe. Revue littéraire mensuelle, Bd. 63, Nr. 672 (1985), S. 77–85.
Duttenhöfer, B., Innovationen um 1900. Investigativer und lokaler Journalismus – Frauenjournalismus – Visualisierung, in: C. Zimmermann (Hg.), Politischer Journalismus, Öffentlichkeiten und Medien im 19. und 20. Jahrhundert, Ostfildern 2006, S. 139–168.
Ebert, A.-K., Radelnde Nationen. Die Geschichte des Fahrrads in Deutschland und den Niederlanden bis 1940, Frankfurt a. M. 2010.
Eberwein, T., Literarischer Journalismus. Theorie – Traditionen – Gegenwart, Köln 2013 (zugl. Diss. Univ. Dortmund 2013).
Eckhart, E. G., Revolution, Krieg und Streik. Weltausstellung und Volksfest: der Illustrator und Karikaturist Leo von Elliot (1816–1890), Darmstadt 2000.
Eco, U., Serialität im Universum der Kunst und der Massenmedien, in: M. Franz u. S. Richter (Hg.), Im Labyrinth der Vernunft. Texte über Kunst und Zeichen, Leipzig 1990.
- Im Wald der Fiktionen. Sechs Streifzüge durch die Literatur, München 2004³.
Eggert, M., Henry Morton Stanley (1841–1904) oder: Die Erschließung Zentralafrikas als Medienereignis, in: S. Samida (Hg.), Inszenierte Wissenschaft. Zur Popularisierung von Wissen im 19. Jahrhundert, Bielefeld 2011, S. 273–296.
Eilers, N., Renderings of the City. Joseph Roth, Siegfried Kracauer and the Literary Reportage of the Weimar Republic, Ann Arbor 2000.
Eisermann, T., Pressephotographie und Informationskontrolle im Ersten Weltkrieg. Deutschland und Frankreich im Vergleich, Hamburg 2000.
Elder, S., Murder Scenes. Normality, Deviance, and Criminal Violence in Weimar Berlin, Ann Arbor 2010.
Elias, N., Über die Zeit, Frankfurt a. M. ⁴1992.
Elliott, P., Professional Ideology and Organisational Change. The Journalist since 1800, in: G. Boyce u. a. (Hg.), Newspaper History from the Seventeenth Century to the Present Day, London 1978, S. 172–191.
Elsaesser, T., Early Cinema. Space, Frame, Narrative, London 2008
- Filmgeschichte und frühes Kino. Archäologie eines Medienwandels, München 2002.
- u. M. Wedel (Hg.), Kino der Kaiserzeit. Zwischen Tradition und Moderne, München 2002.
Engeli, C., Die Großstadt um 1900. Wahrnehmungen und Wirkungen in Literatur, Kunst, Wissenschaft und Politik, in: C. Zimmermann u. J. Reulecke (Hg.), Die Stadt als Moloch? Das Land als Kraftquell?, Basel 1999, S. 21–52.
Enke, T., Die Presse Berlins in der Statistik des Königlichen Polizeipräsidiums I/II, in: Theorie und Praxis des sozialistischen Journalismus, Jg. 15, Nr. 6 (1987), S. 387–296; Jg. 16, Nr. 1 (1988), S. 34–42.
Epping-Jäger, C., Zur Rhetorizität von Ereignissen, in: C. Bartz u. I. Schneider (Hg.), Formationen der Mediennutzung, Bd. 1: Medienereignisse, Bielefeld 2007, S. 25–33.
Epple, A., Lokalität und die Dimensionen des Globalen. Eine Frage der Relationen, in: Historische Anthropologie, Jg. 21, Nr. 1 (2013), S. 4–25.
Erman, H., August Scherl. Dämonie und Erfolg in wilhelminischer Zeit, Berlin 1954.

Ernst, W., Medienarchäologie. Eine Provokation der Kommunikationsgeschichte, in: H. Knoch u. D. Morat (Hg.), Kommunikation als Beobachtung. Medienwandel und Gesellschaftsbilder 1880–1960, München 2003, S. 37–55.

Esposito, E., Die Fiktion der wahrscheinlichen Realität, Frankfurt a. M. 2014³.

– Soziales Vergessen. Formen und Medien des Gedächtnisses der Gesellschaft, Frankfurt a. M. 2002.

Esser, F., Die Kräfte hinter den Schlagzeilen. Englischer und deutscher Journalismus im Vergleich, Freiburg, Breisgau 1998.

Evans, M. (Hg.), Empire and Culture. The French Experience 1830–1940, Basingstoke 2004.

Evans, R. J., Fakten und Fiktionen. Über die Grundlagen historischer Erkenntnis, Frankfurt a. M. 1998.

Evans, A. B., Science Fiction vs. Scientific Fiction in France. From Jules Verne to J. H. Rosny, in: Science-Fiction Studies, Bd. 15, Nr. 1 (1988), S. 1–11.

Fähnders, W., Hinter der Weltstadt. Die ›Friedrichshagener‹ und Berlin, in: R. Berbig u. a. (Hg.), Berlins 19. Jahrhundert. Ein Metropolen-Kompendium, Berlin 2011, S. 309–320.

Fahs, A., Out on Assignment. Newspaper Women and the Making of Modern Public Space, Chapel Hill 2011.

Farrar, R., A Creed for My Profession. Walter Williams, Journalist to the World, Columbia 1998.

Faulstich, W., Medienwandel im Industrie- und Massenzeitalter (1830–1900), Göttingen 2004.

Fenster, J. M., Race of the Century. The Heroic True Story of the 1908 New York to Paris Auto Race, New York 2005.

Fenton, L., Palmerston and the Times. Foreign Policy, the Press and Public Opinion in mid-Victorian Britain, London 2013.

Ferenczi, T., L'invention du journalisme en France. Naissance de la presse moderne à la fin du XIXe siècle, Paris 1993.

Fernandez-Armesto, F., Pathfinders. A Global History of Exploration, Oxford 2006.

Feyel, G., Aux origines de l'identité professionnelle des journalistes. Les Congrès Internationaux des Associations de la Presse (1894–1914), in: M. Mathien u. R. Rieffel (Hg.), L'identité professionnelle des journalistes, Strasbourg 1995, S. 139–162.

Fielding, R., The American Newsreel 1911–1967, London 1983.

Fisher, P., City Matters: City Minds, in: J. H. Buckley (Hg.), The Worlds of Victorian Fiction, Cambridge, Mass. 1975, S. 371–390.

Fisher, W. R., Human Communication as Narration. Toward a Philosophy of Reason, Value, and Action, Columbia 1987.

Fisher, R., Walking Artists. Über die Entdeckung des Gehens in den performativen Künsten, Bielefeld 2011.

Fiske, J., Reading the Popular, London 2011².

Fohrmann, J., Einleitung: Beweis und Zeugenschaft. Vor Ort, in: M. Cuntz u. a. (Hg), Die Listen der Evidenz, Köln 2006, S. 103–105.

Forderer, C., Die Großstadt im Roman. Berliner Großstadtdarstellungen zwischen Naturalismus und Moderne, Wiesbaden 1992.

Foster, A., Around the World with Citizen Train. The Sensational Adventures of the Real Phileas Fogg, Dublin 2002.

Foucault, M., Archäologie des Wissens [1969], übers. v. U. Köppen, Frankfurt a. M. 1981.
- Das Leben der infamen Menschen [1977], hg. u. übers. v. W. Seitter, Berlin 2001.
- Die Ordnung der Dinge. Eine Archäologie der Humanwissenschaften [1966], Frankfurt a. M. 2012²².
- Die Ordnung des Diskurses. Inauguralvorlesung am Collège de France [1970], Frankfurt a. M. 2012¹².
- Dispositive der Macht. Michel Foucault über Sexualität, Wissen und Wahrheit, Berlin 1978.
- Power/Knowledge. Selected Interviews and Other Writings 1972–1977, New York 1980.
- Überwachen und Strafen. Die Geburt des Gefängnisses [1975], übers. v. W. Seitter, Frankfurt a. M. 1977.

Frank, G. u. a., Kultur – Zeit – Schrift. Literatur- und Kulturzeitschriften als ›kleine Archive‹, in: Internationales Archiv für Sozialgeschichte der deutschen Literatur, Bd. 34, Nr. 2 (2009), S. 1–45.

Frank, S. K., (Un)Sichtbarkeit und Darstellung des Krieges am Anfang des Medienzeitalters. Der Krimkrieg in der russischen Literatur vor dem Hintergrund der Innovationen in der Kriegsberichterstattung in den europäischen Pressemedien, in: G. Maag u. a. (Hg.), Der Krimkrieg als erster europäischer Medienkrieg, Berlin 2010, S. 101–138.

Frisby, D., The Flaneur in Social Theory, in: K. Tester (Hg.), The Flâneur, London 1994, S. 81–110

Fritzsche, P., A Nation of Fliers. German Aviation and the Popular Imagination, Cambridge, Mass. 1992.
- Reading Berlin 1900, Cambridge, Mass. 1996. (Übers. unter dem Titel: Als Berlin zur Weltstadt wurde. Presse, Leser und die Inszenierung des Lebens, Berlin 2008.)
- Talk of the Town. The Murder of Lucie Berlin and the Production of Local Knowledge, in: P. Becker u. a. (Hg.), Criminals and Their Scientists. The History of Criminology in International Perspective, Cambridge 2005, S. 377–398.
- Vagabond in the Fugitive City. Hans Ostwald, Imperial Berlin and the Großstadt-Dokumente, in: Journal of Contemporary History, Bd. 29, Nr. 1 (1994), S. 385–402.

Fuest, L., Poetik des Nicht(s)tuns. Verweigerungsstrategien in der Literatur seit 1800, München 2008.

Gallarotti, G. M., The Anatomy of an International Monetary Regime. The Classical Gold Standard 1880–1914, New York 1995.

Galtung, J. u. M. H. Ruge, The Structure of Foreign News, in: Journal of Peace Research, Bd. 2, Nr. 1 (1965), S. 64–91.

Gamper, M., Masse lesen, Masse schreiben. Eine Diskurs- und Imaginationsgeschichte der Menschenmenge 1765–1930, München 2007.
- u. H. Hühn, Was sind Ästhetische Eigenzeiten?, Hannover 2014.

Gascoigne, J., Science in the Service of Empire. Joseph Banks, the British State and the Uses of Science in the Age of Revolution, Cambridge 2010.

Gebhardt, H., ›Halb kriminalistische, halb erotisch‹: Presse für die ›niederen Instinkte‹. Annäherungen an ein unbekanntes Kapitel deutscher Mediengeschichte, in: K. Maase u. W. Kaschuba (Hg.), Schund und Schönheit. Populäre Kultur um 1900, Köln 2001, S. 184–217.

- Illustrierte Zeitschriften in Deutschland am Ende des 19. Jahrhunderts. Zur Geschichte einer wenig erforschten Pressegattung, in: Buchhandelsgeschichte, N. F. Bd. 2 (1983), S. 41–65.
- Mir fehlt eben ein anständiger Beruf. Leben und Arbeit des Auslandskorrespondenten Hans Tröbst (1891–1939). Materialien zur Sozial- und Kulturgeschichte des deutschen Journalismus im 20. Jahrhundert, Bremen 2007.

Gebhardt, W., Feste, Feiern und Events. Zur Soziologie des Außergewöhnlichen, in: ders. u. a. (Hg.), Events. Eine Soziologie des Außergewöhnlichen, Opladen 2000, S. 17–31.

Geisler, M., Die literarische Reportage in Deutschland. Möglichkeiten und Grenzen eines operativen Genres, Königstein 1982.

Gelberg, B., Auswanderung nach Übersee. Soziale Probleme der Auswandererbeförderung in Hamburg und Bremen von der Mitte des 19. Jahrhunderts bis zum 1. Weltkrieg, Hamburg 1973.

Genette, G., Die Erzählung, München 2010[3].

Geppert, A. u. a., Verräumlichung. Kommunikative Praktiken in historischer Perspektive 1840–1930, in: dies. (Hg.), Ortsgespräche. Raum und Kommunikation im 19. und 20. Jahrhundert, Bielefeld 2005, S. 15–52.

Geppert, A., Fleeting cities. Imperial Expositions in Fin de Siècle Europe, Basingstoke 2010.

Geppert, D., Ambassadors of Democracy. British and German Foreign Correspondents in the Age of High Imperialism, in: ders. u. F. Bösch (Hg.), Journalists as Political Actors. Transfers and Interactions between Britain and Germany since the late 19th Century, Augsburg 2008, S. 35–55.
- Zwischen Nationalisierung und Internationalisierung. Europäische Auslandsberichterstattung um 1900, in: U. Daniel u. A. Schildt (Hg.), Massenmedien im Europa des 20. Jahrhunderts, Köln 2010, S. 203–228.
- Pressekriege. Öffentlichkeit und Diplomatie in den deutsch-britischen Beziehungen 1896–1912, München 2007.

Gerson, S., The Pride of Place. Local Memories und Political Culture in Nineteenth-Century France, Ithaca 2003.

Gidal, T. N., Modern Photojournalism. Origin and Evolution 1910–1933, New York 1973.

Giddens, A., Die Konstitution der Gesellschaft, Frankfurt a. M. 1997[3].
- Konsequenzen der Moderne, Frankfurt a. M. 1995.

Ginzburg, C., Montrer et citer. La verité de l'histoire, in: Le Débat, Bd. 56 (1989), S. 43–54.

Glatzer, R., Berlin wird Kaiserstadt. Panorama einer Metropole, Berlin 1993.

Glunz, C. u. T. F. Schneider (Hg.), Wahrheitsmaschinen. Der Einfluss technischer Innovationen auf die Darstellung und das Bild des Krieges in den Medien und Künsten, Göttingen 2010.

Goffman, E., Wir alle spielen Theater. Die Selbstdarstellung im Alltag [1959], München 2013[13].

Goldammer, P., Fontanes Feder oder »Scherenarbeit«?, in: Schriften der Theodor Storm Gesellschaft, Bd. 47 (1998), S. 107.

Good, H., Acquainted with the Night. The Image of Journalists in American Fiction 1890–1930, Metuchen 1986.
- The Journalist as Autobiographer, Metuchen 1993.

Goodman, M., Eighty Days. Nellie Bly and Elizabeth Bisland's History-Making Race Around the World, New York 2013.

Goodman, N., Ways of Worldmaking, Hassocks 1978.
Gottlieb, A. H., Networking in the Nineteenth Century. Founding of the Woman's Press Club of New York City, in: Journalism History, Bd. 21, Nr. 4 (1995), S. 156–163.
Gough, M., The Pulitzer Air Races. American Aviation and Speed Supremacy, Jefferson 2013.
Gramling, O., AP. The Story of News, New York 1940.
Grawe, C., Von Krieg und Kriegsgeschrei. Fontanes Kriegsdarstellungen im Kontext, in: B. Plett (Hg.), Theodor Fontane. Neue Wege der Forschung, Darmstadt 2007, S. 66–78.
Gray, E. F. (Hg.), Women in Journalism at the Fin de Siècle. Making a Name for Herself, Basingstoke 2012.
Greenblatt, S., Wunderbare Besitztümer. Die Erfindung des Fremden: Reisende und Entdecker, Berlin 1998.
Grey, E., The Noise of Drums and Trumpets. W. H. Russell Reports from the Crimea, London 1971.
Griffith, A., The New Journalism, the New Imperialism and the Fiction of Empire. 1870–1900, Basingstoke 2015.
Großklaus, G., Medien-Bilder. Inszenierung der Sichtbarkeit, Frankfurt a. M. 2004.
– Medien-Zeit – Medien-Raum. Zum Wandel der raumzeitlichen Wahrnehmung in der Moderne, Frankfurt a. M. 1997².
Günter, M., Im Vorhof der Kunst. Mediengeschichten der Literatur im 19. Jahrhundert, Bielefeld 2008 (zugl. Habil.-Schr. Univ. Köln 2006).
Haacke, W., Fontane, Theodor, in: W. Heide (Hg.), Handbuch der Zeitungswissenschaft, Leipzig 1940, Bd. 1, Sp. 1052–1057.
Haas, H., Die Hohe Kunst der Reportage. Wechselbeziehungen zwischen Literatur, Journalismus und Sozialwissenschaften, in: Publizistik. Vierteljahreshefte für Kommunikationsforschung, Jg. 32, Nr. 3 (1987), S. 277–294.
– Empirischer Journalismus. Verfahren zur Erkundung gesellschaftlicher Wirklichkeit, Köln 1999.
– Mediensysteme im Wandel. Struktur, Organisation und Funktion der Massenmedien. Vollständ. überarb. Neuaufl., Wien 2002³.
Haase, F., Die Revolution der Telekommunikation. Die Theorie des telekommunikativen Apriori, Baden-Baden 1996.
– Medien – Codes – Menschenmaschinen. Medientheoretische Studien zum 19. und 20. Jahrhundert, Opladen 1999.
Habermas, J., Strukturwandel der Öffentlichkeit. Untersuchungen zu einer Kategorie der bürgerlichen Gesellschaft, Frankfurt a. M. 1990.
Hachtmann, R., Tourismus-Geschichte, Göttingen 2007.
Hahn, H. H., Scenes of Parisian Modernity. Culture and Consumption in the Nineteenth Century, Basingstoke 2009.
Hahn, T., Bote/Botschaft, in: C. Bartz u. a. (Hg.), Handbuch der Mediologie. Signaturen des Medialen, München 2012, S. 71–77.
– Fluchtlinien des Politischen. Das Ende des Staates bei Alfred Döblin, Köln 2003 (zugl. Diss. Univ. Köln 2003).
– Skandal! Manifeste, Autofahrten und Ohrfeigen, in: J. Grage u. S. M. Schröder (Hg.), Milieus, Akteure, Medien. Zur Vielfalt literarischer Praktiken um 1900, Würzburg 2013, S. 63–80.

Hake, S., Self-Referentiality in Early German Cinema, in: Cinema Journal, Bd. 31, Nr. 3 (1992), S. 37–55.
Hall, R., Stanley. An Adventurer Explored, Boston 1975.
Hall, C. u. S. O. Rose (Hg.), At Home with the Empire. Metropolitan Culture and the Imperial World, Cambridge 2006.
Haller, M., Die Reportage. Ein Handbuch für Journalisten, Konstanz 2008⁶.
Haller, A., Shadows in the Glasshouse. Film Novels in Imperial Germany 1913–1917, in: Film History, Bd. 20, Nr. 2 (2008), S. 164–180.
Hampton, M., Defining Journalists in late-Nineteenth Century Britain, in: Critical Studies in Media Communication, Bd. 22, Nr. 2 (2005), S. 138–155.
Hanebutt-Benz, E.-M., Studien zum Deutschen Holzstich im 19. Jahrhundert, Frankfurt a. M. 1984.
Hannerz, U., Exploring the City. Inquiries Toward an Urban Anthropology, New York 1980.
Harder, M., Reporter und Erzähler. Egon Erwin Kisch und die literarische Reportage, in: Literatur für Leser, Jg. 17, Nr. 4 (1994), S. 157–164.
– Stimmen der Moderne. Berlin in der Lyrik der Jahrhundertwende, in: ders. u. A. Hille (Hg.), ›Weltfabrik Berlin‹. Eine Metropole als Sujet der Literatur. Studien zu Literatur und Landeskunde, Würzburg 2006, S. 35–52.
Hartley, J., Understanding News, London 1995.
Hartsock, J. S., Literary Reportage. The ›Other‹ Literary Journalism, in: J. S. Bak u. B. Reynolds (Hg.), Literary Journalism Across the Globe. Journalistic Traditions and Transnational Influences, Amherst 2011, S. 23–45.
Hauser, S., Der Blick auf die Stadt. Semiotische Untersuchungen zur literarischen Wahrnehmung bis 1910, Berlin 1990 (zugl. Diss. Univ. Berlin 1990).
Hayward, K. J., City Limits. Crime, Consumer Culture and the Urban Experience, London 2004.
Heap, C. C., Slumming. Sexual and Racial Encounters in American Nightlife 1885–1940, Chicago 2009.
Hecken, T., Theorien der Populärkultur. Dreißig Positionen von Schiller bis zu den Cultural Studies, Bielefeld 2007.
Heitger, U., Vom Zeitzeichen zum politischen Führungsmittel. Entwicklungstendenzen und Strukturen der Nachrichtenprogramme des Rundfunks in der Weimarer Republik 1923.1932, Münster 2003 (zugl. Diss. Univ. Münster 1998).
Helmstetter, R., Die Geburt des Realismus aus dem Dunst des Familienblattes. Fontane und die öffentlichkeitsgeschichtlichen Rahmenbedingungen des poetischen Realismus, München 1998.
Hennig, J., Geschichte der Boulevard-Zeitung, in: J.-F. Leonhard u. a. (Hg.), Medienwissenschaft. Ein Handbuch zur Entwicklung der Medien und Kommunikationsformen, 3 Bde., Berlin 1999–2002, Bd. 1, S. 955–964.
Henry, S., Reporting ›deeply and at first hand‹. Helen Campbell in the 19th-Century Slums, in: Journalism History, Bd. 11, Nr. 1/2 (1984), S. 18–25.
Hepp, A., Deterritorialisierung und die Aneignung von Medienidentität. Identität in Zeiten der Globalisierung von Medienkommunikation, in: C. Winter u. a. (Hg.), Medienidentitäten. Identität im Kontext von Globalisierung und Medienkultur, Köln 2003, S. 94–119.
Herlihy, D. M., Bicycle. The History, New Haven 2004.

Hesse, S., Kamera-Auge und Spürnase. Der Detektiv im frühen deutschen Kino, Basel 2003.
Hessler, M., Vernetzte Wissensräume, in: Technikgeschichte, Bd. 70, Nr. 4 (2003), S. 235–254.
Heynen, R., Literarische Montage als Organon der Geschichte. Walter Benjamins monadologische Geschichtsschreibung und die Schriften Theodor Fontanes zum Preußisch-Französischen Krieg, in: V. Borsò u. a. (Hg.), Medialität und Gedächtnis. Interdiziplinäre Beiträge zur kulturellen Verarbeitung europäischer Krisen, Stuttgart 2001, S. 155–190.
Hibbert, C., The Illustrated London News. Social History of Victorian Britain, London 1975.
Hiebler, H., Hugo von Hofmannsthal und die Medienkultur der Moderne, Würzburg 2003 (zugl. Diss. Univ. Graz 2001).
Higgins, R., London on Stage. The Urban Melodrama of George Sims, in: Literary London, Bd. 4, Nr. 1 (2006). URL: http://www.literarylondon.org/london-journal/march2006/higgins.html (Stand: 10.01.2014).
Hillerich, S., Der Verein der ausländischen Presse zu Berlin: »Ritter der Feder« oder »nichtamtliche Diplomaten«?, in: Zeitschrift für Geschichtswissenschaft, Jg. 62, Nr. 5 (2014), S. 398–410.
Hochmuth, A., Kommt Zeit, kommt Rad. Eine Kulturgeschichte des Radfahrens, Wien 1991.
Hoffmann, N., Photographie, Malerei und visuelle Wahrnehmung bei Theodor Fontane, Berlin 2011.
Höhne, S. u. T. Opitz, Ein Passagier und Gentleman im sich globalisierenden 19. Jahrhundert. Der zirkuläre Exodus Phileas Foggs *In achtzig Tagen um die Welt*, in: M. Neumann u. K. Stüssel (Hg.), Magie der Geschichten. Weltverkehr, Literatur und Anthropologie in der zweiten Hälfte des 19. Jahrhunderts, Konstanz 2011, S. 217–237.
Holiczki, W., Die Entwicklung der Gerichtsberichterstattung in der Wiener Tagespresse von 1848 bis zur Jahrhundertwende, Wien 1972.
Holzer, A. (Hg.), Mit der Kamera bewaffnet. Krieg und Fotografie, Marburg 2003.
– Rasende Reporter. Eine Kulturgeschichte des Foto-Journalismus. Fotografie, Presse und Gesellschaft in Österreich 1890–1945, Darmstadt 2014.
Homberg, M., Augenblicksbilder. Kurznachrichten und die Tradition der *faits divers* bei Kleist, Fénéon und Kluge, in: M. Gamper u. R. Mayer (Hg.), Kurz & Knapp. Zur Mediengeschichte kleiner Formen vom 17. Jahrhundert bis zur Gegenwart, Bielefeld 2017, S. 119–139.
– oben/unten, in: G. Butzer u. J. Jacob (Hg.), Metzler Lexikon literarischer Symbole, Stuttgart 2012², S. 301 f.
– u. M. Günter, ›cut & paste‹ im ›Archiv der Massenmedien‹? Fontanes *Unechte Korrespondenzen* und die Poesie der Zeitung, in: D. Gretz u. N. Pethes (Hg.), Archiv/Fiktionen. Verfahren des Archivierens in Literatur und Kultur des langen 19. Jahrhunderts, Freiburg, Breisgau 2016, S. 233–254.
Høyer, S., Journalists. Professional Associations, in: W. Donsbach (Hg.), The International Encyclopedia of Communication, Oxford 2008, Bd. 6, S. 2601–2604.
– Newspapers without Journalists, in: Journalism Studies, Jg. 4, Nr. 4 (2003), S. 451–463.

- Old and New Journalism in the London press. The 1880s and 1890s, in: ders. u. H. Pöttker (Hg.), Diffusion of the News Paradigm 1850–2000, Gothenburg 2005, S. 65–72.
- Rumours of Modernity, in: M. Broersma (Hg.), Form and Style in Journalism. European Newspapers and the Representation of News 1880–2005, Leuven 2007, S. 27–46.
- u. E. Lauk, The Paradoxes of the Journalistic Profession, in: Nordicom Review, Bd. 24, Nr. 2 (2008), S. 3–18.

Hudson, R. (Hg.), William Howard Russell. Special Correspondent of *The Times*, London 1995.

Huffman, J. L., Creating a Public. People and Press in Meiji Japan, Honolulu 1997.

Hügel, H.-O., Lob des Mainstreams. Zu Begriff und Geschichte von Unterhaltung und populärer Kultur, Köln 2007.

Hülk, W., *Fait divers* und *storytelling*. Verhandlungen zwischen Presse und Literatur, in: dies. u. G. Schuhen (Hg.), Haussmann und die Folgen. Vom Boulevard zur Boulevardisierung, Tübingen 2012, S. 53–66.

Jacobi, J., Journalisten im literarischen Text. Studien zum Werk von Karl Kraus, Egon E. Kisch und Franz Werfel, Frankfurt a. M. 1989 (zugl. Diss. Univ. München 1988).

Jaeger, F. u. a. (Hg.), Handbuch Moderneforschung, Stuttgart 2015.

Jäger, J., Fotografie und Geschichte, Frankfurt a. M. 2009.

Jäger, G., Geschichte des deutschen Buchhandels, 3 Bde., Bd. 1.3: Das Kaiserreich 1871–1918. Teil 3, Berlin 2010.

Jakobi, C., Reportage, in: D. Lamping (Hg.), Handbuch der literarischen Gattungen, Stuttgart 2009, S. 601–605.

Jansen, W., Das Varieté. Die glanzvolle Geschichte einer unterhaltenden Kunst, Berlin 1990.

Jansson, A., Texture and Fixture. Understanding Urban Communication Geographies. [Konferenzpaper] ESF-LiU Conference »Cities and Media.« Vadstena 2006. URL: www.ep.liu.se/ecp/020/ (Stand: 20.10.2013).

Jauss, F. u. J. Wilke, B. Z. am Mittag. Deutschlands erste Boulevardzeitung, in: Jahrbuch für Kommunikationsgeschichte, Bd. 14 (2012), S. 58–96.

Jeal, T., Stanley. The Impossible Life of Africa's Greatest Explorer, London 2007.

Jenkins, H., The Aesthetics of Transmedia. URL: http://henryjenkins.org/2009/09/the_aesthetics_of_transmedia_i_1.html (Stand: 12.10.2014).

Jenkins, J. L., Provincial Modernity. Local Culture and Liberal Politics in Fin de Siècle Hamburg, Ithaca 2003.

Jewkes, Y., Media and Crime, London 2011[2].

Jolles, A., Einfache Formen. Legende, Sage, Mythe, Rätsel, Spruch, Kasus, Memorabile, Märchen, Witz, Tübingen 1982[6].

Jolles, C., Theodor Fontane als Essayist und Journalist, in: Jahrbuch für internationale Germanistik, Jg. 7, Nr. 2 (1975), S. 98–119.

Jonscher, N., Lokale Publizistik. Theorie und Praxis der örtlichen Berichterstattung. Ein Lehrbuch, Opladen 1995.

Jost, H., Selbst-Verwirklichung und Seelensuche. Zur Bedeutung des Reiseberichts im Zeitalter des Massentourismus, in: P. J. Brenner (Hg.), Der Reisebericht. Die Entwicklung einer Gattung in der deutschen Literatur, Frankfurt a. M. 1989, S. 490–507.

Juergens, G., Joseph Pulitzer and the *New York World*, Princeton 1966.

Jullien, D., Anecdotes, Faits divers, and the Literary, in: SubStance, Bd. 38, Nr. 1 (2009), S. 66–76.
Kaelble, H., Die interdisziplinären Debatten über Vergleich und Transfer, in: ders. u. J. Schriewer (Hg.), Vergleich und Transfer. Komparatistik in den Sozial-, Geschichts- und Kulturwissenschaften, Frankfurt a. M. 2003, S. 469–493.
Kahn, E. J. Jr., The *World* of Swope, New York 1965.
Kalifa, D., Archeologie de l'apachisme. Les représentations des Peaux-Rouges dans la France du XIXe siècle, in: Revue d'Histoire de l'Enfance ›irrégulière‹, Bd. 4 (2002), S. 19–37.
- Crime et culture au XIXe siècle, Paris 2005.
- Crimes, fait divers et culture populaire à la fin du XIXe siècle, in: Genèses, Bd. 19, Nr. 1 (1995), S. 68–82.
- Das Gegenstück des Boulevards. *La tournée des grands-ducs* und der Elendstourismus, in: W. Hülk u. G. Schuhen (Hg.), Haussmann und die Folgen. Vom Boulevard zur Boulevardisierung, Tübingen 2012, S. 67–80.
- L'encre et le sang. Récits de crimes et de la société à la Belle Époque, Paris 1995.
- Les bas-fonds. Histoire d'un imaginaire, Paris 2013.
- Les tâcherons de l'information. Petits reporters et fait divers à la Belle Époque, in: Revue d'Historie Moderne et Contemporaine, Jg. 40, Nr. 4 (1993), S. 578–603.
- Policier, détective, reporter. Trois figures de l'enquêteur dans la France de 1900, in: Mil Neuf Cent. Revue d'Histoire Intellectuelle, Jg. 22, Nr. 1 (2004), S. 15–28.
Kamath, M. V., Professional Journalism, Noida 1980.
Kauffmann, K. u. E. Schütz (Hg.), Die lange Geschichte der Kleinen Form. Beiträge zur Feuilletonforschung, Berlin 2000.
Keeble, R. L. u. J. Tulloch (Hg.), Global Literary Journalism. Exploring the Journalistic Imagination, 2 Bde. Bd. 1: New York 2012. Bd. 2: New York 2014.
- u. S. Wheeler (Hg.), Journalistic Imagination. Literary Journalists from Defoe to Capote and Carter, London 2007.
Keller, R., Der menschliche Faktor, in: ders. u. a. (Hg.), Diskurs – Macht – Subjekt. Theorie und Empirie von Subjektivierung in der Diskursforschung, Wiesbaden 2012, S. 69–108.
- Wandel von Diskursen – Wandel durch Diskurse, in: A. Landwehr (Hg.), Diskursiver Wandel, Wiesbaden 2010, S. 69–87.
- Wissenssoziologische Diskursanalyse. Grundlegung eines Forschungsprogramms, Wiesbaden 2011³.
Keller, U., Authentizität und Schaustellung. Der Krimkrieg als erster Medienkrieg, in: A. Holzer (Hg.), Mit der Kamera bewaffnet. Krieg und Fotografie, Marburg 2003, S. 21–38.
- The Ultimate Spectacle. A *Visual* History of the Crimean War, Amsterdam 2001.
Kemper, J. u. A. Vogelpohl (Hg.), Lokalistische Stadtforschung, kulturalisierte Städte. Zur Kritik einer ›Eigenlogik der Städte‹, Münster 2011.
Kepplinger, H. M., Realitätskonstruktionen, Wiesbaden 2011.
- u. U. Hartung, Störfall-Fieber. Wie ein Unfall zum Schlüsselereignis einer Unfallserie wird, Freiburg, Breisgau 1995.
Kerby, M. C., Sir Philip Gibbs and English Journalism in War and Peace, Basingstoke 2015.
Kern, S., The Culture of Time and Space 1880–1918, Cambridge, Mass. 2003.

Kernmeyer, H., ›Unsterblichkeit eines Tages‹ oder ›interdiskursives Sprachspiel‹? Gattungshistorisches und Gattungstheoretisches zur Frage: Was ist ein Feuilleton?, in: S. P. Scheichl (Hg.), Feuilleton – Essay – Aphorismus. Nicht-fiktionale Prosa in Österreich, Innsbruck 2008, S. 45–66.
- u. a., Perspektiven der Feuilletonforschung, in: Zeitschrift für Germanistik, N. F. Bd. 22, Nr. 3 (2012), S. 494–508.

Kessler, F. u. a. (Hg.), KINtop – Jahrbuch zur Erforschung des frühen Films, Bd. 1, Basel 1993

Kift, D. (Hg.), Kirmes – Kneipe – Kino. Arbeiterkultur im Ruhrgebiet zwischen Kommerz und Kontrolle 1850–1914, Paderborn 1992.

Kinnebrock, S., Frauen und Männer im Journalismus. Eine historische Betrachtung, in: M. Thiele (Hg.), Konkurrenz der Wirklichkeiten, Göttingen 2005, S. 101–132.

Kittler, F. A., Aufschreibesysteme 1800–1900. Überarb. Neuaufl., München 2003[4].
- Gramophone, Film, Typewriter, Stanford 1999.
- Im Telegrammstil, in: H. U. Gumbrecht u. K. L. Pfeiffer (Hg.), Stil. Geschichten und Funktionen eines kulturwissenschaftlichen Diskurselements, Frankfurt a. M. 1986, S. 358–370.

Klamm, S., Retusche, Zensur und Manipulation. Gedruckte Fotografie im Ersten Weltkrieg, in: I. Ziehe u. U. Hägele (Hg.), Gedruckte Fotografie. Abbildung, Objekt und mediales Format, Münster 2015, S. 45–55.

Klaschka, S., Die chinesische Reportageliteratur. Das Genre *baogao wenxue* und seine politisch-gesellschaftlichen Bezüge, Wiesbaden 1998 (zugl. Habil.-Schr. Univ. Erlangen/Nürnberg 1997).

Klaus, E., Jenseits der Grenzen. Die problematische Unterscheidung zwischen Fakt und Fiktion, in: J. K. Bleicher u. B. Pörksen (Hg.), Grenzgänger. Formen des New Journalism, Wiesbaden 2004, S. 100–125.

Klein, L. u. A. Steinsieck, Geschichte der Kriegsberichterstattung im 20. Jahrhundert. Strukturen und Erfahrungszusammenhänge aus der akteurszentrierten Perspektive. URN: http://nbn-resolving.de/urn:nbn:de:0168-ssoar-260282 (Stand: 01.07.2014).

Klopfer, N., Die Balkone von New Orleans. Städtischer Raum und lokale Identität um 1900, Bielefeld 2013.

Knaller, S. u. H. Müller, Einleitung. Authentizität und kein Ende, in: dies. (Hg.), Authentizität. Diskussion eines ästhetischen Begriffs, München 2006, S. 7–16.

Knightley, P., The First Casualty. The War Correspondent as Hero and Myth-Maker from the Crimea to Iraq, Baltimore 2004.

Knoch, H., Schwellenräume und Übergangsmenschen. Öffentliche Kommunikation in der modernen Großstadt 1880–1930, in: A. Geppert u. a. (Hg.), Ortsgespräche. Raum und Kommunikation im 19. und 20. Jahrhundert, Bielefeld 2005, S. 257–285.
- u. D. Morat, Medienwandel und Gesellschaftsbilder (1880–1960). Zur historischen Kommunikologie der massenmedialen Sattelzeit, in: dies. (Hg), Kommunikation als Beobachtung. Medienwandel und Gesellschaftsbilder 1880–1960, München 2003, S. 9–33.

Koch, T., The News as Myth. Fact and Context in Journalism, New York 1990.

Koch, U. E., Berliner Presse und europäisches Geschehen 1871, Berlin 1978.
- Macht und Ohnmacht der Presse um 1848, in: D. Dowe u. a. (Hg.), Europa 1848. Revolution und Reform, Bonn 1998, S. 771–812.

Koenen, E., Mediennutzung im Medienwandel. Von der Entfesselung der Massenpresse bis zum ersten Plurimedialisierungsschub der Medienkommunikation in den 1920er Jahren. Erkundung eines kommunikationshistorischen Forschungsfeldes, in: S. Kinnebrock u. a. (Hg.), Theorien des Medienwandels, Köln 2015, S. 189–210.

Kogler, K., Telegrammstil. Zur medientechnischen Genese und Differenzierung eines Sprachstils, in: Zeitschrift für deutsche Philologie, Bd. 118 – Sonderh. (1999), S. 3–24.

Köhn, E., Straßenrausch. Flanerie und kleine Form. Versuch zur Literaturgeschichte des Flaneurs bis 1933, Berlin 1989 (zugl. Diss. Univ. Münster 1985).

Kohnen, R., Die Pressepolitik des Deutschen Bundes. Methoden staatlicher Pressepolitik nach der Revolution von 1848, Tübingen 1995.

König, T., Die andere Seite der Gesellschaft. Die Erforschung des Sozialen, in: M. Frizot (Hg.), Neue Geschichte der Fotografie, Köln 1998, S. 346–357.

König, J.-G., Die Geschichte des Automobils, Stuttgart 2010.

Köppen, M., Das Entsetzen des Beobachters. Krieg und Medien im 19. und 20. Jahrhundert, Heidelberg 2005 (zugl. Habil.-Schr. Univ. Berlin 2004).

– Im Krieg gegen Frankreich. Korrespondenten an der Front. 1870 vor Paris – 1916 an der Westfront – 1940 im Blitzkrieg, in: B. Korte u. H. Tonn (Hg.), Kriegskorrespondenten. Deutungsinstanzen in der Mediengesellschaft, Wiesbaden 2007, S. 59–76.

Korff, G., ›Die Stadt aber ist der Mensch …‹, in: ders. u. R. Rürup (Hg.), Berlin, Berlin. Die Ausstellung zur Geschichte der Stadt, Berlin 1987, S. 643–663.

– Mentalität und Kommunikation in der Großstadt. Berliner Notizen zur inneren Urbanisierung, in: T. Kohlmann u. H. Bausinger (Hg.), Großstadt. Aspekte empirischer Kulturforschung, Berlin 1985, S. 343–361.

Korte, B., Represented Reporters. Images of War Correspondents in Memoirs and Fiction, Bielefeld 2009.

– u. H. Tonn (Hg.), Kriegskorrespondenten. Deutungsinstanzen in der Mediengesellschaft, Wiesbaden 2007.

Koschorke, A., Wahrheit und Erfindung. Grundzüge einer allgemeinen Erzähltheorie, Frankfurt a. M. 2013³.

Koselleck, R., Darstellung, Ereignis und Struktur, in: G. Schulz (Hg.), Geschichte heute. Positionen, Tendenzen und Probleme, Göttingen 1973, S. 307–317.

Kostenzer, C., Die literarische Reportage. Über eine hybride Form zwischen Journalismus und Literatur, Innsbruck 2009.

Koszyk, K., Deutsche Pressepolitik im Ersten Weltkrieg, Düsseldorf 1968 (zugl. z. T. Habil.-Schr. Univ. Berlin 1968).

– Entwicklung der Kommunikationskontrolle 1914–1918, in: H.-D. Fischer (Hg.), Pressekonzentration und Zensurpraxis im Ersten Weltkrieg, Berlin 1973, S. 152–193.

Kött, M., Das Interview in der französischen Presse. Geschichte und Gegenwart einer journalistischen Textsorte, Tübingen 2004.

Koven, S., Slumming. Sexual and social politics in Victorian London, Princeton 2004.

Krämer, S., Zum Paradoxon von Zeugenschaft im Spannungsfeld von Personalität und Depersonalisierung, in: M. Rössner u. H. Uhl (Hg.), Renaissance der Authentizität. Über die neue Sehnsucht nach dem Ursprünglichen, Bielefeld 2012, S. 15–26.

Krause, M. u. a., Einleitung, in: dies. (Hg.), The Parallax View. Zur Mediologie der Verschwörung, München 2012, S. 9–42.

Kreimeier, K., Kriegsfotografie, in: W. Wende (Hg.), Krieg und Gedächtnis. Ein Ausnahmezustand im Spannungsfeld kultureller Sinnkonstruktionen, Würzburg 2005, S. 285–305.

Krings, D., Theodor Fontane als Journalist. Selbstverständnis und Werk, Köln 2008 (zugl. Diss. Univ. Dortmund 2008).

Kroeger, B., Nellie Bly. Daredevil, Reporter, Feminist, New York 1994.

– Undercover Reporting. The Truth about Deception, Evanston (Illinois) 2012.

Kubka, J. u. K. Nordenstreng, The Shaping of International Cooperation, in: dies. (Hg.), Useful Recollections. Excursion into the History of the International Movement of Journalists, 2 Bde., Prag 1986–1988, Bd. 1, S. 41–84.

Kunde, O., Geschichte des modernen Fotojournalismus 1850–1990, Hamburg 2014.

Kuprel, D., Literary Reportage: Between and Beyond Art and Fact, in: M. Cornis-Pope u. J. Neubauer (Hg.), History of the Literary Cultures of East-Central Europe. Junctures and Disjunctures in the 19th and 20th Centuries, Amsterdam 2004, Bd. 1, S. 375–385.

Kürbisch, F. A., Einleitung, in: ders. (Hg.), Erkundungen in einem unbekannten Land. Sozialreportagen von 1945 bis heute, Berlin 1988, S. 7–17.

Kutsch, A., Journalismus als Profession. Überlegungen zum Beginn des journalistischen Professionalisierungsprozesses in Deutschland am Anfang des 20. Jahrhunderts, in: A. Blome u. H. Böning (Hg.), Presse und Geschichte. Leistungen und Perspektiven der historischen Presseforschung, Bremen 2008, S. 289–325.

– Max Webers Anregung zur empirischen Journalismusforschung. Die ›Zeitungsenquête‹ und eine Redakteursumfrage, in: Publizistik. Vierteljahreshefte für Kommunikationsforschung, Jg. 33, Nr. 1 (1988), S. 5–31.

– Professionalisierung durch akademische Ausbildung. Zu Karl Büchers Konzeption für eine universitäre Journalistenausbildung, in: T. Eberwein u. D. Müller (Hg.), Journalismus und Öffentlichkeit. Eine Profession und ihr gesellschaftlicher Auftrag. Festschrift für Horst Pöttker, Wiesbaden 2010, S. 427–453.

Lach, R., Zeitung, in: J. Dünne u. a. (Hg.), Weltnetzwerke – Weltspiele: Jules Vernes *In 80 Tagen um die Welt*, Paderborn 2013, S. 51–53.

Landwehr, A., Historische Diskursanalyse, Frankfurt a. M. 2008³.

Langenbucher, W. R., ›Poetik‹ des Journalismus? Ein Plädoyer, in: ders. (Hg.), Sich aus der Flut des Gewöhnlichen herausheben. Die Kunst der großen Reportage, Wien 2001, S. 9–12.

Latour, B., Wir sind nie modern gewesen. Versuch einer symmetrischen Anthropologie, Frankfurt a. M. 2008.

Laughlin, C. A., Chinese Reportage. The Aesthetics of Historical Experience, Durham 2002.

– Narrative Subjectivity and the Production of Social Space in Chinese Reportage, in: R. Chow (Hg.), Modern Chinese Literary and Cultural Studies in the Age of Theory. Reimagining a Field, Durham 2000, S. 26–47.

Lauster, M., Sketches of the Nineteenth Century. European Journalism and its Physiologies 1830–1850, Basingstoke 2007.

Lee-Wright, P., The Documentary Handbook, London 2010.

Lee, A. J., The Origins of the Popular Press in England 1855–1914, London 1980.

Lee, C. H., British Regional Employment Statistics 1841–1971, Cambridge 1979.

Lees, A., Cities, Sin and Social Reform in Imperial Germany, Ann Arbor 2002.

LeMahieu, D. L., A Culture for Democracy. Mass Communication and the Cultivated Mind in Britain between the Wars, Oxford 1988.
Lenger, F., Metropolen der Moderne. Eine europäische Stadtgeschichte seit 1850, München 2013.
- Stadtgeschichten. Deutschland, Europa und die USA seit 1800, Frankfurt a. M. 2009.
- Towards an Urban Nation. Germany since 1780, Oxford 2002.
- u. A. Nünning: Einleitung. Medienereignisse der Moderne, in: dies. (Hg.), Medienereignisse der Moderne, Darmstadt 2008, S. 7–13.
Lengermann, P. M. u. J. Niebrugge, The Meaning of ›Things‹. Theory and Method in Harriet Martineau's *How to Observe Moral and Manners* (1838) and Émile Durkheim's *The Rules of Sociological Method* (1895), in: M. R. Hill u. a. (Hg.), Harriet Martineau. Theoretical and Methodological Perspectives, London 2001, S. 75–98.
Lenk, C., Die Erscheinung des Rundfunks. Einführung und Nutzung eines neuen Mediums 1923–1932, Opladen 1997.
Leonhardt, N., Piktoral-Dramaturgie. Visuelle Kultur und Theater im 19. Jahrhundert 1869–1899, Bielefeld 2007.
Letourneux, M., Les ›mystères urbains‹. Expression d'une modernité énigmatique. [Konferenzpaper] »Alla Ricerca delle Radici Popolari della Cultura Europea. Looking for the Roots of European Popular Culture.« Bologna 2009. URL: http://hal.archives-ouvertes.fr/docs/00/64/52/12/PDF/MystA_res_urbains_-_article.pdf (Stand: 03.12.2013).
Lima, E. P., A Century of Nonfiction Solitude. A Survey of Brazilian Literary Journalism, in: J. S. Bak u. B. Reynolds (Hg.), Literary Journalism Across the Globe. Journalistic Traditions and Transnational Influences, Amherst 2011, S. 162–183.
Lindner-Wirsching, A., Patrioten im Pool. Deutsche und französische Kriegsberichterstatter im Ersten Weltkrieg, in: U. Daniel (Hg.), Augenzeugen. Kriegsberichterstattung vom 18. zum 21. Jahrhundert, Göttingen 2006, S. 113–140.
Lindner, R., Die Entdeckung der Stadtkultur. Soziologie aus der Erfahrung der Reportage. Neuaufl., Frankfurt a. M. 2007.
- Urban Anthropology, in: H. Berking u. M. Löw (Hg.), Die Wirklichkeit der Städte, Baden-Baden 2005, S. 55–66.
- Walks on the Wild Side. Eine Geschichte der Stadtforschung, Frankfurt a. M. 2007.
Link, J. u. U. Link-Heer, Diskurs/Interdiskurs und Literaturanalyse, in: Zeitschrift für Literaturwissenschaft und Linguistik, Jg. 20, Nr. 77 (1990), S. 88–99.
Lipton, P., Epistemology of Testimony, in: Studies in the History and Philosophy of Science, Bd. 29, Nr. 1 (1998), S. 1–31.
Loiperdinger, M. u. L. Vogl-Bienek (Hg.), Lichtspiele und Soziale Frage. Screening the Poor 1888–1914, München 2011[2] (= DVD, hg. v. DFI, Frankfurt a. M. u. a. Edition Filmmuseum – Materialsammlung).
Löw, M., Soziologie der Städte, Frankfurt a. M. 2008.
Lu, S., From Historicity to Fictionality. The Chinese Poetics of Narrative, Stanford 1994.
Luhmann, N., Die Gesellschaft der Gesellschaft, 2 Bde., Frankfurt a. M. 1998.
- Die Kunst der Gesellschaft, Frankfurt a. M. 1997.
- Die Realität der Massenmedien, Wiesbaden 2009[4].
Lüsebrink, H.-J., Interkulturelle Kommunikation. Interaktion, Fremdwahrnehmung, Kulturtransfer, Stuttgart 2012[3].

Lutes, J.-M., Front-Page Girls. Women Journalists in American Culture and Fiction 1880–1930, Ithaca 2006.
Lyall, F., International Communications. The International Telecommunication Union and the Universal Postal Union, Burlington 2011.
M'Sili, M., Le fait divers en république. Histoire sociale de 1870 à nos jours, Paris 2001.
Maase, K., Was macht Populärkultur politisch?, Wiesbaden 2010.
- Grenzenloses Vergnügen. Der Aufstieg der Massenkultur 1850–1970, Frankfurt a. M. 2007[4].
- u. W. Kaschuba (Hg.), Schund und Schönheit. Populäre Kultur um 1900, Köln 2001.
MacGill Hughes, H., News and the Human-Interest Story, Chicago 1940.
MacLeod, J., Ellis Asmead-Bartlett, War Correspondence and the First World War, in: F. A. Fisken u. Y. McEwen (Hg.), War, Journalism and History. War Correspondents in the Two World Wars, Frankfurt a. M. 2012, S. 31–48.
Macias, J., Die Entwicklung des Bildjournalismus, München 1990.
Maier, M. u. a., Nachrichtenwerttheorie, Baden-Baden 2010.
Malik, M., Journalismusjournalismus. Funktionen, Strukturen und Strategien der journalistischen Selbstthematisierung, Wiesbaden 2004.
Markovits, S., ›Participatory Journalism‹ during the Crimean War, in: Victorian Studies, Bd. 50, Nr. 4 (2008), S. 559–586.
Marten-Finnis, S. u. M. Winkler, Zur Einführung: Presse und Stadt, in: dies. (Hg.), Presse und Stadt, Bremen 2009, S. 11–24.
Martin, M., Contribution à l'historie des journalistes. Unpubliz. Diss. Univ. Paris 1992.
- Journalistes Parisiens et notoriété. Pour une Histoire Sociale du journalisme, in: Revue Historique, Bd. 266, Nr. 1 (1981), S. 31–74.
- ›La grande famille‹. L'Association des Journalistes Parisiens (1885–1939), in: Revue Historique, Bd. 275, Nr. 1 (1986), S. 129–157.
- Médias et journalistes de la république, Paris 1997.
- Les grands reporters. Les débuts du journalisme moderne, Paris 2005.
- Les journalistes retraités de la république, in: Bulletin du Centre d'Histoire de la France Contemporaine, Bd. 7 (1986), S. 175–195.
- Profession et idéologie. Le journalisme français à la fin du XIXè siècle, in: Recherches Contemporaines, Bd. 1 (1993), S. 5–25.
- Structures de sociabilité dans la presse. Les associations de journalistes en France à la fin du XIXe siècle (1880–1910), in: F. Thélamon (Hg.), Sociabilité, pouvoirs et sociéte. Actes du colloque de Rouen 1983, Rouen 1987, S. 497–509.
Martin, M., La couverture internationale du Siège de Paris (1870–1871) dans la presse illustrée, in: Autour de Vallès, Bd. 40 (2010), S. 73–85.
Martínez, M. u. M. Scheffel, Einführung in die Erzähltheorie. Erw. u. aktualis. Ausg., München 2012[9].
Marx, P. W., Ein Theatralisches Zeitalter. Bürgerliche Selbstinszenierungen um 1900, Tübingen 2008.
Marzolf, M., American ›New Journalism‹ Takes Root in Europe at End of 19th Century, in: Journalism Quaterly, Jg. 61, Nr. 3 (1984), S. 529–536; 691.
- The American ›New Journalism‹ and the Europeans. A Paper presented in the AEJMC History Division's ›Studies in Intellectual History – Journalists‹ Visions of Journalism‹ Session. 1983. URL: http://files.eric.ed.gov/fulltext/ED229774.pdf (Stand: 10.01.2015).

Matejovski, D., Metropolen. Laboratorien der Moderne, Frankfurt a. M. 2000.
Matheson, D., The Birth of News Discourse, in: Media, Culture & Society, Bd. 22, Nr. 5 (2000), S. 557–573.
Maurin, J.-L., Combattre et informer. L'armée française et les médias pendant la Première Guerre Mondiale, Talmont-Saint-Hilaire 2009.
– Les ›Missions de Presse‹ près l'armée française pendant la Première Guerre mondiale, in: Guerres Mondiales et Conflits Contemporains, Bd. 164 (1991), S. 27–47.
McDonald, P., British Literary Culture and Publishing Practice 1880–1914, Cambridge 1997.
McLaughlin, J., Writing the Urban Jungle. Reading Empire in London from Doyle to Eliot, Charlottesville 2000.
McLuhan, M., Die magischen Kanäle. Understanding Media, Düsseldorf 1992.
– The global village. Der Weg der Mediengesellschaft in das 21. Jahrhundert, New York 2001.
McLynn, F., Stanley. Dark Genius of African Exploration, 2 Bde. Bd. 1: The Making of an African Explorer. [1989] Bd. 2: Sorcerer's Apprentice [1991], London 2004.
Mead, G. H., The Nature of Aesthetic Experience, in: International Journal of Ethics, Bd. 36 (1926), S. 382–292.
Mehrkens, H., Statuswechsel. Kriegserfahrung und nationale Wahrnehmung im Deutsch-Französischen Krieg 1870/71, Essen 2008.
Meierhofer, C., Alles neu unter der Sonne. Das Sammelschrifttum der Frühen Neuzeit und die Entstehung der Nachricht, Würzburg 2010 (zugl. Diss. Univ. Bremen 2008).
– u. J. Wörner, Der Weltkrieg und das Populäre. Ein interdisziplinärer Vorschlag, in: dies. (Hg.), Materialschlachten. Der Erste Weltkrieg und seine Darstellungsressourcen in Literatur, Publizistik und populären Medien 1899–1929, Göttingen 2015, S. 9–63.
Mendelssohn, P. de, Zeitungsstadt Berlin. Menschen und Mächte in der Geschichte der deutschen Presse, Berlin 1959.
Meyen, M. u. M. Löblich (Hg.), Klassiker der Kommunikationswissenschaft. Fach- und Theoriegeschichte in Deutschland, Konstanz 2006.
Milton, J., The Yellow Kids. Foreign Correspondents in the Heyday of Yellow Journalism, New York 1989.
Mitchell, W. J. T., Bildtheorie, hg. v. G. Frank, Frankfurt a. M. 2008.
– Was ist ein Bild?, in: V. Bohn (Hg.), Bildlichkeit. Internationale Beiträge zur Poetik, Frankfurt a. M. 1990, S. 17–68.
Mitterand, H. (Hg.), Emile Zola. Carnets d'enquêtes. Une ethnographie inédite de la France, Paris 2005.
Mittler, B., A Newspaper for China? Power, Identity and Change in Shanghai's News Media 1872–1912, Cambridge, Mass. 2004.
Moebius, S., Diskurs – Ereignis – Subjekt. Diskurs- und Handlungstheorie in Ausgang einer poststrukturalistischen Sozialwissenschaft, in: R. Keller u. a. (Hg.), Die diskursive Konstruktion von Wirklichkeit, Konstanz 2005, S. 127–148.
Monteath, P., The Spanish Civil War and the Aesthetics of Reportage, in: D. Bevan (Hg.), Literature and War, Amsterdam 1989, S. 69–86.
Mosser, J., What's Gonzo about Gonzo Journalism?, in: Literary Journalism Studies, Bd. 4, Nr. 1 (2012), S. 85–90.

Mott, F. L., American Journalism. A History of Newspapers in the United States through 260 years. 1690–1950. Rev. Ed., New York 1953.
- A History of American Magazines, 5 Bde., Cambridge, Mass. 1957.
Motte, D. de la, u. J. M. Przyblyski (Hg.), Making the News. Modernity and the Mass Press in Nineteenth Century France, Amherst 1999.
Muhs, R., Max Schlesinger und Jakob Kaufmann. Gegenspieler und Freunde Fontanes, in: ders. u. P. Alter (Hg.), Exilanten und andere Deutsche in Fontanes London, Stuttgart 1996, S. 292–326.
- ›Unechte Korrespondenzen‹ – aber alles echter Fontane?, in: Fontane Blätter, Bd. 64 (1997), S. 200–220
Müller-Tamm, J. u. a., Empirische Ästhetik um 1900. Zur Einführung, in: dies. (Hg.), Gefühl und Genauigkeit. Empirische Ästhetik um 1900, München 2014, S. 7–23.
Müller, C., Der frühe Film, das frühe Kino und seine Befürworter, in: K. Maase u. W. Kaschuba (Hg.), Schund und Schönheit. Populäre Kultur um 1900, Köln 2001, S. 62–91.
Müller, D., Gefährliche Fahrten. Das Automobil in Literatur und Film um 1900, Würzburg 2004 (zugl. Diss. Univ. Berlin 2002).
Müller, J.-D., Evidentia und Medialität. Zur Ausdifferenzierung von Evidenz in der Frühen Neuzeit, in: G. Wimböck u. a. (Hg), Evidentia. Reichweiten visueller Wahrnehmung in der Frühen Neuzeit, Berlin 2007, S. 59–84.
Müller, P., Auf der Suche nach dem Täter. Die öffentliche Dramatisierung des Verbrechens im Berlin des Kaiserreichs, Frankfurt a. M. 2005 (zugl. Diss. EHI Florenz 2004).
- Öffentliche Ermittlungen und ihre Aneignungen im urbanen Raum. Verbrecherjagden im Berlin des Kaiserreichs, in: A. Geppert u. a. (Hg.), Ortsgespräche. Raum und Kommunikation im 19. und 20. Jahrhundert, Bielefeld 2005, S. 231–256.
Müller, P., Erkenntnis und Erzählung. Ästhetische Geschichtsdeutung in der Historiographie von Ranke, Burckhardt u. Taine, Köln 2008 (zugl. Diss. Univ. Berlin 2006).
Müller, S., Wiring the World. The Social and Cultural Creation of Global Telegraph Networks, New York 2016 (zugl. Diss. Univ. Berlin 2012).
Munz-Krines, M., Expeditionen ins Eis. Historische Polarreisen in der Literatur, Frankfurt a. M. 2009 (zugl. Diss. Univ. Bamberg 2008).
Nagel, F., Anfänge der Bildreportage. Zeichner und Fotografen im Krimkrieg, in: U. Krass (Hg.), Was macht die Kunst? Aus der Werkstatt der Kunstgeschichte, München 2009, S. 85–120.
Neitzel, S., Die Kriegsbücher Fontanes, in: B. Heidenreich u. F. L. Kroll (Hg.), Theodor Fontane – Dichter der deutschen Einheit, Berlin 2003, S. 121–131.
Ness, R., From Headline Hunter to Superman. A Journalism Filmography, Lanham 1997.
Neumann, B. u. A. Nünning, Einleitung: Probleme, Aufgaben und Perspektiven der Gattungstheorie und Gattungsgeschichte, in: M. Gymnich u. a. (Hg.), Gattungstheorie und Gattungsgeschichte, Trier 2007, S. 1–30.
Neumeyer, H., Der Flaneur. Konzeptionen der Moderne, Würzburg 1999 (zugl. Diss. Univ. Freiburg, Breisgau 1996).
Newman, J. L., Imperial Footprints. Henry Morton Stanley's African Journeys, Washington, D. C. 2004.
Niehaus, M., Protokollieren, in: H. Christians u. a. (Hg.), Historisches Wörterbuch des Mediengebrauchs, Köln 2015, S. 463–480.

Nord, D. E., The Social Explorer as Anthropologist. Victorian Travellers Among the Urban Poor, in: W. Sharpe u. L. Wallock (Hg.), Visions of the Modern City. Essays in History, Art, and Literature, Baltimore 1987, S. 122–133.
- Walking the Victorian Streets. Women, Representation, and the City, Ithaca 1995.
Nordenstreng, K., Institutional Networking. The Story of the International Association for Media and Communication Research, in: D. Park u. J. Pooley (Hg.), The History of Media and Communications, New York 2008, S. 225–247.
Oddy, N., The Flaneur on Wheels?, in: D. Horton u. a. (Hg.), Cycling and Society, Aldershot 2007, S. 97–112.
Oels, D. u. a. (Hg.), Non-Fiktion. Themenbd. Reportage, Hannover 2009.
Oesterle, G., Unter dem Strich. Skizze einer Kulturpoetik des Feuilletons im 19. Jahrhundert, in: J. Barkhoff u. a. (Hg.), Das schwierige 19. Jahrhundert, Berlin 2000, S. 229–250.
Onslow, B., New World, New Woman, New Journalism: Elizabeth Banks, Transatlantic Stuntwoman in London, in: Media History, Jg. 7, Nr. 1 (2001), S. 7–15.
Opitz, T., Die drei Bühnen der Stadt. Der Berliner Königsplatz als lokaler, nationaler und globaler Ort, in: T. Becker u. a. (Hg.), Die tausend Freuden der Metropole. Vergnügungskultur um 1900, Bielefeld 2011, S. 43–66.
Örnebring, H., A Necessary Profession for the Modern Age? 19th Century News, Journalism and the Public Sphere, in: R. Butsch (Hg.), Media and Public Spheres, Basingstoke 2007, S. 71–82.
Osborne, J., Theodor Fontane. Vor den Romanen. Krieg und Kunst, Göttingen 1999.
- Theodor Fontane und die Mobilmachung der Kultur, in: B. Plett (Hg.), Theodor Fontane. Neue Wege der Forschung, Darmstadt 2007, S. 17–29.
Osterhammel, J., Die Verwandlung der Welt. Eine Geschichte des 19. Jahrhunderts. München 2011.
Pacholski, J., Das ganze Schlachtfeld – ein zauberhaftes Schauspiel. Theodor Fontane als Kriegsberichterstatter, Görlitz 2005 (zugl. Diss. Univ. Breslau 2005).
Paeslack, M., Fotografie Berlin 1871–1914. Eine Untersuchung zum Darstellungswandel, den Medieneigenschaften, den Akteuren und Rezipienten von Stadtfotografie im Prozeß der Großstadtbildung. Diss. Univ. Freiburg, Breisgau 2002. URN: urn:nbn:de:bsz:25-opus-14934 (Stand: 10.12. 2013).
Palmer, M. B., Des petits journaux aux grandes agences. Naissance du journalisme moderne 1863–1914, Paris 1983.
- William Russell, du ›travelling gentleman‹ au ›special correspondent‹ 1850–1880, in: Le Temps de Médias, Bd. 4 (2005), S. 34–49.
Parr, R., Autorschaft. Eine kurze Sozialgeschichte der literarischen Intelligenz in Deutschland zwischen 1860 und 1930, Heidelberg 2008.
Passos, M. u. R. A. Orlandini, Um modelo dissonante. Caracterizaçao e gêneros do jornalismo literário, in: Contracampo, Bd. 18 (2008), S. 75–95.
Patka, M. G., Egon Erwin Kisch. Stationen im Leben eines streitbaren Autors, Wien 1997.
Paul, G., Bilder des Krieges – Krieg der Bilder. Die Visualisierung des modernen Krieges, Paderborn 2004.
Peitsch, H., Nationale Traditionen der Darstellung des Krieges, in: Krieg und Literatur. / War and Literature. International Yearbook on War and Anti-War Literature, Bd. 9 (2003), S. 13–45.

Pensold, W., Eine Geschichte des Fotojournalismus. Was zählt, sind die Bilder, Wiesbaden 2015.

Peters, J. D., Witnessing, in: P. Frosh u. A. Pinchevski (Hg.), Media Witnessing. Testimony in the Age of Mass Communication, Basingstoke 2009, S. 23–41.

Pettegree, A., The Invention of News. How the World Came to Know about Itself, New Haven 2014.

Philibert, J.-R., Discours sur la presse écrite nord-américaine de la fin du XIXe siècle et implantation du journalisme d'information, in: F. Le Cam u. D. Ruellan (Hg.), Changements et permanences du journalisme, Paris 2014, S. 21–40.

Pielhoff, S., Kulturvermittler im Kampf um Anerkennung. Zur avantgardistischen Codierung von ›Heimat‹ im wilhelminischen Kaiserreich, in: G. Cepl-Kaufmann u. G. Mölich (Hg.), Konstruktionsprozesse der Region in europäischer Perspektive. Kulturelle Raumprägungen der Moderne, Essen 2010, S. 93–108.

Pierssens, M., La prose des savoirs et le poème du monde, in: M. Louâpre u. a. (Hg.), La poésie scientifique, de la gloire au déclin, S. 295–307. URL: www.epistemocritique.org/IMG/pdf/POESIESCIENTIFIQUE.pdf (Stand: 30.04.2014).

Pinson, G., La femme masculinisée dans la presse mondaine, in: Clio. Histoire, Femmes et Sociétés, Bd. 30 (2009), S. 211–230.

– Le Reporter fictif 1863–1913, in: Autour de Vallès, Bd. 40 (2010), S. 87–103.

Plumpe, G., Der tote Blick. Zum Diskurs der Photographie in der Zeit des Realismus, München 1990.

– u. N. Werber, Literatur ist codierbar, in: S. J. Schmidt (Hg.), Literaturwissenschaft und Systemtheorie. Positionen, Kontroversen, Perspektiven, Opladen 1993, S. 9–43.

– u. N. Werber, Umwelten der Literatur, in: dies. (Hg.), Beobachtungen der Literatur. Aspekte einer polykontexturalen Literaturwissenschaft, Wiesbaden 1995, S. 9–33.

Pollock, G., Vicarious Excitements. *London. A Pilgrimage* by Gustave Doré and Blanchard Jerrold, 1872, in: New Formations, Bd. 4 (1988), S. 25–50.

Pompe, H., Botenstoffe – Zeitung, Archiv, Umlauf, in: dies. u. L. Scholz (Hg.), Archivprozesse. Die Kommunikation der Aufbewahrung, Köln 2002, S. 121–154.

– Famas Medium. Zur Theorie der Zeitung in Deutschland zwischen dem 17. und dem mittleren 19. Jahrhundert, Berlin 2012.

Ponce de Leon, C. L., Self-Exposure. Human-Interest Journalism and the Emergence of Celebrity in America 1890–1940, Chapel Hill 2002.

Poore, C., The Bonds of Labor. German Journeys to the Working World, Detroit 2000.

Pöttker, H., Über das notwendig schlechte Image der Journalisten, in: M. Machill (Hg.), Journalistische Kultur. Rahmenbedingungen im internationalen Vergleich, Opladen 1997, S. 81–94.

– Nachrichten und ihre kommunikative Qualität. Die ›umgekehrte Pyramide‹ – Ursprung und Durchsetzung eines journalistischen Standards, in: Publizistik. Vierteljahreshefte für Kommunikationsforschung, Jg. 48, Nr. 4 (2003), S. 414–426.

Preston, P., Making the News. Journalism and News Cultures in Europe, London 2009.

Preusser, H.-P., Krieg in den Medien, Amsterdam 2005.

Püschel, U., Die Unterhaltsamkeit der Zeitung – Wesensmerkmal oder Schönheitsfehler?, in: W. Holly u. B. U. Biere (Hg.), Medien im Wandel, Opladen 1998, S. 35–47.

Quinn, T., Dipping the Pen into the Wound: Albert Londres – French War Correspondent, in: F. A. Fisken u. Y. McEwen (Hg.), War, Journalism and History. War Correspondents in the Two World Wars, Frankfurt a. M. 2012, S. 49–71.

Radfern, W., Writing on the Move. Albert Londres and Investigative Journalism, Frankfurt a. M. 2004.
Randall, D., The Great Reporters, London 2005.
Ranke, W., Heinrich Zille. Photographien. Berlin 1890–1910, München 1975.
– Zur sozialdokumentarischen Fotografie um 1900, in: ders. u. a. (Hg.), Beiträge zur Geschichte und Ästhetik der Fotografie, Gießen 1977, S. 5–36.
Rantanen, T., Cosmopolitanization of News, in: Journalism Studies, Jg. 8, Nr. 6 (2007), S. 843–886.
– The Media and Globalization, London 2005.
– When News Was New, Chichester, Sussex 2009.
Raulff, U., Der unsichtbare Augenblick. Zeitkonzepte in der Geschichte, Göttingen 1999.
Rees, K., Scenes of Debris in Charles Fenestrier's *La vie des frelons*: The Conflict and Convergence of the Newspaper and the Novel at the Fin de Siècle, in: Dix Neuf, Bd. 17, Nr. 3 (2013), S. 251–264.
Reid, M., Melodrama – Metropolis – Modernity. Diss. UCL London 2011. URL: http://research.gold.ac.uk/6541/1/DRA_thesis_Reid_2011.pdf (Stand: 01.07.2014).
Reindl, J., Partikularstaatliche Politik und technische Dynamik. Die drahtgebundene Telegraphie und der Deutsch-Österreichische Telegraphen-Verein von 1850, in: H. J. Teuteberg u. C. Neutsch (Hg.), Vom Flügeltelegraphen zum Internet. Geschichte der modernen Telekommunikation, Stuttgart 1998, S. 27–46.
Reinhard, W., Die Unterwerfung der Welt. Globalgeschichte der europäischen Expansion 1415–2015, München 2016.
Renger, R., Populärer Journalismus. Nachrichten zwischen Fakten und Fiktionen, Innsbruck 2000.
Renoult, A., Andrée Viollis – une femme journaliste, Angers 2004.
Requate, J., Journalismus als Beruf. Entstehung und Entwicklung des Journalistenberufs im 19. Jahrhundert. Deutschland im internationalen Vergleich, Göttingen 1995.
– Medienmacht und Politik. Die politischen Ambitionen großer Zeitungsunternehmer – Hearst, Northcliffe, Beaverbrook und Hugenberg im Vergleich, in: Archiv für Sozialgeschichte, Bd. 41 (2001), S. 79–95.
– Presse und Journalismus in urbanen Kontexten, in: C. Zimmermann (Hg.), Stadt und Medien. Vom Mittelalter bis zur Gegenwart, Köln 2012, S. 77–96.
Retallack, J., From Pariah to Profession. The Journalist in German Society and Politics, in: German Studies Review, Jg. 16, Nr. 2 (1993), S. 175–223.
Reuter, H.-H., Fontane, 2 Bde., Darmstadt 1970.
Richardson, A. u. C. Willis (Hg.), The New Woman in Fiction and Fact. Fin de siècle Feminisms, Basingstoke 2002.
Riffenburgh, B., The Myth of the Explorer. The Press, Sensationalism, and Geographical Discovery, Oxford 1994.
Ritchie, D. A., Press Gallery. Congress and the Washington Correspondents, Cambridge, Mass. 1991.
Roberts, M. L., Subversive Copy. Feminist Journalism in Fin de Siècle France, in: D. de la Motte u. J. M. Przyblyski (Hg.), Making the News. Modernity and the Mass Press in Nineteenth Century France, Amherst 1999, S. 302–350.
Robertson, R., Glokalisierung. Homogenität und Heterogenität in Raum und Zeit, in: U. Beck (Hg.), Perspektiven der Weltgesellschaft, Frankfurt a. M. 1998, S. 192–220.

Robinson, A., Imagining London 1770–1900, Basingstoke 2004.
Robinson, W. S., Muckraker. The Scandalous Life and Times of W. T. Stead. Britain's First Investigative Journalist, London 2012.
Roggenkamp, K., Dignified Sensationalism. *Cosmopolitan*, Elizabeth Bisland, and Trips Around the World, in: American Periodicals, Jg. 17, Nr. 1 (2007), S. 26–40.
- Narrating the News. New Journalism and Literary Genre in late Nineteenth-Century American Newspapers and Fiction, Kent 2005.
Rollka, B., Die Belletristik in der Berliner Presse des 19. Jahrhunderts, Berlin 1985.
Roob, A., Henri Durand-Brager – Reporterkünstler des Bonapartismus. (15.03.2013) URL: www.meltonpriorinstitut.org/pages/textarchive (Stand: 01.07.2014).
Rosa, H., Beschleunigung. Die Veränderung der Zeitstrukturen in der Moderne, Frankfurt a. M. 2014[10].
Rosenberg, E. S., A World Connecting, Cambridge, Mass. 2012.
Ross, A. C., David Livingstone. Mission and Empire, London 2002.
Roth, M. P. (Hg.), Historical Dictionary of War Journalism, Westport, Conn. 1997.
Roy, A., Postcolonial Urbanism. Speed, Hysteria, Mass Dreams, in: dies. u. A. Ong (Hg.), Worlding Cities. Asian Experiments and the Art of Being Global, Chichester, Sussex 2011, S. 307–225.
Roy, J., Reportage, in: T. Chevalier (Hg.), Encyclopedia of the Essay, London 1997, S. 696 f.
Rubery, M., Novelty of Newspapers. Victorian Fiction after the Invention of the News, Oxford 2009.
- A Transatlantic Sensation: Stanley's Search for Livingstone and the Anglo-American Press, in: C. Bold (Hg.), U. S. Popular Culture 1860–1920, Oxford 2011, S. 501–518.
Ruchatz, J., Die Individualität der Celebrity. Eine Mediengeschichte des Interviews, Konstanz 2014.
- Moral und Melodram. Life model-Serien im medialen und historischen Kontext, in: W. M. Schwarz u. a. (Hg.), Ganz unten. Die Entdeckung des Elends. Wien, Berlin, London, Paris, New York, Wien 2007, S. 45–48.
Ruellan, D., Le journalisme ou le professionalisme du flou, Grenoble 2007.
- Nous, journalistes. Déontologie et identité, Grenoble 2011.
- Reporters. Les disciples de Zola, in: Mediaspouvoirs, Bd. 25 (1992), S. 5–11.
Ruf, O., Kischs Frustrativ. Bussolen, Hochöfen und tätowierte Körper – neusachliche Schreibstrategien im ›Rasenden Reporter‹, in: Jahrbuch zur Kultur und Literatur der Weimarer Republik, Bd. 10 (2005/2006), S. 73–99.
Rühl, M., Journalistik und Journalismen im Wandel. Eine kommunikationswissenschaftliche Perspektive, Wiesbaden 2011.
Rupkalwis, J., Soziologie und Fotografie, Hamburg 2010[4].
Ruppenthal, J., Wie das Meer seinen Schrecken verlor. Vermessung und Vereinnahmung des maritimen Naturraumes im deutschen Kaiserreich, in: A. Kraus u. M. Winkler (Hg.), Weltmeere. Wissen und Wahrnehmung im langen 19. Jahrhundert, Göttingen 2014, S. 215–232.
Said, W., Kultur und Imperialismus. Einbildungskraft und Politik im Zeitalter der Macht, Frankfurt a. M. 1994.
Saint-Martin, Y. J., Félix Dubois 1862–1945. Grand reporter et explorateur de Panama à Tamanrasset, Paris 1999.

Salcetti, M., The Emergence of the Reporter. Mechanization and the Devaluation of Editorial Workers, in: H. Hardt u. B. Brennen (Hg.), Newsworkers. Toward a History of the Rank and File, Minneanapolis 1995, S. 48–74.

Sarasin, P., Was ist Wissensgeschichte?, in: Internationales Archiv für Sozialgeschichte der deutschen Literatur, Jg. 36, Nr. 1 (2011), S. 159–172.

Sassen, S., Global City. New York, London, Tokyo, Princeton 2001.

Saunier, P. Y. u. S. Ewen (Hg.), Historical Explorations into the Transnational Municipal Moment, 1850–2000, New York 2008.

Sawada, M., Tokyo Life, New York Dreams. Urban Japanese Visions of America 1890–1924, Berkeley 1996.

Scharnowski, S., ›Berlin ist schön, Berlin ist groß.‹ Feuilletonistische Blicke auf Berlin. Alfred Kerr, Robert Walser, Joseph Roth und Bernard von Brentano, in: M. Harder u. A. Hille (Hg.), ›Weltfabrik Berlin‹. Eine Metropole als Sujet der Literatur. Studien zu Literatur und Landeskunde, Würzburg 2006, S. 67–82.

Scherer, H. u. D. Schlütz, Das inszenierte Medienereignis, Köln 2003.

Schildt, A., Das Jahrhundert der Massenmedien. Ansichten zu einer künftigen Geschichte der Öffentlichkeit, in: Geschichte und Gesellschaft, Jg. 27, Nr. 2 (2001), S. 177–206.

Schlenstedt, D., Egon Erwin Kisch. Leben und Werk, Berlin 1985.

Schlör, J., Berlin 1900, in: C. H. Cordua (Hg.), Manifestoes and Transformations in the Early Modernist City, Farnham 2010, S. 255–270.

– Nachts in der großen Stadt. Paris, Berlin, London 1840–1930, München 1991.

Schmaling, C., Der Berliner Lokal-Anzeiger als Beispiel einer Vorbereitung des Nationalsozialismus. Diss. Univ. Berlin 1968.

Schmidt, S. J., Die Welten der Medien, Braunschweig 1996.

– u. S. Weischenberg, Mediengattungen, Berichterstattungsmuster, Darstellungsformen, in: dies. u. K. Merten (Hg.), Die Wirklichkeit der Medien, Opladen 1994, S. 212–236.

Schmidt, S., Zeugenschaft. Ethische und politische Dimensionen, Frankfurt a. M. 2009.

Schneider, E., Gegen Chauvinismus und Völkerhaß. Die Berichte des Kriegskorrespondenten Hermann Voget aus dem deutsch-französischen Krieg von 1870/71, in: Francia. Forschungen zur westeuropäischen Geschichte, Bd. 14 (1986), S. 389–434.

Scholl, L. U., Felix Schwormstädt 1870–1939. Maler, Pressezeichner, Illustrator, Herford 1990.

Schönborn, S., ›… wie ein Tropfen ins Meer‹. Von medialen Raumzeiten und Archiven des Vergessens: das Feuilleton als ›kleine Form‹, in: T. Althaus u. a. (Hg.), Kleine Prosa. Theorie und Geschichte eines Textfeldes im Literatursystem der Moderne, Tübingen 2007, S. 197–212.

Schönhagen, P., Die Mitarbeit der Leser. Ein erfolgreiches Zeitungskonzept des 19. Jahrhunderts, München 1995.

Schudson, M., Discovering the News. A Social History of American Newspapers, New York 1978.

– The Power of News, Cambridge, Mass. 1995.

Schulten, S., The Geographical Imagination in America 1880–1950, Chicago 2002.

Schütz, E., Facetten zur Vorgeschichte der Reportage. Kritik eines operativen Genres an seinen Traditionsversuchen, in: ders. u. R. Hübner (Hg.), Literatur als Praxis? Aktualität und Tradition operativen Schreibens, Opladen 1976, S. 44–70.

- Egon Erwin Kisch – Faktograph oder Fiktio-Fürst?, in: A. Hahnemann u. D. Oels (Hg.), Sachbuch und populäres Wissen im 20. Jahrhundert, Frankfurt a. M. 2008, S. 183–200.
- Kritik der literarischen Reportage. Reportagen und Reiseberichte aus der Weimarer Republik über die USA und die Sowjetunion, München 1977.
- Reportage, in: H. Brunner u. R. Moritz (Hg.), Literaturwissenschaftliches Lexikon. Grundbegriffe der Germanistik, Berlin 2006², S. 339–341.

Schwartz, V. R., Spectacular Realities. Early Mass Culture in Fin-de-Siècle Paris, Berkeley 1999.

Schwarz, W. M. u. a. (Hg.), Ganz unten. Die Entdeckung des Elends. Wien, Berlin, London, Paris, New York, Wien 2007.

Schwarzlose, R. A., The Nation's Newsbrokers, 2 Bde., Evanston (Illinois) 1989–1990.

Schweinitz, J., Die rauschende Wanda. Visuelle Prologe im frühen Spielfilm, in: montage/av. Zeitschrift für Theorie & Geschichte audiovisueller Kommunikation, Jg. 12, Nr. 2 (2003), S. 88–102.

Scotland, N., Squires in the Slums. Settlements and Missions in late-Victorian London, London 2007.

Seelye, J., War Games. Richard Harding Davis and the New Imperialism, Amherst 2003.

Seidel, C. K., Representations of Journalistic Professionalism 1865–1900. Diss. Univ. Cleveland, Ohio, USA. URL: https://etd.ohiolink.edu/rws_etd/document/get/case 1264199952/inline (Stand: 20.07.2015).

Seray, J., Pierre Giffard. Précurseur du journalisme moderne, Toulouse 2008.

Serres, M., Der Parasit, übers. v. M. Bischoff, Frankfurt a. M. 1987.
- Jules Verne, la science et l'homme contemporain. Conversations avec Jean-Paul Dekiss, Paris 2003.

Severin, R., Spuren des Flaneurs in deutschsprachiger Prosa, Frankfurt a. M. 1988 (zugl. Diss. Univ. Bochum 1987).

Showalter, D. A., Das Gesicht des modernen Krieges. Sedan, 1. und 2. September 1870, in: S. Förster u. a. (Hg.), Schlachten der Weltgeschichte. Von Salamis bis Sinai, München 2001, S. 230–247.

Siegel, C., Die Reportage, Stuttgart 1978.

Siegert, B., Relais. Geschichte der Literatur als Epoche der Post. 1751–1913, Berlin 1993.

Siemann, W., Ideenschmuggel. Probleme der Meinungskontrolle und das Los deutscher Zensoren im 19. Jahrhundert, in: Historische Zeitschrift, Bd. 245 (1987), S. 71–106.
- Von der offenen zur mittelbaren Kontrolle. Der Wandel in der deutschen Preßgesetzgebung und Zensurpraxis des 19. Jahrhunderts, in: H. G. Göpfert u. E. Weyrauch (Hg.), ›Unmoralisch an sich …‹ Zensur im 18. und 19. Jahrhundert, Wiesbaden 1988, S. 293–308.
- Zensur im Übergang zur Moderne. Die Bedeutung des ›langen 19 Jahrhunderts.‹, in: W. Haefs u. Y.-G. Mix (Hg.), Zensur im Jahrhundert der Aufklärung. Geschichte – Theorie – Praxis, Göttingen 2007.

Siemens, D., Metropole und Verbrechen. Die Gerichtsreportage in Berlin, Paris und Chicago 1919–1933, Stuttgart 2007.

Silberstein-Loeb, J., The International Distribution of News. The Associated Press, Press Association, and Reuters 1848–1947, New York 2014.

Singaravélou, P. (Hg.), L'empire des geógraphes. Geographie, exploration et colonisation (XIXe–XXe siècle), Paris 2008.

Siqueira, D. da Costa Oliveira, João do Rio. Repórter da Pobreza na Cidade, in: Em Questáo – Porto Alegre, Bd. 10, Nr. 1 (2004), S. 81–93.
Smith-Shank, D. L., Lewis Hine and His Photo Stories, in: Art Education, Bd. 56, Nr. 2 (2003), S. 33–37.
Smith, G., The Police Gazette, New York 1972.
Smith, I. R., The Emin Pasha Relief Expedition 1886–1890, Oxford 1972.
Smuda, M. (Hg.), Die Großstadt als ›Text‹, München 1992.
Smythe, T. C., The Gilded Age Press 1865–1910, Westport, Conn. 2003.
– The Diffusion of the Urban Daily 1850–1900, in: Journalism History, Bd. 28, Nr. 2 (2002), S. 73–84.
– The Reporter 1880–1900. Working Conditions and their Influence on the News, in: Journalism History, Bd. 7, Nr. 1 (1980), S. 1–10.
Soderlund, G., Sex-Trafficking, Scandal, and the Transformation of Journalism 1885–1917, Chicago 2013.
Sontag, S., Über Fotografie, Frankfurt a. M. 2013[21].
Soulié, C.-A., ›We Are All Proud of the Freedom of the Press‹. Militärgeheimnis und Pressefreiheit im Burenkrieg 1899–1902, in: Lisa Medrow u. a. (Hg.), Kampf um Wissen. Spionage, Geheimhaltung und Öffentlichkeit 1870–1940, Paderborn 2015, S. 117–137.
Sousa, P. de Castro, João do Rio. O Réporter com Alma de Flâneur Conduz a Crônica-Reportagem na Belle Époque Tropical. Diss. Univ. Santa Maria, Brasilien 2009. URL: http://cascavel.ufsm.br/tede/tde_busca/arquivo.php?codArquivo=2654 (Stand: 12.01.2015).
Sparks, C. u. J. Tulloch (Hg.), Tabloid Tales. Global Debates over Media Standards, Lanham 2000.
Spector, S., Die Großstadt schreiben. Zur literarischen Unterwelt der Städte um 1900, in: C. Peck u. F. Sedlmeier (Hg.), Kriminalliteratur und Wissensgeschichte. Genres – Medien – Techniken, Bielefeld 2015, S. 113–125.
Spencer, D. R., The Yellow Journalism. The Press and America's Emergence as a World Power, Evanston (Illinois) 2007.
Spivak, G. C., A Critique of Postcolonial Reason. Toward a History of the Vanishing Present, Cambridge, Mass. 1999.
Sprengel, P., Geschichte der deutschsprachigen Literatur 1870–1900. Von der Reichsgründung bis zur Jahrhundertwende, München 1998.
– Literatur im Kaiserreich. Studien zur Moderne, Berlin 1993.
Stafford, R. A., Scientific Exploration and Empire, in: A. Porter (Hg.), The Oxford History of the British Empire, 5 Bde. Bd. 3: The Nineteenth Century, Oxford 1999, S. 294–319.
Stäheli, U., Poststrukturalistische Soziologien, Bielefeld 2000.
– Zum Verhältnis von Sozialstruktur und Semantik, in: Soziale Systeme, Jg. 4, Nr. 2 (1998), S. 315–340.
Standage, T., The Victorian Internet. The Remarkable Story of the Telegraph and the Nineteenth Century's On-Line Pioneers, New York 2007.
Stanitzek, G., Fama/Musenkette. Zwei klassische Probleme der Literaturwissenschaft mit ›den Medien‹, in: ders. u. W. Voßkamp (Hg.), Schnittstelle: Medien und Kulturwissenschaften, Köln 2001, S. 135–150.
Stein, G. (Hg.), Dandy. Snob. Flaneur. Dekadenz und Exzentrik, Frankfurt a. M. 1985.

Steiner, A., Le goût de l'émeute. Manifestations et violences de rue dans Paris et sa banlieue à la Belle Époque, Montreuil 2012.

Steiner, U., Zarte Empirie. Überlegungen zum Verhältnis von Urphänomen und Ursprung im Früh- und Spätwerk Walter Benjamins, in: N. Bolz u. R. Faber (Hg.), Antike und Moderne. Zu Walter Benjamins ›Passagen‹, Würzburg 1986, S. 20–40.

Steinsieck, A., Ein imperialistischer Medienkrieg. Kriegsberichterstatter im Südafrikanischen Krieg (1889-1902), in: U. Daniel (Hg.), Augenzeugen. Kriegsberichterstattung vom 18. zum 21. Jahrhundert, Göttingen 2006, S. 87–112.

Stemmler, S. u. S. Arnold (Hg.), New York – Berlin. Kulturen in der Stadt, Göttingen 2008.

Sternberger, D., Panorama oder Ansichten vom 19. Jahrhundert, Frankfurt a. M. 1981.

Stichweh, R., Zur Soziologie des Weltereignisses, in: S. Nacke u. a. (Hg.), Weltereignisse. Theoretische und empirische Perspektiven, Wiesbaden 2008, S. 17–40.

Stiegler, B., Reisender Stillstand. Eine kleine Kulturgeschichte der Reisen im und um das Zimmer herum, Frankfurt a. M. 2010.

- Die industrielle Echtzeit, in: F. A. Kittler (Hg.), Arsenale der Seele. Literatur- und Medienanalyse seit 1870, München 1989, S. 203–210.

Stierle, K., Der Mythos von Paris. Zeichen und Bewußtsein der Stadt, München 1993.

Stöber, G., Pressepolitik als Notwendigkeit. Zum Verhältnis von Staat und Öffentlichkeit im wilhelminischen Deutschland 1890-1914, Stuttgart 2000.

Stöber, R., Der Prototyp der deutschen Massenpresse. Der *Berliner Lokal-Anzeiger* und sein Blattmacher Hugo von Kupffer, in: Publizistik. Vierteljahreshefte für Kommunikationsforschung, Jg. 39, Nr. 3 (1994), S. 314–330.

- Deutsche Pressegeschichte. Von den Anfängen bis zur Gegenwart, Konstanz 2014[3].
- Die erfolgverführte Nation. Deutschlands öffentliche Stimmungen 1866-1945, Stuttgart 1998.

Streiter-Buscher, H., Das journalistische Werk. Die politische Journalistik, in: C. Grawe u. H. Nürnberger (Hg.), Fontane Handbuch, Stuttgart 2000, S. 788–806.

- Gebundener Journalismus oder freies Dichterleben? Erwiderung auf ein Mißverständnis, in: Fontane Blätter, Bd. 64 (1997), S. 221–244.
- Zur Einführung, in: Theodor Fontane – Unechte Korrespondenzen, hg. v. H. Streiter Buscher, 2 Bde., Berlin 1996, Bd. 1, S. 1–65.

Studnitz, C. v., Kritik des Journalisten. Ein Berufsbild in Fiktion und Realität, München 1983.

Stumberger, R., Klassen-Bilder. Sozialdokumentarische Fotografie 1900-1945, 2 Bde., Konstanz 2007.

Sudhoff, D. u. H.-D. Steinmetz, Karl-May-Chronik, 5 Bde., Bamberg 2005–2006.

Sumpter, R. S., Core Knowledge. Early Reporting Textbooks and the Formation of Professional Identity, in: Journalism History, Bd. 35, Nr. 1 (2009), S. 42–51.

- News about News. John G. Speed and the First Newspaper Content Analysis, in: Journalism History, Bd. 27, Nr. 2 (2001), S. 64–72.
- ›Practical Reporting‹. Late Nineteenth-Century Journalistic Standards and Rule Breaking, in: American Journalism, Bd. 30, Nr. 1 (2013), S. 44–64.

Sutton, A. A., Education for Journalism in the United States from its Beginning to 1940, Evanston (Illinois) 1945.

Szabo, S.-R., Rausch und Rummel. Attraktionen auf Jahrmärkten und in Vergnügungsparks. Eine soziologische Kulturgeschichte, Bielefeld 2006.

Szeless, M., Emil Kläger & Hermann Drawe. ›Durch die Wiener Quartiere des Elends und Verbrechens‹, in: W. M. Schwarz (Hg.), Ganz unten. Die Entdeckung des Elends. Wien, Berlin, London, Paris, New York, Wien 2007, S. 99–103.

Tadié, J.-Y., Regarde de tous tes yeux, regarde!, Paris 2005.

Teel, L. R., The Public Press 1900–1945. The History of American Journalism, Westport, Conn. 2006.

Te Heesen, A., Der Zeitungsausschnitt. Ein Papierobjekt der Moderne, Frankfurt a. M. 2006.

Teubner, G., Regulatorisches Recht. Chronik eines angekündigten Todes, in: P. Koller u. a. (Hg.), Theoretische Grundlagen der Rechtspolitik, Stuttgart 1992, S. 140–161.

Teukolsky, R., Novels, Newspapers, and Global War. New Realisms in the 1850s, in: Novel. A Forum on Fiction, Bd. 45, Nr. 1 (2012), S. 31–55.

The History of the Times. Bd. 1: The Thunder in the Making. 1785–1841 [1935]. Bd. 2: The Tradition Established. 1841–1884 [1939]. Bd. 3: The Twentieth Century Test. 1884–1912 [1947], Nendeln (Liechtenstein) 1971.

Theisohn, P., Plagiat. Eine unoriginelle Literaturgeschichte, Stuttgart 2009.

Theobald, T., Presse und Sprache im 19. Jahrhundert. Eine Rekonstruktion des zeitgenössischen Diskurses, Berlin 2012 (zugl. Diss. Univ. Heidelberg 2010).

Thérenty, M.-E., De *La Fronde* à la Guerre (1897–1918). Les premières femmes reporters, in: Autour de Vallès 40 (2010), S. 143–162.

– u. G. Pinson (Hg.), L'invention du reportage, Montpellier 2010.

– LA chronique et LE reportage. Du ›genre‹ (gender) des genres journalistiques, in: Études littéraires, Bd. 40, Nr. 3 (2009), S. 115–125.

– La littérature au quotidien. Poétiques journalistiques au XIXe siècle, Paris 2007.

– Les débuts de l'ère médiatique en France, in: J. Requate (Hg), Das 19. Jahrhundert als Mediengesellschaft, München 2009, S. 20–29.

– Les ›vagabonds du télégraphe‹. Représentations et poétiques du grand reportage avant 1914, in: Sociétés & Représentations, Bd. 21 (2006), S. 101–115.

– u. A. Vaillant (Hg.), Presse, nations et mondialisation au XIXe siècle, Paris 2010.

Thiele, M., Ereignis und Normalität. Zur normalistischen Logik medialer und diskursiver Ereignisproduktion im Fernsehen, in: L. Engell u. O. Fahle (Hg.), Philosophie des Fernsehens, München 2005, S. 121–136.

Thies, R., Ethnograph des dunklen Berlin. Hans Ostwald und die ›Großstadt-Dokumente‹ (1904–1908), Köln 2006.

Thye, I., Kommunikation und Gesellschaft – systemtheoretisch betrachtet, Wiesbaden 2013.

Tilburg, P. A., Colette's Republic. Work, Gender, and Popular Culture in France 1870–1914, New York 2010.

Torres, C. H. u. M. R. Procópio, Estudos e Experiências de uma Prática Fâneur como Alternativa ao Jornalismo, in: Revista Anagrama, Bd. 8, Nr. 1 (2014), S. 1–13.

Toweill, J. M., Slumming and the 19th Century Geographical Imagination. Masters Thesis. Univ. of Alabama 2010. URL: http://acumen.lib.ua.edu/content/u0015/0000001/0000275/u0015_0000001_0000275.pdf (Stand: 25.08.2014).

Tribukait, M., Das Zeigen, Vergessen und Erinnern von Pressefotografien. Zur Funktionsweise der Massenmedien als visuelles Archiv, in: A. Horstmann u. V. Kopp (Hg.), Archiv – Macht – Wissen. Organisation und Konstruktion von Wissen und Wirklichkeiten in Archiven, Frankfurt a. M. 2010, S. 175–190.

Trimble, M. B., J. Stuart Blackton. A Personal Biography, Metuchen 1985.
Tucher, A., Reporting for Duty. The Bohemian Brigade, the Civil War and the Social Construction of the Reporter, in: Book History, Bd. 9 (2006), S. 131–157.
- The True, the False and the ›not exacly lying‹. Making Fakes and Telling Stories in the Age of the Real Thing, in: M. Canada (Hg.), Literature and Journalism. Inspirations, Intersections and Inventions from Ben Franklin to Stephen Colbert, Basingstoke 2013, S. 91–118.
Tumber, H., Media Power, Professionals and Policies, London 2000.
Turco, L., The Book of Literary Terms. The Genres of Fiction, Drama, Nonfiction, Literary Criticism, and Scholarship, Hanover 1999.
Turcot, L., Promenades et flâneries à Paris du XVIIe au XXIe siècles. La marche comme construction d'une identité urbaine, in: R. Thomas (Hg.), Marcher en ville. Faire corps, prendre corps, donner corps aux ambiances urbaines, Paris 2010, S. 65–83.
Tusan, M. E., Woman Making News. Gender and Journalism in Modern Britain, Urbana 2005.
Uecker, M., Wirklichkeit und Literatur. Strategien dokumentarischen Schreibens in der Weimarer Republik, Oxford 2007.
Ueding, G., Rhetorik des Schreibens. Eine Einführung, Königstein, Ts. 1985.
Ullmann, H.-P., Das deutsche Kaiserreich 1871–1918, Frankfurt a. M. 1995.
Underwood, D., The Undeclared War Between Journalism and Fiction. Journalists as Genre Benders in Literary History, New York 2013.
Unwin, T., Jules Verne. Journeys in Writing, Liverpool 2005.
Urry, J., Speeding Up and Slowing Down, in: H. Rosa u. W. A. Scheuerman (Hg.), High-Speed Society. Social Acceleration, Power, and Modernity, University Park 2009, S. 179–198.
Valentin, S., Journalismus in Frankreich im 19. Jahrhundert. Die Veränderungen der Pressewelt im kritischen Diskus. Dipl.-Arb. Wien 2000. URL: http://home.data comm.ch/s.valentin/diplarbeit/Diplarbeit.html (Stand: 03.01.2015).
Van der Steeg, C., Die Verzauberung der Zeit in die Zeitung. Karl Kraus' großer Mann im Weltkrieg, in: K. Wagner u. a. (Hg.), Der Held im Schützengraben. Führer, Massen und Medientechnik im Ersten Weltkrieg, Zürich 2014, S. 133–145.
Vittinghoff, N., Die Anfänge des Journalismus in China 1860–1911, Wiesbaden 2002.
Voss, D., Die Rückseite der Flanerie. Versuch über ein Schlüsselphänomen der Moderne, in: K. R. Scherpe (Hg.), Die Unwirklichkeit der Städte. Großstadtdarstellungen zwischen Moderne und Postmoderne, Reinbek 1988, S. 37–60.
Voßkamp, W., Gattungen als literarisch-soziale Institutionen. Zu Problemen sozial- und funktionsgeschichtlich orientierter Gattungstheorie und -historie, in: W. Hinck (Hg.), Textsortenlehre – Gattungsgeschichte, Heidelberg 1977, S. 27–44.
Wagner, M., Vorrede, in: ders. (Hg.), Nellie Bly. Around the World in 72 Days. Die schnellste Frau des 19. Jahrhunderts, hg. v. M. Wagner, Berlin 2013, S. 5–33.
- (Hg.), Nellie Bly. Zehn Tage im Irrenhaus. Undercover in der Psychiatrie, hg. u. übers. v. M. Wagner, Berlin 2011².
Waldherr, A., Gatekeeper, Diskursproduzenten und Agenda-Setter. Akteursrollen von Massenmedien in Innovationsprozessen, in: B. Pfetsch u. S. Adam (Hg.), Massenmedien als politische Akteure, Wiesbaden 2008, S. 171–195.

Walkowitz, J. R., City of Dreadful Delight. Narratives of Sexual Danger in late-Victorian London, Chicago 1992.
- Nights Out. Life in Cosmopolitan London, New Haven 2012.

Waller, P., Writers, Readers and Reputations. Literary Life in Britain 1870–1918, Oxford 2008.

Walter, H.-A., Ein Reporter, der keiner war. Rede über Egon E. Kisch, Stuttgart 1988.

Warwick, A. u. M. Willis (Hg.), Jack the Ripper. Media, Culture, History, Manchester 2007.

Wehinger, B., Bilderflut am Boulevard. Bühnenrevue und Boulevardpresse im Second Empire, in: H. Pfeiffer u. a. (Hg.), Art social und Art industriel. Funktionen der Kunst im Zeitalter des Industrialismus, München 1987, S. 410–423.

Weinbaum, A. E. u. a. (Hg.), The Modern Girl Around the World. Consumption, Modernity and Globalization, Durham 2008.

Weisbrod, B., Medien als symbolische Form der Massengesellschaft. Die medialen Bedingungen von Öffentlichkeit im 20. Jahrhundert, in: Historische Anthropologie, Jg. 9, Nr. 2 (2001), S. 270–283.

Weischenberg, S., Außenseiter der Redaktion. Struktur, Funktion und Bedingungen des Sportjournalismus. Theorie und Analyse im Rahmen eines allgemeinen Konzepts komplexer Kommunikatorforschung, Bochum 1978².
- Genial daneben: Warum Journalismus nicht (Gegen-)Teil von Unterhaltung ist, in: A. Scholl u. a. (Hg.), Journalismus und Unterhaltung. Theoretische Ansätze und empirische Befunde, Wiesbaden 2007, S. 117–132.
- Max Weber und die Entzauberung der Medienwelt. Theorien und Querelen – eine andere Fachgeschichte, Wiesbaden 2012.
- u. T. Birkner, News Story, in: W. Donsbach (Hg.), The International Encyclopedia of Communication, Oxford 2008, Bd. 7, S. 3277–3281.

Weise, B., Aktuelle Nachrichtenbilder ›nach Photographien‹ in der deutschen illustrierten Presse der zweiten Hälfte des 19. Jahrhunderts, in: C. Grivel u. a. (Hg.), Die Eroberung der Bilder. Photographie in Buch und Presse 1916–1914, München 2003, S. 62–101.
- ›ullstein bild‹ – vom Archiv zur Agentur – Fotografie im Presseverlagsgeschäft, in: D. Oels u. U. Schneider (Hg.), ›Der ganze Verlag ist einfach eine Bonbonniere.‹ Ullstein in der ersten Hälfte des 20. Jahrhunderts, Berlin 2015, S. 259–286.

Wenzlhuemer, R., Connecting the Nineteenth-Century World. The Telegraph and Globalization, Cambridge 2013.

Werber, N., Factual Fiction. Zur Differenzierungsgeschichte von Literatur und Journalismus aus systemtheoretischer Perspektive, in: J. K. Bleicher u. B. Pörksen (Hg.), Grenzgänger. Formen des New Journalism, Wiesbaden 2004, S. 160–189.
- Die Form des Populären. Zur Frühgeschichte fantastischer und kriminalistischer Literatur, in: T. Hecken (Hg.), Der Reiz des Trivialen. Künstler, Intellektuelle und die Popkultur, Opladen 1997, S. 48–86.
- Globalisierung, in: C. Bartz u. a. (Hg.), Handbuch der Mediologie. Signaturen des Medialen, München 2012, S. 118–127.
- (Hg.), Niklas Luhmann. Schriften zu Kunst und Literatur, Frankfurt a. M. 2008.
- Literatur als System. Zur Ausdifferenzierung literarischer Kommunikation, Opladen 1992.

Werner, M. G., Moderne in der Provinz. Kulturelle Experimente im Fin de Siècle Jena, Göttingen 2003.

Werron, T., Kontingenz in Serie. Zur ›Spannung‹ des modernen Sports, in: S. Körner (Hg.), Die Möglichkeit des Sports. Kontingenz im Brennpunkt sportwissenschaftlicher Analysen, Bielefeld 2012, S. 25–48.

Westgate, J. C., Staging the Slums, Slumming the Stage. Class, Poverty, Ethnicity, and Dexuality in American Theatre 1890–1916, New York 2014.

White, D. M., The Gatekeeper. A Case Study in the Selection of News, in: Journalism Quarterly, Jg. 27, Nr. 3 (1950), S. 383–390.

White, H., Metahistory. Die historische Einbildungskraft im 19. Jahrhundert in Europa [1973], Frankfurt a. M. 2008.

– The Content of the Form. Narrative Discourse and Historical Representation, Baltimore 1990.

Whitt, J., Women in American Journalism. A New History, Urbana 2008.

Wiener, J. H. (Hg.), Papers for the Millions. The New Journalism in Britain 1850s–1914, Westport, Conn. 1988.

– The Americanization of the British Press 1830s – 1914. Speed in the Age of Transatlantic Journalism, Basingstoke 2011.

Wietschorke, J., Arbeiterfreunde. Soziale Mission im dunklen Berlin 1911–1933, Frankfurt a. M. 2013.

– Die urbane Kartierung von Sicherheit und Verbrechen. Zur visuellen Logik thematischer Stadtpläne, in: Bricolage. Innsbrucker Zeitschrift für Europäische Ethnologie, Bd. 6 (2010), S. 74–89.

– Entdeckungsreisen in die Fabrik. Bürgerliche Feldforschungen 1890–1930, in: Zeitschrift für Volkskunde, Bd. 104 (2008), S. 41–71.

Wilke, J., Presseanweisungen im zwanzigsten Jahrhundert. Erster Weltkrieg – Drittes Reich – DDR, Köln 2007.

– Unter Druck gesetzt. Vier Kapitel deutscher Pressegeschichte, Köln 2002.

– Vom ›wandernden Journalisten‹ zur Professionalisierung, in: N. Jackob u. a. (Hg.), Realismus als Beruf. Beiträge zum Verhältnis von Medien und Wirklichkeit, Wiesbaden 2013, S. 83–99.

Willett, J., Explosion der Mitte. Kunst + Politik 1917–1933, München 1978.

Williams, K., Read all about it! A History of the British Newspaper, London 2010.

Wilson, C. P., The Labor of Words. Literary Professionalism in the Progressive Era, Athens 1985.

Winseck, D. R. u. R. M. Pike, Communication and Empire. Media, Markets, and Globalization 1860–1930, Durham 2007.

Winter, C. u. a., Medienidentitäten. Eine Hinführung zu den Diskussionen, in: dies. (Hg.), Medienidentitäten. Identität im Kontext von Globalisierung und Medienkultur, Köln 2003, S. 7–26.

Wittwen, A., Infotainment. Fernsehnachrichten zwischen Information und Unterhaltung, Bern 1995 (zugl. Diss. Univ. Zürich 1994/95).

Wong, E. L., Around the World and Across the Board. Nellie Bly and the Geography of Games, in: M. Brückner u. H. L. Hsu (Hg.), American Literary Geographies. Spatial Practice and Cultural Production 1500–1900, Newark 2007, S. 296–324.

Wood, N. D., Becoming Metropolitan. Urban Selfhood and the Making of Modern Cracow, DeKalb 2010.

Wortmann, V., Authentisches Bild und authentisierende Form, Köln 2003.

Yochelson, B., Jacob A. Riis. ›How the Other Half Lives‹, in: W. M. Schwarz u. a. (Hg.), Ganz unten. Die Entdeckung des Elends. Wien, Berlin, London, Paris, New York, Wien 2007, S. 65-71.

Zacher, M. W., Governing Global Networks. International Regimes for Transportation and Communications, Cambridge 1995.

Zenk, V., Innere Forschungsreisen. Literarischer Exotismus in Deutschland zu Beginn des 20. Jahrhunderts, Oldenburg 2003.

Zheutlin, P., Around the World on Two Wheels. Annie Londonderry's Extraordinary Ride, New York 2008.

Zierenberg, M., Die Produktion des Sichtbaren im Verborgenen. Diskursordnungen der Pressefotografie, ca. 1900-1930, in: F. X. Eder u. a. (Hg.), Bilder in historischen Diskursen. Interdisziplinäre Diskursforschung, Wiesbaden 2014, S. 173-194.

Zimmermann, C., Einleitung: Stadt und Medien, in: ders. (Hg.), Stadt und Medien. Vom Mittelalter bis zur Gegenwart, Köln 2012.

– Die Zeit der Metropolen. Urbanisierung und Großstadtentwicklung, Frankfurt a. M. 2000².

Zimmermann, R. E., Die außerordentlichen Reisen des Jules Verne. Zur Wissenschafts- und Technikrezeption im Frankreich des 19. Jahrhunderts, Paderborn 2006.

Zinganel, M., Real Crime. Architektur, Stadt und Verbrechen. Zur Produktivkraft des Verbrechens für die Entwicklung von Sicherheitstechnik, Architektur und Stadtplanung, Wien 2003.

Zischler, H. u. S. Danius, Nase für Neuigkeiten. Vermischte Nachrichten von James Joyce, Wien 2008.

Register

Personenregister

Adler, Victor und Max Winter 161
Allen, Warner 300
Anderson, David 74
Annan, Thomas 152
Arnold, Edwin 252
Arnold, Matthew 48, 166
Ashmead-Bartlett, Ellis 300
Atkins, John Black 266 f.
Auerbach (Reporter) 92

Baader, Ottilie 169
Bab, Julius 125
Banks, Elizabeth 165–168
Barron, Louis 150
Barzini, Luigi 223 f.
Bataille, Albert 77
Baudelaire, Charles 120 f., 269–271
Beck, August 269
Benjamin, Walter 120, 134, 210, 284
Bennemann (Reporter) 91 f.
Bennett, James Gordon Jr. 114, 233, 239 f., 242, 244, 246–248, 250, 253 f., 256 f.
Béraud, Henry 32, 102, 121
Bérenger, Henri 71
Bernard, Jean 74
Bernardo, Thomas 150
Bernhard, Georg 299
Berry, Robert 300
Bethmann Hollweg, Theobald v. 298
Beutner, Tuiskon 286
Bierbaum, Otto Julius 215
Billington, Mary 166
Bisland, Elizabeth 179, 190–193, 196 f., 200 f., 204, 236
Blackton, James Stuart 294
Blériot, Louis 234
Blumenfeld, Ralph David 182
Bly, Nellie (Elizabeth Cochrane) 100, 162–165, 167 f., 176–201, 204, 209, 236, 308, 328
Blythe, Samuel G. 89 f., 97
Bölsche, Wilhelm 51–53, 123, 125

Bonfils, Winifred Black 162
Bongard, Oskar 263
Booth, Charles 145 f.
Borghese, Prinz Scipione 223 f.
Börne, Ludwig 56
Bourde, Paul 262
Breslin, Jimmy 49
Brulat, Paul 323
Bücher, Karl 76 f.
Bucher, Lothar 288
Bühler, Michael 77
Bulcke, Carl 325
Bülow, Frieda v. 263
Busch, Moritz 278

Campbell, Gerald F. 300
Campbell, Helen S. 165
Capote, Truman 49, 330
Carco, Francis 129
Chambers, Julius 78, 164, 198
Charpentier, André 102, 321
Charton, Édouard 72 f.
Chincholle, Charles 101
Cicero, Marcus Tullius 251
Claretie, Jules 79, 101, 277
Cockerill, John 180, 190, 197 f.
Codrington, William J. 268
Conrad, Joseph 260 f.
Cook, Edward 193
Cook, Thomas 147, 177–179, 190
Corvin, Anton v. 274
Corvin, Otto v. 276
Crane, Stephen 296
Crawford, Theron C. 90
Creel, George 302
Creelman, James 295 f.
Crippen, Hawley H. 204
Croly, Jane Cunningham 80, 162
Crows, Joseph Archer 269
Czerwinski, Willy (Gewinner B.Z.-Gewinnspiel »Augen auf!«) 135

d'Aunay, Alfred 277
Dahms, Gustav 67
Daly, Charles P. 186
Dana, Charles 243, 248
Darzens, Rodolphe 142
Davis, Richard Harding 296, 305 f.
Decker, Rudolf v. 281 f.
Delane, John 267 f.
Dernburg, Bernhard 263
Dickens, Charles 56, 80
Diez, Hermann 96, 302
Döblin, Alfred 28, 326 f.
Donalies, Hans 226
Dos Passos, John 28, 326 f.
Dreiser, Theodore 182
Dronke, Ernst 120
Dubief, Eugène 79
Dupin, Arthur 93
Durand, Marguerite 168
Durand-Brager, Henri 269 f.
Durry, Louis 277
Düwell, Wilhelm 298

Edison, Thomas E. 294 f.
Emin Pasha (Eduard Schnitzer) 258 f.
Emmet, R. T. (Francis W. Doughty) 217
Erio, Paul 102, 309

Farnall, Harry Burrard 158
Fénéon, Felix 222
Fenestrier, Charles 323
Fenton, Roger 270–272
Fiala, Anthony 238
Fillion, Georges 262 f.
Fischer, Hans 160 f.
Fitz-James, Herzog v. 279
Flameng, François 270
Flaubert, Gustave 28
Fogg, William Perry 178
Fontane, Theodor 266 f., 280–292, 305
Forbes, Archibald 100, 276, 285, 301, 303
Forster, Georg 56
Frank, Edmond 73
Frank, Leonhard 19
Fraser, John Foster 212–214, 236
Freytag, Gustav 276, 322
Friedländer, Georg 283

Gaillard, Robert 235
Gauß, Carl Friedrich 172
Gerstäcker, Friedrich 276

Gibbs, Philip 299, 301, 303
Giffard, Pierre 49–51, 121, 192, 262, 296
Ginisty, Paul 102, 262
Gladstone, William Ewart 266
Glasbrenner, Adolph 117, 120
Gnauck-Kühne, Elisabeth 160
Gobright, Lawrence 175
Godkin, Edwin Lawrence 69, 264
Goethe, Johann Wolfgang v. 308
Göhre, Paul 160
Gorki, Maxim 44
Gough-Roberts, Katie 242
Graeves, Tracey 180 f., 184, 194
Gray, Maxwell 262
Greenwall, Harry J. 47
Greenwood, Frederick 159, 261
Greenwood, James 59, 157–159, 161
Grew, Walter F. 212
Grison, Georges 159
Grothe, Wilhelm 144
Grulich, Paul 160
Guys, Constantin 269–271
Gwyne, Howell Arthur 294

Hackländer, Friedrich Wilhelm 284
Haeckel, Georg und Otto 153, 229
Hagen, Alfred 153
Hart, Julius und Heinrich 125
Hart, Louis 120
Hassel, Paul 276
Hauptmann, Gerhart 28, 52
Hearst, William Randolph 47, 109, 128, 162, 295 f., 308
Hegemann, Werner 154, 156
Heine, Heinrich 56, 122
Helsey, Édouard 102, 235, 301 f., 309 f.
Hemingway, Ernest 325
Henty, George Alfred 21
Herbert, Sidney 266
Hermann, Georg 153
Herodot 42 f.
Herzl, Theodor 73
Hesekiel, George 286 f.
Hills, William H. 103 f.
Hiltl, Georg 276
Hine, Lewis W. 153
Hirsch, Julius 302
Hofmannsthal, Hugo v. 326
Hollaender, Felix 124 f.
Hölscher, Georg 100, 104
Horaz (Quintus Horatius Flaccus) 57

Horstmann, Heinrich 213 f.
Hugo, Victor 85
Huret, Jules 52, 101, 122, 154, 316
Hutin, Marcel 93
Hyde, Milnor 64

Irvine, John 299
Irwin, Will 71

Jacobi, Richard 54, 99
Jamati, Vincent 93
James, Lionel 293
Jameson, Egon 131, 133–135, 139, 328
Jerrold, Blanchard und Gustave Doré 150
Johnson, Joseph French 77
Jordan, Elizabeth 89, 162
Joyce, James 28, 326 f.
Junkermann, Hans 136

Kähler, Wilhelmine 169
Kauder, Gustaf 232
Kauffmann, Jakob 288 f.
Kayßler, Leopold 276 f., 279
Kendall, George W. 15
Kerr, Alfred 122, 127
Kesser, Hermann 54 f.
Kiepert, Richard 245 f.
Kipling, Rudyard 167, 294, 323
Kisch, Egon Erwin 13, 32, 44 f., 55–57, 59, 75, 89, 129, 131, 307 f., 314, 321, 329 f.
Kläger, Emil und Hermann Drawe 148, 153, 384
Kleist, Heinrich v. 59, 171 f.
Koch, Adolph 74
Koch-Gotha, Fritz 153
Koeppen, Hans 224–231
Kögel, Gustav und Fred Thörner 206, 236
Kraus, Karl 104, 127, 327
Kupffer, Hugo v. 54, 89, 109, 113–118
Kürschner, Joseph 75

Lamothe, Henri de 262
Landon, Perceval 294
Lange, Alfred 87
Lauze, Alexis 102, 234
Lawrence, Lester James Harvey 300
Le Roux, Hugues 65 f., 102
Le Sage, John 252
Leblond, Marius-Ary (George Athénas & Aimé Merlo) 260

Legay, Henry 277
Lemay, Gaston 262
Lenz, Frank 212
Lermina, Jules 93
Leroux, Gaston 89, 93, 101, 129, 168, 296
Leroy, Lucien & Henri Papillaud 218–222, 236
Letellier, Henri 234 f.
Levysohn, Arthur 73
Lichberg, Heinz v. 235
Lindau, Paul 135, 142
Lippmann, Walter 41 f.
Livingstone, David 199, 239 f., 243–248, 250–256, 260, 262
Lockroy, Édouard 277
London, Jack 45, 147 f., 296
Londonderry, Annie (Annie Kopchovsky) 208–212, 218, 236
Londres, Albert 45, 59, 89, 160, 207, 301 f., 308–310
Lord Aberdeen, George Hamilton-Gordon, 4th Earl of Aberdeen 268
Lord Palmerston, Henry John Temple, 3rd Visc. Palmerston 268
Lord Raglan, Fitzroy James Henry Somerset, 1st Baron Raglan 265 f., 268
Lord Roberts, Frederick Roberts 294
Lorrain, Jean 102, 151, 155 f.
Lothar, Rudolf 126, 132
Loubet, Émile 262
Luxemburg, Rosa 169

Mac Orlan, Pierre (Pierre Dumarchey) 102
Machray, Robert 142 f.
Mack, Max 136, 139
Madai, Guido v. 91
Madden, George 163
Mantler, Heinrich 302
Marinetti, Filippo 326
Märten, Lu 169
Martineau, Harriet 259
Maupassant, Guy de 323
May, Dick (Jeanne Weill) 74, 77
May, Karl 206
Mayhew, Henry 145, 152
Mead, George H. 127
Meyer, Emil 67
Meyer-Förster, Wilhelm 215 f.
Millaud, Albert 50, 105
Millaud, Moïse 22

391

Mirabeau, Octave 50
Montagu, Irving 295
Moreau (Fotoreporter) 308
Moritz, Karl Philipp 58
Morris, Mowbray 263 f.
Morrison, Arthur 28, 52
Morse, Samuel 172
Moseley, Sydney 301
Mosse, Rudolf 30
Müller, Robert 260
Münzer, Alice 168

Nansen, Fridtjof 238
Naudeau, Ludovic 235
Nicolai, Walter 298, 303
Nietzsche, Friedrich 50
Nobiling, Karl Eduard 91 f.
Noe, Louis 243, 248

Ochs, Adolph S. 47, 68
Oeker, Paul 77
Oesterle, Charles F. 90
Ostwald, Hans 116, 141–143, 154

Park, Robert Ezra 18, 127 f.
Patterson, Ada 162
Pelletan, Camille 277
Peters, Carl 258, 263
Pichon, Stéphen 308
Pietsch, Ludwig 276 f., 279 f.
Plinius d. J. (Gaius Plinius Caecilius Sec.) 56
Plutarch 43
Poe, Edgar Allan 104, 120, 134, 193, 271
Polybios 43
Pottier, Paul 50, 93 f., 102
Price, Ward 309
Prior, Melton 295
Prutz, Robert E. 24, 315
Pulitzer, Joseph 69, 75 f., 80, 90, 95, 109, 162, 178–180, 182, 191, 233, 240

Raffet, Denis Auguste 269
Ralph, Julian 89, 94, 294
Ranson, Jules 102
Rasch, Gustav 144
Râteau, Jules 301
Rawlinson, Henry C. 246 f.
Rea, George B. 296
Reed, James 47 f.
Remington, Frederic 295

Renouard, Paul 263
Riis, Jacob A. 47, 59, 89, 129, 148, 151, 153, 165
Rilke, Rainer Maria 93
Robbins, Edmund 302
Robinson, Perry 299
Rodenberg, Julius 54, 122, 142
Roux, Gustave 269
Rouzier, Eugène 102
Russell, Herbert 299
Russell, William Hepburn 15
Russell, William Howard 15, 89, 264–268, 270, 278, 283–285, 304

Sachtleben, William und Thomas Allan 212
Sala, George A. 80
Scarfoglio, Antonio 232
Scheffler, Karl 108
Scherenberg, Hermann 269
Scherl, August 30, 109, 114
Schiller, Johann Christoph Friedrich v. 56
Schlaf, Johannes 123–125
Schlesinger, Max 288–292
Schnog, Karl 313
Schoepp, Meta 148
Schweder, Paul 298
Schweitzer, Georg 299
Schwiegershausen, Willy 206–208, 236
Schwormstädt, Felix 270
Scott, Georges 270
Scott, Robert Falcon und Roald Amundsen 238
Scott, Walter 282
Scott-Barry, Walter 208
Scovel, Sylvester 296
Séguin, Charles 262
Seitz, Carlos C. 239 f.
Seume, Johann Gottfried 56
Séverine (Caroline Rémy) 82, 102, 160, 168
Sherard, Robert 180
Shuman, Edwin L. 104
Siemens, Werner v. 172
Simmel, Georg 32, 132, 315
Simpson, William 269
Sims, George R. 121, 142, 146–150, 166
Singer, Eduard 288
Singer, Wilhelm 73, 87
Skinner, Hilary 285
Smith, Adolphe 152 f.
Smith, Albert E. (Filmemacher) 294

Smith, Albert R. (Schriftsteller) 120
Smith, William Henry 85
Spiller, Else 157
Springer, Robert 120, 154
Stangen, Carl 177
Stanley, Henry Hope 243
Stanley, Henry Morton (John Rowlands) 56, 89, 98, 100, 193, 199, 239–263, 328
Stead, William Thomas 22, 48, 73, 129, 146, 159, 166
Steffens, Lincoln 48, 97, 128, 165
Steinheil, Carl August 172
Stettenheim, Julius 275
Stevens, F. W. (Gewinner – New York World »Guessing-Match«) 190
Stevens, Thomas 199, 212, 216–218, 236, 258
Stiegler, Gaston 93, 194
Stieler, Kaspar 23, 57
Stoklossa, Paul 98 f.
Stramm, August 309
Stuckrad-Barre, Benjamin 330
Swinton, Ernest Dunlop 297, 302 f.
Swope, Henry B. 304 f.
Swope, Herbert Bayard 304 f.

Tarbell, Ida 165
Taunay, Victor 77
Tavernier, Eugène 74
Théry/Viollis, Andrée 102, 168
Thiele, Oskar 129
Thinet, Louis 101
Thomas, William Beach 299
Thompson, Hunter S. 330
Thompson, John 151 f., 155
›Tippu-Tip‹ (H. M. Stanleys Begleiter, Afrika Expedition) 256
Tissot, Victor 122
Titzenthaler, Waldemar 153
Tolstoi, Lew 44, 266
Train, George Francis 178, 193, 204
Trivier, Élisée 93
Tschechow, Anton Pawlowitsch 44
Tucholsky, Kurt 139, 327
Tudesq, André 300
Turner, George W. 198

Turot, Henri 93
Turszinsky, Walter 54, 121 f., 126, 148, 153

Ullstein, Leopold 30
Ullstein, Rudolf 226
Umbehr, Otto (Umbo) 321

Verne, Jules 178 f., 183–186, 191 f., 194, 199, 201–205, 222, 329
Villiers, Frederic 295
Voget, Hermann 276, 278 f., 282

Walden, Herwarth 126
Walker, John Brisben 179, 191 f., 196 f., 201
Waugh, Evelyn 324
Weber, Max 315 f., 322
Weber, Wilhelm Eduard 172
Wegener, Georg 298
Wehle, J. H. 67, 71, 96
Welles, Orson 329
Wellman, Walter 224, 235
Wells, Herbert George 214
Wells, Ida B. 162
Wettstein, Oskar 77
Wettstein-Adelt, Minna 160
Wilhelm I., König von Preußen 278, 285 f.
Willet, Gilson 294
Williams, Jesse Lynch 306
Williams, Walter 69, 75, 86
Wilson, Woodrow 302
Wolf, Eugen 263
Wolfe, Tom 330
Wolff, Arthur 112
Wolff, Theodor 86
Wollen, William B. 294
Wood, Henry 300
Wood, Nicholas 264
Wrede, Richard 67, 75, 77, 81, 104
Wright, Wilbur und Orville 233

Xau, Fernand 51 f., 155, 167

Zeitung, Hermann 192
Zille, Heinrich 151, 153–155
Zola, Émile 28, 51–53, 56, 123
Zöller, Hugo 262 f.

Sachregister

Akademiker 75–77, 98–100
Altersversorgung/Pensionen der Reporter und Korrespondenten 70, 81–84, 99, 287
Amerikanisierung des Journalismus 45, 50, 54, 71–73, 77, 109, 113 f., 167, 280
Ansehen/Image/Sozialprestige des Reporters 13, 65, 75, 82, 93, 99, 126, 129, 243, 259, 301, 320–324
Arbeitsbedingungen des Reporters 37 f., 70, 88–97, 102–106, 277, 300, 304, 308 f.
Arbeitsethos des Reporters 14, 57–61, 76, 84, 102–104, 129–131, 152, 159 f., 290, 296, 302, 322 f.
Auflage (Zeitung) 27, 93, 113, 178, 188, 197, 250, 269 f., 301
Augenzeuge/eye-witness 14, 16, 29, 35, 37, 39–44, 46 f., 50, 57, 59–61, 63, 66 f., 103, 116, 132, 156, 160, 181, 199, 201, 203, 205, 209–211, 213, 222 f., 228, 236, 253, 264–266, 271, 274, 277–280, 282, 284–288, 290 f., 295–297, 300, 302 f., 308–310, 313, 320, 323, 325
Auslandskorrespondenten 84, 97 f., 180, 268
Autor/Autorschaft 18, 29, 97, 103 f., 123, 137, 142, 163, 183 f., 190, 199, 205, 221 f., 280, 282, 286, 296, 303, 330

Beobachtung 40–42, 45, 53 f., 107, 112, 118, 120–125, 142, 157, 165, 170, 199 f., 215, 226, 236, 265, 282 f., 303, 307 f., 326
– B.wissenschaften 29, 52
Berufsverbände, s. Pressevereine
Bohème/Bohemiens 79, 90, 120, 125 f., 142 f., 158, 170, 326
Boulevard, s. Yellow Journalism

Celebrities/Stars 89, 94, 137, 160, 162, 167, 170, 176, 190, 205 f., 236, 240, 242–244, 277 f., 296, 306, 308, 311
city beat reporter/Polizeireporter 29, 89–91, 127–131
Congrès international des Associations de Presse 77, 85–88

Dramatik 21–24, 29, 34, 44, 47, 49, 93, 108, 118, 133, 137–140, 148, 159, 178, 182–184, 189, 198, 226–228, 236, 239, 245, 282, 284, 296, 300 f., 320

Enquête 13, 42, 53, 71, 116, 145, 153–157, 237, 316

Faits divers 45, 52, 73, 92 f., 101, 127–130, 192, 277
Faktizität 29, 42–50, 53, 55, 59–61, 103–106, 114, 117, 123, 127–131, 170, 175, 182–186, 222, 241, 252, 264, 268, 289–291, 304, 309, 311, 314 f., 320 f., 323–325
– Grenzgang zwischen Fakten und Fiktionen 22 f., 49, 89, 110, 127, 129, 169 f., 185, 207, 211 f., 217, 228, 237, 253, 260–262, 290, 315, 323 f., 328–330
Feuilleton 13, 27 f., 45, 53, 59, 74, 77, 89, 96, 101 f., 107 f., 115–118, 126, 136, 141 f., 168, 219, 263, 275, 277, 289
Film 15, 20, 22, 135–140, 151 f., 201, 204, 224, 235, 293–295, 311, 328 f.
– Newsreels 293 f.
Flâneur 29, 111, 113, 117, 119–125, 134, 169 f., 271
Fotoreporter 72, 102, 152–155, 294

Gerüchte 27, 61, 136, 171, 195 f., 203, 239, 248, 259, 292, 309, 324
girl stunt reporter 68, 161–169, 179
Glokalisierung 17, 19, 170, 195, 313

Heldenerzählung 94, 105, 199, 202, 205, 231, 243 f., 252–257, 297, 300, 305, 309–311, 323
Hoax/Fake 89, 103–105, 193, 208, 244–248, 294
Human-Interest-Journalism 22 f. 46, 60, 85, 100, 103, 113, 127–130, 162, 181, 199

Illustrierte Presse 27–30, 130, 148, 151–154, 173 f., 229 f., 268, 270
Imperialismus 36, 147, 157, 187–190, 199, 230, 236, 238, 258 f., 305, 321
Informationsakquise/Recherche 13, 44–46, 52–58, 60, 70, 88, 91, 95 f., 103, 113–118, 156 f., 160 f., 169–171, 281, 295–297
Internationalisierung 20, 85–88, 171–175, 315, 317
Interview 44 f., 48, 51 f., 69–71, 73 f., 88, 92, 116 f., 145, 154, 161, 181 f., 184–186, 192, 243, 248, 305, 329

Journalismus
- Journalismus, internationaler 13f., 17, 22, 24, 38, 44f., 79, 83, 86, 172, 314
- Journalismus, investigativer 45–47, 65f., 71, 110, 118–121, 146f., 159, 163f., 169
- Journalismus, literarischer 30f., 43, 48–50, 102f., 128f., 140, 314, 320, 325–330
- Journalismus, metropolitaner 18, 24–28, 107–113
- Journalismus, in der Provinz 37, 69f., 90, 95, 97f.

Journalistenausbildung 65f., 68–72, 74–77, 86–88, 99f.

Kommerzialisierung 68f., 76, 88, 105, 151, 175, 197
Korruption 88–92, 165

Lokalpresse 18, 20, 36f., 65–67, 74, 82, 107–113, 127–130, 328

Muckraker/Enthüllungsjournalismus 29, 37, 47, 97, 129, 152, 157–170, 211f., 322

Nachrichten (*news*-Diskurs) 22–25, 28, 33, 102–107, 182, 253, 317–320, 322–325
- Nachrichtentechniken/-standards 13, 20, 29, 68–73, 83, 85, 87–90, 103–105, 315
- Vermischte Nachrichten, s. faits divers
- Vernachrichtlichung 113, 316, 319

Nachrichtenagenturen 14f., 20f., 35, 37, 67, 85, 97, 100, 114, 151, 171–175, 261, 263f., 285, 291–294, 299, 302
New Journalism/Neuer Journalismus 22, 28, 31, 47–52, 59f., 64, 68, 90, 105f., 113f., 140, 146, 157, 166, 169f., 182, 184, 190, 194, 236, 239f., 248, 259, 296, 305f., 311, 318, 330
New Woman 166f., 179, 197f., 209

Objektivität 40, 46f., 55, 116, 210, 271, 288, 315f.
Öffentlichkeit 24, 36, 58, 140, 162, 179, 202, 213, 223, 303, 315, 326
Offiziöse Presse 90–92, 100, 110, 285, 287f., 302

Penny-a-liner/lignards/Zeilenschreiber 63–65, 84, 98, 101, 104f., 260
Polizei, politische 91f., 114
Presseclubs und -vereine 79–85

Pressezeichner 102, 129, 263, 266, 268–270, 272, 283, 293–295
Professionalisierung 14, 43, 68–73, 77–79, 81, 83, 92, 105f., 120, 152, 261, 264, 278–280, 303, 306, 311, 320–323
Propaganda 76, 150, 266, 271f., 278f., 294, 299–301, 305, 307–311
Publikum/Leser 20f., 26, 35, 55–57, 63, 65, 109–115, 117f., 128, 131–136, 139, 170, 180f., 189–191, 205, 212, 222, 225f., 232, 237, 242, 252, 261f., 264–266, 275, 279, 300, 309, 322, 326f.

Radio 15, 233, 235, 329f.
Redaktionsalltag 53, 67–70, 73f., 77–80, 88–97, 100–103, 115, 225–228, 232, 268f., 272–275, 306
Reportage
- Gerichtsreportage 32
- Kriegsreportage 13, 31, 38, 168, 263–312
- Lokalreportage 18, 36, 38, 44, 54, 68, 88–97, 100, 107–170
- Parlamentsreportage 13, 31, 63, 69, 83f., 92, 97f., 264, 308
- Reisereportage 37f., 187–205, 208, 212, 233, 235
- Sozialreportage 148, 150–167
- Sportreportage 38, 205–235, 328f.
Reporter
- Abenteurer 15, 38, 45, 68, 94, 207, 217, 236, 293, 300f., 305, 311, 322
- Anthropologe/Feldforscher 42, 157
- Detektiv 111, 121, 129, 133–138, 157, 212
- Held, s. Heldenerzählung/Heros
- Wissenschaftler, s. Ênquete
Roman 21, 28–30, 130f., 202f., 253, 280–282, 296, 305, 325–330
- Abenteuerroman 28, 65, 207, 211, 215, 217, 252, 282
- Feuilletonroman 27, 228, 323, 329
- Groschen-/Kolportageroman 28, 30, 65, 114, 204, 216, 296

Scoop (Exklusivmeldung) 20, 37, 98, 127, 173, 209, 239–242, 244, 258, 262, 277, 284f., 300f., 323f.
Sensationalismus 13f., 21, 23, 36f., 47f., 63, 73, 92f., 110, 115, 126, 131f., 140, 143f., 155, 157f. 161, 179, 196f., 200, 208–213, 216, 245, 250, 260, 277, 300, 324, 328

395

Skandal 20, 33 f., 37, 71, 90, 92 f., 110, 155, 157–159, 162, 168, 247, 258 f., 262, 266, 323, 326, 328
Slumming 52, 112 f., 146–151
Spezialkorrespondenten (›Specials‹) 15, 21, 89, 93, 98, 100, 102, 170, 175, 261–263, 272, 293–295, 307, 320 f.
›Stunt‹/Stuntreportage 20, 29, 31, 33, 68, 113, 129, 131–140, 157–168, 182, 190, 192–197, 208 f., 212, 223, 236, 258, 260–263, 328

Telegraphie 15, 20, 65 f., 85–88, 103, 127, 171–176, 204, 222, 226, 284 f., 293, 313, 323–325
- Erfindung der Telegraphie 171–173
- Telegraphenunion 174 f.
- Telegraphese 183, 221 f., 325
Tradition des realistisch-naturalistischen Schreibens 44–55

undercover reporting 33, 132, 154 157–170, 321
Unterhaltung 22–24, 28, 36, 40, 57, 61, 71, 108, 113, 148, 155, 167, 169, 181, 190, 197, 213, 251, 261, 289, 315, 317–320
urban-color reporter 29, 107, 114, 123

Verberuflichung 77–79
Verleger 15, 25–27, 36, 47, 68 f., 83–90, 93, 95, 99 f., 113, 179–181, 191, 226, 236, 239 f., 243, 252, 290, 295 f., 298

Werbung 145 f., 181, 188, 205, 221, 234, 317

Yellow Journalism 30 f., 49, 105, 107 f., 128, 131, 161, 166 f., 295 f.

Zensur 14 f., 22, 26–28, 266–268, 272, 277 f., 285, 293 f., 297–310
Zeugenschaft, s. Augenzeuge